Auf Linie

NS-Kunstpolitik in Wien
Die Reichskammer der bildenden Künste

# Auf Linie

## NS-Kunstpolitik in Wien
## Die Reichskammer der bildenden Künste

Ingrid Holzschuh
Sabine Plakolm-Forsthuber

Birkhäuser
Basel

Wien Museum

# Vorwort

Matti Bunzl

Was tun mit all der Nazi-Kunst, die in den Depots der Museen Mitteleuropas Platz beansprucht? Denn es gibt sie – eine riesige Anzahl von Objekten. Allein im Wien Museum, in der Sammlung der Stadt Wien, lagern etwa tausend relevante Dinge – von andächtig gefertigten Kitsch-Porträts des „Führers" bis zu geklotzten Skulpturen „arischer" Pseudo-Helden.

Das Sammeln und Bewahren sind zentrale Aufgaben eines Museums. Aber sollte das angesichts dieses Corpus so selbstverständlich sein? Dass in der Zeit des NS-Regimes gefällige Ideologie-Kunst ihren Weg in die Bestände des Wien Museums fand, ist nicht weiter verwunderlich – die Sammeltätigkeit öffentlicher Institutionen ist immer auch eine Reflexion politischer Strukturen. Aber wieso sollte die öffentliche Hand die Bewahrung dieses Fundus auch noch im 21. Jahrhundert finanzieren? Denn Objekte museal zu erhalten, kostet Geld, und gar nicht so wenig. Während über den Verbleib problematischer Monumente im Stadtraum öffentlich gerungen wird, ist es um die Nazi-Kunst in den Museen erstaunlich still. Müsste es hier nicht auch einen Denkmalsturm geben?

Ein Grund für das Schweigen ist das mangelnde Wissen über die Sache selbst. Die Kunstgeschichte hat sich vieler Themen im Umfeld der nationalsozialistischen Schreckensherrschaft angenommen. Die Umwandlung moderner in „entartete" Kunst ist präzise erforscht, so wie auch die verschiedenen Formen widerständiger Kreativität. Exilkunst, zum Beispiel, wurde und wird in vielzähligen Ausstellungen nachgegangen. Auch der Kunstraub der Nationalsozialisten wird immer wieder thematisiert, nicht zuletzt, weil die Restitution illegitimer Bestände ein zentrales Anliegen nahezu aller relevanten Museen darstellt.

Zu der vom Nationalsozialismus offiziell geförderten Kunst gibt es aber erstaunlich wenige Untersuchungen. Selbst in der Forschung zu Künstler*innen, deren Tun während des NS-Regimes Schatten über bedeutsame Nachkriegsœuvres wirft, wird die im Nationalsozialismus geleistete Kreativarbeit selten näher beleuchtet. Meist gilt sie einfach als peinliches Vorgeplänkel einer wichtigen Karriere, nicht aber als Objekt der wissenschaftlichen Arbeit selbst.

Eine umfassende Forschung steht also noch aus. Dies gilt insbesondere für die grundsätzlichen Strukturen, die das NS-Regime für künstlerisches Arbeiten vorgab – politisch, sozial und ästhetisch.

Die wissenschaftliche Auswertung des Archivs der Reichskammer der bildenden Künste Wien durch Ingrid Holzschuh und Sabine Plakolm-Forsthuber ist in diesem Zusammenhang ein maßgeblicher Beitrag. Zum ersten Mal wird die tagtägliche Realität des nationalsozialistischen Kunstbetriebs greifbar. Wir erkennen die Handlungsspielräume individueller Künstler*innen und können so nachvollziehen, wie Ideologie zu Praxis wurde, und wir beginnen zu verstehen, was die Masse an ideologiekonformer Kunst in die Sammlung der Stadt Wien geschwemmt hat.

Diese Publikation legt nachhaltigen Bericht über diese Pionierarbeit. Neben den Autorinnen danke ich allen anderen Kolleg*innen, die dieses wichtige Buch möglich gemacht haben, besonders Sonja Gruber, die für alle Publikationen des Wien Museums zuständig ist. Der Band – gestaltet von Christoph Schörkhuber und Carina Stella (seite zwei), mit Fotografien von Paul Bauer und lektoriert von Brigitte Ott – dient auch als Katalog zur gleichnamigen Ausstellung im MUSA. Auch hier gilt mein großer Dank den Kolleg*innen, die dieses so umfang- wie weitreichende Unterfangen mit Ingrid Holzschuh und Sabine Plakolm-Forsthuber umgesetzt haben: Gerhard Milchram als zuständiger Kurator im Wien Museum, Alina Strmljan als wissenschaftliche Assistenz, Gunda Achleitner und Isabelle Exinger-Lang als Produzentinnen, Nadine Vorwahlner als Registrarin. Gestalterinnen der Ausstellung sind Irina Koerdt und Sanja Utech (koerdtutech) in enger Zusammenarbeit mit seite zwei (Grafik). Mein Dank gilt auch Berthild Zierl von der Berufsvereinigung der bildenden Künstler Österreichs für die gute Zusammenarbeit an dem Projekt.

Was tun mit all der Nazi-Kunst im Depot des Wien Museums? Eine definitive Antwort haben wir noch nicht. Aber die vorliegende Arbeit bringt uns ein wesentliches Stück weiter.

# Einleitung

Ingrid Holzschuh
Sabine Plakolm-Forsthuber

Die Geschichte der NS-Kunstpolitik in Wien wurde noch nicht umfassend erforscht. Während sich die Zeitgeschichte schon seit Jahrzehnten mit der Aufarbeitung der Geschichte des Nationalsozialismus befasst, gilt das nicht im gleichen Ausmaß für das Fach der Kunstgeschichte. Ihr Fokus richtete sich – bis auf wenige Ausnahmen – lange Zeit auf die Künstler*innen des Exils und der Emigration. Die vorrangige Beschäftigung mit den Vertriebenen und ihren Schicksalen war naturgemäß eine Frage der Moral und der politischen sowie ethischen Verantwortung. Nicht unerheblich war zudem, dass viele der vertriebenen jüdischen Künstler*innen oder der politisch Andersdenkenden der Avantgarde oder der gemäßigten Moderne angehörten. Es ist nachvollziehbar, dass sich die kunsthistorische Forschung vorerst mit ihren Werken befasste und nicht mit der meist banalen und stereotypen NS-Kunst, bei der reine Propagandawerke hierorts freilich eher die Ausnahme sind. Oft sind die Grenzen zwischen angepasster und moderner Kunst nicht so klar zu ziehen, und nicht alle im Nationalsozialismus tätigen Künstler*innen waren überzeugte Nationalsozialisten. Umgekehrt gab es auch moderne Künstler*innen, die durch einen bewussten Stilbruch die Annäherung an die NS-Ästhetik suchten, die Hitler präferierte.

Nach dem Zweiten Weltkrieg folgte eine Phase des Verdrängens, man blickte nach vorne und ungern zurück; alles stand im Zeichen des Wiederaufbaus. Trotz zahlreicher personeller Kontinuitäten polarisierten nur die Wenigsten; das war in der Kunst nicht anders als in der Politik und Gesellschaft. Eine Wende in der Aufarbeitung der Zeit des Nationalsozialismus brachte die Waldheim-Affäre 1986 und die daraus erstarkende Abkehr von der „Opferthese", der zufolge Österreich 1938 „Hitlers erstes Opfer" gewesen sei. Die Frage nach der Mittäterschaft und Mitverantwortung Österreichs am Nationalsozialismus wurde nun erstmals ernsthaft gestellt. Welche Konsequenzen dies für die einstigen, nach 1945 im Kunstbetrieb erneut tätigen Akteur*innen der NS-Kunst und die in jenen Jahren entstandenen Kunstwerke hatte, wurde nur vereinzelt diskutiert. Erinnert seien in dem Zusammenhang etwa die konfrontativen Debatten, die angesichts des 1955 von Rudolf Hermann Eisenmenger entworfenen Eisernen Vorhangs in der Wiener Staatsoper geführt wurden. Ausgespart blieb hingegen die wissenschaftliche Erforschung des rigiden und menschenverachtenden Kultursystems, das die NS-Kunst ermöglicht und propagiert hatte.

Die sieben Jahre der NS-Kunstpolitik in Wien blieben in der Geschichtsschreibung lange ausgeklammert. Die Namen der Akteur*innen gerieten in Vergessenheit und sind kaum bekannt. Die meisten der zwischen 1938 und 1945 entstandenen Kunstwerke wurden in den Sammlungen der Museen und Archive deponiert und, sofern sie in der Nachkriegszeit nicht vernichtet wurden, nur zu gerne unter Verschluss gehalten. 76 Jahre nach Kriegsende scheint es daher mehr als angemessen, ja notwendig, sich mit den Akteur*innen dieser rassistischen, antidemokratischen Vertreibungs- und Unrechtspolitik auf dem Gebiet der Kunst auseinanderzusetzen.

Ausgangspunkt unserer Forschungen war ein bedeutender Aktenfund in der Berufsvereinigung der bildenden Künstler Österreichs, wo sich ca. 3.000 Personalakten der Reichskammer der bildenden Künste der Landesleitung Wien erhalten haben. Dieser umfangreiche Aktenbestand wurde vom langjährigen Präsidenten der Berufsvereinigung der bildenden Künstler Österreichs, dem Bildhauer Karl Novak (1942–2020), geordnet, digitalisiert und für die Forschung erschlossen.

Die rassistische NS-Institution der Reichskammer der bildenden Künste wurde 1933 im Deutschen Reich gegründet und kurz nach dem „Anschluss" 1938 in Wien implementiert. Die Mitgliedschaft war für alle Künstler*innen verpflichtend und Voraussetzung für eine Berufsausübung. Das neue Quellenmaterial ermöglicht einen Einblick in die politischen Machtstrukturen, Abläufe, Netzwerke und künstlerische Haltung des NS-Regimes, der Akteur*innen sowie ihrer Kunstwerke. Nach der Liquidierung der Reichskammer der bildenden Künste 1945 übergab die Abteilung für Kultur und Volksbildung der Gemeindeverwaltung der Stadt Wien der neu gegründeten Berufsvereinigung der bildenden Künstler Österreichs diesen NS-Aktenbestand zur treuhänderischen Verwahrung. Dieser war maßgebliche Quelle im Zuge der unmittelbar nach dem Krieg einsetzenden Entnazifizierungsverfahren der Wiener Künstler*innen.

Der umfangreiche Aktenbestand ist jedoch nicht nur für die Forschungen zur NS-Kunst in Wien von Relevanz, sondern auch für jene in Deutschland. Die Wiener Landesleitung war, wie alle anderen Landesleitungen des Deutschen Reiches, der Reichskulturkammer in Berlin und somit Reichsminister Joseph Goebbels unterstellt. Durch die intensive Amtskorrespondenz zwischen Wien und Berlin erlauben die Wiener Dokumente wesentliche Rückschlüsse auf die kontrollierenden Tätigkeiten und bürokratischen Abläufe der Berliner Zentrale, deren Aktenbestände weitgehend verloren sind.

Unser Anliegen war es, die NS-Kunstproduktion nicht losgelöst von der NS-Politik zu betrachten. Gerade die engen Verflechtungen und die Zusammenarbeit der Reichskammer der bildenden Künste und ihrer Akteure mit der Gauleitung der NSDAP, der Gestapo sowie den Reichspropagandaämtern in Wien und Berlin machen deutlich, dass es keine Kunstproduktion außerhalb des nationalsozialistischen Systems gab. Kunst, die im Nationalsozialismus produziert und ermöglicht wurde, war offiziell legitimiert und mithin politisch opportun. Der Großteil der Künstler*innen passte sich an und arrangierte sich mit den Machthabern, weshalb sie und ihre Werke im Kontext dieses Regimes zu bewerten sind. Alle anderen Kunstäußerungen wurden verboten oder vernichtet.

Wichtige Quellen zur NS-Kunstpolitik haben sich auch in anderen Wiener Archiven erhalten. Das Wiener Künstlerhaus als maßgebende Kunstinstitution und Veranstalter der zentralen Propagandaausstellungen besitzt zahlreiche NS-Dokumente, desgleichen das Österreichische Staatsarchiv und das Wiener Stadt- und Landesarchiv. Letzteres verwahrt die umfangreichen Aktenbestände des 1938 gegründeten Kulturamtes der Stadt Wien, der zentralen NS-Kulturorganisation auf kommunaler Ebene unter der Leitung des Vizebürgermeisters Hanns Blaschke. Unter Mitwirkung ausgewählter Künstlerfunktionäre, meist langgedienter NSDAP-Mitglieder, wurden Aufträge vergeben, Wettbewerbe ausgeschrieben, Ausstellungen organisiert und neue Kunstinstitutionen gegründet. Ziel der NS-Kulturverantwortlichen war die Förderung der Wiener Kunst und Kultur und damit die Hebung der politischen Bedeutung der Gauhauptstadt Wien im Deutschen Reich.

1939 wurden die Städtischen Sammlungen, aus denen später das Wien Museum hervorging, dem Kulturamt der Stadt Wien unterstellt. Sie waren die vorrangigen Nutznießer von Ankäufen oder Aufträgen der NS-Funktionäre und Institutionen, weshalb die Sammlung des Wien Museums einen großen Bestand an NS-Kunst umfasst. Mit der nun vorliegenden Publikation *Auf Linie. NS-Kunstpolitik in Wien* und der gleichnamigen Ausstellung stellt sich das Wien Museum nun erstmals kritisch seinem unbequemen Erbe; gleichwohl verwahren auch viele andere Museums- und Privatsammlungen Kunstwerke aus der NS-Zeit. Viele dieser NS-Werke wurden noch nie ausgestellt, wenige publiziert und grundlegende Bestandsaufnahmen fehlen. Dieses Forschungsdesiderat teilt Österreich mit Deutschland, wo ebenfalls zahlreiche Kunstwerke aus der NS-Zeit in tiefen Depots einem Vergessen bestimmt sind, das nur zu oft Verdrängung bedeutet. Das hängt ursächlich damit zusammen, dass viele wichtige Akteur*innen ihre Vorgeschichte in der NS-Zeit umgeschrieben haben; dasselbe ist für 1945 und die Nachkriegsjahre zu beobachten. Die Erforschung der Biografien der Künstler*innen und ihrer Kunstwerke in der NS-Zeit hat daher auch das Ziel, zur Präzisierung der Kunstgeschichte insgesamt beizutragen und unser Geschichtsbild zu schärfen.

Um auf diesen schwierigen Umgang mit der NS-Kunst zu verweisen sowie eine kritische Diskussion darüber anzuregen, wurden die NS-Kunstwerke in der vorliegenden Publikation nicht in herkömmlicher Weise reproduziert. Wir entschieden uns für ein Konzept der visuellen Wiedergabe, das die Objekte an ihren Aufbewahrungsorten in den Sammlungen, Depots und Archiven zeigt und sie damit auch in ihrem ästhetischen Anspruch bricht oder zumindest eingrenzt. Das daraus resultierende Prinzip der Schichtung und Anhäufung fand auch in der grafischen Gestaltung der Publikation Eingang.

# Index Künstler*innen

Mitgliedsnummer der Reichskammer der bildenden Künste

## F



## G



## H



## I



## J



## K

# Index Künstler*innen

## W



## Z



Fachgruppe

A Architektur
B Bildhauerei
BM Metallbildhauerei
E Entwerfen
G Graphik
M Malerei
GG Gartengestaltung
KA Kunsthandel

① 

# Aufbereitet
## Zur Situation der Künstlervereine vor 1938

Die Eingliederung der österreichischen Künstler*innen in die „Reichskammer der bildenden Künste" (RdbK) wurde am 11. Juni 1938 vollzogen. Die rasche Überführung in diese Zwangsorganisation war nur möglich, da man auf die Strukturen der am 22. September 1933 im Deutschen Reich eingeführten Gesetze der „Reichskulturkammer" (RKK)[1], der die RdbK als eine von sieben Einzelkammern angehörte, aufbauen konnte. Wesentlich war der rigorose Zugriff auf die Mitgliederlisten bestehender Kunstvereine.[2] Die Inkraftsetzung der Nürnberger Rassengesetze am 20. Mai 1938 in der Ostmark hatte auch massive Auswirkungen auf die Zusammensetzung der RdbK. Dies bedeutete für Künstler*innen jüdischer Herkunft und in der Folge auch für politisch Andersdenkende oder Vertreter*innen einer liberal-modernen Kunsthaltung den Ausschluss aus dem künstlerischen und gesellschaftlichen Leben mit allen Konsequenzen, die vom Berufsverbot bis zur Emigration, von der Deportation bis zur Ermordung reichen konnten.

Spätestens mit dem deutsch-österreichischen Abkommen vom 11. Juli 1936 (Juliabkommen) machte sich im Kulturbereich eine zunehmende Faschisierung bemerkbar. Nach der Löschung der von 1931 bis 1933 existierenden österreichischen Sektion des von Alfred Rosenberg 1928 gegründeten antisemitischen, rassistischen „Kampfbundes für deutsche Kultur"[3] spielte das ab 1. Mai 1935 von Hermann Stuppäck[4] geleitete „illegale" Landeskulturamt der NSDAP, Landesleitung Österreich, eine zentrale Rolle. Es bereitete während der Verbotszeit der NSDAP den kulturpolitischen Umbruch vor, „sodaß im Augenblick der Machtergreifung binnen 24 Stunden sämtliche kulturpolitischen Positionen besetzt werden konnten".[5] De facto saßen die „illegalen"[6] Künstler*innen ab 1937 an den relevanten Schlüsselstellen im Kunstbereich.

### Künstlervereine in Wien

Die Kunst- und Ausstellungspolitik in Wien vor dem „Anschluss" wurde von drei Künstlervereinen, dem Künstlerhaus, der Secession und dem Hagenbund, dominiert: Die älteste war die 1861 gegründete „Genossenschaft bildender Künstler Wiens", die mit dem Künstlerhaus über das größte Ausstellungsgebäude verfügte. In Opposition und Konkurrenz dazu stand die „Vereinigung bildender Künstler Österreichs Secession". Ihre Mitglieder waren 1897 unter Gustav Klimt aus der Genossenschaft ausgetreten und errichteten mit der von Joseph M. Olbrich geplanten Secession eines der modernsten Ausstellungshäuser Europas. Schon 1905 verließ die Klimt-Gruppe auch die Secession, die daraufhin zu einer moderat-modernen Künstlervereinigung mutierte. Im 1900 gegründeten Hagenbund fanden sich gemäßigt moderne Künstler*innen zusammen und exponierten ab 1902 in der von Joseph Urban adaptierten Markthalle, der Zedlitzhalle. Nach dem Ersten Weltkrieg kam es zu einem Rollentausch: Nicht die Secession fungierte als Ort der Moderne, sondern der Hagenbund, in dem sich linksliberale und avantgardistische Künstler*innen zusammenschlossen, die den Strömungen des Expressionismus, Kubismus oder der Neuen Sachlichkeit anhingen.

Der Weiterbestand der Klimt-Gruppe, die sich 1925 unter Josef Hoffmann als „Bund österreichischer Künstler, Kunstschau" neu konstituierte, scheiterte nach einigen spektakulären Ausstellungen am Fehlen einer eigenen Ausstellungslokalität und löste sich schon 1932 unter ihrem letzten Präsidenten, Max Fellerer, auf.[7] Einige der Mitglieder wurden zwar aufgefordert, der Secession beizutreten, nicht aber die jüdischen Künstler, namentlich Oskar Strnad, Max Oppenheimer, Josef Frank und Oskar Wlach. Schon damals war in der Presse der Verdacht geäußert worden, dass „es gewisse hakenkreuzlerische Tendenzen in der Sezession" gäbe.[8]

Allen drei Vereinigungen gemein war der konsequente Ausschluss von Frauen als ordentliche Mitglieder, weshalb die Künstlerinnen 1911 die „Vereinigung bildender Künstlerinnen" gründeten und ab 1912 ein eigenes Vereinslokal in der Maysedergasse 2 im 1. Bezirk bespielten.[9] Vorzugsweise gastierten sie jedoch in den Wiener Ausstellungshäusern. Unter dem Namen „Wiener Frauenkunst" hatten sich 1926 die fortschrittlicheren Künstlerinnen unter der Präsidentin Fanny Harlfinger organisiert. Im Hagenbund gab es immerhin einige Frauen als außerordentliche Mitglieder, darunter die bedeutendsten Künstlerinnen der Zwischenkriegszeit.[10]

S. 18–19 Wilhelm Frass, *Der unbekannte Soldat*, Heldendenkmal in Wien, 1934–1936, Fotoalbum des Künstlers, Stadtmuseum St. Pölten

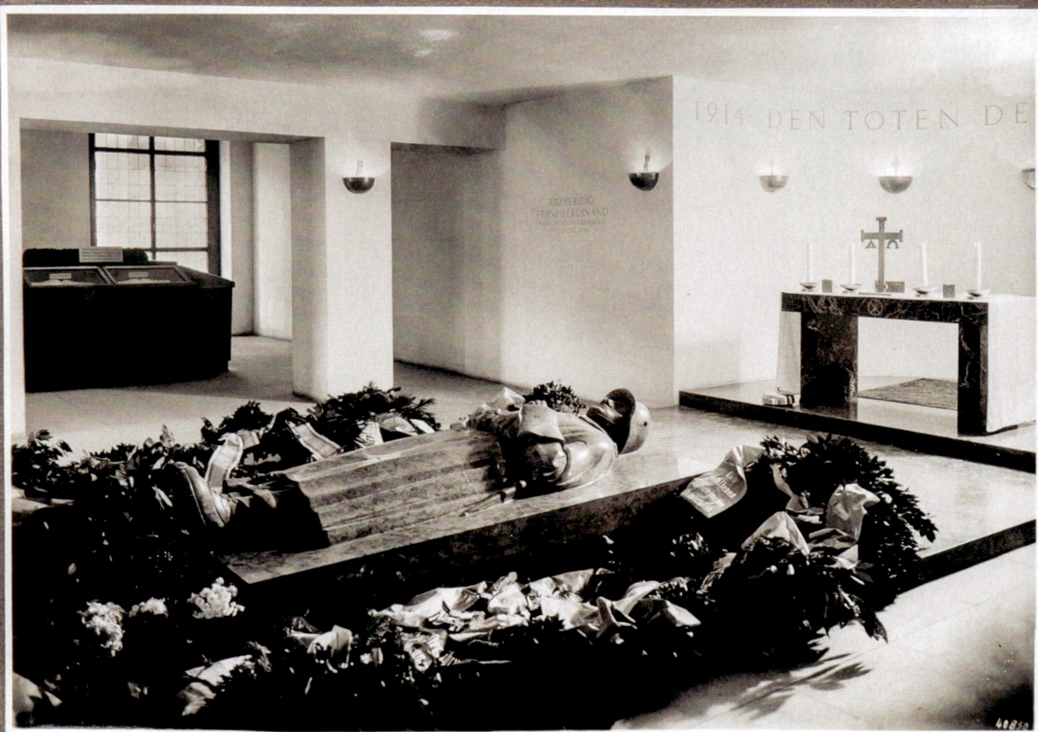


„Der tote Soldat"
in der Krypta
des österreichischen Heldendenkmals
in Wien
Heldenplatz, Äußeres Burgtor
1934/
1936

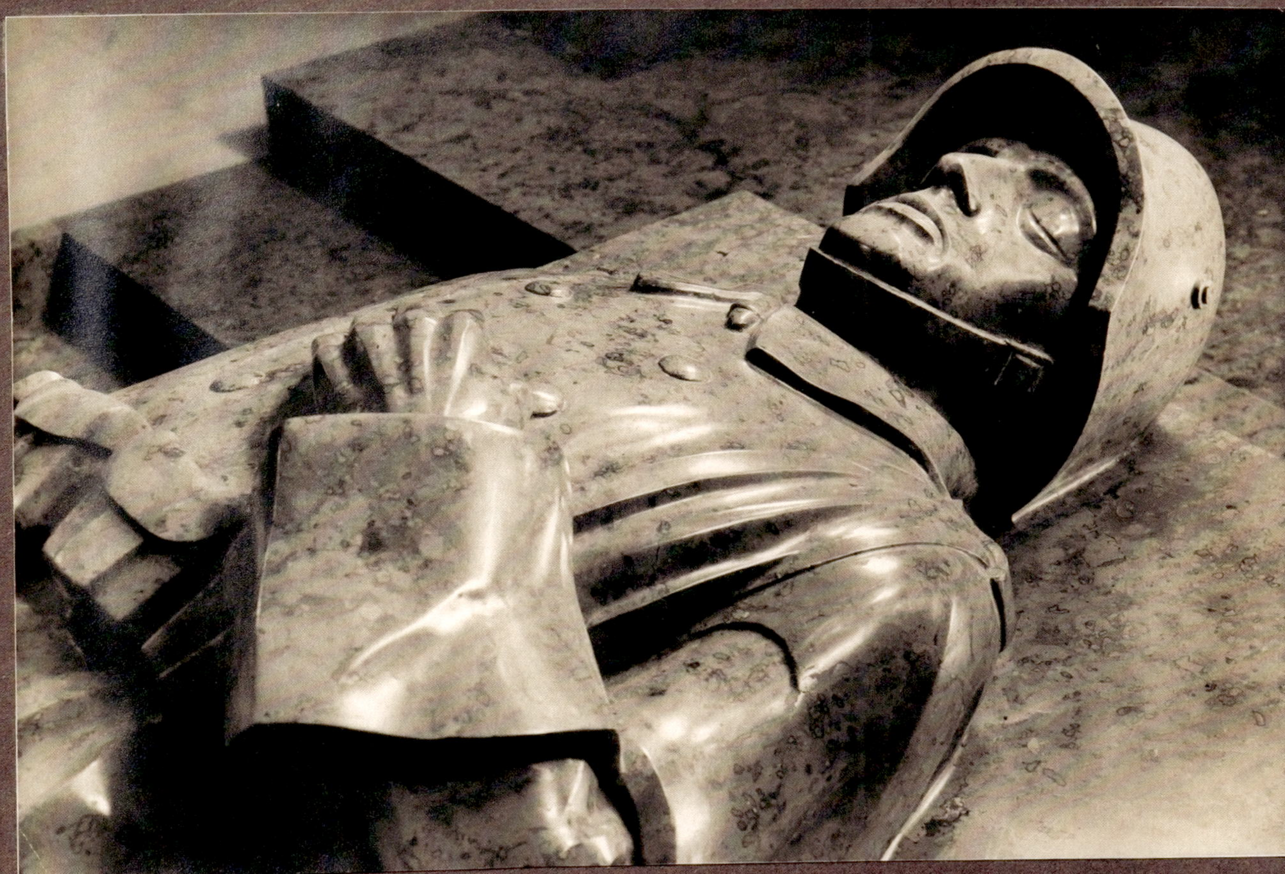

„Der tote Soldat"
(Detail)
Adneter Marmor
2·60 m
1934/
1936

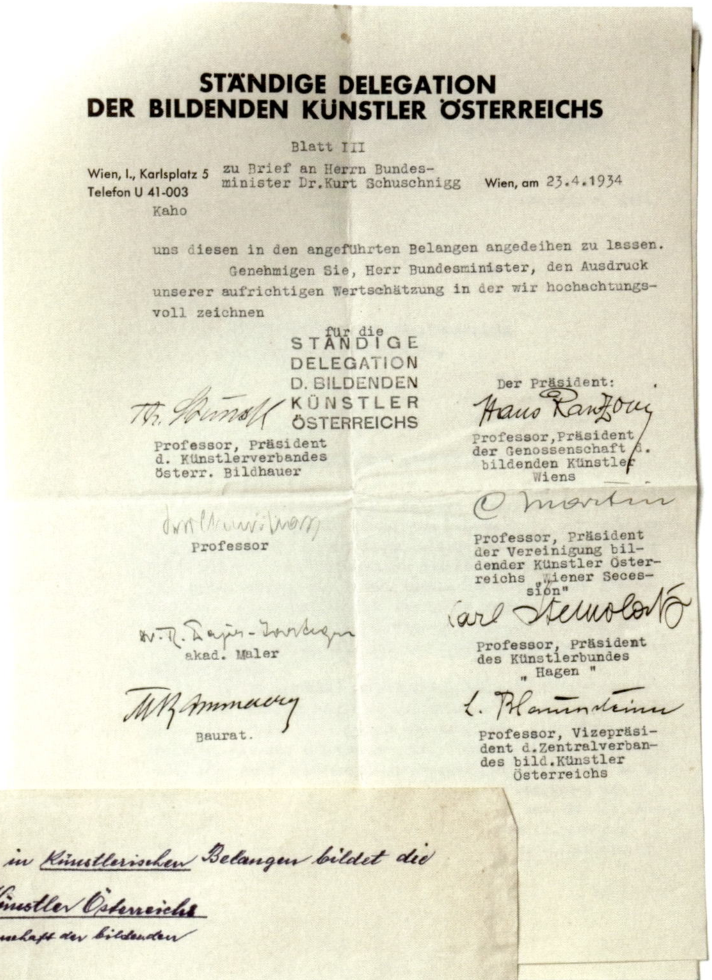

**STÄNDIGE DELEGATION**
**DER BILDENDEN KÜNSTLER ÖSTERREICHS**

Blatt III

Wien, I., Karlsplatz 5
Telefon U 41-003

zu Brief an Herrn Bundesminister Dr.Kurt Schuschnigg

Wien, am 23.4.1934

Kaho

uns diesen in den angeführten Belangen angedeihen zu lassen.

Genehmigen Sie, Herr Bundesminister, den Ausdruck unserer aufrichtigen Wertschätzung in der wir hochachtungsvoll zeichnen

für die
STÄNDIGE
DELEGATION
D. BILDENDEN
KÜNSTLER
ÖSTERREICHS

Der Präsident:

Professor, Präsident d. Künstlerverbandes österr. Bildhauer

Professor,Präsident der Genossenschaft d. bildenden Künstler Wiens

Professor

Professor, Präsident der Vereinigung bildender Künstler Österreichs „Wiener Secession"

akad. Maler

Professor, Präsident des Künstlerbundes „ Hagen "

Baurat.

Professor, Vizepräsident d.Zentralverbandes des bild.Künstler Österreichs

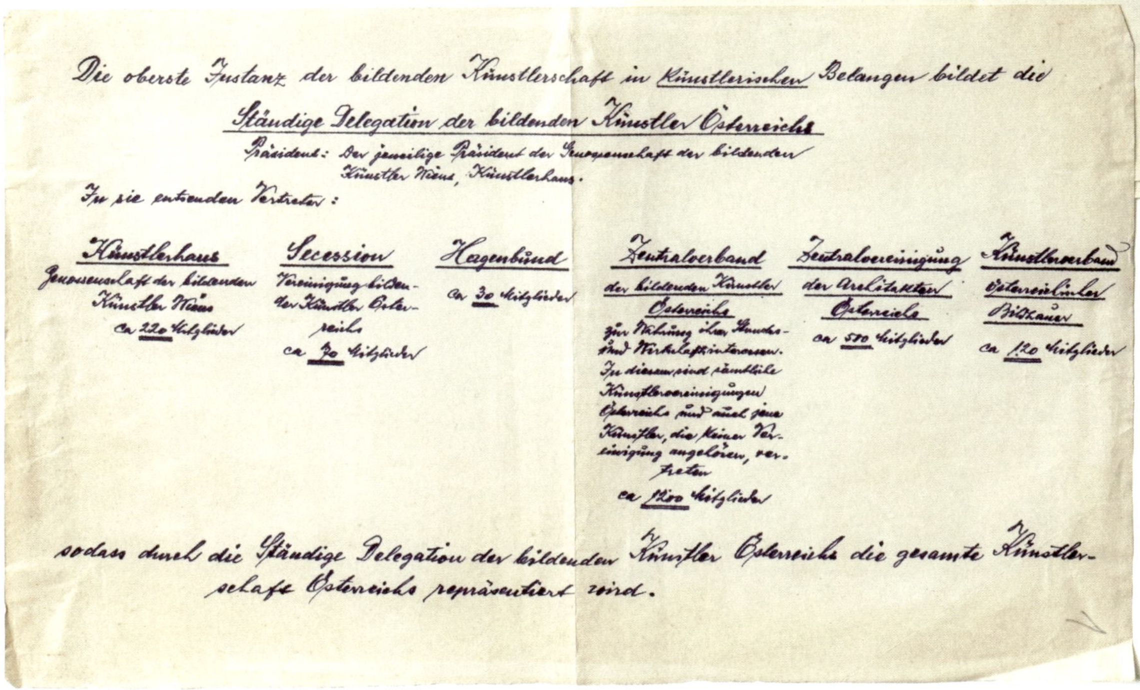

Die oberste Instanz der bildenden Künstlerschaft in künstlerischen Belangen bildet die

Ständige Delegation der bildenden Künstler Österreichs

Präsident: Der jeweilige Präsident der Genossenschaft der bildenden Künstler Wiens, Künstlerhaus.

In sie entsenden Vertreter:

| Künstlerhaus | Secession | Hagenbund | Zentralverband | Zentralvereinigung | Künstlerverband |
|---|---|---|---|---|---|
| Genossenschaft der bildenden Künstler Wiens | Vereinigung bildender Künstler Österreichs | ca 30 Mitglieder | der bildenden Künstler Österreichs zur Wahrung ihrer Standes- und Wirtschaftsinteressen. In diesem sind sämtliche Künstlervereinigungen Österreichs und auch jene Künstler, die keiner Vereinigung angehören, vertreten | der Architekten Österreichs | österreichischer Bildhauer |
| ca 220 Mitglieder | ca 70 Mitglieder | | ca 1200 Mitglieder | ca 500 Mitglieder | ca 120 Mitglieder |

sodass durch die Ständige Delegation der bildenden Künstler Österreichs die gesamte Künstlerschaft Österreichs repräsentiert wird.

Der nach Ausrufung der Republik noch spürbare künstlerische Aufbruch wich alsbald einem gemäßigten Provinzialismus. Vereinzelte Avantgardeströmungen, wie der an der Wiener Kunstgewerbeschule unter Franz Čižek gelehrte Wiener Kinetismus (1920–1924), konnten sich angesichts des wenig experimentierfreudigen, traditionellen Kulturklimas nicht lange halten. Einen Höhepunkt markierte das Jahr 1924, als es anlässlich des *Musik- und Theaterfestes der Stadt Wien* zum Austausch mit internationalen Künstler*innen, darunter Vertreter*innen des Konstruktivismus, des Futurismus, des De Stijl oder des Bauhauses, gekommen war. Um ihren Forderungen mehr Gewicht zu verleihen, schlossen sich die führenden Künstlervereine 1920 unter dem Namen „Ständige Delegation der bildenden Künstler Österreichs" zusammen, die aus Repräsentanten des Künstlerhauses, der Secession, des Hagenbundes und ab 1925 auch aus Vertretern der Kunstschau bestand.[11] Die Leitung übernahm der jeweilige Präsident des Künstlerhauses, die Delegierten wurden alle zwei Jahre neu gewählt. Obwohl die Ständige Delegation keine offizielle Standesvertretung mit definierten Aufgaben oder gar einem Budget war, fungierte sie gegenüber dem Ministerium als wichtige Ansprechpartnerin, die sich auch zu museums-, kunst- und standespolitischen Fragen äußerte. Ihr langjähriger Präsident, der Maler und Mehrfachfunktionär Hans Ranzoni, bezeichnete sie rückblickend einmal als „freiwillige Kunst-Feuerwehr".[12]

## Erste Standesvertretungen der Künstlerschaft

Am 27. November 1912 erfolgte mit der Gründung des „Wirtschaftsverbandes bildender Künstler Österreichs" erstmals eine vereinsübergreifende Organisation der Künstlerschaft.[13] Wichtigste Anliegen waren die Förderung von Berufsinteressen wie Rechtsschutz und Steuerfragen, Geschäftsbeziehungen zum Kunsthandel, Ausstellungen, Künstlerfürsorge, Altersvorsorge etc. Der Sitz der Vereinigung war in der Secession, ihr erster Präsident Hans Ranzoni.

Die Mitgliedschaft beim Wirtschaftsverband stand allen Interessierten offen, sofern sie sich verpflichteten, einen fünfprozentigen Anteil beim Verkauf von Kunstwerken abzugeben. Spätestens mit Kriegsausbruch verschlechterte sich die soziale Lage der Künstlerschaft massiv, weshalb 1919 nahezu alle österreichischen Kunstvereine dem Wirtschaftsverband beitraten. 1925 zählte diese Dachorganisation an die 850 Mitglieder. Am 1. März 1926 vollzog man mit einigem Selbstbewusstsein eine Namensänderung und firmierte fortan als „Zentralverband bildender Künstler Österreichs".[14] Im selben Jahr forderte der damalige Präsident Albert Janesch eine Art Zwangsmitgliedschaft für ausstellungswillige Künstler*innen und urgierte die Fusionierung mit der Ständigen Delegation, was vehement abgelehnt wurde.[15] 1930 legte Janesch die Leitung des Zentralverbandes zugunsten seines bis 1932 tätigen Nachfolgers Oswald Grill nieder und schloss sich im Februar 1933 den Nationalsozialisten an.[16] Gerhard Botz hat darauf hingewiesen, dass die NSDAP bis zum Parteiverbot am 19. Juni 1933 „starken Zulauf aus den Berufsgruppen der freien Berufe, der öffentlichen Bediensteten und der Angestellten erhielt".[17] Janesch nutzte die Chancen, die ihm die NSDAP bot und stieg zu einem Propagandamaler auf.

Mit der sogenannten Selbstausschaltung des Parlaments am 4. März 1933 durch die am 20. März 1933 gegründete „Vaterländische Front", die fortan als Einheitsorganisation die anderen alsbald verbotenen politischen Parteien ersetzte, sowie mit der Niederschlagung der Sozialdemokratie im Februar 1934 waren die Weichen für die am 1. Mai 1934 in Kraft getretene neue österreichische Verfassung des autoritären „Ständestaates" gestellt worden. Der von Engelbert Dollfuß am 11. September 1933 verkündete christliche, deutsche Staat sollte auf Basis einer berufsständischen Organisation die Klassenschranken überwinden helfen und die Gesellschaft als organisches Ganzes strukturieren. Eine gezielte Rückwärtsgewandtheit, eine Rehabilitierung der habsburgischen Vergangenheit, eine Rekatholisierung sowie die Forcierung einer österreichischen Identität dienten diesem Vorhaben. Nach der Ermordung von Bundeskanzler Dollfuß bei dem nationalsozialistischen Putschversuch im Juli 1934 wurde Kurt Schuschnigg sein Nachfolger.

## Ständige Delegation als inoffizielle Standesvertretung

Die politische Neuausrichtung blieb nicht ohne Auswirkung auf die Zusammensetzung der Ständigen Delegation. Mit den unter Hans Ranzoni am 24. April 1933 aufgenommenen neuen Leitungsfunktionären des Zentralverbandes, dem Maler Leopold Blauensteiner und dem Architekten und Maler Marcel Kammerer,[18] erfolgte eine zunehmende Politisierung. Diese Tendenz lässt sich auch dem 1933 gegründeten *Nachrichtenblatt des Zentralverbandes bildender*

S. 20 Schreiben der Ständigen Delegation der bildenden Künstler Österreichs an Kurt Schuschnigg mit den Unterschriften der Präsidenten der Künstlervereine, 23.4.1934; Organigramm der Ständigen Delegation, 1937, KH Archiv

# Bund Deutscher Maler Österreichs

Wien, 7., Schottenfeldgasse 82 – Fernruf B-39-1-61-3: Blauensteiner

Mittlg. über vorl. Eingliederung

## Aufnahmeansuchen. ergangen an: 28 Juni 1938

Der Unterzeichnete ersucht als ordentliches Mitglied in den Bund Deutscher Maler Österreichs aufgenommen zu werden, erklärt ehrenwörtlich, daß sowohl er wie auch seine Gattin nachweisbar bis ins 5. Glied arischer Abstammung sind, wenn nicht verheiratet oder geschieden, keine Ehe mit einem nicht arischen Ehepartner einzugehen und keiner freimauerischen oder ähnliche Ziele verfolgenden Vereinigung anzugehören.

Zur Überprüfung und Unterstützung dieser Erklärung dienen die der Wahrheit entsprechenden, vom Aufnahmewerber selbst gegebenen nachstehenden Angaben:

1. Vor- und Zunahme des Aufnahmewerbers: Richard Harlfinger
2. Tag, Monat und Jahr der Geburt: 17. Juli 1873.
3. Geburtsort- und Land und Staatszugehörigkeit: Mailand — Österreich
4. Glaubensbekenntnis: Evangelisch A.B.
5. Name, Beruf und Glaubensbekenntnis des Vaters des Aufnahmewerbers: Richard Harlfinger, Bürgerschullehrer, evang. A.B.
6. Name, Beruf, Glaubensbekenntnis und Mädchenname seiner Mutter: Berta H., evang. A.B., geb. Kießlich
7. Name, Beruf und Glaubensbekenntnis seines Großvaters väterlicherseits: Johann Harlfinger, großherzgl. badischer Stabsguide, Kath.
8. Name, Beruf, Glaubensbekenntnis und Mädchenname seiner Großmutter väterlicherseits: Albertine H., evang. A.B., geb. Meerwein
9. Name, Beruf und Glaubensbekenntnis seines Großvaters mütterlicherseits: Joh. Ernst Kießlich, Lehrer der evang. Schule in Bielitz, Schlesien; evang. A.B.
10. Name, Beruf, Glaubensbekenntnis und Mädchenname seiner Großmutter mütterlicherseits: Ernestine K., evang. A.B., geb. Schambach
11. Name, Beruf, Glaubensbekenntnis und Mädchenname der Gattin des Aufnahmewerbers: Franziska (Fanny) H., Malerin u. Kunstgewerblerin, Kath. geb. Zakucky.
12. Name, Beruf und Glaubensbekenntnis des Vaters der Gattin, (auch dann anzugeben, wenn diese verstorben, oder vom Aufnahmewerber getrennt oder geschieden ist): Karl Zakucky, k.k. Landesgerichtsrat, Kath.
13. Name, Beruf, Glaubensbekenntnis und Mädchenname der Mutter der Gattin (auch dann anzugeben, wenn die Gattin verstorben, oder vom Aufnahmewerber getrennt oder geschieden ist): Fanny Z., Kath., geb. Krawany.

*Künstler Oesterreichs* entnehmen. Unter der Schriftleitung von Kammerer mutierte es zu einem Sprachrohr der „Illegalen". Blauensteiner, NSDAP-Mitglied,[19] erwirkte am 23. März 1934 den Beitritt der Ständigen Delegation zur Vaterländischen Front.[20] In beiden Institutionen nutzte er seine Position, um die Kulturarbeit im nationalsozialistischen Sinne zu infiltrieren. Während man ihn in der Ständigen Delegation gewähren ließ, widersetzte sich der Maler Carry Hauser seinen Agitationen und erwirkte Blauensteiners Ausschluss aus dem „Neuen Leben", einer Organisation der Vaterländischen Front.[21]

Im Jänner 1937 erweiterte sich die Ständige Delegation durch die Aufnahme der Repräsentanten des „Künstlerverbandes österreichischer Bildhauer", dem Wilhelm Frass seit 1934 vorstand, und der 1907 gegründeten „Zentralvereinigung der Architekten Österreichs" unter Präsident Hans Jaksch. Zu diesem Zeitpunkt vertrat die Ständige Delegation 2.140 Künstler*innen,[22] darunter den mitgliederstärksten, bundesweit agierenden Zentralverband mit 1.200 Mitgliedern, dem auch viele Frauen angehörten. Einzig der 1912 gegründete „Österreichische Werkbund" war nicht vertreten. Damit war die österreichische Künstlerschaft erstmals weitgehend organisatorisch erfasst. In der letzten Generalversammlung des Zentralverbandes bildender Künstler Österreichs am 10. Juni 1938 betonte Kammerer seine „wertvolle Vorarbeit" bei der Eingliederung der Kollegenschaft in die RdbK: „Wäre der Anschluss nicht gekommen, so hätte der Zentralverband alle Agenden einer Kammer übernehmen müssen."[23] Auch im Deutschen Reich hatten „bestehende und bereits gleichgeschaltete Fachverbände der einzelnen Berufssparten samt ihrer Mitglieder"[24] die zentrale Rolle beim Aufbau der RKK 1933 innegehabt. Dies erleichterte da wie dort die zügige und effiziente Eingliederung.

## Nazifizierung der Künstlerschaft: Bund deutscher Maler Österreichs, 1937–1938

Im April 1937 zeigten einige Künstler bei der Gemeindeverwaltung die beabsichtigte Gründung eines neuen Vereins unter dem Namen „Bund deutscher Maler Österreichs" (BDMÖ) an. Als Proponenten traten führende „Illegale" und Sympathisanten des Nationalsozialismus auf. Neben den „Illegalen" Leopold Blauensteiner, Marcel Kammerer, Rudolf Hermann Eisenmenger, Rudolf Böttger und Ernst Dombrowski unterzeichneten die Maler Franz Wacik, Igo Pötsch und Gustav Schütt.[25] Ziel und Zweck des Bundes sei die Befreiung der österreichischen Kunst von internationalen Einflüssen, um sie „in Hinkunft rein" zu halten.[26] Die ideologische Absicht dieser Neugründung ließ nichts an Deutlichkeit vermissen: Man suchte die Annäherung an die reichsdeutsche Kunst und distanzierte sich von jeder internationalen Entwicklung. Die Vereinsgründung wäre beinahe wegen des polizeibekannten und verurteilten „Illegalen" Ernst Dombrowski gescheitert. Er galt als der „einflussreichste nationalsozialistische Künstler in der Steiermark bis 1940".[27] Neben Dombrowski wurden auch Kammerer und Schütt „als mit der NSDAP sympathisierend" und Blauensteiner „als betont national eingestellt" bewertet.[28] Nach dem Rückzug Dombrowskis stand der Vereinsgründung nichts mehr im Wege.[29]

Die Aufnahme in den BDMÖ war an die Vorlage eines „Ariernachweises" gebunden. Abgefragt wurden ferner die Ausbildung, Beschäftigung und die Mitgliedschaft bei Vereinen und Organisationen. Eine Aufnahme musste von zwei Vertrauensmännern befürwortet werden. Das Aufnahmeverfahren und die Kriterien waren jenen der RdbK im Deutschen Reich angeglichen, der Fragebogen wurde leicht adaptiert. Auch Frauen konnten in den Bund aufgenommen werden und machten davon reichlich Gebrauch. Wie in der RdbK war nicht das Geschlecht, sondern die arische Abstammung das maßgebliche Kriterium.

Schon am Tag nach der Konstituierung am 16. Juni 1937 teilte Blauensteiner dem Künstlerhaus mit, dass der Bund beabsichtige, die künstlerischen und wirtschaftlichen „Beziehungen mit dem Deutschen Reich wieder aufzunehmen und auszubauen".[30] Immerhin hatte sich Franz von Papen, ab 1936 deutscher Botschafter in Wien, für dessen Teilnahme an der am 18. Juli 1937 eröffneten *Großen Deutschen Kunstausstellung* in München eingesetzt.[31] 1938 strebte der BDMÖ, dem sich die „deutschstämmigen Bildhauer" angeschlossen hatten, erneut eine Beteiligung an, wofür Richtlinien erstellt wurden.[32] Mit einiger Genugtuung konnte der *Völkische Beobachter* am 17. April 1938 berichten, dass es dem BDMÖ nun endlich möglich war, legal aufzutreten.[33] Dass sich hier die künftige Elite der NS-Kunst versammelte, entsprach dem Selbstverständnis seiner Mitglieder, wie dies der Grafiker Alfred Cossmann ganz unverhohlen formulierte: „Dieser Bund war der Zusammenschluss aller nationalsozialistischer Künstler Österreichs. Er stand in der illegalen Zeit an Stelle der Reichskammer der bildenden Künste."[34] Cossmann erhielt 1940 die Goethe-Medaille, 1944 wurde er in die „Gottbegnadeten-Liste"[35] Adolf Hitlers und Joseph Goebbels aufgenommen.

S. 22 Richard Harlfinger, Aufnahmeansuchen für den Bund deutscher Maler Österreichs, 1937, BV Archiv

SECESSION

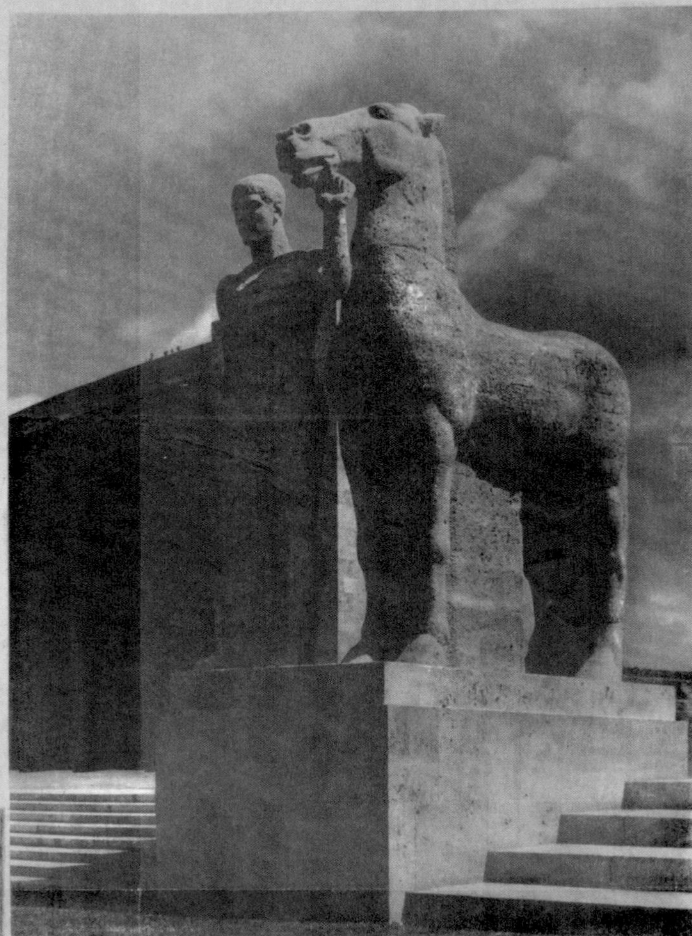

DEUTSCHE BAUKUNST
DEUTSCHE PLASTIK
AM REICHSSPORTFELD
BERLIN

7. APRIL–17. MAI 1937. 9–18h S1.

DRUCK v. EDUARD SIEGER WIEN

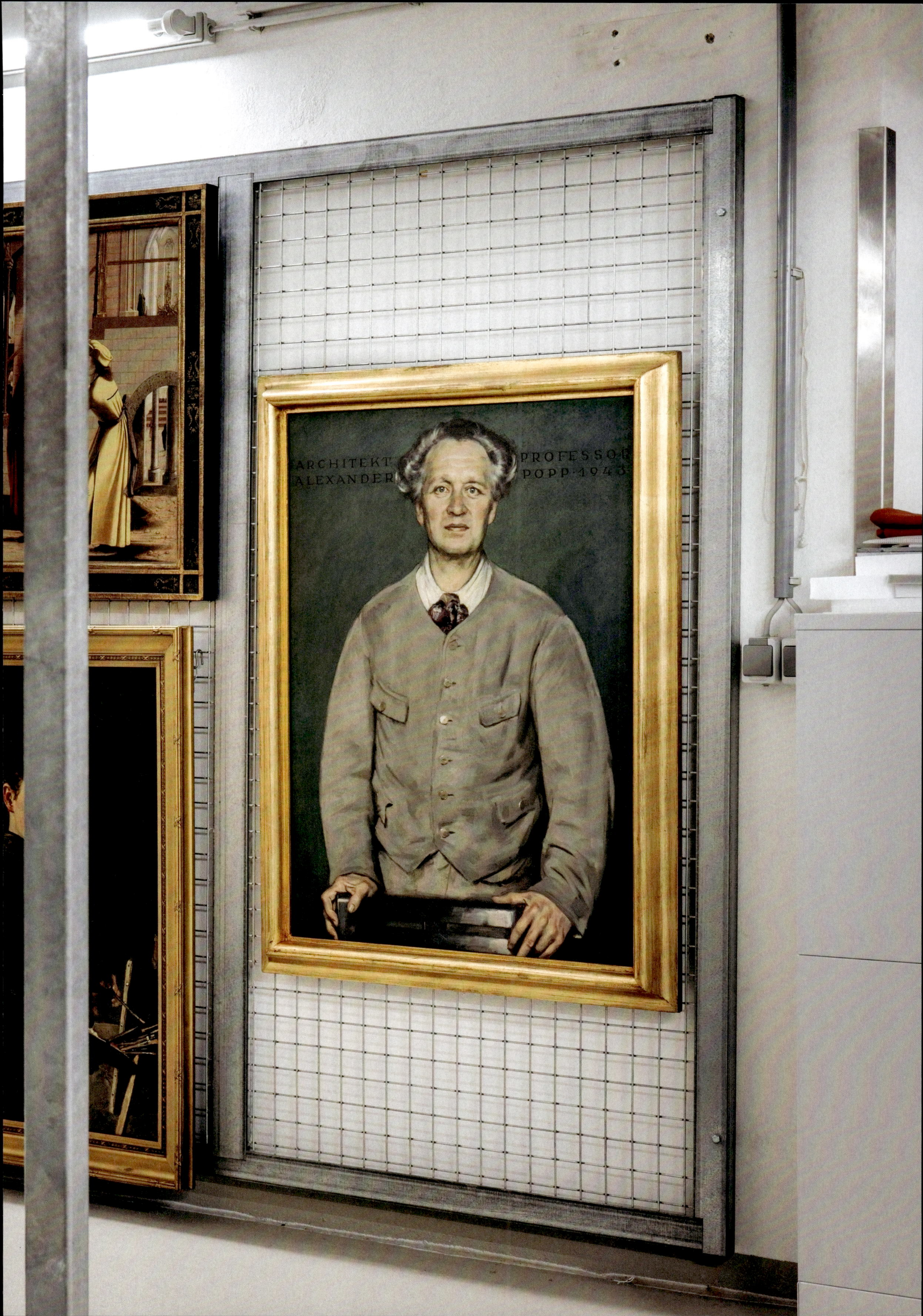
ARCHITEKT
ALEXANDER
PROFESSO
POPP·194

Die Abhängigkeit der Künstlervereine von den staatlichen Subventionsgebern führte in den 1930er Jahren zu einem dem autoritären System angepassten Ausstellungswesen. Neben Ausstellungen zu Themen religiöser Kunst fanden die neuen politischen Beziehungen zu den faschistischen Staaten ihren Niederschlag. Italien galt ab 1933 als außenpolitische Schutzmacht Österreichs, weshalb auch auf kulturellem Gebiet Kooperationen geknüpft wurden. 1934 entschloss sich die Regierung endlich zur Errichtung des immer wieder verschobenen Österreichischen Pavillons auf der Biennale in Venedig. Die bilateralen Kontakte gipfelten 1935 in dem Abschluss eines Kulturabkommens zwischen Italien und Österreich und der wechselseitigen Errichtung von Kulturinstituten in Rom und in Wien. Auch im Ausstellungsbetrieb zollte man dem neuen Bündnispartner Referenz: Genannt sei die am 6. November 1937 von Schuschnigg in der Secession eröffnete Ausstellung *Italiens Stadtbaukunst im faschistischen Regime*.

Übertroffen wurde diese faschistische Selbstdarstellung von der 1937 ebenfalls in der Secession gezeigten Ausstellung *Deutsche Baukunst, Deutsche Plastik auf dem Reichssportfeld in Berlin*. Den Ehrenschutz übernahm Franz von Papen, die Eröffnung Bundesminister Hans Pernter. Alexander Popp, Präsident der Secession und bekennender Nationalsozialist,[36] rühmte die „neue Baugesinnung“ abseits von „Formen der Vergangenheit“ und Internationalität und der Botschafter freute sich über den kulturellen Austausch.[37]

## Kunstwettbewerb der XI. Olympiade, Berlin, 1936

Eine für die österreichische Künstlerschaft äußerst prestigeträchtige Ausstellungsteilnahme war jene am Kunstwettbewerb, organisiert anlässlich der XI. Olympischen Sommerspiele vom 1. bis 16. August 1936 in Berlin. Kunstwettbewerbe bei Olympischen Spielen wurden erstmals 1912 in Stockholm abgehalten, zuletzt im Jahr 1948 in London.[38] Zugelassen zum Wettbewerb auf den Gebieten der Malerei, Bildhauerei, Architektur, Musik und Dichtung waren Arbeiten, die einen Bezug zum Sport aufwiesen. Die von den Künstler*innen errungenen Medaillen schienen in der Nationenwertung der Sportler*innen auf, die Begutachtung ihrer Beiträge oblag einem internationalen Preisgericht. Der Kunstwettbewerb in Berlin bot den NS-affinen österreichischen Künstlern endlich die Möglichkeit, sich mit den reichsdeutschen Künstler*innen zu messen.

Der im Deutschen Reich schon offen ausgetragene Antisemitismus und die 1935 in Kraft getretenen Nürnberger Rassengesetze galten zwar nicht für die ausländischen Teilnehmer*innen der Olympischen Spiele, ihre abschreckende Wirkung entfalteten sie allemal. Es ist wenig verwunderlich, dass es ab 1933 im Vorfeld der Olympischen Spiele zu einer von den USA ausgehenden internationalen Protestbewegung kam, die die Rassendiskriminierung und den Antisemitismus anprangerte. Sogar eine Verlegung oder Absage der Spiele stand auf der vom Präsidenten des Österreichischen Olympischen Komitees, Theodor Schmidt,[39] in Wien vom 5. bis 7. Juni 1933 abgehaltenen 32. Sitzung des Internationalen Olympischen Komitees (IOC) zur Diskussion. Schmidt, eine schillernde Persönlichkeit der Wiener Gesellschaft, war jüdischer Herkunft. Als bestens vernetzter, politisch konservativ eingestellter Sportfunktionär hatte er Österreichs Teilnahmen an den Olympischen Spielen 1928 und 1932 erfolgreich organisiert. Auch für die kommenden Olympischen Spiele liefen alle Vorbereitungen über ihn. Ein aktiver Befürworter der US-Teilnahme war der Sportfunktionär und Präsident des US-Olympischen Komitees, der Antisemit Avery Brundage,[40] dem es schließlich gelang, die amerikanische Beteiligung an den Olympischen Spielen durchzusetzen.[41] Boykottiert wurden die Spiele von Irland, Spanien, Palästina und der Sowjetunion. Proteste kamen von Intellektuellen, wie von Heinrich Mann, oder von Künstler*innen, die in Amsterdam eine Art antifaschistische künstlerische „Gegenolympiade“, *De olympiade onder dictatuur*, abhielten.

Schmidt hatte die Ständige Delegation im März 1935 mit der Durchführung des Kunstwettbewerbs betraut, eine definitive Objektauswahl sollte nach einer Ausstellung im Künstlerhaus vom 9. bis 17. Mai 1936 erfolgen. Die von Kammerer arrangierte Wiener Ausstellung hatte gegenüber der späteren, wesentlich gedrängteren in Berlin den Vorteil, dass die raumgreifenden Skulpturen frei im Raum platziert werden konnten.[42] In Berlin wurde die Kunstausstellung aller beteiligten Nationen in der Halle VI des Messegeländes abgehalten, die Raumgestaltung der 4.800 m² großen Halle war Heinrich Tessenow übertragen worden, der 1913 bis 1919 an der Wiener Kunstgewerbeschule gelehrt hatte. In dem lang gestreckten Flügelbau, den man über eine zentrale Ehrenhalle mit einer Hitler-Büste betrat, reihten sich die Kojen der

S. 24 Ausstellungsplakat *Deutsche Baukunst, deutsche Plastik am Reichssportfeld Berlin*, 1937, Entwurf Eduard Sieger, WB, Plakatsammlung
S. 25 Wilhelm Dachauer, *Alexander Popp*, 1943, Belvedere, Wien
S. 27 Olympischer Kunstwettbewerb in Wien (o.) und Berlin (u.), 1936, KH Archiv

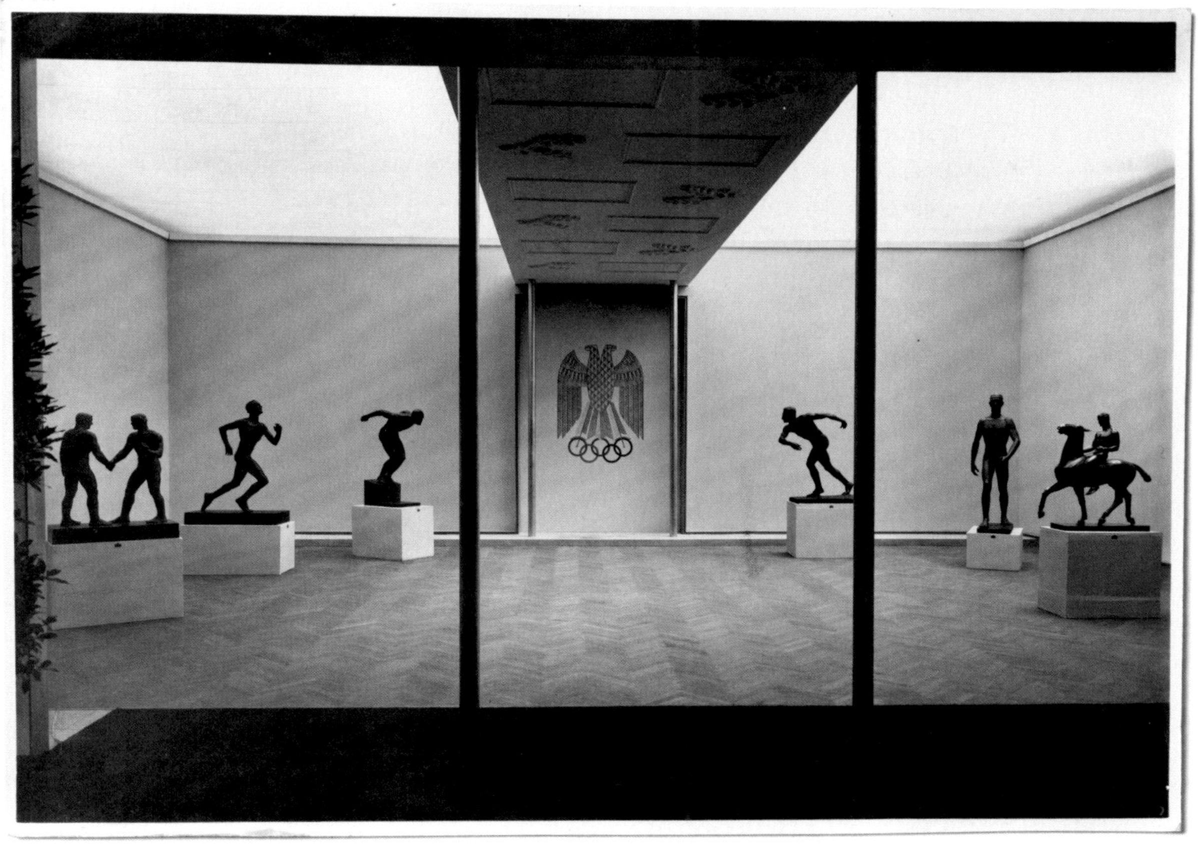

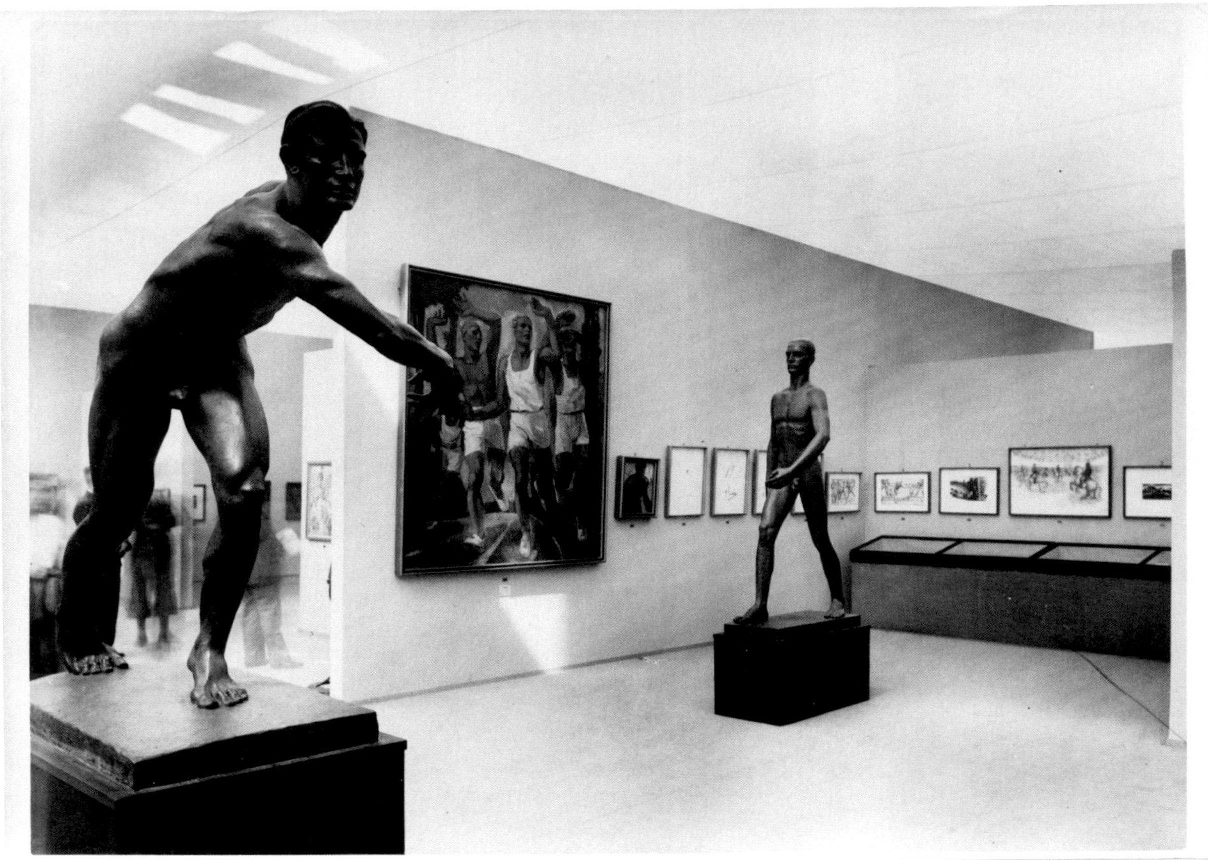

23 teilnehmenden Staaten entlang eines Mittelganges. Kammerers Arrangement überzeugte trotz des zur Verfügung stehenden beengten Raumes für die österreichischen Künstler.

Was immer die Kriterien waren, Österreich konnte hinter Deutschland, das 21 Medaillen erhielt, an zweiter Stelle, noch vor Italien, mit neun Preisen reüssieren. Eine Goldmedaille ging an den Architekten Hermann Kutschera, der für den Entwurf eines *Schistadions* ausgezeichnet wurde.[43] Diese olympische Auszeichnung sollte für Kutscheras künftige NS-Karriere von zentraler Bedeutung sein. Eine Bronzemedaille ging an die im Roten Wien erfolgreichen Behrens-Schüler Hermann Stiegholzer und Herbert Kastinger für eine *Kampfstätte für Auto-, Rad- und Pferdesport in Wien*. Unter den Malern wurde keine Goldmedaille vergeben, weshalb man in Wien die Meinung vertrat, dass die von Eisenmenger errungene Silbermedaille eigentlich einer Goldenen gleichzusetzen sei. Sein Gemälde *Läufer vor dem Ziel* (1936) zeigt eine von unten gesehene, frontal auf die Betrachter*innen zulaufende Gruppe von Sportlern. Eisenmengers Bild wurde vom Präsidenten des Japanischen Sport-Kunstvereins Tokio angekauft und befindet sich noch heute in Japan.[44] Die österreichischen Bildhauer konnten zwar keine Medaille, aber drei ehrenvolle Anerkennungen erzielen: Sie gingen an Otto Hofner *(Ringkampf)*, Josef Humplik *(Der Läufer)* und Karl Stemolak *(Diskuswerfer)*. Arno Brekers *Zehnkämpfer* erhielt hinter einem Japaner erstaunlicherweise nur die Silbermedaille. Die olympischen Preisträger wurden am 12. Dezember 1936 im Künstlerhaus geehrt. Die für 1940 in Tokio geplanten XII. Olympischen Spiele, ein Austragungsort, für den sich Schmidt eingesetzt hatte, fielen dem Zweiten Weltkrieg zum Opfer. Schmidt emigrierte 1938.

## Weltausstellung in Paris, 1937

Mit der Beteiligung an der Weltausstellung in Paris 1937 konnte sich die österreichische Künstlerschaft noch einmal in einem internationalen Kontext präsentieren. Der Kampf um die politische Vormachtstellung der beiden autoritären Staaten, dem Deutschen Reich und der Sowjetunion, kam auch durch ihre am Seineufer situierten machtstrotzenden Pavillons zum Ausdruck. Von dieser propagandistischen Architektur hob sich der österreichische Pavillon, der von Oswald Haerdtl entworfen wurde, mit seiner klaren, modernen Formensprache deutlich ab. Parallel zur Weltausstellung konnte man ab 30. April 1937 im Musée du Jeu de Paume die seit Langem geplante groß angelegte *Schau Österreichische Kunst*, die Arbeiten vom Mittelalter bis in die Gegenwart umfasste, bewundern.[45] Es war das letzte Mal vor dem „Anschluss", dass sich die zeitgenössische Kunst Österreichs in ihrer ganzen Bandbreite und Vielfalt präsentierte, eine Zusammenschau, die in Wien in der Form wohl nicht mehr möglich gewesen wäre.[46] Die Auswahl sowie die von Max Oppenheimer vorgenommene Präsentation provozierte Konflikte. Vor allem die Ständige Delegation stieß sich an der „einseitig" bevorzugten Kunstrichtung, „die weniger die österreichische Eigenart" zeige, „sondern mehr die internationale Note auswies, was kaum ein besonderes Interesse – zumal in Paris – erwecken" könne.[47]

Entrüstet zeigte sich die Ständige Delegation schon vor Eröffnung der Ausstellung, als sie erfahren musste, dass das von ihr ausgewählte Bild Eisenmengers, *Sinkende Nacht*,[48] das 1936 die Goldene Ehrenmedaille des Künstlerhauses erhalten hatte und selbigen Jahres auf der Biennale in Venedig zu sehen war, in Paris fehlen sollte. Das allegorische, an Renaissancebilder erinnernde, etwas spannungslose Gemälde war von Haerdtl und Max Fellerer abgelehnt worden. Angesichts der Pariser Ausstellung zeichnete sich jedenfalls schon klar ab, dass es innerhalb der Wiener Künstlerschaft kaum mehr überbrückbare Differenzen gab, die sowohl künstlerisch als auch ideologisch bedingt waren. Eisenmengers Bild *Sinkende Nacht* wurde stattdessen auf der *Großen Deutschen Kunstausstellung* 1937 gezeigt und für die Dekoration der Verwaltungsräume des Hauses der Deutschen Kunst erworben.[49] Eisenmenger hatte sich seit seinem Eintritt in die Partei 1933 zusammen mit Blauensteiner und dem Maler Karl Alexander Wilke[50] unter Hermann Stuppäck im „illegalen" Landeskulturamt der NSDAP engagiert. Seine „illegalen" Parteiaufgaben qualifizierten Eisenmenger zur vertrauensvollen Tätigkeit als Juror (Vorprüfungsausschuss) in der *Großen Deutschen Kunstausstellung* 1937.[51]

## Ein letztes Lebenszeichen liberaler Kunstpolitik in Wien: Die Oskar-Kokoschka-Retrospektive in Wien, 1937

Während eine Vielzahl österreichischer Künstler*innen die Annäherung an das Deutsche Reich anstrebte, richtete Carl Moll unter Mitwirkung des „Neuen Werkbundes Österreichs" ab Mai 1937 eine Einzelausstellung Oskar Kokoschkas Werke anlässlich seines 50. Geburtstags aus. Die ursprünglich in der Secession geplante Schau wurde von den „Illegalen" unter den Mitgliedern hintertrieben, weshalb sie mit einjähriger Verspätung im Österreichischen Museum für Kunst

S. 29 Rudolf Hermann Eisenmenger, *Sinkende Nacht*, 1936, Stiftung Haus der Kunst München

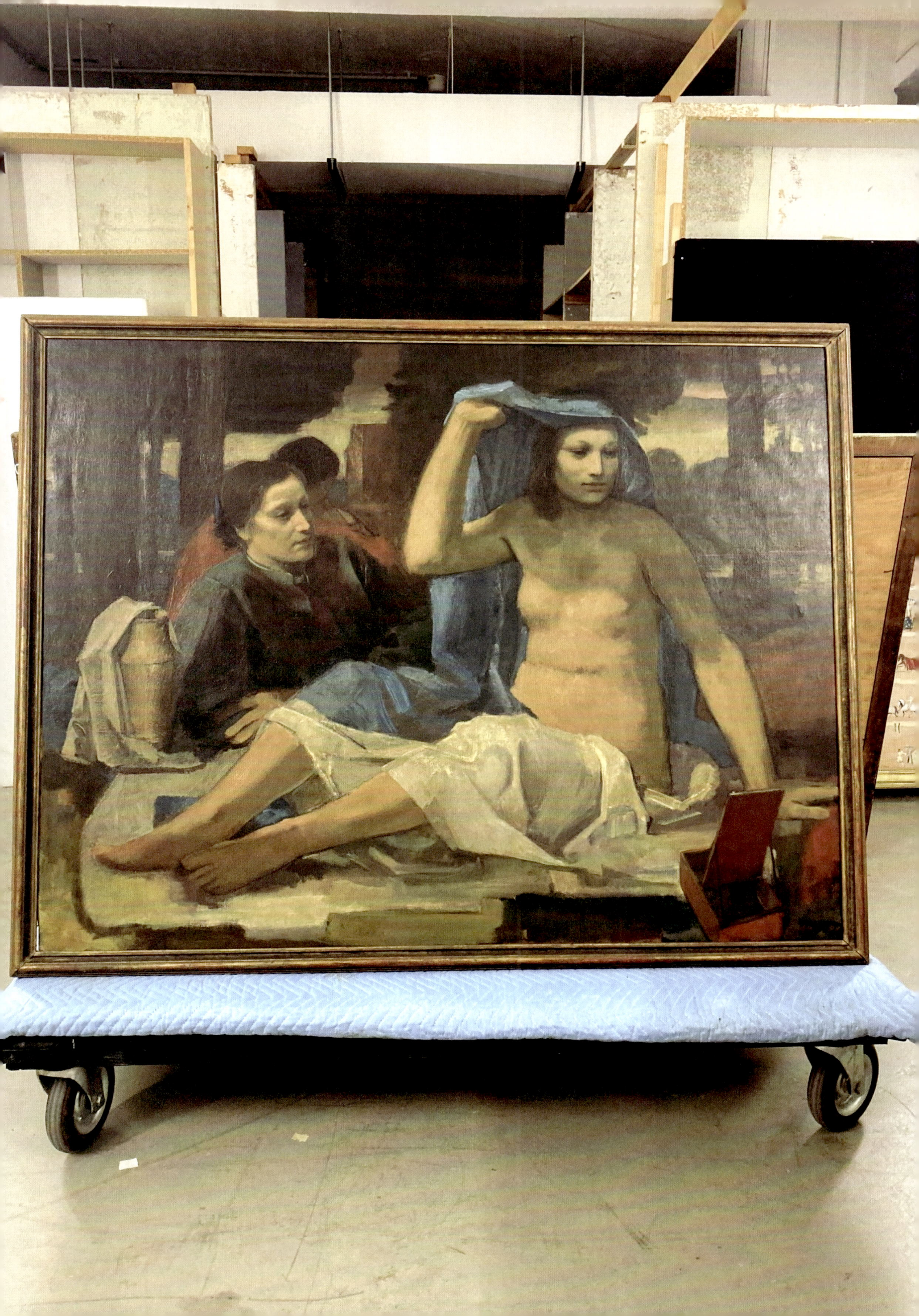

und Industrie abgehalten wurde. Mit dieser Ausstellung des in Deutschland verfemten Künstlers wollte sich das offizielle Österreich 1937 gegen die NS-Kunstpolitik, wenn auch halbherzig, positionieren. Man ließ die Ausstellung zu, unterstützte sie aber weder finanziell noch offensiv politisch. Die fast ausschließlich vom jüdischen Industriellen Ferdinand Bloch-Bauer subventionierte Schau wurde von den Repräsentant*innen des austrofaschistischen Regimes eher ignoriert.

Als Kokoschka, der seit 1934 in Prag lebte, erfuhr, dass seine Bilder in der zeitgleich laufenden „Schandausstellung" *Entartete Kunst* in München verhöhnt wurden, richtete er einen flammenden Appell an den Museumsdirektor Richard Ernst. Darin forderte er diesen auf, sich für ihn bei der österreichischen Regierung dafür zu verwenden, seine aus reichsdeutschen Sammlungen entlehnten Bilder nicht zurückzuschicken. Stattdessen verlangte er vom Staat, sie anzukaufen, „sofern Kultur und Civilisation nicht nur bloß eine Phrase sind".[52] Direktor Ernst setzte seine Hoffnungen auf das von ihm völlig missverstandene deutsch-österreichische Abkommen. Da es nicht zum Schutz verfemter, sondern vor allem zur Förderung nationalsozialistisch gesinnter Künstler*innen gedacht und angewandt wurde, blieb Kokoschkas Ersuchen wirkungslos. Ernst, dessen Eintreten für Kokoschka seine spätere Karriere erheblich belasten sollte, sah sich aus rechtlichen Gründen nicht befugt, bestehende Verträge zu brechen, weshalb Kokoschkas Bilder nach Ausstellungsschluss an die reichsdeutschen Eigentümer zurückgingen.[53] Trotz aller Widersprüche darf die Kokoschka-Ausstellung als letztes Lebenszeichen einer liberalen Kultur in Österreich gewertet werden.

## Übernahme der Wiener Künstlervereine durch „Illegale" und ihre politische Gleichschaltung 1937/38

Nach dem „Anschluss" Österreichs an das Deutsche Reich verfügte der Reichskommissar für die Wiedervereinigung Österreichs mit dem Deutschen Reich, Josef Bürckel, am 18. März 1938 die Einstellung der Tätigkeit sämtlicher Vereine bis zur Volksabstimmung. Zur Abwicklung installierte er am 17. Mai 1938 die „Dienststelle des Stillhaltekommissars Albert Hoffmann für Vereine, Organisationen und Verbände".[54] Kommissarische Leitungen wurden eingerichtet, Vereine aufgelöst und neu aufgestellt. In manchen Vereinen, wie in der Secession, kam es unter den „Illegalen" zu Machtkämpfen um die Führungsposition. So wurde dem Präsidenten Alexander Popp der in nationalsozialistischen Kreisen nicht unübliche Vorwurf der Förderung des „Kultur-Bolschewismus"[55] gemacht, weshalb er 1939 zugunsten des Malers Heinrich Revy, eines „Alten Kämpfers", abtreten musste.[56]

Im Künstlerhaus war die von Albert Janesch vorangetriebene Übernahme der „Illegalen" schon 1937 erfolgt. Am 24. November 1937 wurde ihr Wunschkandidat Leopold Blauensteiner zum Präsidenten des Künstlerhauses gewählt. Das Anbiedern des Künstlerhauses an das faschistische Regime machte sich auf allen Ebenen bemerkbar. Bereits am 29. März 1938 beschloss die Genossenschaft, den „Arierparagraphen" des RKK-Gesetzes in Geltung zu setzen. Die Verunsicherung unter den jüdischen Mitgliedern war groß. So fragte der betagte Architekt Friedrich Schön, ob er sich noch als Mitglied betrachten könne.[57] Er wurde, wie 125 andere Mitglieder, Förderer und Freunde, 1938 ausgeschlossen.[58] Schön wurde im November 1941 deportiert und ermordet.[59]

Völlig anders war die Situation im liberalen Hagenbund, in dem der Prozentsatz an jüdischen Künstler*innen vergleichsweise höher war bzw. es umgekehrt kaum „Illegale" gab.[60] Seine Liquidierung durch Wilhelm Frass[61] und Janesch war von Blauensteiner veranlasst worden. Blauensteiner hatte eine ganz persönliche Aversion gegen den Hagenbund, dem er ab 1911 angehörte und den er 1920 „wegen des Überhandnehmens der jüdischen Elemente"[62] verlassen hatte. Seine arischen Mitglieder traten dem Künstlerhaus, der Secession oder der „Gemeinschaft bildender Künstler" bei, einem Sammelbecken kleinerer Künstlervereine, die die Wiener Kunsthalle (Zedlitzhalle) bespielte. Liquidiert wurde ferner die Wiener Frauenkunst, deren arische Mitglieder in den neu gegründeten „Kunstverband Wiener Frauen" eintreten konnten.[63] Der Neue Werkbund Österreichs wurde in den „Wiener Kunsthandwerkverein" eingewiesen und der Österreichische Werkbund als „jüdische Institution"[64] aufgelöst.

Mit der Neuaufstellung der Wiener Künstlerschaft in den gleichgeschalteten Vereinen setzte ab März 1938 eine rege Ausstellungstätigkeit ein. Zentren waren das Künstlerhaus und das diesem unterstellte Ausstellungshaus Friedrichstraße (Secession).

| | |
|---|---|
| S. 31 | Rudolf Hermann Eisenmenger, Personalfragebogen, 19.5.1938, Gauakt, AT-OeStA |
| S. 32 | Oskar Kokoschka, *Selbstbildnis mit Stock*, 1935, Landessammlungen Niederösterreich |
| S. 33 | Schreiben von Oskar Kokoschka an Richard Ernst, Direktor des Österreichischen Museums für Kunst und Industrie, 23.7.1937, MAK |
| S. 34 | Vereinsakt Neuer Werkbund Österreich, Vermerk: Löschungsbescheid vom 11.11.1938, AT-OeStA |

Gehörten Sie oder gehören Sie noch einer Freimaurerloge oder einer logenähnlichen Vereinigung (Old Fellows, Druidenorden, Rotary Club) oder einem sonstigen Geheimbund an? Nein!

Welchen anderen Parteien, Organisationen, Verbänden und Vereinen (z. B. VF., CV., KV.) gehörten Sie an?
Wr.acad.Burschenschaft "Silesa"; der V.F.musste ich beitreten, weil meine Frau ihre Stelle als Mittelschullehrerin verloren hätte.

Waren Sie Funktionär einer dieser Organisationen? Nein!

Sind Sie aus anderen als pol. Gründen vorbestraft? Nein!

Art der Vorstrafen:

Angaben des Antragstellers über sonstige Tätigkeit für die NSDAP.:
Nach Verbot des Kampfbundes für Deutsche Kultur (Abt.bild.Kunst) wurde ich zur illegalen Mitarbeit, zunächst mit Pg.Karl Alex. Wilke, späterhin mit Prof.Leopold Blauensteiner (dem jetzigen Generalbeauftragten für bildende Kunst in Deutschösterreich) zugezogen, in der ill. Zeit (erfolgte) der Anschluss an das (illeg.)Kulturamt unter Pg. Stuppäck (dem jetzigen Staatssekretär) vollzogen. Ueber Vorschlag dieses Kulturamtes nahm ich 1937 im Auftrage des Staatsministers und Gauleiters Wagner in München, an den Prüfungsarbeiten über die Einsendung der Kunstwerke in das Haus der Deutschen Kunst in München teil.
Meine Mitarbeit im Kulturamt unter Pg.Prof.Blauensteiner u.Wilke erfolgte ohne Unterbrechung bis heute.

Die in den ersten Februartagen des Jahres 1937 vielbesprochene Proponentenliste zur Gründung des "Deutsch-sozialen Volksbundes in Oesterreich" trug auch meine Unterschrift.

Für Pg. Georg Stangel (den jetzigen Bezirksleiter des VI. Bezirkes von Wien - Mariahilf) hatte ich des öfteren Zeichnungen angefertigt, die, als Spendenmarken gedruckt, für illeg. Sammelzwecke verwendet wurden.

Vorstehende Angaben habe ich nach bestem Wissen und Gewissen gemacht.

Wien, den 19. Mai 1938.

Rudolf H. Eisenmenger
Unterschrift

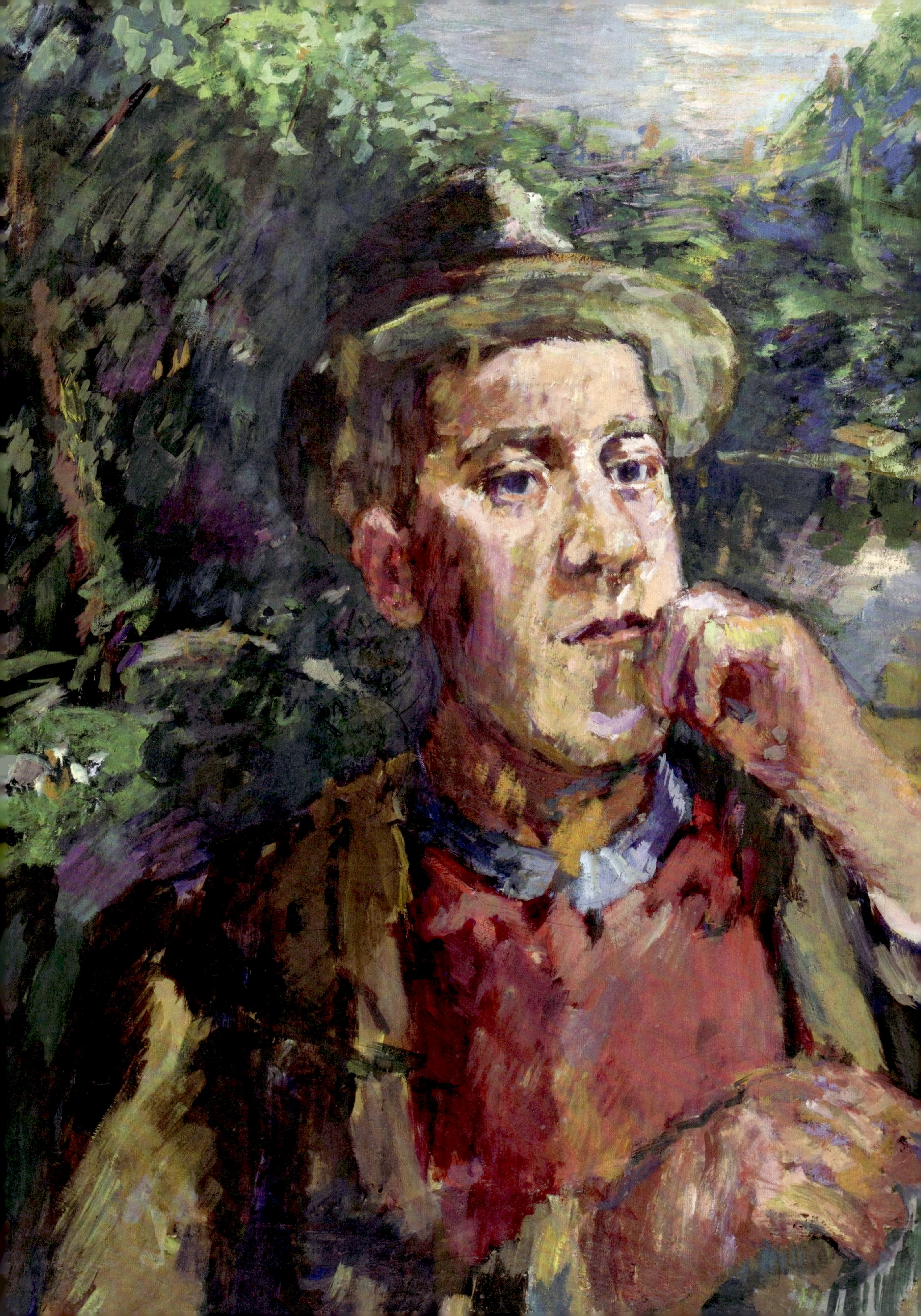

**ABSCHRIFT**

An die Direktion des
Oesterreichischen Museums,
W i e n, am Stubenring.

Sehr geehrter Herr Hofrat Dr. Ernst !

Ich wende mich an Sie als den offiziellen verantwortlichen Veranstalter der gegenwärtig im österreichischen Museum gezeigten Ausstellung meiner Werke.
Diese Ausstellung wurde zur Feier meines 50 jährigen Geburtstages arrangiert und mit grosser Freude und Rührung habe ich von dem Anteil an dieser Feier vernommen, den die österreichische Regierung bewies, Herr Minister a.D. Baron Hammerstein-Equord als Vertreter des Unterrichtsministeriums hat die Ausstellung eröffnet. Im Rahmen der Ausstellung wurden auch Bilder aus reichsdeutschem Musealbesitz aufgenommen, die vermutlich jetzt zurückerstattet werden sollen. Ich glaube in den Zeitungen des Oefteren von einem Kulturabkommen, das zwischen Oesterreich und Deutschland abgeschlossen worden sein soll, gelesen zu haben. Ich bitte deshalb hiemit, Sie, als den offiziellen Veranstalter meiner Ausstellung, bei der österreichischen Regierung in meinem Namen offiziell Einspruch dagegen erheben zu wollen, dass die, leider nur wenigen ! Bilder aus reichsdeutschem Musealbesitz, die für meine Ausstellung von dort geliehen wurden, zurückerstattet werden. Nachdem der Chef der deutschen Regierung, gleichzeitig sein mit allen Machtvollkommenheiten ausgestattetes Organ, ein Herr Adolf Ziegler, welcher die Propaganda-Ausstellung "Entartete Kunst" aus reichsdeutschem Musealbesitz zusammenstellt und in den deutschen Städten als "Prangerausstellung" herumschleift, in ihren öffentlichen Reden, am 19.Juli, zu München, gelegentlich der Einweihung des Tempels der deutschen Kunst, meine Kunst, die meiner Kameraden in Deutschland und jener im Ausland, sogar die der klassischen Franzosen der Aera des sogenannten Impressionismus, als "Volksbetrug von Spitzbuben", als "Schmieragen im Auftrag jüdischer Kunsthändler, geeignet das germanisch-arische Empfinden zu schädigen" bezeichnet haben, bin ich gewillt, Rechtsschutz, der auch für geistiges Eigentum gelten muss, soferne Kultur und Civilisation nicht nur bloss eine Phrase sind, anzufordern. Ich habe von den österreichischen Regierungen nie die geringste Unterstützung in meinem 30 jährigen künstlerischen Wirken bisher verlangt. Nun bitte ich, durch Ihre gütige Intervention, sehr geehrter Herr Direktor, dass meine Bilder entweder dem reichsdeutschen Staat abgekauft werden, die Mittel wird man auf dem Wege einer internationalen oder inländischen Collekte auftreiben, oder dass die Bilder nur unter dem Vorbehalt, einer offiziellen Entschuldigung der deutschen Reichs-Chefs, an die betreffenden Museen zurückerstattet werden.
Ich will hiemit offiziell ausdrücken, dass es für mich keine Ehre mehr bedeutet, wenn meine Werke noch länger im Besitz reichsdeutscher Museen bleiben, worder Kulturwille so schwach ist, dass er diesen Besitz nicht moralisch zu verteidigen wagt.

2./

Ich will mit diesem Schritt auch auf gegen die ganz bedenkliche und in Europa unerhörte Stelle der Rede des deutschen Regierungs-Chefs, im Namen der lebenden, "sogenannten Modernen" Künstler protestieren, in welcher ein Staatsoberhaupt einer Kulturnation, vielleicht aus Ressentiment, seine eigenen Landsleute, soweit sie als schaffende Künstler einen Weltruf erworben haben, ironisch ! an eine gewisse Reichsanstalt empfiehlt, wo sie sterilisiert werden sollen ! Nachdem ein ausserordentlich zahlreiches Publikum, gebildet aus den Spitzen der reichsdeutschen Behörden und der führenden Gesellschaft, dieser mehrstündigen, von Drohungen und hasserfüllten Invertiven gegen die sogenannten "Modernen Künstler" der ganzen Welt strotzenden Rede des Reichsschefs ihren stürmischen Applaus gespendet hat, so ist es nicht ausgeschlossen, dass unter solchem politischen Druck der Verbrechensanreizung von den aufgeforderten Behörden willig Folge geleistet wird, das bedeutete eine neue Welle von Progroms, einen Bildersturm, wie er nur aus dem frühen Mittelalter und dann an der Peripherie europäischer Kulturkreise als geistige Verirrung von der europäischen Geschichte verzeichnet wurde.
Ich bitte, diese Sicherungsmassnahme auch gütigst auf meine in Paris von der österreichischen Regierung ausgestellten Werke auszudehnen, die auch zum grösseren Teile aus reichsdeutschem Musealbesitz stammen. Für jede Unterstützung in diesem, nicht allein persönlich dringlichen, sondern öffentlich wichtigen Fall, verspreche ich mit meinem Wort, der österreichischen Regierung, beziehungsweise jenen Herrn Beamten aufrichtig dankbar zu bleiben, die mir und somit der Modernen Kunst, dem Modernen Geist, Rechtsschutz angedeihen lassen.
Sehr geehrter Herr Direktor, in Erwartung Ihrer ehestbaldigen, geschätzten, hoffentlich positiven Nachricht, bin ich

Ihr sehr ergebener
Oskar Kokoschka.

Oskar Kokoschka e.h.

Mähr.-Ostrau, 23. VII. 1937.
Palace-Hotel.

| Blatt Zahl | V. B. Zahl | Inhalt | Anmerkung |
|---|---|---|---|
| | W1934 | Präs.: Prof. Clemens Holzmeister. 1., Schillerpl. 3. | |
| | 2220/37 | ~~Bildung (Errichtung)~~ Statutenänderung nicht untersagt (~~genehmigt~~). Erl. d. B. K. A. v. 19/3 1937. Zl. 318 104 Abt. G.L.2 bezw. d. Mag. Abt. 2 v. 25/3 1937. Zl. 2323 | |
| | W.1937 | [illegible] | |
| | IV B 4317/1938 | [illegible] 12/10 1938, IV Ab 37 A [illegible] „Wiener Kunsthandwerksverein" ([illegible]) I [illegible] 13 | |
| | Gelöscht 1938 | Löschungsantrag: V. B. MA 2/8875/38 v. 15.XI.38 übermittelt Löschungsbescheid d. Min. f. inn. u. kult. Angelegenheiten vom 11.XI.38, Zl. [illegible] I E1 - 496/38 | |
| Dr.Bu. | V-2905.41 | Reichsstatthalter in Wien-Ia VB-5979/39 v.14.2.1941-Stellungnahme zum Lösch.Antrag. über Anzeige der Vereinsleitung betr.Einweisung in den Wiener Kunsthandwerkverein. | Am 20.2.41 mit Lösch.Daten retour. |

1 Hans Hinkel (Hg.): Handbuch der Reichskulturkammer, Berlin 1937; Karl-Friedrich Schrieber (Hg.): Das Recht der Reichskulturkammer, Berlin 1943; Volker Dahm: Anfänge und Ideologie der Reichskulturkammer, in: Vierteljahrshefte für Zeitgeschichte 24 (1986), S. 53–84.

2 Alan E. Steinweis: Art, Ideology, and Economics in Nazi Germany. The Reich Chambers of Music, Theater, and the Visual Arts, Chapel Hill, London 1993, S. 9.

3 Wiener Stadt- und Landesarchiv (WStLA), M.Abt. 119, A32, Gelöschte Vereine, 4711/1931.

4 WStLA, Gauakt Hermann Stuppäck, NSDAP-Mitgl.-Nr. 896.082 (ab 28.2.1932). Der Lyriker Hermann Stuppäck (1903–1988) stieg nach dem „Anschluss" zu einem der mächtigsten Kulturfunktionäre der NSDAP auf. Ab 22.9.1938 war er Sachberater für Schrifttum im Kulturamt und übernahm viele weitere Funktionen. Unter Baldur von Schirach erfolgte am 17.12.1940 die Ernennung zum Leiter der Kulturabteilung im Reichspropagandaamt (RPA). 1942 wurde er zum stellvertretenden und am 1.1.1944 zum Generalkulturreferenten im RPA – anstelle von Walter Thomas – ernannt. 1945 von den Amerikanern interniert, kam er 1947 ohne Verfahren frei. In Salzburg startete er eine erstaunliche Karriere als Kulturorganisator. 1963 bis 1978 übernahm Stuppäck als Nachfolger Oskar Kokoschkas die künstlerische Leitung der Salzburger Sommerakademie. Vgl. Karin Gradwohl-Schlacher: Literatur in Österreich 1938–1945 (Handbuch eines literarischen Systems, hg. von Uwe Baur, Bd. 4), Wien u.a. 2018, S. 818–826; Martin Fritz: Humanismus, Pluralismus, Globalisierung. Sechs Jahrzehnte Internationale Sommerakademie für Bildende Kunst Salzburg, in: Hildegund Amanshauser (Hg.): Das schönste Atelier der Welt. 60 Jahre Internationale Sommerakademie für Bildende Kunst Salzburg, Salzburg, Wien 2013, S. 16–49.

5 O. A.: Frauenfeld und Stuppäck ins Reichspropagandaamt berufen, in: Das kleine Volksblatt, 17.12.1940, S. 8.

6 Aufgrund des zunehmenden NS-Terrors erließ die österreichische Bundesregierung am 19.6.1933 ein Verbot der NSDAP einschließlich sämtlicher Unterorganisationen. Alle Personen, die sich bis zum „Anschluss" weiterhin zur NSDAP bekannten oder für sie tätig waren, wurden als „illegale Nationalsozialisten" oder „Illegale" bezeichnet.

7 O. A.: Neue Mitglieder der „Sezession", in: Neue Freie Presse, 16.7.1932, S. 2.

8 O. A.: Professor Strnad lehnt den Eintritt in die Sezession ab. Hakenkreuzler-Strömungen in der Sezession?, in: Die Stunde, 22.9.1932, S. 10.

9 Sabine Plakolm-Forsthuber: Künstlerinnen in Österreich. Malerei, Plastik, Architektur 1897–1938, Wien 1994, S. 64–71.

10 Kerstin Jesse: „Außerordentliche" Frauen im Hagenbund. Künstlerinnen und ihre Netzwerke, in: Agnes Husslein-Arco, Matthias Boeckl, Harald Krejci (Hg.): Hagenbund. Ein europäisches Netzwerk der Moderne. 1900 bis 1938 (Ausstellungskatalog Unteres Belvedere, Wien), München 2014, S. 357–366.

11 Österreichisches Staatsarchiv, Archiv der Republik (AT-OeStA/AdR), Inneres, Polizeidirektion in Wien, XIV-1946, Satzungen der Ständigen Delegation (StD), 21.4.1926.

12 Künstlerhaus, Archiv (KH Archiv), Akt StD, Schreiben Hans Ranzoni an Oskar Glatz, 13.2.1934.

13 Karl Novak (Hg.): Kunst in Bewegung. 100 Jahre Berufsvereinigung der bildenden Künstler Österreichs, Wien 2012, S. 13–17.

14 Ebd., S. 15.

15 KH Archiv, Akt StD, Schreiben Albert Janesch an die StD, 5.11.1926.

16 AT-OeStA/Gauakt Albert Janesch, NSDAP-Mitgl.-Nr. 1.600.275 (ab 18.2.1933).

17 Gerhard Botz: Nationalsozialismus in Wien. Machtübernahme, Herrschaftssicherung, Radikalisierung, Kriegsvorbereitung 1938/39, Wien 2018, S. 22.

18 KH Archiv, Akt StD, StD an den Bürgermeister, 16.5.1933; Kleine Chronik, in: Neue Freie Presse, 12.5.1933, S. 6.

19 WStLA, Volksgericht Wien, Serie 2.3.14.A1: Vg 2c Vr 404/45, Leopold Blauensteiner; WStLA, Gauakt Leopold Blauensteiner, NSDAP-Mitgl.-Nr. 1.384.504 (ab 1.7.1932).

20 KH Archiv, Akt StD, Mitteilung über den Beitritt der StD zur Vaterländischen Front (VF), 21.4.1934.

21 Monika Mayer: Freiwillige Verschmelzung. Künstlervereinigungen in Wien 1933–1945, in: Jan Tabor (Hg.): Kunst und Diktatur. Architektur, Bildhauerei und Malerei in Österreich, Deutschland, Italien und der Sowjetunion 1922–1956 (Ausstellungskatalog Künstlerhaus Wien), Baden 1994, S. 288–293, hier S. 292.

22 KH Archiv, Akt StD, Mitglieder-Organigramm, 1937.

23 O. A.: Generalversammlung, in: Nachrichtenblatt des Zentralverbandes bildender Künstler Oesterreichs (1938) 40, S. 20.

24 Nina Kubowitsch: Die Reichskammer der bildenden Künste. Grenzsetzungen in der künstlerischen Freiheit, in: Wolfgang Ruppert (Hg.): Künstler im Nationalsozialismus. Die „Deutsche Kunst", die Kunstpolitik und die Berliner Kunsthochschule, Köln u.a. 2015, S. 75–96, hier S. 76.

25 WStLA, Gauakt Rudolf Böttger, NSDAP-Mitgl.-Nr. 6.130.519; Berufsvereinigung der bildenden Künstler Österreichs, Archiv (BV Archiv), Akt Rudolf H. Eisenmenger, Lebenslauf 1943, NSDAP-Mitgl.-Nr. 1.457.641 (ab 28.2.1933); BV Archiv, Akt Igo Pötsch, Beitritt zur NSDAP am 26.6.1938 angemeldet; BV Archiv, Akt Gustav Schütt, NSDAP-Anwärter ab 1941; Ernst Dombrowski, NSDAP-Mitglied ab 1932. Franz Wacik verstarb am 15.9.1938.

26 WStLA, MA 19, A32, Gelöschte Vereine, 2913/1937, Bund deutscher Maler Österreichs (BDMÖ) an die Gemeindeverwaltung der Stadt Wien, o.D., 1937.

27 Wikipedia, Ernst von Dombrowski (Künstler), https://de.wikipedia.org/wiki/Ernst_von_Dombrowski_(K%C3%BCnstler)#cite_note-Ausstellung-4 (17.7.2020).

28 WStLA, MA 19, A32, Gelöschte Vereine, 2913/1937, BDMÖ, Bericht der Bundespolizeidirektion an den Sicherheitsdirektor des Bundes für die bundesunmittelbare Stadt Wien, 27.4.1937.

29 Ebd., Schreiben Ernst Dombrowski an Leopold Blauensteiner, 5.5.1937.

30 KH Archiv, Akt BDMÖ, Schreiben des BDMÖ an die Genossenschaft, 16.6.1937.

31 KH Archiv, Akt StD, Schreiben Hans Ranzoni an Franz von Papen, 2.2.1937.

32 KH Archiv, Akt BDMÖ, Richtlinien.

33 Th. Hg.: Der Bund deutscher Maler Österreichs, in: Völkischer Beobachter, 17.4.1938, S. 12.

34 BV Archiv, Akt Alfred Cossmann, Lebenslauf, um 1940.

35 Bundesarchiv, Berlin (BArch Berlin), R55/20252a, Gottbegnadeten-Liste, 1944. Die Liste umfasst 1.041 Namen von Künstler*innen aus allen Sparten der bildenden Kunst, Architektur, Literatur, Musik und Schauspielkunst, die im „Künstlerkriegseinsatz" standen und nicht zum Wehrdienst eingezogen werden sollten. Vgl. Oliver Rathkolb: Führertreu und gottbegnadet. Künstlereliten im Dritten Reich, Wien 1991, S. 173.

36 AT-OeStA/Gauakt Alexander Popp, NSDAP-Mitgl.-Nr. 6.145.512 (ab Jänner 1935).

37 O. A.: Deutsche Baukunst in Wien, in: Salzburger Volksblatt, 8.4.1937, S. 3.

38 Bernhard Kramer: Die Olympischen Kunstwettbewerbe von 1912 bis 1948. Ergebnisse einer Spurensuche, Weimar 2004.

39 Matthias Marschik: Theodor Schmidt. Ein jüdischer „Apostel der Olympischen Idee" (Jüdische Miniaturen, hg. von der Stiftung Neue Synagoge Berlin, Centrum Judaicum, Bd. 215), Berlin 2018, S. 40–43.

40 Kramer, Die Olympischen Kunstwettbewerbe, S. 165.

41 Petra Kornmeier: Politische Hintergründe von Olympischen Spielen in Deutschland, Dipl.-Arb., Univ. Wien, 2013.

42 Künstlerhaus Wien: Ausstellung der für den Kunstwettbewerb der XI. Olympischen Spiele in Berlin bestimmten Kunstwerke Österreichs (Ausstellungskatalog, Wien Künstlerhaus), Wien 1936.

43 O. A.: Eine goldene Olympiamedaille für den architektonischen Entwurf „Schistadion der Zwanzigtausend" von Hermann Kutschera, in: Profil 4 (1936) 9, S. 402–403.

44 KH Archiv, Akt Olympischer Kunstwettbewerb, Verkäufe in der Österreichischen Abteilung der Olympischen Kunstausstellung, 1936.

45 O. A.: Österreichische Kunst im Musée du Jeu de Paume – Paris, in: Österreichische Kunst 8 (1937) 5, S. 6–12.

46 O. A.: Ausstellung österreichischer Kunst in Paris, in: Neue Freie Presse, 13.4.1937, S. 9.

47 KH Archiv, Akt StD, Schreiben der StD an das Bundesministerium für Unterricht (BMU), 10.7.1937; StD der bildenden Künstler Österreichs, Österreichische Ausstellung in Paris, in: Nachrichtenblatt des Zentralverbandes bildender Künstler Oesterreichs (1937) 36, S. 6–7.

48 KH Archiv, Akt StD, Schreiben der StD an Hans Pernter, 25.2.1937.

49 Haus der Kunst, München, Historisches Archiv.

50 BV Archiv, Akt Alexander Wilke, Schreiben Emil Hübl an die Genossenschaft bildender Künstler, 12.9.1946, NSDAP-Mitgl.-Nr. 1.086.707 (ab 1932).

51 AT-OeStA/Gauakt Rudolf H. Eisenmenger, NSDAP, Personalfragebogen, 19.5.1938, NSDAP-Mitgl.-Nr. 1.457.641 (ab 28.2.1933).

52 Museum für angewandte Kunst Wien, Sammlung (MAK Sammlung), Akt 240/1937, Brief von Oskar Kokoschka an Richard Ernst, 23.7.1937.

53 Sabine Forsthuber: Oskar Kokoschka und die Wiener Ausstellungspolitik vor dem Anschluß, in: Kunsthistoriker 5 (1988) 3/4, S. 33–41.

54 Botz, Nationalsozialismus in Wien, S. 268.

55 AT-OeStA/AdR, Akten der Stillhaltekommission 37 A/1, Bildende Kunst, Schreiben des Amtsleiters der Sillhaltekommission Richard Schalk an Leopold Blauensteiner, 28.7.1938.

56 WStLA, Gauakt Heinrich Revy, NSDAP-Mitgl.-Nr. 1.209.215 (ab 1.8.1932). Als „Alte Kämpfer" bezeichnete man jene Personen, die vor dem NSDAP-Verbot in Österreich 1933 bereits Parteimitglied und wesentlich an den Kämpfen des Juliputsches 1934 beteiligt waren.

57 KH Archiv, Protokolle 1938, Verhandlungsschrift der kommissarischen Leitung, 3.5.1938.

58 Ebd., Jahresbericht 1937/1938, 25.10.1938.

59 Ursula Prokop: Friedrich Schön, in: Architekturzentrum Wien, Architektenlexikon Wien 1770–1945, http://www.architektenlexikon.at/de/564.htm (17.7.2020).

60 Ernst Ploil: Das Ende des Hagenbundes, in: Peter Chrastek (Hg.): Hagenbund und seine Künstler. Wien 1900–1938. Expressiv, neusachlich, verboten, Wien 2016, S. 13–15, hier S. 13.

61 WStLA, Gauakt Wilhelm Frass, NSDAP-Mitgl.-Nr. 1.621.727 (ab 1933); AT-OeStA/AdR, Gauakt Wilhelm Frass.

62 WStLA, Bestand 3.7.3.A1.101.3, Persönlichkeiten des Wiener Kultur- und Geisteslebens, 1942–1943, Leopold Blauensteiner.

63 Plakolm-Forsthuber, Künstlerinnen in Österreich, S. 83–86.

64 AT-OeStA/AdR, Akten der Stillhaltekommission 37 A/1, Bildende Kunst – Organisationen, Schreiben, 13.12.1938.

## ② Gleichgeschaltet
## Die Reichskammer der bildenden Künste Wien

Die rechtliche Grundlage für die Institution der Reichskulturkammer bildete das am 22. September 1933 beschlossene Reichskulturkammergesetz[1], das insgesamt sieben Paragrafen umfasste. Damit wurde der gesetzliche Rahmen für die RKK geschaffen und die Kulturarbeit zu einer politischen Aufgabe erhoben, die dem diktatorischen System entsprechend zentralistisch von Berlin aus geführt wurde. Jegliche Art von „individualistischer Note" der Künstler*innen sollte verhindert und damit „die ungehinderte Entfaltung des Kulturbolschewismus" eingeschränkt werden.[2] Mit der auf diesem Gesetz beruhenden zwangsweisen Zusammenführung aller im Kulturbereich Tätigen begann in Deutschland die Verstaatlichung und Überwachung der deutschen Kultur, die als Aufgabe der Partei seitens des Ministers für Propaganda und Volksaufklärung, Joseph Goebbels, gelenkt wurde.

### Reichskulturkammer

Die RKK setzte sich aus sieben Einzelkammern zusammen: Reichspressekammer, Reichsrundfunkkammer, Reichsfilmkammer, Reichstheaterkammer, Reichsmusikkammer, Reichsschrifttumskammer und Reichskammer der bildenden Künste, die alle die Eigenschaft von Körperschaften des öffentlichen Rechts erhielten.[3] Der Präsident der RKK, Joseph Goebbels, ernannte für jede Einzelkammer einen Präsidenten, dem ein Präsidialrat zur Seite gestellt wurde und aus dem ein oder mehrere Stellvertreter sowie ein Geschäftsführer bestimmt wurden. Die Einzelkammern gliederten sich wiederum in Fachverbände oder Fachschaften. Als Präsidenten der Einzelkammern wurden Richard Strauss für die Musikkammer, Eugen Hönig für die Kammer der bildenden Künste, Otto Laubinger für die Theaterkammer, Hans Friedrich Blunck für die Schrifttumskammer, Max Amann für die Pressekammer, Horst Dressler für die Rundfunkkammer und Fritz Scheuermann für die Filmkammer ernannt.[4]

Die von der NS-Politik damit gesetzlich festgelegte und verpflichtende Zwangsmitgliedschaft bedeutete eine tief greifende Zäsur für die Arbeit der Künstler*innen. Denn ab nun kontrollierte und leitete der Parteiapparat der RKK deren nationalsozialistische Gleichschaltung und schloss „rassisch" sowie politisch unerwünschte Personen von der Mitgliedschaft aus. Ebenso wurde die Aufgabe der Kulturvermittlung zur Agenda der nationalsozialistischen Politik erhoben, womit sich diese den Einfluss auf die gesamte Kulturarbeit des Dritten Reiches sicherte.

### Reichskammer der bildenden Künste, Zentralstelle Berlin

Per Gesetz wurde nun die Reichskammer der bildenden Künste[5] zum zentralen Organ der Kunst- und Künstlerverwaltung des Dritten Reiches und die Mitgliedschaft die Voraussetzung der Berufsausübung. Die RdbK war in folgende Gruppen von Künstler*innen zusammengefasst: „Architekten, Gartengestalter, Maler, Graphiker, Bildhauer, Gebrauchsgraphiker, Kunsthandwerker, Entwerfer, Raumausstatter, Kopisten, Restauratoren, Kunst- und Antiquitätenhändler, Kunstverleger und Kunstblatthändler, Gebrauchs- und Werbekunstmittler, Künstler- und Kunstvereine, Vereine für Kunsthandwerk und Anstalten der bildenden Künste."[6] Letztere unterlagen als Unterrichtsstätten und wichtige Vermittlerinnen von Kunst ebenfalls dem Reichskulturkammergesetz, womit „die Reichskammer die Möglichkeit [hatte], auf die Kunsterziehung, auf die Heranbildung der kommenden Künstlergenerationen einzuwirken".[7] Auch die an den Ausbildungsstätten lehrenden Personen mussten Mitglieder der Reichskammer sein.

Präsident der Zentralstelle der RdbK in Berlin war der deutsche Architekt Eugen Hönig, der ab März 1933 Vorsitzender des „Bundes Deutscher Architekten" (BDA) war und im Herbst 1933 das Amt des Präsidenten der RdbK übernahm, das er insgesamt drei Jahre innehatte. Ihm folgte der Maler Adolf Ziegler von 1936 bis 1943 als Präsident, von 1943 bis 1945 übernahm

S. 40–41 Schematische Darstellung der Reichskulturkammer aus dem Buch von Max Eichler: *Du bist sofort im Bilde. Lebendig-anschauliches Reichsbürger-Handbuch*, 1938, WM
S. 44 Leopold Blauensteiner, *Selbstporträt*, um 1937, Sammlung Albert Blauensteiner
S. 45 Ernennung Leopold Blauensteiners zum treuhänderischen Leiter aller Institutionen für bildende Kunst, 15.4.1938, KH Archiv

# Die Reichskulturkammer

Verfassung und Aufbau der deutschen Kulturorganisation

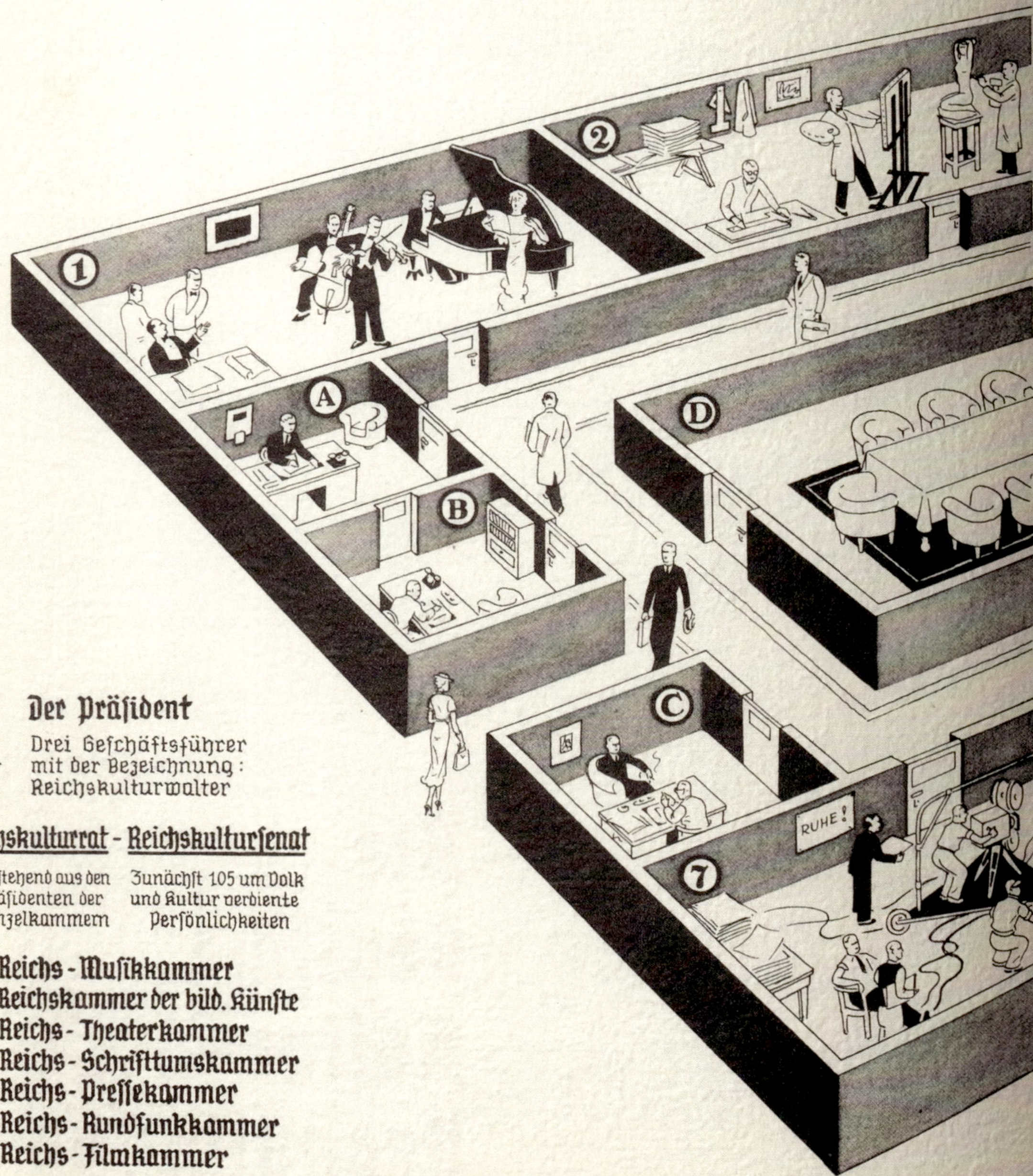


**Der Präsident**

(A) (B) (C) } Drei Geschäftsführer mit der Bezeichnung: Reichskulturwalter

**Reichskulturrat** – **Reichskultursenat**

(D) Bestehend aus den Präsidenten der Einzelkammern — Zunächst 105 um Volk und Kultur verdiente Persönlichkeiten

1. Reichs-Musikkammer
2. Reichskammer der bild. Künste
3. Reichs-Theaterkammer
4. Reichs-Schrifttumskammer
5. Reichs-Pressekammer
6. Reichs-Rundfunkkammer
7. Reichs-Filmkammer

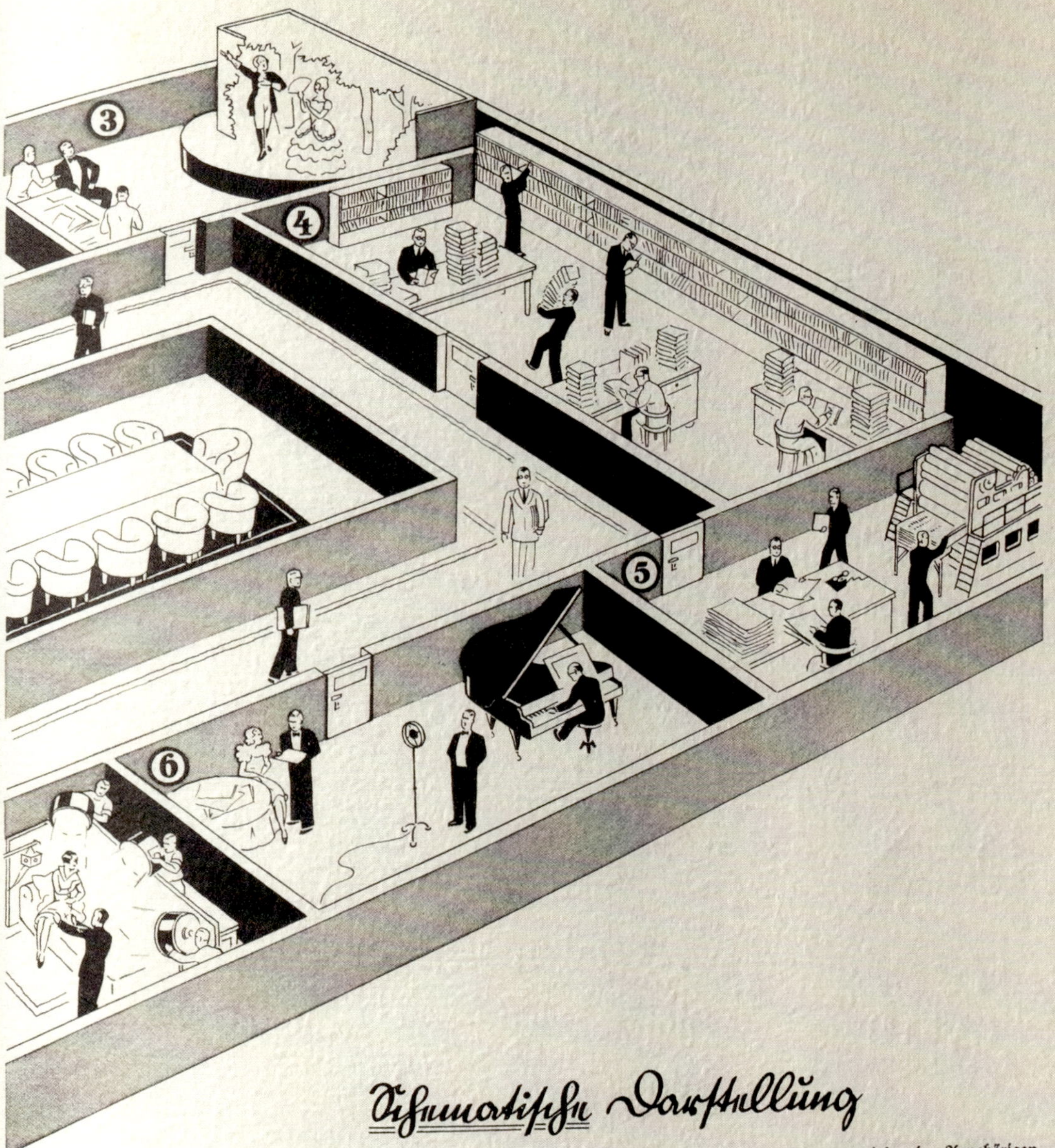


## Schematische Darstellung

Die Reichskulturkammer hat die Aufgabe, durch Zusammenwirken der Angehörigen aller von ihr umfaßten Tätigkeitszweige unter der Führung des Reichspropagandaministers die deutsche Kultur in Verantwortung für Volk und Reich zu fördern, die wirtschaftlichen und sozialen Angelegenheiten der Kulturberufe zu regeln und zwischen allen Bestrebungen der ihr angehörenden Gruppen einen Ausgleich zu bewirken.
(§ 3 der 1. Durchf.VO. zum RKK-Gesetz.)

## Die Reichskammer der bildenden Künste
## Landesleitung Wien

### Landesleiter

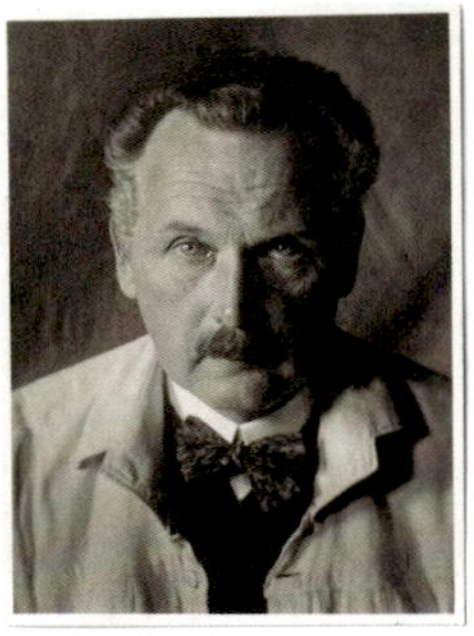
KH Archiv

**1938–1945**
**Leopold Blauensteiner**
(1880–1947)
Beruf: Maler
RdbK-Mitglied:
☒ ja Ⓜ 16 988
NSDAP-Mitglied:
☒ ja ab 1932

### Geschäftsführer

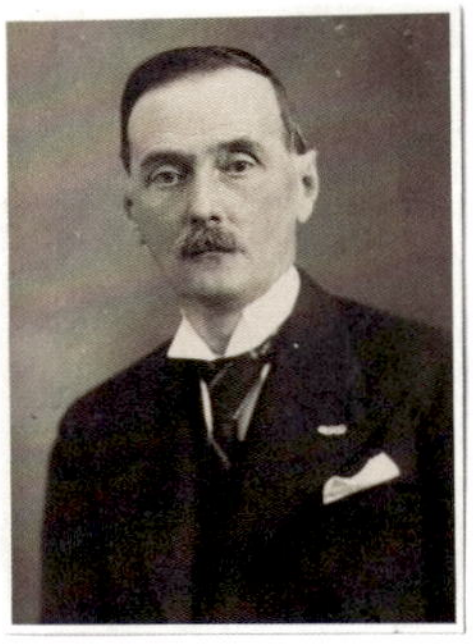
WStLA

**1938–1944**
**Marcel Kammerer**
(1878–1959)
Beruf: Architekt, Maler
RdbK-Mitglied:
☒ ja Ⓐ 22 682 Ⓜ 26 242
NSDAP-Mitglied:
☒ ja ab 1933

### Referenten

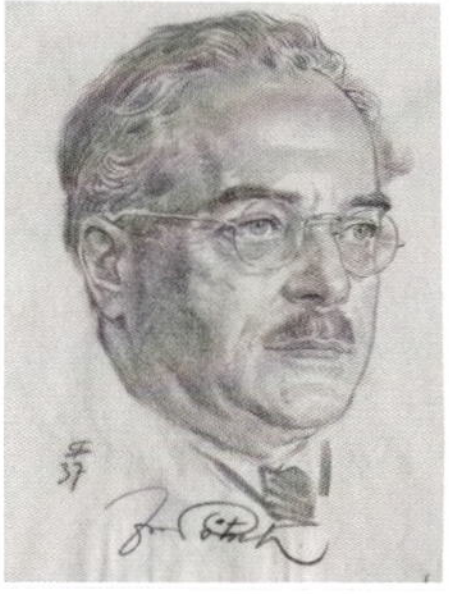
ÖNB

**Malerei**
**Igo Pötsch**
(1884–1943)
Beruf: Maler
RdbK-Mitglied:
☒ ja Ⓜ 25 114
NSDAP-Mitglied:
☒ ja vor 1938

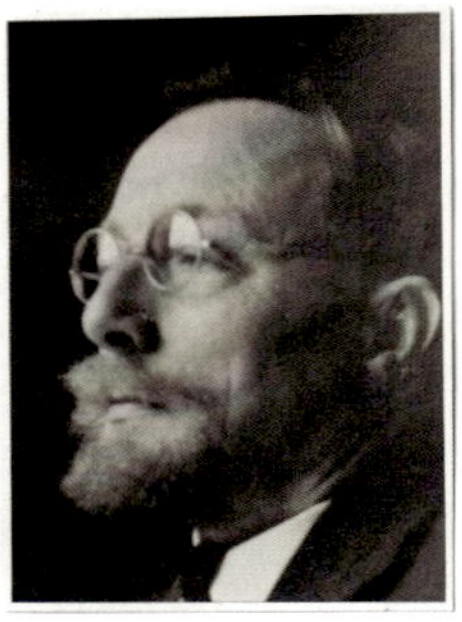
BV Archiv

**Bildhauerei**
**Ferdinand Opitz**
(1885–1960)
Beruf: Bildhauer
RdbK-Mitglied:
☒ ja Ⓑ 3525
NSDAP-Mitglied:
☒ ja ab 1938

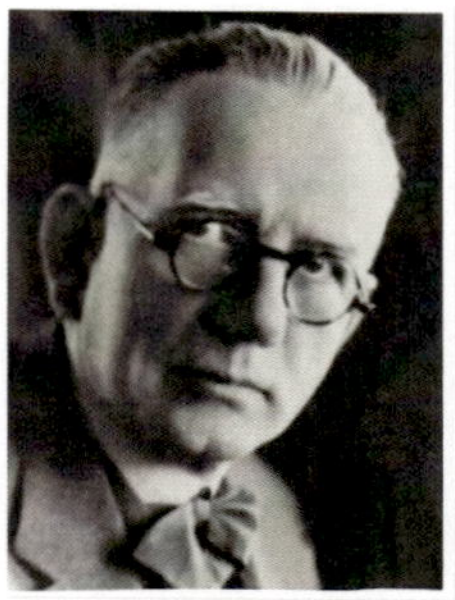
WStLA

**Architektur**
**Robert Örley**
(1876–1945)
Beruf: Architekt
RdbK-Mitglied:
☒ ja Ⓐ 22 953
NSDAP-Mitglied:
☒ ja ab 1938

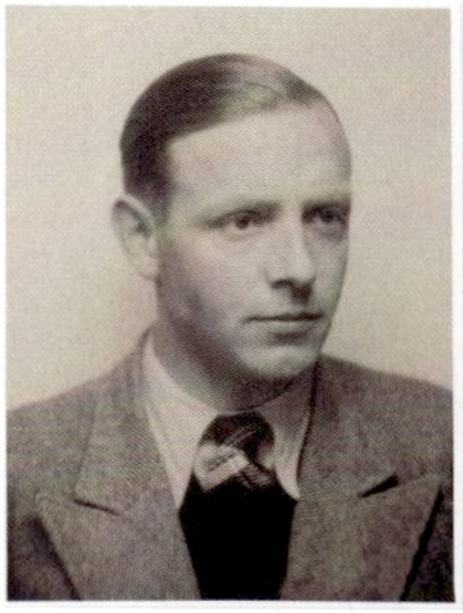
AT-OeStA

**Kunsthandwerk**
**Hanns Sanders**
(1904–?)
Beruf: Maler, Grafiker
RdbK-Mitglied:
☒ ja Ⓜ 15 689
Ⓖ 4731
NSDAP-Mitglied:
☒ ja ab 1932

### weitere Referenten

**Kunsterziehung und Kunstschulen**
Robert Eigenberger

**Antiquitätenhandel**
Viktor Reitzner

**Kunstversteigerungen**
Gilbert von Schiviz

1943–1945
Franz Schlögel
(1894–1968)
Beruf: Schriftsteller

NSDAP-Mitglied:
☒ ja ab 1930

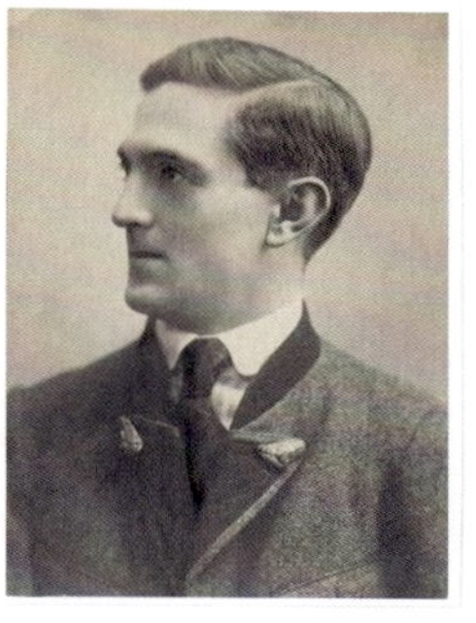
WB

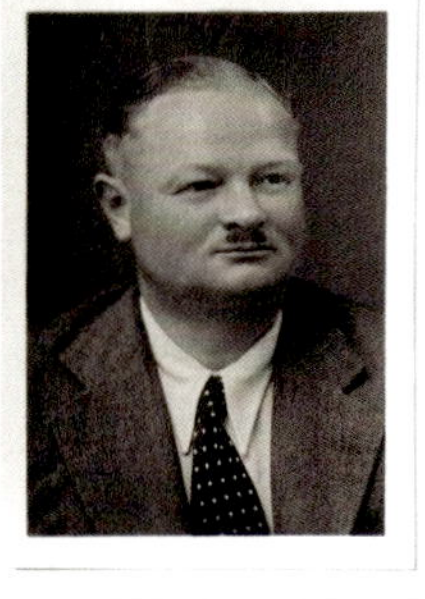
BV Archiv

Garten-
gestaltung
Otto Gälzer
(1896–1945)
Beruf: Gartengestalter
RdbK-Mitglied:
☒ ja GG 715
NSDAP-Mitglied:
☒ ja ab 1934

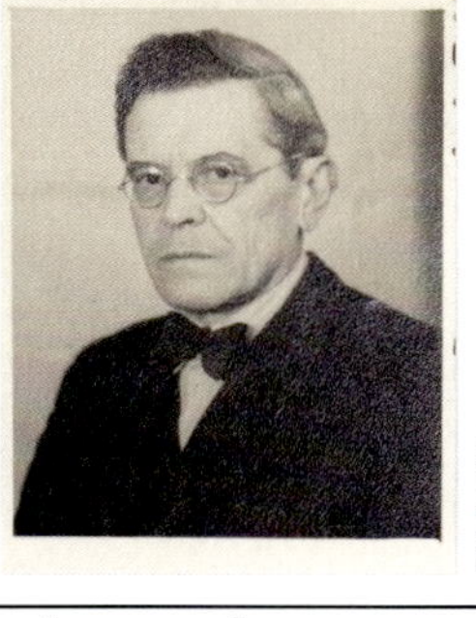
BV Archiv

Gebrauchs-
graphik
Ernst L. Franke
(1886–1948)
Beruf: Maler, Grafiker
RdbK-Mitglied:
☒ ja M 25 451
G 5792
NSDAP-Mitglied:
☒ ja ab 1931

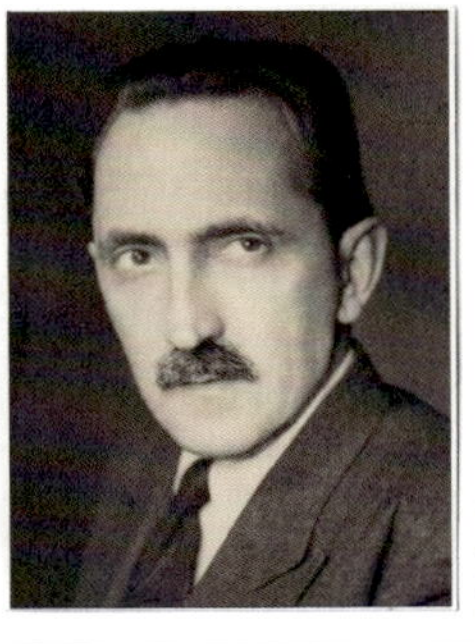
BV Archiv

Grabmal und
Friedhof
Alfons Riedel
(1901–1969)
Beruf: Bildhauer
RdbK-Mitglied:
☒ ja B 3672
NSDAP-Mitglied:
☒ ja ab 1941

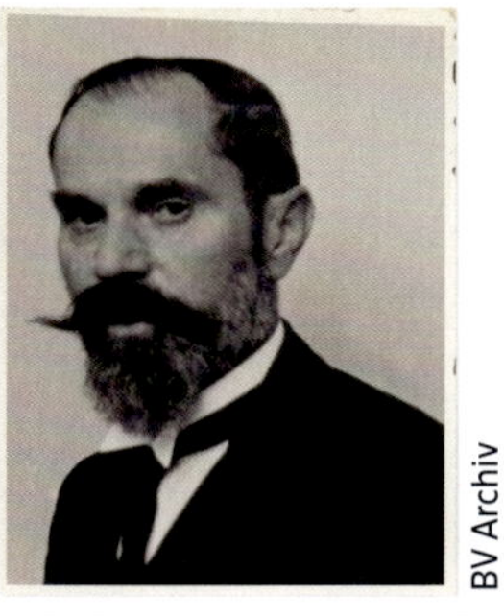
BV Archiv

Vereine und
Ausstellungen
Oswald Grill
(1878–1964)
Beruf: Maler
RdbK-Mitglied:
☒ ja M 25 280
NSDAP-Mitglied:
☒ ja nach 1938

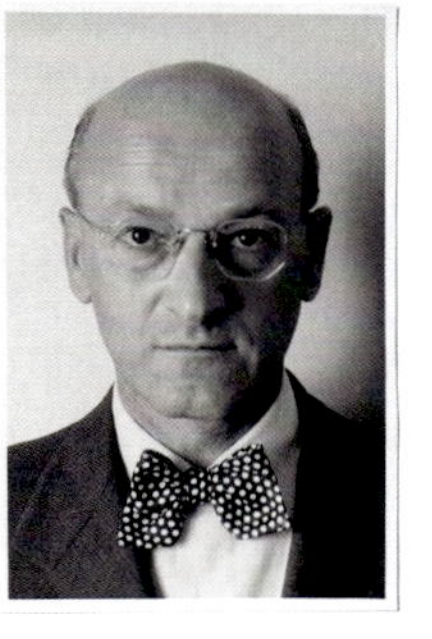
KH Archiv

Preise und
Ehrengaben
Emil Bröckl
(1906–1992)
Beruf: Maler, Grafiker
RdbK-Mitglied:
☒ ja unbekannt
NSDAP-Mitglied:
☒ ja ab 1933

Kunsthandel, Kunstblatthandel und Verlage
August Eymer

Museen und Sammlungen
Leopold Ruprecht

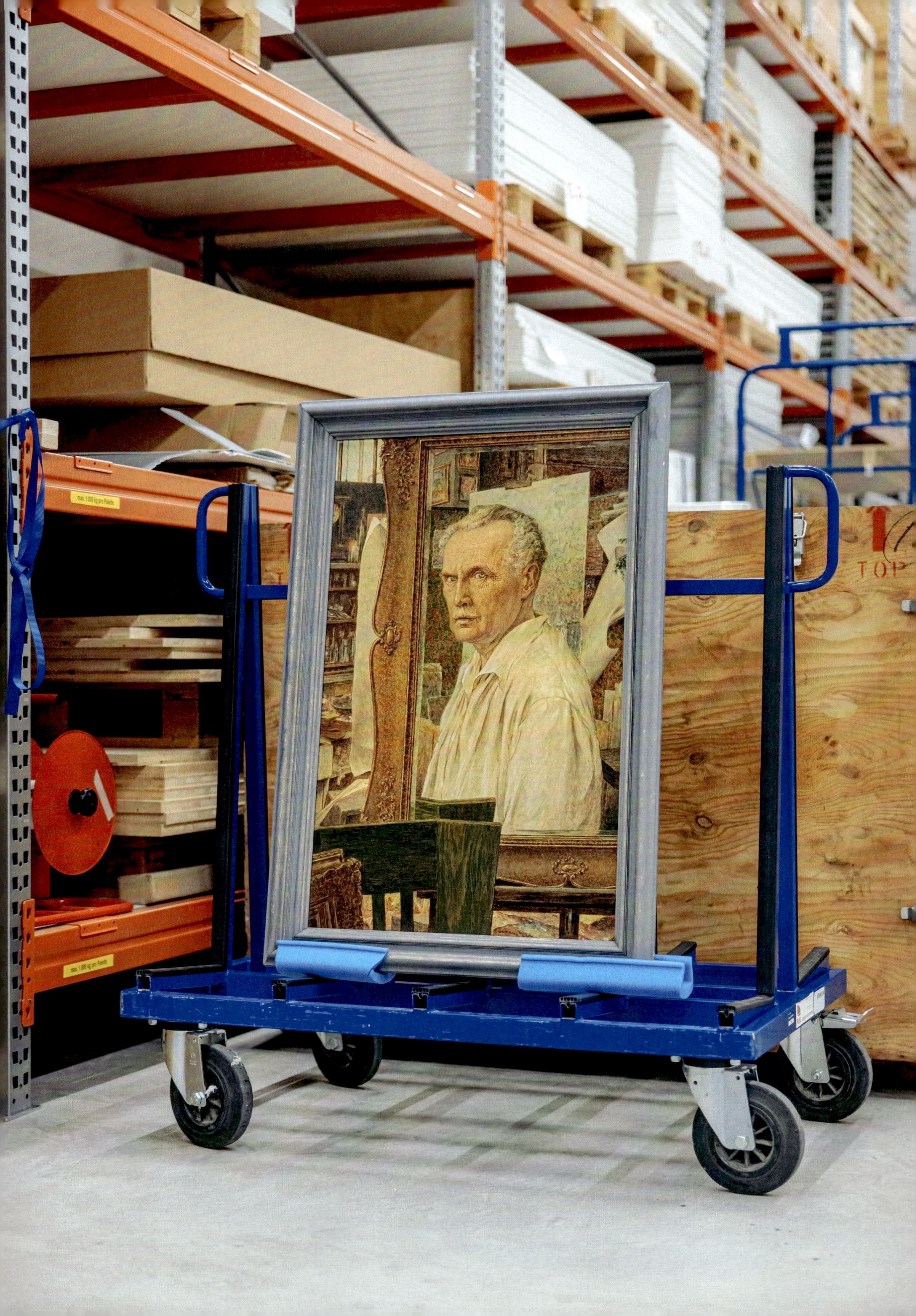
TOP

R.K.

# Bestätigung.

Auf Grund der mir von dem Beauftragten des Führers für die Volksabstimmung in Österreich — Stillhaltekommissar für Organisationen und Verbände — am 28. März 1938

erteilten Bestätigung Nr. 31 als treuhänderischer Leiter ~~des~~ ~~der~~

aller Institutionen für bildende Kunst

ernenne ich Sie zum Unterbevollmächtigten für

die Genossenschaft der bildenden Künstler Wiens

Wien, I., Karlsplatz 5

Auch für Sie gilt die Anordnung des Stillhaltekommissars für Organisationen und Verbände vom 22. März 1938 mit folgenden weiteren Einschränkungen:

DER KOMMISSARISCHE LEITER ALLER INSTITUTIONEN FÜR BILDENDE KUNST

An den

Parteigenossen — ~~Volksgenossen~~

Präs.Prof.Leopold Blauensteiner

VII., Schottenfeldgasse 82

Wien, am 15. April 1938.

Blauensteiner

Unterschrift.

* Nichtzutreffendes durchstreichen!

der Architekt Wilhelm Kreis die Position. Der Sitz der Zentralbehörde befand sich in Berlin an der Adresse Blumeshof 4–6. Die regionale Gliederung erfolgte dem Aufbau der NSDAP entsprechend nach den Gauen, in denen sich jeweils eine Landesleitung befand. Analog dem Aufbau mit Fachschaften erfolgte in der Landesleitung die Organisation mit sogenannten Fachgruppen, in denen jeweils Referenten verantwortlich waren.[8]

## Reichskammer der bildenden Künste, Landesleitung Wien

Die Landesleitung Wien wurde unmittelbar nach dem „Anschluss" im Künstlerhaus Wien (Karlsplatz 5, 1. Bezirk) als Dienststelle des „Beauftragten aller Institutionen für bildende Kunst" eingerichtet und der Maler Leopold Blauensteiner zu ihrem Beauftragten ernannt. Als Geschäftsführer der Behörde wurde der Maler und Architekt Marcel Kammerer eingesetzt. Die Dienststelle wechselte 1939 in die Räume des „Reichspropagandaamtes" im Palais Epstein (Reisnerstraße 40, 3. Bezirk). Das Palais wurde 1913/14 von Ernst Epstein erbaut und war zum Zeitpunkt des „Anschlusses" im Besitz von Antoinette Pick, verehelichte Bloch-Bauer.[9] Im Juli 1938 wurde das Palais von den Nationalsozialisten beschlagnahmt und der Sitz des Reichspropagandaamtes installiert. Die unmittelbare räumliche Nähe der RdbK zum Reichspropagandaamt Wien, in dem nach Aurel Wolfram (1938–1940) der ehemals „illegale" Landeskulturleiter Hermann Stuppäck (1940–1943) als Kulturreferent beschäftigt war,[10] ist von beträchtlicher Relevanz. Hier wurden wohl viele Entscheidungen auf dem kurzen Amtsweg erledigt. Im Sommer 1943 übersiedelte die Landesleitung der RdbK in den Trattnerhof (1. Bezirk) und nach dessen kriegsbedingter Zerstörung im Jänner 1945 wieder zurück ins Künstlerhaus.[11]

Die Referenten der Fachgruppen in der Landesleitung führten diese Aufgabe ehrenamtlich aus und wurden aufgrund ihrer fachlichen Expertise engagiert. Eine Parteizugehörigkeit war nicht unbedingt Voraussetzung, eine gewisse Parteinähe aber eine hilfreiche Unterstützung. Die Referenten für die einzelnen Fachgruppen wurden von Blauensteiner persönlich vorgeschlagen. Es waren in erster Linie Persönlichkeiten, die bereits in den Berufsverbänden und Berufsinteressenvertretungen (Vereinen) bis 1938 eine führende Funktion innehatten und den politischen Voraussetzungen im nationalsozialistischen Sinn entsprachen. Sie waren als Fachexperten eingesetzt, die die Bewertung der „künstl. Fähigkeit und charakterl. Eigenschaft" jener Personen, die eine Mitgliedschaft in die RdbK beantragten, vornahmen und die Antragsunterlagen für den Landesleiter vorbereiteten. Die Kontrolle und endgültige Bestätigung erfolgten persönlich durch den Amtsinhaber Blauensteiner. Die Referenten waren auch erste Ansprechpartner für die in ihrer Fachgruppe registrierten Mitglieder, vor allem bei rechtlichen und organisatorischen Fragen der Berufsvertretung (Honorarstreitigkeiten, Klärungen etc.).

## Landesleiter der RdbK Wien (1938–1945): Leopold Blauensteiner

Die künstlerische Karriere von Leopold Blauensteiner (1880–1947) begann mit dem Studium an der Akademie der bildenden Künste Wien (1898–1902) bei Christian Griepenkerl. Prägender war jedoch der Privatunterricht bei Alfred Roller 1901 bis 1903.[12] Über ihn dürfte er auch in Kontakt zur Secession gekommen sein, deren Mitglied er wurde, jedoch 1905 gemeinsam mit den Künstlern um Klimt wieder austrat. 1911 bis 1920 schloss sich Blauensteiner, unterbrochen von seinem Weltkriegseinsatz von 1914 bis 1916, dem Hagenbund an. Auf der Suche nach künstlerischen Gesinnungsgenossen stieß der ab 1911 meist in Melk lebende Maler zu der 1924 gegründeten Künstlerzunft „Die Hand",[13] die in der Zedlitzhalle ihre erste Ausstellung veranstaltete. Während im Ausstellungskatalog von einem Zusammenschluss auf persönlicher Grundlage und der „Achtung der persönlichen Eigenart und der Arbeit des Einzelnen" gesprochen wurde, soll sie Blauensteiner zufolge die „erste arische Künstlergruppe"[14] gewesen sein. 1933 trat er dem Künstlerhaus bei. Blauensteiner kannte nicht nur die ab der Jahrhundertwende bedeutendsten Künstlervereine von innen, sondern war auch Mitglied der wichtigsten Standesvertretungen der Zwischenkriegszeit, wie des Zentralverbandes bildender Künstler (ab 1932 Vizepräsident) und ab 1932 der Ständigen Delegation (Vorsitzender ab 1937), und war ab 1934 Berater für bildende Kunst im „Neuen Leben" der Vaterländischen Front Niederösterreich. 1937 wurde er zum Präsidenten des Künstlerhauses gewählt, dessen kommissarische Leitung er nach dem „Anschluss" bis 1939 übernahm.

Parallel dazu entfaltete Blauensteiner seine vorerst „illegalen" bzw. nach dem „Anschluss" seine offiziellen nationalsozialistischen kulturpolitischen Tätigkeiten. Ehe Blauensteiner am 1. Juli 1932 der NSDAP[15] beitrat, war er Mitglied der Großdeutschen Partei.[16] Daneben gehörte er ab 1932 dem Kampfbund an und war „innerhalb dieses Zellenleiter im Künstlerhaus".[17] Ende 1936 betätigte er sich als Referent für bildende Kunst im „illegalen" Landeskulturamt der NSDAP, 1937 wurde er Obmann des Bundes deutscher Maler Österreichs. Bekannt sind ferner Mitgliedschaften beim Verein „Gemeinschaft Wiener Kunstfreunde", der am 17. März 1936 wegen nationalsozialistischer Umtriebe behördlich aufgelöst wurde",[18] 1937 war er Proponent des „Deutsch-sozialen Volksbundes", der im Jahr 1937 der Legalisierung der NSDAP dienen sollte.[19]

Es ist erstaunlich, mit welchem Nachdruck Blauensteiner dem Nationalsozialismus auf allen Ebenen zum Durchbruch verhelfen wollte und mit welcher Intensität er sich in den verschiedensten Vereinen betätigte. Er war stolz, als einer der „ältesten nationalen Vorkämpfer unter den bildenden Künstlern der Ostmark"[20] zu gelten. Angesichts dessen muss ihm die Übertragung der Funktion des Landesleiters (ab Juni 1938 „Beauftragter aller Institutionen für bildende Kunst" in Österreich und ab 9. August 1939 Landesleiter der RdbK für den Gau Wien) wie eine Krönung seiner jahrelangen Bemühungen erschienen sein. Seine Schutzbehauptungen im Zuge der Entnazifizierung, die Position als Landesleiter sei „keineswegs eine ‚Standeserhöhung'" gewesen, ist wenig glaubwürdig. Seine Aussage, er habe niemals „auch nur den geringsten politischen Druck ausgeübt, noch NS Propaganda betrieben"[21], ist durch zahlreiche Quellen widerlegbar. Auf Gemeindeebene griff man ebenfalls auf den verlässlichen Parteigenossen zurück, indem man ihn im Mai 1939 zum Ratsherrn ernannte.[22]

Trotz dieser Ämterkumulierung und seiner persönlichen Schicksalsschläge (seine Söhne, der Kunsthistoriker Kurt Blauensteiner und der Facharzt Hans Klaus Blauensteiner, sind im Krieg gefallen) war Blauensteiner immer wieder mit Arbeiten in den Ausstellungen des Künstlerhauses vertreten. Blauensteiner wurde zu Kriegsende als Landesleiter der RdbK verhaftet und hatte sich vor dem Volksgericht zu verantworten.[23]

## Geschäftsführer der RdbK Wien (1938–1944): Marcel Kammerer

Marcel Kammerer (1878–1959)[24] begann nach Absolvierung der Staatsgewerbeschule in Wien bei Camillo Sitte[25] als Mitarbeiter im Atelier von Otto Wagner und wurde 1898 von diesem als Student an der Meisterschule für Architektur (Akademie der bildenden Künste Wien) aufgenommen. 1901 schloss er sein Studium ab und es folgten bis 1902 verschiedene Studienreisen, die ihn bis nach Ägypten führten. Nach seiner Rückkehr trat er wieder in das Atelier von Otto Wagner ein und war bis 1910 sein „erster" Mitarbeiter. Parallel dazu arbeitete er auch als selbstständiger Architekt und realisierte u. a. die Villa Assan in Bukarest (1902–1904) und führte den Umbau des Grandhotels Wiesler in Graz (1905–1908) durch. 1910 verließ er Wagners Atelier und gründete 1911 mit seinen Studienkollegen Emil Hoppe und Otto Schönthal eine Ateliergemeinschaft, die in nur wenigen Jahren ein umfangreiches Œuvre aufweisen konnte, wozu die Tribünenanlagen am Trabrennplatz in Wien (1911–1913) oder die Centralbank der deutschen Sparkassen am Hof (1912–1914) zählen. Die Arbeitsgemeinschaft gehörte zu den erfolgreichsten Ateliers in den letzten Jahren vor dem Ersten Weltkrieg.[26] 1914 ließ sich Kammerer als Privatschüler bei Franz Rumpler zum Maler ausbilden und verließ 1920 die Arbeitsgemeinschaft.[27] In der Folge widmete er sich immer mehr der Malerei.[28] Er stellte 1923 im Künstlerhaus aus und erhielt 1937 auf der Landeskunstausstellung in Krems den Österreichischen Staatspreis.[29] 1936 übernahm er die Funktion einer Art „Verbindungsmann" zwischen der österreichischen Künstlerschaft und den politischen Stellen in Berlin und München. Er organisierte bereits 1937 die Ausstellung *Wiener Kunsthandwerk* auf der *Großen Deutschen Architekturausstellung* 1938 im Haus der Deutschen Kunst.[30] Als Koordinator für die Beteiligung der österreichischen Künstlerschaft an dieser Ausstellung und für seine damit zusammenhängende „organisatorische Tätigkeit im Geiste des Nationalsozialismus" wurde er schließlich von Hitler persönlich mit der „Medaille der Erinnerung an den 13. März 1938" ausgezeichnet, die für besondere Verdienste beim „Anschluss" Österreichs vergeben wurde.[31]

Ab März 1938 fungierte Kammerer hauptberuflich als Geschäftsführer der RdbK, Landesleitung Wien, und übernahm damit einen der wichtigsten Verwaltungsposten neben Leopold Blauensteiner. Mit seinen 60 Jahren gehörte er zur „alten" Generation der Künstler*innen und damit zu jenen, die bereits vor dem „Anschluss" tief in der Wiener Künstlergemeinschaft verwurzelt waren. Er zählte zu den Gründungsmitgliedern der Zentralvereinigung der Architekten und engagierte sich im Vorstand des Zentralverbandes. In der NS-Zeit rühmte sich Kammerer in einem von ihm verfassten Lebenslauf damit, dass es sein Verdienst sei, den Zentralverband „von einem stark jüdischen Einfluss befreit zu haben"[32]. Bereits 1937 gründete Kammerer mit mehreren „illegalen" NS-Sympathisanten den Bund deutscher Maler Österreichs[33]. Mit Leopold Blauensteiner verbanden ihn „enge persönliche und menschliche Sympathien" und eine mehr als zehn Jahre währende „ideale erfolgreiche Zusammenarbeit".[34]

Kammerer war überzeugter Nationalsozialist und war ab 1933 Mitglied der NSDAP.[35] Er engagierte sich schon vor dem „Anschluss" in der nationalsozialistischen Kulturpolitik und gehörte auch dem „illegalen" Landeskulturamt der NSDAP an.[36] Als Geschäftsführer der RdbK konnte er jenen antisemitischen Einfluss auf die Kunstpolitik ausüben, den er bereits vor 1938 in diversen Mitteilungsblättern des Zentralverbandes kundtat und 1943 in einem Interview bekräftigte: „Der von der Tradition kommende Otto Wagner, auch Peter Behrens, sind den

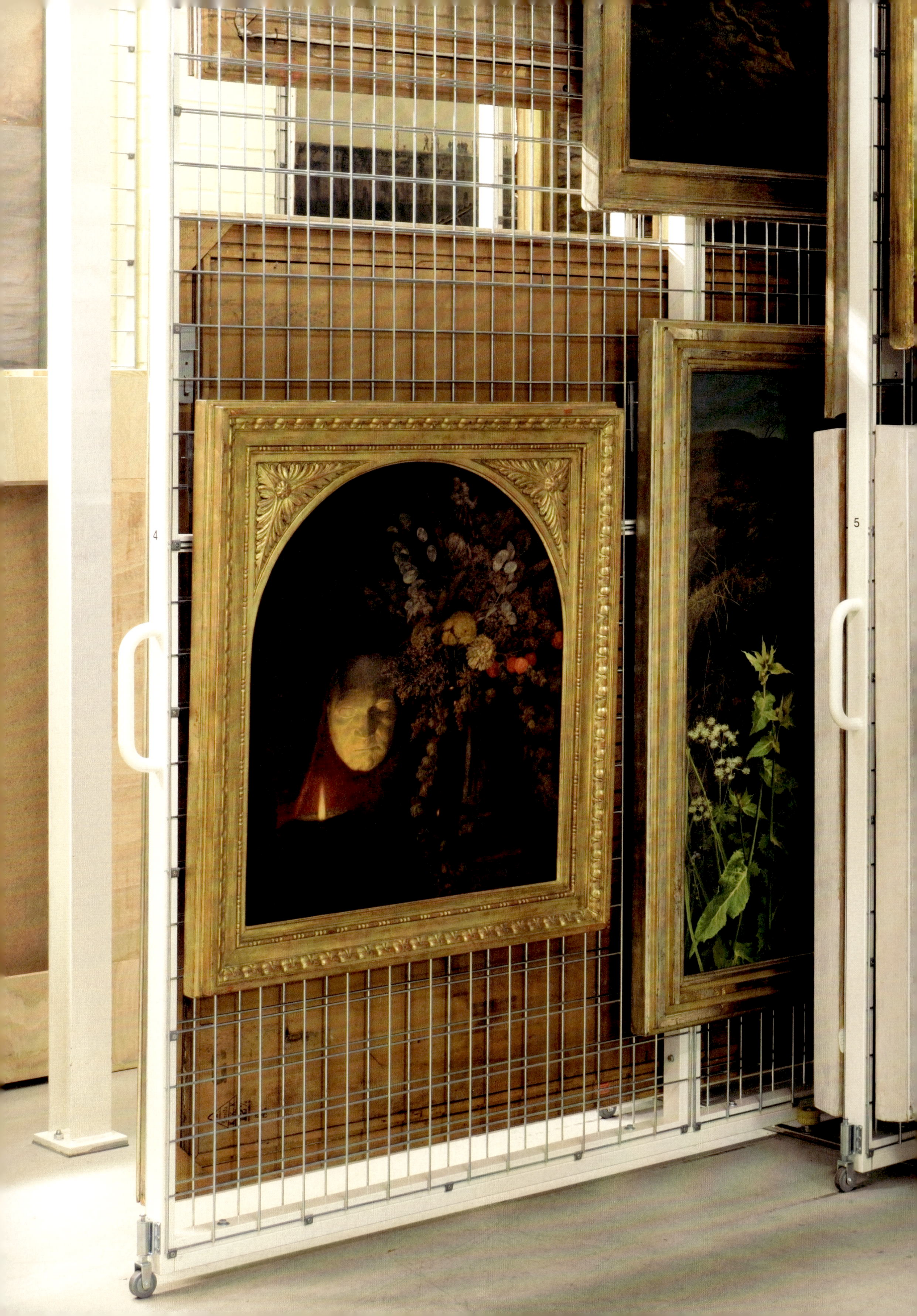
4
5

richtigen Weg zu einer organischen Fortentwicklung der Baukunst gegangen. Doch wurde dieser Weg durch das Hereinbrechen des jüdischen Internationalismus mit seiner alles gleich machenden Standeskunst verschüttet und durch das neuerliche Zurückgreifen auf Formen der Antike ungangbar gemacht. In der Malerei bricht die Linie der organischen Entwicklung in der Ostmark bei Lichtenfels, Schindler, Ribarz, Jettel und Rumpler ab. Bei ihnen findet die grosse österreichische Tradition insbesondere in der Landschaft eine gewaltsame Unterbrechung durch den immer mehr und mehr Einfluss gewinnenden französischen Geist."[37] Es wäre zu kurz gegriffen, wenn man Kammerers berufliche Karriere im Nationalsozialismus auf seine bürokratische Tätigkeit in der RdbK beschränken würde, denn er war auch als Maler überaus erfolgreich. Er zählte zu jenen Künstlern, deren Werke sowohl von Hitler persönlich (*Das ewige Licht*, 1940) als auch von führenden NS-Politikern angekauft wurden. Das Werk *Das ewige Licht*, das sich heute im Deutschen Historischen Museum befindet, zählt zu seinen bekanntesten Werken der NS-Zeit und reiht sich in der Verbindung des Stilllebens mit einem pseudo-religiösen Thema in das Œuvre Kammerers ein.

Im Jänner 1944 ging Kammerer schließlich als Geschäftsführer der RdbK in den Ruhestand, arbeitete jedoch weiterhin ehrenamtlich als Referent für Kunsthandwerk.[38] Aufgrund seiner Pensionierung entging Kammerer nach dem Zerfall des NS-Regimes einem Entnazifizierungsverfahren. Im Volksgerichtsprozess gegen Blauensteiner trat er als dessen Fürsprecher auf. Von der „Gesellschaft bildender Künstler Wiens, Künstlerhaus" wurde er 1945 aufgrund seiner „illegalen" Parteitätigkeit ausgeschlossen und erst nach Aufhebung der Sperrung im Jahr 1950 wieder als Mitglied aufgenommen.[39] Vom Maler Wilhelm Müller-Hofmann wurde Kammerer nach 1945 als „schärfster Scharfmacher"[40] in der NS-Zeit bezeichnet. 1955 zog Kammerer nach Kanada, wo er 1959 in Ottawa verstarb. In der Kunstgeschichtsschreibung wird vor allem Kammerers Position als Schüler und erster Mitarbeiter Otto Wagners angeführt, der mit seinen künstlerischen Fähigkeiten die Arbeit Wagners mitgeprägt hat. Seine politischen Aktivitäten für die nationalsozialistische Partei sind nur fragmentarisch aufgearbeitet und sein künstlerisches Schaffen im Nationalsozialismus blieb bis heute völlig unerwähnt.

## Geschäftsführer der RdbK Wien (1943–1945): Franz Schlögel

1943 wurde die Geschäftsführung der RdbK Wien von dem parteitreuen Schriftsteller Franz Schlögel (1894–1968) übernommen.[41] Wie viele der Angehörigen der NS-Kulturelite gehörte auch er zur Gruppe der „Alten Kämpfer".[42] In diesem Zusammenhang wurde Schlögel 1934 auch zu einer Haftstrafe verurteilt. In der NS-Zeit war er erfolgreich als Schriftsteller tätig und wurde in den Rezensionen seiner Gedichtbände als „Jünger Weinhebers" bezeichnet, der mit seiner Literatur die „blutmäßige[n] Verbundenheit mit der Erde und dem bäuerlichen Wesen"[43] stärkte. Die im Nationalsozialismus veröffentlichten Gedichtbände, wie *Heimkehr zum Volk* (1936), *Zwischen Gestern und Morgen* (1937) und *Wir Bauern. Von Leuten und Zeiten auf Ackerbreiten* (1937),[44] kamen 1946 als NS-Literatur auf die „Liste der gesperrten Autoren und Bücher".[45] Seine Aktivitäten in der NS-Verbotszeit versuchte er vehement in seinem Entnazifizierungsverfahren 1946 zu widerlegen, was ihm jedoch nicht gelang. Seine publizistische Tätigkeit stellte Schlögel nach 1945 ein.

## Referenten der RdbK Wien

Die Ernennung der ersten ehrenamtlichen „kommissarischen Referenten" erfolgte durch Leopold Blauensteiner im November 1938. Ihre Namen wurden im Dezember in diversen Zeitungen verlautbart: Oswald Grill, Referent für Vereine und das Ausstellungswesen, Igo Pötsch, Referent für die Fachgruppe Malerei, sowie Ernst Ludwig Franke, der als Referent für die Fachgruppe Gebrauchsgraphik bestellt wurde.[46] Die Bekanntgabe der restlichen Referenten folgte bereits im Jänner 1939. Die Fachgruppe Bildhauerei und Medailleure übernahm Ferdinand Opitz, jene für Baukunst, Garten- und Innenraumgestaltung Robert Örley, für Kunsthandwerk Hanns Sanders und für Grabmal und Friedhof war Alfons Riedel bestimmt.[47] Eine Spezifizierung im Bereich der Architektur war Ende Jänner 1939 vonnöten, da auf Antrag der „Landesgruppe Österreich der Deutschen Gesellschaft für Gartenkunst" die Einrichtung einer eigenständigen Fachgruppe für die Landschafts- und Gartengestaltung gefordert wurde, die Otto Gälzer übernahm.[48] Nachgereicht wurden noch die Referenten Emil Bröckl, zuständig für Siegespreise und Ehrengaben, sowie Robert Eigenberger[49] für die Kunsterziehung und Kunstschulen.[50]

Die Kammerzugehörigkeit betraf alle Personen, die „bei der Erzeugung, der Wiedergabe, der geistigen oder technischen Verarbeitung, der Verbreitung, der Erhaltung, dem

S. 48 Marcel Kammerer, *Das ewige Licht*, 1940, Stiftung DHM

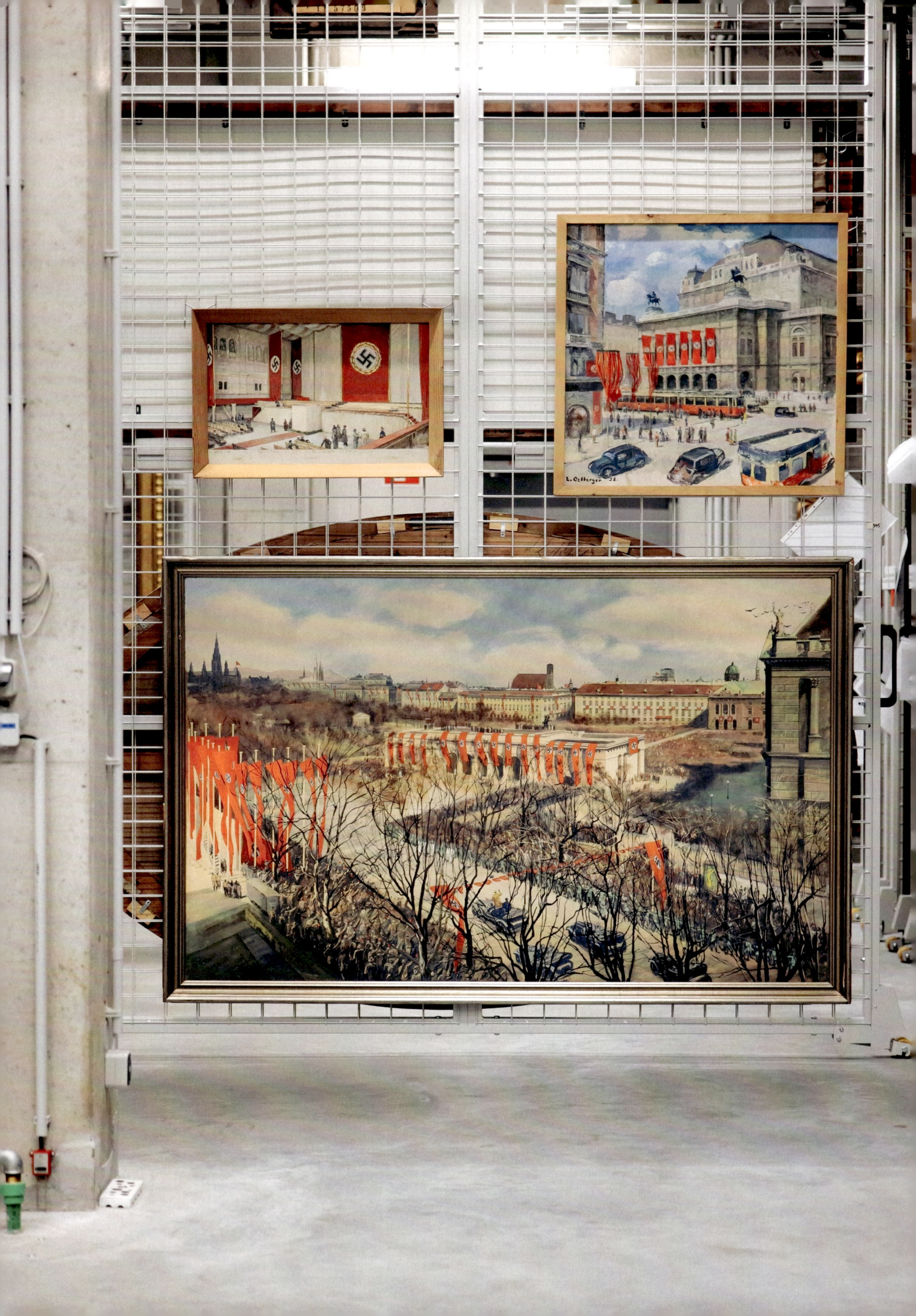

Absatz oder der Vermittlung des Absatzes von Kulturgut“ mitwirkten.[51] Das bedeutete, dass nicht nur die Kunstproduzent*innen, sondern auch die im Bereich der Vermittlung, Verbreitung von Kunst oder im Kunsthandel Tätigen an eine Kammermitgliedschaft gebunden waren. Für sie mussten eigene Referenten ernannt werden. Als Referenten für Museen und Sammlungen fungierte Leopold Ruprecht[52], für den Kunsthandel, Kunstblatthandel und Verlage August Eymer[53], für den Antiquitätenhandel Viktor Reitzner (Antiquitätenhändler)[54] und für Kunstversteigerungen Gilbert von Schiviz (Kunsthändler Artaria & Co)[55].

Auf die Tätigkeiten und Biografien der Referenten, die im Bereich der Vermittlung (Museen), Ausbildung, Verwertung (Dorotheum) und im Kunsthandel tätig waren, soll hier nicht näher eingegangen werden, da über die Verstrickungen dieser Institutionen mit dem Nationalsozialismus im Zuge der Provenienzforschung zahlreiche, profunde Publikationen vorgelegt wurden. Auch die Rolle der Ausbildungsstätten im Nationalsozialismus, wie jene der Kunstgewerbeschule bzw. Reichshochschule, der Akademie der bildenden Künste und der Technischen Hochschule, wurde schon bearbeitet.[56] Nicht so das Wirken der Referenten jener Fachgruppen, die im Rahmen der vorliegenden Publikation erstmals auf Basis des neuen Quellenmaterials aus den Mitgliederakten der RdbK untersucht wurden.

## Referent für Malerei: Igo Pötsch

Für die mitgliederstärkste Fachgruppe Malerei ernannte Blauensteiner Igo Pötsch (1884–1943) zu deren Referenten. Der in Graz geborene Maler und Grafiker hatte nach einer privaten Ausbildung in Graz und Dresden viele Jahre als Lithograf gearbeitet. Nach einer weiteren Ausbildung an der Wiener Kunstgewerbeschule und der Graphischen Lehr- und Versuchsanstalt übernahm er dort von 1922 bis 1928 eine Stelle als Lehrer für Lithografie. Für seine spätere Funktion war der 1930 erfolgte Eintritt in das Künstlerhaus von Belang, wo er 1931 mit jüngeren Künstler*innen die „Neue Gruppe der Wiener Künstlergenossenschaft“ gründete.[57] Von 1938 bis 1943 war er Ausstellungsleiter im Künstlerhaus.

Unmittelbar nach dem „Anschluss“ verfasste Pötsch am 23. März 1938 eine handschriftliche Erklärung, dass er Arier und Mitglied des Bundes deutscher Maler Österreichs sei,[58] womit er quasi eine Garantieerklärung seiner politischen Zuverlässigkeit ablegte. Obwohl er sich bei seinem Aufnahmeantrag für die RdbK am 29. Juni 1938 noch als Parteianwärter bezeichnete, wurde er von der Gauleitung Wien am 13. Juni 1939 als einstiges „illegales“ Parteimitglied, das in „jeder Hinsicht einwandfrei“ sei, gelistet. Wann er offiziell aufgenommen wurde, konnte nicht eruiert werden.[59]

Von Interesse ist, dass der sonst hauptsächlich als Landschaftsmaler tätige Pötsch nach dem „Anschluss“ begann, Ostmark-Themen und figurale Szenen aufzugreifen. Sein bedeutendstes, im Auftrag des Kulturamtes entstandenes Gemälde war die *Fahrt des Führers zur Proklamation am 15. März 1938* (1940).[60] Es ist eines der bekanntesten Wiener NS-Propagandabilder und wurde vielfach reproduziert. Aus der Vogelschau gesehen gibt es den Blick frei auf die von einer begeisterten Menschenmenge gesäumten, mit Hakenkreuzfahnen festlich geschmückten Ringstraße und auf den von einer Eskorte begleiteten Wagen Hitlers, der Richtung Burgtor und Heldenplatz fährt. Für Pötsch war es „die Sinndeutung des deutschen Frühlings, der an diesem Tag in Wien Einzug gehalten hatte“.[61] Seine vor Ort angefertigten Skizzen hatte Pötsch erst ein Jahr später zu einem Gemälde verarbeitet, das Josef Bürckel anlässlich seiner Abberufung ins besetzte Lothringen im August 1940 mitgenommen hatte.
Das Gegenbild, also der Blick vom Dach des Naturhistorischen Museums Richtung Heldenplatz, stammt von Hans Frank (1884–1948). Reichsstatthalter Arthur Seyß-Inquart überreichte Franks Gemälde *Vollzugsmeldung des Führers* Hitler anlässlich seines 50. Geburtstags im Jahr 1939 für die Neue Reichskanzlei.[62] Am 10. September 1940 bekam Pötsch im Rahmen eines Kunstförderprogramms des Kulturamtes den Auftrag, das Bild *Fahrt des Führers zur Proklamation am 15. März 1938* noch einmal zu malen.[63] Als Farbkunstdruck sollte es fortan in Gefolgschaftsräumen, Büros oder Werkstätten der Betriebsleiter angebracht werden und weite Verbreitung finden.[64]

Neben seiner künstlerischen Tätigkeit als Maler verantwortete Pötsch die Leitung zahlreicher Ausstellungen, insbesondere *Berge und Menschen der Ostmark* (1939) im Künstlerhaus Wien und in Berlin. Neben der Verleihung des Ehrenpreises der RdbK im Dezember 1940[65] wurden Pötsch in der NS-Zeit diverse Aufträge für Sgraffito-Arbeiten an Wiener Wohnhäusern übertragen.

S. 50 Gottlieb Theodor Kempf-Hartenkampf, *Nordwestbahnhofshalle im Festschmuck*, 1938 (l.); Ekke Ozlberger, *Die Wiener Staatsoper im Hakenkreuzfahnenschmuck*, 1938 (r.); Igo Pötsch, *Fahrt des Führers zur Proklamation am 15. März 1938*, 1940 (u.), WM

Trotz des ab Herbst 1939 geltenden „Führererlasses", der die Verleihung von Professorentitel während des Krieges untersagte, stellte Blauensteiner am 4. Februar 1942 einen diesbezüglichen Antrag für Pötsch und Eisenmenger. Das Fachgutachten für Pötsch erstellte Kammerer, der meinte, dessen Stärke liege im „raschen Erfassen und in der unmittelbaren und intensiven Wiedergabe des empfangenen Natureindrucks", was jedoch „nichts gemein mit dem Impressionismus" habe. Seine figuralen Kompositionen zeigen „einen klaren Formwillen, monumentale Einfachheit".[66] Während Eisenmenger als einziger österreichischer Künstler der NS-Zeit den Professorentitel erhielt,[67] ging Pötsch leer aus. Pötsch verstarb nach kurzer schwerer Krankheit am 24. April 1943.[68] Seine Funktion als Referent für Malerei übernahm vermutlich Blauensteiner selbst.

## Referent für Bildhauerei: Ferdinand Opitz

Ferdinand Opitz (1885–1960)[69] wurde an der Prager Akademie bei Josef Myslbeck ausgebildet und war ab 1909 in Wien ansässig. Etwa gleichzeitig mit seiner Ernennung zum Referenten für Bildhauerei erfolgte auch jene zum Leiter der Fachklasse für Bildhauerei an der Kunstgewerbeschule (ab 1. Oktober 1938). Diese Funktion hatte bis dahin der Bildhauer Otto Theodor Georgii inne, dem aufgrund der engen Verflechtung mit dem austrofaschistischen Regime am 30. April 1938 gekündigt worden war. Indem sich der damalige Direktor Robert Obsieger[70] im Juni für den Parteigenossen Opitz[71], einen Bildhauer „vorgerückten Alters", aussprach,[72] versuchte er wahrscheinlich die Berufung radikalerer Nationalsozialisten zu verhindern und gleichzeitig die Partei zufriedenzustellen: Obsiegers Haltung im Nationalsozialismus ist insgesamt von Willfährigkeit gekennzeichnet.[73] Eine eindeutig negative, in der Rückschau von 1947 etwas verbitterte Wahrnehmung Opitz betreffend, stammt vom Bildhauer Gustav Gurschner, gegen den 1938 ein Berufsverbot ausgesprochen worden war.[74] Opitz war, so Gurschner, „Funktionär in der Nazi Kunstkammer und als prominenter Nazi von einer unerhörten Arroganz gegen alle Nichtmitglieder der NSDAP. Nach Ansicht der Kollegen wohl neben Prof. Frass die Ursache, dass ein so großer Teil der Bildhauer schließlich in der Nazipartei landen musste".[75]

In der Zwischenkriegszeit hatte Opitz einige dekorative, an die Formensprache des Art déco gemahnende Bauplastiken in Klinker für Wiener Gemeindebauten entworfen. Ab etwa 1930 bzw. spätestens mit dem Beitritt zum Bund deutscher Maler Österreichs 1937 begann sich sein Stil von der anmutig dekorativen Klein- und Reliefkunst hin zu einem pathetischen, vollplastischen Realismus zu wandeln. Exemplarisch sei hier seine Plastik *Der Kugelstoßer* aus Eichenholz angeführt, die Opitz für den Olympischen Kunstwettbewerb 1936 einreichte. Sie zeigt den muskulösen, angespannten Körper eines Athleten kurz vor dem Abstoß der Kugel. Aber auch im öffentlichen Raum hat sich ein Zeugnis von Opitz' nationalsozialistischem Pathos erhalten, wie u.a. *Siegfrieds Kampf mit dem Drachen* (Mondscheingasse 9, 7. Bezirk, Terrakotta, 1940). Neben weiterem bauplastischem Schmuck wurde er mit zahlreichen Porträtbüsten[76] beauftragt und er gehörte selbstverständlich bei öffentlichen Wettbewerben zu den regelmäßig geladenen Bildhauern.

Am 6. Juni 1945 wurde Opitz gemäß §14 Verbotsgesetz aus der Hochschule für angewandte Kunst entlassen. Maßgeblicher Grund war sein Eintrag im Fragebogen zur Aufnahme in die RdbK, wo Opitz das Eintrittsdatum in die NSDAP mit 1. Jänner 1938 angegeben hatte. Demzufolge wäre er als „Illegaler" zu werten. Opitz versuchte seine Entlassung auf allen Ebenen zu bekämpfen.[77] Da ihm im Zuge des Entnazifizierungsverfahrens keine aktive parteipolitische Betätigung nachgewiesen werden konnte, wurde er 1947 als „minderbelastet" eingestuft. Außerdem hatte Opitz dafür mehrere fragwürdige Bestätigungen vorgelegt, die insinuierten, er habe sich im „Sinne der österreichischen Widerstandsbewegung weitgehend betätigt".[78] Einer seiner Entlastungszeugen war sein ehemaliger Vorgesetzter und NS-Parteikollege Robert Obsieger. Die Entlassung wurde in eine Kündigung umgewandelt, eine Wiedereinstellung erfolgte nicht.[79] Mit Bildhauerarbeiten in der Wiener Hofburg leistete Opitz 1948 Sühnearbeit. Derart entlastet wurde er nach 1949 erneut mit öffentlichen Aufträgen betraut.

## Referent für Architektur: Robert Örley (oder Oerley)

Robert Örley (1876–1945)[80] besuchte nach einer Tischlerlehre von 1892 bis 1896 die Kunstgewerbeschule in Wien. 1898 erwarb er die Baumeisterkonzession, war jedoch bis 1903 vorerst nur als Maler tätig. In der Folge arbeitete Örley als freischaffender Architekt und ab 1911 als Sachverständiger sowie Schätzmeister für Architektur und Hochbau. Er positionierte sich in Wien mit Bauten wie dem Sanatorium Luithlen (1907/08) und dem Fabrikgebäude der

S. 53 Ferdinand Opitz, *Siegfrieds Kampf mit dem Drachen*, 1940, Mondscheingasse 9, 7. Bezirk

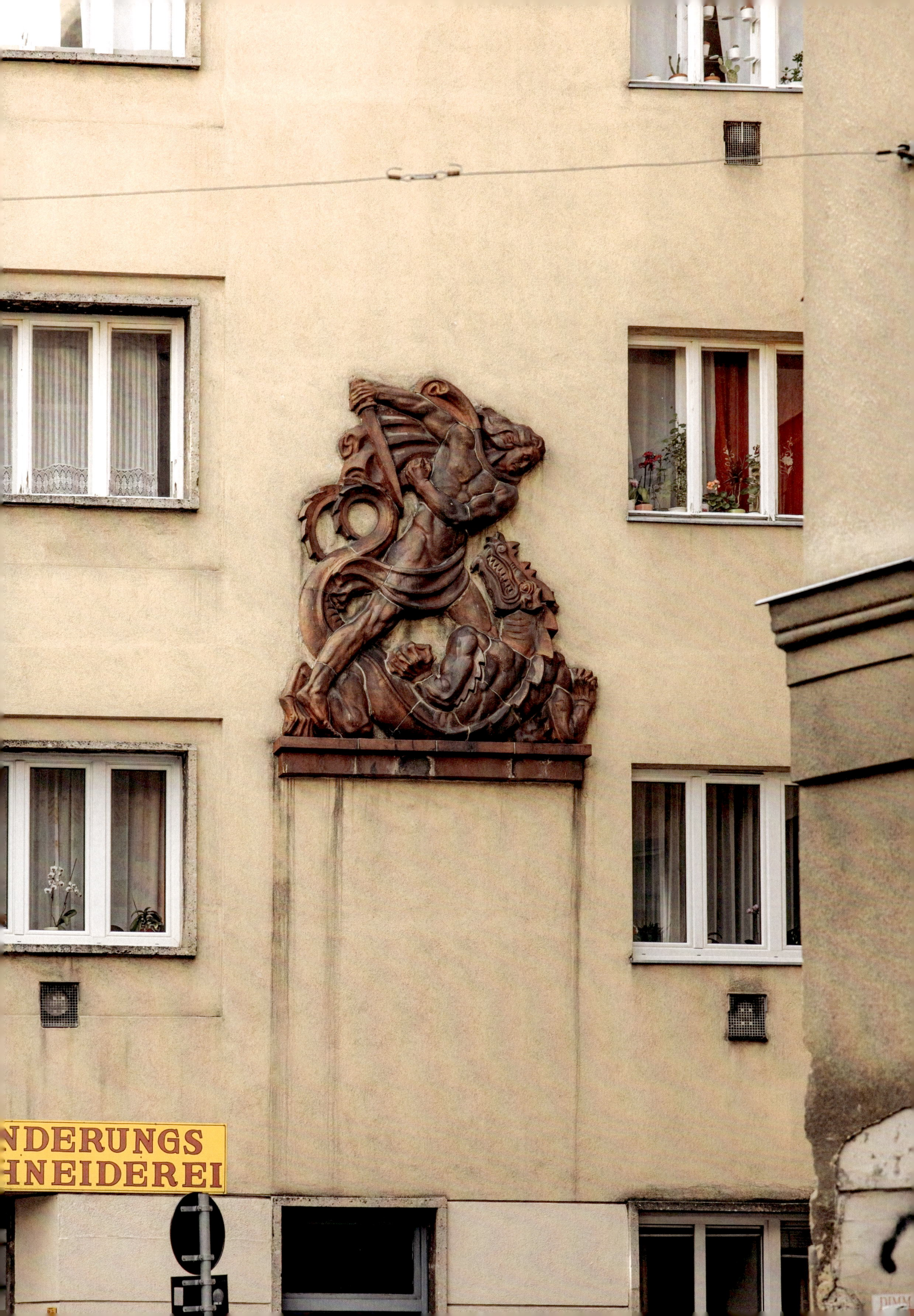

NDERUNGS
HNEIDEREI

Zeisswerke (1916/17) als fortschrittlicher Architekt. Schon früh war er Mitglied des Hagenbundes (Austritt 1903) und ab 1907 in der Secession, der er 1912/13 als Präsident vorstand. 1915 trat er der Zentralvereinigung der Architekten bei (Vizepräsident 1919–1928)[81] und er war Mitbegründer des Österreichischen Werkbundes (Präsident 1920–1928)[82]. 1928 ging er als Berater der Stadtbaudirektion und Leiter des Aufbaues der neuen türkischen Hauptstadt nach Ankara und war in Istanbul an der Akademie der bildenden Künste als Lehrer tätig. Nach seiner Rückkehr in Wien 1932 konnte er sich nur zögerlich als Architekt wieder etablieren.

Zwei Monate nach dem „Anschluss" wurde Örley NSDAP-Mitglied.[83] Er nutzte sein weitverzweigtes Netzwerk in der Wiener Künstlerschaft und wurde 1939 von Blauensteiner zum Referenten für Architektur der RdbK Wien ernannt. Damit war Örley in die Nähe des öffentlichen Auftraggebers, des NS-Regimes, gerückt. Er beteiligte sich an mehreren Wettbewerben, wie jenem für ein Denkmal in Wöllersdorf (Dezember 1938), dessen Entwurf im Archiv der „Berufsvereinigung der bildenden Künstler Österreichs" (BV) überliefert ist.[84] Bereits vor 1938 lag Örleys Planungsschwerpunkt im Städtebau, den er in der NS-Zeit weiter ausbauen konnte. Neben den städtebaulichen Entwürfen für Bruck an der Leitha (1940) oder Hainburg an der Donau (1941)[85] entwickelte er gemeinsam mit Erwin Ilz eine Studie für die Neugestaltung der Stadt Wien, die in der Literatur als einer der vier „Professorenvorschläge"[86] überliefert ist. Auch der Umbau des Tabor-Kinos in ein UFA-Kino (1939/40) sowie der Neubau eines Kindergartens (Hägelinggasse 11, 14. Bezirk, 1942) zählen neben einer Vielzahl an nicht ausgeführten Wettbewerben zu seinem Werk in der NS-Zeit.

Wie aus dem Gauakt Örleys hervorgeht, profitierte er durch seine Mitarbeit in der NS-Kunstpolitik und war Nutznießer des „rassistischen" Systems. Er lebte bis Kriegsende in der arisierten Wohnung des Dermatologen Robert Otto Stein (Alserstraße 21, 8. Bezirk), die 1942 von den Nationalsozialisten beschlagnahmt und nach 1945 an Stein zurückgestellt wurde.[87] Einem Entnazifizierungsverfahren und der Auseinandersetzung mit seiner Rolle in der Kunstpolitik der NS-Zeit musste sich Robert Örley nicht mehr stellen, er starb im November 1945 bei einem Unfall vor der Wiener Secession.

### Referent für Landschafts- und Gartengestaltung: Otto Gälzer

Otto Gälzer (1896–1945) wurde in Krummenau im Rheinland geboren und studierte nach praktischer Berufsausübung von 1921 bis 1924 an der Höheren Gärtnerlehranstalt Köstritz, die er als Gartentechniker und Kulturtechniker abschloss. 1925 kam er nach Wien, um bei Wilhelm Debor zu arbeiten.[88] Ab 1930 war er selbstständig in der Gartengestaltung und Ausführung tätig[89] und gewann die Gemeinde Wien als Auftraggeberin.[90] Er verantwortete die Freiraumkonzeption des George-Washington-Hofes und wahrscheinlich auch die der Siedlung Lockerwiese im 13. Bezirk.[91] Gälzer war vor 1938 in den Berufsverbänden sehr aktiv und ab 1935 Leiter der Landesgruppe Österreich der Deutschen Gesellschaft für Gartenkunst.[92]

Otto Gälzer war Deutschnationaler und hatte sich schon vor 1938 als „Illegaler" betätigt.[93] Sein früher Parteieintritt am 1. Mai 1934[94] sicherte ihm nach dem „Anschluss" den hindernislosen Zugang zu Leitungspositionen und öffentlichen Aufträgen. Ab Jänner 1939 war Gälzer Referent in der Fachgruppe Landschafts- und Gartengestaltung in der RdbK Wien und ab Februar 1939 einer der drei Leiter der Landesgruppen Ostmark in der „Donauländischen Gartenbau-Gesellschaft".[95] Seine Mitgliedschaften und die Vielzahl an ehrenamtlichen Tätigkeiten machten sich bezahlt und spiegelten sich in vollen Auftragsbüchern. So zeichnete Gälzer während des Krieges für die Schutzpflanzungen der Flugplätze oder des Flugmotorenwerkes in Wiener Neudorf zur Tarnung der Anlagen verantwortlich. Auch bei verschiedenen NS-Siedlungen, wie der Wienerfeld West, plante er die Gartenanlagen.[96] Den größten Auftrag in der NS-Zeit übernahm er mit der gärtnerischen Ausführung der neuen „Krupp-Anlage" in Berndorf (NÖ), die in mehreren Bauabschnitten mit Einsatz von Zwangsarbeiter*innen von 1939 bis 1944 von Gälzer umgesetzt wurde.[97] Otto Gälzer starb 1945, nur wenige Tage nach Ende des Zweiten Weltkrieges.

### Referent für Kunsthandwerk: Hanns Sanders

Die Stelle des Referenten für Kunsthandwerk wurde mit dem parteitreuen Hanns Sanders (1904–?), einem jungen Gebrauchsgrafiker und Architekten, besetzt. Er wurde 1904 in Wien geboren und studierte von 1925 bis 1928 an der Wiener Kunstgewerbeschule. Sanders unterbrach sein Studium und war in Dänemark als künstlerischer Mitarbeiter in einer Keramikfabrik tätig. Nach Wien zurückgekehrt, trat er am 1. März 1932 in die NSDAP[98] ein und schloss sein Studium

S. 55 Robert Örley, Wettbewerbsentwurf für ein Denkmal in Wöllersdorf, 1939, BV Archiv

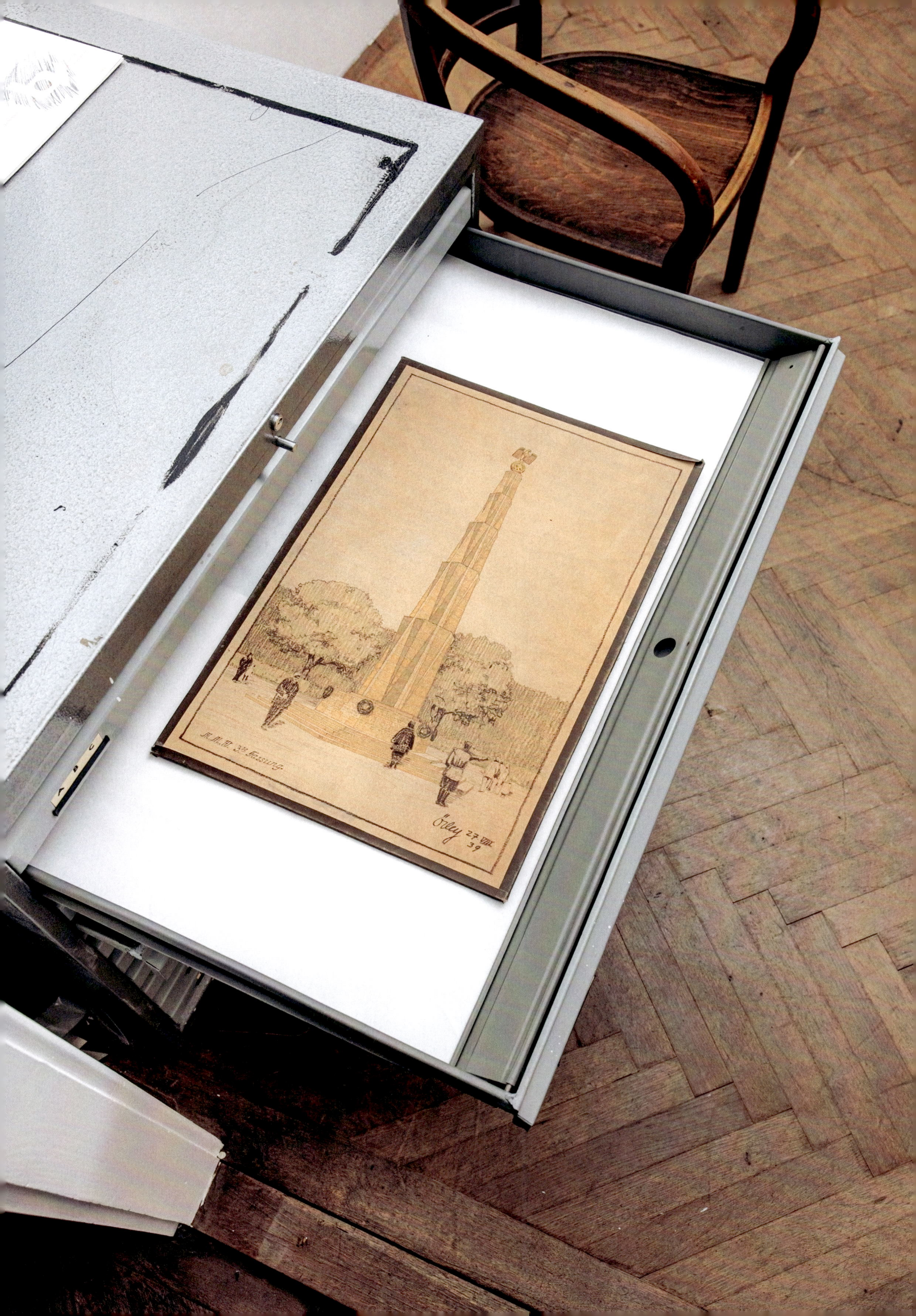
3te Fassung.
27.VIII
39

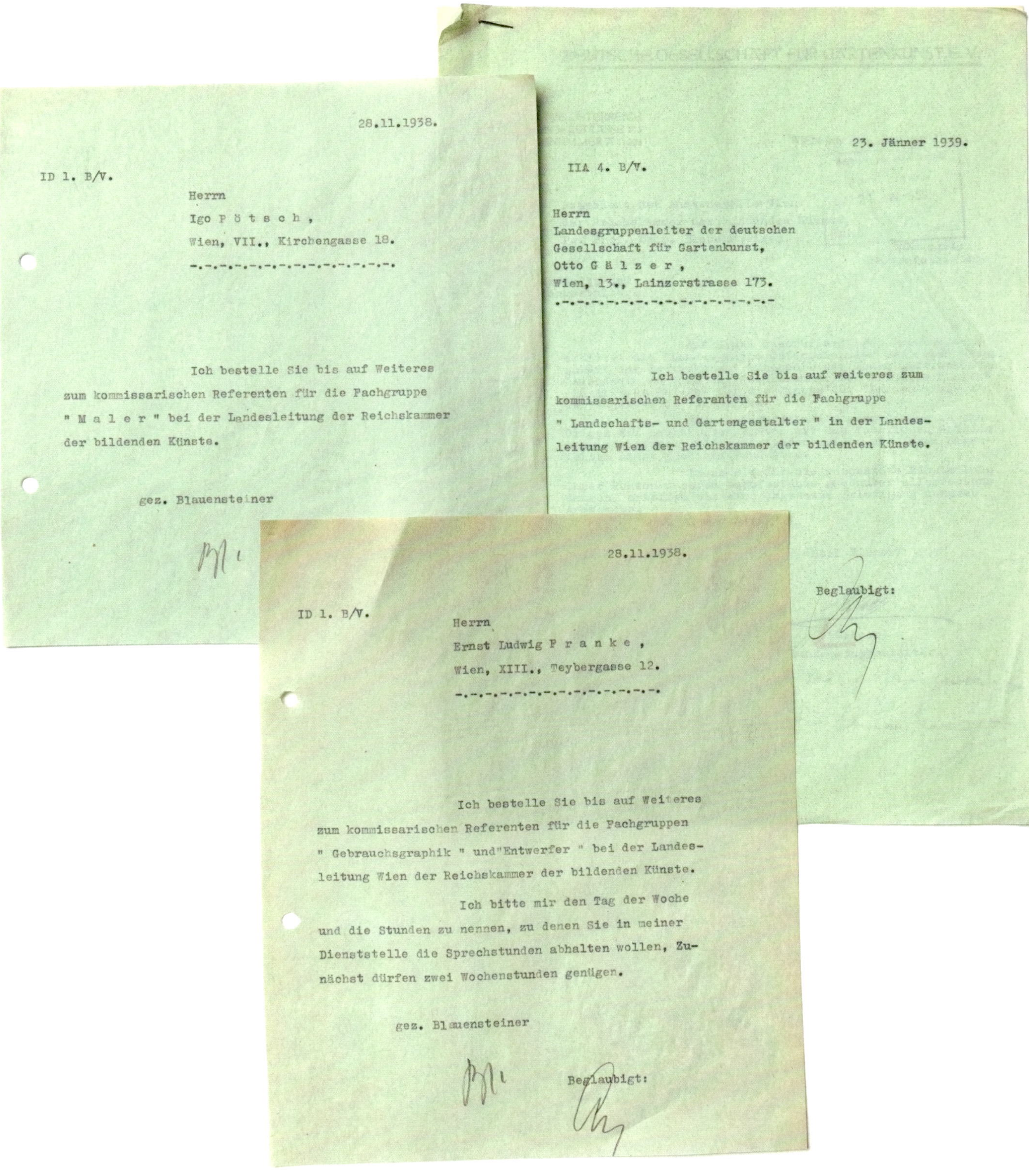

28.11.1938.

ID 1. B/V.

Herrn
Igo P ö t s c h ,
Wien, VII., Kirchengasse 18.
-.-.-.-.-.-.-.-.-.-.-.-.-.-.-.-.

Ich bestelle Sie bis auf Weiteres zum kommissarischen Referenten für die Fachgruppe " M a l e r " bei der Landesleitung der Reichskammer der bildenden Künste.

gez. Blauensteiner

23. Jänner 1939.

IIA 4. B/V.

Herrn
Landesgruppenleiter der deutschen Gesellschaft für Gartenkunst,
Otto G ä l z e r ,
Wien, 13., Lainzerstrasse 173.
.-.-.-.-.-.-.-.-.-.-.-.-.-.-.-.-.-

Ich bestelle Sie bis auf weiteres zum kommissarischen Referanten für die Fachgruppe " Landschafts- und Gartengestalter " in der Landesleitung Wien der Reichskammer der bildenden Künste.

Beglaubigt:

28.11.1938.

ID 1. B/V.

Herrn
Ernst Ludwig F r a n k e ,
Wien, XIII., Teybergasse 12.
-.-.-.-.-.-.-.-.-.-.-.-.-.-.-.-.-.

Ich bestelle Sie bis auf Weiteres zum kommissarischen Referenten für die Fachgruppen " Gebrauchsgraphik " und"Entwerfer " bei der Landesleitung Wien der Reichskammer der bildenden Künste.

Ich bitte mir den Tag der Woche und die Stunden zu nennen, zu denen Sie in meiner Dienststelle die Sprechstunden abhalten wollen, Zunächst dürfen zwei Wochenstunden genügen.

gez. Blauensteiner

Beglaubigt:

im Oktober 1932[99] ab. Ab dem Frühjahr 1933 betätigte er sich als Zeichenreferent und Schriftleiter des NSDAP-Pressevereins Gau Wien. In der Verbotszeit zählte er zu den Mitarbeiter*innen der kulturpolitischen Wochenschrift *Der Weg*, ab 1. Jänner 1934 trat er als Stellvertreter des Wiener Gaupressechefs und ab Mai 1935 als Geschäftsführer der „Hauptabteilung IX. Kultur der Landesleitung bei Pg. Stuppäck" in Erscheinung.[100] Im Mai 1936 flüchtete er nach Berlin, weil – wie Sanders in der NS-Zeit angibt – „wiederholt unmittelbare Mitarbeiter verhaftet wurden und ich ebenfalls eine Verhaftung zu gewärtigen hatte"[101]. Er wurde in Deutschland vom Flüchtlingshilfswerk als „politischer Flüchtling"[102] anerkannt und im Herbst 1936 als Mitarbeiter im Büro von Karl Megerle für kulturpolitische Arbeit aufgenommen.[103] Megerle war Goebbels Beauftragter für die NS-Propaganda in Wien und führte in Österreich für das Regime vor 1938 propagandistische Sonderaufträge durch.[104]

Sanders betätigte sich bis 1938 weiters als Pressezeichner für die Fachblätter der Deutschen Arbeitsfront (DAF) und beteiligte sich 1936 an der Ausstellung *Die Deutsche Pressezeichnung* (Berlin). 1937 wurde er mit der Bemalung einer Jagdtischplatte für Hermann Göring beauftragt.[105] Sanders zählte zum innersten Wiener Netzwerk der „Alten Kämpfer"[106] und übernahm eine Reihe von wichtigen Positionen im Propagandaapparat von Goebbels, womit er maßgeblich an den Vorarbeiten des „Anschlusses" beteiligt war. Sanders „illegale" Arbeit im Kulturamt und Tätigkeit in den NS-Zentralstellen in Berlin sollte ihm nach der Machtergreifung der Nationalsozialisten im März 1938 eine hohe Position im Wiener Kulturbereich sichern. Er kam unmittelbar in den Tagen des „Anschlusses" nach Wien zurück und wurde vom Staatskommissär für Personalangelegenheiten (Reichserziehungsministerium), Otto Wächter, dessen Aufgabe die „Säuberung" des österreichischen Beamtentums war, als kommissarischer Leiter der Wiener Kunstgewerbeschule eingesetzt. Der massive Widerstand an der Schule gegen seine Person seitens des Lehrkörpers und der Studentenschaft führte in der Folge zu seiner Absetzung, und Robert Obsieger[107] übernahm – in der Nachfolge des zwangspensionierten Max Fellerer – die Stellung des Direktors der Kunstgewerbeschule, die er bis 1945 innehatte. Sanders wurde stattdessen mit dem Posten des Referenten für Kunsthandwerk in der RdbK entschädigt. Künstlerische Arbeiten aus der NS-Zeit sind nicht bekannt, lediglich ein Zeitungsartikel von 1939 zeigt Sanders beim Formen von Tonköpfen für Puppen eines „Faust-Ensembles".[108]

Ein „Dienstzettel" aus dem Jahr 1949 ist das letzte Dokument[109] in Sanders Gauakt und verweist auf ein laufendes Verfahren der Registrierungsbehörde, die sich wegen eines „Einspruchs" Auskunft über seine politischen Aktivitäten und seine NSDAP-Mitgliedschaft einholte. Im Wiener Kunstleben spielte er nach 1945 keine Rolle mehr. Angaben zu Sanders beruflichen Tätigkeiten nach 1945 oder zum Sterbejahr konnten nicht recherchiert werden.

## Referent für Gebrauchsgraphik: Ernst Ludwig Franke

Ernst Ludwig Franke (1886–1948)[110] absolvierte die Kunstschule in Plauen (D) und anschließend die Ungarische Akademie der Bildenden Künste in Budapest bei Károly Ferenczy.[111] Nach seiner Ausbildung wandte er sich immer mehr dem noch jungen Kunstgebiet der Gebrauchsgrafik zu, wo er vor allem mit Plakatentwürfen große Bekanntheit erlangte. 1926 gründete er gemeinsam mit dem jüdischen Maler Kurt Libesny den „Bund Österreichischer Gebrauchsgraphiker"[112] als selbstständigen Verband, dem Libesny als Präsident und Franke als Geschäftsführer vorstanden. Weitere Mitglieder des ersten Vorstandes waren etablierte Grafiker wie Joseph Binder oder Hermann Kosel.[113]

Nach dem „Anschluss" wurde der bereits in der NSDAP aktive Franke mit der kommissarischen Leitung des Bundes Österreichischer Gebrauchsgraphiker betraut. Dieser wurde schließlich aufgelöst und namhafte Mitglieder, wie Kurt Libesny oder Hermann Kosel, in die Emigration getrieben.[114] Franke war schon ab 1931 NSDAP-Mitglied.[115] Die Polizeidirektion zählte Franke 1945 zu dem „Personenkreis gem. §17 des Verbotsgesetzes" und gab als Gründe dafür die verliehene Erinnerungsmedaille (für besondere Verdienste um den „Anschluss") und die Position als Propagandaleiter der NSDAP an.[116] Im November 1938 wurde Franke von Blauensteiner zum Referenten für die Fachgruppen Gebrauchsgraphik und Entwerfer[117] der RdbK Wien bestellt. Während der NS-Zeit war Franke weiterhin erfolgreich als Grafiker tätig, denn das Plakat gewann im NS-Regime als Propagandamittel eine zusätzliche politische Bedeutung, wovon die große Anzahl an öffentlichen Plakatwettbewerben und die Rolle der Klasse für Gebrauchsgraphik von Paul Kirnig an der Kunstgewerbeschule Wien zeugen.[118]

S. 56 Bestellungen der kommissarischen Referenten der RdbK Wien durch Leopold Blauensteiner: Igo Pötsch, 28.11.1938; Otto Gälzer, 23.1.1939; Ernst Ludwig Franke, 28.11.1938, BV Archiv
S. 58 Hanns Sanders, Lebenslauf, 1938, Gauakt, AT-OeStA
S. 59 Titelbild der Zeitschrift *Gebrauchsgraphik*, März 1938, Entwurf Hermann Kosel, MAK

31381/38

Sanders Hanns

LEBENSLAUF

Hanns Sanders, geb. 4. Juli 1904 in Wien, zuständig Wien, arisch, evang., verheiratet seit 11. Nov. 1936 mit Erika Melitta Bucksch 1 Junge: Irmfried Herwig geb. 15. Dez. 1937 in Berlin.

Schulbildung: Volksschule, Unterrealschule, 1921-25 Privatstudium der Malerei, Kunstgeschichte, Anatomie und Einschlägiges. 1925-28 und 1931-32: 4 Jahre Studium in den Fachklassen für Malerei (Prof. Löffler und Prof. Müller-Hofmann) und Architektur (Prof. Strnad) einschliesslich Hilfsfächer. 1931-32: 3 Semester a.o. Hörer an der philos. Fakultät der Wiener Universität (Vorlesungen für Anwärter auf das Lehramt für Freihandzeichnen an Mittelschulen: Erziehungslehre, Geschichte der Erziehungslehre, Schul=hygiene, Kunstgeschichte, Psychologie, prakt. Philosophie usw.). Das Inskribtionsbuch kann in einigen Wochen bei=gebracht werden. Derzeit liegt es verpackt im Übersied=lungsgut in Berlin.

Berufstätigkeit: 1928-30 zwei Jahre als künstlerischer Mitarbeiter an einer Keramikfabrik (Michael Andersen und Sohn) auf Bornholm (Dänemark) tätig. Für meine damals geschaffenen Plastiken und dekorativen Vasenmalereien erhielt ich auf der Weltausstellung in Brüssel 1935 das Diplom der Silbernen Medaille.
In diesen beiden Jahren bekam ich auch wiederholt Bild=nisaufträge u.Ä.
1931 Beteiligung an der Internationalen Karrikaturen=ausstellung in Wien (Künstlerhaus)
1936 Beteiligung an der Ausstellung "Die Deutsche Presse=zeichnung" in Berlin (Haus der Deutschen Kunst) über Einladung des Reichsbeauftragten Prof. Schweitzer
1937 Anfertigung einer bemalten Jagdtischplatte für Generalfeldmarschall Hermann Göring
1936-38 Pressezeichnungen für die Fachblätter der DAF in Berlin.

Polit. Tätigkeit: Eintritt in die NSDAP am 1. März 1932 (Nr. 900.401) Seit 1. Juli 1932 als Blockwart, Zellenleiter, Bezirks=pressewart tätig. Im Frühjahr 1933 Zeichenreferent des Pressevereins Gau Wien der NSDAP und Schriftleiter.

Verbotszeit: Mitarbeiter der kulturpolit. Wochenschrift "Der Weg". Ab 1. Jänner 1934 Stellvertreter des Gaupressechefs Wien, zwischendurch Gauschulungsleiter, nachher Geschäftsführer des Landeskulturamtes und Referent für Kunsthandwerk. Nach meiner im Mai 1936 erfolgten Flucht in das Deutsche Reich wurde ich als Mitarbeiter bei Dr. Karl Megerle in Berlin eingesetzt (Kulturpolitische Arbeit).

Im Frühjahr 1938 kam ich nach Österreich zurück und wurde von Staatskommissär Dr. Wächter (Sachbearbeiter Pg. Ing. Gürcke) mit Wir=kung vom 13. Juni 1938 als Kommissarischer Leiter der Staatlichen Kunstgewerbeschule eingesetzt.

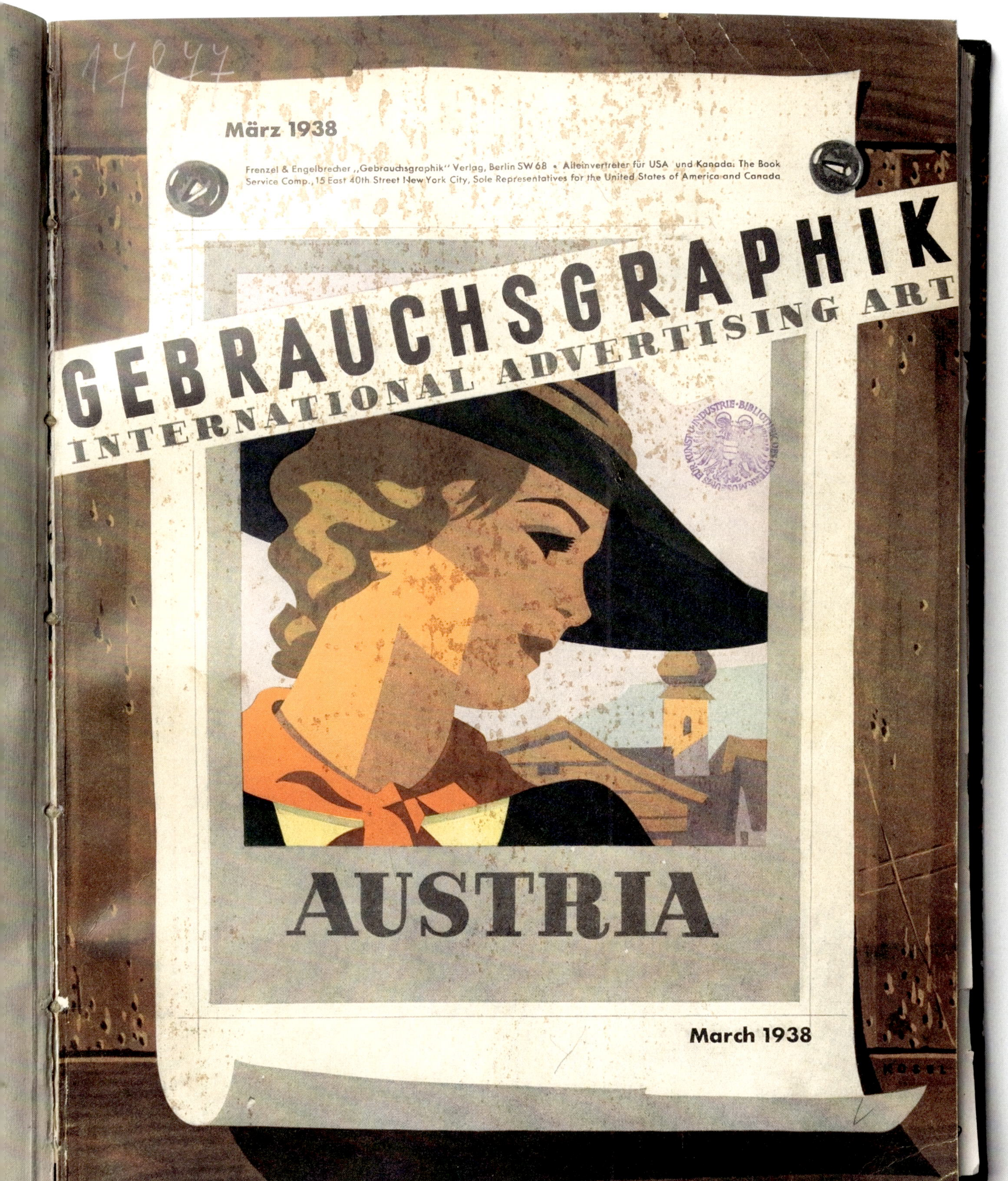
März 1938
Frenzel & Engelbrecher „Gebrauchsgraphik" Verlag, Berlin SW 68 • Alleinvertreter für USA und Kanada: The Book Service Comp., 15 East 40th Street New York City, Sole Representatives for the United States of America and Canada
GEBRAUCHSGRAPHIK
INTERNATIONAL ADVERTISING ART
AUSTRIA
March 1938

Nach dem Krieg wurde Frankes Aufnahme in die Berufsvereinigung abgelehnt, da er als „illegal" galt und als „minderbelastet" registriert war.[119] Bis 1947 erhielt er ein Arbeitsverbot[120] und musste sich 1948 im Zuge seiner Entnazifizierung bei der „Kommission zur Beurteilung freischaffender Künstler" im Bundesministerium für Unterricht für seine politische Aktivität rechtfertigen. Seine Zulassung behandelte die Kommission noch zögerlich und er wurde in einem Schreiben 1948 aufgefordert, ausständige Unterlagen nachzureichen.[121] Er arbeitete weiterhin als Gebrauchsgrafiker. Der Ausgang seines Verfahrens blieb jedoch offen, denn am 28. Dezember 1948 verstarb Franke „in der Wr. Messe vor dem Anfang einer großen Arbeit stehend", wie es auf der Parte lautet.[122]

### Referent für Grabmal und Friedhof: Alfons Riedel

Alfons Riedel (1901–1969) wurde von 1918 bis 1925 an der Akademie der bildenden Künste Wien bei Josef Müllner ausgebildet. Er bekam im Roten Wien seine ersten Kunstaufträge am Gemeindebau, wie zum Beispiel 1932 ein Bronzerelief von Franz Domes oder 1933 eine Büste von Anton Wildgans. 1927 assistierte Riedel dem Bildhauer Wilhelm Frass bei seinen Arbeiten in Ankara, wo an der Fassade des Refik Saydam Hygieneinstituts[123] eine sieben Meter hohe, monumentale Sandsteinfigur der Hygiea entstand. Beide waren Mitglieder des 1905 gegründeten Künstlerverbands österreichischer Bildhauer, dem der „illegale" Frass[124] ab 1935 vorstand und dem Riedel von 1929 bis 1938 angehörte. 1934 unterstützte er Frass bei der Gestaltung der Krypta des Heldendenkmals im Burgtor. Die unter der liegenden Figur des unbekannten Soldaten 1935 von Frass heimlich hinterlegte und 2012 gehobene Kapsel mit einem den Nationalsozialismus verherrlichenden Schriftstück enthielt überraschenderweise auch einen Text von Alfons Riedel, der neutraler gehalten ist.

Riedel, der sich in der Verarbeitung verschiedenster Materialien wie Holz, Stein, Marmor oder Bronze verstand, reichte beim Olympischen Kunstwettbewerb 1936 einen *Faustkämpfer* ein und stellte im selben Jahr im Künstlerhaus eine voluminöse *Danae* aus, für die er den Österreichischen Staatspreis erhielt. Ab Mai 1938 engagierte er sich bereits für diverse NS-Organisationen, die Aufnahme in die NSDAP erfolgte erst mit 1. Jänner 1941.[125] Unmittelbar nach Übernahme seiner Funktion als Referent der RdbK Wien setzte sich Riedel aktiv mit seinem neuen Aufgabenbereich auseinander. Zusammen mit Oswald Grill trat er „für neue volksverbundene Formen des Grabmalwesens" ein und veranlasste einen „Wettbewerb für neuzeitliche Grabmaltypen".[126] Frass, der seit 1939 die akademische Klasse für Bildhauerei an der Frauenakademie leitete, dürfte Riedel ab Oktober 1941 ebendort einen Posten als Lehrer vermittelt haben.[127] Obwohl Blauensteiner Riedels Unabkömmlichstellung (Uk-Stellung) noch am 1. November 1940 befürwortet hatte, wurde er am 24. Juli 1942 eingezogen.[128] Seine Atelierräume im Prater übernahm Frass für Unterrichtszwecke. Von der Ostfront hielt Riedel regelmäßigen brieflichen Kontakt zur RdbK. Kammerer unterstützte ein Ansuchen Riedels vom 16. April 1943 „um Überstellung zu einer Dienststelle der Wehrmacht, die ihn mit der Errichtung und Betreuung von Heldenfriedhöfen"[129] beauftragen sollte. Ob es zu diesem „künstlerischen Kriegseinsatz" kam, ist nicht dokumentiert.

Bekannt ist jedoch, dass Riedel im Mai 1945 bei Linz aufgegriffen wurde und bis November 1945 in russischer Gefangenschaft (Ural) war. 1947 hat er sich als „Minderbelasteter" registriert. Alfons Riedel startete nach dem Krieg eine zweite Karriere, er erhielt zahlreiche Aufträge für Kunst-am-Bau-Projekte sowie Kriegerdenkmäler und war von 1961 bis 1965 Präsident des Künstlerhauses.

### Referent für Vereine und Ausstellungen: Oswald Grill

Mit der Nominierung von Oswald Grill (1878–1964) hatte sich Leopold Blauensteiner einen langjährigen Freund und Gesinnungsgenossen in die RdbK geholt. Beide hatten um 1900 ihre Ausbildung erhalten und Ausstellungserfahrung gesammelt. Grill zog es nach einer Ausbildung an der Wiener Kunstgewerbeschule an die Münchner Akademie und schloss sich dort der gemäßigt fortschrittlichen „Luitpold-Gruppe" an. Ab 1908 war Grill, der vor allem als Landschaftsmaler reüssierte, Mitglied des Künstlerhauses. Im Bereich des Vereinswesens übernahm er 1917 die Präsidentschaft im Wirtschaftsverband (erneut 1939), ab 1930 die des Zentralverbandes (ab April 1938 kommissarisch). Dort machte Grill alle Mitglieder auf den ab sofort geltenden „Arierparagraphen" aufmerksam.[130] Obwohl er in seinem Aufnahmeansuchen in die RdbK vom 14. Juli 1938 angab, kein Mitglied der NSDAP zu sein,[131] dürfte er zu einem späteren Zeitpunkt beigetreten sein, denn 1947 wurde er als „minderbelastet" registriert.[132]

S. 61 Titelbild der Zeitschrift *Österreichische Kunst* mit dem Hinweis auf die Übernahme durch die NSDAP, H. 3, 15.3.1938, ÖNB, ANNO

# ÖSTERREICHISCHE KUNST

IX. JAHRG. 1938

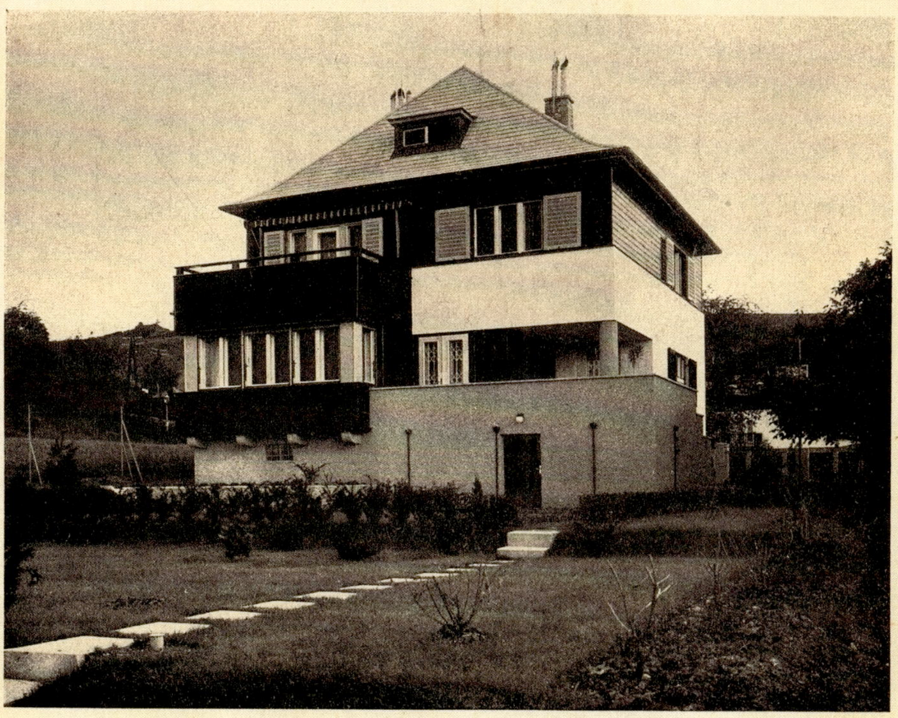

Arch. Franz Schlacher — Villa am Nußberg

Die Gesamtleitung dieser Zeitschrift wurde vom Generalbeauftragten für Bildende Kunst des Landeskulturamtes der N.S.D.A.P. (Hitlerbewegung) Österreich an Vertrauensleute übertragen, die ihre Tätigkeit mit dem **nächsten Heft** beginnen.

Heil Hitler!

Die Schriftleitung.

Heft 3 — 15. März 1938

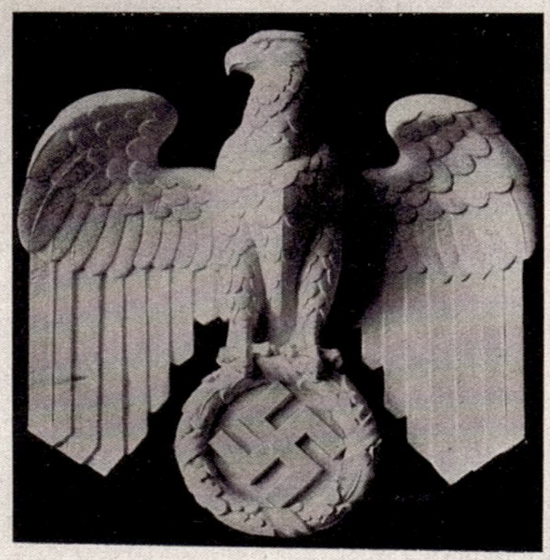

# Österreichische Kunst

auch du bist frei! Frei geworden durch die unvergleichliche Tat unseres Führers

Adolf Hitler.

Frei von aller Bedrückung durch fremden Geist, Unverstand und Selbstsucht. Jahrzehnte planmäßiger Verseuchung deutschen Geistes und deutschen Fühlens sind vorüber.

Sieghaft erhob sich aus Nacht und Elend die deutsche Urkraft, alles durchdringend, alles belebend. Belebend auch dich,

Österreichische Kunst,

die du deutsch warst und wieder deutsch sein wirst. Tief im Herzen sitzt noch der Groll über verlorene Jahre nutzlosen Schaffens ohne Freude, ohne Ziel, ohne Teilnahme. Es ist vorbei. Kunst ist wieder eine Mission geworden, eine Mission, die zum Fanatismus verpflichtet.

So will es unser Führer Adolf Hitler.
Österreichs Künstler folgen ihm.

Kammerer

Plastik: Hoheitszeichen am Braunen Hause in Wien im Jahre 1932 von Oskar Thiede

Seine Begeisterung für das Deutschnationale belegen seine Mitgliedschaft im Bund deutscher Maler Österreichs (1937), seine Funktion als Kunstreferent des *Völkischen Beobachters* ab 1938 sowie seine überlieferten Texte, in denen der ausgeprägte Antisemitismus und die Abneigung des Internationalismus zum Ausdruck kommen.[133] Für Grill begann 1938 eine rege Ausstellungstätigkeit und er beteiligte sich jährlich an den Ausstellungen im Haus der Deutschen Kunst, am häufigsten mit Bildern, die den Attersee aus unterschiedlichen Blickwinkeln und Jahreszeiten festhalten.

Seine Aufgaben im Bereich der RdbK bestanden in der Überwachung von Preisgestaltungen oder Fachjurys, ferner in der Förderung des künstlerischen Nachwuchses[134] sowie der Erstellung von „Richtlinien für die einheitliche Ladenpreisgestaltung im Kunsthandel".[135] Nach dem Krieg lebte Grill vorzugsweise am Attersee.

## Referent für Preise und Ehrengaben: Emil Bröckl

Der Aktenlage zufolge war die Stelle des Referenten für Preise und Ehrengaben von geringerer Relevanz. Mit Emil Bröckl (1906–1992) kam ein noch junger Maler, Grafiker und Buchillustrator zum Zug, der 1921 bis 1927 die Graphische Lehr- und Versuchsanstalt besuchte.[136] Von 1927 bis 1931 war Bröckl für den völkisch-national ausgerichteten Adolf Luser Verlag tätig. Als Mitglied des „Bundes deutscher Reiter" wurde er mit dem Verein in den SS-Reitersturm eingegliedert.[137] Unmittelbar nach Aufnahme des „illegalen" NSDAP- und SS-Mitglieds Bröckl im November 1939 ins Künstlerhaus wurde ihm der Förderungspreis der RdbK verliehen.[138] Zu seiner Agenda gehörte es beispielsweise 1941, bei Künstlern Entwürfe für ein Ehrenzeichen der Frau des Reichsleiters, Henriette von Schirach, einzufordern, da ihr die bislang vorgelegten Entwürfe missfielen.[139] Ehe Bröckl zur Wehrmacht eingezogen wurde, erreichten ihn noch einige Ankäufe. Spätestens Ende 1942 war die Zustelladresse des SS-Kanoniers Emil Bröckl das SS-Mannschaftshaus in Lublin im Generalgouvernement, wohin ihm seine Künstlerhauskollegen eine „Weihnachtsmedaille" gesandt hatten.[140]

1945 wurde Bröckl aus dem Künstlerhaus ausgeschlossen, jedoch 1948 wieder aufgenommen. Im Jahr 1957 wanderte Bröckl nach Venezuela aus, wo er als Zeichenlehrer an einer Universität in Caracas beschäftigt war.[141] 1985 bekam er das Große Ehrenzeichen für Verdienste um die Republik Österreich verliehen.

S. 62 NS-Bekenntnis von Marcel Kammerer in der Zeitschrift *Österreichische Kunst*, H. 4, 15.4.1938, ÖNB, ANNO

1 Reichskulturkammergesetz vom 22. September 1933, RGBl. 1933/I, S. 661; Erste Verordnung zur Durchführung des Reichskulturkammergesetzes vom 1. November 1933, RGBl. 1933/I, S. 797.

2 Peter Gast: Die rechtlichen Grundlagen der Reichskulturkammer, in: Hans Hinkel (Hg.): Handbuch der Reichskulturkammer, Berlin 1937, S. 17–23, hier S. 18.

3 Volker Dahm: Anfänge und Ideologie der Reichskulturkammer, in: Vierteljahrshefte für Zeitgeschichte, 34 (1986), S. 53–82; Oliver Rathkolb: Führertreu und gottbegnadet. Künstlereliten im Dritten Reich, Wien 1991; Bärbel Schrader: „Jederzeit widerruflich". Die Reichskulturkammer und die Sondergenehmigungen in Theater und Film des NS-Staates, Berlin 2008.

4 Dahm, Anfänge und Ideologie der Reichskulturkammer, S. 72.

5 Nina Kubowitsch: Die Reichskammer der bildenden Künste. Grenzsetzungen in der künstlerischen Freiheit, in: Wolfgang Ruppert (Hg.): Künstler im Nationalsozialismus. Die „deutsche Kunst", die Kunstpolitik und die Berliner Kunsthochschule, Köln u. a. 2015, S. 75–96.

6 Hans Schmidt-Leonhardt: Die Reichskulturkammer, Berlin 1938, S. 27.

7 Ebd., S. 28.

8 Ebd.

9 Sophie Lillie: Was einmal war. Handbuch der enteigneten Kunstsammlungen Wiens, Wien 2003, S. 821.

10 Uwe Baur: I. Organisation der Kultur im Gau/Reichsgau Wien, in: Karin Gradwohl-Schlacher: Literatur in Österreich 1938–1945 (Handbuch eines literarischen Systems, hg. von Uwe Baur, Bd. 4), Wien u. a. 2018, S. 28–29.

11 BV Archiv, Akt Alfons Riedel, Schreiben Leopold Blauensteiner an Alfons Riedel, 1.2.1944.

12 Rudolf Schmidt: Österreichisches Künstlerlexikon. Von den Anfängen bis zur Gegenwart, Bd. 3, Wien 1977, S. 205.

13 Agnes Husslein-Arco, Matthias Boeckl, Harald Krejci (Hg.): Hagenbund. Ein europäisches Netzwerk der Moderne. 1900 bis 1938 (Ausstellungskatalog Unteres Belvedere, Wien), München 2014, S. 199.

14 WStLA, Bestand 3.7.3.A1.101.3, Persönlichkeiten des Wiener Kultur- und Geisteslebens 1942–1943, Leopold Blauensteiner.

15 Blauensteiner trat nach eigenen Angaben am 1.7.1932 in die NSDAP ein (Parteibuch ab 1938 mit der NSDAP-Mitgl.-Nr. 1.845.504), siehe dazu: WStLA, Bestand 3.7.3.A1.101.3, Persönlichkeiten des Wiener Kultur- und Geisteslebens 1942–1943, Interview mit L. Blauensteiner, S. 8; WStLA, Volksgericht Wien, Serie 2.3.14.A1: Vg 2c Vr 404/45, Leopold Blauensteiner, Staatsamt für Inneres an das Volksgericht, 26.10.1945.

16 Maren Seliger: Scheinparlamentarismus im Führerstaat. „Gemeindevertretung" im Austrofaschismus und Nationalsozialismus. Funktionen und politische Profile Wiener Räte und Ratsherren 1934–1945 im Vergleich, Wien 2010, S. 581.

17 WStLA, Bestand 3.7.3.A1.101.3, Persönlichkeiten des Wiener Kultur- und Geisteslebens 1942–1943, Leopold Blauensteiner.

18 Elisabeth Klamper: Zur politischen Geschichte der Akademie der bildenden Künste 1918 bis 1938. Eine Bestandsaufnahme, in: Hans Seiger, Michael Lunardi, Peter Josef Populorum (Hg.): Im Reich der Kunst. Die Wiener Akademie der bildenden Kunst und die faschistische Kunstpolitik (Österreichische Texte zur Gesellschaftskritik, hg. vom Verein Kritische Sozialwissenschaft und Politische Bildung, Bd. 50), Wien 1990, S. 5–64, hier S. 17.

19 Seliger, Scheinparlamentarismus im Führerstaat, S. 579.

20 WStLA, Bestand 3.7.3.A1.101.3, Persönlichkeiten des Wiener Kultur- und Geisteslebens 1942–1943, Leopold Blauensteiner.

21 KH Archiv, Akt Leopold Blauensteiner, Ansuchen um Ausnahme gem. Artikel II, III, IV des Verb. Gesetzes v. 8.5.45, Schreiben vom 7.3.1946, S. 19.

22 KH Archiv, Akt Leopold Blauensteiner, Schreiben Rudolf H. Eisenmenger an Leopold Blauensteiner, 5.5.1939. Siehe auch: Seliger, Scheinparlamentarismus im Führerstaat, S. 579–584.

23 Siehe: Kapitel 10, S. 318.

24 Marcel Kammerer war Mitglied der RdbK in den Fachgruppen Architektur (A 22.682) und Malerei (M 26.242). Siehe: BV Archiv, Akt Marcel Kammerer.

25 WStLA, Bestand 3.7.3.A1.103.11, Persönlichkeiten des Wiener Kultur- und Geisteslebens 1942–1943, Marcel Kammerer, Niederschrift des Lebenslaufs Marcel Kammerer, 1943, S. 6.

26 Ursula Prokop: Marcel Kammerer, Architekturzentrum Wien, Architektenlexikon Wien 1770–1945, http://www.architektenlexikon.at/de/271.htm (4.9.2019).

27 Ebd.

28 WStLA, Bestand 3.7.3.A1.103.11, Persönlichkeiten des Wiener Kultur- und Geisteslebens 1942–1943, Niederschrift des Lebenslaufs Marcel Kammerer, 1943, S. 2. Darin befindet sich eine Auflistung aller Projekte.

29 Ebd.

30 Ebd.

31 Ebd.

32 KH Archiv, Akt Marcel Kammerer, Lebenslauf, Februar 1943.

33 Siehe: Kapitel 1, S. 23.

34 WStLA, Bestand 3.7.3.A1.103.11, Persönlichkeiten des Wiener Kultur- und Geisteslebens 1942–1943, Niederschrift des Interviews mit Marcel Kammerer, 1943, S. 4.

35 Ebd. Im Lebenslauf gibt Kammerer die NSDAP-Mitgl.-Nr. 1.613.302 an.

36 KH Archiv, Akt Marcel Kammerer, Lebenslauf, Februar 1943.

37 WStLA, Bestand 3.7.3.A1.103.11, Persönlichkeiten des Wiener Kultur- und Geisteslebens 1942–1943, Niederschrift des Interviews mit Marcel Kammerer, 1943, S. 6.

38 BV Archiv, Akt Marcel Kammerer, Brief von Leopold Blauensteiner an Marcel Kammerer, 1.4.1944.

39 KH Archiv, Akt Marcel Kammerer, Schreiben Marcel Kammerer an die Gesellschaft bildender Künstler Wiens, 24.2.1950.

40 Ebd., Schreiben Wilhelm Müller-Hofmann, 1947.

41 BV Archiv, Akt Alfons Riedel, Schreiben Leopold Blauensteiner an Alfons Riedel, 1.2.1944.

42 Franz Schlögel war ab November 1930 NSDAP-Mitglied. Siehe: WStLA, M.Abt. 119, A42-NS-Registrierung: Franz Schlögel; WStLA, Gauakt Franz Schlögel 14184.

43 Kurt Ziesel: Dichterische Leistungen aus Österreich, in: Deutsche Akademiker-Zeitung, Nr. 5, 1.3.1938,in: Wienbibliothek im Rathaus, Sammlung (WB Sammlung), Tagblattarchiv Franz Schlögel, 1938/41.

44 WB Sammlung, Teilnachlass von Franz Schlögel, ZPH 638.

45 Friedrich Stadler (Hg.): Kontinuität und Bruch 1938–1945–1955. Beiträge zur österreichischen Kultur-und Wissenschaftsgeschichte (Emigration – Exil – Kontinuität. Schriften zur zeitgeschichtlichen Kultur- und Wissenschaftsforschung, Bd. 3), Münster 2004, S. 196.

46 O. A.: Drei kommissarische Referenten bestellt,in: Illustrierte Kronen-Zeitung, 14.12.1938, S. 11.

47 O. A.: Referenten der Reichskammer für bildende Künste, in: Völkischer Beobachter, 12.1.1939, S. 7.

48 BV Archiv, Akt Otto Gälzer, Schreiben Otto Gälzer an Leopold Blauensteiner, 20.1.1939.

49 O. A.: Sprechstunden der Referenten der R.d.b.K., in: Nachrichtenblatt des Zentralverbandes bildender Künstler Oesterreichs (1939) 44, S. 8. Robert Eigenberger (1890–1979) war Kunsthistoriker und Restaurator an der Akademie der bildenden Künste Wien.

50 Konstantin Ferihumer, René Schober: Robert Eigenberger, Lexikon der österreichischen Provenienzforschung, https://www.lexikon-provenienzforschung.org/eigenberger-robert (18.7.2020).

51 Hinkel, Handbuch der Reichskulturkammer, S. 27.

52 Leopold Ruprecht (1938–1945), Direktor der Waffensammlung des Kunsthistorischen Museums.

53 Pia Schölnberger: August Eymer, Lexikon der österreichischen Provenienzforschung, https://www.lexikon-provenienzforschung.org/eymer-august-friedrich (18.7.2020). August Eymer (1894–1979) war Kunsthändler und gerichtlich beeideter Sachverständiger sowie Schätzmeister.

54 O. A.: Referenten der Reichskammer für bildende Künste, in: Völkischer Beobachter, 12.1.1939, S. 7.

55 Gabriele Anderl: Die Stunde der Profiteure: Der Wiener Kunsthandel während der NS-Zeit, in: Kommission für Provenienzforschung des BMUKK, Kunst sammeln – Kunst handeln. Internationales Symposium in Wien, 23.–25.3.2011, Abstracts, Wien, http://www.provenienzforschung.gv.at/wp-content/uploads/2015/04/Symposium_Abstracts.pdf (18.7.2020).

56 Lillie, Was einmal war; Stefan August Lütgenau, Alexander Schröck, Sonja Niederacher: Zwischen Staat und Wirtschaft. Das Dorotheum im Nationalsozialismus, Wien u. a. 2006; Gabriele Anderl, Alexandra Caruso: NS-Kunstraub in Österreich und die Folgen, Wien 2016; Seiger, Lunardi, Populorum, Im Reich der Kunst; Erika Patka (Hg.): Kunst: Anspruch und Gegenstand. Von der Kunstgewerbeschule zur Hochschule für Angewandte Kunst in Wien 1918–1991, Salzburg u. a. 1991; Birgit Schwarz: Hitlers Sonderauftrag Ostmark. Kunstraub und Museumspolitik im Nationalsozialismus, Wien u. a. 2018; Paulus Ebner, Juliane Mikoletzky: Geschichte der

Technischen Hochschule Wien 1914–1955 (Technik für Menschen, hg. von Sabine Seidler, Bd. 1, 2), Wien u. a. 2016.

57 Arthur Roessler: Die „neue Gruppe" der Wiener Künstlergenossenschaft, in: Österreichische Kunst 4 (1932) 1, S. 2–12.

58 KH Archiv, Akt Igo Pötsch, Schreiben von Igo Pötsch, 23.3.1938.

59 AT-OeStA/Gauakt Igo Pötsch, NSDAP-Mitgl.-Nr. 6.299.593.

60 Wien Museum (WM), Inv.-Nr. 67110.

61 O. A.: Zwei Wiener Künstler erleben den Tag der Befreiung, in: Kleine Volks-Zeitung, 13.3.1941, S. 12.

62 Ebd.

63 AT-OeStA/Gauakt Igo Pötsch, Schreiben der Gemeindeverwaltung an Igo Pötsch, 10.9.1940.

64 BV Archiv, Akt Igo Pötsch, Schreiben von Leopold Blauensteiner, 23.2.1940.

65 O. A.: Neues aus der bildenden Künstlerschaft Wiens, in: Neues Wiener Tagblatt, 23.12.1940, S. 6.

66 BV Archiv, Akt Igo Pötsch, Marcel Kammerer an Baron Berg, 8.3.1942.

67 BV Archiv, Akt Rudolf H. Eisenmenger, Professor Rudolf Eisenmenger, in: Wiener Neueste Nachrichten, 6.8.1943.

68 KH Archiv, Akt Igo Pötsch, Telegramm von Josef Bürckel, 30.4.1943, in dem er um Niederlegung eines Kranzes mit der Aufschrift „Dem großen Künstler" ersuchte.

69 Ferdinand Opitz war Mitglied der RdbK in der Fachgruppe Bildhauerei (B 3.525), siehe: BV Archiv, Akt Ferdinand Opitz.

70 Universität für angewandte Kunst Wien (UaK), Kunstsammlung und Archiv, Personalakt (PA) Robert Obsieger, Personenstandsblatt 22.6.1945, NSDAP-Mitgl.-Nr. 7.982.295 (seit 1.4.1940); WStLA, Gauakt Robert Obsieger.

71 WStLA, Gauakt Ferdinand Opitz, NSDAP-Mitgl.-Nr. 6.307.353. In den Akten werden verschiedene Eintrittsdaten genannt: 1.1.1938 – damit gälte er als „Illegaler", April 1938 und der 3.8.1938.

72 UaK, Kunstsammlung und Archiv, PA Ferdinand Opitz, Schreiben Robert Obsieger an das BM für Handel und Verkehr, 10.6.1938.

73 Gabriele Jurjevec-Koller: Kollaboration und Verantwortung. Die Jahre 1938–1945, in: Gerald Bast, Anja Seipenbusch-Hufschmied, Patrick Werkner (Hg.): 150 Jahre Universität für angewandte Kunst Wien. Ästhetik der Veränderung, Berlin u. a. 2017, S. 112–119, hier S. 114.

74 Siehe: Kapitel 4, S. 84.

75 BV Archiv, Akt Ferdinand Opitz, Stellungnahme von Gustav Gurschner, 20.11.1947.

76 Anlässlich seines 60. Geburtstags am 24.1.1945 wurde er mit dem Auftrag zur Anfertigung eines Selbstbildnisses (Linde) für die Städtischen Sammlungen geehrt. Siehe: WM, Inv.-Nr. 77986.

77 AT-OeStA/AdR Unterricht, Wissenschaft, Forschung und Kunst (UWFuK) BMU PA Sign. 3, Ferdinand Opitz, Max Fellerer an das BMU, 16.2.1946.

78 Ebd., Schreiben Ferdinand Opitz an die Registrierungsstelle, 6.2.1946.

79 Ebd., Schreiben von Ferdinand Opitz, 9.9.1947.

80 Robert Örley war Mitglied der RdbK in der Fachgruppe Architektur (A 22953), siehe: Zentralvereinigung der ArchitektInnen Österreichs (ZV), Archiv, Akt Robert Örley.

81 WStLA, Bestand 3.7.3.A1.103.13, Persönlichkeiten des Wiener Kultur- und Geisteslebens 1942–1943, Robert Örley, Lebenslauf, 20.7.1943, S. 6.

82 Ebd.

83 Robert Örley war ab Mai 1938 NSDAP-Mitglied, siehe: WStLA, Gauakt A1-Robert Örley, Bestätigungskarte NSDAP Gau Wien.

84 Siehe: Kapitel 6, S. 159.

85 WStLA, Bestand 3.7.3.A1.103.13, Persönlichkeiten des Wiener Kultur- und Geisteslebens, 1942–1943, Dokumente und Unterlagen zu Personen und Familien, Robert Örley.

86 Ingrid Holzschuh: Verlorene Stadtgeschichten. Hitlers Blick auf Wien, in: dies., Monika Platzer, Architekturzentrum Wien (Hg.), „Wien. Die Perle des Reiches". Planen für Hitler (Ausstellungskatalog Architekturzentrum Wien), Zürich 2015, S. 28–45.

87 WStLA, Gauakt A1-Robert Örley 24.8.1876, Schreiben Robert Otto Stein an das Polizei-Amt Josefstadt, 5.7.1945.

88 Erika Kramer: Zwischen Gartenbau und Gartenkunst: Gärtner und Gartengestalter in Wien 1918–1945, Diss., TU Wien, 2012, S. 259.

89 BV Archiv, Akt Otto Gälzer, Fragebogen RdbK, 1.9.1938.

90 Kramer, Zwischen Gartenbau und Gartenkunst, S. 260.

91 Ebd., S. 261.

92 BV Archiv, Akt Otto Gälzer, Schreiben RdbK an Abteilung III, 22.11.1939.

93 Kramer, Zwischen Gartenbau und Gartenkunst, S. 263.

94 BV Archiv, Akt Otto Gälzer, Fragebogen RdbK, 1.9.1938.

95 Jochen Martz, Joachim Wolschke-Buhlmahn (Hg.): Zwischen Jägerzaun und Größenwahn. Freiraumgestaltung in Deutschland 1933–1945, Abstracts und Kurzvisiten, Symposium, Nürnberg, 2012, S. 48.

96 Kramer, Zwischen Gartenbau und Gartenkunst, S. 264.

97 Ebd.

98 BV Archiv, Akt Hanns Sanders, Sanders gibt im Fragebogen (o. D.) die NSDAP-Mitgl.-Nr. 900.401 an.

99 UaK, Kunstsammlung und Archiv, Studienblatt Hanns Sanders, geb. 4.7.1904.

100 AT-OeStA/Gauakt Johann Sanders, Fragebogen RdbK; AT-OeStA/PA Robert Obsieger BMU, GZ V Ref4/a-31381, KgS-Bestellg des Kommissarischen Leiters, Lebenslauf von Hanns Sanders, 1938.

101 Ebd., Schreiben Hanns Sanders an das NSDAP-Flüchtlingshilfswerk, 23.5.1936.

102 Ebd., Fragebogen NSDAP, 22.12.1938.

103 AT-OeStA/PA Robert Obsieger BMU, GZ V Ref4/a-31381, KgS-Bestellg des Kommissarischen Leiters, Lebenslauf von Hanns Sanders, Herbst 1938.

104 Historisches Seminar der Universität Heidelberg, Beamte nationalsozialistischer Reichsministerien, Karl Megerle, https://ns-reichsministerien.de/2020/05/15/karl-megerle/ (20.7.2019).

105 AT-OeStA/PA Robert Obsieger BMU, GZ V Ref4/a-31381, KgS-Bestellg des Kommissarischen Leiters, Lebenslauf von Hanns Sanders, 1938; BV Archiv, Akt Hanns Sanders, Fragebogen zur Aufnahme in die RdbK, o. D.

106 AT-OeStA/Gauakt Johann Sanders, Fragebogen NSDAP, 12.6.1939.

107 Siehe: Kapitel 6, S. 150.

108 Walter Ille: Erneuerung einer alten Volkskunst, in: Wiener Neueste Nachrichten, 27.1.1939, S. 5.

109 AT-OeStA/Gauakt Johann Sanders, Dienstzettel Registrierungsbehörde, 23.3.1949.

110 Ernst L. Franke war Mitglied der RdbK in den Fachgruppen Gebrauchsgraphik (G 5792) und Malerei (M 25451), siehe: BV Archiv, Akt Ernst Ludwig Franke.

111 BV Archiv, Akt Ernst Ludwig Franke, Fragebogen für die Aufnahme in die BV, 28.5.1947.

112 Christian Maryška: Kunst der Reklame. Der Bund Österreichischer Gebrauchsgraphiker von den Anfängen bis zur Wiedergründung 1926–1946 (Design in Österreich, hg. von Design Austria, Bd. 1), Salzburg 2005.

113 Ebd., S. 12.

114 Ebd., S. 40.

115 NSDAP-Mitgl.-Nr. 1.087.610; nach 1938 NSDAP-Mitgl.-Nr. 6.194.192, siehe: BV Archiv, Akt Ernst Ludwig Franke, Schreiben Polizeidirektion Wien an die BV, 16.7.1945.

116 BV Archiv, Akt Ernst Ludwig Franke, Schreiben Polizeidirektion Wien an die BV, 16.7.1946.

117 Ebd., Schreiben Leopold Blauensteiner an Ernst L. Franke, 28.11.1938.

118 Konstantin Ferihumer: Paul Kirnig und die „Fachklasse für Gebrauchs-, Illustrations- und Modegraphik" – zwischen Gaupropaganda und „Niemals Vergessen!", in: Gerald Bast, Anja Seipenbusch-Hufschmied, Patrick Werkner (Hg.): 150 Jahre Universität für angewandte Kunst Wien. Ästhetik der Veränderung, Berlin u. a. 2017, S. 182–186; siehe: Kapitel 6, S. 176.

119 BV Archiv, Akt Ernst Ludwig Franke, Schreiben BV an Franke, 28.6.1945.

120 Ebd., Schreiben Victor Theodor Slama und Karl Stemolak an die Kommission BMU, 2.12.1947.

121 Ebd., Schreiben Kommission BMU an die BV, 13.1.1948; siehe auch: WStLA, M.Abt. 119, A42-NS-Registrierung: Ernst Ludwig Franke.

122 BV Archiv, Akt Ernst Ludwig Franke, Parte, 31.12.1948.

123 Die Planung erfolgte durch die österreichischen Architekten Theodor Jost und Robert Örley, 1927–1929.

124 AT-OeStA/Gauakt Wilhelm Frass; WStLA, Gauakt Wilhelm Frass, NSDAP-Mitgl.-Nr. 1.621.727 (ab Mai 1933).

125 AT-OeStA/Gauakt Alfons Riedel, NSDAP-Mitgl.-Nr. 8.467.571 (ab 1.1.1941). Riedel war Block- und Zellenleiter in seiner Ortsgruppe Speising, Mitglied bei der Nationalsozialistischen Volkswohlfahrt (NSV), Reichsbund der deutschen Beamten (RDB) und beim Reichskolonialbund (RKB).

126 WStLA, M.Abt. 350, Allg. Reg. A1-34, 1942, Wettbewerb zur Erlangung von Entwürfen für neuzeitliche Grabmaltypen, 1940.

127 Sabine Forsthuber: Vom Ende der Wiener Frauenakademie in der NS-Zeit, in: Seiger, Lunardi, Populorum, Im Reich der Kunst, S. 217–246.

128 BV Archiv, Akt Alfons Riedel, Unterlagen zu den Uk-Stellungen.

129 Ebd., Befürwortung von Marcel Kammerer, 20.4.1943.

130 Oswald Grill: Mitteilungen des Vorstandes, in: Nachrichtenblatt des Zentralverbandes bildender Künstler Oesterreichs (1938) 39, S. 12–13.

131 BV Archiv, Akt Oswald Grill, Fragebogen der RdbK, 14.7.1938.

132 KH Archiv, Akt Oswald Grill, Bescheinigung der Bezirkshauptmannschaft Vöcklabruck, 30.5.1947.

133 O. A.: Dank der Wiener Künstler, in: Völkischer Beobachter (Wiener Ausgabe), 3.4.1938, S. 13.

134 KH Archiv, Akt Oswald Grill, Schreiben Rudolf H. Eisenmenger an Oswald Grill, 10.11.1939.

135 KH Archiv, Akt RdbK, Schreiben Leopold Blauensteiner an das Künstlerhaus, 7.7.1943; sowie Beiblatt der „Richtlinien", 20.4.1942.

136 Rudolf Schmidt, Österreichisches Künstlerlexikon, Bd. 3, S. 260.

137 WStLA, Gauakt Emil Bröckl, NSDAP-Mitgl.-Nr. 1.529.409-SS (ab 8.3.1933).

138 O. A.: Förderungspreise für junge Künstler, in: Neues Wiener Tagblatt, 24.12.1939, S. 11.

139 BV Archiv, Akt Oskar Thiede, Schreiben Emil Bröckl an Oskar Thiede, 30.4.1941.

140 KH Archiv, Akt Emil Bröckl, Schreiben Erwin Ilz an Emil Bröckl, 18.2.1943.

141 Ebd., Schreiben Erwin Bröckl an den Präsidenten des Künstlerhauses, 22.2.1947.

## ③ Kontrolliert
## Das rigide Aufnahmeverfahren der Reichskammer

Das durch die Pflichtmitgliedschaft eingeführte und von der Behörde festgelegte Aufnahmeverfahren der Reichskammer der bildenden Künste, das in einem ersten Schritt das Ausfüllen eines umfangreichen Fragebogens und eines Abstammungsnachweises („Ariernachweis“) sowie die Vorlage von künstlerischen Arbeiten umfasste, lieferte dem NS-Regime eine Bestandserhebung der gesamten Wiener Künstlerschaft, die für die politische Lenkung eingesetzt werden konnte. Das NS-Regime konnte damit die „nicht arischen“ Künstler*innen selektieren und nahm sich auch heraus, die Werke einer Künstlerin oder eines Künstlers zu bewerten und so die nicht konforme Kunst beim NS-Regime zu diffamieren. Damit wurde das Aufnahmeverfahren der RdbK zum wichtigsten Kontroll- und Lenkungsinstrument der NS-Kunstpolitik.[1]

Bereits Mitte Juni 1938 wurde seitens des NS-Regimes über die österreichischen Zeitungen bekannt gegeben, dass nun das Reichskulturkammergesetz für Österreich in Kraft trete und sich daher auch die Künstler*innen in der RdbK anzumelden haben. Festzuhalten ist, dass bereits im Vorfeld alle „Volljuden“ ausgegrenzt wurden, weshalb diese Personengruppe in den Akten der RdbK nicht vorkommt. Das unumstößliche Verbot jeglicher Weiterbeschäftigung von „Volljuden“ hatte Goebbels in den am 3. Jänner 1939 erstellten Arbeitsrichtlinien für die Reichskulturkammer festgelegt. „Ab diesem Zeitpunkt galt: ‚Juden im Sinne der Nürnberger Gesetze sind grundsätzlich auszuschließen.‘“[2]

### Anmeldung/Registrierung

Die erste Registrierung erfolgte großteils über die noch bestehenden Berufsvertretungen und Berufsvereine, die ihren Mitgliedern die ersten Fragebögen der RdbK übermittelten und die schriftliche Meldungsbestätigung ausstellten. Anschließend wurden den Anwärter*innen mehrseitige Fragebögen auf dem Postweg zugesendet, die spätestens bis zu einem festgelegten Zeitpunkt ausgefüllt und mit den in einem Zusatzblatt erläuterten Beilagen zurückgeschickt werden mussten.

### Abgabe Fragebogen mit Beilagen (zweifach)

Der Fragebogen enthielt neben den Fragen zu persönlichen Daten unter anderem auch solche zur Religionszugehörigkeit und Mitgliedschaft bei NS-Verbänden oder der NSDAP. Aber auch Angaben zur beruflichen Ausbildung, zu künstlerischen Arbeiten, Preisen etc. wurden gefordert. Wie aus den Dokumenten hervorgeht, war eine Mitgliedschaft in der NSDAP keine Voraussetzung für die Aufnahme, jedoch mussten die Antragsteller*innen ihren ständigen Wohnsitz im Deutschen Reich nachweisen. Neben dem Fragebogen waren außerdem der Abstammungsnachweis für die Antragsteller*innen und deren Ehepartner*innen, ein „Zeugnis über die politische Zuverlässigkeit“ sowie ein „Sittenzeugnis“ beizulegen. Zum Nachweis des künstlerischen Schaffens, das im Aufnahmeverfahren vom zuständigen Referenten in der RdbK überprüft wurde, waren Fotografien der Werke erforderlich.

### Prüfung Abstammungsnachweis

Im Formular des Abstammungsnachweises mussten Angaben zum Geburts- und Taufdatum, zur Konfession sowie zum Hochzeitsdatum und -ort gemacht werden, wobei es um die Daten der Antragsteller*innen als auch um jene der Eltern- und der Großelterngeneration ging. Dieses Vorgehen sollte die „arische“ Herkunft sicherstellen. Die Angaben mussten mit im Original beigelegten Dokumenten, zur Bestätigung ihrer Richtigkeit, belegt werden. Ebenso musste der Abstammungsnachweis von der Ehegattin oder dem Ehegatten zwei Generationen zurückreichend erbracht werden. Nach der Beurteilung durch die Reichskammer wurde die betreffende Person einer der ausgewiesenen Kategorien, „arische – volljüdische – dreivierteljüdische – halbjüdische – vierteljüdische Abstammung“, zugeteilt.[3]

D

Name: Clemens Holzmeister

Anschrift: Stambul – Therapia, Summer Palace

Volkszugehörigkeit: deutsch

Staatsbürgerschaft: deutsch-österreichisch

Religion: röm. Katholisch

~~Mitglied der NSDAP oder einer Gliederung?~~

~~(SA, SS, NSBO, PO, Fachschaft oder dgl.) am 10.3.1938.~~

( Nichtzutreffendes ist zu streichen! )



Stand ( ~~ledig~~, verheiratet, ~~geschieden~~):

Kinder ( Anzahl, Geschlecht, Alter ): 1 Sohn 24 Jahre, 1 Tochter 18 "

Wie viele arische Grosseltern?: der ganze Stamm ist arisch und ist bis ungefähr 1560 zu verfolgen (Tirol)

Gattin: Name: Judith, geb. Bridarolli

wie viele arische Grosseltern ? ebenso wie oben

Kinder aus einer ersten Ehe: — arische Abstammung: —

Kinder aus einer ersten Ehe der Frau: — arische Abstammung: —

Frontdienstleistung ( nicht Felddienst) —

Kriegsverletzt, Erkrankung, Gefangenschaft: —

Der Bewerber erklärt ehrenwörtlich, dass obige Angaben der Wahrheit entsprechen.
Alle Angaben sind durch amtliche bezw. parteiamtliche Dokumente und Bestätigungen zu belegen.

auf Wunsch für amtliche Belege kann meine Frau[x] die diesbezüglichen Dokumente vorlegen.

x Wien I. Nibelungengasse 1.

---

DER BEAUFTRAGTE ALLER INSTITUTIONEN FÜR BILDENDE KUNST

Aktenzeichen.: IIA I/13

Wien, 3. August 1938.

Herrn

Arch. Clemens H o l z m e i s t e r,

Stambul-Therapia
Summer Palace

Nach der Reichskulturkammer-Gesetzgebung wird von den Einzelkammern der Reichskammer eine kulturguterzeugende-erhaltende- oder vertreibende Tätigkeit nur von Personen erfasst, die im Deutschen Reich ihren ständigen Wohnsitz haben.

Ihre Eingliederung in die Reichskammer der bildenden Künste kann daher zurzeit nicht erfolgen.

Deutschen Volksgenossen im Auslande wird empfohlen durch die Auslandorganisation der Deutschen Arbeitsfront die Mitteilungsblätter der RdbK zu beziehen, um mit dem deutschen Kulturleben in Verbindung [illegible]

Die Anmeldepapiere gingen Ihnen irrtümlich auf Grund älterer Mitgliederlisten der Z.V.d.A.Oest. zu.

gez. Blauensteiner

Beglaubigt:
L

Da für die Aufnahme in die RdbK ein Abstammungsnachweis zu erbringen war, gab es im Vorfeld eine klare Trennung zwischen „arischen" und „volljüdischen" Künstler*innen. Letztere hatten keine Chance, aufgenommen zu werden. Gemäß den 1935 im Reichsbürgergesetz festgelegten vier Kategorien wurde je nach Anzahl jüdischer Vorfahren zwischen „Voll-", „Dreiviertel-", „Halb-" und „Vierteljuden" unterschieden. Den ersten beiden Gruppen wurden mit der Staatsbürgerschaft fast alle Rechte aberkannt. Bei den letzten beiden Gruppen, die als „Mischlinge" („Mischlinge ersten" oder „zweiten Grades") bezeichnet wurden, war die rechtliche und berufliche Stellung kompliziert. Das lag schon an der Anwendung der diskriminierenden Gesetzgebung. Zu den „Mischlingen" wurden auch die mit „voll-" oder „dreivierteljüdischen" Ehepartner*innen verheirateten Arier gezählt, die „Halbjuden" gleichgestellt wurden. Wer einen „halbjüdischen" Partner hatte, wurde entsprechend als „Vierteljude" behandelt.[4] Für Goebbels boten die staatsrechtlich verankerten Sonderregelungen, die ausdrücklich für „Halbjuden" galten, die Möglichkeit, freier über die „Vierteljuden" zu verfügen.[5] Wesentlich strenger wurde gegen „Halbjuden" oder „jüdisch Versippte" vorgegangen.

## Künstlerische Bewertung

Die künstlerische Bewertung wurde in den Landesstellen der RdbK von den Referenten der jeweiligen Fachgruppen vorgenommen. Die subjektive Bewertung der „künstl. Fähigkeit und charakterl. Eigenschaft soweit bekannt" erfolgte anhand der mit dem Fragebogen eingereichten Fotografien, die die künstlerischen Werke der Antragsteller*innen dokumentierten und Grundvoraussetzung für die Weiterleitung des Aktes nach Berlin waren. Die schriftliche Beurteilung der Referenten war in „Leistungsgruppen" nach einem alphabetischen System mit den Buchstaben A bis C kategorisiert, wobei A die beste Leistungsgruppe darstellte. Die genaue Bedeutung der einzelnen Buchstaben kann aus den Akten nicht eindeutig hergeleitet werden und verweist auf die Willkür eines subjektiven Bewertungsschemas.

## Beurteilung der „politischen Zuverlässigkeit"

Ebenso wurde im Zuge der Beurteilung ein Nachweis der „politischen Zuverlässigkeit" der RdbK Wien in Form eines Strafregisterauszugs von der Kriminalpolizeistelle oder einer schriftlichen Auskunft von der Gauleitung der NSDAP in Wien eingeholt.

## Prüfung in Wien und Übermittlung nach Berlin

Nach Vorlage aller notwendigen Unterlagen wurden diese von der RdbK in Wien überprüft und die Ergebnisse mit den Einreichpapieren nach Berlin übermittelt. Die zweifach ausgefertigten Dokumente wurden dann sowohl in Wien als auch in Berlin archiviert.

## Aufnahme in die RdbK durch die Zentralstelle in Berlin, Ausstellung Bescheid und Mitgliedsbuch

Mit der Abgabe der Aufnahmeunterlagen waren die Antragsteller*innen automatisch in der Reichskammer angemeldet und konnten ihren Beruf weiterhin ausüben. Da damit aber die „Erledigung des Aufnahmeantrages" offiziell noch nicht abgeschlossen war, handelte es sich bisweilen um eine „Sondergenehmigung zur Ausübung einer kammerpflichtigen Tätigkeit".

Die offizielle Ausstellung des Bescheids über die Aufnahme in die RdbK sowie die Zuteilung der Mitgliedschaft in Form von Mitgliedsbuch und Mitgliedsnummer wurden nicht in Wien, sondern in der Zentralstelle in Berlin vorgenommen. Die Aufnahmebestätigung mit der Mitgliedsnummer kam direkt aus Berlin. Seitens des Landeskulturwalters in Wien folgte lediglich ein Schreiben, dass das Mitgliedsbuch vom Präsidenten der RdbK Berlin zugestellt worden sei und in der RdbK Wien bereitliege. Anschließend musste noch ein „Fotobogen" unterschrieben und zurückgesendet werden, woraufhin das Mitgliedsbuch zugeschickt wurde oder persönlich abgeholt werden konnte. Der offizielle Mitgliedsakt mit allen Dokumenten lag nun der zuständigen Landesleitung der RdbK vor und wurde bei einem Wohnungswechsel der Künstler*innen an den Landeskulturwalter des zuständigen Gaus überstellt.

Das Mitglied der RdbK musste jährlich eine „Erklärung zur Beitragsfestsetzung der Reichskammer der bildenden Künste" für das jeweilige Rechnungsjahr abgeben. Anzugeben war das aus der kammerpflichtigen Tätigkeit entstandene selbstständige oder unselbstständige Einkommen des vergangenen Jahres, nach dem sich die Höhe des Beitrags richtete. Die Zahlung hatte nach Berlin zu erfolgen.

S. 70 Clemens Holzmeister, Antragsformular für die vorläufige Eingliederung in die RdbK, 30.6.1938; Ablehnungsbescheid von Leopold Blauensteiner, 3.8.1938, ZV Archiv

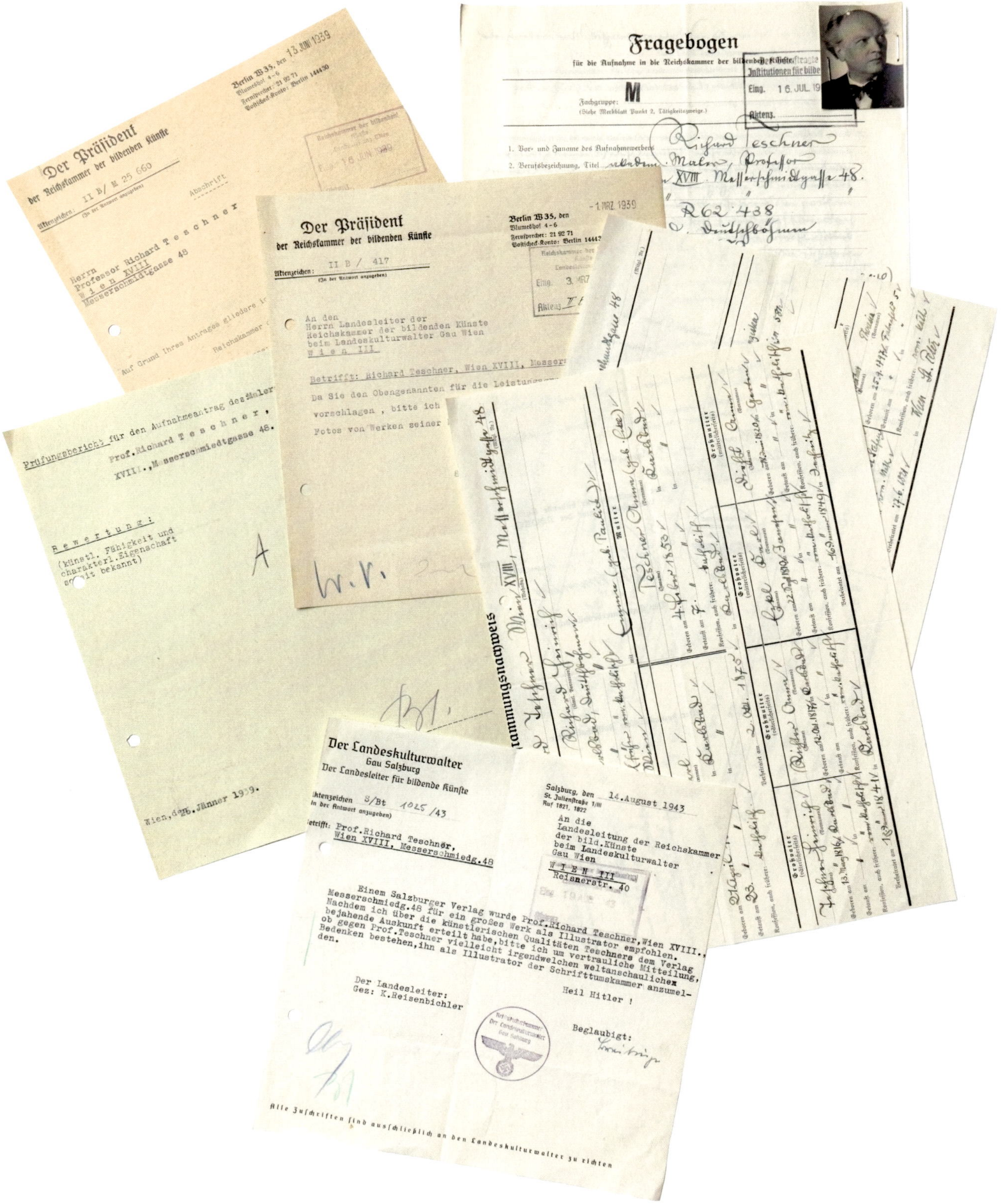

Der Präsident
der Reichskammer der bildenden Künste

Berlin W 35, den 13. JUNI 1939
Blumeshof 4–6

Aktenzeichen: II B/ M 25 660

Abschrift

Herrn
Professor Richard Teschner
W i e n XVIII
Messerschmidtgasse 48

Auf Grund Ihres Antrages gliedere ich ...

Fragebogen
für die Aufnahme in die Reichskammer der bildenden Künste

Fachgruppe: M

Eing. 16. JUL. 19..

1. Vor- und Zuname des Aufnahmewerbers: Richard Teschner
2. Berufsbezeichnung, Titel: akadem. Maler, Professor

XVIII Messerschmidtgasse 48.

R62 438

Der Präsident
der Reichskammer der bildenden Künste

Berlin W 35, den – 1. MRZ 1939
Blumeshof 4–6

Aktenzeichen: II B / 417

An den
Herrn Landesleiter der
Reichskammer der bildenden Künste
beim Landeskulturwalter Gau Wien
W i e n III.

Betrifft: Richard Teschner, Wien XVIII, Messers...

Da Sie den Obengenannten für die Leistungs...
vorschlagen, bitte ich ...
Fotos von Werken seiner ...

Prüfungsbericht für den Aufnahmeantrag des Maler
Prof. Richard T e s c h n e r,
XVIII., Messerschmiedtgasse 48.

B e w e r t u n g :
(künstl. Fähigkeit und
charakterl. Eigenschaft
soweit bekannt)

A

Wien, den 26. Jänner 1939.

Abstammungsnachweis

Teschner Richard, Wien XVIII, Messerschmidtgasse 48

Der Landeskulturwalter
Gau Salzburg
Der Landesleiter für bildende Künste

Aktenzeichen S/Bt 1025/43
(In der Antwort anzugeben)

Salzburg, den 14. August 1943
St. Julienstraße 1/III

Betrifft: Prof. Richard Teschner,
Wien XVIII, Messerschmiedg. 48

An die
Landesleitung der Reichskammer
der bild. Künste
beim Landeskulturwalter
Gau Wien
W i e n III
Reisnerstr. 40

Einem Salzburger Verlag wurde Prof. Richard Teschner, Wien XVIII., Messerschmiedg. 48 für ein grosses Werk als Illustrator empfohlen. Nachdem ich über die künstlerischen Qualitäten Teschners dem Verlag bejahende Auskunft erteilt habe, bitte ich um vertrauliche Mitteilung, ob gegen Prof. Teschner vielleicht irgendwelchen weltanschaulichen Bedenken bestehen, ihn als Illustrator der Schrifttumskammer anzumelden.

Heil Hitler !

Der Landesleiter:
Gez: K. Reisenbichler

Beglaubigt:

Alle Zuschriften sind ausschließlich an den Landeskulturwalter zu richten

## Abstammungsnachweis

— (Beruf) | Emma Teschner (Vor- u. Zuname) | Wien XVIII Messerschmidtgasse 48 (Wohnsitz) | (Mitgl. Nr.)

**1** Paulick (Zuname) Emma (sämtl. Vornamen)

Geboren am 27 Nov. 1867 in Wien III Erdbergerlände

Getauft am 15 Dez. 1867 in "

Konfession, auch frühere: römisch kath., Uebertritt zur evang. Gem. A.B 1872

Verheiratet am: 18 mai 1911 in Wien evang. Gem. A.B. mit Richard Teschner

| 2 Vater | 3 Mutter |
|---|---|
| Paulick (Zuname) Friedrich Georg (Vornamen) | Groner (Zuname) Theresia Franziska (Vornamen) |
| Geboren am 1. Aug. 1824 in Wien Ungargasse 348 | Geboren am 23 März 1831 in Wien 581 |
| Getauft am 1. " " in " | Getauft am 25. " " St. Peter in " |
| Konfession, auch frühere: evang. Gem. A.B. | Konfession, auch frühere: röm. kath. |

**2 3** Verheiratet am 11 Februar 1861 in Wien St. Peter

| 4 Großvater (väterlicherseits) | 5 Großmutter (väterlicherseits) | 6 Großvater (mütterlicherseits) | 7 Großmutter (mütterlicherseits) |
|---|---|---|---|
| Paulick (Zuname) Joh. Christ. Friedrich (Vornamen) | Manninger (Zuname) Maria Elisabeth (Vornamen) | Groner (Zuname) Antonius Achatius (Vornamen) | Baumgartner (Zuname) Theresia (Vornamen) |
| Geboren am 12 Juni 1790 in Gotha | Geboren am 19 März 1799 in Sopron | Geboren am 13.6.1787 in Wien 828 | Geboren am 25.9.1797 in Fahrafeld 5 |
| Getauft am 14. Juni 1790 in Sachsen | Getauft am " in Ödenburg | Getauft am " in St. Stefan | Getauft am " in " |
| Konfession, auch frühere: evang. Gem. A.B | Konfession, auch frühere: evang. Gem. A.B | Konfession, auch frühere: röm. kath. | Konfession, auch frühere: röm. kath. |

**4 5** Verheiratet am 8 Okt. 1820 in Sopron ev. G. A.B.

**6 7** Verheiratet am 17.6.1821 in Wien St. Peter

## Abstammungsnachweis

akademischer Maler (Beruf) | Richard Teschner (Vor- u. Zuname) | Wien XVIII, Messerschmidtgasse 48 (Wohnsitz) | (Mitgl. Nr.)

Teschner (Zuname) Richard Heinrich (sämtl. Vornamen)

Geboren am 22. März 1879 in Karlsbad, Deutschböhmen

Getauft am 30. " " in "

Konfession, auch frühere: protestantisch (früher röm. katholisch)

Verheiratet am 18. Mai 1911 in Wien mit Emma (geb. Paulick)

| Vater | Mutter |
|---|---|
| Teschner (Zuname) Karl (Vornamen) | Teschner (Zuname) Anna (geb. Eckl) (Vornamen) |
| Geboren am 21. April 1851 in Karlsbad | Geboren am 4. Feber 1853 in Karlsbad |
| Getauft am 23. " " in " | Getauft am 7. " " in " |
| Konfession, auch frühere: katholisch | Konfession, auch frühere: katholisch |

Verheiratet am 2. Okt. 1875 in Karlsbad

| Großvater (väterlicherseits) | Großmutter (väterlicherseits) | Großvater (mütterlicherseits) | Großmutter (mütterlicherseits) |
|---|---|---|---|
| Teschner (Zuname) Heinrich (Vornamen) | Richter (Zuname) Anna (Vornamen) | Eckl (Zuname) Karl (Vornamen) | Diehl (Zuname) Anna (Vornamen) |
| Geboren am 13. März 1816 in Karlsbad | Geboren am 12. Okt. 1817 in Karlsbad | Geboren am 22. Sept. 1810 in Janessen | Geboren am 18. Juni 1820 in Garten |
| Getauft am " in " | Getauft am " in " | Getauft am " in " | Getauft am " in " |
| Konfession, auch frühere: röm. katholisch | Konfession, auch frühere: röm. katholisch | Konfession, auch frühere: röm. katholisch | Konfession, auch frühere: röm. katholisch |

Verheiratet am 1. Jänner 1841 in Karlsbad

Verheiratet am 16. Jänner 1849 in Zieditz

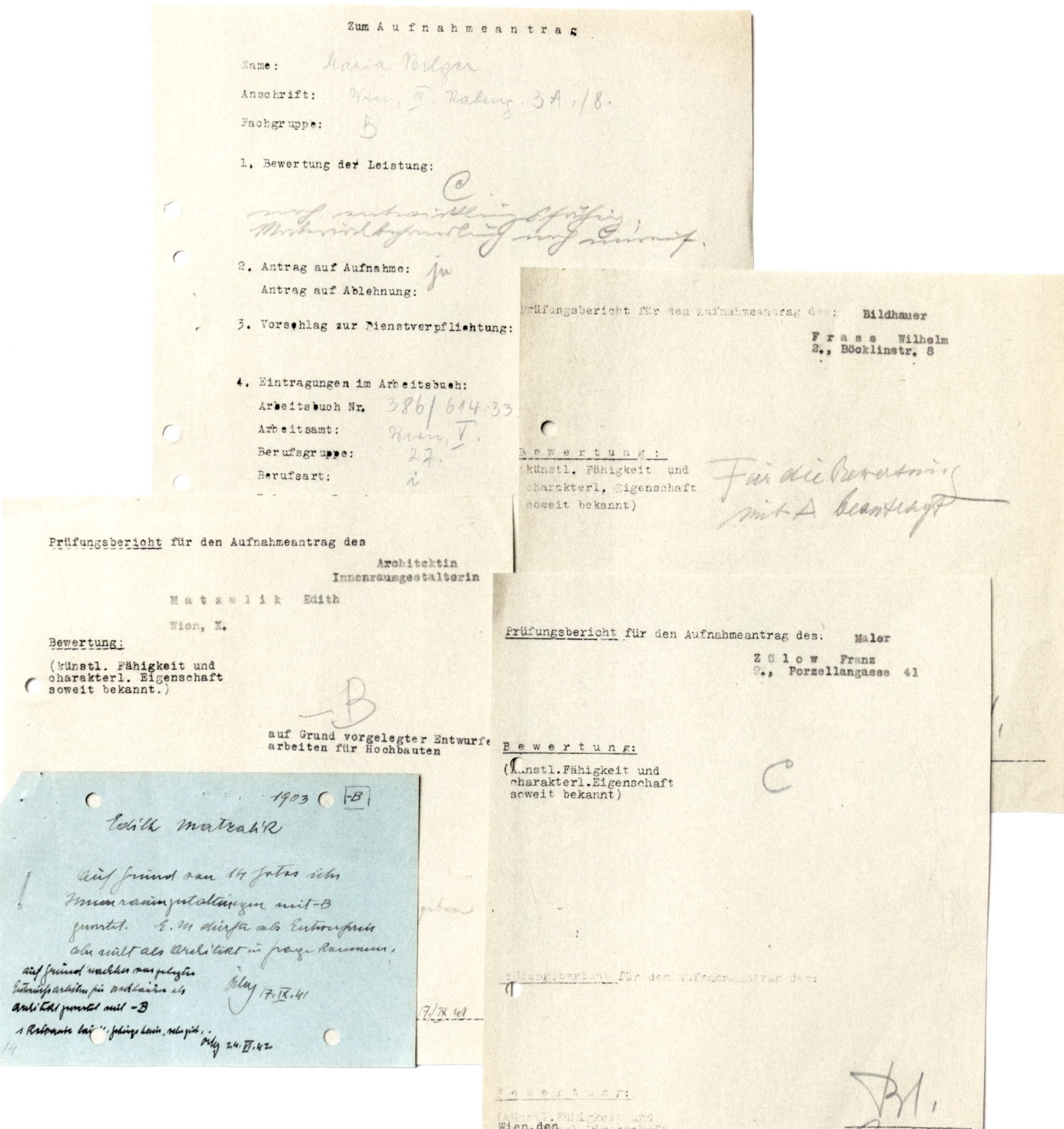

Zum Aufnahmeantrag

Name: Maria Bilger

Anschrift: Wien, III. Rabeng. 3A/8.

Fachgruppe: B

1. Bewertung der Leistung:

C

[illegible]

2. Antrag auf Aufnahme: Ja

Antrag auf Ablehnung:

3. Vorschlag zur Dienstverpflichtung:

4. Eintragungen im Arbeitsbuch:

Arbeitsbuch Nr. 386/614.33

Arbeitsamt: Wien, V.

Berufsgruppe: 27.

Berufsart:

---

Prüfungsbericht für den Aufnahmeantrag des: Bildhauer

Frass Wilhelm
3., Böcklinstr. 8

Bewertung:
(künstl. Fähigkeit und
charakterl. Eigenschaft
soweit bekannt)

Für die Bewertung mit A beantragt

---

Prüfungsbericht für den Aufnahmeantrag des

Architektin
Innenraumgestalterin

Matzalik Edith
Wien, X.

Bewertung:
(künstl. Fähigkeit und
charakterl. Eigenschaft
soweit bekannt.)

–B

auf Grund vorgelegter Entwurfs-
arbeiten für Hochbauten

---

Prüfungsbericht für den Aufnahmeantrag des: Maler

Zülow Franz
9., Porzellangasse 41

Bewertung:
(künstl. Fähigkeit und
charakterl. Eigenschaft
soweit bekannt)

C

Wien, den 16.6.1939

---

1903 –B

Edith Matzalik

Auf Grund von 14 Jahre ihrer Innenraumgestaltungen mit –B gewertet. E. M. dürfte als Entwerferin aber nicht als Architekt in Frage kommen.

Auf Grund weiterer vorgelegter Entwurfsarbeiten für Hochbauten als Architekt gewertet mit –B

17.IX.41

1 [illegible]

24.VI.42

14

**Nationalsozialistische Deutsche Arbeiterpartei**
Gauleitung Wien

Unser Zeichen: Z.b.V. 9185 Her/Zei    Ihr Zeichen: II B/4    Wien 1, den 22.11. 194
1., Am Hof 4 / Fernruf A-23-5-90

Betr.:

Dobrowsky Josef
Wien, III., Untere Weissgärberstrasse 17

27. NOV. 1940

Gegen Obgenannten ist in politischer Hinsicht bisher Nachteiliges nicht bekannt geworden.

Heil Hitler !

I. A. [signature]
(Stowasser)
Gauhauptstellenleiter

An den
Beauftragten der bildenden Kunst
Wien, I., Karlsplatz 5
Künstlerhaus z.H.Prof.Blauensteiner

Gauleitung Wien

---

NSDAP

Gauleitung Wien    Wien, den 23.Nov, 1939

Br/Sch
Z.b.V.89871,    B 3471

Betrifft: Heinrich Zita, Bildhauer,
geb. 29.6.1882, III., Siegelg. 2

Zita war in der marxistischen Aera marxistisch orientiert und in der klerikalen philosemitisch-legitimistisch eingestellt. Noch vor dem Umbruche äusserte er sich über die Systemregierung im günstigsten Sinne.

Die politische Unbedenklichkeit des Mannes kann nicht ausgesprochen werden.

Heil Hitler !

F. Kamba
Gauhauptstellenleiter

---

# Nationalsozialistische Deutsche Arbeiterpartei
Gauleitung Wien

**Der Gauleiter**

Ri/Ho.
Zahl: Z. b. V. 14152.

Dortige Zahl: II B/4.

Der Beauftragte der bildende Kunst
19. DEZ. 1938

## Politische Beurteilung
über

Müllner Josef Professor, geb. 1.8.1878,
III., Arenbergring 20.

Auf Grund der gepflogenen Erhebungen mache ich folgende Feststellungen:

Der Genannte bietet nach seinem bisherigen politischen Verhalten nicht die Gewähr dafür, daß er jederzeit rückhaltslos für den Nationalsozialistischen Staat eintreten wird.
Klerikal eingestellt !

Wien, den 12. Dezember 1938.

Heil Hitler!

Nationalsozialistische Deutsche Arbeiterpartei Gauleitung Wien

[signature]

**Der Präsident**
**der Reichskammer der bildenden Künste**

Berlin W 35, den 13. JUNI 1939
Blumeshof 4-6
Fernsprecher: 21 92 71
Postscheck-Konto: Berlin 144430

Aktenzeichen: II B/ M 25 660
(In der Antwort anzugeben)

Abschrift



Herrn
Professor Richard T e s c h n e r
W i e n XVIII
Messerschmidtgasse 48

Auf Grund Ihres Antrages gliedere ich Sie mit Wirkung vom 1.7.38 in die

Reichskammer der bildenden Künste,

Fachgruppe: Maler und Graphiker

ein, weil Sie sich als M a l e r im Sinne der §§ 4 und 5 der 1. Verordnung zur Durchführung des Reichskulturkammergesetzes vom 1.11.1933 (RGBl. I, S. 797) betätigen. Ihre Mitgliedsnummer, die bei allen Anfragen anzugeben ist, lautet: M 25 660.

Das Mitgliedsbuch, für dessen Ausfertigung RM 1.-- zu zahlen ist, wird Ihnen in nächster Zeit durch den Landesleiter zugestellt. Das Buch ist Eigentum meiner Kammer und umgehend an mich zurückzusenden, wenn eine kammerpflichtige Tätigkeit nicht mehr ausgeübt wird.

Nach § 24 aaO. sind Sie verpflichtet, Beiträge an meine Kammer zu entrichten. Zahlungen sind auf mein Postscheckkonto Berlin 144 430 oder Girokonto bei der Berliner Stadtbank, Girokasse 2, Konto Nr. 160 unter Angabe des obigen Aktenzeichens zu leisten.

Die beiliegenden Fragebogen sind ausgefüllt und unterschrieben innerhalb von 8 Tagen an mich zurückzusenden, um die Höhe des Beitrages festsetzen zu können. Rückständige Beiträge werden gemäß dem § 30 der 1. Verordnung zur Durchführung des Reichskulturkammergesetzes wie öffentliche Abgaben durch die Finanzämter zwangsweise eingezogen.

b.w.

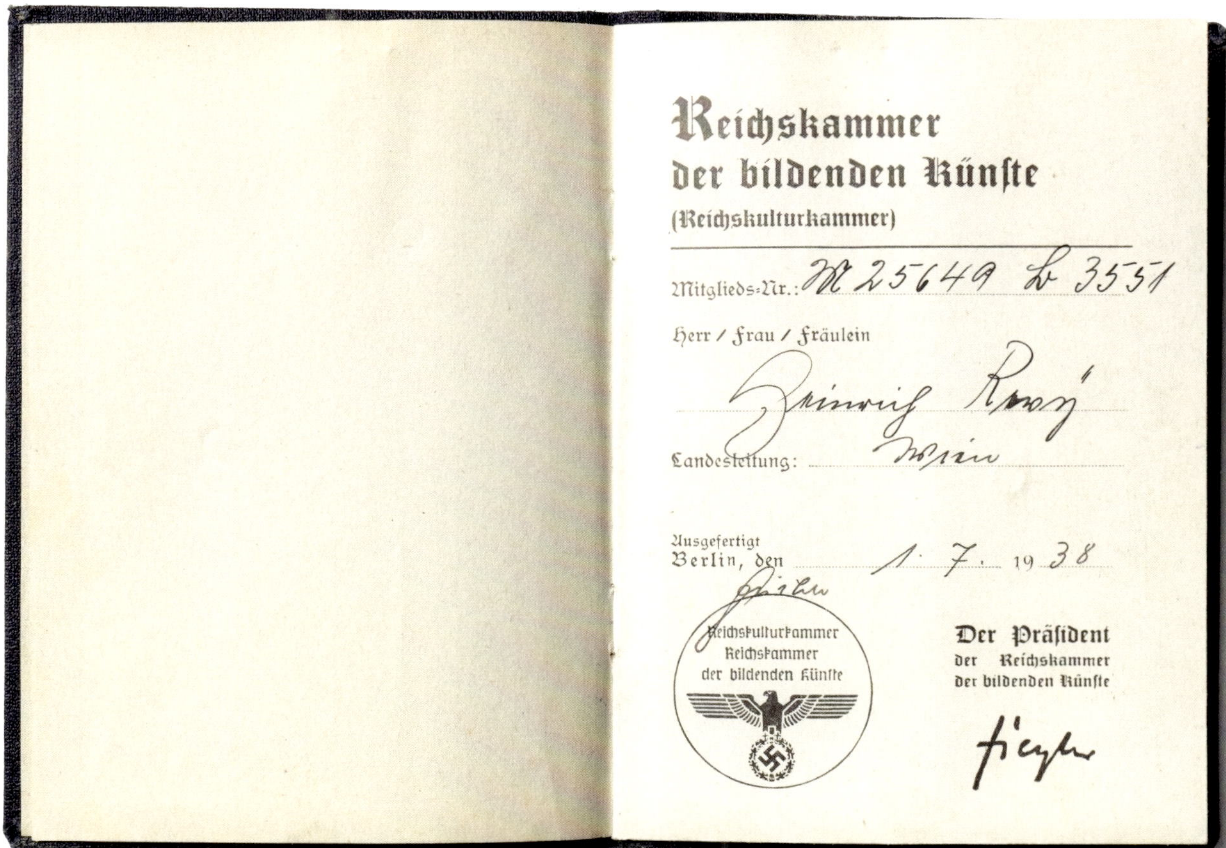
Reichskammer
der bildenden Künste
(Reichskulturkammer)
Mitglieds-Nr.: M 25649 L 3551
Herr / Frau / Fräulein
Landesleitung: Wien
Ausgefertigt
Berlin, den 1. 7. 1938
Reichskulturkammer
Reichskammer
der bildenden Künste
Der Präsident
der Reichskammer
der bildenden Künste

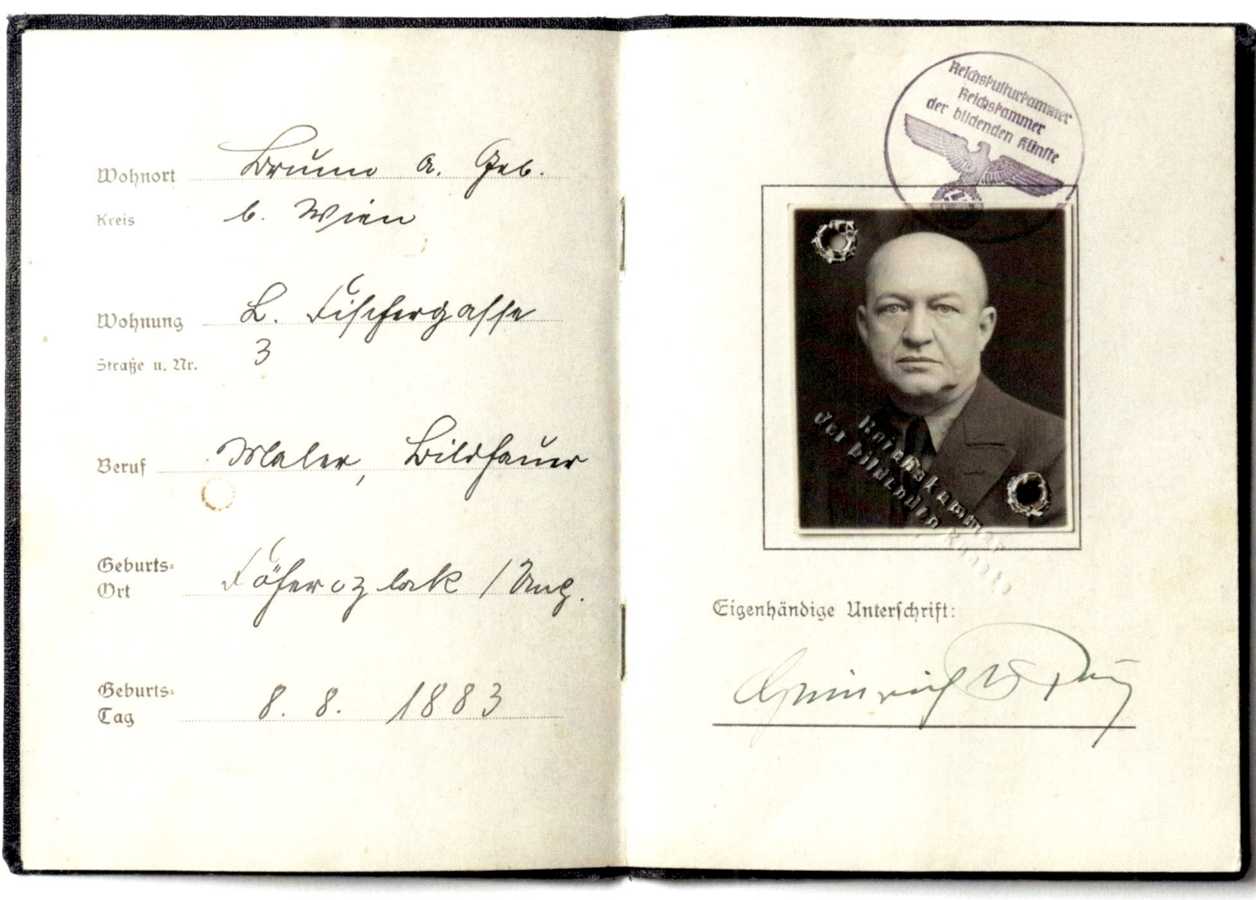
Reichskulturkammer
Reichskammer
der bildenden Künste
Wohnort
Kreis
Wohnung
Straße u. Nr.
3
Beruf
Maler, Bildhauer
Geburts-Ort
Geburts-Tag
8. 8. 1883
Eigenhändige Unterschrift:

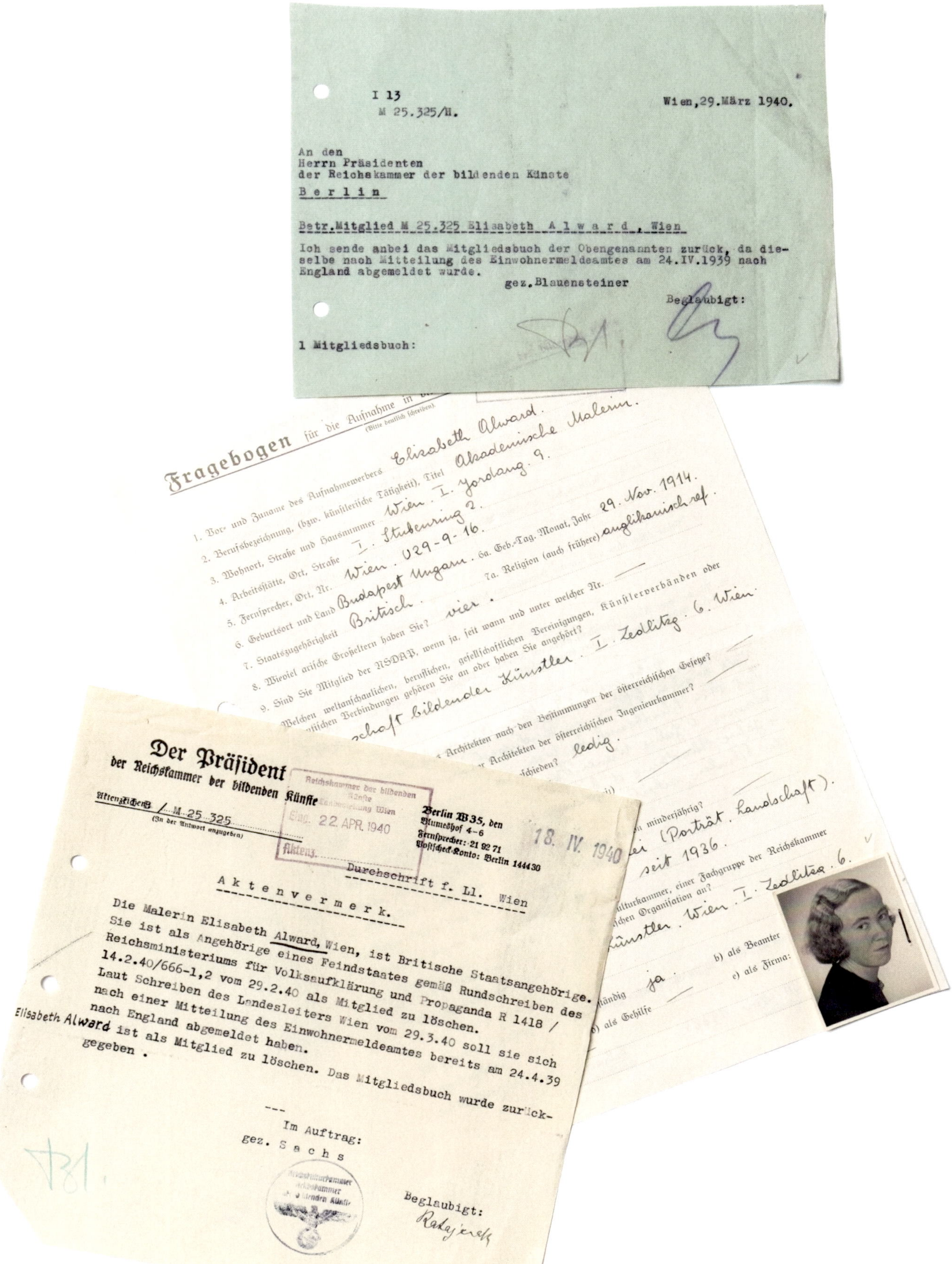

I 13
M 25.325/M.

Wien, 29. März 1940.

An den
Herrn Präsidenten
der Reichskammer der bildenden Künste
Berlin

Betr. Mitglied M 25.325 Elisabeth Alward, Wien

Ich sende anbei das Mitgliedsbuch der Obengenannten zurück, da dieselbe nach Mitteilung des Einwohnermeldeamtes am 24.IV.1939 nach England abgemeldet wurde.

gez. Blauensteiner

Beglaubigt:

1 Mitgliedsbuch:

---

Fragebogen für die Aufnahme in ...
(Bitte deutlich schreiben)

1. Vor- und Zuname des Aufnahmewerbers: Elizabeth Alward.
2. Berufsbezeichnung, (bzw. künstlerische Tätigkeit), Titel: Akademische Malerin.
3. Wohnort, Straße und Hausnummer: Wien. I. Jordang. 9.
4. Arbeitsstätte, Ort, Straße: I. Stubenring 2.
5. Fernsprecher, Ort, Nr.: Wien. U29-9-16.
6. Geburtsort und Land: Budapest Ungarn. 6a. Geb.-Tag, Monat, Jahr: 29. Nov. 1914.
6. Staatszugehörigkeit: Britisch. 7a. Religion (auch frühere): anglikanisch ref.
7. Wieviel arische Großeltern haben Sie? vier.
8. Sind Sie Mitglied der NSDAP, wenn ja, seit wann und unter welcher Nr. —
9. Welchen weltanschaulichen, beruflichen, gesellschaftlichen Vereinigungen, Künstlerverbänden oder ...lichen Verbindungen gehören Sie an oder haben Sie angehört? ...schaft bildender Künstler. I. Zedlitzg. 6. Wien.

---

Der Präsident
der Reichskammer der bildenden Künste

Aktenzeichen: M 25 325
(In der Antwort anzugeben)

Reichskammer der bildenden Künste
Landesleitung Wien
Eing. 22. APR. 1940

Berlin W 35, den
Blumeshof 4–6
Fernsprecher: 21 92 71
Postscheck-Konto: Berlin 144430

18. IV. 1940

Durchschrift f. Ll. Wien

Aktenvermerk.

Die Malerin Elisabeth Alward, Wien, ist Britische Staatsangehörige. Sie ist als Angehörige eines Feindstaates gemäß Rundschreiben des Reichsministeriums für Volksaufklärung und Propaganda R 1418 / 14.2.40/666-1,2 vom 29.2.40 als Mitglied zu löschen. Laut Schreiben des Landesleiters Wien vom 29.3.40 soll sie sich nach einer Mitteilung des Einwohnermeldeamtes bereits am 24.4.39 nach England abgemeldet haben.
Elisabeth Alward ist als Mitglied zu löschen. Das Mitgliedsbuch wurde zurückgegeben.

Im Auftrag:
gez. Sachs

Beglaubigt:

## Anmerkungen

1 Nina Kubowitsch: Die Reichskammer der bildenden Künste. Grenzsetzungen in der künstlerischen Freiheit, in: Wolfgang Ruppert (Hg.): Künstler im Nationalsozialismus. Die „Deutsche Kunst“, die Kunstpolitik und die Berliner Kunsthochschule, Köln u. a. 2015, S. 75–96, hier S. 81.

2 Bärbel Schrader: „Jederzeit widerruflich“. Die Reichskulturkammer und die Sondergenehmigungen in Theater und Film des NS-Staates, Berlin 2008, S. 221.

3 Siehe Abstammungsnachweis für die Aufnahme in die RdbK, Rückseite.

4 Schrader, „Jederzeit widerruflich“, S. 214–215.

5 In den am 3.1.1939 herausgegebenen Arbeitsrichtlinien für die RKK hatte Goebbels festgelegt: „Vierteljuden können in den Kammern verbleiben, es sei denn, dass sie sich gegen den Staat oder gegen den Nationalsozialismus vergangen haben oder sonst beweisen, dass sie dem Judentum zuneigen.“ Zit. n. Schrader, „Jederzeit widerruflich“, S. 218.

S. 72–73 Richard Teschner, diverse Schreiben aus dem RdbK-Akt; Abstammungsnachweise („Ariernachweis“) für die Aufnahme in die RdbK, ausgefüllt von R. Teschner und seiner Frau Emma Teschner, BV Archiv

S. 74 Künstlerische Bewertungen: durch Marcel Kammerer von Maria Bilger mit „C, noch entwicklungsfähig“, 29.3.1943; durch Robert Örley von Edith Matzalik mit „-B“, 17.9.1941; durch Leopold Blauensteiner von Wilhelm Frass mit „A“, 11.7.1939, und Franz Zülow mit „C“, 16.6.1939, BV Archiv

S. 75 Bekanntgabe der NSDAP über die politische Zuverlässigkeit, ausgestellt für: Josef Dobrowsky, 22.11.1940; Heinrich Zita, 23.11.1939; Josef Müllner, 12.12.1938, BV Archiv

S. 76 Richard Teschner, Bescheid über die Eingliederung in die RdbK Berlin und Bekanntgabe der Mitgliedsnummer, 13.6.1939, BV Archiv

S. 77 Heinrich Revy, Mitgliedsbuch der RdbK, 1.7.1938, WStLA

S. 78 Elisabeth Alward, Schreiben an die RbdK Berlin mit der Rückgabe ihres Mitgliedsbuches, 29.3.1940; Fragebogen für die Aufnahme in die RdbK, 30.11.1938; Aktenvermerk zur Löschung der Mitgliedschaft als Angehörige eines „Feindstaates“, 18.4.1940, BV Archiv

## ④ Abgelehnt und sondergenehmigt Einzelschicksale von Wiener Künstler*innen

Nur in Ausnahmefällen können in den Dokumenten der Mitgliederakten der Berufsvereinigung oder der Entnazifizierungsverfahren ab 1945 Hinweise auf die Lebens- und Arbeitsbedingungen der in der NS-Zeit verfolgten und ausgegrenzten Künstler*innen gefunden werden. Der vorliegende Versuch einer Dokumentation stellt deshalb auch keinen Gesamtüberblick über die im Nationalsozialismus rassisch, politisch oder aus künstlerischen Gründen Verfolgten dar, sondern gibt vielmehr einen Einblick in den Mechanismus von Lenkung und Kontrolle durch die Reichskammer der bildenden Künste Wien.

### Ludwig Heinrich Jungnickel

Diese verschiedenen, oft auch widersprüchlichen Facetten der NS-Verfolgung seien am Beispiel des prominenten Malers und Grafikers Ludwig Heinrich Jungnickel (1881–1975), der als ehemaliger Mitarbeiter der Wiener Werkstätte vor allem für seine Farbholzschnitte und Zeichnungen mit Tiermotiven hohes Ansehen genoss, genauer ausgeführt. 1919 bis 1924 war Jungnickel Mitglied des Hagenbundes und ab 1924 des Wiener Künstlerhauses. Obwohl er 1937 den Großen Österreichischen Staatspreis erhalten hatte und sogar auf der *Großen Deutschen Kunstausstellung* in München 1937 vertreten war *(Dalmatinischer Esel)*, wurde er als „entarteter Künstler" diffamiert.[1] Auslöser dieses Vorwurfs war die Beschlagnahmung der Jahresmappe der „Gesellschaft für vervielfältigende Kunst in Wien" im Schlossmuseum Weimar, in der sich sein Blatt *Aus der Reitschule* (1919) befand.[2] Nach dem „Anschluss" begann sich Jungnickel konsequent den über Jahre an ihn gerichteten Beitrittsaufforderungen der RdbK – trotz angedrohtem Strafantrag, mehrmaliger Anordnung der Gestapo oder des Deutschen Konsulates in Fiume (22. November 1942)[3] – zu entziehen. In dem intensiven Briefverkehr mit der RdbK bzw. Leopold Blauensteiner führte der seit dem Frühsommer 1938 in Split weilende Künstler immer wieder Ausflüchte („Nervenschwäche", Pass- und Transportprobleme, Besetzung des Königreichs Jugoslawien im April 1941 etc.) an, die seine Rückkehr ins Deutsche Reich verhindern würden. Dass die Gestapo sogar in Split gegen Jungnickel ermittelte – er soll dort „an Kundgebungen völlig deutschfeindlichen Charakters" teilgenommen haben[4] –, zeigt den langen Arm der NS-Überwachung. Weitere Vorwürfe folgten.[5] Nicht einmal die berechtigte Sorge um die in seinem 1942 von der Gestapo versiegelten Wiener Atelier zurückgelassenen Bilder konnte ihn zur Heimkehr bewegen. Vielmehr ersuchte er Blauensteiner, ihm „als echt nationalsozialist.[ischem] Künstler doch etwas mit Geduld" entgegenzukommen.[6] Da Jungnickel das Atelier nicht nutzte, wurde es auf Grundlage eines Gutachtens der Gestapo, in dem „von staatsfeindlicher Betätigung" die Rede war, gekündigt.[7] Blauensteiner übertrug das Atelier Jungnickels, der ab 1943 in Abbazia lebte, an zwei Kunsthandwerkerinnen (Eleonore Grill, Margarethe Zanoskar) und kümmerte sich um die Verwahrung seiner Arbeiten. Aus dem bei einem Luftangriff zerstörten Atelier rettete der Referent August Eymer im März 1945 einen großen Teil von Jungnickels Werken und lagerte sie im Keller des Künstlerhauses ein.[8] Obwohl sich Jungnickel konsequent dem Zugriff der NS-Behörden entzog, gelang es ihm durch geschicktes Taktieren, die Sympathien von Blauensteiner nicht zu verspielen. 1947 setzte sich Exminister Hans Pernter für die Rückkehr dieses „von den Nazi[s] so schwer geschädigten Künstler[s]" ein,[9] die erst 1952 erfolgte.

Anders verhielt es sich mit jenen Personen, die nach der unwürdigen und diffamierenden NS-Diktion „viertel-" oder „halbjüdischer" Herkunft waren oder als „jüdisch versippt" galten. Hier gab es zahlreiche Fälle von Künstler*innen, die vergeblich um Aufnahme ansuchten,

S. 82 Ludwig Heinrich Jungnickel, Aufforderung von Marcel Kammerer zur Anmeldung in die RdbK, 22.6.1939; Schreiben der Gestapo über seine Teilnahme an „deutschfeindlichen" Kundgebungen in Split 1941, 29.1.1943, BV Archiv

22. Juni 1939.

II B 4

Herrn
Ludwig Heinrich J u n g n i c k e l,
W i e n XII.,
Grünbergstrasse 31.

Trotz oftmaliger Aufforderung in der Tagespresse an alle Kammerpflichtigen sich bei der Landesleitung Wien der Reichskammer der bildenden Künste zu melden, haben Sie derselben nicht Folge geleistet. Sie haben sich daher bereits heute schon strafbar gemacht. Ich fordere Sie auf, in den nächsten Tagen unverzüglich diese Meldung bei meiner Landesleitung zu vollziehen und teile Ihnen mit, dass ich einen entsprechenden Strafantrag an das Präsidium stellen werde, wenn diese Meldung nicht bis längstens 30. Juni 1939 erfolgt ist.

Im Auftrag
gez. Kammerer

---

Geheime Staatspolizei
Staatspolizeileitstelle Wien
B.Nr. 58/43 - IV B 3

Bitte in der Antwort vorstehendes Geschäftszeichen und Datum anzugeben.

Wien 1, den 29. Januar 1943
Morzinplatz 4
Fernsprecher A-17-5-80

I 13

An den
Landesleiter der Reichskammer der bildenden Künste beim Landeskulturwalter, Reichsgau Wien
W i e n 40,
Reisnerstrasse 40.

Betrifft: Ludwig Heinrich J u n g n i c k e l, Tiermaler und Graphiker, Atelier Wien 12., Grünbergstrasse 31/6, derzeit Abbazia, Villa Pilepie whft.

Vorgang: Dort. Schreiben vom 26.2.1942 - II B 4 B/H und fernmündliche Rücksprachen.

Anlagen: Ohne.

Nach mir im Jahre 1941 zugekommenen Nachrichten, hatte Jungnickel offiziell an Kundgebungen völlig deutschfeindlichen Charakters in Split teilgenommen und hatte sich demnach gerade in den Tagen kriegerischer Entscheidung im damaligen Jugoslawien auf die Seite der Feinde gestellt. Ich habe hierauf sein politisches Vorleben überprüft und festgestellt, dass er die Veranstaltungen des Rotary-Clubs, dem er schon in Österreich als Mitglied angehörte, weiter besuchte, obwohl sie in ihrer Zielsetzung den Interessen des n.s. Deutschlands zuwiderliefen.

Vor dem Umbruch gehörte Jungnickel auch der internationalen "Allschlaraffia" mit dem Sitz in Prag an und verkehrte fast ausschliesslich in Judenkreisen. In den Umbruchstagen des Jahres 1938 verliess er Wien und begab sich ins Ausland.

Ich sah mich daraufhin veranlasst, die Versiegelung der Atelierwohnung Jungnickels durchzuführen und an ihn die Aufforderung zur sofortigen Rückkehr ins Reich ergehen zu lassen. J. hat jedoch von der ihm gebotenen Gelegenheit zur Rückkehr keinen Gebrauch gemacht, noch in irgendeiner Form hierzu Stellung genommen. Im übrigen war er seinen

**Abstammungsnachweis**

Bildhauer Gustav Gurschner (Vor- u. Zuname) Wien VII Lindengasse 9. (Wohnsitz)

1 Gurschner (Zuname) Gustav (Vornamen)

Geboren am 28. Sept. 1873 in Mühldorf a/Inn Bayern

Getauft am " " " in " " "

Konfession, auch frühere: röm. Katholisch

Verheiratet am: standesamtlich 5. Mai 1897 Wien, kirchlich 28. XI. 1908 röm. Katholisch

mit Alice Pollak

**Abstammungsnachweis**

Alice Gurschner (Vor- u. Zuname) Wien VII Lindengasse 9 (Wohnsitz)

Haushalt (Beruf)

1 Gurschner (Zuname) Alice Hermine (Vornamen) geb. Pollak

Geboren am 8. Oktober 1869 in Wien I. Opernring 23

Getauft am 28. November 1908 in Wien I. Schottenkirche

Konfession, auch frühere: röm. katholisch, früher israelitisch

Verheiratet am: standesamtlich: 5. V. 1897 Wien Rathaus, kirchlich 28. XI. 1908 Wien I. Schottenkirche

mit Bildhauer

2 Vater

Pollak (Zuname) Ludwig (Bürger von Wien) (Vornamen)

Geboren am 6. Mai 1830 in Deutschböhmen, vor 1846 nach Wien zugewandert

Getauft am

Konfession, auch frühere: israelitisch

Verheiratet am 20. September 1868

4 Großvater (väterlicherseits) — unbekannt

5 Großmutter (väterlicherseits) — unbekannt

---

Durchschrift

Geheime Staatspolizei
Staatspolizeileitstelle Wien
B.Nr. 1967/H – II P 3

Bitte in der Antwort vorstehendes Geschäftszeichen und Datum anzugeben.

Wien 1, den 18. Juli 1941
Morzinplatz 4
Fernsprecher A-17-5-80

[Eingangsstempel:] 22. JUL. 41 II B/NA

An den
Herrn Präsidenten der Reichskammer der bildenden Künste,
**Berlin**

Betrifft: Gurschner Gustav, Bildhauer und Gipsgiesser, am 28.9.1873 in Mühldorf/Bayern geb., DRA., r.kath., verh., Wien 7., Lindeng.9 wohnhaft.
Vorgang: Dort. Schreiben II B NA 578/149 vom 22. April 1941.
Anlage: Keine.

Gurschner, welcher im Besitz der Mitgliedschaft der Fachschaft Stukkateure und Gipser ist, befasst sich neben Gipsgussarbeiten weiterhin auch mit Bildhauerarbeiten. Ermittlungen ergaben, dass er derzeit mit der Fertigstellung einer Madonnaskulptur in Holz, welche der zum Wehrdienst eingezogene Bildhauer Hans Rauscher, Wien 14., Hütteldorferstr.289 wohnhaft, begonnen hat, beschäftigt ist.

Er bezeichnet sich noch immer als Bildhauer, wie dies aus einem von ihm verfassten Schreiben vom 31.7.1940 an die Wiener Kunststeinwerke Josef Frank, Wien 3., Wassergasse 31, zu ersehen ist.

Ich bitte, mich vom dort Verfügten in Kenntnis zu setzen.

Im Auftrage: (I.V.)
gez. Dr. Heger.

Beglaubigt:
Kanzleiangestellte
sk

technische Angelegenheit stellt keine künstlerische [illegible] dar, da Vorbild vorhanden (Modell) [illegible] vom 14.7.41 an [illegible] II C/502/274/176 [illegible] III, [illegible] 4–6

die meisten verweigerten sich wahrscheinlich diesem erniedrigenden Verfahren. Dies bedeutete jedoch, dass sie als Künstler*innen nicht öffentlich auftreten, ausstellen oder verkaufen konnten. Vermutlich gibt es hier eine hohe Dunkelziffer an Betroffenen. Gegen Personen, die keinen kompletten „Ariernachweis" erbringen konnten, wurde von der RdbK Berlin meistens ein von der Gestapo kontrolliertes Berufsverbot verhängt. Erstaunlicherweise wurden immer wieder Sondergenehmigungen erteilt, deren Zustandekommen und Begründungen deshalb besonders zu beleuchten sind. Über das Prozedere äußerte sich Blauensteiner 1945, dass er fallweise nur solche Anträge befürwortet habe, „wo der Aufnahmewerber selbst arischer Abkunft, aber mit Nichtariern oder nicht Vollariern verheiratet war".[10] Er schilderte sich als Erfüllungsgehilfe, der nur formale Vorgaben exekutiert hätte. Ein Arbeitsverbot konnte aber auch gegenüber nicht regimekonformen Künstler*innen ausgesprochen werden. Seltener wurde der Vorwurf des „Kulturbolschewismus", der „Verfallskunst" oder der „entarteten Kunst" als Ablehnungsgrund vorgebracht, was ebenfalls einem Berufs-, Ausstellungs- oder Verkaufsverbot gleichkam.

Die Akten der RdbK ermöglichen also, eine erweiterte Geschichte von NS-„Geschädigten" zu schreiben, die, ergänzend zu dem bekannten Exil- und Vertreibungsnarrativ, einen Blick auf jene Opfer zu werfen erlaubt, die sich mit den gegen sie verhängten Schikanemaßnahmen zurechtzufinden hatten.

## Ablehnungen aus rassischen Gründen

Zunächst ist festzuhalten, dass eine ganze Reihe von Künstler*innen, die keinen vollständigen „Ariernachweis" vorlegen konnten, eine Aufnahme bei der RdbK anstrebten. Ungefährlich war dies nicht, wurden doch bei jedem Verfahren die Personalien und die politische Zuverlässigkeit durch die Gauleitung der NSDAP oder die Gestapo erhoben, d. h., dass man sich offiziell als „Nichtarier" deklarierte und angreifbar machte. Oftmals war es vermutlich eine schiere Überlebensfrage. Wer weiterhin künstlerisch tätig sein wollte, musste sich mit dem politischen System arrangieren. Manche Personen gingen sogar so weit, sich dem Nationalsozialismus anzubiedern, was am Beispiel des Bildhauers und Medailleurs Gustav Gurschner (1873–1970) dargelegt werden soll.

## Gustav Gurschner

Gustav Gurschner (1873–1970) hatte nach einem Studium an der Wiener Kunstgewerbeschule 1888 bis 1894 und einem Frankreichaufenthalt von 1897 bis 1898, um die Jahrhundertwende an den wichtigsten Ausstellungen der Secession, des Hagenbundes und der Kunstschau teilgenommen. Er galt als ein Exponent eines stark vom französischen Art nouveau beeinflussten floralen, kapriziösen Kunsthandwerks. Gurschner stellte schon am 14. Juli 1938 sein Aufnahmeansuchen in die RdbK, wohlwissend, dass seine Frau, die Schriftstellerin Alice Gurschner[11] jüdischer Herkunft war. Demzufolge fiel die politische Beurteilung negativ aus.[12] Kurz darauf, am 11. Oktober 1938, wurde Blauensteiner aufgefordert, eine Stellungnahme abzugeben,[13] in der er Gurschner eine „durchschnittliche künstlerische Qualität" sowie einen guten Ruf bescheinigte.[14] Sein Schreiben erzielte nicht die gewünschte Wirkung, da einen Monat später die Ablehnung mit der in diesen Fällen üblichen, standardisierten Begründung aus Berlin eintraf. Sie lautete: „Nach dem Ergebnis meiner Überprüfung der in Ihren persönlichen Verhältnissen begründeten Tatsachen besitzen Sie nicht die erforderliche Eignung und Zuverlässigkeit, an der Förderung deutscher Kultur in Verantwortung gegenüber Volk und Reich mitzuwirken. Sie erfüllen nicht die Voraussetzung für eine Mitgliedschaft bei der Reichskammer der bildenden Künste. Auf Grund des §10 der 1. Verordnung zur Durchführung des Reichskulturkammergesetzes vom 1.11.1933 (RGBl.I.S.797) lehne ich Ihre Aufnahme in die Reichskammer der bildenden Künste ab. Damit ist Ihnen mit sofortiger Wirkung die weitere Berufsausübung als Bildhauer untersagt."[15]

Das Atelier des damals 65-jährigen Gurschner war bereits beschlagnahmt worden. Am 5. Dezember 1938 bat er Blauensteiner erneut, sich für ihn einzusetzen, indem er seine familiären Bindungen zum Nationalsozialismus betonte.[16] Schon am 12. Dezember 1938 beantragte Blauensteiner in Berlin eine Sondergenehmigung, die jedoch abgelehnt wurde. Am schwersten wog, dass seine Frau „Volljüdin" sei und sich erst „11 Jahre nach ihrer Heirat katholisch taufen [ließ]. Hieraus ist ersichtlich, dass ihr die Aufgabe der jüdischen Religionsgemeinschaft recht schwergefallen ist".[17] Blauensteiner scheute keine Anstrengungen und ersuchte, wenn auch erfolglos, Gurschners Regimentskollegen Reichsminister Arthur Seyß-Inquart, sich für ihn zu verwenden.[18] Nun wurde Gurschner selbst aktiv, indem er Einspruch gegen die

S. 83 Gustav Gurschner, Abstammungsnachweise („Ariernachweis") für die Aufnahme in die RdbK, ausgefüllt von G. Gurschner und seiner Frau Alice Gurschner; Schreiben der Gestapo betreffend die Überwachung des Berufsverbots, 18.7.1941, BV Archiv

S. 85 Wilhelm Frass, Erklärung von Anton Endstorfer zu den NS-Tätigkeiten von Wilhelm Frass, 7.2.1948, BV Archiv

Professor Wilhelm F r a s s hat

beim Versetzen der liegenden Figur im Denkmal des unbekannten Soldaten eine auf Pergament geschriebene und in einer Blechkapsel verwahrte Huldigungsadresse an Hitler hinterlegt, also lang vor März 1938 (Frass' eigene Aussage mir gegenüber),

an dem Entwurf für ein Kaiser Franz Josefdenkmal im Ornament des Krönungsmantels ein "Heil Hitler" als Erkennungszeichen angebracht (Frass' eigene Aussage mir gegenüber),

dem jüdisch versippten Kollegen Prof.Josef Heu nach dem Umbruch gesagt: "Na ja, ein paar werden dran glauben müssen, aber denen, die übrig bleiben, wirds ganz gut gehen." Heu: "Ja, aber was soll ich machen mit meiner Familie, wovon sollen wir leben?" Frass: "Es werden ja jetzt eine Menge Posten frei, Geschäftsdiener oder so."

gegen den jüdisch versippten Kollegen Buzzi-Quadrini die ganze Zeit gehetzt und sofort Buzzis Atelier zu dem seinen dazugenommen,

dem jüdisch versippten Kollegen Josephu auf äusserst brüske Art gesagt: "Schaun'S dass Sie bald verschwinden aus dem Atelier." Josephu: "Ich habe noch keine Verständigung von der R.K.K., dass ich abgewiesen bin." Frass: "Die kriegen Sie schon, verlassen Sie sich drauf."

mich eines Tages gefragt, ob ich das Atelier schon gekündigt habe; auf meine verneinende Antwort und dass ich ja etwas Zeit brauche, um verschiedene Ateliereinrichtungsgegenstände zu verkaufen, meinte er: "Na ja, wir brauchen's nämlich schon." Drei Tage danach hatte ich die Kündigung in Händen und musste die Schlüssel abgeben. Der Beamte in der Gebäudeverwaltung bestätigte meine Vermutung, dass ein Kollege die Kündigung urgiert habe,

dem Bildhauer Stary mit Dienstverpflichtung gedroht, wenn er nicht an seiner (Frass') Porträtbüste "Neubacher" arbeite.

Für alle diese Angaben stehe ich vollinhaltlich ein.

gez. Endstorfer

Deise Erklärung übergab Prof.Endstorfer an die Berufsvereinigung bild.Künstler bereits vor 1 1/2 Jahren u. ist während der Übersiedlung in Verlust geraten. Wurde daher neu nach dem Konzept Endstorfers angefertigt. Für die Richtigkeit

gez. Gurschner
7.2.1948

Ablehnung erhob. Nach Anforderung von Fotos seiner Arbeiten,[19] die als „süsslich und ausdruckslos" bewertet wurden, empfahl die RdbK Berlin Propagandaminister Goebbels, den „Antrag auf Erstellung einer Sondergenehmigung abzulehnen".[20] Blauensteiner ersuchte nun aufgrund des vorgerückten Alters Gurschners beim Gaupropagandaleiter Hans Arnhold um Nachsicht – vergeblich.[21] Nachdem von Berlin aus die Gestapo eingeschaltet worden war, wurde die Ablehnung bestätigt: „Damit ist Gurschner jede berufliche – auch nebenberufliche – Betätigung auf den Gebieten der bildenden Kunst untersagt [...]. Auf Grund des § 29 aaO. bitte ich die Durchführung des ergangenen Berufsverbotes überwachen zu wollen",[22] was tatsächlich erfolgte. In einem Bericht der Gestapo vom 18. Juli 1941 wurde beanstandet, dass sich Gurschner „neben Gipsgussarbeiten weiterhin auch mit Bildhauerarbeiten" befasse.[23] Blauensteiner entkräftete den Vorwurf, handle es sich hierbei doch nur um rein technische und keineswegs künstlerische Arbeiten. Dennoch ordnete der Präsident der RdbK Berlin an, das „ergangene Berufsverbot weiterhin zu überwachen".[24] Nach 1945 übernahm Gurschner die Leitung der Gruppe der Bildhauer in der Berufsvereinigung und bis 1955 die Präsidentschaft des Künstlerverbandes der österreichischen Bildhauer.

Das hier ausführlich beschriebene Beispiel zeigt die verschiedenen Mechanismen, die bei einem Aufnahmeantrag zum Einsatz kamen: das effiziente Zusammenspiel der Reichskammern der bildenden Künste und der Reichspropagandaämter in Wien und Berlin sowie die enge Kooperation mit der Gauleitung der NSDAP Wien oder der Gestapo. Die oberste, letztentscheidende Instanz, insbesondere bei der Erteilung oder Verweigerung von Sondergenehmigungen, war Reichspropagandaminister Joseph Goebbels. Zudem wird ersichtlich, dass sich Blauensteiner im Rahmen seiner Möglichkeiten beharrlich für Gurschner, dem er sich vermutlich aus den gemeinsamen Jahren in der Secession verbunden fühlte, eingesetzt hatte. Einsprüche von Abgewiesenen wurden formell behandelt und per Bescheid begründet. Erfolg hatten diese nur in den seltensten Fällen.

## Florian Josephu-Drouot

Weitere Bildhauer, die aufgrund ihrer jüdischen Ehefrauen abgewiesen wurden oder erst gar keinen Antrag stellten, waren Florian Josephu-Drouot, Anton Endstorfer, Josef Heu oder Angelo Buzzi-Quattrini. Ihre Staatsateliers im Prater wurden auf Betreiben des Sachberaters für die Gruppe Bildhauerei im Kulturamt der Stadt Wien, Wilhelm Frass, mit 25. April 1939 gekündigt. Von diesem Delogierungsvorgang sind diverse Erinnerungen überliefert. Zitiert sei exemplarisch jene von Florian Josephu-Drouot (1886–1978), den Frass brüsk aufgefordert haben soll, das Atelier zu räumen. Als Josephu-Drouot konterte: „Ich habe noch keine Verständigung von der R.K.K., dass ich abgewiesen bin", soll Frass geantwortet haben: „Die kriegen Sie schon, verlassen Sie sich drauf."[25] Josephu-Drouot war mit der aus Kroatien stammenden Jüdin Olga Wilhelmine Klein verheiratet. Nach einer ersten Ausbildung an der Grazer Staatsgewerbeschule studierte er von 1905 bis 1913 an der Akademie der bildenden Künste in Wien. Sein jüngerer Bruder, Josef Josephu, wählte die gleiche Laufbahn (Akademiestudium 1907–1919), seine Frau war ebenfalls Jüdin. Er emigrierte 1939 in die USA. Josephu-Drouot, Mitglied des Künstlerhauses, fertigte in der Zwischenkriegszeit Brunnen, Denkmäler und Porträts an, führte Kunst-am-Bau-Aufträge aus, aber auch kleine elegante Statuetten. Seiner Frau Olga gelang es mithilfe ihrer Schwester Ruža Klein, der Ehefrau des bekannten kroatischen Bildhauers Ivan Meštrović, vorerst nach Split und dann nach Zagreb zu flüchten. Ruža Klein hatte den jungen aufstrebenden Bildhauer Meštrović in Wien kennengelernt und 1907 geehelicht. Josephu-Drouot konnte vorerst nicht ausreisen und musste in einer Kunststeinfabrik arbeiten: Auch sein Berufsverbot wurde von der Gestapo überwacht. 1940 verließ er Wien Richtung Kroatien, wo die Familie nach der Besetzung des Königreiches Jugoslawien durch die Nationalsozialisten im April 1941 erneut unter schwierigsten Bedingungen lebte. Auf Einladung des Bundespräsidenten Karl Renner kehrte Josephu-Drouot mit seiner Frau 1946 „in sein geliebtes Wien" zurück.[26] Nach Rückstellung seines Praterateliers erhielt er einige Restaurierungsarbeiten und in den 1950er und 1960er Jahren Kunst-am-Bau-Aufträge.[27] Josef Josephu betrat österreichischen Boden nicht mehr und verstarb in den USA.

S. 88–89 Wilhelm Müller-Hofmann, Bekanntgabe der NSDAP über die politische Zuverlässigkeit, 25.7.1938; Bescheid der RdbK Berlin an die Gestapo über die Ablehnung seines Aufnahmeantrages für die RdbK, 15.5.1939; Mitteilung der RdbK Berlin über die erfolgte Beschwerde gegen die Ablehnung seines Aufnahmeantrages vom 21.12.1938, 15.5.1939; Mitteilung über die Streichung aus der Mitgliederliste des Künstlerhauses, 13.2.1941, BV Archiv

## Wilhelm Müller-Hofmann

Bekannter ist die Biografie des Malers Wilhelm Müller-Hofmann (1885–1948), der 1919 die Fachklasse für Malerei an der Kunstgewerbeschule übernommen hatte. Zum Verhängnis wurde ihm seine zweite, 1922 geschlossene Ehe mit Hermine Zuckerkandl, die aus einer bekannten jüdischen Wiener Ärztefamilie stammte. Obwohl Müller-Hofmann im März 1938 vom Dienst suspendiert worden war, stellte er seinen Aufnahmeantrag am 15. Juli 1938. In der kurz darauf eingetroffenen Auskunft der NSDAP war zu lesen: „‚M' ist nicht Mitglied der NSDAP und gehörte von 1924–33 einer Frei-Maurer-Loge und v. 34–36 dem Heimatschutz an. Ausserdem war er bis 1936 Obmann eines religiösen Vereins der Ebdar hiess. Seine Gattin soll Mischling 1. Grades sein. Genannter gilt als politisch unverlässlich."[28] Müller-Hofmann war ein Exponent des austrofaschistischen Regimes und leidenschaftlicher Dollfuß-Anhänger.[29] Allerdings dürfte seine politische Einstellung im Unterricht keine Rolle gespielt haben. Der Fokus seines malerischen Werks lag, wenig überraschend, auf der religiösen Kunst. Interessanterweise animierte Müller-Hofmann seine Klasse, sich mit Gebrauchsgrafik, Trickfilm, Bühnenbild etc. auseinanderzusetzen. Die Versetzung in den „zeitlichen Ruhestand" erfolgte am 30. November 1938.

Der Maler legte am 7. März 1939 Beschwerde gegen seine am 21. Dezember 1938 erfolgte Ablehnung ein. Nun wurden über die Gestapo weitere Dokumente, betreffend Abstammung sowie Datum des Austritts aus der Kultusgemeinde von Hermine Müller-Hofmann, angefordert.[30] Die Antwort der Gestapo bestätigte die Angaben der NSDAP von 1938, eine Sondergenehmigung sei abzulehnen. „Die künstlerischen Leistungen Müller-Hofmanns sind nicht über dem Durchschnitt."[31] Eine weitere Beschwerde Müller-Hofmanns vom 25. Mai 1940 wurde am 11. September 1940 endgültig abgelehnt, worauf auch die Streichung aus den Listen des Künstlerhauses folgte (13. Februar 1941). Nachdem das Ehepaar seine beiden Söhne Anfang 1939 nach Schweden in Sicherheit geschickt hatte, war es aufgrund ausbleibender Einkünfte gezwungen, Teile seines Eigentums, darunter Kunstwerke, zu verkaufen. Bis 1945 lebte es sehr zurückgezogen bei Freunden in Oberbayern. Am 19. Oktober 1954 trat Müller-Hofmann seinen Dienst an der Kunstgewerbeschule wieder an.[32]

## Otto Prutscher

Ähnlich erging es Otto Prutscher (1880–1949),[33] der als Architekt, Kunsthandwerker und Designer ab 1909 an der Kunstgewerbeschule unterrichtete und bis 1939 den offenen Entwurfszeichensaal für Gewerbetreibende betreute. Der aus einer Kunsttischlerfamilie stammende Prutscher war ein Schüler und Weggefährte Josef Hoffmanns und Mitarbeiter in der Wiener Werkstätte. Er stellte am 8. Juli 1938 seinen Aufnahmeantrag in der Hoffnung, dass seine bereits erfolgte Enthebung an der Schule nur „eine vorübergehende sei".[34] Allerdings wurde rasch klar, dass es aufgrund seiner Ehe mit Ernestine Helene Süßmandl, die jüdischer Herkunft war, Probleme geben würde. Bis Jahresende wurden umfangreiche Erhebungen des „Deutschen Instituts für Sippenforschung" in der ČSSR angestellt, am 25. März 1939 gar die künstlerische Bewertung auf Basis von 15 Fotos, die auch nach Berlin gingen, vorgenommen (Leistungsgruppe „B"). Im März 1939 erfolgte die Zwangspensionierung an der Kunstgewerbeschule,[35] im April verlor er aufgrund des Berufsbeamtengesetzes auch seine 1926 ausgestellte Ziviltechnikerbefugnis.[36] Die zwischenzeitlich eingetroffene Auskunft der NSDAP war eindeutig negativ, neben seiner jüdischen Ehefrau beanstandete man seine Mitgliedschaft in der Vaterländischen Front und in der Loge „Gleichheit".[37] Die Ablehnung seines Antrags langte am 6. März 1941 ein.[38] Kurz darauf beantragte Blauensteiner eine Sondergenehmigung und hob Prutschers fachliche Kompetenz hervor.[39] Prutschers Beschwerde vom 12. November 1941 wurde mit Wirkung vom 12. Dezember 1941 definitiv abgewiesen. Damit war ihm die Ausübung einer kammerpflichtigen Tätigkeit untersagt. Der Versuch, ein Einreisevisum nach Bolivien zu erhalten, scheiterte, immerhin war es den Töchtern gelungen, sich nach Italien abzusetzen. Die Zeit des Berufsverbotes überbrückte Prutscher mithilfe ehemaliger Schüler, die ihm Projekte übertragen haben sollen.[40] Nach dem Krieg erfolgte bis Jahresende 1945 eine kurzfristige Wiederaufnahme in die Kunstgewerbeschule und am 1. Jänner 1946 die Versetzung in den Ruhestand. Zugleich war Prutscher im Leitungsausschuss der Berufsvereinigung der bildenden Künstler und arrangierte zusammen mit Victor Theodor Slama 1947 die *Erste Große Österreichische Kunstausstellung* im Künstlerhaus.

S. 90 Otto Prutscher, Bekanntgabe der NSDAP über die politische Zuverlässigkeit, 25.5.1939; Bescheid über den Verlust der Befugnis eines Ziviltechnikers, 12.4.1939, ZV Archiv

Abschrift?

Nationalsozialistische Deutsche Arbeiterpartei
Gauleitung Wien
Geschäftsstelle
Wien I., Am Hof 4

Kreisleitung II- Personalamt OII
Geschäftsstelle 2., Aspernbrückeng. 2

Wien, 25. Juli 1938.

Personalamt
Zeichen OII Sta./K.

An die
Reichskammer der bildenden Künste
Wien I., Karlsplatz 5

Betr.: Prof. Wilh. Müller-Hofmann 2., Obere Augartenstr. 1
Unbedenklichkeitszeugnis

Der zuständige Ortsgruppenleiter erteilt auf Anfrage folgende Auskunft:
„M " ist nicht Mitglied der NSDAP und gehörte von 1924-33 einer Frei-Maurer-Loge und v. 34-36 dem Heimatschutz an. Ausserdem war er bis zum Jahre 1936 Obmann eines religiösen Vereines der Ebdar hiess. Seine Gattin soll Mischling 1. Grades sein.
Genannter gilt als politisch unverlässlich.

Heil Hitler !
i.A. Stary

---

**Der Präsident**
**der Reichskammer der bildenden Künste**

Aktenzeichen: IIB/NA 593/309
(In der Antwort anzugeben)

Berlin W 35, den 15 MAI 1939
Blumeshof 4-6
Fernsprecher: 21 92 71
Postscheck-Konto: Berlin 144430

Reichskammer der bildenden ... Wien
Eing. 17. MAI 1939
Anlag.

An die
Geheime Staatspolizei
Staatspolizeistelle Wien

Wien I
Morzinplatz 4

über den Herrn Reichsminister für Volksaufklärung und Propaganda

Betr.: Maler Prof. Wilhelm Robert Müller-Hofmann, Wien II, Obere Augartenstr. 1 II/2, geb. 5.4.1885 in Brünn, Mähren.

Der Aufnahmeantrag des Obengenannten wurde wegen seiner jüdischen Versippung am 21.12.1938 seitens meiner Kammer abgelehnt. Müller gehörte von 1934 bis 1936 dem Heimatschutz an, war auch Mitglied einer Freimaurerloge, sowie Leiter eines religiösen Vereins "Ebdar" (Ermächtigte Brüderschaft der alten Riten). Müller erscheint mir nicht zuverlässig. Da er mit Schreiben vom 12.2.1939 gegen seine Ablehnung Beschwerde erhoben hat, so erbitte ich Auskunft, wie er politisch und persönlich zu beurteilen ist und welche gegen ihn sprechenden Tatsachen bekannt sind.

Im Auftrag
gez. M a i

In Vertretung
des Geschäftsführers
(Siegel)

Beglaubigt:
gez. Schlag

Landesleiter
Wien

**Der Präsident**
**der Reichskammer der bildenden Künste**

Berlin W 35, den 15. MAI 1939
Blumeshof 4–6
Fernsprecher: 21 92 71
Postscheck-Konto: Berlin 144430

Aktenzeichen: IIB/NA 593/309
(In der Antwort anzugeben)

Reichskammer der bildenden Künste ... Wien
17. MAI 1939
IBNA/1090

An den
Landesleiter der Reichskammer der
bildenden Künste beim Landeskulturwalter
Gau Wien

W i e n

Betr.: Maler Prof. Wilhelm Robert Müller-Hofmann
Wien II, Obere Augartenstr. 1 II/2

Obengenannter hat gegen die wegen jüdischer Versippung am 21.12.1938 erfolgte Ablehnung seines Aufnahmeantrages Beschwerde erhoben.
Die arische Abstammung des Großvaters Schlesinger der Ehefrau ist nicht erbracht; Sie wollen bitte die Geburts- und Taufurkunden des Urgroßelternpaares Schlesinger anfordern und herreichen.
Die Ehefrau des Obengenannten, die erst am 29.12.35 anläßlich der kirchlichen Trauung getauft wurde, will angeblich bereits seit dem 4.4.1922 konfessionslos sein. Der Zeitpunkt ihres Austritts aus der israelitischen Religionsgemeinschaft ist durch Vorlage einer amtlichen Bestätigung nachzuweisen.

Ferner hat Müller die Geburts- und Taufurkunde seines Großvaters Eduard Binder zu erbringen und nachzuweisen, wie sein Vater zu dem Namenswechsel Müller kommt, obwohl die Großeltern Binder bzw. Hörmann heißen.
Müller ist zur Vorlage der Unterlagen eine Frist von 3 Wochen zu setzen.

Im Auftrag
gez. M a i
In Vertretung
Geschäftsführers

Reichskulturkammer Reichskammer der bildenden Künste

Beglaubigt:

---

13. Feber 1941.

II B 5/ B/H.

Herrn
Prof. Wilhelm Robert Müller-Hofmann
Wien II., Obere Augartenstrasse 1

Da Ihr Aufnahmeantrag zur Reichskammer der bildenden Künste vom Präsidenten abgelehnt wurde, bedaure ich Ihnen mitteilen zu müssen, dass damit gleichzeitig Ihre Mitgliedschaft bei Kunstvereinen erlischt.
Sie wurden daher aus der Mitgliederliste der Gesellschaft bildenden Künstler Wiens „Künstlerhaus" gestrichen.

gez. Blauensteiner

Beglaubigt:

**Nationalsozialistische Deutsche Arbeiterpartei**
**Gauleitung Wien**

Gaupersonalamt
Br/Sch

Reichskammer der bildenden Künste Landesleitung Wien
Eing. 27. MAI 1939
Aktenz.

An die
REICHSKAMMER DER BILDENDEN KÜNSTE,
Aussenstelle Wien,
W i e n 3.,
Reisnerstrasse 40.

Unser Zeichen: Z.b.V. 27160 Ihr Zeichen: II a 4

Wien, den 25. Mai 1939.
1, Am Hof 4 / Fernsprecher A 23-5-90, U 21-5-30

Betrifft:
Politische Beurteilung
P r u t s c h e r Otto,
Architekt,
geb. 7.4.1880,
W i e n 6.,
Gumpendorferstrasse 74.

Dringlich

Am Wohnorte konnte erhoben werden:

P r u t s c h e r ist mit einer Jüdin verheiratet. Er war Mitglied der V.F. und unterstützendes Mitglied des Heimatschutzes. Bis 1933 gehörte er der Loge " Gleichheit " an.

Die politische Verlässlichkeit des Volksgenossen ist nicht gegeben.

Heil Hitler !

Nationalsozialistische Deutsche Arbeiterpartei Gauleitung Wien

---

Wiener Magistrat, Magistratsabteilung 2.

M.Abt.2/ 1 5 2 0 / 39. Wien, am 12. April 1939 1939.

Ing. P r u t s c h e r Otto,
Verlust der Befugnis.
Entjudung des Ziviltechnikerstandes für den Gau Wien.

Reichskammer der bildenden Künste
Eing. 24. APR. 1939
Aktenz.

An Herrn
Ing. Otto P r u t s c h e r
Wien, 6., Gumpendorferstr. 74

B e s c h e i d :

Gemäß § 19, Pkt.d der Vdg.BGBL.Nr.61/1937 in Verbindung mit den §§ 2 und 3, Abs.1 der Vdg.Ges.Bl.für das Land Österreich Nr.160/1938 (Berufsbeamtengesetz) wird der Verlust
Ihrer Befugnis eines Ziviltechnikers
ausgesprochen.

Gemäß § 64, Abs.2, AVG. hat die Berufung keine aufschiebende Wirkung.

B e g r ü n d u n g :

Die Befugnis der Ziviltechniker in Österreich ist eine Funktion eines öffentl.Amtes und fällt daher unter die Bestimmungen des zit. Berufsbeamtengesetzes. Ihre Frau ist Jüdin.

Gegen diesen Bescheid ist binnen 2 Wochen schriftlich oder telegraphisch die Berufung möglich, die bei der Magistratsabteilung 2 einzubringen wäre.

Ergeht an:
1.) die Ingenieurkammer für Wien und Niederdonau,
2.) das Landgericht für Z.R.S. Wien,
3.) das Finanzamt für den 6. Bez.

Für den Bürgermeister:
Der Abteilungsvorstand:
i.V.
Ob.Mag.Rat.

Magistrat der Stadt Wien Abteilung 2

./.

13.Oktober 1939.

IIB NA/H.

Frau
Elisabeth T u r o l t ,
W i e n I.,
Schottengasse 10.

Ich nehme die Mitteilung in Ihrem Schreiben vom 7. Oktober l.J. zur Kenntnis, dass Sie derzeit aus gesundheitlichen Gründen keine kammerpflichtige Tätigkeit ausüben. Ich mache Sie darauf aufmerksam, dass Sie sich der Gefahr einer schweren Bestrafung aussetzen, wenn Sie, ohne Mitglied der Reichskulturkammer zu sein, eine kammerpflichtige Tätigkeit ausüben. Dies würde in Ihrem Fall besonders schwerwiegend sein, weil Sie jüdisch versippt sind.

gez. Blauensteiner

Beglaubigt:

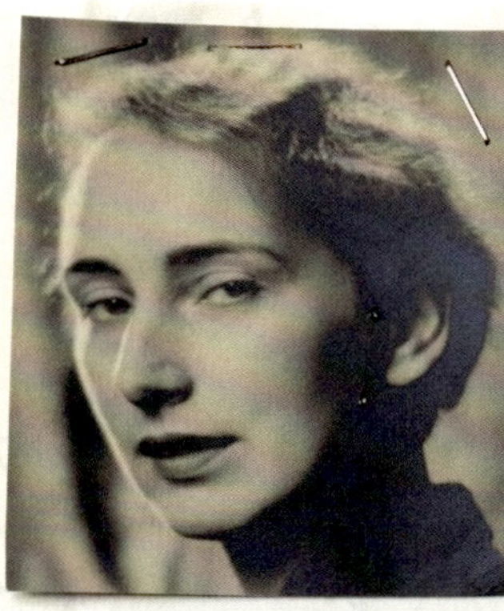

Fragebogen

...n die Reichskammer der bildenden Künste

Der Beauftragte aller Institutionen für bildende Kunst
6. JUL. 1938
Aktenz.

Bildhauerin

...kt 2, Tätigkeitszweige.)

...bers Elisabeth Turolt

Bildhauerin

Wien I. Schottengasse 10.

4. Arbeitsstätte, Ort, Straße

5. Fernsprecher, Ort, Nr. A 16-408

6. Geburtsort und Land Zuckmantel Tschecho Slow. Rep.

7. Geburtstag, Monat und Jahr 1. Sept 1902

8. Staatszugehörigkeit Österreichisch.

9. Religion (eventuelle frühere Religionszugehörigkeit) Evang. H.B. früher katholisch

10. Wieviel dokumentarisch nachweisbare arische Großeltern haben Sie? Vier

11. Sind Sie Mitglied der NSDAP., wenn ja, seit wann und unter welcher Nummer? Nein

12. Welchen weltanschaulichen, beruflichen, gesellschaftlichen Vereinigungen, **Künstlerverbänden** oder studentischen Verbindungen gehören Sie an?
Zentralverband bild. Künstler Österreichs. Verband österr. Bildhauer.

12a) Haben Sie die Befugnis eines Architekten nach den Bestimmungen der österreichischen Gesetze? Nein

12b) Sind Sie Mitglied der Fachsektion der Architekten der österreichischen Ingenieurkammer? Nein

13. Sind Sie verheiratet, verwitwet oder geschieden? ~~verheiratet~~ geschieden seit 23.XI.40

14. Vor- und Zuname des Ehepartners, bei weiblichen auch den Mädchennamen Dr. Max Turolt

15. Religion des Ehepartners (eventuell frühere Religionszugehörigkeit)
Evang. H.B früher israelitisch

16. Wieviel dokumentarisch nachweisbare arische Großeltern hat Ihr Ehepartner? Keine

17. Wieviel Kinder haben Sie? Keine

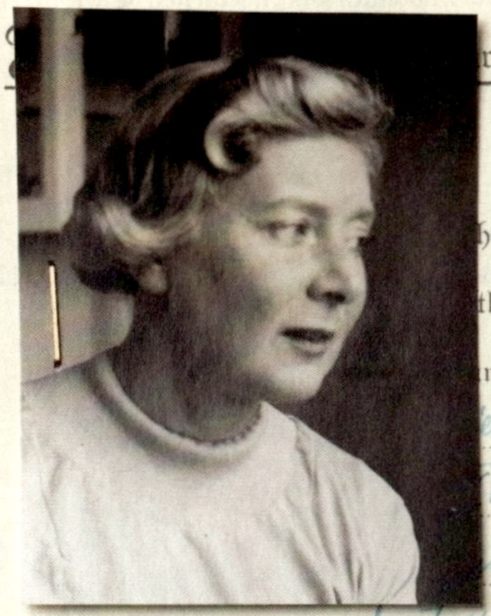

... r die Aufnahme in die Reichskammer der bildenden Künste

(Bitte deutlich schreiben).

Der Beauftragte aller ... der Kunst
11. AUG. 1938
Aktenz.

... hmewerbers: Maria Strauss-Likarz

... tlerische Tätigkeit), Titel: akadem. Malerin

... mmer: Wien XIX. Heiligenstädterstrasse 11

... ien XIX. Heiligenstädterstr. 11

... IX. Heiligenstädterstr. 11  R 53·6·56

... ysl (alt österr.)  6a. Geb.-Tag. Monat, Jahr: 28. III. 1893

7. Staatszugehörigkeit: Deutschland  7a. Religion (auch frühere): evangel. A.B. früher röm.-kath.

8. Wieviel arische Großeltern haben Sie? vier

9. Sind Sie Mitglied der NSDAP, wenn ja, seit wann und unter welcher Nr.: nein

10. Welchen weltanschaulichen, beruflichen, gesellschaftlichen Vereinigungen, Künstlerverbänden oder studentischen Verbindungen gehören Sie an oder haben Sie angehört?
früher Österr. Werkbund, „Wiener Werkstätte", Bund österr. Gebrauchsgraphiker.

11. Haben Sie die Befugnis eines Architekten nach den Bestimmungen der österreichischen Gesetze? nein

12. Sind Sie Mitglied der Fachsektion der Architekten der österreichischen Ingenieurkammer? nein

13. Sind Sie ledig, verheiratet, verwitwet oder geschieden? verheiratet, vom Gatten getrennt lebend (Gatte im Ausland)

14. Vor- und Zuname des Ehepartners (bei weiblichen auch Mädchenname): Dr. med. Richard Strauss

15. Religion des Ehepartners (evtl. frühere Religionszugehörigkeit): evangel. A.B. früher konf.-los

16. Wieviel arische Großeltern hat Ihr Ehepartner? keine

17. Wieviel Kinder haben Sie? keine  wieviel davon minderjährig? —

18. Welche Tätigkeit üben Sie hauptberuflich aus? dekorative Malerei

19. Seit wann üben Sie einen kammerpflichtigen Beruf aus? 1914

20. Gehören Sie bereits einer Einzelkammer der Reichskulturkammer, einer Fachgruppe der Reichskammer der bildenden Künste oder einer anderen berufsständischen Organisation an?

21. Wie üben Sie Ihren Beruf aus? a) selbständig: ja  b) als Beamter —

c) als Angestellter  d) als Gehilfe  e) als Firma: (genaue Angabe über die Rechtsform)

**DER BEAUFTRAGTE ALLER INSTITUTIONEN FÜR BILDENDE KUNST**
**AKADEMISCHER MALER PROF. LEOPOLD BLAUENSTEINER**

Aktz.: IIB 4. B/V.

WIEN, 24.10.1938.
Künstlerhaus, I., Karlsplatz 5
Tel. U 41-003, U 45-003

An die

A u s s e n s t e l l e Wien der
Reichskammer der bildenden Künste.
Wien, III., Reisnerstrasse 40.
-.-.-.-.-.-.-.-.-.-.-.-.-.-.-.-.

Reichskammer der bildenden Künste
Aussenstelle Wien
Eing. 25. OKT. 1938
Aktenz.

Betr: Ihr Schr.v.29.9.1938. Aktz.: IIB 4. ( jüd. vers.)
Maria Strauss - Likarz, XIX., Heiligenstädterstr.11.

Das über Vorgenannte seinerzeit an der Kunstgewerbeschule in künstlerischer Hinsicht abgegebene Urteil lautet:
Sie ist ein hervorragendes Talent, eine glänzende Zeichnerin und ungemein erfindungsreich. Hofrat Alfred ROLLER hat diese Schülerin öfters empfohlen, was darauf schliessen lässt, dass er sie schätzte.

Bedingungsweise kann daraus auch auf positive Charakteranlagen geschlossen werden; Weiteres war über den Charakter und Ruf der Obgenannten nichts in Erfahrung zu bringen.

gez. Blauensteiner

Beglaubigt:
[Unterschrift]

DER KOMMISSARISCHE LEITER ALLER INSTITUTIONEN FÜR BILDENDE KUNST

Anlagen zurück,

Maria Strauss-Likarz

Aufnahmeanträge prominenter Künstler*innen mit mangelhaftem „Ariernachweis" setzten meist eine Kette von Gutachten in Gang. Dies geschah auch im Falle der vielseitig talentierten Kunsthandwerkerin, Modedesignerin und Malerin Maria Strauss-Likarz (1893–1971). Die einstige Schülerin Josef Hoffmanns (1912–1916), Mitarbeiterin der Wiener Werkstätte (1920–1932) und Mitglied des Österreichischen Werkbundes füllte am 10. August 1938 den Fragebogen der RdbK aus. Seit 1920 war sie mit dem jüdischen Orthopäden Richard Strauss verheiratet. Eine am 29. September 1938 von der RdbK angeforderte politische Auskunft der Gauleitung traf am 7. Oktober 1938 ein und war unauffällig,[41] für das künstlerische Gutachten wandte sich Blauensteiner an Reinhold Klaus, Professor an der Kunstgewerbeschule. Es fiel ausgesprochen positiv aus. „Sie ist ein hervorragendes Talent, eine glänzende Zeichnerin und ungemein erfindungsreich."[42] Strauss-Likarz dürfte die Entscheidung der RdbK nicht abgewartet haben. Im Dezember 1938 erreichte die RdbK ein Schreiben ihres Bruders Hans Likarz, in dem dieser mitteilt, dass sich seine „Schwester derzeit auf einem Erholungsurlaub befindet und erst in einigen Wochen aus Italien wieder nach Wien zurückkommen wird".[43] Die Künstlerin setzte sich über Jugoslawien nach Italien ab. 1947 trennte sie sich von ihrem nach England und später nach Amerika emigrierten Mann.[44] Ab 1943 bis zu ihrem Tod 1971 lebte Strauss-Likarz in bescheidenen Verhältnissen in Italien und arbeitete als Keramikerin und Gebrauchsgrafikerin in Rom.

Ekke Ozlberger

Manche Künstler*innen könnten den Aufnahmeantrag für die RdbK zum Anlass genommen haben, sich von ihren nichtarischen Partner*innen zu trennen. Ob dies allein ausschlaggebend war, ist natürlich schwer zu sagen. Fest steht jedenfalls, dass die Aufnahme nach erfolgter Scheidung vom jüdischen Partner „nach deutschem Recht" möglich war. Als Beispiel sei der Maler Ekke Ozlberger (1891–1963) genannt, der sich am 20. September 1940 von seiner jüdischen Frau Frieda Ozlberger, geb. Schnek, scheiden ließ.[45] Die künstlerische Bewertung des bereits 1938 gestellten Antrages erfolgte am 17. Oktober 1938 (Leistungsgruppe „B"), die Aufnahme 1939. Bei einer Überprüfung der Gauleitung am 21. Februar 1939 wurde zwar seine halbjüdische Ehefrau erwähnt, aber zugleich entkräftend notiert: „Ozlberger ist seit 12.6.1933 als Parteigenosse geführt und hat auch während der illegalen Zeit ehrlich die nationalsozialistische Weltanschauung vertreten."[46] Bei der Aufnahme in die Partei hatte er jedoch verschwiegen, „dass seine Frau Mischling I. Grades" sei.[47] Dennoch erhielt er ab 1940 Parteiaufträge. Einige Meriten erwarb sich Ozlberger mit zehn lebensgroßen Bildnissen berühmter Chemiker und Physiker in der SS-Kaserne Schönbrunn.[48] Obwohl die Scheidung 1940 erfolgte, ergaben sich für Ozlberger weitere, unerwartete Probleme, war er doch auch Vater eines „Mischling[s] 2. Grades" (Tochter Eva, geb. 1924). Nun kam es am 28. Jänner 1941 zu einem Verfahren vor dem Gaugericht, wo Ozlberger die für ihn bereits reservierte Mitgliedschaft mit der Nummer 6.330.313 und den Erfassungsantrag vom 1. Mai 1938 zurückziehen musste.[49] Trotz dieser Differenzen konnte Ozlberger 1944 den Baldur-von-Schirach-Preis entgegennehmen.

Im Zuge seines Entnazifizierungsverfahrens stritt Ozlberger seine NSDAP-Mitgliedschaft ab.[50] „Dass er lügt, ist somit erwiesen", so Wilhelm Kaufmann, „denn die Gauleitung hat niemanden als Mitglied bezeichnet, der es nicht war".[51] Auch wurde ihm angekreidet, dass er nunmehr seine halbjüdische Frau und seine Tochter, die glücklicherweise überlebt hatten, vorschob. Ganz falsch lag Ozlberger ja nicht, er war zwar ab 1933 „illegales" Parteimitglied, musste aber auf Druck der NSDAP seinen Erfassungsantrag 1941 zurücklegen. Die Querelen mit dem Künstlerhaus, aus dem er am 8. August 1945 ausgeschlossen worden war, zwecks Wiederaufnahme zogen sich über Jahre, die Wiederaufnahme erfolgte erst 1952.

Elisabeth Turolt

Ähnlich wurde im Fall der aus Graz stammenden Malerin und Bildhauerin Elisabeth Turolt (geb. Grohmann, 1902–1966) verfahren. In Graz hatte sie Unterricht bei Norbertine Bresslern-Roth genommen (1915–1918), ab 1922 studierte sie bei Karl Sterrer an der Akademie der bildenden Künste Wien. Als Bildhauerin, die mit aus Steinzeug geformten „Negerfiguren" in den Wiener Ausstellungen Aufsehen erregte (1932), war sie eher Autodidaktin. Ihr erstes Ansuchen an die

S. 91 Elisabeth Turolt, Strafandrohung von Leopold Blauensteiner im Falle der Ausübung einer kammerpflichtigen Tätigkeit, da sie „jüdisch versippt" sei, 13.10.1939; Fragebogen für die Aufnahme in die RdbK mit dem Vermerk „geschieden seit 23.11.1940", 16.7.1938; am 23.3.1942 korrigiert und genehmigt, BV Archiv

S. 92–93 Maria Strauss-Likarz, Fragebogen für die Aufnahme in die RdbK, 11.8.1938, BV Archiv, Mitteilung über ihre künstlerischen Fähigkeiten durch Leopold Blauensteiner, mit dem Vermerk „jüd. vers.", 24.10.1938, BV Archiv

RdbK wurde wegen „jüdischer Versippung“ abgelehnt.[52] 1939 ermahnte Blauensteiner Turolt, dass sie im Falle der Ausübung einer kammerpflichtigen Tätigkeit mit einer „schweren Bestrafung“ zu rechnen hätte.[53] Erst nach der am 23. November 1940 vollzogenen Scheidung von ihrem 1927 angetrauten, nach New York emigrierten jüdischen Ehemann, dem Gynäkologen Max Turolt (1889–1945), stellte sie am 23. März 1942 erneut den Aufnahmeantrag, der nun problemlos durchging.[54] Ob es sich dabei um eine „Scheintrennung“ gehandelt hat, wie Turolt später angab, ist nicht überprüfbar.[55] Nach 1945 wurde sie als „Geschädigte“ geführt und in den 1950er und 1960er Jahren mit einigen Tierfiguren beauftragt, die in Wiener Wohnhausanlagen stehen.

## Sondergenehmigungen

Oft ist es nicht nachvollziehbar, weshalb manche Künstler*innen trotz rassischer, politischer oder künstlerischer Vorbehalte eine Sondergenehmigung erhielten. Selbst massive Interventionen seitens der RdbK Wien boten keine Garantie für eine positive Erledigung. Zu vermuten ist, dass bei Befürwortungen auch persönliche Sympathien oder sonstige Verbindlichkeiten eine Rolle spielten. Sondergenehmigungen, die meist „bis auf Widerruf“ ausgestellt wurden, erlaubten kein uneingeschränktes Arbeiten. Zudem war es untersagt, „Aufträge, die seitens des Staates, der Partei und deren Organisationen vergeben werden, entgegenzunehmen“.[56] Die Künstler*innen konnten also nur für private Auftraggeber*innen tätig sein. Immerhin unterblieb die Kontrolle des Berufsverbotes durch die Gestapo. Bärbel Schrader ist zuzustimmen, wenn sie meint, dass schon der Begriff der „Sondergenehmigung“ Betroffene stigmatisierte.[57]

### Erich Boltenstern

Ob es positive Fürsprachen Blauensteiners oder von anderer Seite für den Architekten Erich Boltenstern (1896–1991) gegeben hat, ist nicht bekannt. Angesichts der eingeholten politischen Gutachten ist die Erteilung einer Sondergenehmigung mehr als erstaunlich. Boltenstern war mit der Malerin Elisabeth Szupper („Mischling 1. Grades“) verheiratet und ab 1930 als Architekt tätig. Er realisierte mit dem Architekten Eugen Wachberger viele Projekte, wie z. B. das Kahlenberg-Restaurant (1933–1935). Von 1929 bis 1934 war er zudem Assistent bei Oskar Strnad an der Kunstgewerbeschule und von 1934 bis 1936 bei Clemens Holzmeister an der Akademie. 1937 hatte er nach dem Ausscheiden von Peter Behrens sogar dessen Meisterschule übernommen. Da er für „jüdisch versippt“ galt, wurde er suspendiert, 1940 erfolgte der Entzug der Ziviltechnikerbefugnis. Boltenstern stellte seinen Aufnahmeantrag am 11. Juli 1938. Die im folgenden Frühjahr eingelangten Gutachten der Gestapo und des Sicherheitsdienstes des Reichsführers SS waren beide negativ, Letzteres ausgesprochen diffamierend. Beide hoben seine Aufträge in der „Systemzeit“, seine Assistententätigkeit bei Holzmeister und seinen Kontakt mit „jüdischen Kreisen“ hervor. Im Schreiben des Sicherheitsdienstes heißt es: „Er ist in seinem ganzen Wesen schon so verjudet, dass man ihn selbst für einen Juden hält.“[58] Möglicherweise hatte er in Akademieprofessor Robert Eigenberger und Gauleiter Baldur von Schirach gewichtige Fürsprecher, die in einem Schreiben hervorhoben, „dass Frau Boltenstern trotz ihrer Mischlingsqualität bei der NSV [Anm.: Nationalsozialistische Volkswohlfahrt] tätig ist und alle Kinder des Boltenstern bei der HJ [Anm.: Hitler-Jugend] bzw. beim BDM [Anm.: Bund Deutscher Mädel] eingegliedert sind und sich dort durchaus einwandfrei verhalten haben. Die Kinder weisen keinerlei jüdische Rassenmerkmale auf und sind durchaus im deutschen Geiste erzogen“.[59] Die Betonung der Erziehung im reichsdeutschen Sinne war bei der Ausstellung von Sondergenehmigungen zentral. Auch Blauensteiner bestätigte: „Über seinen Ruf ist nichts Nachteiliges bekannt.“[60] Die Aufnahme in die Reichskammer erfolgte am 19. Oktober 1939. Allerdings gab die NSDAP zu bedenken, dass Boltenstern „seine jetzige positive Einstellung zur Partei und Staat“ noch beweisen müsse.[61] Da ihm die Befugnis entzogen worden war, konnte er nicht mehr selbstständig arbeiten. Bekannt sind seine Mitarbeit im Architekturbüro Bodo Denk und Rudolf Thomsen sowie Aufträge in Wien und Niederösterreich von 1938 bis 1945. Einigermaßen erstaunlich ist es, dass das Bauamt der Deutschen Arbeitsfront Berlin 1941 sogar in Erwägung zog, Boltenstern bei einer Ausschreibung zu beteiligen und deswegen bei der NSDAP-Gauleitung Wien nachfragte.[62] Als 1943 eine weitere Anfrage zwecks Anstellung als Assistent an der Reichshochschule Wien eintraf, lehnte die Partei jedoch aus „prinzipiellen Gründen“ ab.[63] Nach dem Krieg galt Boltenstern als einer der wenigen unbelasteten Architekten der Moderne, die vor Ort präsent und fähig waren, große Bauaufgaben zu übernehmen (Wiederaufbau der Staatsoper, 1948–1955, Ringturm, 1952–1955 etc.). Ab 1945 leitete er an der Akademie der bildenden Künste Wien die Klasse Clemens Holzmeisters bis zu dessen Rückkehr 1952, ab 1946 lehrte er an der Technischen Hochschule, wo er die Professur für Wohnbau und ab 1955 jene für Gebäudelehre übernahm.[64]

# Fragebogen

für die Aufnahme in die Reichskammer der bildenden Künste.

Fachgruppe: Baukunst, Innenraumgestaltung
(Siehe Merkblatt Punkt 2. Tätigkeitszweige.)

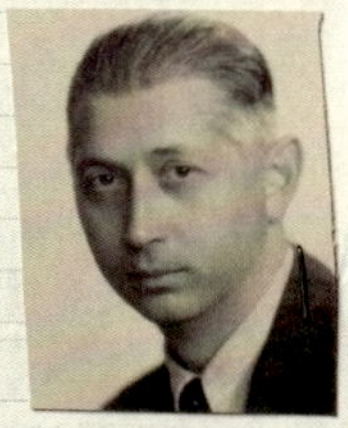

1. Vor- und Zuname des Aufnahmewerbers: Erich v.Boltenstern
2. Berufsbezeichnung, Titel: Architekt,Dipl.Ing.,a.o.Professor
3. Wohnort, Straße, Hausnummer: Wien,XIII.Schliessmanngasse Nr.15
4. Arbeitsstätte, Ort, Straße: -"-
5. Fernsprecher, Ort, Nr.: A 51-7-19
6. Geburtsort und Land: Wien,Oesterreich
7. Geburtstag, Monat und Jahr: 21.Juni 1896
8. Staatszugehörigkeit: deutsch(Oesterr.)
9. Religion (eventuelle frühere Religionszugehörigkeit): röm.katholisch
10. Wieviel dokumentarisch nachweisbare arische Großeltern haben Sie? vier
11. Sind Sie Mitglied der NSDAP., wenn ja, seit wann und unter welcher Nummer? /
12. Welchen weltanschaulichen, beruflichen, gesellschaftlichen Vereinigungen, **Künstlerverbänden** oder studentischen Verbindungen gehören Sie an?
    Ingenieurkammer
    Zentralvereinigung der Architekten Oesterreichs
    Deutscher u.oesterr.Alpenverein

12a) Haben Sie die Befugnis eines Architekten nach den Bestimmungen der österreichischen Gesetze? ja

12b) Sind Sie Mitglied der Fachsektion der Architekten der österreichischen Ingenieurkammer? ja

13. Sind Sie verheiratet, verwitwet oder geschieden? verheiratet
14. Vor- und Zuname des Ehepartners, bei weiblichen auch den Mädchennamen: Elisabeth v.Boltenstern,geb.Szupper
15. Religion des Ehepartners (eventuell frühere Religionszugehörigkeit): evangelisch A.K.
16. Wieviel dokumentarisch nachweisbare arische Großeltern hat Ihr Ehepartner? zwei
17. Wieviel Kinder haben Sie? vier
    deren Vornamen: Erich, Elisabeth, Helene, Sven

---

Der Sicherheitsdienst des Reichsführers=SS
Der SD= Führer des= Oberabschnittes D o n a u

II/211 PA 7622/38 Wien, am28. Feber 1839.
Hei./Ne.

An den
Landesleiter der Reichskammer der bildenden Künste
f. Gau Wien

Prof. Leopold B l a u e n s t e i n e r

W i e n, III.,
Reisnerstrasse 40
neues Propaganderamt.

Betr.: B o l t e n s t e r n, Erich von, Assistent, Ing. Akademie d.bild. Künste in Wien, geb. 21.6.1896 in Wien, wohnh.: Wien 13., Schliessmanngasse 15.
Vorg.: Dort. Anfrage an die Staatspolizeistelle Wien.

Boltenstern war Schüler der Technischen Hochschule in Wien bei Prof. Ferstel. An der Wiener Kunstgewerbeschule war er lange Zeit Assistent bei dem jüdischen Architekten Prof. Strnad. Nach dessen Tod wurde er vom Holzmeister als Assistent übenommen und arbeitete seither eng mit ihm zusammen. Boltenstern stand vollständig auf Seite der Systemregierung und hatte fast ausschliesslich Verkehr mit Juden. Er ist in seinem ganzen Wesen schon so verjudet, dass man ihn selbst für einen Juden hält. Seine Frau ist entweder Voll- oder Halbjüdin. Wegen seiner Verbundenheit mit dem Judentum wurde er trotz seiner bedeutenden Fähigkeiten enthoben.

Der SD-Führer des SS-Oberabschnittes
Donau

i.V. Unleserliche Unterschrift
SS= Obersturmbannführer.

Erwin Lang

Welche entscheidende Rolle den verschiedenen Ämtern der Sippenforschung, insbesondere der „Reichsstelle für Sippenforschung Berlin", oder den im Zweifelsfall angeforderten anthropologischen Gutachten zukam, zeigt auch der Fall von Erwin Lang. Der Maler und Grafiker Erwin Lang (1886–1962) galt als ein in Wien bestens vernetzter Künstler. Der Sohn der prominenten Frauenrechtlerin Marie Lang war Absolvent der Kunstgewerbeschule (1903–1907) und exponierte in der Kunstschau 1908 und im Hagenbund. Seit 1910 war er mit der bekannten Bewegungstänzerin und späteren Schauspielerin Grete Wiesenthal verehelicht. Einige außergewöhnliche Holzschnitte und beeindruckende, expressive Gemälde dokumentieren die Beziehung zu seiner Frau, von der sich Lang jedoch 1923 getrennt hatte. Lang hatte 1911 an der skandalisierten Sonderausstellung *Malerei und Plastik* im Hagenbund teilgenommen und war von 1924 bis 1938 dessen Mitglied. Nach bühnenbildnerischen Aufträgen in Berlin und Wien war Lang auch für seinen Halbbruder, den Juwelier Erich Köchert, als Schmuckdesigner und ab 1924 als künstlerischer Leiter der renommierten Firma Köchert tätig. Eine von Lang entworfene und beim Reichsberufswettkampf in Frankfurt 1939 mit dem 1. Preis ausgezeichnete *Brautkrone* aus vergoldetem Silber und „deutschen" Edelsteinen wurde von der Firma Köchert ebenso ausgeführt[65] wie der von Oswald Haerdtl in der Zeit des Nationalsozialismus neu gestaltete Ehrenring der Stadt Wien.

Da Erwin Langs Vater, der Rechtsanwalt Edmund Lang, jüdischer Herkunft war, galt er als „Halbjude". Noch ehe Lang seinen Aufnahmeantrag stellte, war bei den Präsidenten der RdbK in Berlin und Wien ein Schreiben des Propagandaministers Goebbels eingegangen, in dem dieser, wohl wissend, dass Lang „Halbjude" sei, anordnete, ihm „eine jederzeit widerrufliche Sondergenehmigung" auszustellen.[66] Wer sein einflussreicher Mentor war, ist nicht bekannt. Jedenfalls bedankte sich Lang in einem Schreiben (vermutlich bei Blauensteiner), für seine „Eingliederung in die gemeinsame Front der schaffenden Künstler [...]. Meine jahrelange Arbeit seinerzeit im Zentralverband konnte mir die Sicherheit geben, daß Ihnen meine Haltung als Künstler und Mensch bekannt sei [...]".[67] Nach dem Aufnahmeantrag vom 9. August 1938 erhielt Lang bereits im November die Sondergenehmigung.[68]

Zusätzlich setzte sich der Landesleiter für bildende Künste, Gau Oberdonau, Ernst August von Mandelsloh,[69] Mitglied bei der SA und SS und von 1941 bis 1942 Professor für Aquarellmalerei und Kunsterziehung an der Akademie, für Lang ein. Die beiden Maler dürften sich von gemeinsamen Aufenthalten im Salzkammergut gekannt haben. In einem vertraulichen Schreiben an Blauensteiner teilte Mandelsloh diesem mit, „dass es wahrscheinlich gelingen wird zu erreichen, dass dem Prof. Erwin Lang seine Abstammung vom Grafen Eugen Kinsky von der Rasse-Forschungsstelle anerkannt wird. Hiedurch löst sich ja auch das Rätsel, wieso uns Lang niemals als Halb-Semite gelten konnte". Er bat ihn, darüber Stillschweigen zu bewahren und weitere Gutachten zu erwirken.[70] Dieses vertrauliche und zugleich entblößende Schreiben von Mandelsloh, der gute Kontakte zu Joseph Goebbels gehabt haben dürfte, zeigt deutlich, dass es bei entsprechenden Beziehungen durchaus möglich war, die jüdische Herkunft gleichsam abzustreifen oder zumindest den „Versippungsgrad" zu mildern.[71] Kurz darauf teilte der Präsident der RdbK der Gestapo Wien mit, dass „die berufseinschränkende Sondergenehmigung" aufgehoben sei. „Nach dem Abstammungsbescheid vom Reichssippenamt vom 18.12.1941 ist Erwin Lang nur Vierteljude [...]. Lang ist unter M 27713 ab 1.2.1942 in meine Kammer eingegliedert, mithin den bisherigen Beschränkungen der Berufsausübung nicht mehr unterworfen."[72]

Antoinette Langer

Welche Probleme und Verwerfungen ein Aufnahmeantrag nach sich ziehen konnte, musste die Gebrauchsgrafikerin Antoinette Langer (1907–1966) erfahren, die mit Helga Schenker ein erfolgreiches Atelier in der Singerstraße führte. Die beiden Grafikerinnen hatten sich Mitte der 1920er Jahre im Zuge ihrer Ausbildung an der Kunstgewerbeschule kennengelernt. Langer musste bei Einholung der Abstammungsnachweise feststellen, dass ihr Vater jüdischer Herkunft und sie nun „Halbjüdin" war, weshalb sie sich bei einem berufsmäßigen Fälscher die Bestätigung einer „illegalen" NSDAP-Mitgliedschaft (ab August 1934) verschaffte. Am 6. September 1938 stellte sie sogar einen von der RdbK Wien befürworteten Antrag auf Ausstellung einer Sondergenehmigung. Die Ablehnung erfolgte am 13. April 1939, bis Ende Juni gewährte man ihr eine Frist,

S. 96 Erich Boltenstern, Fragebogen für die Aufnahme in die RdbK, 11.7.1938; Antwortschreiben des SD (Sicherheitsdienst des Reichsführers SS) an die RdbK wegen der Anfrage bezüglich Erich Boltenstern an die Staatspolizeistelle, 28.2.1939, ZV Archiv

S. 98 Erwin Lang, Abschrift eines Schreibens von Reichsminister Joseph Goebbels an den Präsidenten der RdbK Berlin und das Reichspropagandaamt Österreich zur Ausstellung einer Sondergenehmigung für die Aufnahme in die RdbK, 20.7.1938; Schreiben von Ernst August Mandelsloh an Leopold Blauensteiner mit einer vertraulichen Mitteilung über die mögliche Anerkennung der Abstammung von Graf Eugen Kinsky durch die „Rasse-Forschungsstelle", 31.8.1940, BV Archiv

S. 99 Erwin Lang, *Brautkrone*, 1939, MAK

**DER LANDESLEITER FÜR BILDENDE KÜNSTE, GAU OBERDONAU**

**ERNST AUGUST FREIHERR VON MANDELSLOH**

Gmunden, den 31. August 1940.

An Herrn
Prof. Blauensteiner
Landesleiter für Bildende Künste Wien
W i e n III., Reisnerstr. 40.

Reichskammer der bildenden Künste Landesleitung Wien
Eing. 2. SEP 1940
Akten: 9.9.430/2682

Sehr verehrter Herr Professor!

Ich möchte für Prof. Erwin Lang, der sich ja wie Sie wissen, einen Teil des Jahres im Salzkammergut aufhält, einen künst= lerischen Auftrag durchsetzen. Zu diesem Zwecke bitte ich Sie um eine Stellungnahme zur Persönlichkeit des Prof. Erwin Lang, der ja ein ausserordentliches Mitglied der Reichskammer der Bildenden Künste ist, d.h. nur eine bedingte Erlaubnis zur Ausübung seines Berufes vom Reichsminister Dr. Goebbels hat.

Vertraulich möchte ich Ihnen noch mitteilen, dass es wahrscheinlich gelingen wird zu erreichen, dass dem Prof. Erwin Lang seine Abstammung vom Grafen Eugen Kinsky von der Rasse-Forschungsstelle anerkannt wird. Hiedurch löst sich ja auch das Rätsel, wieso uns Lang niemals als Halb-Semite gelten konnte. Ich bitte Sie aber vielmals, darüber noch nichts zu sagen.

Es wäre mir sehr lieb, wenn Sie mir über Lang auch noch andere Gutachten von Wiener Kollegen verschaffen könnten, insbesondere was seine Mitwirkung in der Delegation anbelangt. Ich zweifle ja nicht, dass Sie in dieser Hinsicht gerne Hilfe leisten werden.

Mit dem Ausdruck meiner aufrichtigen Hochachtung …m Grüsse

Heil Hitler!

E. A. v. Mandelsloh

---

Abschrift.

**Der Reichsminister**
**für Volksaufklärung und Propaganda**

Berlin W8, den 20. Juli 1938.
Wilhelmplatz 8–9
Fernsprecher: A 1 Jäger 0014

Geschäftszeichen: II A 21312/24.6.38 – 1/12.
(In der Antwort anzugeben)

An
Herrn Prof. Erwin Lang,
Wien I.

Ich erteile Ihnen hiermit die jederzeit widerrufliche Sondergenehmigung, auf dem Gebiet der Reichskammer der bildenden Künste tätig zu sein. Ich habe dem Herrn Präsidenten der Reichskammer der bildenden Künste von meinem Entscheid abschriftlich Kenntnis gegeben. Die mir überreichte Dokumentenmappe mit Urkunden, Kritiken usw. reiche ich Ihnen anliegend zurück.

---------

Berlin, den 20. Juli 1938.

An
den Herrn Präsidenten der Reichskammer der bildenden Künste,
Berlin.

Betr.: Prof. Erwin Lang – Wien (Maler und Bildhauer).

Ich gebe Ihnen hiermit davon Kenntnis, dass der Herr Reichsminister angeordnet hat, dass dem bekannten Erwin Lang, Wien, der Halbjude ist, eine Sondergenehmigung erteilt wird. Vorstehend überreiche ich Ihnen die Abschrift meines Schreibens an Prof. Lang.

----------

Berlin, den 20. Juli 1938.

An
das Reichspropagandaamt Österreich,
Wien III.

Vorstehend überreiche ich Ihnen je 2 Abschriften betreffend die Erteilung meiner Sondergenehmigung an Prof. Lang und den Herrn Präsidenten der Reichskammer der bildenden Künste, mit der Bitte um Kenntnisnahme und Weitergabe je eines Exemplares an die Landesleitung der Reichskammer der bildenden Künste in Lande Österreich.

Im Auftrag
gez. Hinkel.

Reichsministerium für Volksaufklärung und Propaganda – Ministerialkanzlei

Beglaubigt
Kanzleiangestellte

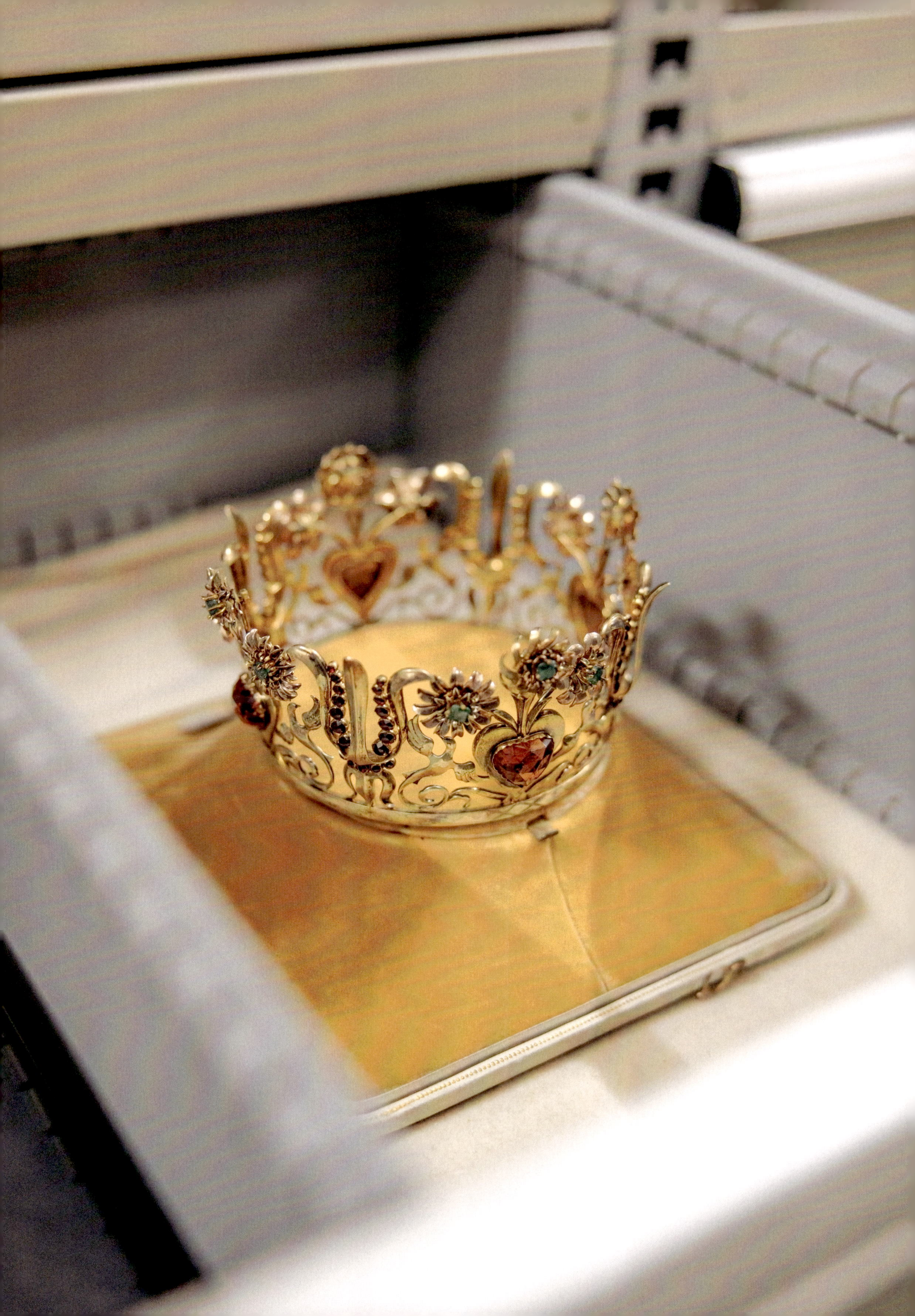

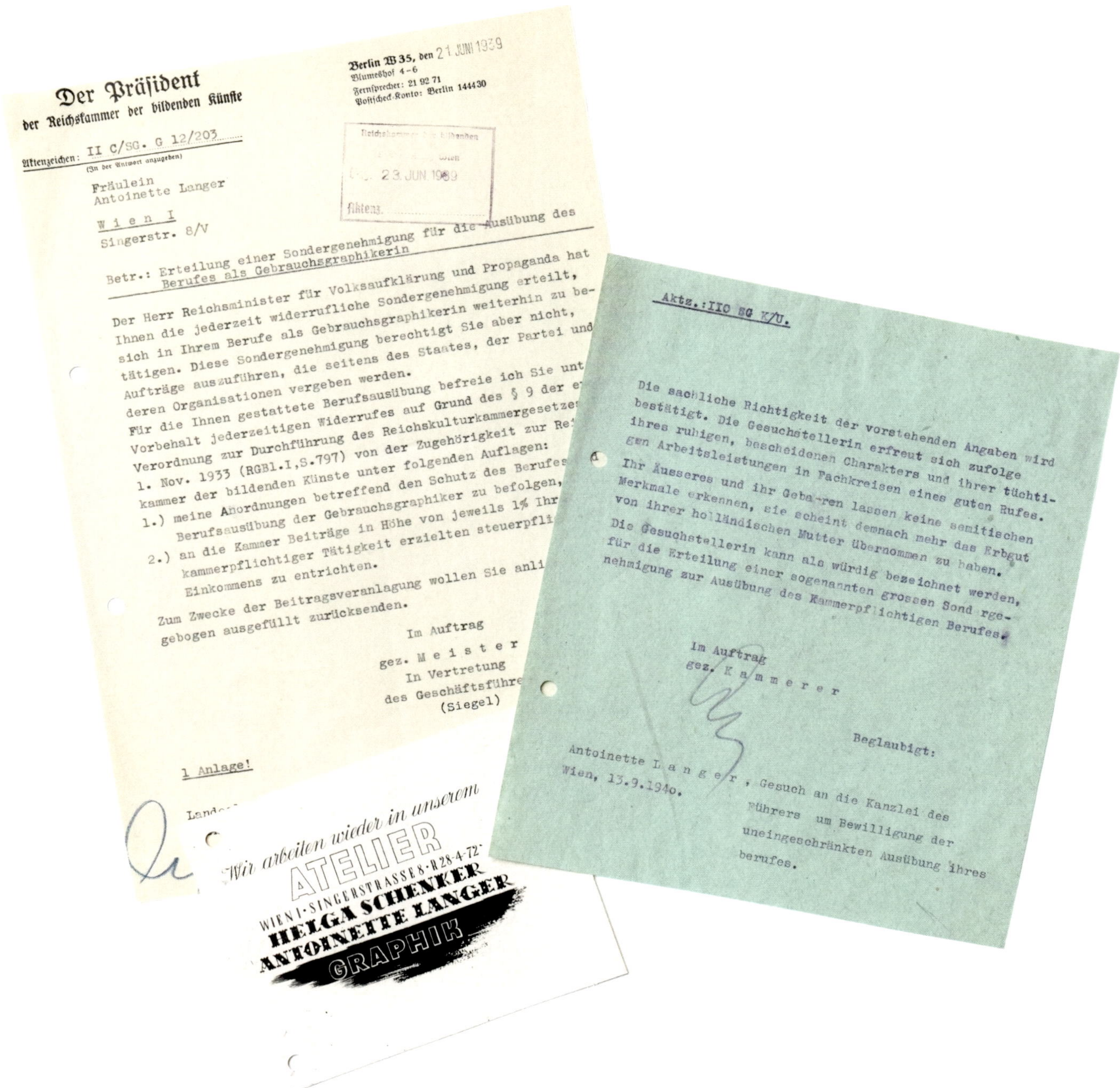

Der Präsident
der Reichskammer der bildenden Künste

Berlin W 35, den 21 JUNI 1939
Blumeshof 4–6
Fernsprecher: 21 92 71
Postscheck-Konto: Berlin 144430

Aktenzeichen: II C/SG. G 12/203
(In der Antwort anzugeben)

Reichskammer der bildenden ... Wien
23. JUN 1939
Aktenz.

Fräulein
Antoinette Langer

Wien I
Singerstr. 8/V

Betr.: Erteilung einer Sondergenehmigung für die Ausübung des Berufes als Gebrauchsgraphikerin

Der Herr Reichsminister für Volksaufklärung und Propaganda hat Ihnen die jederzeit widerrufliche Sondergenehmigung erteilt, sich in Ihrem Berufe als Gebrauchsgraphikerin weiterhin zu betätigen. Diese Sondergenehmigung berechtigt Sie aber nicht, Aufträge auszuführen, die seitens des Staates, der Partei und deren Organisationen vergeben werden.
Für die Ihnen gestattete Berufsausübung befreie ich Sie unt... Vorbehalt jederzeitigen Widerrufes auf Grund des § 9 der e... Verordnung zur Durchführung des Reichskulturkammergesetze... 1. Nov. 1933 (RGBl.I,S.797) von der Zugehörigkeit zur Re... kammer der bildenden Künste unter folgenden Auflagen:
1.) meine Anordnungen betreffend den Schutz des Berufes ... Berufsausübung der Gebrauchsgraphiker zu befolgen,
2.) an die Kammer Beiträge in Höhe von jeweils 1% Ihr... kammerpflichtiger Tätigkeit erzielten steuerpfli... Einkommens zu entrichten.

Zum Zwecke der Beitragsveranlagung wollen Sie anli... gebogen ausgefüllt zurücksenden.

Im Auftrag
gez. Meister
In Vertretung
des Geschäftsführe...
(Siegel)

1 Anlage!

Aktz.:IIC SG K/U.

Die sachliche Richtigkeit der vorstehenden Angaben wird bestätigt. Die Gesuchstellerin erfreut sich zufolge ihres ruhigen, bescheidenen Charakters und ihrer tüchtigen Arbeitsleistungen in Fachkreisen eines guten Rufes. Ihr Äusseres und ihr Gebaren lassen keine semitischen Merkmale erkennen, sie scheint demnach mehr das Erbgut von ihrer holländischen Mutter übernommen zu haben. Die Gesuchstellerin kann als würdig bezeichnet werden, für die Erteilung einer sogenannten grossen Sondergenehmigung zur Ausübung des Kammerpflichtigen Berufes.

Im Auftrag
gez. Kammerer

Beglaubigt:

Antoinette Langer, Gesuch an die Kanzlei des Führers um Bewilligung der uneingeschränkten Ausübung ihres berufes.
Wien, 13.9.1940.

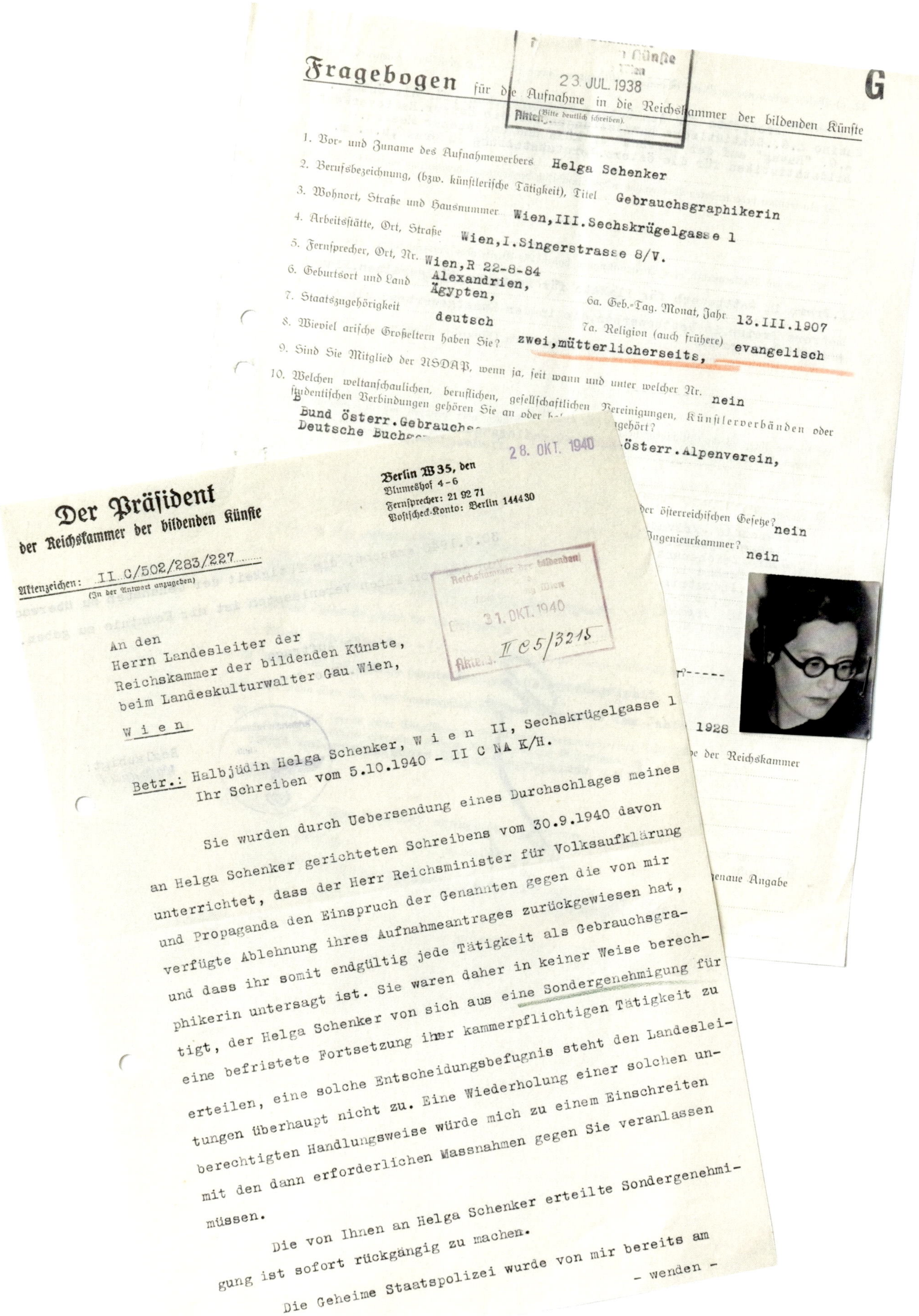

**Fragebogen** für die Aufnahme in die Reichskammer der bildenden Künste **G**

23. JUL. 1938

Akten: (Bitte deutlich schreiben).

1. Vor- und Zuname des Aufnahmewerbers Helga Schenker
2. Berufsbezeichnung, (bzw. künstlerische Tätigkeit), Titel Gebrauchsgraphikerin
3. Wohnort, Straße und Hausnummer Wien, III. Sechskrügelgasse 1
4. Arbeitsstätte, Ort, Straße Wien, I. Singerstrasse 8/V.
5. Fernsprecher, Ort, Nr. Wien, R 22-8-84
6. Geburtsort und Land Alexandrien, Ägypten, 6a. Geb.-Tag, Monat, Jahr 13.III.1907
7. Staatszugehörigkeit deutsch 7a. Religion (auch frühere) evangelisch
8. Wieviel arische Großeltern haben Sie? zwei, mütterlicherseits,
9. Sind Sie Mitglied der NSDAP, wenn ja, seit wann und unter welcher Nr. nein
10. Welchen weltanschaulichen, beruflichen, gesellschaftlichen Vereinigungen, Künstlerverbänden oder studentischen Verbindungen gehören Sie an oder ... angehört?
Bund österr. Gebrauchs...
Deutsche Buch...
... österr. Alpenverein,

... der österreichischen Gesetze? nein
... Ingenieurkammer? nein

... 1928
... der Reichskammer
... genaue Angabe

28. OKT. 1940

**Der Präsident der Reichskammer der bildenden Künste**

Berlin W 35, den
Blumeshof 4-6
Fernsprecher: 21 92 71
Postscheck-Konto: Berlin 144430

Aktenzeichen: II C/502/283/227 (In der Antwort anzugeben)

Reichskammer der bildenden Künste ... Wien
31. OKT. 1940
Akten: II C 5/3215

An den
Herrn Landesleiter der
Reichskammer der bildenden Künste,
beim Landeskulturwalter Gau Wien,

Wien

Betr.: Halbjüdin Helga Schenker, Wien II, Sechskrügelgasse 1
Ihr Schreiben vom 5.10.1940 – II C NA K/H.

Sie wurden durch Uebersendung eines Durchschlages meines an Helga Schenker gerichteten Schreibens vom 30.9.1940 davon unterrichtet, dass der Herr Reichsminister für Volksaufklärung und Propaganda den Einspruch der Genannten gegen die von mir verfügte Ablehnung ihres Aufnahmeantrages zurückgewiesen hat, und dass ihr somit endgültig jede Tätigkeit als Gebrauchsgraphikerin untersagt ist. Sie waren daher in keiner Weise berechtigt, der Helga Schenker von sich aus eine Sondergenehmigung für eine befristete Fortsetzung ihrer kammerpflichtigen Tätigkeit zu erteilen, eine solche Entscheidungsbefugnis steht den Landesleitungen überhaupt nicht zu. Eine Wiederholung einer solchen unberechtigten Handlungsweise würde mich zu einem Einschreiten mit den dann erforderlichen Massnahmen gegen Sie veranlassen müssen.

Die von Ihnen an Helga Schenker erteilte Sondergenehmigung ist sofort rückgängig zu machen.

Die Geheime Staatspolizei wurde von mir bereits am

– wenden –

um begonnene Arbeiten fertigzustellen.[73] Kurz vor Ablauf dieser Frist wurde ihr überraschenderweise vom Reichsministerium für Volksaufklärung und Propaganda eine Sondergenehmigung bis auf Widerruf erteilt.[74] Damit gab sich Langer aber nicht zufrieden, sie wandte sich nun direkt und versehen mit einer Empfehlung Marcel Kammerers an die Kanzlei des „Führers". Kammerer bescheinigte ihr fachliche Kompetenz und meinte, ihr „Äußeres und ihr Gebaren lassen keine semitischen Merkmale erkennen, sie scheint demnach mehr das Erbgut von ihrer holländischen Mutter übernommen zu haben".[75] Die beantragte sogenannte große Sondergenehmigung dürfte jedoch nicht erteilt worden sein.[76]

Nach 1945 hatte sich Langer wegen ihrer falschen „illegalen" Parteimitgliedschaft zu verantworten und bat um ihre Rehabilitierung: „Es wäre das bitterste Unrecht, wenn mir nunmehr nach ‚siebenjährigem Mischlingsdasein' (ständige Angst u. Unsicherheit um Existenz, Wohnung usw. völlige Rechtlosigkeit) aus dieser Bescheinigung, die ich notgedrungen den Nazibehörden zur Täuschung vorlegte, nun ein Nachteil erwüchse und ich nun weiteren Verfolgungen ausgesetzt wäre."[77]

## Helga Schenker

Mit ähnlichen Problemen hatte ihre Atelierkollegin Helga Schenker (1907–2004) zu kämpfen.[78] Als Mitglied des Bundes österreichischer Gebrauchsgraphiker arbeitete sie ab 1928 selbstständig und erstellte Arbeiten für den österreichischen Fremdenverkehr, für die RAVAG (Radio Verkehrs AG), die Wiener Messen etc.[79] Erstaunlicherweise hatte Ernst Ludwig Franke der „Halbjüdin" eine „gute Mittelqualität" bescheinigt.[80] Die Ablehnung ihres Aufnahmeantrags wurde ihr von Berlin aus am 14. Jänner 1939 übermittelt. Schenker legte am 25. Jänner 1939 dagegen Beschwerde ein. Im März sandte Blauensteiner noch einige Arbeiten Schenkers samt einer positiven Stellungnahme nach Berlin.[81] Am 30. September 1940 wurde die Beschwerde abgelehnt.[82] Kammerer hatte Schenker jedoch die Erlaubnis erteilt, begonnene Arbeiten bis Jahresende fertigzustellen, was ihm eine scharfe Rüge seitens des Berliner Reichskammerpräsidenten eintrug. Als Generalsekretär wäre er dazu nicht befugt gewesen. „Eine Wiederholung einer solchen unberechtigten Handlungsweise würde mich zum Einschreiten, mit den dann erforderlichen Maßnahmen gegen Sie veranlassen müssen."[83] Die Arbeitserlaubnis sei sofort zurückzunehmen, die Tätigkeit Schenkers sei von der Gestapo zu überwachen. Kammerer antwortete umgehend und etwas kleinlaut. „Mir war es gewiss nicht darum zu tun, einer Halbjüdin zu helfen oder Ihren Anordnungen zuwiderzuhandeln."[84] Diese Zurechtweisung macht deutlich, dass derartige Entscheidungen nur zentral und nach dem „Führerprinzip" vollzogen wurden. Warum und auf wessen Initiative hin Schenker nach diesem internen Eklat im Folgejahr dennoch die erhoffte, „jederzeit widerrufliche Sondergenehmigung" erteilt wurde, ist nicht bekannt.[85] 1944 übernahmen Langer und Schenker sogar „Arbeiten für kriegswichtige Firmen (Chemosan-Union), Jubiläumsschrift Böhler" und ersuchten deshalb die Reichskammer um die Freistellung ihres Arbeitseinsatzes.[86] Nach dem Tod Langers 1966 arbeitete sie als Karikaturistin, Buchillustratorin und Gebrauchsgrafikerin.[87]

Wenn einige Sondergenehmigungen erst nach einer zweiten Beschwerde bewilligt wurden, so dürfte dies einer gewissen Hinhalte- und Zermürbungstaktik geschuldet sein; nachvollziehbare Richtlinien sind nicht bekannt. Der Ermessensspielraum, an wen, warum und wann eine Sondergenehmigung erteilt wurde, war jedenfalls groß.

## Ablehnungen aus politischen und künstlerischen Gründen

Die Zahl der aus politischen und / oder künstlerischen Gründen abgelehnten im Kulturbereich Tätigen ist überschaubar. Die Einschätzung der politischen Haltung und die Bewertung der Kunstproduktion waren auf den ersten Blick fast beliebiger als z. B. die rassistische Diskriminierung, bei der man auf Dokumente zurückzugreifen pflegte. Die Ablehnung betraf vor allem jene, die als Exponent*innen der Vaterländischen Front nun unter den Bedingungen der NS-Kulturpolitik ihre Laufbahn fortsetzen wollten. Widerstandskämpfer*innen und ausgesprochene Antifaschist*innen haben jedenfalls keinen Aufnahmeantrag gestellt.

S. 100 Antoinette Langer, Erteilung einer Sondergenehmigung für die Ausübung des Berufs als Gebrauchsgraphikerin durch die RdbK Berlin, 21.6.1939; Befürwortungsschreiben von Marcel Kammerer, 13.9.1940; Visitenkarte des Ateliers Helga Schenker und Antoinette Langer, BV Archiv

S. 101 Helga Schenker, Fragebogen für die Aufnahme in die RdbK, 23.7.1938; Mitteilung über die Zurückweisung ihres Einspruchs gegen die Ablehnung einer Sondergenehmigung, 28.10.1940, BV Archiv

S. 103 Schreiben von Leopold Blauensteiner an Hauptsturmführer Ristau betreffend die politische Einstellung der suspendierten Akademieprofessoren Clemens Holzmeister und Karl Sterrer, 9.5.1939, BV Archiv

9. Mai 1939.

IIA 4. B/V.

Herrn
Hauptsturmführer R i s t a u ,
Wien, 4. Theresianumgasse 16.
-.-.-.-.-.-.-.-.-.-.-.-.-.-.-.-

Von authentischer Seite erhalte ich die Nachricht, dass der seit dem Umbruche vom Lehrdienste an der Akademie der bildenden Künste in Wien suspendierte Arch. Prof. Clemens H o l z m e i s t e r mit halber Pension in den Ruhestand versetzt wurde.

In Anbetracht der sattsam bekannten Stellung, die Holzmeister in der Systemzeit eingenommen hatte und seiner überaus gegnerischen Einstellung gegen die nationalsozialistische Idee halte ich diese Entscheidung für sehr unzutreffend.

Ich hoffe wenigstens, dass man Holzmeister, der sich aus guten Gründen ausserhalb des Reiches aufhält, diese Pension nicht noch zuzustellen versuchen wird.

Gegen Prof. Karl S t e r r e r, der ebenfalls aus Gründen seiner politischen Einstellung, überdies aber aus pädagogischen Gründen von seiner Lehrtätigkeit an der Akademie der bildenden Künste in Wien enthoben wurde, ist das Verfahren eingestellt worden.

Es wäre sehr bedauerlich und gegen das Interesse der Führung der künstlerischen Jugend im nationalsozialistischen Sinne, wenn diese Einstellung des Verfahrens etwa eine Reaktivierung Sterrer's zur Folge hätte.

gez. Blauensteiner

Beglaubigt:

Die gesetzlichen Grundlagen, auf die sich die Landesleitungen oder der Präsident der RdbK beziehen konnten, waren im §10 des Reichskulturkammergesetzes geregelt, wo die „erforderliche Zuverlässigkeit und Eignung" als Voraussetzung angeführt wurden.[88] Die Auslegung des Paragrafen bot viel Interpretationsspielraum. Politisch motivierte Ablehnungen erfolgten trotzdem unter dem Hinweis, dass der oder die Betreffende sich kommunistisch oder sozialistisch betätigt habe. Ablehnungen erfuhren aber auch Freimaurer, Pazifist*innen oder Angehörige eines Feindstaates, wie die britische, 1914 in Budapest geborene Malerin Elisabeth Alward. Sie hatte von 1932 bis 1936 an der Akademie der bildenden Künste Wien studiert und war am 30. November 1938 „als Tochter vollarischer Eltern" in die RdbK aufgenommen worden.[89] Nach Kriegsausbruch war sie untragbar. Alward meldete sich am 24. April 1939 nach England ab, gab ihr Mitgliedsbuch zurück und wurde mit 29. Februar 1940 aus dem Kammerverzeichnis gestrichen.[90]

---

## Clemens Holzmeister

Mit strikter Ablehnung mussten einstige Anhänger der Vaterländischen Front, insbesondere aber Befürworter*innen oder Günstlinge des „Ständestaates", rechnen. Ein Paradebeispiel ist Clemens Holzmeister (1886–1983), ab 1924 Professor an der Akademie, 1931 bis 1933 und 1935 bis 1937 Rektor und von 1934 bis 1936 Staatsrat. 1933 hatte er die Präsidentschaft des Deutschen Katholikentages übernommen. Am 13. März 1938 war er einstweilig vom Dienst enthoben und am 1. April 1939 in den Ruhestand versetzt worden. Holzmeister, der ab 1927 für Ankara plante und baute, war zum Zeitpunkt des „Anschlusses" in der Türkei. Vor einer Rückkehr hatte ihn sein Freund, Hermann Neubacher, einstiger Generaldirektor der Gesiba und vom 12. März 1938 bis 1940 Bürgermeister von Wien, per Telegramm gewarnt.[91] Erstaunlich ist, dass Holzmeister von der Türkei aus einen vorläufigen Antrag zur Aufnahme in die RdbK gestellt hat, möglicherweise, um sich auch unter den neuen politischen Verhältnissen alle Optionen offenzuhalten. Im Antrag betonte er mit einigem Stolz, dass „der ganze Stamm arisch und bis ungefähr 1560 zu verfolgen ist (Tirol)".[92] Aufgenommen wurde er trotzdem nicht, da sein Wohnsitz nicht im Deutschen Reich lag. Dass Holzmeister aber mit „halber Pension" in den Ruhestand versetzt wurde, empörte Blauensteiner: In Anbetracht seiner „überaus gegnerischen Einstellung gegen die nationalsozialistische Idee halte ich diese Entscheidung für sehr unzutreffend. Ich hoffe wenigstens, dass man Holzmeister, der sich aus guten Gründen ausserhalb des Reiches aufhält, diese Pension nicht noch zuzustellen versuchen wird".[93]

Ausschlaggebend für die Ablehnung politisch unzuverlässiger Personen waren die von der NSDAP oder der Gestapo eingeholten politischen Auskünfte. Oft war die negative politische Beurteilung nur einer der vorgebrachten Ablehnungsgründe, zu denen sich dann, daraus folgend, meist negative charakterliche Beurteilungen, rassische oder künstlerische Vorbehalte gesellten. Die Summe der negativen Bewertungen gab letztendlich den Ausschlag.

---

## Gustinus Ambrosi

Ein Künstler, den Blauensteiner und Kammerer gerne abgelehnt hätten, über den aber Adolf Ziegler, Albert Speer und Hitler ihre schützende Hand hielten, war der Bildhauer und Lyriker Gustinus Ambrosi (1893–1975).[94] Ambrosi, der in der Kindheit sein Gehör verloren hatte und nur schriftlich kommunizieren konnte, galt bereits während seiner Ausbildung in Prag, Graz und an der Wiener Akademie als Genie. Schon 1913 erhielt er vom Kaiser ein Staatsatelier auf Lebenszeit zugewiesen (Prater). Er war ein fanatischer, leidenschaftlicher, oft autoritär auftretender Bildhauer, der mit seinen Künstlerkollegen häufig in Konflikte geriet. Sein Werk kennzeichnet ein Hang zur Monumentalität. Er bevorzugte neben antiken, mythologischen und biblischen Themen vor allem Porträts. Ambrosi fertigte eine Vielzahl von Büsten von Repräsentanten des „Ständestaates" wie Engelbert Dollfuß, Kurt Schuschnigg, Theodor Innitzer u.a. an. Seine guten Beziehungen zum faschistischen Italien brachten ihm den Auftrag für die Büste Benito Mussolinis ein, die einen energischen, zum Handeln entschlossenen Mann zeigt. Der auch international recht umtriebige Ambrosi traf mit seinem pathetischen, ins kolossale Format tendierenden Figurenstil den Geschmack verschiedenster autoritärer Systeme; und nach 1945 auch den der demokratischen Volksvertreter. Im Vergleich zu den expressiven und bisweilen unheroischen Skulpturen des etwa gleichaltrigen Anton Hanak wirken seine Arbeiten eher inhaltsleer und oberflächlich.

---

S. 105 Gustinus Ambrosi, Fragebogen für die Aufnahme in die BV, 24.5.1946; Bekanntgabe der NSDAP über die politische Zuverlässigkeit, 14.3.1940, BV Archiv

S. 106–107 Gustinus Ambrosi vor der Figur des *Bacchus* für den Garten der Neuen Reichskanzlei in Berlin (1940–1942) und beim Porträtieren einer Kuh in Kitzbühel (um 1942), Ambrosi Museum Stallhofen und Ambrosi Gesellschaft

**Fragebogen**

für die Aufnahme in die „Berufsvereinigung der bildenden Künstler Österre[ichs]

~~(Kammer der bildenden Künstler)~~

(Bitte deutlich schreiben)

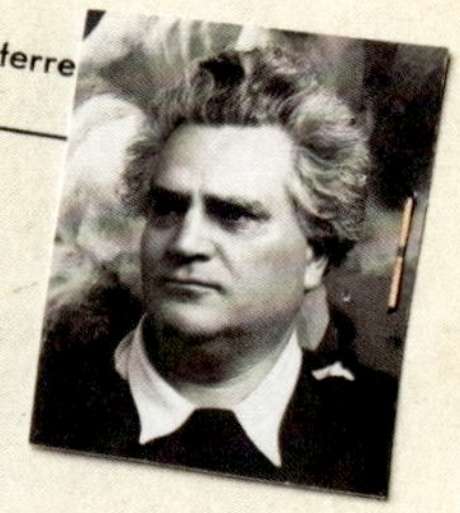

1. Vor- und Zuname des Aufnahmewerbers ........ August (Gustinus) Ambrosi
2. Berufsbezeichnung (bzw. künstlerische Tätigkeit), Titel ...... akad. Bildhauer
3. Wohnort, Straße und Hausnummer ........ Wien IV=50 Waaggasse 19
4. Arbeitsstätte, Ort, Straße ........ wie oben und Wien II/27 Prater, Staatsatelier
5. Fernsprecher, Ort, Nr. ........ A 34 6 68
6. Geburtsort und -Land ........ Eisenstadt Burgenland 6. a) Geb.-Tag, Monat, Jahr ...
7. Staatszugehörigkeit ........ Österreich
8. Waren Sie ...
9. W...
10. Wel...
11. Haben ...
12. Sind S...
13. Sind Si...
14. Vor- un... (bei weiblic...
15. Wieviel ...
16. Welche T...
17. Seit wann ...
18. Gehören S...

Abschrift !

Nationalsozialistische deutsche Arbeiterpartei, Gauleitung Wien.

Gaupersonalamt,
Politische Beurteilungen.

An den
Landesleiter der Reichskammer der bildenden Künste, beim Landeskulturwalter, Gau Wien,
Wien, III., Reisnerstrasse 4o.
-.-.-.-.-.-.-.-.-.-.-.-.-.-.-.-.-.-

Unser Zeichen: Z.b.V. 18.126 Kt/bre

Ihr Zeichen IIB 4 B/U.

Wien, I., 14. März 194o.

Betrifft: Bildhauer Augustin (Gustinus)AMBROSI,
Geboren 24.2.1893, Wien, 4. Waaggasse 19.

AMBROSI war in der Systemzeit einer derjenigen Künstler, die sich nicht nur zum System rückhaltslos bekannten, sondern dasselbe auch in einer speichelleckerischen Art verherrlichten und verhimmelten.

Beweis hierfür ist die immer wiederkehrende Herausstreichung des damaligen Bundeskanzlers Dollfuss und die Anerkennung Ambrosi's durch monarchistische Kreise ( Erzherzog Josef Franz und Erzherzogin Anna ).

Ferner hat Ambrosi Gedichte auf Systemgrössen verfasst, darunter eines auf Starhemberg. Gegenüber dem Maler Robert Philippi äusserte sich Ambrosi dahin: " Man müsse alle Nazi zusammenholen und bum ... bum ", d.h. zusammenschiessen.

Bezeichnend für die weltanschauliche und sonstige Einstellung Ambroisi's ist sein Schreiben an die Schriftleitung des üblen jüdischen Hetzblattes " Telegraf", in dem er sich über die Schaffung der Totenmaske des Korruptionisten und jüdischen Direktor Dr. Wilhelm Berliner in höchsten Tönen über dessen hervorragende charakterlichen Qualitäten äussert, kennzeichnen Ambrosi als treuen Gefolgsmann und Anhänger der damals herrschenden jüdischen Richtung und liberalistischen Weltanschauung.

Heute schmücken sein Atelier Sprüche, in denen der Führer verherrlicht wird. Ambrosi bemüht sich auch sonst, jetzt den Nationalsozialisten zu mimen und glaubt wahrscheinlich selbst daran, es zu sein. Trotzdem ist er, trotz seiner künstlerischen Fähigkeiten, die von hier aus nicht beurteilt werden können, als Konjunkturist übler Sorte anzusehen. Derzeit ist der Betreffende einer Förderung durch den nationalsozialistischen Staat noch keinesfalls würdig.

Heil Hitler !

K a m b a e.h.

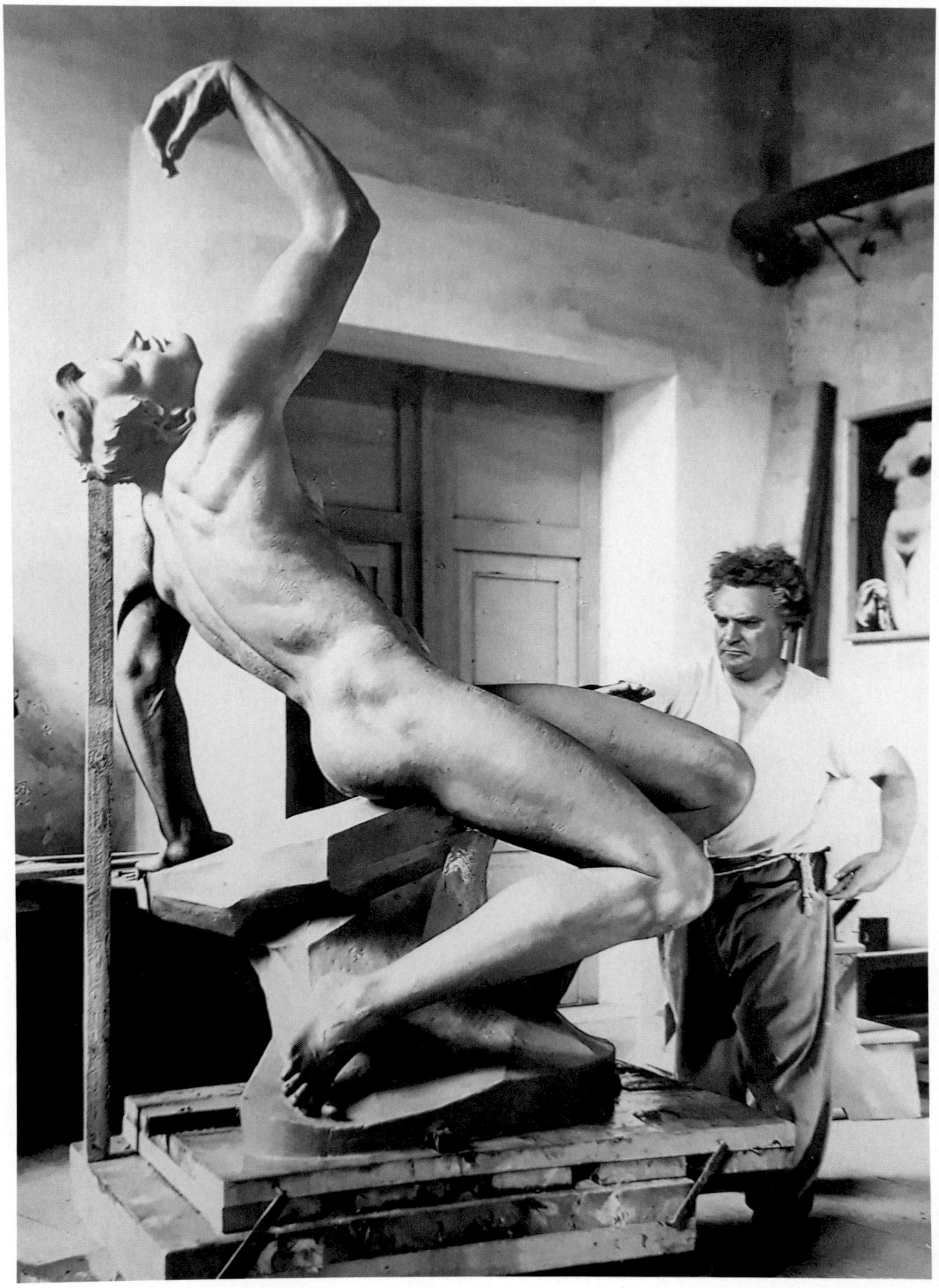

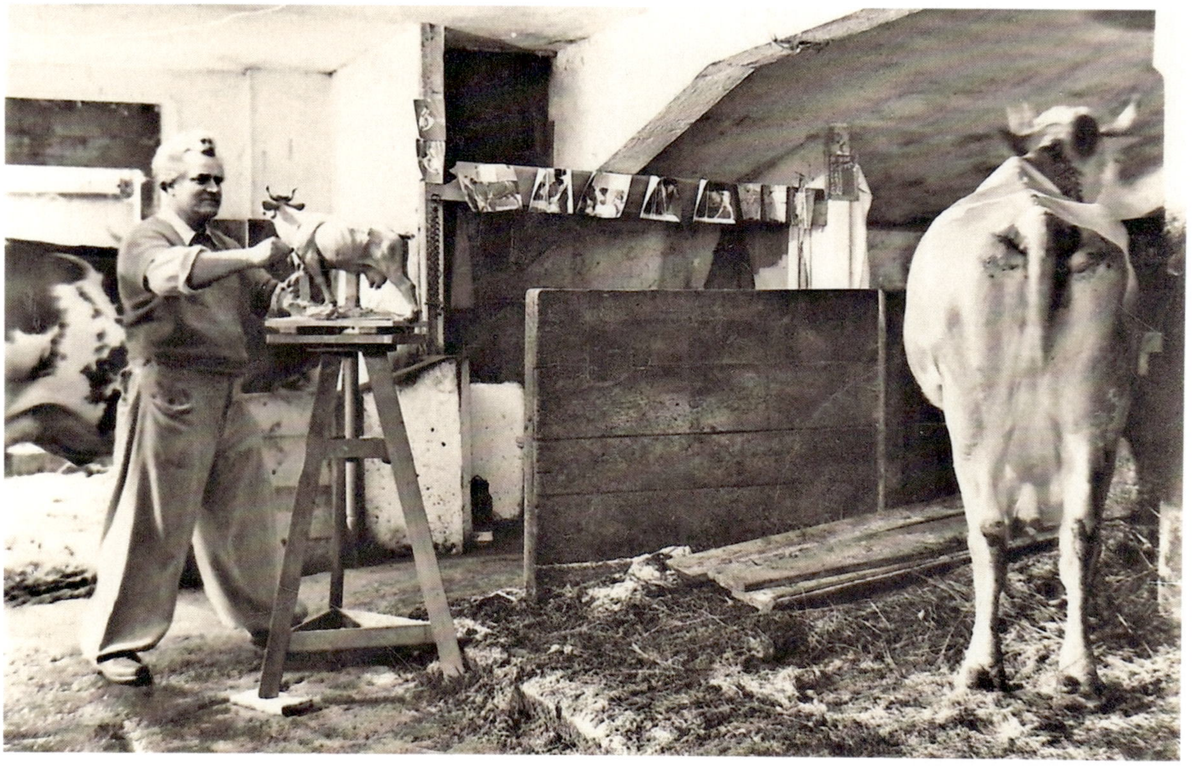

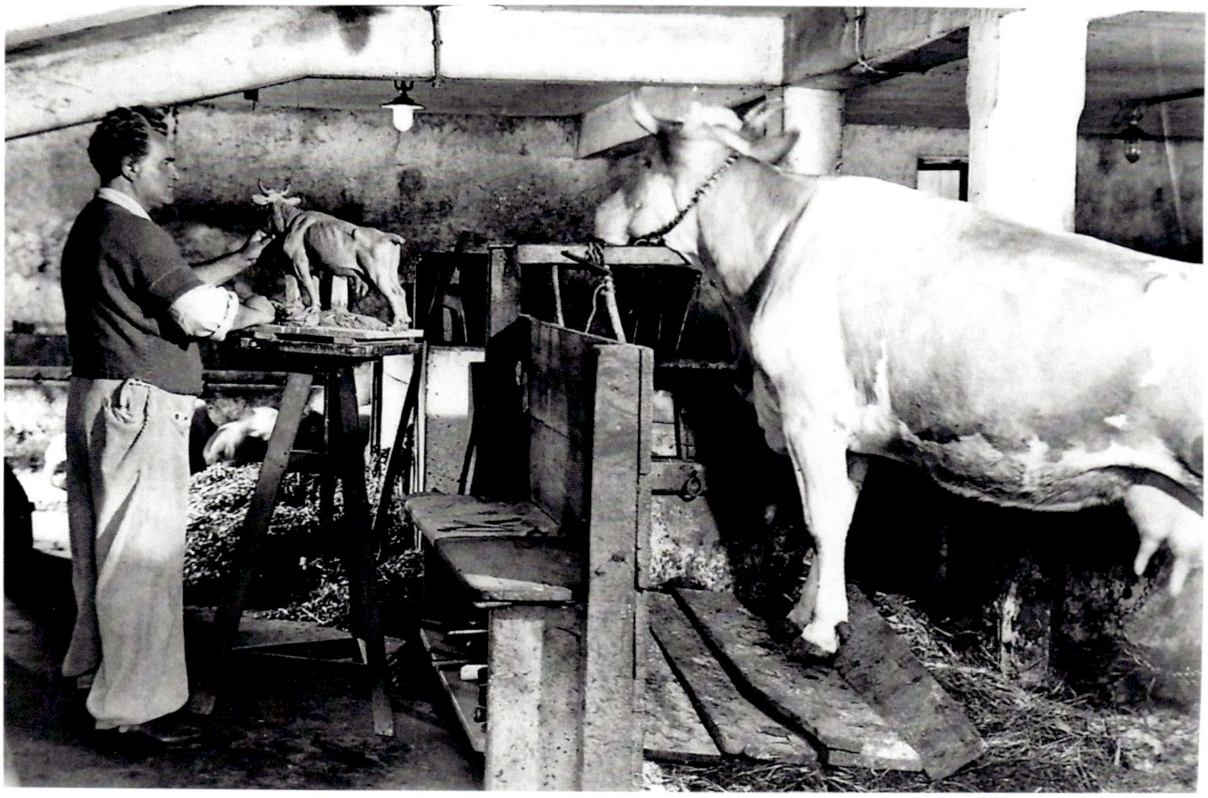

Abschrift !

IV.

Bildhauer G. Ambrosi.

Wien, II., Prater, Staatsatelier.
Tel. R 44.7.24 und A 34-6-68.
derzeit Berlin W. 8. Pariserplatz 4.
bei Generalinsp. Prof. Speer.

An den

Reichsbeauftragten der bildenden Künste,

Prof. Blauensteiner,

W i e n, I., Karlsplatz 5.

-.-.-.-.-.-.-.-.-.-.-.-.-.-.-

Sehr geehrter Herr Professor !

in Berlin bei Herrn Generalbauinspektor
mme erst Ende Juli nach Wien, wo ich
die Fotos meiner Werke liegen habe.
ins Künstlerhaus bringen, damit Sie
ichskunstkammer in Berlin weiterleiten
datiert vom 2. Juli. Bitte verständigen
eskulturamt der NSDAP, Abteilung für bil-

Heil Hitler !

Ihr ergebener

A m b r o s i e.h.

Berlin, den 14. Juli 1938.

15

---

Abschrift!

II.

Der Präsident der Reichskammer der bildenden Künste, Berlin.

14.4.1938.
München, Akademiestr.2.

Aktenzeichen Präs. 1/787.

An den
Generalbeauftragten für bildende Kunst
des Landeskulturamtes der NSDAP.
Herrn Prof. Leopold Blauensteiner,
Wien, Künstlerhaus. I., Karlsplatz 5.
-.-.-.-.-.-.-.-.-.-.-.-.-.-.-.-.-.-.-.-.-.-.-.-.

Sehr geehrter Herr Professor Blauensteiner !

Für Ihre Zeilen vom 12.4.1938 vorerst meinen persönlichen Dank ! Ich war mir über den Bildhauer Ambrosi sofort im Klaren, als ich ihn in einer mir befreundeten Familie kennen lernte. Besonders durch die mir zur Unterschrift vorgelegte Karte an Sie entnahm ich, dass ich ihm in irgend einer Weise in einer mir bis dahin noch nicht bekannten Angelegenheit dienen sollte. Ich danke Ihnen jedenfalls für Ihren sofortigen Aufschluss.

Zu Ihrer Orientierung muss ich Ihnen mitteilen, dass der Führer den Standpunkt vertritt, dass es bei Künstlern nur auf das Können, nicht auf ihre politische Vergangenheit ankommt, soweit diese nicht zu irgendwelchen Vertrauensposten, bezw. Lehraufgaben herangezogen werden. Natürlich teile ich ganz Ihren Standpunkt, Ambrosi schon mit Rücksicht auf die aufrechten Kämpfer in der dortigen Künstlerschaft im Augenblick zu offiziellen Aufträgen nicht heranzuziehen. Doch, wie gesagt, hängt für die Zukunft alles allein vom Können eines Künstlers ab.

Ich hoffe ja nun nach der Abstimmung demnächst Sie in Wien persönlich kennen zu lernen, und freue mich schon auf Ihre Mitarbeit und den Beitrag der österreichischen Künstlerschaft zum grossen deutschen Kulturschaffen.

Es grüsst Sie vorerst herzlichst mit

Heil Hitler !

Ihr

Z i e g l e r e.h.

13

Da Ambrosi für Graz im Jahr 1934 ein am 12. März 1938 von Nationalsozialisten zerstörtes Dollfuß-Denkmal ausgeführt hatte und als „Judenfreund" galt, wurde er 1938 von der Gestapo vorgeladen und einige Tage inhaftiert.[95] Trotz dieser politischen Verstrickungen war Ambrosi von Albert Speer schon 1937 für diverse Bildhauerarbeiten in Nürnberg und Berlin in Erwägung gezogen worden. Mitte 1938 erfolgte der äußerst prestigeträchtige Auftrag, für den Garten der von Speer errichteten Neuen Reichskanzlei in Berlin vier Skulpturen anzufertigen. Diese Bevorzugung habe, so Blauensteiner, „in den Wiener Künstlerkreisen Aufsehen und Unruhe" erregt.[96] Eine vergleichbare Gunst seitens der Führungselite der NSDAP wurde, ausgenommen Robert Ullmann (1903–1966), nur wenigen Künstler*innen der Ostmark zuteil. Ullmann bekam von Speer den Auftrag, Skulpturen für die Berliner Nord-Süd-Achse und eine Brunnengruppe, *Die Morgenröte* (1941), für das Empfangszimmer der Neuen Reichskanzlei zu entwerfen.[97]

Infolgedessen intervenierte Blauensteiner ab April 1938 mehrmals bei Ziegler, um Ambrosis Aufnahme in die Reichskammer zu verhindern. Auf sein Schreiben antwortete Ziegler zügig und eindeutig: „Zu Ihrer Orientierung muss ich Ihnen mitteilen, dass der Führer den Standpunkt vertritt, dass es bei Künstlern nur auf das Können, nicht auf ihre politische Vergangenheit ankommt, soweit diese nicht zu irgendwelchen Vertrauensposten, bezw. Lehraufgaben herangezogen werden."[98] Diese Auskunft muss für Blauensteiner einigermaßen frustrierend gewesen sein. Er ließ sich jedoch nicht beirren, auf Ambrosis Gesinnung hinzuweisen, weshalb Speer sinngemäß, wie schon an Blauensteiner, auch an Heinrich Himmler geschrieben hatte: „Daß Ambrosi vor dem Umschwung ein bewußter Anhänger des Dollfuß-Schuschnigg-Regimes gewesen wäre, könnte ihn [Anm.: Hitler] nicht dazu veranlassen, auch nur einen Augenblick von der Beschäftigung eines der befähigtsten Bildhauer Deutschlands abzusehen."[99]

Als Blauensteiner merkte, dass er mit seinen Argumenten bei der RdbK Berlin nicht durchdrang, suchte er Verbündete auf der kommunalen Ebene, wie etwa Landeskulturwalter Hans Arnhold.[100] Dieser dürfte daraufhin eine genauere politische Überprüfung verfügt haben. Unter den zahlreich erhaltenen politischen Beurteilungen hat sich selten ein derart ablehnendes und vernichtendes Schreiben wie jenes über Ambrosi erhalten. Darin wird er beispielsweise als einer „derjenigen Künstler, die sich nicht nur zum System rückhaltslos bekannten, sondern dasselbe auch in einer speichelleckerischen Art verherrlichten und verhimmelten" bezeichnet, ferner werden seine Kontakte zu Dollfuß und monarchistischen Kreisen betont. Darüber hinaus sei er ein „treuer Gefolgsmann und Anhänger der damals herrschenden jüdischen Richtung und liberalistischen Weltanschauung. Heute schmücken sein Atelier Sprüche, in denen der Führer verherrlicht wird. […] Derzeit ist der Betreffende einer Förderung durch den nationalsozialistischen Staat noch keinesfalls würdig".[101] Arnhold leitete den ganzen Akt Ambrosi an den stellvertretenden Gauleiter Karl Scharizer weiter, damit dieser, wenn er es für erforderlich hielte, „den Fall der Kanzlei des Führers zur Kenntnis" bringen könne.[102]

Ambrosi hatte seinen Aufnahmeantrag für die RdbK am 14. Februar 1938 gestellt, die künstlerische Bewertung Blauensteiners fiel erwartungsgemäß zurückhaltend aus: Er sei bestenfalls mit „-B" zu bewerten, „rein formale, zum Teil bombastische Leistung. Charakterlich höchst unzuverlässig (siehe auch beiliegendes politisches Zeugnis), außerordentlich tüchtig in Eigenpropaganda".[103] Blauensteiner griff in Ambrosi den Opportunisten an. Letztendlich musste er erkennen, dass er dessen Aufnahme nicht verhindern konnte. Ganz ohne Folgen blieben seine Bemühungen nicht. Sie führten dazu, dass der Aufnahmeantrag für die NSDAP am 4. Dezember 1941 zurückgestellt worden war.[104] Dies sollte Ambrosi in der Nachkriegszeit von großem Nutzen sein.

Das Wasserbecken in der Parkanlage der Neuen Reichskanzlei in Berlin sollte mit Figuren, von Ambrosi entworfen, ergänzt werden. Im Gegensatz zu den heroischen und starren Figuren Arno Brekers für den Ehrenhof oder den beiden martialischen *Schreitenden Pferden* des österreichischen Bildhauers Josef Thorak auf der gartenseitigen Terrasse sollten das Wasserbecken eher barock bewegte, kapriziös verspielte Figuren zieren.[105] Die Motive und Modelle der dafür vorgesehenen Skulpturen *Narcissus, Venus, Bacchus* und *Diana*[106] und die zentrale Gruppe *Orpheus und Eurydike* hatte Ambrosi schon um 1920 bis 1923 geschaffen. In Bronze gegossen wurden bis 1940 nur die überlebensgroßen Skulpturen der *Diana* und des *Bacchus*. Eine Aufstellung vor Ort erfolgte nie. *Diana* erwies sich als eine Mischung zwischen einer Michelangelo-Figur und einem zeitgenössischen Filmstar mit wehendem Haar und nahezu männlich muskulösem Körper. Eine ähnlich gekünstelte Pose nahm der *Bacchus* ein, dessen gestreckte Hand die vollen Trauben vor dem geöffneten Mund baumeln lässt.[107]

S. 108 Gustinus Ambrosi, Abschrift eines Schreibens des bei Albert Speer in Berlin weilenden Ambrosi an Leopold Blauensteiner, 14.7.1938; Abschrift einer Befürwortung der Arbeiten von Ambrosi durch den Präsidenten der RdbK, Adolf Ziegler, 14.4.1938, AT-OeStA

S. 110 Albert Paris Gütersloh, Abschrift eines Schreibens von Robert Obsieger betreffend seine Enthebung als Professor an der Kunstgewerbeschule, 1938, BV Archiv; Schreiben über seine „Schädigung" in der NS-Zeit, 7.11.1946, WStLA

S. 111 Karl Sterrer, künstlerische Bewertung von Leopold Blauensteiner für die Aufnahme in die RdbK, 26.1.1939, BV Archiv

Abschrift der Abschrift !

Staatliche Kunstgewerbeschule, Wien.

Zu P.Z. 54 - 1938

Enthebung Professor Albert Paris G ü t e r s l o h.

Die Enthebung des Professors Gütersloh erfolgte auf Grund eines Antrages der NSDAP. Seine Tätigkeit als kommunistischer Schriftsteller, die schlechte pädagogische Führung und schlechte künstlerische Leistung seiner Klasse, die vorwiegend als Kunstentartung bezeichnet wird, schliessen seine Weiterverwendung an der Kunstgewerbeschule aus.

Der Vertrauensmann :
Prof. Reinh. Klaus.e.h.

Der Direktor der Kunstgewerbeschule.
Prof. Robert Obsieger e.h.

---

Professor Albert P. Gütersloh,
Wien I.,
Schillerplatz 3
Akademie der bildenden Künste.

Wien, den 7.

An die
Abteilung XI des Magistrates der Stadt Wien,
Wien I., Rathaus

Die unterfertigten akademischen Maler Professor Albert P. Gütersloh, Professor an der Akademie der bildenden Künste in Wien und akadem. Maler Gustav Kurt Beck, beide österreichische Staatsbürger und zuständig nach Wien, richten an die genannte Abteilung des Neues Wiener Rathauses der Gemeinde Wien, als Hauptmieterin des Josefsstöckls im Augarten , das Ansuchen, ihnen 2 Räume im Parterre ( eventuell die Räume die der seinerzeitige "Künstlerbund" inne hatte) und die Räume im Oberstock , in Untermiete zu überlassen.-

Professor Gütersloh ist unter den Nationalsozialisten insoferne schwer geschädigt worden, als er infolge seiner politischen Einstellung von seinem Amte als Professor enthoben wurde, sowie als Maler wegen seiner als entartet bezeichneten Kunstrichtung verboten wurde und er über Verfügung der Gestapo drei Jahre lang als Arbeiter in Fabriken hat tätig sein müssen .- Er gehört heute zu den führenden modernen Künstlern, ist ohne Atelier und kann daher keine grösseren Arbeiten durchführen.-

Akademischer Maler Gustav K. Beck war als rassisch und politisch verfolgter Emigrant 9 Jahre im Ausland und ist Mitglied des Circolo Artistico und des Art Clubs, beide in Rom.- Es verfügt ebenfalls über kein Atelier und logiert als Gast in der Wohnung eines Bekannten, wo jede Möglichkeit eines künstlerischen Arbeitens von vorneherein ausgeschlossen ist.-

-é-

M.Nr. M 16.9o3

Prüfungsbericht für den Aufnahmeantrag des:Malers

Prof.Karl S t e r r e r ,

II.,Böcklinstrasse 1.

B e w e r t u n g :

(künstl. Fähigkeit und charakterl.Eigenschaft seit bekannt)

Prof.Sterrer verfügt über hervorragende künstlerische Qualitäten und ein ungewöhnliches Können. Er ist jedoch in den letzten Jahren vom Wege natürlicher und gesunder Kunstentwicklung abgewichen und hat insbesonders als Lehrer an der Akademie ausgesprochen entartete Kunst gepflegt. Er wurde aus diesem Grunde vom Lehramte enthoben.

Wien,den 26. Jänner 1939.

Bl.

----------------------

REICHSKAMMER
DER BILDENDEN KÜNSTE

AKTENZEICHEN: IC. 215
(In der Antwort anzugeben)

BERLIN W 35, DEN 6.10.43
Blumeshof 4–6
Fernruf: 21 92 71
Postscheck-Konto: Berlin 1444 30

Reichskammer der bildenden Künste
Landesleitung Wien
Eing. 11. OKT. 1943
I11/8101

An den
Landeslt. der RdbK.
beim Ldkw. Gau Wien
Wien I

Betr: Ausstellung M.Figlhuber. Ihr Brieftelegramm v. 25.9.43

Entsprechend Ihrer ablehnenden Stellungnahme der Ausstellung von Werken der Marianne Figlhuber wird diese von mir nicht zugelassen, da sie den Kulturrichtlinien des Führers nicht entspricht. Von einer persönlichen Besichtigung nehme ich Abstand.

Die Zulassung der Ausstellung Elisabeth Engels geht Ihnen getrennt zu.

Im Auftrag
gez. Sachs

Reichskammer der bildenden Künste

Beglaubigt:
Weber

Prüfungsbericht für den Aufnahmeantrag des:

r Malerin

Marianne Fieglhuber-Gutscher,
Wien VI., Sandwirtg.1

Bewertung:

(künstl. Fähigkeit und charakterl. Eigenschaft s[oweit] bekannt)

+C

kultiviert, aber auf falscher Bahn

Wien, den

8. Februar 1939.

Bl.

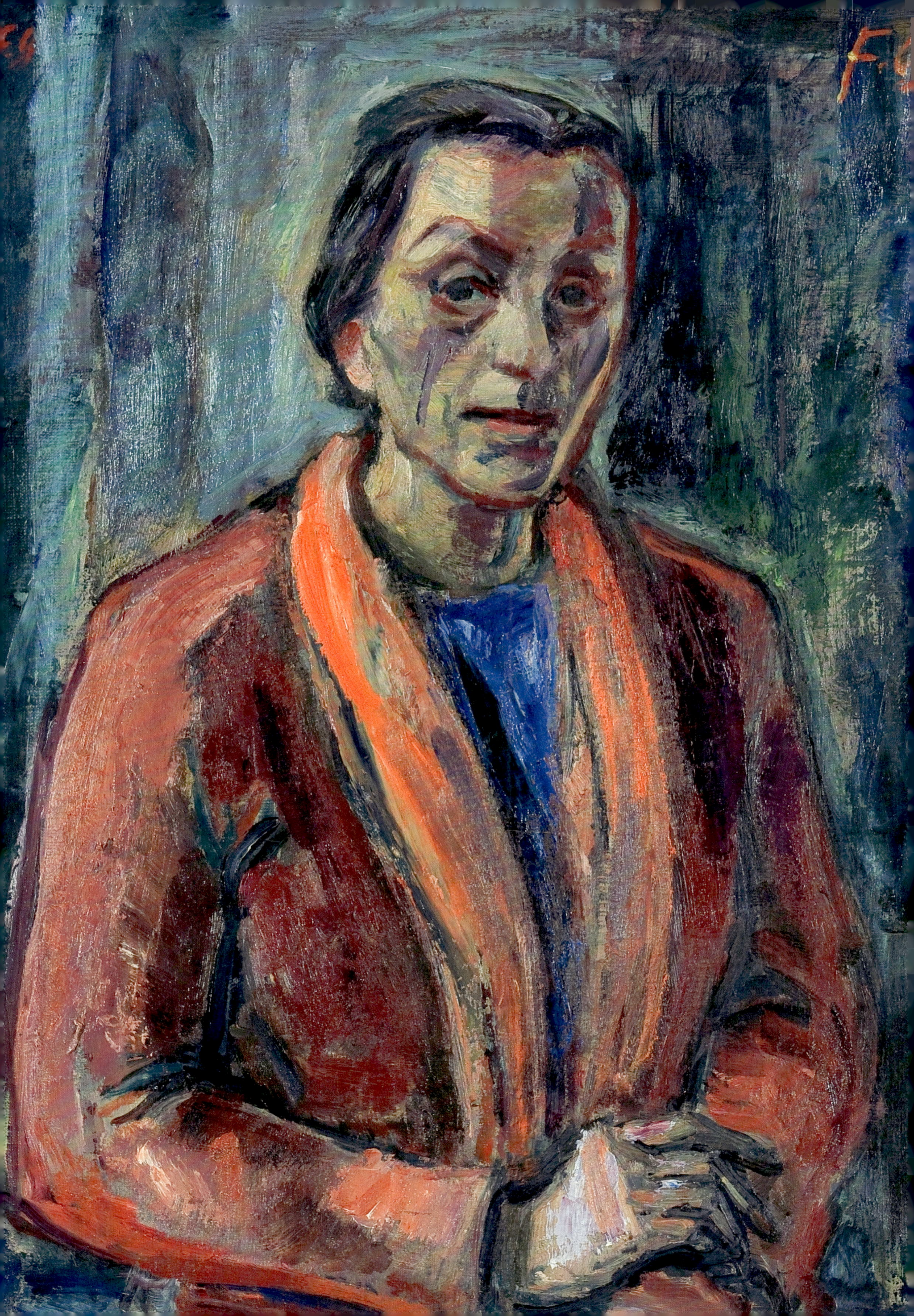

Speer und Ambrosi hatten sich zwischen 1937 und 1941 mehrmals in Berlin und zweimal in Ambrosis Wiener Atelier (Dezember 1938 und Oktober 1941) getroffen. Die Fertigstellung aller Figuren wurde 1940 bis nach dem „Endsieg" verschoben. Sie verblieben in Ambrosis Atelier.[108]

Dass Ambrosi den Geschmack Speers und Hitlers traf, geht auch daraus hervor, dass er am 30. Mai 1939 einen weiteren Auftrag für den Garten, nämlich die Anfertigung eines Gegenstücks zu der Gruppe *Herkules mit dem Stier* (1902–1907) des Berliner Bildhauers Louis Tuaillons, erhielt.[109] Kurios ist, dass Ambrosi als Pendant keine antike, sondern eine triviale Szene, nämlich eine *Jungfrau mit Kuh* vorschlug.[110] Sein Tiermodell war die sogenannte Königin, die schönste Kuh Kitzbühels des Jahres 1942.[111] Hitler wollte, wie schon für Breker oder Thorak, ein Atelier für den als Staatskünstler geltenden Ambrosi errichten lassen. Dieses sollte aber nicht, wie von diesem gewünscht, in Kitzbühel, sondern am Linzer Pöstlingberg stehen. Das Atelier wurde 1940 von Roderich Fick geplant.[112]

Nach 1945 stilisierte sich Ambrosi als NS-Opfer: „Wirkliche Ambrosiwerke habe ich nicht schaffen dürfen, nur dekorativ."[113] Nachdem sein Prateratelier im Krieg Bombenschäden erlitten hatte, durfte er vorerst das arisierte Atelier der in die Schweiz emigrierten jüdischen Bildhauerin Teresa Feodorowna Ries im Palais Liechtenstein nutzen.[114] Dass Ambrosi auch nach dem Krieg ein angesehener Staatskünstler war, zeigt sich darin, dass ihm die Republik Österreich ein Atelier samt Wohngebäude im Wiener Augarten errichten ließ (Planer: Architekt Georg Lippert, 1953–1957), das von 1978 bis 2017 als Ambrosi-Museum geführt wurde.

## Albert Paris Gütersloh

Anders reagierte die RdbK auf den im „Ständestaat" ebenfalls viel beschäftigten Schriftsteller, Maler und Grafiker Albert Paris Gütersloh (1887–1973). Gütersloh erlebte bei seinem Aufnahmeansuchen in die RdbK sowie in die NSDAP eine herbe Überraschung. Er wurde abgelehnt. Dem Dollfuß-Anhänger Gütersloh war es problemlos gelungen, seine Begeisterung für das bodenständige, christlich-klerikale Österreichische in der Kunst in einen eher reaktionären Modernismus zu verwandeln. Wolfgang Fleischer schildert in seiner Heimito-von-Doderer-Biografie die Begeisterung der beiden Freunde Gütersloh und Doderer für den Nationalsozialismus.[115] Doderer wurde schon 1933 Parteimitglied; beide träumten von einer Karriere als NS-Schriftsteller. Gütersloh war nach dem „Anschluss" nahezu euphorisch, naheliegend, dass er der Partei beitreten wollte. Nun holte ihn sein Opportunismus ein. Neben der schlechten künstlerischen und negativen politischen Bewertung[116] fiel die Beurteilung des Direktors der Kunstgewerbeschule, Robert Obsieger, aus dem Jahr 1938 vernichtend aus. „Seine Tätigkeit als kommunistischer Schriftsteller, die schlechte pädagogische Führung und schlechte künstlerische Leistung seiner Klasse, die vorwiegend als Kunstentartung bezeichnet wird, schließen seine Weiterverwendung an der Kunstgewerbeschule aus."[117] Hier war es zu einer Verquickung verschiedenster Ausschließungskriterien, politischer und künstlerischer Einschätzungen gekommen. Die Ablehnung aus Berlin erfolgte am 16. August 1940.[118] Nach dem Krieg wurde Gütersloh als schwer „Geschädigter" geführt, der „wegen seiner als entartet bezeichneten Kunstrichtung verboten wurde und der über Verfolgung der Gestapo drei Jahre lang als Arbeiter in Fabriken hat tätig sein müssen".[119] Als politisch Unbelasteter wurde Gütersloh 1945 an die Akademie berufen und 1953 zu deren Rektor ernannt. Sein Vorgänger, der künstlerisch wesentlich modernere Herbert Boeckl, musste nach kurzer Amtszeit abgesetzt werden, weil seine Parteimitgliedschaft von 1941 übersehen worden war.[120] Gütersloh, der von den freieren Kompositionen der 1920er Jahre in der Spätzeit zu einer penibel-allegorischen Gestaltung gefunden hatte, gilt als Wegbereiter der „Wiener Schule des Phantastischen Realismus".

## Karl Sterrer

Der Fall Karl Sterrer (1885–1972) zeigt exemplarisch, welche Bedeutung dem Präsidenten der Landesleitung auch bei der Beurteilung von Personen zukam, die im Dienstverhältnis einer Institution, in diesem Falle der Akademie, standen. Über ihn liefen alle politischen und auch künstlerischen Begutachtungen.

Es ist wohl eine Ironie der Geschichte, dass Sterrer, der ursprünglich weltanschaulich tief im Katholizismus verankert war und 1929 eine Replik auf die skandalumwitterte Aufführung der Oper von Ernst Krenek (Wiener Staatsoper, 1927/28) *Jonny spielt auf* gemalt hatte, 1938 mit dem Vorwurf der „Entartung" konfrontiert wurde. In diesem monumentalen, pamphletartigen Gemälde *Die Entarteten* von 1929 werden die Verursacher der „Fehlent-

S. 112 Marianne Fieglhuber-Gutscher, Ablehnung einer Ausstellung ihrer Werke durch die RdbK Berlin, 6.10.1943; künstlerische Bewertung von Leopold Blauensteiner für die Aufnahme in die RdbK, 8.2.1939, BV Archiv
S. 113 Marianne Fieglhuber-Gutscher, *Selbstporträt in roter Jacke*, 1944, Kunsthandel Widder, Wien

wicklungen" in der Jazzmusik vorgeführt, nämlich das Judentum und eine vom unkontrollierten Triebleben gesteuerte Kultur. Dafür wählte Sterrer einen bewusst hässlichen, farbig monotonen, wilden, mithin als „entartet" codierten Malstil, dem er sonst nicht anhing.[121]

Karl Sterrer, Akademieschüler, ab 1921 ebendort Professor und 1937 Rektor, galt als formstrenger, sachlich kühler Porträtist, ferner als Maler von Landschaften und verinnerlichten, religiösen Szenen.[122] 1934 geriet er in eine religiöse Krise, die zum Austritt aus der katholischen Kirche führte; gleichzeitig interessierte er sich für die Neulandbewegung, weshalb er von Holzmeister mit der Ausführung des wirkungsmächtigen Christkönig-Mosaiks in der Seipel-Dollfuß-Gedächtniskirche beauftragt wurde (1936). Sein religiöses Ringen blieb nicht unbemerkt und führte letztlich zu vernichtenden politischen Beurteilungen durch Rudolf Eigenberger und Leopold Blauensteiner. Sterrers „Schwärmernatur" wurde als pädagogisch untragbar bezeichnet.[123] Die am 13. März 1938 erfolgte Dienstenthebung zog ein Untersuchungsverfahren nach sich. Dass Sterrer trotz offensiver Ablehnung schon am 14. Jänner 1939 in die RdbK aufgenommen worden war, zeigt wiederum, wie beliebig derartige Gutachten interpretiert wurden. Da nun Gefahr bestand, dass Sterrer auch an der Akademie als Professor reaktiviert werde, konkretisierte Blauensteiner seine Bedenken und schrieb, er habe „insbesondre als Lehrer an der Akademie ausgesprochen entartete Kunst gepflegt".[124] Sterrer wurde 1939 zwar als Professor wieder eingesetzt, dürfte aber danach von NS-gesinnten Student*innen boykottiert worden sein. Aus seiner Ablehnung hatte er die naheliegende Konsequenz gezogen und trat 1940 in die NSDAP ein. Aber auch das beanstandete Blauensteiner, denn seit seiner Wiedereinstellung sei er einem „nationalsozialistischen Fanatismus"[125] verfallen, was mit NS-Emblemen überfrachtete Bilder belegen.[126] Nichtsdestotrotz wurde Sterrers Mitgliedschaft, die von Blauensteiner infrage gestellt worden war, am 17. Februar 1942 von Berlin aus bestätigt.

Aufgrund seiner Parteimitgliedschaft wurde Sterrer 1945 vom Dienst enthoben. In seiner Rechtfertigung gegenüber den Entnazifizierungsbehörden und der Berufsvereinigung der bildenden Künstler Österreichs schilderte er sich als Opfer des Nationalsozialismus.[127] Seine Dienstenthebung wurde 1946 in einen „dauernden Ruhestand" umgewandelt.[128] Rückblickend betrachtet dürfte der psychische Druck, der in dieser Zeit auf ihm lastete, so groß gewesen sein, dass er sich bis zu seinem Lebensende nicht mehr davon erholte. All das führte ihn zu einem religiös inspirierten, verinnerlichten Alterswerk.

Die Fälle Gütersloh und Sterrer zeigen deutlich, dass politische und künstlerische Ablehnungen oft Hand in Hand gingen. Der Vorwurf der „Entartung" wurde in der Ostmark, anders als im „Altreich", seltener erhoben. Auch fiel es den Verantwortlichen offenbar nicht immer leicht, Kriterien des „Entarteten", ein Begriff, der spätestens seit der 1937 eröffneten Münchner Ausstellung *Entartete Kunst* geläufig war, zu benennen. Gabriele Koller sieht in den Begriffen „‚arteigen' und ‚entartet' die Zuweisungen für das ‚Normale' und das ‚Abnorme' vollzogen, wobei das ‚Arteigene' der Kontrolle der Reichskulturkammer überantwortet wurde und das ‚Entartete', das dem Chaos Zugeordnete, der Ausgrenzung und Vernichtung anheimfiel".[129] Wollte man gegen eine als untragbar empfundene Person vorgehen, griff man bisweilen auf das Argument der „Entartung" oder des „Kulturbolschewismus" zurück.

### Marianne Fieglhuber-Gutscher

Warum gerade die Bilder von Marianne Fieglhuber-Gutscher (1886–1978) bei Blauensteiner auf derartige Ablehnung stießen, kann nur vermutet werden. Die an der Frauenakademie ausgebildete Porträt- und Stilllebenmalerin hatte Ende der 1930er Jahre zu einem leuchtenden, locker vorgetragenen Expressionismus gefunden. Die Aufnahme in die Reichskammer wurde trotz negativer Bewertung genehmigt: „+C, talentiert, aber auf falscher Bahn".[130] Als sie aber 1943 um die Bewilligung einer Kollektivausstellung ansuchte, hatte die Wiener Landesleitung am 25. September 1943 ein Brieftelegramm nach Berlin geschickt. Aufgrund der dort vorgebrachten Vorwürfe kam aus Berlin folgende Antwort: „Entsprechend Ihrer ablehnenden Stellungnahme der Ausstellung von Werken der Marianne Figlhuber [sic!] wird diese von mir nicht zugelassen, da sie den Kulturrichtlinien des Führers nicht entspricht. Von einer persönlichen Besichtigung nehme ich Abstand."[131] Die ohnehin öffentlichkeitsscheue Malerin zog sich daraufhin völlig zurück.

### Franz Zülow

Mehr Aufwand wurde betrieben, als einige Arbeiten des Malers und Grafikers Franz Zülow (1883–1963) im Dorotheum zur Versteigerung kamen und als „minderwertig" befunden wurden. Zülow war einer der führenden Maler Wiens, Keramiker und Meister des Papierschablonendrucks.[132] Bekannt war er auch für großflächige Wandmalereien und Gobelins, die er für Bauten von Holzmeister oder für Ausstellungen anfertigte. Zülow war Absolvent der Kunstgewerbeschule (1903–1906), Mitarbeiter der Wiener Werkstätte (1918–1922), Mitglied der Secession,

Akadem.Maler
Franz von Zülow
Wien IX/66
Porzellangasse 41/9.

Wien, den . Mai 1941.

Freigabeansuchen

das Atelier der Frau Martha Sarah Riemer, Wien IX/66, Porzellangasse 41/10 betreffend.

Begründung meines Ansuchens:
Ich bewohne Porzellangasse 41/9 ein aus zwei Räumen, Küche, Vorzimmer bestehendes Atelier. Diese Wohnung erweist sich seit Jahren als zu klein und waren wir dadurch gezwungen unseren heranwachsenden Buben (derzt.16 Jahre alt)in das Internat der Oberschule in Melk zu geben. Mit Beginn des neuen Schuljahres muß er jedoch in Wien bleiben, weil er hier die Kunstgewerbeschule besuchen soll. Wir haben in unserer Wohnung keine gesonderte Schlafmöglichkeit für ihn, weil die zwei Räume unserer Wohnung noch obendrein durch eine Wand getrennt sind in der, in einem Ausschnitt der Ofen steht, der beide Räume heizen muß, da die Wohnung nur einen Kamin hat. Auch einen Arbeitstisch für unseren Buben, der Architekt werden soll können wir nicht mehr in der Wohnung aufstellen.

Ausserdem brauche ich zur Ausübung meines Berufes dringend einen größeren Atelierraum, da ich seit dem Umbruch lediglich dekorative Aufträge erhielt, wie große Wand-Tafelbilder, Skrafitto für Häuserfronten, Fresken. Zur Anfertigung der Details für diese Arbeiten benötige ich große Wandflächen, die ich in meinem jetzigen Atelierraum nicht habe, da er auch Wohnzwecken dienen muß. So bin ich auch jetzt wieder gezwungen große Pressholzplatten 2 zu 1.70 m, die ich über Auftrag des Kulturamtes der Stadt Wien male, vor Kasten zu stellen und teilweise auch im Vorzimmer zu arbeiten, das nur indirektes Licht hat.

Ich möchte daher um Überlaßung der an meine Wohnung angrenzenden Atelierwohnung ersuchen. In dieser Wohnung, die aus 2 Wohnräumen, einem großen Atelier, Küche, Kammer, Vorzimmer besteht, wohnt die Jüdin M.Riemer mit 2 Tanten, die sämtlich keinen künstlerischen Beruf ausüben, das Atelier also nicht benötigen. xx

Der Jahreszins 1914 betrug für diese Wohnung Kr. 1500.-, der derzeitige Mietspreis ist RM. [illegible]
Der Hausverwalter Oreste Daskaljuk erklärte uns bei einer Vorsprache, daß er nichts gegen eine Vermietung des Ateliers an mich hat, wenn ich es durch das Wohnungsamt zugewiesen erhalten sollte.

Heil Hitler !

x [illegible]
xx [illegible]

An das Wohnungsamt
Wien IX, Währingerstr.43.

GALERIE WELZ, WIEN I · WEIHBURGG. 9 · TEL. R 21-2-01

**FRANZ v. ZÜLOW**
**60 JAHRE**
ÖLGEMÄLDE, AQUARELLE, ZEICHNUNGEN

ERÖFFNUNG DIENSTAG, DEN 20. APRIL, UM 11 UHR
SCHLUSS AM 22. MAI 1943

WOCHENTAGS VON 9 BIS 12³⁰ UND 14³⁰ BIS 18 UHR

Herrn
Maler Franz von Z ü l o w
Wien, IX., Porzellangasse 41, Atelier

Sehr geehrter Herr von Zülow !

14./VI.1941

Beiliegend sende ich Ihnen eine Durchschrift des Ansuchens an das Wohnungsamt mit dem Vermerk unseres Herrn Präsidenten Eisenmenger. Ich habe das Gesuch eingeschrieben geschickt und den Aufgabeschein der Durchschrift angeheftet.

Ich wünsche Ihnen recht guten Erfolg und sende herzlichste Grüsse.

Heil Hitler !
Ihre

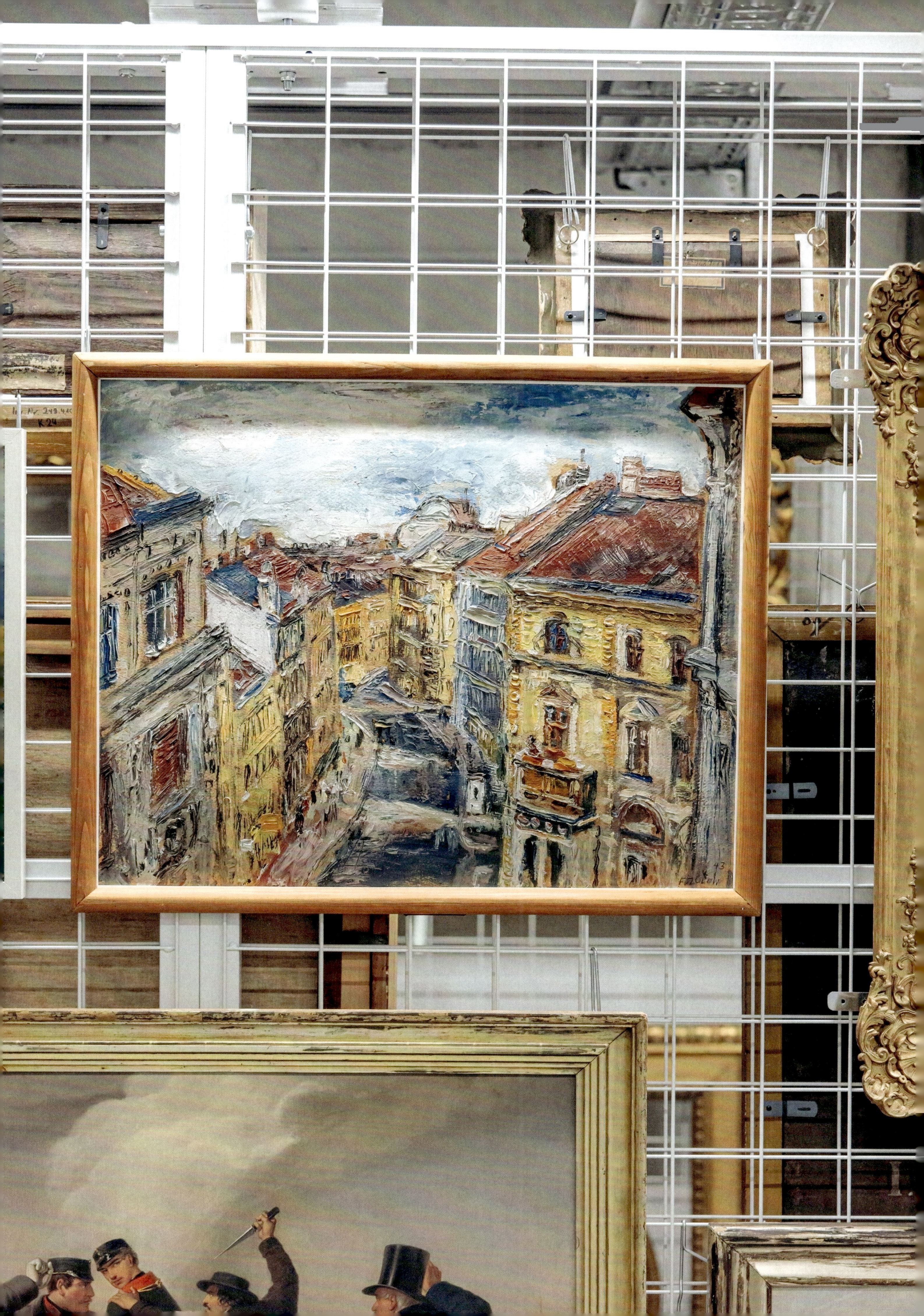

| | | |
|---|---|---|
| Zülow, Maler | Auftrag und Zahlung des Kulturamtes der Stadt Wien, Dez. 194 0 Ausmalen eines Schiesstandes im Rathaus, .............................. | RM 300.- |
| Franz Z ü l o w , IX., Porzellangasse 41, | Karton für Terrakotta-Schnittm. Trachtenbild Brigittenkirchtag, | " 800.- |
| Zülow | Entwurf für einen Eingemeindungsgobelin im Steinernen Saal .......... | RM 200.- |
| Maler Zülow | Durchführung des Terrakottafries "Brigitten-Kirchtag", durch die Wienerberger, 1. Rate, Juni Juli 194o......... | RM 500.- |
| Maler Zülow | Terrakottobild , Untere Augartenstrasse , Auftrag der Gemeindeverwaltung des Gaues Wien, Oktober 1939 ............... | RM |
| Maler Zülow | Gobelinkarton "Eingemeindung Gross-Wien" Restzehlung Juni 194o... | RM 500.- |
| Zülow | Dez. 1939, Jänner 194o Entwurf für einen Eingemeindungsgobelin im Steinernen Saal ............. | RM 200.- |
| | März 1940 für Entwurf, Eingemeindungsgobelin ................................ | RM 150.- |
| | Angabe für Karton des Gobelin............ | RM 500.- |
| Zülow, Maler | Auftrag und Zahlung des Kulturamtes der Stadt Wien, Nov. Dez. 1940 Durchführung d. Terrakottabildes "Brigittenkirchtag." ..................... | RM 1.000. |

DOROTHEUM
., DOROTHEERGASSE 17
FERNRUF R-25-5-50 SERIE
POSTSPARKASSEN-KONTO A-188.104
VERSTEIGERUNGS-ANSTALT

[Bi]tte 2 Durchschläge!

Wien, am 11. Feber 19 42.

Zahl D. 264/9
(2)

Reichskammer der bildenden Künste Landesleitung Wien
Eing. 18 II 1942

An den

II/8 Kitsch

Landesleiter der Reichskammer d. bild. Künste, Landeskulturwalter, Gau Wien

in W i e n, 40,

Reisnerstr. 40.

Sie haben aus unserer Auktion vom 14.-16. Nov. 1941 die Katalog Nr. 196 und 198 ( H. Zulow, Aquarelle ) ausgeschieden und abverlangt um in Berlin eine Entscheidung über "Entartete Kunst" herbeizuführen.

Wir bitten Sie um Mitteilung, bis wann wir mit dem Eintreffen der Versagung rechnen dürfen, da wir bereits gedrängt werden, die umfangreiche Einbringung, zu der die beiden Posten gehören, abzurechnen.

Heil Hitler!
DOROTHEUM
Versteigerungs-Anstalt
[signature]

85/Vstg 135 b — 10.000 — XII. 39.

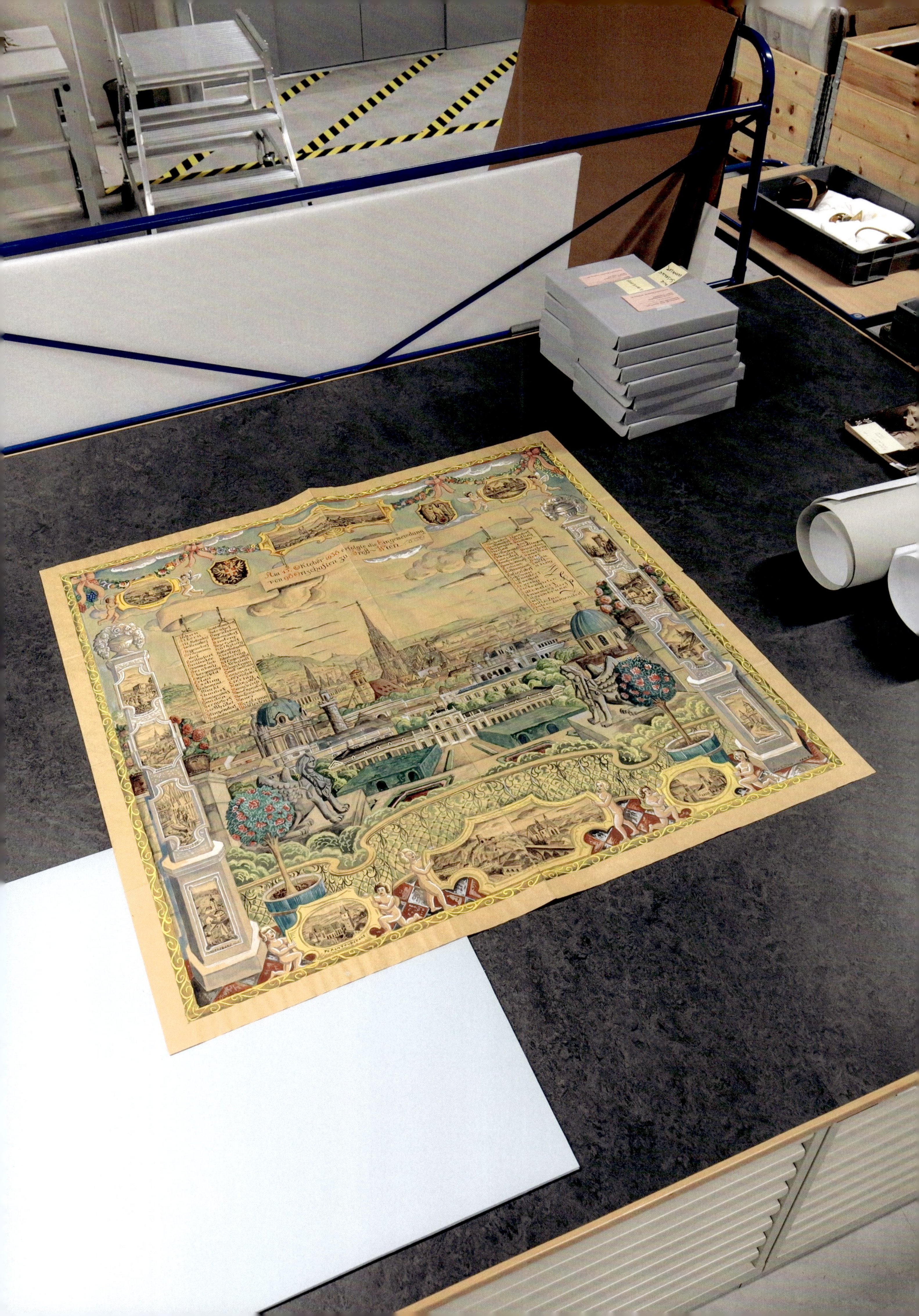

des Hagenbundes und gehörte dem Bund deutscher Maler Österreichs an. In die NSDAP war Zülow aber nicht eingetreten. Daraus erklärt sich vielleicht die schlechte künstlerische Bewertung Blauensteiners vom Juni 1939. Als Maler beurteilte er ihn nur mit „C“, als Gebrauchsgrafiker mit „C“ und als Entwerfer „+C“.[133] Zülow wurde dennoch mit mehreren hochoffiziellen Parteiaufträgen bedacht: Genannt seien die 1940 ausgeführten Städtebilder aus Stuck für den Festsaal der Bergakademie in Krakau, die zum Dienstgebäude des Generalgouvernements adaptiert worden war.[134] In Krakau wirkte Kajetan Mühlmann, der ehemalige Wiener Staatssekretär für Kunst (1939/40) als „Sonderbeauftragter für den Schutz und die Sicherung von Kunstwerken in den besetzten Ostgebieten“. Er war Zülow seit 1919 und dessen Wirken in Salzburg freundschaftlich verbunden. Gut möglich, dass Mühlmann ihn und andere Wiener Künstler*innen nach Krakau berufen hatte. 1939 hatte Oswald Haerdtl ein Filialbüro in Krakau eingerichtet und übernahm ebendort diverse Projekte und Planungen.[135]

Daneben erhielt Zülow eine erstaunlich große Anzahl von Aufträgen des Kulturamtes der Stadt Wien, darunter einen *Eingemeindungsgobelin* (1939/40)[136] für den Gobelinsaal im Rathaus, Möbelbemalungen, Terrakottabilder sowie für den Eisernen Vorhang (1939) des Akademietheaters. Gestärkt durch die Aufträge des Kulturamtes intervenierte Zülow im Mai 1941 mit Unterstützung Eisenmengers beim Wohnungsamt. Zwecks Erweiterung seines Ateliers in der Porzellangasse 41/9 im 9. Bezirk beantragte er die „Freigabe“ der angrenzenden Wohnung der „Jüdin Martha Sarah Riemer“ (Tür 10). Ihre Bewohner*innen könnten stattdessen im gleichen Hause in einer „8 Zimmerwohnung“ einer Frau, die „wohl Arierin, aber mit einem Juden verheiratet ist“ oder in einer anderen von wenigen Personen bewohnten „großen Judenwohnung“ untergebracht werden.[137] Die Schamlosigkeit, mit der derartige Wohnungen beansprucht und gleichzeitig die darin lebenden Personen denunziert wurden, ist kaum überbietbar. In Riemers ehemaliger Wohnung malte Zülow sein Bild *Blick in die Seegasse vom Atelier Porzellangasse 41/10.*

Dass ein derart von der Partei geförderter Künstler mit dem Vorwurf „minderwertige Kunsterzeugnisse bzw. Kitsch“ zu produzieren konfrontiert wurde, war nicht zu erwarten. Angesichts einer Versteigerung von zwei Aquarellen im Dorotheum 1941 hatte Blauensteiner veranlasst, dass die eingebrachten Werke auszuscheiden sind. Zugleich forderte er die RdbK in Berlin auf, „eine Entscheidung über ‚Entartete Kunst‘ herbeizuführen“.[138] Diese traf im Februar 1942 ein, in der man sich auf den §1 der Anordnung über den Vertrieb minderwertiger Kunsterzeugnisse vom 1. Oktober 1940 bezog, wo es hieß: „Nachdem ein Teil Ihrer Erzeugnisse dem Ausschuss zur Begutachtung minderwertigerer Kunsterzeugnisse vorgelegen hat, untersage ich mit sofortiger Wirkung gemäß dem §2 Abs. 1 der Anordnung den Absatz, die Verbreitung und Vervielfältigung der in der Anlage im besonderen angeführten Erzeugnisse.“[139] Zülow musste die Arbeiten aus der Auktion zurückziehen. Am 10. April 1942 fragte Zülow bei der RdbK an, ob er einen Auftrag von Gauleiter Baldur von Schirach übernehmen dürfe.[140] Selbigen Tages erging bereits eine Mitteilung an das Dorotheum, dass der Bescheid aufzuheben sei.[141] Der Architekt Eugen Wörle hatte für ihn interveniert.[142] Im März 1943 feierte Zülow seinen 60. Geburtstag mit einer Ausstellung in der Galerie Welz. In diversen Rezensionen wurde seine naive und kindlich heitere Bildsprache gelobt,[143] sie rief aber auch Widerspruch hervor.[144] Das, was manche Kritiker an Zülows Arbeiten gestört haben mag, war seine intuitive, aufgeheiterte Herangehensweise, die natürlich vom Pathos der völkischen Kunst weit entfernt war.

Nach dem Krieg kam Zülow sein nicht erfolgter Parteieintritt zugute. Er galt als „Mann mit antifaschistischer Einstellung [...] und wurde im vorhergehenden Regime zurückgesetzt. Er hat nicht nur einen ideellen, sondern auch materiellen Schaden erlitten“.[145] Dem ist entgegenzusetzen, dass Zülow von seinen Kontakten zu NS-Kulturfunktionären profitierte und auch viele Aufträge der Partei erhielt. Sich als ein Opfer des Nationalsozialismus zu stilisieren, scheint im Vergleich zu anderen Biografien doch sehr überzogen. 1948 erfolgte die Verleihung des Professorentitels.[146]

S. 116 Franz Zülow, Freigabeansuchen an das Wohnungsamt für eine „jüdische Wohnung“, Mai 1941; Abschrift der Befürwortung durch Rudolf Hermann Eisenmenger, 14.6.1941; Einladung zur Ausstellung in der Galerie Welz, Franz Zülow – 60 Jahre, 22.5.1943, KH Archiv

S. 117 Franz Zülow, *Blick in die Seegasse vom Atelier Porzellangasse 41/10*, 9. Bezirk, 1943, WM

S. 118 Franz Zülow, Auflistung seiner Aufträge seitens des Kulturamtes, 1940; Schreiben über die Ausscheidung von Werken Zülows aus einer Auktion des Dorotheums durch Leopold Blauensteiner, 11.2.1942, BV Archiv

S. 119 Franz Zülow, Gobelinentwurf zur Eingemeindung von 98 Ortschaften zu „Groß-Wien“ 1938, 1940, WM

1 KH Archiv, Akt Ludwig Heinrich Jungnickel, Hans Ankwicz-Kleehoven, Prof. Ludwig Heinrich Jungnickel ein Fünfundsiebziger, 1956.

2 Freie Universität Berlin, Forschungsstelle „Entartete Kunst", Beschlagnahmeinventar „Entartete Kunst", http://emuseum.campus.fu-berlin.de/eMuseum Plus?service=RedirectService&sp=Scollection&sp=S fieldValue&sp=0&sp=0&sp=3&sp=SdetailList&sp= 0&sp=Sdetail&sp=0&sp=F (28.10.2019).

3 BV Archiv, Akt Ludwig Heinrich Jungnickel, ausführlicher Briefverkehr Ludwig Heinrich Jungnickel mit Leopold Blauensteiner.

4 Ebd., Schreiben der Gestapo an Leopold Blauensteiner, 29.1.1943.

5 Sophie Zetter-Schwaiger, Ludwig Heinrich Jungnickel, in: Ludwig Heinrich Jungnickel – Das Tier in der Kunst, Verkaufskatalog Galerie Kovacek & Zetter, Wien 2003, S. 4–5, hier S. 5.

6 BV Archiv, Akt Ludwig Heinrich Jungnickel, Schreiben Ludwig Heinrich Jungnickel an Leopold Blauensteiner, 10.9.1942.

7 KH Archiv, Akt Ludwig Heinrich Jungnickel, K723/42, Aufkündigungsschreiben des Amtsgerichtes Fünfhaus, 16.3.1943.

8 BV Archiv, Akt Ludwig Heinrich Jungnickel, Schreiben August Eymer an die RdbK, 6.3.1945.

9 Ebd., Schreiben Hans Pernter an den Präsidenten der BV, 15.4.1947.

10 WStLA, Volksgericht Wien, Serie 2.3.14.A1: Vg 2c Vr 404/45, Leopold Blauensteiner.

11 Gustav Gurschners „‚arischer' Abkunft sowie den Überweisungen eines hohen Jahresbeitrages an den Ältestenrat der Juden in Wien verdankte sie [Anm.: Alice Gurschner], dass sie von der Deportation in ein Vernichtungslager verschont blieb. Nach jahrelangem Hausarrest verstarb sie am 26. März 1944 […]." Siehe: Marianne Baumgartner: Der Verein der Schriftstellerinnen und Künstlerinnen in Wien (1885–1938), Wien u. a. 2015, S. 308. Alice Gurschner, geb. Pollak (1869–1944), publizierte unter dem Pseudonym Paul Althof.

12 BV Archiv, Akt Gustav Gurschner, Schreiben der NSDAP Gau Wien Kreis I, 22.7.1938. Gurschner war von 1935–1938 Rat der Stadt Wien. Maren Seliger: Scheinparlamentarismus im Führerstaat. „Gemeindevertretung" im Austrofaschismus und Nationalsozialismus. Funktionen und politische Profile Wiener Räte und Ratsherren 1934–1945 im Vergleich (Politik und Zeitgeschichte, Bd. 6), Wien 2010, S. 212, 364, 382.

13 BV Archiv, Akt Gustav Gurschner, Schreiben Herbert Eckermann an Leopold Blauensteiner, 11.10.1938.

14 Ebd., Schreiben Leopold Blauensteiner an die Außenstelle der RdbK Wien, 20.10.1938.

15 Ebd., Schreiben des Präsidenten der RdbK Berlin an Gustav Gurschner, 24.11.1938.

16 Ebd., Schreiben Gustav Gurschner an Leopold Blauensteiner, 5.12.1938.

17 Ebd., Schreiben des Präsidenten der RdbK Berlin an das Reichsministerium für Volksaufklärung und Propaganda (RMVP), 17.1.1939.

18 Ebd., Schreiben Leopold Blauensteiner an Arthur Seyß-Inquart, 19.5.1939; Schreiben Arthur Seyß-Inquart an Leopold Blauensteiner, 3.6.1939.

19 Ebd., Schreiben vom RPA Wien an Marcel Kammerer, 3.8.1939.

20 Ebd., Schreiben des Präsidenten der RdbK Berlin an das RMVP, 27.9.1939.

21 Ebd., Schreiben Leopold Blauensteiner an Hans Arnhold, 27.11.1939.

22 Ebd., Schreiben des Präsidenten der RdbK Berlin an die Gestapo Wien, 22.4.1940.

23 Ebd., Schreiben der Gestapo Wien an den Präsidenten der RdbK Berlin, 18.7.1941; handschriftliche Notiz von Leopold Blauensteiner.

24 Ebd., Schreiben des Präsidenten der RdbK Berlin an die Gestapo Wien, 28.9.1941.

25 BV Archiv, Akt Wilhelm Frass, Erklärung von Anton Endstorfer, gez. Gustav Gurschner, 7.2.1948.

26 BV Archiv, Akt Florian Josephu-Drouot, BV-Fragebogen vom 7.6.1946; Marc Baron: Brothers in Stone, Rediscovering the Viennese sculptors Josef and Florian Josephu brothers, sculptors and rivals, https://www.josephu.info/ (10.9.2019).

27 KH Archiv, Akt Florian Josephu-Drouot, Zeitungsausschnitt, H. M.: Der Bildhauer Florian Josephu, in: Neues Österreich, 20.7.1954.

28 BV Archiv, Akt Wilhelm Müller-Hofmann, Schreiben der NSDAP-Gauleitung Wien an die RdbK Wien, 25.7.1938.

29 Gabriele Koller: Die verlorene Moderne. Von der Kunstgewerbeschule zur (Reichs-)Hochschule für angewandte Kunst, in: Hans Seiger, Michael Lunardi, Peter Josef Populorum (Hg.): Im Reich der Kunst. Die Wiener Akademie der bildenden Kunst und die faschistische Kunstpolitik (Österreichische Texte zur Gesellschaftskritik, hg. vom Verein Kritische Sozialwissenschaft und Politische Bildung, Bd. 50), Wien 1990, S. 192–194; dies.: Die bildenden Künste. Über die Lehrbarkeit des Nichterlernbaren, in: Erika Patka, Wilhelm Holzbauer (Hg.): Kunst: Anspruch und Gegenstand. Von der Kunstgewerbeschule zur Hochschule für Angewandte Kunst in Wien 1918–1991, Salzburg u. a. 1991, einfügen: S. 180–257, hier S. 208–212.

30 BV Archiv, Akt Wilhelm Müller-Hofmann, Schreiben der RdbK Berlin an das RMVP und an die Gestapo, 15.5.1939.

31 Ebd., Schreiben der RdbK Berlin an das RMVP, 25.5.1940.

32 Leonhard Weidinger: Wilhelm Müller-Hofmann, Lexikon der österreichischen Provenienzforschung, https://www.lexikon-provenienzforschung.org/m%C3 %BCller-hofmann-wilhelm (10.9.2019).

33 Christoph Thun-Hohenstein, Rainald Franz (Hg.): Otto Prutscher. Allgestalter der Wiener Moderne (MAK studies, Bd. 26), Stuttgart 2019.

34 ZV Archiv, Akt Otto Prutscher, Schreiben Marcel Kammerer an die RdbK Berlin, 18.12.1940.

35 AT-OeStA/AdR BMU PA Otto Prutscher, Abschrift des Ministeriums für innere und kulturelle Angelegenheiten, 24.9.1939.

36 ZV Archiv, Akt Otto Prutscher, Schreiben der Magistratsabteilung 4 an Otto Prutscher, 12.4.1939.

37 Ebd., Schreiben der NSDAP-Gauleitung Wien an die RdbK Wien, 25.5.1939.

38 Ebd., Schreiben der RdbK Berlin an Otto Prutscher, 6.3.1941.

39 Ebd., Schreiben Leopold Blauensteiner an die RdbK Berlin, 19.3.1941.

40 AT-OeStA/AdR BMU PA Otto Prutscher (Personenstandesblatt vom 6.11.1945); Thun-Hohenstein, Franz, Otto Prutscher, S. 122.

41 BV Archiv, Akt Maria Strauss-Likarz, Auskunft der NSDAP-Gauleitung Wien, 7.10.1938.

42 Ebd., Auskunft von Reinhold Klaus, 18.10.1938.

43 Ebd., Schreiben Hans Likarz an die RdbK Wien, 17.12.1938.

44 Richard Strauss wurde 1940 in England interniert und lebte ab 1948 in Earlville, N. Y. Die Scheidung erfolgte 1947. Siehe: Veronika Pfolz: Nach Italien emigriert – drei Künstlerinnen und Künstler, in: Zwischenwelt 22 (2005) 1/2, S. 63–64.

45 BV Archiv, Akt Ekke Ozlberger, Schreiben Ekke Ozlberger an die RdbK Wien, 20.9.1940.

46 Ebd., Schreiben der NSDAP-Gauleitung, 25.5.1939.

47 WStLA, Gauakt Ekke Ozlberger, Notiz vom 31.5.1946.

48 BV Archiv, Akt Ekke Ozlberger, Schreiben Walther Neblich an Ekke Ozlberger, 5.6.1942.

49 AT-OeStA/AdR, Gauakt Ekke Ozlberger, Erklärung vom 20.1.1941.

50 BV Archiv, Akt Ekke Ozlberger, Schreiben Ekke Ozlberger an das Staatsamt für Propaganda, Unterricht und Kulturangelegenheiten, 6.7.1945.

51 Ebd., Schreiben Wilhelm Kaufmann, o. D. Kaufmann (1895–1975) war 1946 Leiter der Sektion Malerei in der BV. 1938–1945 wurde über ihn ein Berufsverbot verhängt. Wikipedia, Wilhelm Kaufmann (Maler, 1895), https://de.wikipedia.org/wiki/Wilhelm_Kaufmann_(Maler,_1895) (30.10.2020).

52 BV Archiv, Akt Elisabeth Turolt, Schreiben der NSDAP, 14.7.1938: „Pol. und charakt. sehr bedenklich, mit Juden verheiratet, Aufnahme i. d. RdbK nicht in Betracht."

53 Ebd., Schreiben Leopold Blauensteiner an Elisabeth Turolt, 13.10.1939.

54 Ebd., Aufnahme in die RdbK am 24.9.1942 per 1.4.1942, Fachgruppe Bildhauerei (B 3968) und Malerei (M28258), künstlerische Bewertung „C", 27.3.1942.

55 Ebd., BV Bestätigung, 2.11.1949.

56 BV Archiv, Akt Erwin Lang, Präsident der RdbK Berlin an Erwin Lang, 22.11.1938.

57 Bärbel Schrader: „Jederzeit widerruflich". Die Reichskulturkammer und die Sondergenehmigungen in Theater und Film des NS-Staates, Berlin 2008, S. 225.

58 ZV Archiv, Akt Erich Boltenstern, Schreiben des Sicherheitsdienstes des Reichsführers SS an die RdbK Wien, 28.2.1939; Schreiben der Gestapo an Leopold Blauensteiner, 12.4.1939.

59 Akademie der bildenden Künste Wien, Erich Boltenstern, http://ns-zeit.akbild.ac.at/suche/11 (13.9.2019).

60 ZV Archiv, Akt Erich Boltenstern, Schreiben Leopold Blauensteiner an die Außenstelle der RdbK Wien, 28.9.1938.

61 AT-OeStA/AdR, Gauakt Erich Boltenstern, NSDAP Gau Wien Kreisleitung, Politische Beurteilung, 7.7.1939.

62 Ebd., Schreiben der DAF, Bauamt, an die NSDAP-Gauleitung Wien, 26.4.1941.

63 Ebd., Politische Beurteilung, NSDAP-Gauleitung Wien, Personalamtsleiter, 12.2.1943.

64 Judith Eiblmayr: Moderat modern. Leben und Werk des Architekten Erich Boltenstern, in: dies., Iris Meder (Hg.): Moderat modern. Erich Boltenstern und die Baukultur nach 1945 (Ausstellungskatalog Wien Museum), Salzburg 2005, S. 15–25.

65 Die für den Berufswettkampf der ostmärkischen Handwerker angefertigte Brautkrone war im März 1939 in der *Handwerkerausstellung* in der Volkshalle im Rathaus und im Mai 1939 in Frankfurt am Main zu sehen. MAK Sammlung, GO 1834, Brautkrone.

66 BV Archiv, Akt Erwin Lang, Abschrift des Schreibens des RMVP an Erwin Lang und die RdbK Berlin und Wien, 20.7.1938.

67 Ebd., Schreiben Erwin Lang, 23.7.1938.

68 Ebd., Schreiben des Präsidenten der RdbK Berlin an Erwin Lang, 22.11.1938.

69 Michaela Nagl: Bildende Kunst in Oberdonau, in: Birgit Kirchmayr (Hg.): „Kulturhauptstadt des Führers". Kunst und Nationalsozialismus in Linz und Oberösterreich (Ausstellungskatalog Schlossmuseum Linz), Weitra 2008, S. 92–93.

70 BV Archiv, Akt Erwin Lang, Schreiben Ernst August von Mandelsloh an Leopold Blauensteiner, 31.8.1940. Ein weiteres positives Gutachten erstellte Ferdinand Kitt.

71 Ebd. In einem Brief von Ernst August Mandelsloh an Rudolf Irkowsky, Reichspropagandaamt Oberdonau, vom 27.1.1942 hielt er fest, „dass Herr Reichsminister Dr. Göbbels [sic!] lebhaften Anteil an der günstigen Erledigung für Professor Lang nimmt. Somit ist mit einem abschlägigen Bescheid nicht zu rechnen. Auch Staatssekretär Dr. Hinkel ist über diesen Fall im Bilde".

72 Ebd., Schreiben der RdbK Berlin an die Gestapo Wien, 21.3.1942.

73 BV Archiv, Akt Antoinette Langer, Schreiben der RdbK Berlin an Antoinette Langer, 13.4.1939.

74 Ebd., Schreiben der RdbK Berlin an Antoinette Langer, 21.6.1939.

75 Ebd., Gesuch Marcel Kammerers an die Kanzlei des Führers, 13.9.1940.

76 Ebd., handschriftliche Anmerkung im Fragebogen zur Aufnahme in die BV, 12.1.1947.

77 Ebd., Schreiben Antoinette Langer an das Staatsamt für Propaganda, Unterricht und Kulturangelegenheiten, 20.7.1945.

78 Heidelinde Resch: 14 Grafikerinnen im Wien des 20. Jahrhunderts. „... Exaktheit der Zeichnung und Farbe mit echt wienerischem Charme ..." (Design in Österreich, hg. von designaustria, Bd. 3), Basel 2013, S. 37–47.

79 BV Archiv, Akt Helga Schenker, Fragebogen, o.D.

80 Ebd., Bestätigung von Ernst Ludwig Franke, 13.10.1938.

81 Ebd., Schreiben Leopold Blauensteiner an die RdbK Berlin, 29.3.1939.

82 Ebd., Schreiben der RdbK Berlin an Helga Schenker, 30.9.1940.

83 Ebd., Schreiben der RdbK Berlin an die RdbK Wien, 28.10.1940.

84 Ebd., Schreiben Marcel Kammerer an die RdbK Berlin, 31.10.1940.

85 Ebd., Schreiben der RdbK Berlin an Helga Schenker, 21.7.1941.

86 Ebd., Bestätigung von Franz Schlögel, 11.12.1944.

87 Resch, 14 Grafikerinnen, S. 37–47.

88 Hans Hinkel (Hg.): Handbuch der Reichskulturkammer, Berlin 1937, S. 28.

89 BV Archiv, Akt Elisabeth Alward, Fragebogen der RdbK, 30.11.1938.

90 Ebd., Schreiben der RdbK Berlin an die RdbK Wien, 18.4.1940. Siehe: Kapitel 3, Abb. S. 78.

91 Wilfried Posch: Clemens Holzmeister. Architekt zwischen Kunst und Politik, Salzburg u. a. 2010, S. 261–262.

92 ZV Archiv, Akt Clemens Holzmeister, Mitteilung über die vorläufige Eingliederung, 30.6.1938. Siehe: Kapitel 3, Abb. S. 70.

93 BV Archiv, Akt Karl Sterrer, Leopold Blauensteiner an den Hauptsturmführer Ristau, 9.5.1939.

94 Otto Plettenbacher: Gustinus Ambrosi. Monografie. Ein Künstlerschicksal in den kulturellen und politischen Umbrüchen des 20. Jahrhunderts, Wien 2015.

95 Ebd., S. 85.

96 AT-OeStA/AdR, Gauakt 137.313, Gustinus Ambrosi, Schreiben Leopold Blauensteiner an den Landeskulturwalter [Hans Arnhold], 4.3.1940.

97 Christine Zippel: Bildhauer Robert Ullmann (1903–1966). Ein Künstlerleben in bewegten Zeiten, Klosterneuburg 2018, S. 100–111; BV Archiv, Akt Robert Ullman, NSDAP-Mitgl. (ab Mai 1938).

98 AT-OeStA/AdR, Gauakt 137.313, Gustinus Ambrosi, Abschrift des Schreibens von Adolf Ziegler an Leopold Blauensteiner, 14.4.1938.

99 Daniela Zyman, Eva Wilson (Hg.): Gustinus Ambrosi. Eine erweiterte Biografie, „Reprototypen, Triangulationen und Testverfahren" bei Thyssen-Bornemisza Art Contemporary-Augarten und des Projekts „Kuh" (2012) der Künstlergruppe SUPERFLEX (Ausstellungskatalog Augarten Wien), Wien 2012, S. 29.

100 AT-OeStA/AdR, Gauakt 137.313, Gustinus Ambrosi, Schreiben Leopold Blauensteiner an den Landeskulturwalter [Hans Arnhold], 15.3.1940.

101 BV Archiv, Akt Gustinus Ambrosi, Schreiben der NSDAP-Gauleitung Wien, 14.3.1940; AT-OeStA/AdR, Gauakt 137.313 Gustinus Ambrosi.

102 AT-OeStA/AdR, Gauakt 137.313, Gustinus Ambrosi, Schreiben Hans Arnhold an Karl Scharizer, 21.3.1940.

103 BV Archiv, Akt Gustinus Ambrosi, Leopold Blauensteiner, künstlerische Bewertung, 28.3.1940.

104 Ernst-Adolf Chantelau: Die Bronzestatuen von Tuaillon, Thorak, Klimsch und Ambrosi für Hitlers Garten. Ein Beitrag zur Topografie der Neuen Reichskanzlei von Albert Speer, Norderstedt 2019, S. 55.

105 Ebd., S. 22.

106 Die Bozzetti zu den vier Figuren Ambrosis befinden sich in der Österreichischen Galerie Belvedere.

107 Werner Riemerschmid: Neue Arbeiten von Gustinus Ambrosi, in: Die Kunst im Dritten Reich 4 (1940), S. 344–349.

108 Plettenbacher, Gustinus Ambrosi, S. 92–96.

109 Die zweite, ursprünglich vor dem Gewächshaus aufgestellte Figur war die *Olympia* (1937) von Fritz Klimsch. Hitler soll verlangt haben, diese Figur durch eine andere zu ersetzen. Siehe: Chantelau, Die Bronzestatuen, S. 34.

110 Ebd.

111 Plettenbacher, Gustinus Ambrosi, S. 100–110.

112 Ebd., S. 113–121; Lioba Schmitt-Imkamp: Roderich Fick. 1886–1955 (Hitlers Architekten, Bd. 3), Wien u. a. 2014, S. 280.

113 BV Archiv, Akt Gustinus Ambrosi, Fragebogen der BV, 24.5.1946.

114 Plettenbacher, Gustinus Ambrosi, S. 138.

115 Wolfgang Fleischer: Das verleugnete Leben. Die Biographie des Heimito von Doderer, Wien 1996, S. 273–285.

116 BV Archiv, Akt Albert Paris Gütersloh, Schreiben der RdbK an die NSDAP-Gauleitung Wien, 22.8.1939; KH Archiv, Akt Albert Paris Gütersloh, Schreiben der NSDAP-Gauleitung Wien an die RdbK Wien, 13.10.1939, zit. nach Gabriele Koller, Gloria Widhalm (Hg.): Vertreibung des Geistigen aus Österreich. Zur Kulturpolitik des Nationalsozialismus (Ausstellungskatalog Zentralsparkasse und Kommerzialbank Wien), Wien 1985, S. 128.

117 BV Archiv, Akt Albert Paris Gütersloh, Abschrift von Robert Obsieger, 1938.

118 Siehe: Heribert Hutter (Hg.): A. P. Gütersloh zum 100. Geburtstag (Ausstellungskatalog Wiener Secession), Wien 1987, S. 99.

119 WStLA, A1-66, 1946, Schreiben Albert P. Gütersloh und Gustav Kurt Beck an die Abteilung des Magistrates XI, 7.11.1946.

120 Fleischer, Das verleugnete Leben, S. 343; AT-OeStA/Gauakt Herbert Boeckl. Boeckl war ab 1.5.1938 Parteianwärter, die Aufnahme in die NSDAP erfolgte mit 1.1.1941, NSDAP-Mitgl.-Nr. 8.469.908.

121 Wolfgang Kos (Hg.): Kampf um die Stadt. Politik, Kunst und Alltag um 1930 (Ausstellungskatalog Wien Museum im Künstlerhaus), Wien 2009, S. 583.

122 Else Hofmann: Karl Sterrer zum 50. Geburtstag, in: Österreichische Kunst 7 (1936) 1, S. 3–5.

123 BV Archiv, Akt Karl Sterrer, Schreiben Robert Eigenberger an die Akademie der bildenden Künste, 16.12.1938.

124 Ebd., Bewertung von Leopold Blauensteiner, 26.1.1939.

125 Ebd., Gauhauptstellenleiter F. Kamba an RdbK Wien, Politische Beurteilung und identes Schreiben der NSDAP, 3.6.1940; Schreiben Leopold Blauensteiner an den Präsidenten der RdbK Berlin, 11.4.1940.

126 Ebd., Beilage von Leopold Blauensteiner, 29.6.1942: Abschrift einer „Eingabe von ehemaligen Schülern der Akademie der bildenden Künste in Wien des Professor Sterrer", 28.1.1941.

127 Ebd., Karl Sterrer, Erklärung über mein Verhältnis zur NSDAP, 29.5.1945.

128 Akademie der bildenden Künste Wien, Karl Sterrer, http://ns-zeit.akbild.ac.at/suche#b_start=0&c1=sterrer (24.9.2019).

129 Gabriele Koller: Verordnungen zur Mittelmäßigkeit. Malerei und Nationalsozialismus in Österreich, in: Christoph Bertsch, Markus Neuwirth (Hg.): Die ungewisse Hoffnung. Österreichische Malerei und Graphik zwischen 1918 und 1938, Salzburg u. a. 1993, S. 126–136, hier S. 130.

130 BV Archiv, Akt Marianne Fieglhuber-Gutscher, künstlerische Bewertung von Leopold Blauensteiner, 8.2.1939.

131 Ebd., Schreiben der RdbK Berlin an die Landesleitung der RdbK Wien, 6.10.1943.

132 Christoph Thun-Hohenstein, Kathrin Pokorny-Nagel (Hg.): Franz von Zülow, Papier (Ausstellungskatalog MAK Wien; MAK studies, Bd. 22), Nürnberg 2013.

133 BV Archiv, Akt Franz Zülow, Aufnahmebescheid der RdbK Berlin, 28.1.1941 (per 1.7.1938).

134 Ebd., Zeitungsausschnitt, Wiener Mittag, 22.2.1940.

135 Marián Potočár: Österreicher bauen im „Neuen Osten", Bratislava, Prag, Krakau, in: Ingrid Holzschuh, Monika Platzer (Hg.): „Wien. Die Perle des Reiches". Planen für Hitler (Ausstellungskatalog Architekturzentrum Wien), Zürich 2015, einfügen: S. 104–120, hier S. 116–118.

136 WM, Inv.-Nr. 68806.

137 KH Archiv, Akt Franz Zülow, Freigabeansuchen von Franz Zülow an das Wohnungsamt, Mai 1941 und Befürwortung durch das Künstlerhaus, 14.6.1941.

138 BV Archiv, Akt Franz Zülow, Schreiben des Dorotheums an die RdbK Wien, 11.2.1942.

139 Ebd., Schreiben der RdbK Berlin an Franz Zülow, 13.2.1942.

140 Ebd., Schreiben der RdbK Wien an die RdbK Berlin, 10.4.1940.

141 Ebd., Schreiben Leopold Blauensteiner an das Dorotheum, 4.5.1942.

142 Thun-Hohenstein, Pokorny-Nagel, Franz von Zülow, S. 114.

143 Heinrich Neumayer: Franz Zülow, eine Ausstellung zum 60. Geburtstag, in: Völkischer Beobachter, 18.4.1943, S. 4; Ernst Winkler: Der große Wiener Bauernmaler, Ausstellung zum 60. Geburtstag Franz von Zülow, in: Neuigkeits-Welt-Blatt, 18.4.1943, S. 7.

144 Leopold Wolfgang Rochowanski: Ausstellung Max Florian, in: Wiener Kurier, 14.11.1945, S. 4.

145 BV Archiv, Akt Franz Zülow, Bescheinigung der BV, 5.8.1945.

146 WStLA, M.Abt. 350, Allg. Reg. A1-75, 1948, Schreiben der BV an Robert Kraus, 30.3.1948.

## ⑤ „Gottbegnadet“ Hitlers bevorzugte Künstler*innen der Ostmark

1944 erstellten Adolf Hitler und Joseph Goebbels, Präsident der Reichskulturkammer und Reichsminister, die „Gottbegnadeten-Liste“. Diese Liste umfasste 1.041 Namen von Künstler*innen aus allen Sparten der bildenden Kunst, aus Architektur, Literatur, Musik und der Schauspielkunst. Für das NS-Regime waren sie unverzichtbare „Kulturschaffende“, die im „Künstlerkriegseinsatz“ standen und damit vom Kriegsdienst befreit waren. Unter den bildenden Künstler*innen und Architekten befanden sich 18 Österreicher*innen und der in Wien tätige deutsche Bildhauer Fritz Behn.

Daneben existierten „Sonderlisten“ mit einer Reihe von Personen, die als „unersetzlich“ eingestuft wurden. Zu den hier gelisteten 12 bildenden Künstlern gehörte auch der österreichische Bildhauer Josef Thorak, der allerdings fast ausschließlich im Deutschen Reich tätig war.

| | |
|---|---|
| Bildhauer | Hans Bitterlich<br>Michael Drobil<br>Wilhelm Frass<br>Josef Müllner<br>Michael Powolny<br>Robert Ullmann |
| Maler | Ferdinand Andri<br>Alfred Cossmann<br>Wilhelm Dachauer<br>Rudolf Hermann Eisenmenger<br>Gottlieb Theodor Kempf-Hartenkampf<br>Karl Mediz<br>Erwin Puchinger |
| Architekten | Otto Reitter<br>Otto Strohmayr<br>Siegfried Theiss |
| Gebrauchsgraphiker und Entwerfer | Margarethe Klimt<br>Hans Wagula |

Quelle: BArch Berlin, R55/20252a, Gottbegnadeten-Liste, 1944.

S. 126 Wilhelm Frass bei der Arbeit an der Figur *Die Ostmark,* 1939, Foto: Julius Scherb, Stadtmuseum St. Pölten (r.); Michael Powolny im Atelier, um 1939, Foto: Karl Arlt, WStLA (l.)
S. 127 Josef Müllner, *Die Kunst,* vor 1942, WM
S. 128 Rudolf Hermann Eisenmenger, um 1942, KH Archiv (l.); Ferdinand Andri vor seinem Selbstbildnis, um 1942, Foto: August Spendelhofer, Stadtmuseum St. Pölten (r.); Fritz Behn mit Lipizzaner, 1944, WStLA (u.)
S. 129 Robert Ullmann, *Schauende,* 1940, WM
S. 130–131 Fritz Behn, *Der Leopard,* 1937, WM

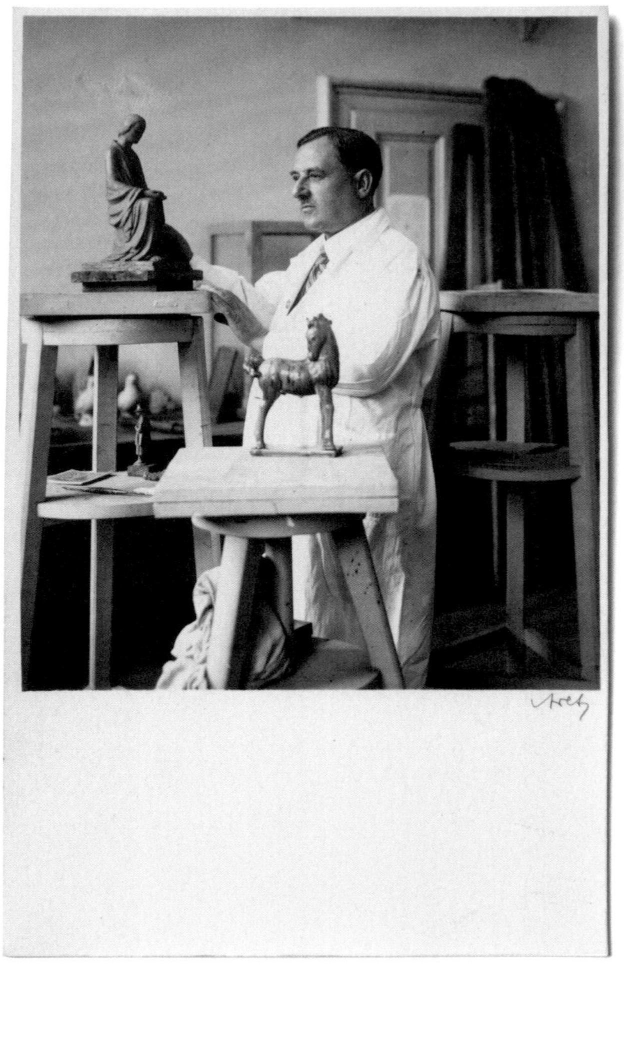

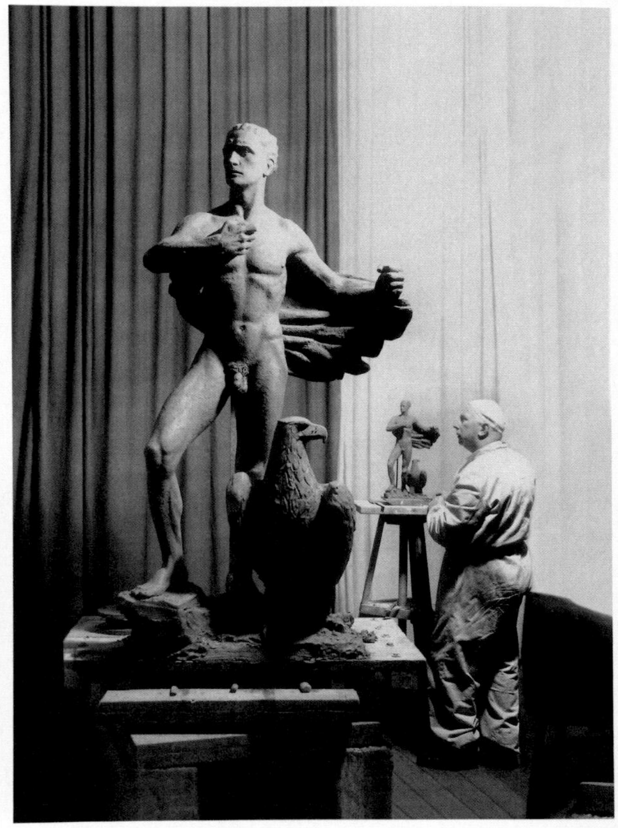

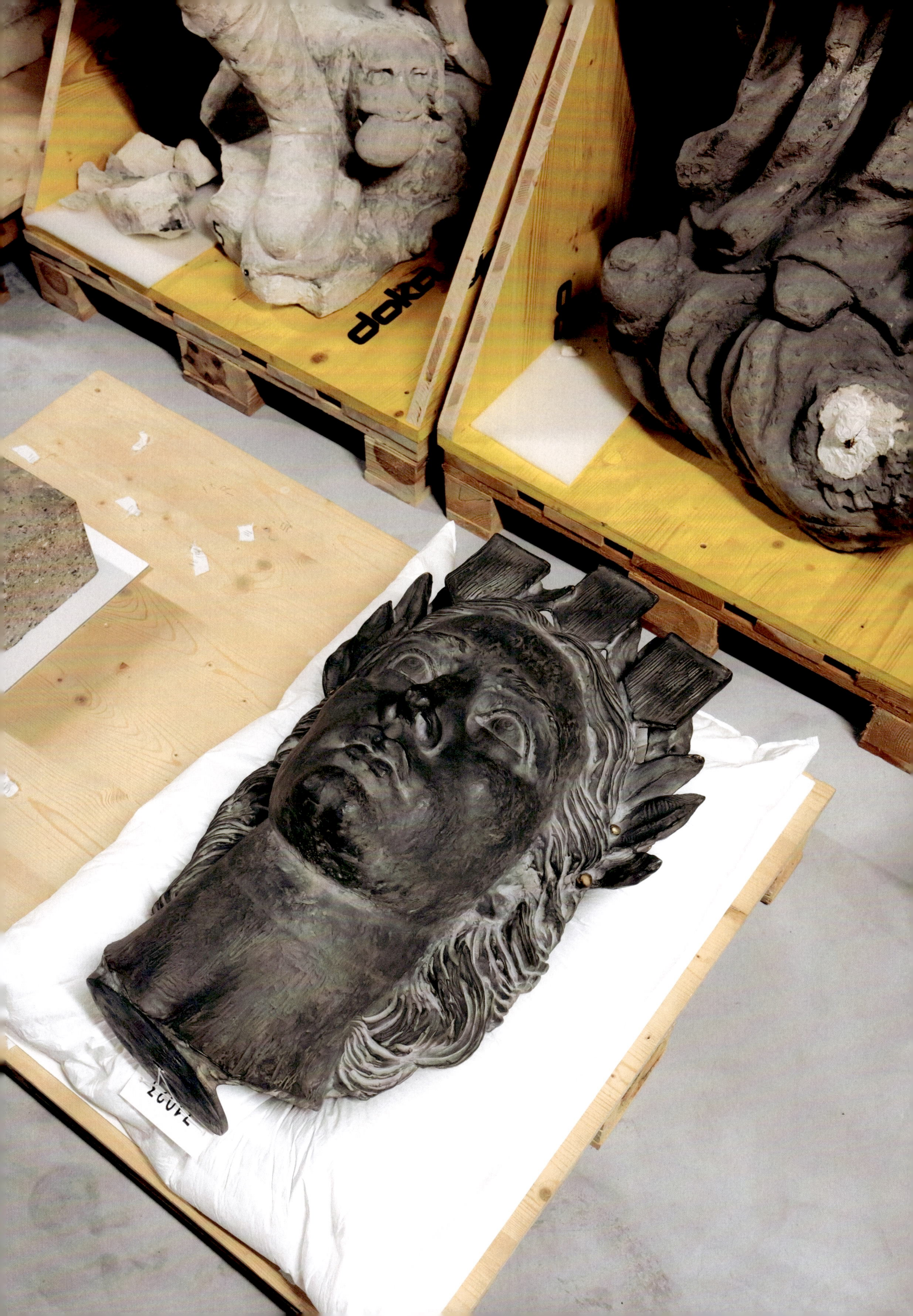

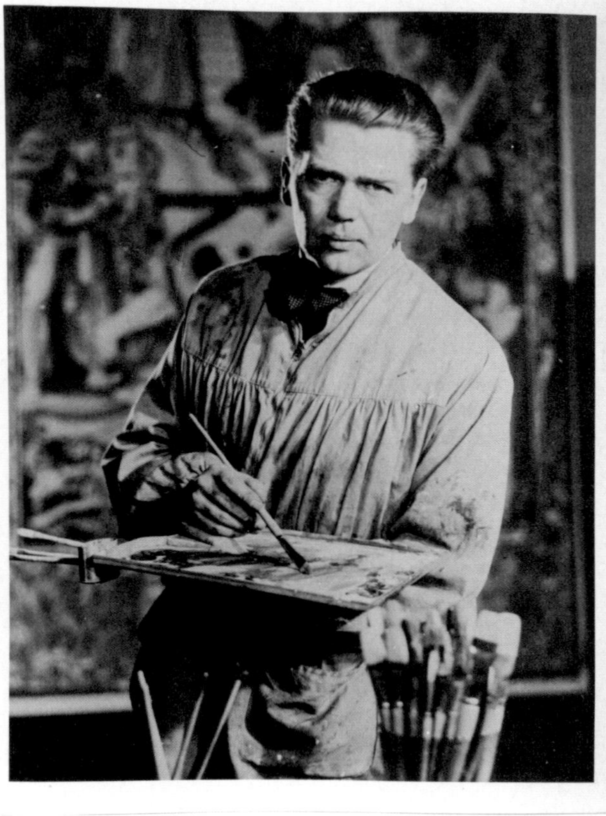

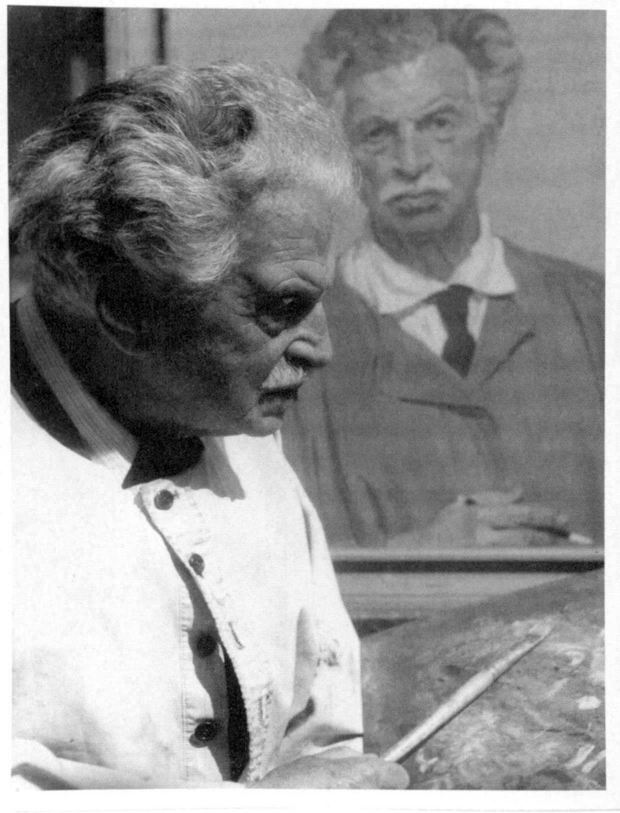

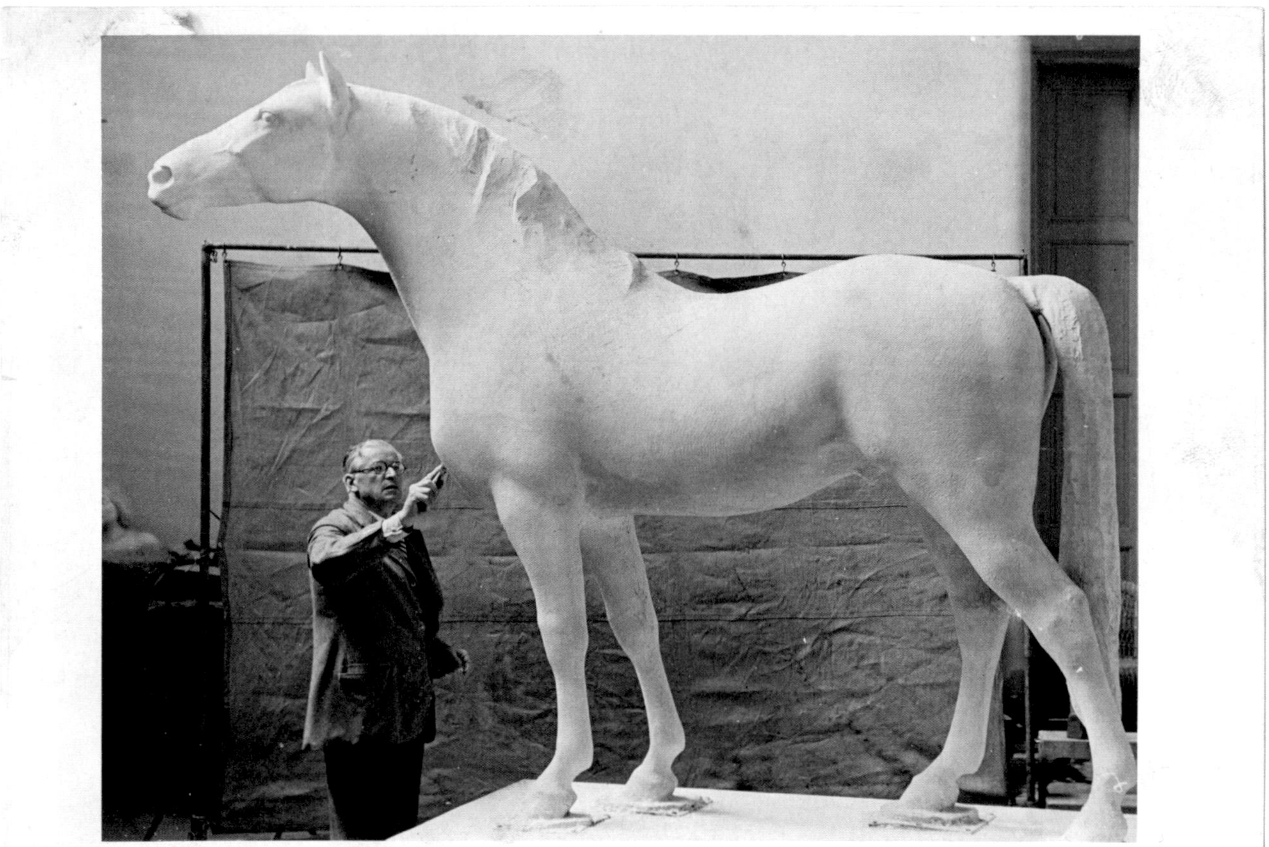

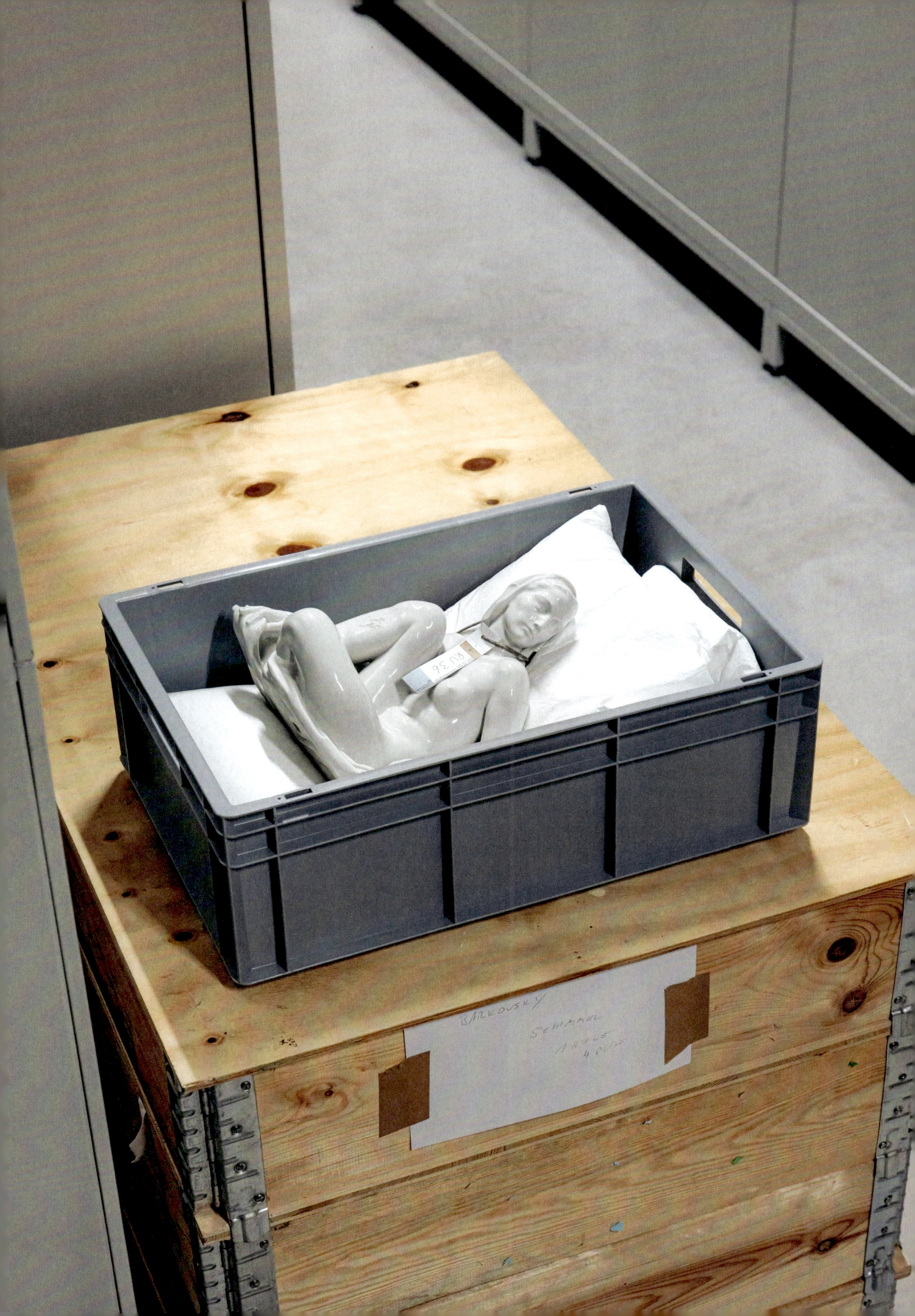

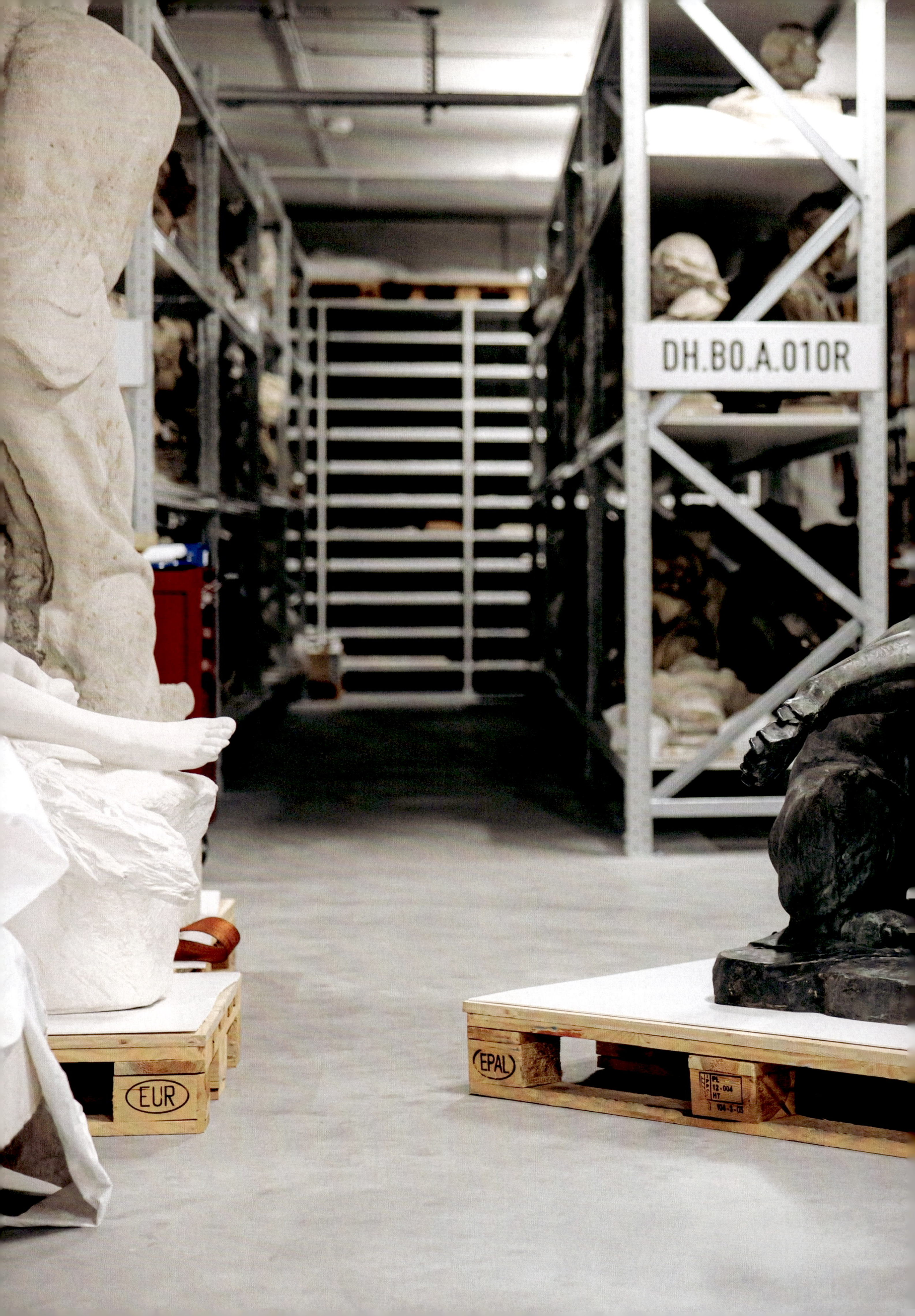
DH.BO.A.010R
EUR
EPAL

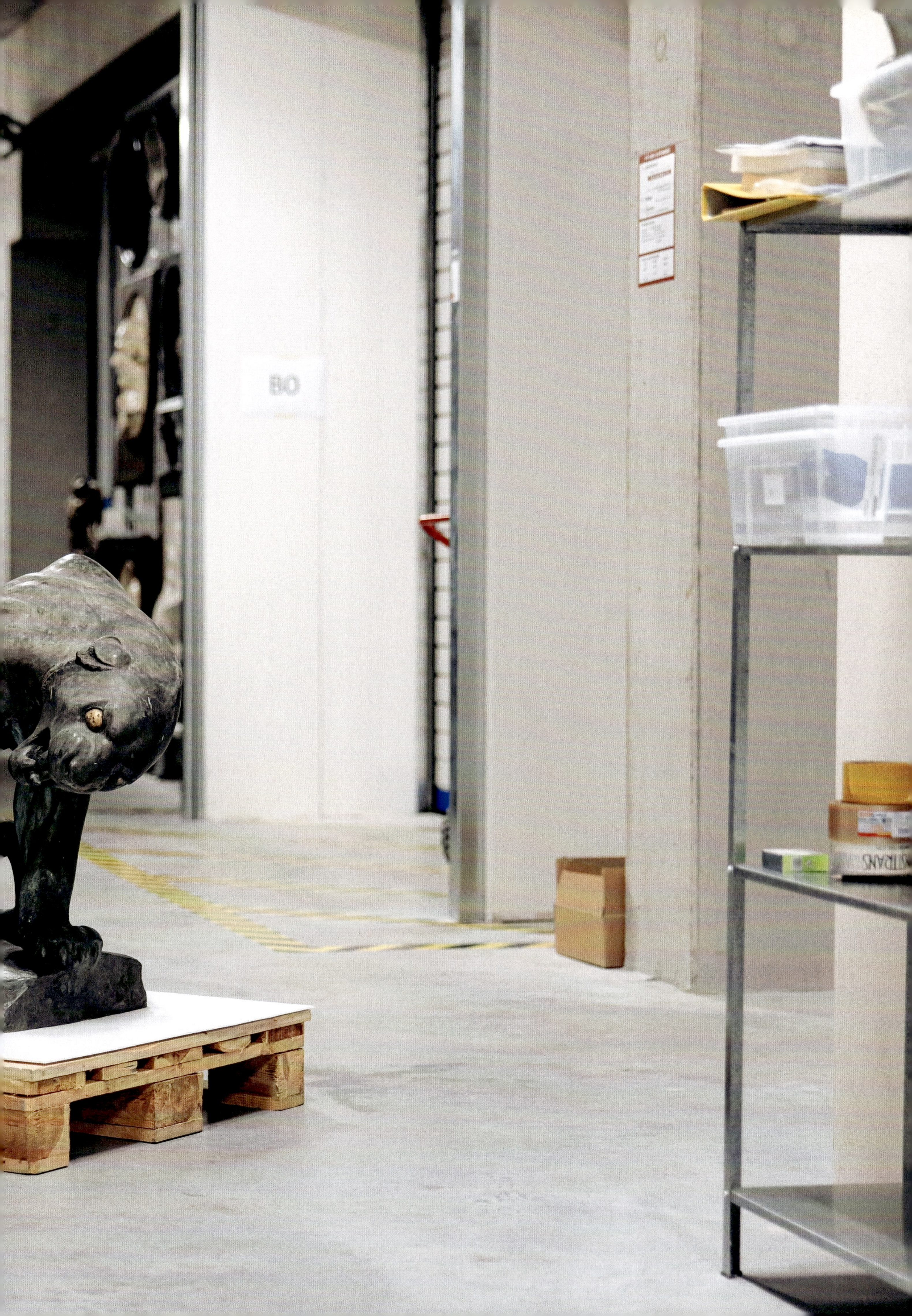
BO

## ⑥ Implementiert Das Kulturamt der Stadt Wien

Hermann Neubacher wurde am 13. März 1938 nach der Machtübernahme durch die Nationalsozialisten als Wiener Bürgermeister (1938 – 1940) eingesetzt. Er war seit 1933 „illegales" Mitglied der NSDAP und beteiligte sich 1934 am nationalsozialistischen Putschversuch, wofür er zu einer einjährigen Haftstrafe verurteilt wurde.[1] Als überzeugter Nationalsozialist war er Garant für die Durchsetzung der Parteilinie des NS-Regimes, die auch die Implementierung der nationalsozialistischen Kulturpolitik auf kommunaler Ebene einschloss. Auf Reichsebene lag nach der Volksabstimmung das parteipolitische Machtzentrum in der Hand von Josef Bürckel, dessen Vorstellung einer NS-Kulturpolitik in seiner Rede *Volk und Kultur*[2], die er 1940 anlässlich der „Übertragung der staatlichen Kunstverwaltung des Landes Österreichs auf den Reichsgau Wien" in der Hofburg hielt, öffentlich formuliert wurde. Auch sein Nachfolger Baldur von Schirach gab mit seiner Ansprache *Das Wiener Kulturprogramm*[3] im Burgtheater 1941 die parteipolitische Richtung des NS-Regimes vor. Mit der Institution des Kulturamtes der Stadt Wien sollten diese Ziele auf kommunaler Ebene ihre Durchsetzung finden.

Die Wiener Stadtverwaltung wurde nach dem „Anschluss" einer tief greifenden Neustrukturierung unterzogen und im September 1938 mit der Gründung der neuen Hauptabteilung VIII das Kulturamt eingerichtet.[4] Dieses bündelte alle bereits mit Kulturangelegenheiten befassten Dienststellen, wie das „Archiv der Stadt, die städtischen Sammlungen (zu welchen damals die Stadtbibliothek und das städt. Museum gehörten) und die neu errichtete Magistratsabteilung 50 ‚Allgemeine Rechts- und Verwaltungsangelegenheiten', der die Städtischen Büchereien, die neu errichtete Musikschule der Stadt Wien und die Theater der Stadt angegliedert wurden".[5] Als Leiter des Kulturamtes wurde Vizebürgermeister Hanns Blaschke eingesetzt, der wie Neubacher bereits vor dem „Anschluss" politisch überaus aktiv tätig war und mit seiner Ernennung „zu einer Art inoffiziellem Kulturstadtrat"[6] wurde.

Dem Aufbau der RdbK folgend gab es auch im Wiener Kulturamt eine Gliederung in einzelne Gruppen[7], für deren Leitung Wiener Künstler eingesetzt wurden; für die Malerei: Rudolf Böttger, Bildhauerei: Wilhelm Frass, Architektur: Hermann Kutschera, Schriftgestaltung: Johannes Cech, Kunsthandwerk: Robert Obsieger, Mode: Günther Ohnheiser, Musik: Armin Hochstetter, Schrifttum: Hermann Stuppäck, Theater: Oskar Jölli, Büchereiwesen: Hans Ruppe und Anton Gottschald, Volks- und Brauchtum: Franz Vogl und für Festgestaltung und Ausstellungswesen: Fritz Friedrich.[8] Wie aus dem Tätigkeitsbericht des Kulturamtes 1943 hervorgeht, hatten sie eine beratende Funktion: „Die Herren haben die Verpflichtung mir [Anm.: Kulturamtsleiter Hanns Blaschke] ein Echo der Wünsche ihres engeren Fachgebietes vorzutragen, aber auch Kritiker der Leistungen der städtischen Verwaltung auf kulturellem Gebiet zu sein und so also, möchte ich sagen, Stimmungsbarometer [...] zu sein."[9] Sie wurden vom Bürgermeister als Magistratsbeamte ehrenamtlich mit Verwaltungsaufgaben betraut und vom Gauleiter mit Parteirängen benannt.[10] Rudolf Böttger, der Sachberater für Malerei, schilderte seine Tätigkeit im Kulturamt als „eine zweiseitige Angelegenheit – einerseits Hemmung, da sie

S. 134 – 135 Broschüre *Volk und Kultur*, Rede des Gauleiters Josef Bürckel in der Hofburg, 3. März 1940; Broschüre *Das Wiener Kulturprogramm*, Rede des Reichsleiters Baldur von Schirach im Wiener Burgtheater, 6. April 1941, WB
S. 138 Rudolf Böttger, *Porträt Hanns Blaschke*, 1944, WM
S. 139 Schau der Erwerbungen des Kulturamtes für die Besichtigung durch Reichsleiter Baldur von Schirach am 29.10.1940 im Festsaal des Rathauses, 1940, WM, Foto: Landesbildstelle

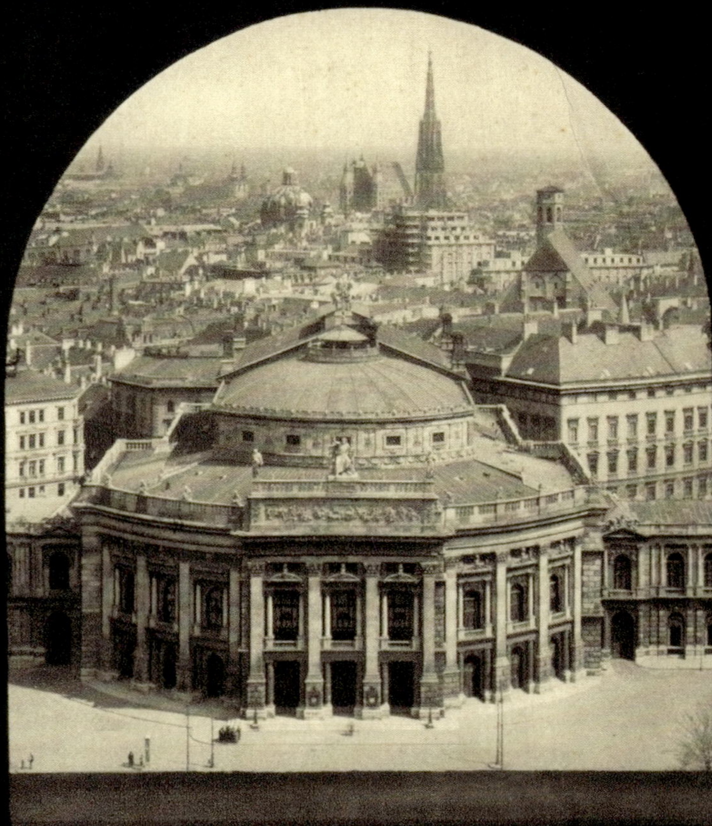

# Volk und Kultur

von

Gauleiter Josef Bürckel

# Das Wiener Kulturprogramm

Rede des Reichsleiters

**Baldur von Schirach**

im Wiener Burgtheater am
Sonntag, den 6. April 1941

Herausgegeben vom Gaupropagandaamt Wien der NSDAP.

Verlag: Zentralverlag der NSDAP., Franz Eher Nachf. G.m.b.H.
Zweigniederlassung Wien VII/62, Seidengasse 3–11

Verkaufspreis 10 Rpfg.

Leiter
Vizebürgermeister Hanns Blaschke

## Sachberater

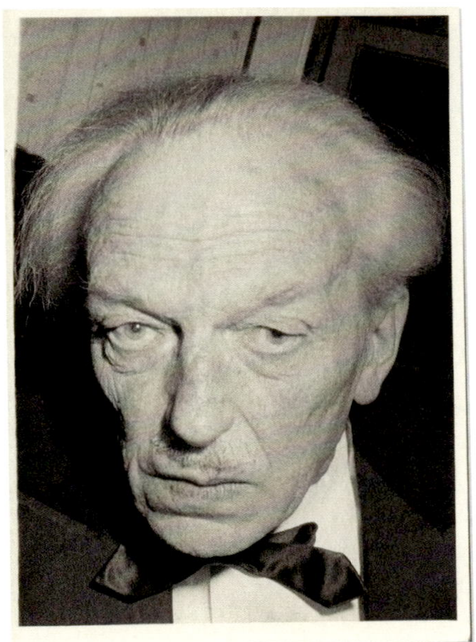

KH Archiv

### Malerei
### Rudolf Böttger

(1887–1973)
Beruf: Maler
RdbK-Mitglied:
☒ ja Nummer unbekannt
NSDAP-Mitglied:
☒ ja ab 1937

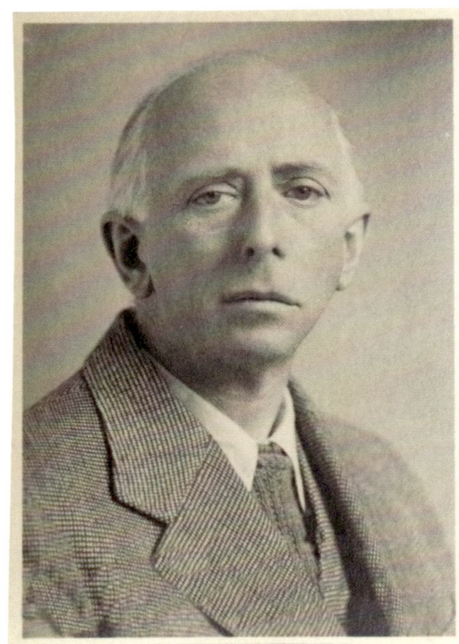

BV Archiv

### Bildhauerei
### Wilhelm Frass

(1886–1968)
Beruf: Bildhauer
RdbK-Mitglied:
☒ ja Ⓑ 3659
NSDAP-Mitglied:
☒ ja ab 1933

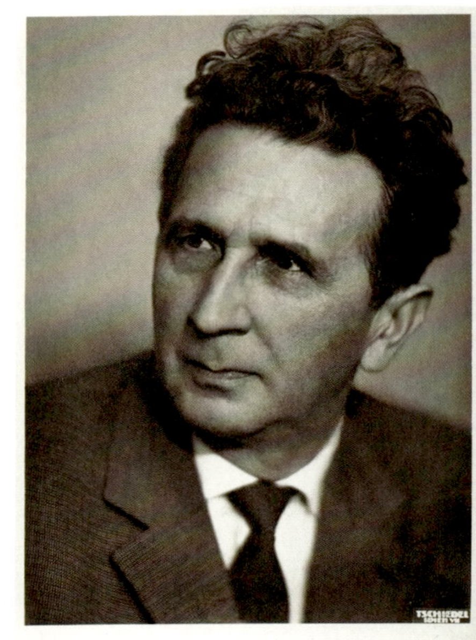

KH Archiv

### Architektur
### Hermann Kutschera

(1903–1991)
Beruf: Architekt
RdbK-Mitglied:
☒ ja Nummer unbekannt
NSDAP-Mitglied:
☒ ja ab 1934

## weitere Sachberater

Musik
Armin Hochstetter

Schrifttum
Hermann Stuppäck

Büchereiwesen
Hans Ruppe und
Anton Gottschald

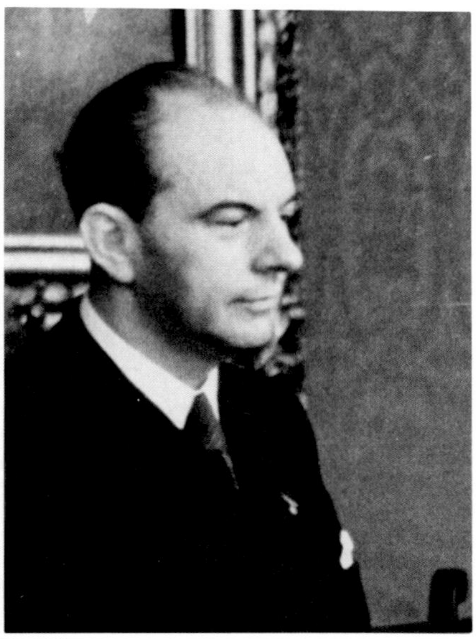
WStLA

## Schriftgestaltung
## Johannes Cech

(1903–1973)
Beruf: Architekt, Grafiker
RdbK-Mitglied:
☒ ja Nummer unbekannt
NSDAP-Mitglied:
☒ ja ab 1932

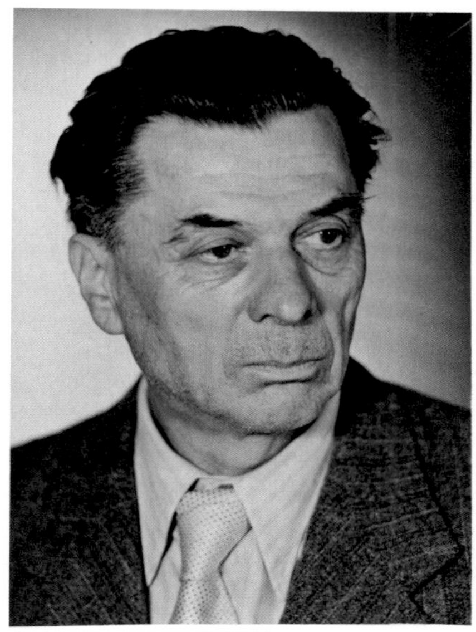
WStLA

## Kunsthandwerk
## Robert Obsieger

(1884–1958)
Beruf: Bildhauer
RdbK-Mitglied:
☒ ja Ⓑ 3554
NSDAP-Mitglied:
☒ ja 1932–1933, ab 1938

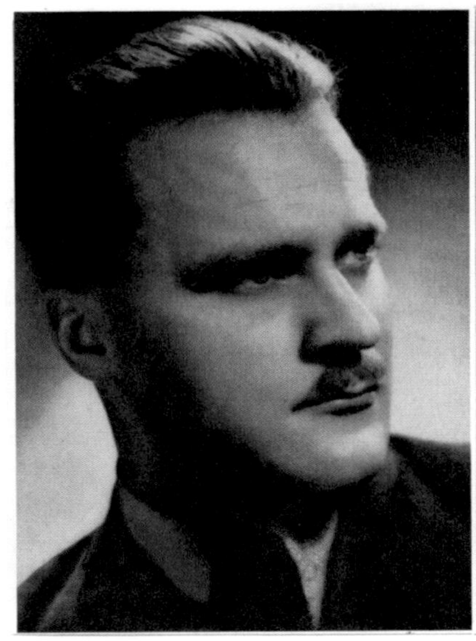
*Wiener Mode*

## Mode
## Günther Ohnheiser

(1911–1971)
Beruf: Grafiker, Modezeichner
RdbK-Mitglied:
☐ ja
NSDAP-Mitglied:
☒ ja ab 1931

## Theater
## Oskar Jölli

## Volks- und Brauchtum
## Franz Vogl

## Festgestaltung und Ausstellungswesen
## Fritz Friedrich

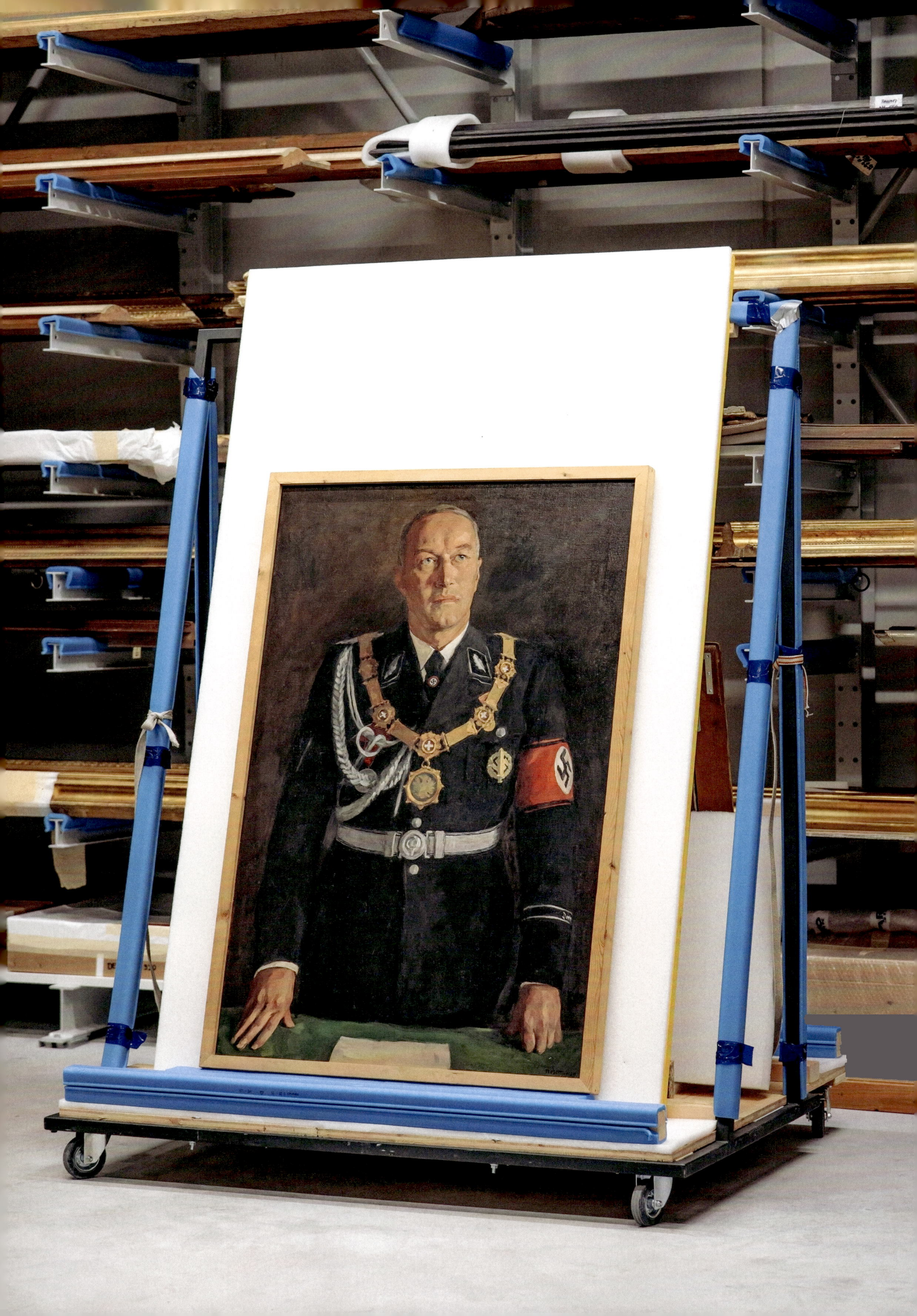

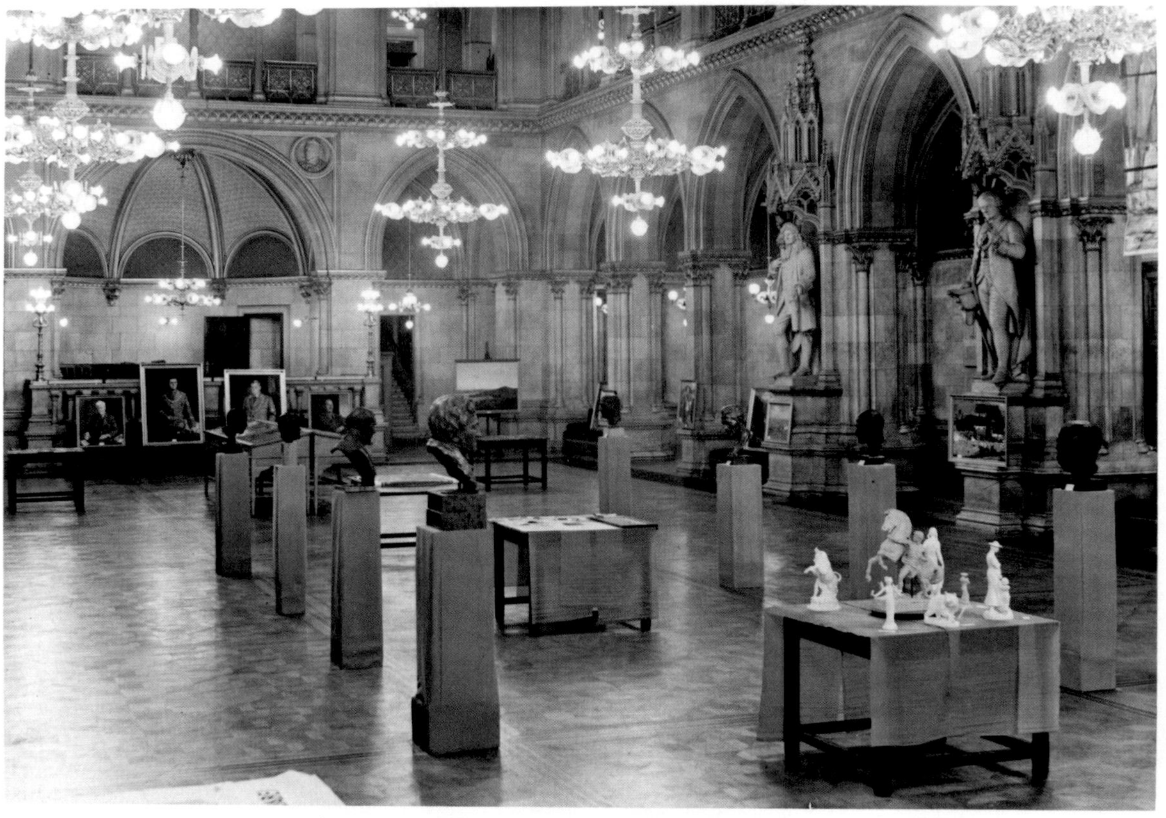

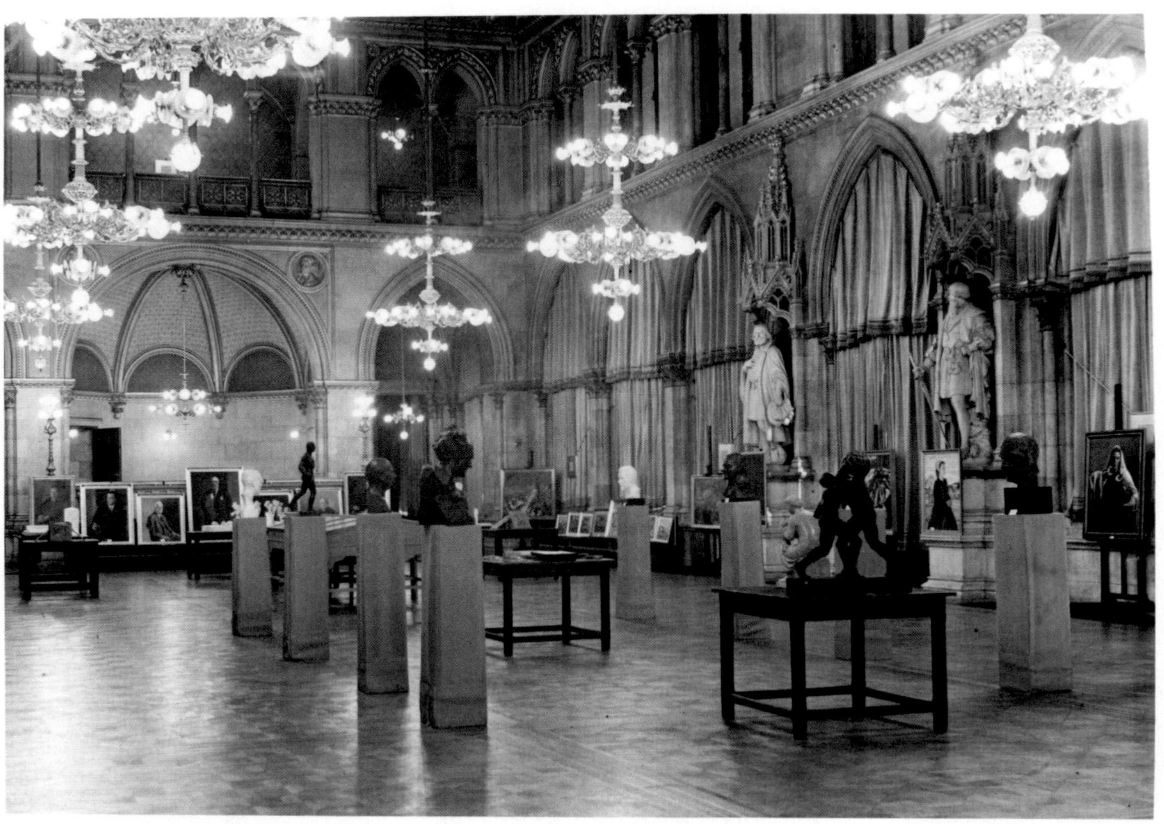

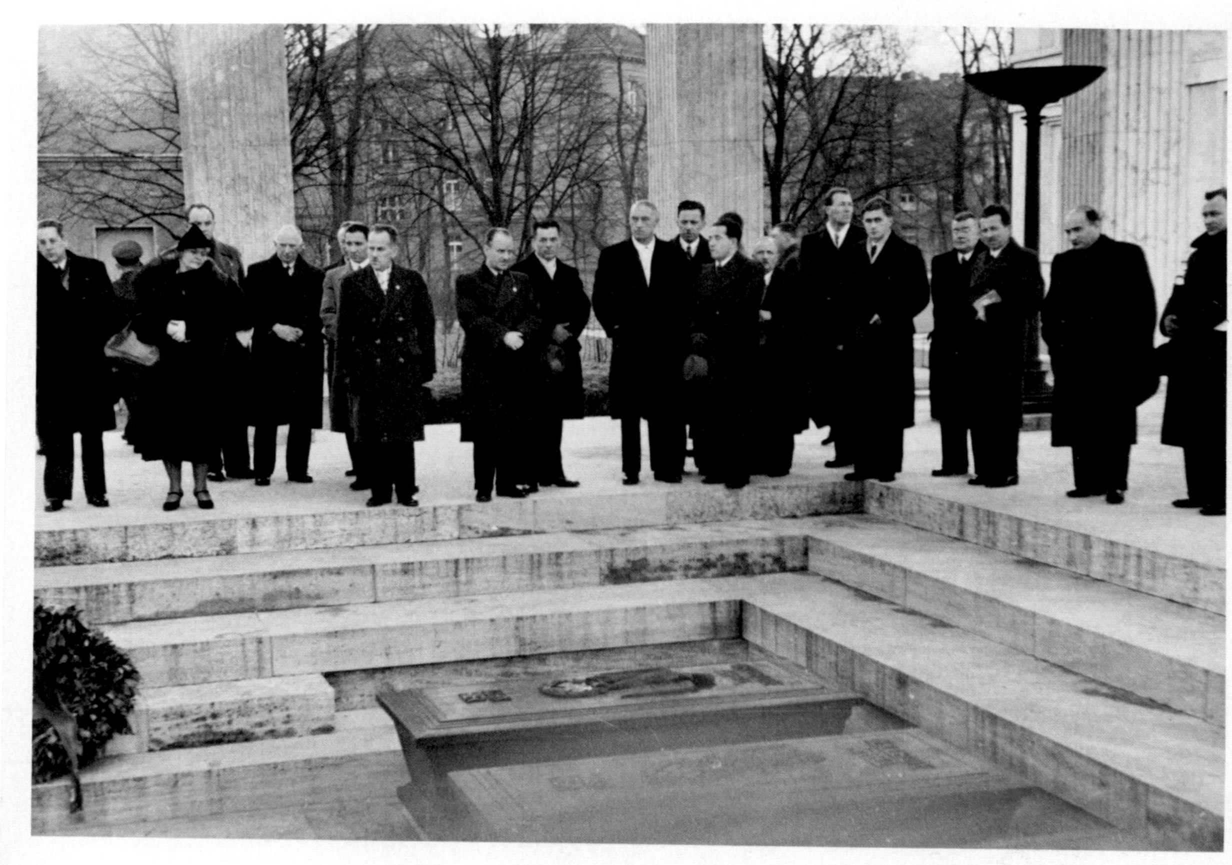

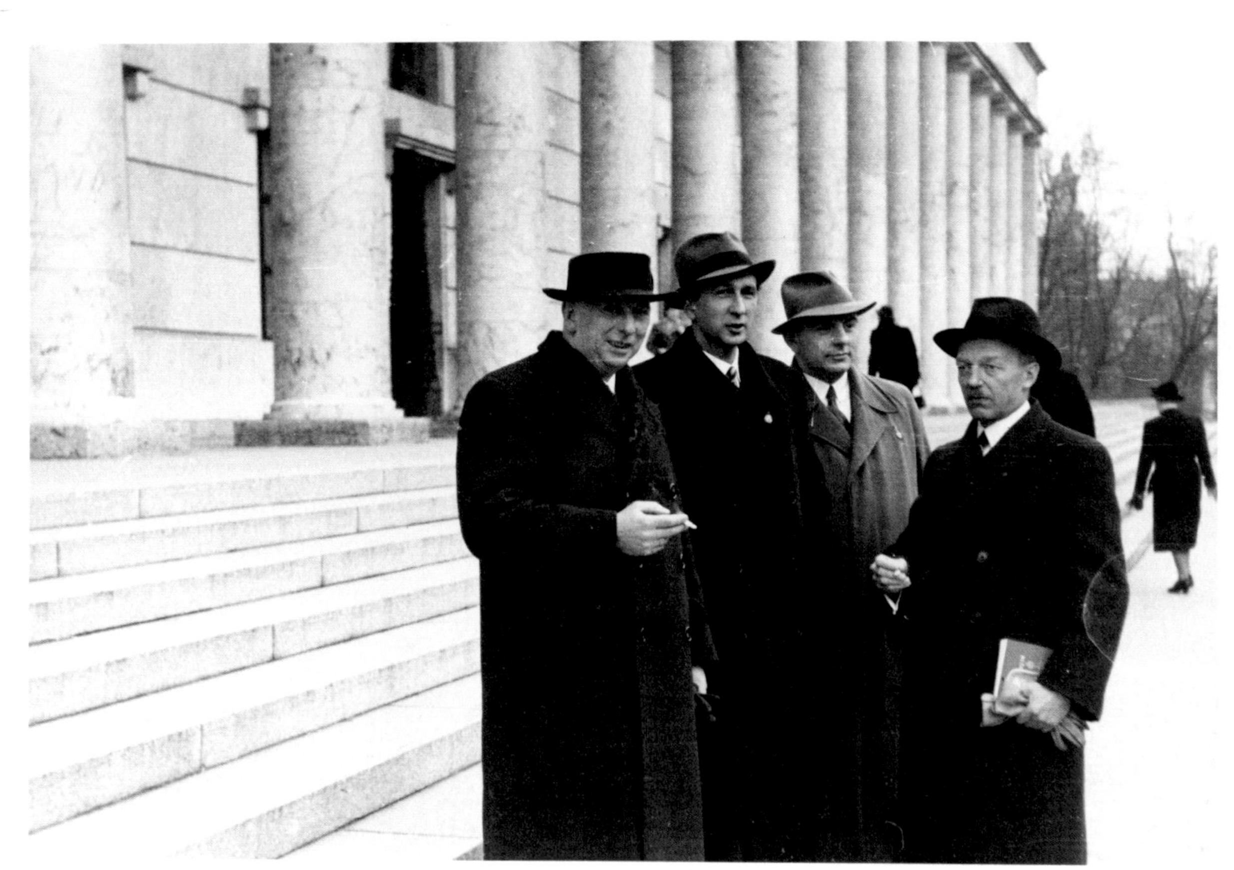

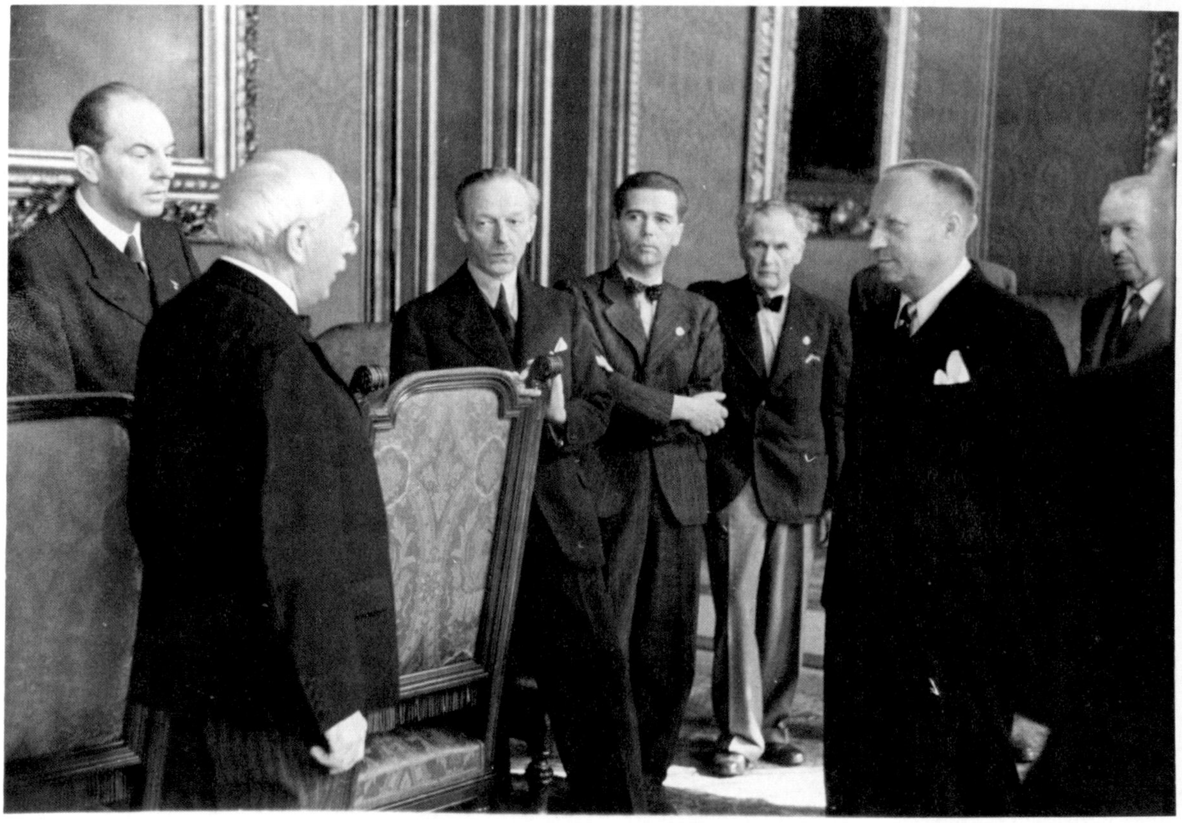

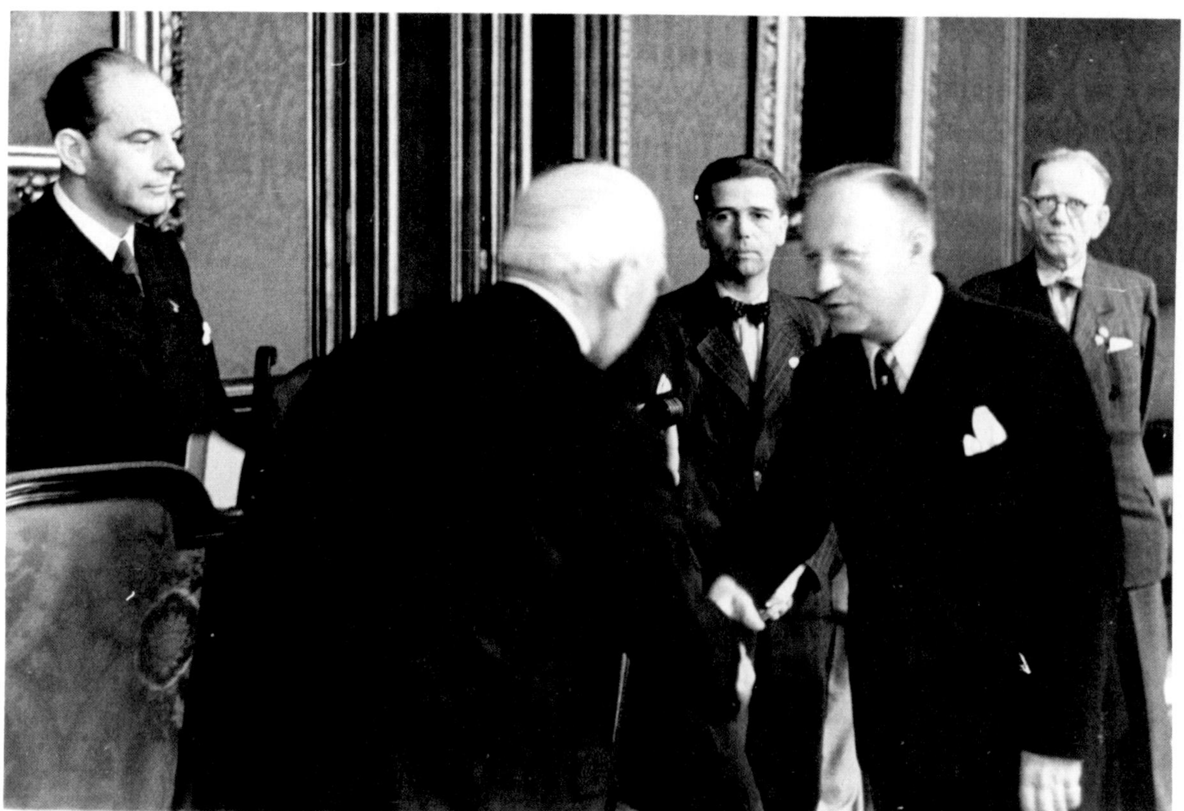

A. E. Köchert
Kammer-Juwelier und Goldschmied, gegründet 1814
Wien 1. Neuer Markt 15
Fernsprecher: R 23-1-28 Telegramm-Adresse: Köchertea Wien
Österr. Creditanstalt für Handel u. Gewerbe
Postsparkassen-Konto 33.693

Wien, den 10. Feber 1944.

An das

Kulturamt der Stadt Wien

Wien I.

Beschreibung des Ehrenringes der Stadt Wien.

Der Ehrenring der Stadt Wien ist aus vierzehnkarätigem Gold gearbeitet und besteht aus einem Reifen auf dem Lorberblätter aufliegen, die das Wappen der Stadt Wien rechts und links umfassen.

Die Blätter sind einzeln handgearbeitet und zusammengelötet. Der goldene Adler des Wappens ist ausgesägt und ziselliert, das Wappenschild emailliert. Der Adler ist auf einer schwarzen Onyxplatte aufgesetzt.

Das Wappen ist nich wie üblich wagrecht sondern zum Beschauer geneigt.

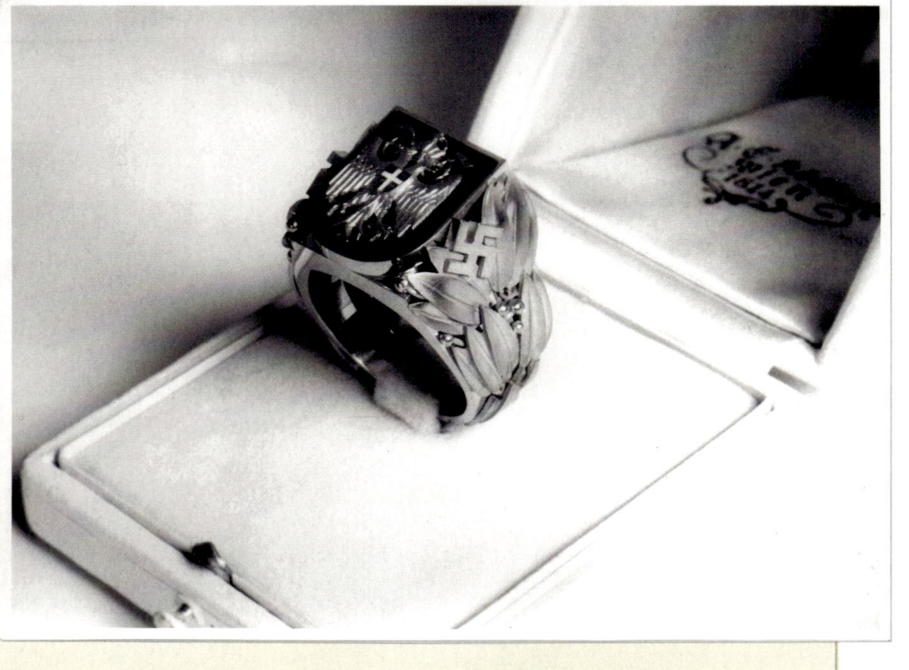

mich sehr aufhält und viel Zeit in Anspruch nimmt und ich somit nicht mehr frei bin, andererseits aber Förderung dadurch, daß man so mitten im Strom des Kunstschaffes steht und das Vorwärtstreiben fühlt und daß man durch das Zusammentreffen und die Aussprache mit den verschiedensten Künstlern reiche Anregung findet. In diesem Sinne bringt kameradschaftliche Zusammenarbeit im Kulturamt und das gute Verhältnis zu seinem Leiter, dem geliebten ‚Fuak' (= furchtbar alter Kämpfer), stets Unternehmungsgeist und Schwung".[11]

Dass das Wiener Kulturamt nicht isoliert von der Reichsebene agierte und es zu einem regelmäßigen Austausch mit Kollegen aus dem „Altreich" kam, bestätigen Quellen, die gemeinsame Reisen der Sachberater dokumentieren. So fand 1939 eine Reise nach München statt, an der vier Sachberater teilnahmen, die von Bürgermeister Neubacher scherzhaft als die „vier heiligen drei Könige" des Kulturamtes[12] bezeichnet wurden. Wie Fotos dokumentieren, folgte dem Besuch im Haus der Deutschen Kunst und der beiden Ehrentempel ein Festessen mit Münchner Parteikollegen.[13] Diese Reisen dürften jährlich wiederholt worden sein, dokumentiert sind zumindest zwei weitere in den Jahren 1941 und 1942, bei denen die Auswahl und die Hängung der ostmärkischen Künstler*innen im Haus der Deutschen Kunst begutachtet wurden.

Hanns Blaschke sah die Aufgaben des Kulturamtes in der „Förderung und Lenkung des Kunstlebens in Wien im Sinne unserer Weltanschauung, die Erziehung der Bevölkerung, und zwar sowohl der Jugend, als auch der erwachsenen Generation, zum Kunsterlebnis und schließlich die Bewältigung der zahlreichen aus der Systemzeit überkommenen sozialen Probleme der schaffenden und nachschaffenden Künstlerschaft".[14] Das Kulturamt wurde für die lokale Künstlerschaft zum wichtigsten öffentlichen Auftraggeber. Die von der Stadt teilweise initiierten und geförderten Gründungen von neuen städtischen Institutionen (Haus der Mode, Kunst- und Modeschule der Stadt Wien, Wiener Kunsthandwerkverein, Versuchswerkstätte)[15] erweiterten das künstlerische Betätigungsfeld und schufen die Lebensbasis vieler im Nationalsozialismus tätigen Künstler*innen.

## Sachberater für Malerei: Rudolf Böttger

Rudolf Böttger (1887–1973) hatte im Kulturamt eines der größten Ressorts zu verwalten. Er wurde 1887 in Tachau, Böhmen, geboren. 1905 übersiedelte die Familie nach Wien und Böttger absolvierte bei Franz Rumpler bis 1910 eine Ausbildung an der Akademie der bildenden Künste Wien (1908 Spezialschulpreis) und anschließend bis 1911 die Münchner Akademie bei Carl von Marr. 1919 erfolgte der Eintritt ins Künstlerhaus. Seine Karriere lief ab nun stetig voran, er konnte viele Preise erzielen, darunter 1934 die Große Goldene Ehrenmedaille des Künstlerhauses, die ihm zugleich den Professorentitel der Akademie (h. c.) einbrachte.

Ab 1934 gehörte Böttger einer „illegalen" Zelle an, 1937 gelang es ihm, in die Partei aufgenommen zu werden.[16] In der Sammlung der „Persönlichkeiten des Wiener Kultur- und Geisteslebens" (1942/43), die autobiografische Texte vereint, schildert sich Böttger als Person, die „von frühester Zeit an national eingestellt" war.[17] Der Beitritt zum Bund deutscher Maler Österreichs 1937 war daher naheliegend. Insgesamt fühlte er sich jedoch vor dem „Umbruch recht elendiglich", womit das „innere Unbefriedigtsein des überzeugten Nationalsozialisten gemeint" war.[18] Ein Grund war möglicherweise, dass seine 1937 für München ausgewählten Bilder abgewiesen worden waren. Nach dem „Anschluss" sollte sich seine Situation deutlich verbessern. Von 1938 bis 1944 war er im Haus der Deutschen Kunst mit 14 Arbeiten, von denen er einige verkaufen konnte, vertreten.

Im September 1938 wurde Böttger zum „ehrenamtlichen Sachberater für Malerei" im Kulturamt der Stadt Wien bestellt.[19] Nun hatte er dafür zu sorgen, dass die öffentlichen Gebäude der Stadt mit geeigneten Wand- und Tafelbildern versehen wurden, aber auch die Bahnhöfe, die den „durchreisenden Soldaten [...] einen künstlerischen Willkommensgruß" bieten sollten.[20] Ferner galt es, Fresken in Aufbahrungshallen und Krematorien zu beauftragen, die „der Bevölkerung die Beziehung der nationalsozialistischen Weltanschauung zu den überirdischen Dingen in edler Form nahebringen".[21] Ein besonders geeignetes Mittel, Präsenz im öffentlichen Raum zu zeigen, war die Anbringung von dekorativem Fassadenschmuck an Wohnbauten der Gemeinde Wien, die häufig in Sgraffito oder Majolika ausgeführt wurden. Böttger entwarf u. a. 1938 ein farbenfrohes keramisches Wandbild an einem Wohnbau der Gemeinde in Wien-Margareten (1937–1939, Brandmayergasse 27, Architekt Adolf Stöhr). Thema ist die Frau als Hüterin des Lebens und der Volksgemeinschaft, eines der Lieblingsmotive des

S. 140 Reise der Sachberater des Kulturamtes nach München, 1939: vor einem Ehrentempel auf dem Königsplatz (o.) und dem Haus der Deutschen Kunst (u.), Wilhelm Frass, Hermann Kutschera, unbek., Rudolf Böttger (v. l. n. r.), WStLA

S. 141 Verleihung des Alfred-Roller-Preises an Josef Hoffmann durch Bürgermeister Philipp Wilhelm Jung, in Anwesenheit von Vertretern des Kulturamtes und der RdbK, 2.10.1942, WStLA, Foto: Wien-Bild

S. 142 Beschreibung des Ehrenrings von A. E. Köchert, 1944, WStLA; Ehrenring der Stadt Wien mit Hakenkreuz, 1941, Archiv A. E. Köchert

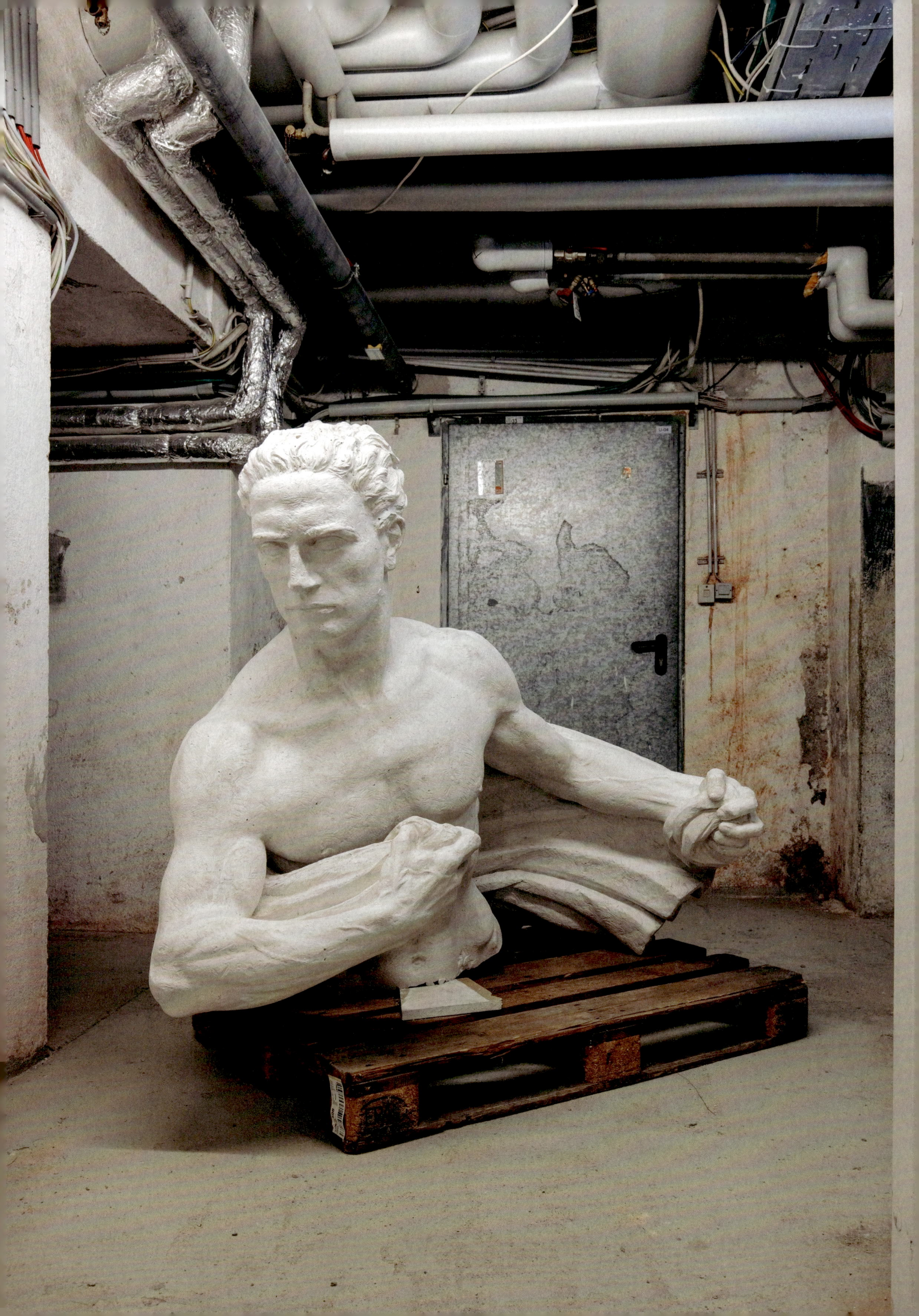

Nationalsozialismus.[22] Er übernahm zahlreiche Porträtaufträge, wie ein Bildnis von Blauensteiner für die „Präsidentengalerie" im Künstlerhaus (1938),[23] ein Hitler-Porträt, „eines der schwierigsten Themen"[24], oder jene von Robert Örley, Hermann Stuppäck und Anna Bahr-Mildenburg. Die Bildnisse von Hanns Blaschke und Josef Weinheber wurden auf den *Großen Deutschen Kunstausstellungen* 1940 und 1941 in München gezeigt.

Mit dem „Anschluss" ging auch ein stilistischer und thematischer Wandel im Œuvre Böttgers einher, der sich ab 1936 abgezeichnet hatte. Nun tauchen großformatige Figurenbilder auf, meist allegorische Darstellungen. Dabei handelte es sich um die in der NS-Zeit typischen Naturidyllen und arkadische Szenen, von denen er einige, wie auch Ivo Saliger (*Urteil des Paris*, 1939; *Rast der Diana*, 1940 u. a.)[25] in München exponierte. 1944 malte er für die *Reichsarbeitsdienst Kunstschau* im Nationalmuseum in Prag zwei parteipolitische Gemälde zum Thema Arbeitsdienst, nämlich *Vor dem Abmarsch* und *Ehret die Arbeit* (was zugleich die „Losung" der Ausstellung war), für die Böttger auch eine Auszeichnung erhielt.[26] Ende 1944 meldete sich Böttger freiwillig zum Kriegsdienst, wo er auch als Frontmaler tätig war.

Wegen illegalen Grenzübertritts und eines dreiwöchigen unerlaubten Aufenthalts in Österreich erfolgten im Frühjahr 1946 die Verhaftung und die Verurteilung zu acht Monaten Haft durch ein amerikanisches Militärgericht.[27] Zwischenzeitlich war der § 17 des Verbotsgesetzes wirksam geworden, der zu einem Ausschluss Böttgers aus dem Künstlerhaus geführt hatte.[28] Im März 1948 wurde Böttger, der sich nun in Deggendorf und ab 1952 in Regensburg niedergelassen hatte, als Mitglied wieder ins Künstlerhaus aufgenommen.[29] Da er nun berechtigt war, an der Frühjahrsausstellung 1949 im Künstlerhaus teilzunehmen, bat er den Künstlerhauspräsidenten Karl Maria May, seine Bilder für die Ausstellung aus dem Rathaus zu holen, „wo sie auf dem Dachboden unter meinem [Anm.: Rudolf Böttger] seinerzeitigen Bergungsgut griffbereit stehen".[30] Offensichtlich hatte er als Sachberater die Möglichkeit, seine Bilder im Rathaus einzulagern und dort sicherzustellen. Böttger kehrte nicht mehr nach Wien zurück, sondern blieb in Regensburg. Er führte vor allem Fresken und Sgraffiti an Gebäuden aus und verstarb schließlich auch dort im Jahr 1973.

## Sachberater für Bildhauerei: Wilhelm Frass

Mit Wilhelm Frass (1886–1968) wurde 1938 einer der prononciertesten Nationalsozialisten als Sachberater für Bildhauerei ins Kulturamt berufen. Der 1886 in St. Pölten geborene Frass studierte 1904 bis 1908 bei Hans Bitterlich an der Akademie der bildenden Künste und besuchte 1910 bis 1914 die Meisterschule bei Edmund Hellmer. Nach dem Krieg wurde Frass 1919 Mitglied der Secession, ab 1922 bezog er eines der großen Staatsateliers im Prater. In den frühen 1920er Jahren übernahm er einige Aufträge für Krieger- und Heldendenkmäler in Nieder- und Oberösterreich und in der Steiermark. 1927 fertigte er an der Fassade des Hygieneinstituts in Ankara die monumentale Figur der *Hygieia* und erhielt den Professorentitel verliehen. 1928 bis 1938 war er Mitglied im Vorstand der Secession und von 1934 bis 1938 übernahm er die Präsidentschaft im „Kunstverband der österreichischen Bildhauer".

Mit dem „Anschluss" erfüllte sich für ihn ein lang gehegter Wunsch, war dies doch der Tag, „an dem wir Österreicher im Zeichen des Hakenkreuzes (Sonnenrades) mit allen Deutschen ein Volk bilden, die Gefallenen nicht umsonst ihr Leben gelassen haben".[31] Dies war dann auch der Sinn jener „hochverräterischen"[32] Inschrift, die Frass 1935 in einer Metallhülse unterhalb seiner Skulptur des unbekannten Soldaten in der Krypta des Österreichischen Heldendenkmals im Äußeren Burgtor versteckt hatte. Frass war darauf so stolz, dass er im Dezember 1938 dem Kunsthistoriker Karl Hareiter einen Brief schrieb, der daraus im *Völkischen Beobachter* zitierte.[33] Aber auch in einem Interview im Oktober 1942 und gegenüber Kollegen im Künstlerhaus dürfte sich Frass damit mehrfach gebrüstet haben.[34] Nachdem sein Sohn, Jörg Frass, 1943 gefallen war, gravierte Frass dessen Namen in den Denkmalsockel. Dadurch wurde der unbekannte Soldat gleichsam personifiziert. Die Arbeiten am Heldendenkmal trugen Frass 1936 den Großen Österreichischen Staatspreis ein. 1937 trat Frass dem Bund deutscher Maler Österreichs bei. Der Fragebogen für die Aufnahme in die RdbK hat sich zwar nicht erhalten, wohl aber die Bewertung von Blauensteiner: „Für die Bewertung mit ‚A' beantragt."[35] Diese Auszeichnung wurde nur ganz wenigen Künstler*innen zuteil.

Mit der Übertragung der Position als Sachberater für Bildhauerei im Kulturamt saß Frass nun an einer zentralen Schaltstelle. Zu seinen vorrangigen Aufgaben im Kulturamt gehörte es, die Errichtung von Denkmälern voranzutreiben. Er war für die Ausschreibung und Jurierung von Denkmal-Wettbewerben zuständig, die von 1938 bis 1940 oft mit großem Aufwand und entsprechender Publizität durchgeführt wurden. Spätestens mit Kriegsbeginn

S. 144 Wilhelm Frass, *Die Ostmark* (Gipsmodell, Torso), 1939, Stadtmuseum St. Pölten

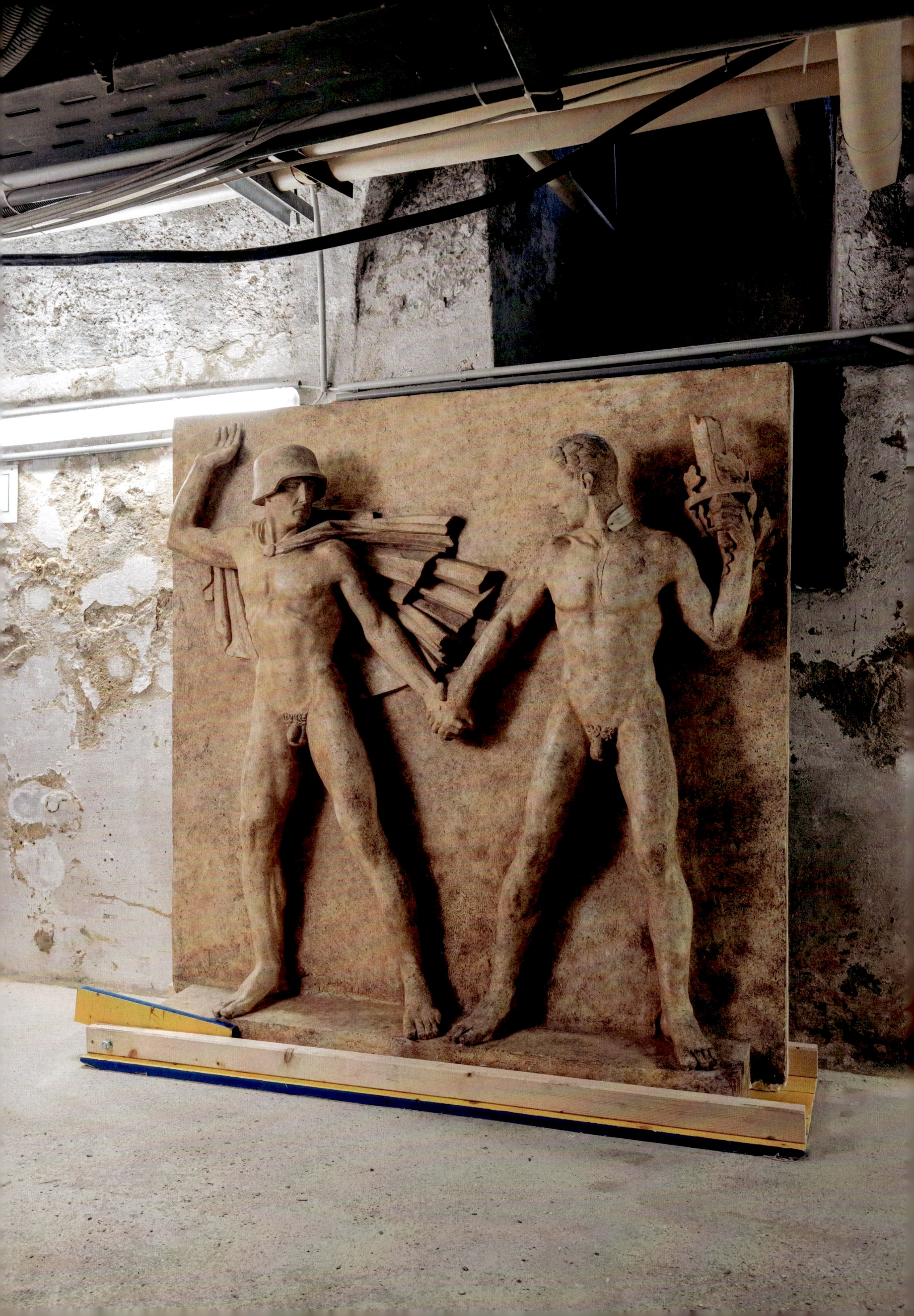

verlagerte sich sein Aufgabenbereich auf die Entfernung von Denkmälern aus dem Wiener Stadtbild („Entschandelung") und die Freigabe von Skulpturen für die kriegsbedingt notwendige Metallspende. Die Liste der von Frass angeregten Denkmalentfernungen ist lang. Sie betrafen Arbeiten jüdischer Bildhauer*innen oder Denkmäler, die sozialdemokratisch Gesinnte, Anhänger des Austrofaschismus oder Menschen von jüdischer Herkunft würdigten.

Eines der Paradebeispiele einer rassisch und künstlerisch bedingten Denkmalentfernung betraf das 1935 aufgestellte Lessing-Denkmal am Judenplatz von Siegfried Charoux (1896–1967). Das Denkmal für den Toleranz und Humanität einfordernden deutschen Dichter der Aufklärung, Gotthold Ephraim Lessing, zeigt eine überlängte, formal abstrahierte Figur, die sich aufrecht und würdevoll präsentiert. Nach einer gemeinsamen Besichtigung mit Hanns Blaschke im Mai 1939 beschloss Frass die Abtragung. „Der Schöpfer dieses Denkmals ist der Jude Siegfried Charoux. Das Denkmal selbst ist weder auf dem Platze passend, noch ist die künstlerische Qualität so, dass sie zu vertreten wäre. [...] Die Bronze kann verschrottet werden, der Sockelstein [ist] für andere Zwecke aufzubewahren."[36] Im Juni drängte Frass auf eine nächtliche „unauffällige Entfernung" des Denkmals. Die damit beauftragte Firma entgegnete, dass dies einen Zeitaufwand von ca. eineinhalb Tagen erfordere und schon allein wegen des entstehenden Lärms in der Nacht nicht umsetzbar sei. Deshalb einigte man sich auf eine Abtragung „in der üblichen Weise".[37] Charoux, der 1919 bei Anton Hanak an der Kunstgewerbeschule und von 1922 bis 1934 bei Hans Bitterlich an der Akademie studiert hatte, war bereits 1935 aus politischen Gründen nach England emigriert. Er war Sozialist und nicht, wie hier denunzierend festgehalten wurde, jüdischer Herkunft; seine Frau hingegen schon.[38] Nach dem Krieg lehnte Charoux eine ständige Rückkehr nach Wien ab. Die 1947 begonnenen Gespräche mit der Stadt zur Wiederherstellung des Lessing-Denkmals führten erst 1963 zu einem Ergebnis. Seine Aufstellung erfolgte 1968 posthum am Morzinplatz. Seit 1981 steht das Denkmal wieder am Judenplatz.

Neben den Tätigkeiten für das Kulturamt widmete sich Frass der Bildhauerei. Seine prominenteste und politischste Skulptur war die drei Meter hohe Figur *Die Ostmark*, die 1939 entstand und erstmals in der Ausstellung *Berge und Menschen der Ostmark* im Künstlerhaus, dann 1940 auf der *Großen Deutschen Kunstausstellung* und 1941 auf der *Jubiläumsausstellung* im Künstlerhaus exponiert wurde. Sie zeigt eine athletische, aufrecht stehende, dem nordischen Männerideal entsprechende Figur, die mit geballter Kraft, als müsste sie gegen eine unsichtbare Macht ankämpfen oder einem Sturmwind trotzen, einen Umhang um ihren Körper zieht. Dem entgegengestellt, harrt am Boden ein monumentaler, stilisierter Adler, dessen Körper keine Regung zeigt. Frass gab der Figur eine zusätzliche Bedeutung, da er sie als Abschiedsgeschenk der Wiener Arbeiterschaft für den nach Elsass-Lothringen versetzten Gauleiter Josef Bürckel zur Verfügung stellte, d.h. ankaufen ließ. Sie sollte vor dem Ostmarkhaus in Saarbrücken Aufstellung finden. Im Laufe des Krieges unternahm er mehrere Versuche, sie in Bronze zu gießen. Der Guss erfolgte nie, das Gipsmodell lagert noch heute im Stadtmuseum St. Pölten.[39]

Für Frass waren die Jahre seiner Beschäftigung im Kulturamt äußerst produktiv. Weitere im Geiste des Nationalsozialismus entstandene Arbeiten waren Hitler-Büsten (Justizpalast, Industriellenverband, beide 1938) sowie eine Gedenktafel für den NS-Putschisten und Dollfuß-Mörder Otto Planetta.[40] Dokumentiert ist ferner ein „Anschluss"-Gedenkstein, der Reliefs zu den Themen „Wehr und Arbeit" sowie „Opfer und Ehre" samt Hoheitszeichen zur Anschauung brachte, weiters ein Relief *Der gute Kamerad* für ein Kriegerdenkmal des Ersten Weltkrieges für die Kleinstadt Duß (Dieuze) in Lothringen (1942). Darauf sieht man zwei nackte, breitbeinig stehende Männer, der eine mit Helm und Umhang und der zweite mit gebrochenem Schwert, die sich zum Abschied die Hände reichen.[41]

Das dritte berufliche Standbein von Frass war die 1940 übernommene Professur für Bildhauerei an der Wiener Frauenakademie, die 1938 dem Kulturamt angegliedert worden war. 1944 fand Wilhelm Frass in die von Hitler und Goebbels erstellte „Gottbegnadeten-Liste" Aufnahme.[42] Diese „Gottbegnadeten" galten als „dienstverpflichtet", hatten als „Künstler im Kriegseinsatz" aber der Propaganda zu dienen. Davon ausgenommen waren nur jene als „unersetzlich" eingestuften Künstler*innen, die in „Sonderlisten" erwähnt wurden.[43]

Nachdem sein Bildhaueratelier im Prater bei einem Bombenangriff am 10. September 1944 schwer beschädigt worden war, forderte Frass eine Kompensierung seines „Verdienstentgangs".[44] 1946 wurde Frass das Atelier entzogen.

Dem am 8. Mai 1945 beschlossenen Verbotsgesetz zufolge wurde Frass an der Kunst- und Modeschule gekündigt und am 31. Juli 1945 aus dem Künstlerhaus ausgeschlossen. Bereits am 9. Juli 1945 richtete er an das Staatsamt sein Gesuch gemäß § 27 des Verbotsgesetzes.[45] Dabei handelte es sich um das erste seiner zahlreichen Rechtfertigungsschreiben, die von ihm

S. 146 Wilhelm Frass, *Der gute Kamerad* (Gipsmodell), 1942, Stadtmuseum St. Pölten

persönlich initiiert und von Kollegen unterzeichnet wurden, die fast alle zwischen 1938 bis 1945 Aufträge von Frass erhalten hatten.[46] Wie viele andere ehemalige Parteimitglieder schilderte er sich als unpolitischen Menschen, der sich nie für Politik, sondern ausschließlich für die Kunst interessiert habe und bagatellisierte seine Handlungen: „Die Angelegenheit bezüglich der Urne im österreichischen Heldendenkmal hat die jetzige Staatspolizei untersucht und zu meinen Gunsten erledigt. Dazu etwas zu sagen, erübrigt sich somit."[47] Nur einige Bildhauer um Gustav Gurschner protestierten massiv gegen seine Wiederaufnahme ins Künstlerhaus und in die Berufsvereinigung der bildenden Künstler. Gurschner war es wichtig, festzuhalten, dass Frass „einstimmig für untragbar" galt, vor allem wegen der Deponierung der Metallhülse im Heldendenkmal: „Wohl das Verwerflichste, was sich ein Österreicher vor dem Einzug der Nazis leisten konnte!"[48]

Frass ist es schließlich gelungen, als „minderbelastet" eingestuft zu werden und konnte die Behörden davon überzeugen, dass er lediglich aus Gründen der Opportunität der Partei beigetreten war. Der Ausschluss „von der öffentlichen Berufsausübung" wurde aufgehoben und Frass 1949 vollkommen rehabilitiert.[49] Damit war die Angelegenheit für ihn erledigt, im Sommer 1948 erfolgten die Wiederaufnahmen in die Secession und am 16. Februar 1950 ins Künstlerhaus. Frass konnte unbeschadet als Bildhauer weiterarbeiten und Auszeichnungen, wie das Österreichische Ehrenkreuz für Wissenschaft und Kunst (1961), entgegennehmen. Der Frage nach der politischen und moralischen Verantwortung und der Vorteilsnahme zulasten anderer Personen wurde im Zuge des Entnazifizierungsverfahrens nicht vertiefend nachgegangen oder sie wurde einfach ignoriert. 1968 wurde Frass in einem Ehrengrab am Zentralfriedhof beigesetzt, dem 2012 aufgrund seines entdeckten Huldigungsschreibens in der Krypta des Heldenplatzes der Status entzogen wurde.[50]

## Sachberater für Architektur: Hermann Kutschera

Hermann Kutschera (1903–1991) zählt zu den jüngeren Sachberatern und war im Vergleich zu seinem Kollegen Robert Örley, dem Sachberater für Architektur in der RdbK, ein weitaus weniger erfahrener Architekt. Kutschera wurde 1903 in Wien geboren und studierte an den Technischen Hochschulen in Wien[51] und München, wo er sein Studium 1925 abschloss. 1932 machte er sich selbstständig[52] und nahm an verschiedenen öffentlichen Wettbewerben teil. Zur Ausführung kamen die Stadionbrücke über dem Donaukanal (1934–1936, im Krieg zerstört) und das Terrassenrestaurant bei der Rotundenbrücke (1935, im Krieg zerstört).[53] 1936 wurde Kutschera Mitglied der Genossenschaft bildender Künstler und beteiligte sich im selben Jahr an dem von den Nationalsozialisten organisierten *Olympischen Kunstwettbewerb*. Für seinen Beitrag, den Entwurf eines *Schistadions*, erhielt er die goldene Olympia-Medaille und anschließend das österreichische Verdienstkreuz. Kutschera war ab dem 14. April 1934 Mitglied der NSDAP und daher als „Illegaler" in der Verbotszeit tätig.[54] Wie viele seiner Künstlerkolleg*innen profitierte auch er durch seine politische Aktivität für die NSDAP und dem Netzwerk der „Alten Kämpfer", das sich in Wien seit Beginn der 1930er Jahre aufspannte. Seine Berufung als Sachberater für Architektur in das Kulturamt erfolgte 1939.[55] Aufgrund der Kriegssituation und der damit verbundenen Einschränkungen im Baugeschehen fielen in seine Zuständigkeit im Kulturamt vorwiegend die „Entschandelung des Stadtbildes" und „alle Fragen, die die Pflege des Stadtbildes" betrafen.[56]

Damit führte seine berufliche Karriere, die mit der Goldmedaille bei der Olympiade 1936 begann, in der NS-Zeit steil bergauf. Als selbstständiger Architekt konnte er den Bau der Messehallen und des Messerestaurants am Rotundengelände (1939–1941)[57] sowie den Umbau und die Instandsetzung des Palais Schönborn in Wien (1941) umsetzen.[58] Kutscheras Rolle im NS-Bauprogramm des Protektorats Böhmen und Mähren ist weitgehend unerforscht. Bekannt ist, dass er Fachjuror im Wettbewerb zur Neugestaltung von Karlsbad (1938–1940) und als Architekt mit der Planung der Nord-Süd-Achse im Rahmen der Neugestaltung der Stadt Prag beauftragt war.[59]

Nach Kriegsende zog Kutschera in den westlichen Teil Österreichs, nach Badgastein.[60] Im Oktober 1945 wurde er nach den Bestimmungen des Verbotsgesetzes von der Mitgliederliste des Künstlerhauses gestrichen.[61] 1947 folgten die Aberkennung der Ziviltechnikerbefugnis und damit das Arbeitsverbot als selbstständiger Architekt.[62] Im selben Jahr richtete Kutschera auch ein Gnadengesuch an den Bundespräsidenten, das eine schriftliche „Erklärung" von Karl Holey (Rektor TH Wien) beinhaltet, der das Ansuchen unterstützte und Kutscheras parteipolitische Tätigkeit nur als „Mitarbeit in den rein künstlerischen Fragen" bewertete.[63] Nach Wien kehrte Kutschera erst wieder 1956 zurück, wo er in der Folge mehrere Gemeindewohnhausanlagen plante und auch im Industrie- sowie Kasernenbau tätig war. 1959 schlug das Künstlerhaus dem Bundesministerium vor, Kutschera „auf Grund seiner baukünstlerischen Leistungen" den Titel Professor zu verleihen,[64] was auch erfolgte. Hermann Kutschera starb 1991 in Wien.

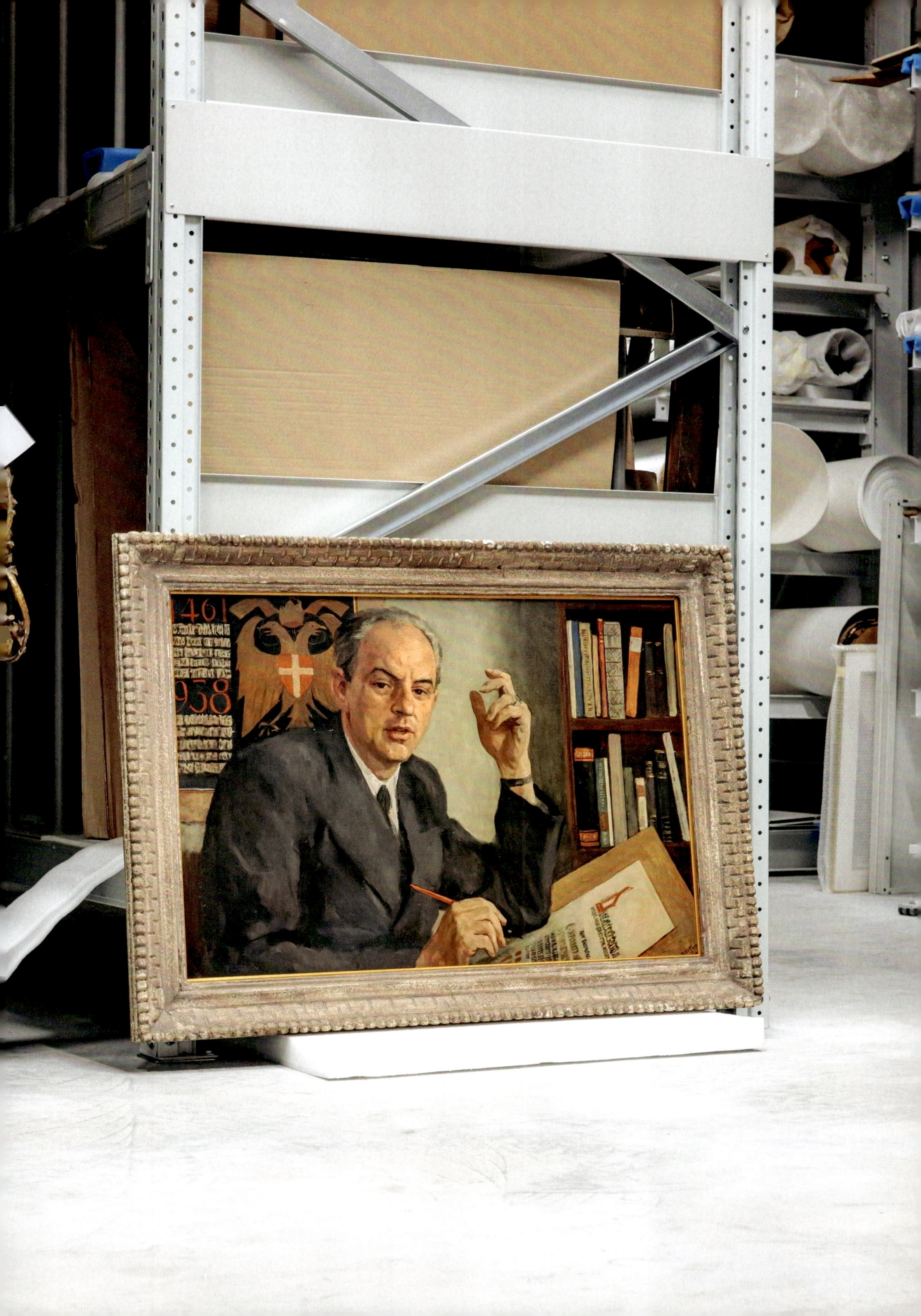

Johannes Cech (1903–1973) zählt neben Hermann Kutschera zu den jüngsten Sachberatern. Er wurde 1903 in Wien geboren und war der Neffe von Josef Hoffmann.[65] Cech studierte an der Technischen Hochschule, wo er sein Studium 1926 abschloss.[66] Er trat bereits im November 1932 in die NSDAP ein und war Mitglied mehrerer deutschnationaler und antisemitischer NS-Verbände.[67] Über seine berufliche Tätigkeit als Architekt und Schriftgestalter vor 1938 ist wenig bekannt. Erst mit der Machtergreifung durch die Nationalsozialisten nahm er in der Wiener NS-Kunstpolitik als Sachberater eine bedeutendere Rolle ein. In dieser Funktion war Cech als künstlerischer Beauftragter und Berater für „alle Druckaufträge der einzelnen Ämter und Abteilungen der Gemeindeverwaltung" zuständig.[68] Mit der Übernahme in den Gemeindedienst im Oktober 1938 erfolgte die Anstellung als Lehrer des Faches „Ornamentale Schrift" in der Frauenakademie. 1939 wurde er als Mitglied in das Künstlerhaus aufgenommen. Frass hatte sich dafür eingesetzt, Cech die kommissarische Leitung der Frauenakademie „für die Zeit der Überleitung der Schule in die Gemeindeverwaltung" zu übertragen und in der Folge zum neuen Direktor zu ernennen.[69] Neben seiner Tätigkeit als Schulleiter und Sachberater des Kulturamtes war Cech weiterhin auch als Schriftgrafiker tätig. Er gestaltete eine Vielzahl an Grafiken, die zum Gedenken an politische Ereignisse, wie die Eingemeindung von „Groß-Wien"[70], in Auftrag gegeben wurden. Auch die in der Turmnische des Rathauses eingelassenen Bronzeplatten[71], die an die Reden Hitlers und Neubachers vom 9. April 1938 erinnerten, wurden von Cech grafisch gestaltet. Diese reichte er auch als Druckgrafik 1941 gemeinsam mit zwei Gobelins (*Wappen der Stadt Wien* und *Hoheitszeichen*) für die *Jubiläumsausstellung* im Künstlerhaus ein.[72] Gemeinsam mit Otto Hurm (1898–1983) entwarf Cech einen Gobelin zum Thema *Das Schicksal der Ostmark und ihre Heimkehr ins Reich*.[73] Auch Hurm war Schriftgestalter und unterrichtete 1929 als Lehrer für Ornamentik, Raumkunst und künstlerische Schrift an der Akademie (1930–1944) und an der Graphischen Lehr- und Versuchsanstalt. „Cech und Hurm waren die führenden Protagonisten der deutschen Schriftgestaltung, sie waren sozusagen die NS-Schönschreiber vom Dienst."[74] In der Sammlung des Wien Museums sind von Cech mehrere Druckgrafiken und ein „Sippenleuchter"[75] überliefert. Ein von Rudolf Böttger gestaltetes Porträt[76] zeigt Johannes Cech 1943 bei seiner künstlerischen Arbeit als Schriftgrafiker.

Nach dem Zerfall des NS-Regimes flüchtete Cech aus Wien und wurde wegen seiner „Illegalität" im Herbst 1945 von der Mode- und Kunstschule entlassen und auch im Künstlerhaus als Mitglied gestrichen.[77] Eine Wiederaufnahme lehnte Cech 1950 ab, da er bereits 1949 in die Secession aufgenommen wurde.[78] Über das Arbeitsgericht klagte Cech bei der Stadt Wien offene Gehaltsansprüche ein, die mit seiner Dienstentlassung zusammen hingen und die er 1953 ausbezahlt bekam.[79] Über seine künstlerische Tätigkeit nach 1945 ist nichts bekannt. Er starb 1973 in Wien.

## Sachberater für Kunsthandwerk: Robert Obsieger

Robert Obsieger[80] (1884–1958) besuchte nach Absolvierung der Staatsfachschule für Keramik in Znaim die Kunstgewerbeschule in Wien, wo er in den Klassen von Bertold Löffler und Michael Powolny unterrichtet wurde und dort nach seinem Studienabschluss bis 1918 als Assistent tätig war.[81] Nach einem Jahr Lehrtätigkeit in Znaim kehrte er nach Wien zurück und übernahm von 1920 bis 1931 die Leitung der Werkstättenschule für Keramik, die von der Wienerberger Ziegelfabrik- und Baugesellschaft eingerichtet wurde.[82] 1932 wurde er an der Kunstgewerbeschule als Nachfolger seines Lehrers Michael Powolny zum Leiter der Keramikklasse ernannt. Obsieger war seit 1928 Künstlerhausmitglied und nahm an den wichtigsten internationalen Ausstellungen (Mailand 1933, Brüssel 1934 und Paris 1937) teil, wo seine Arbeit auch ausgezeichnet wurde.[83] Er ist vor allem für seine expressiven Keramikplastiken der Zwischenkriegszeit bekannt, die sich an den Fassaden bzw. als Freiplastiken in den Gemeindebauten des Roten Wien befinden. Seinen eigenen Angaben 1942 zufolge war er von 1933 bis 1934 Mitglied der Vaterländischen Front, unterstützendes Mitglied des Heimatschutzbundes, ebenso beim „Bund des Deutschen Südmährens" und des „Volksbundes f. d. Deutschtum i. Ausland".[84]

Unmittelbar nach dem „Anschluss" wurde Obsieger nach der Zwangspensionierung von Max Fellerer mit der kommissarischen Leitung der Kunstgewerbeschule betraut. Dass diese Entscheidung auf politischer Ebene nicht einstimmig erfolgte, zeigt das Intermezzo, das sich nur wenige Monate später mit der Bestellung des parteitreuen Hanns Sanders ergab,

S. 149 Rudolf Böttger, *Porträt Johannes Cech*, 1943, WM
S. 151 Johannes Cech, Alfred Cossmann, *Groß-Wien im Jahre der Befreiung*, 1938, WM
S. 152–153 Robert Obsieger, Fragebogen des Reichsstatthalters, 14.5.1942 (l.); Politische Beurteilung durch Gauhauptstellenleiter Kamba, 19.8.1939 (r.), AT-OeStA

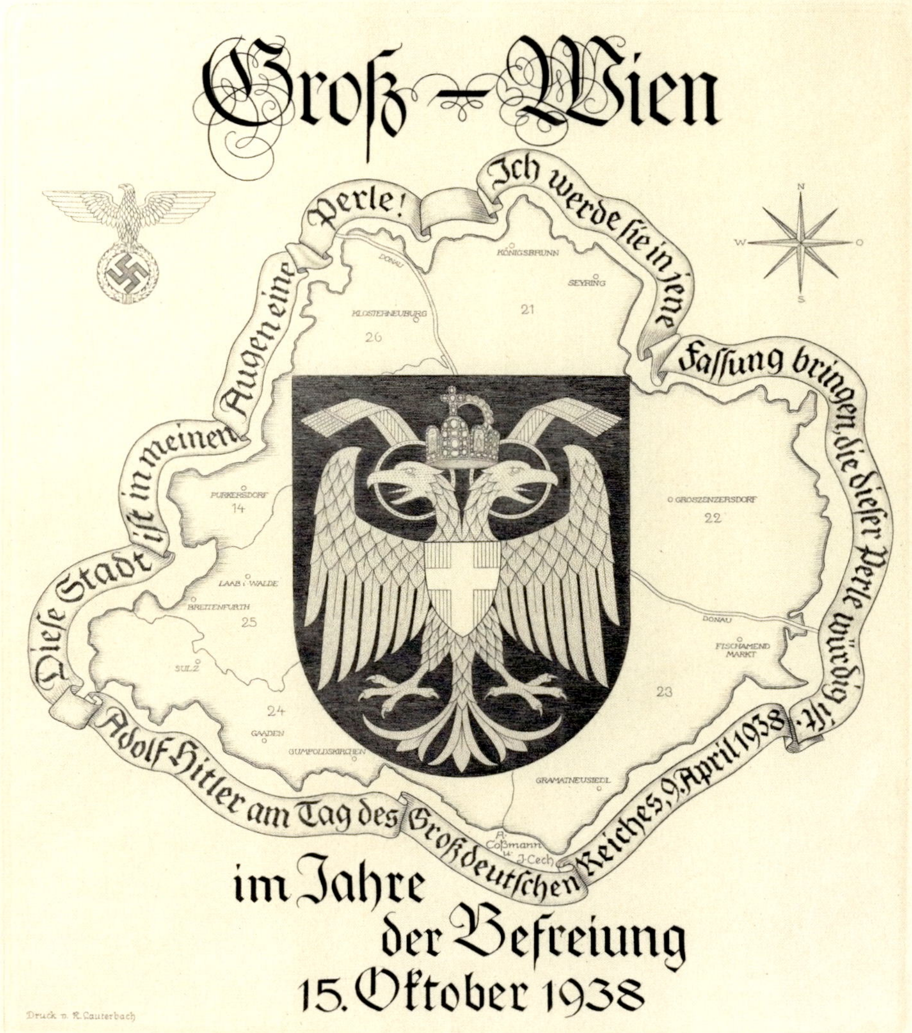
Groß-Wien
Diese Stadt ist in meinen Augen eine Perle! Ich werde sie in jene Fassung bringen, die dieser Perle würdig ist.
Adolf Hitler am Tag des Großdeutschen Reiches, 9. April 1938.
N
W
O
S.
DONAU
KÖNIGSBRUNN
SEYRING
21
KLOSTERNEUBURG
26
PURKERSDORF
14
O GROSZENZERSDORF
22
LAAB i. WALDE
BREITENFURTH
25
SULZ
DONAU
FISCHAMEND MARKT
23
24
GAADEN
GUMPOLDSKIRCHEN
GRAMATNEUSIEDL
A. Coßmann u. J. Cech
im Jahre der Befreiung
15. Oktober 1938
Druck v. R. Lauterbach

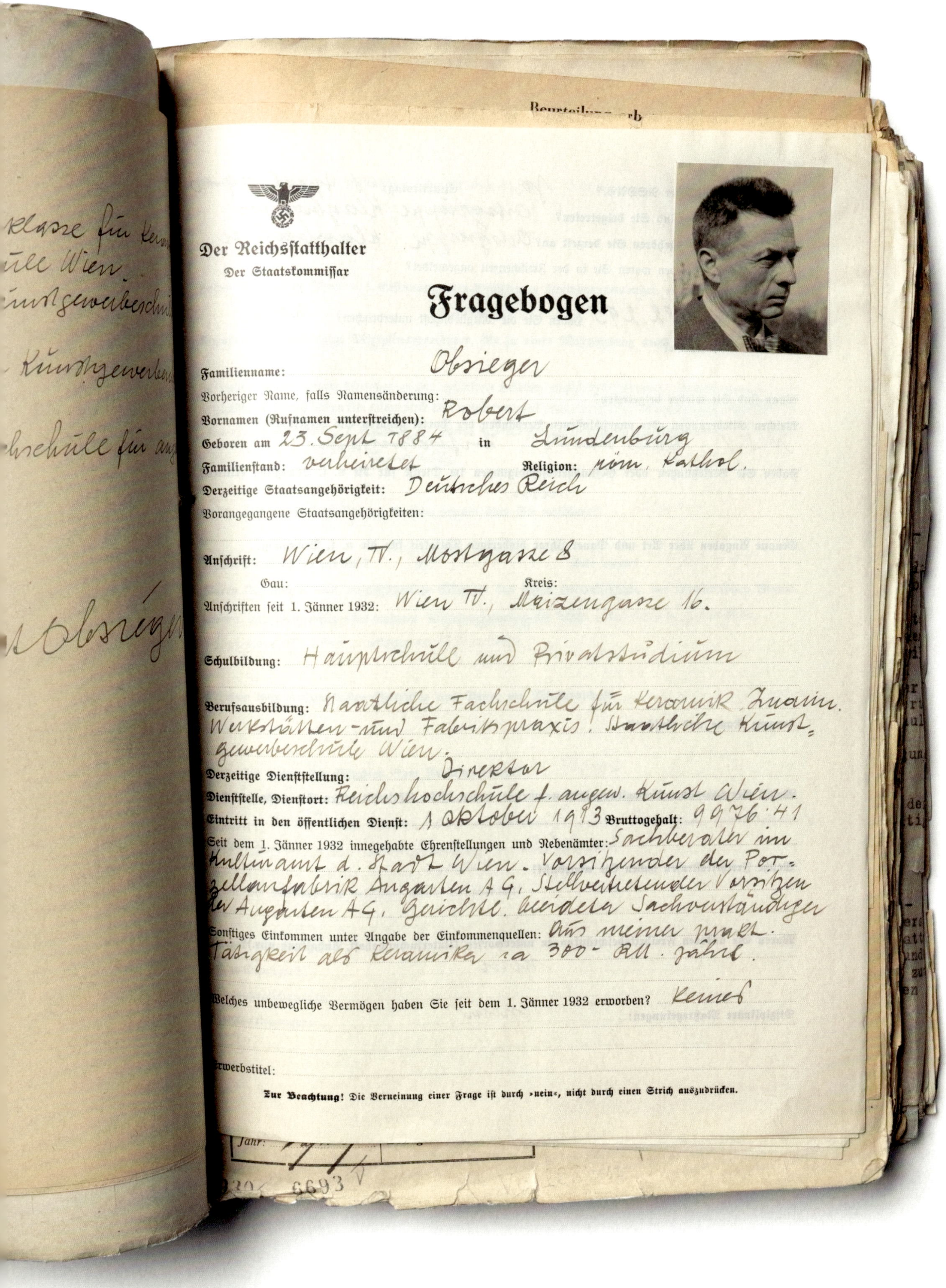

Der Reichsstatthalter
Der Staatskommissar

# Fragebogen

Familienname: Obsieger

Vorheriger Name, falls Namensänderung:

Vornamen (Rufnamen unterstreichen): Robert

Geboren am 23. Sept. 1884 in Lundenburg

Familienstand: verheiratet Religion: röm. kathol.

Derzeitige Staatsangehörigkeit: Deutsches Reich

Vorangegangene Staatsangehörigkeiten:

Anschrift: Wien, IV., Mostgasse 8

Gau: Kreis:

Anschriften seit 1. Jänner 1932: Wien IV., Maizengasse 16.

Schulbildung: Hauptschule und Privatstudium

Berufsausbildung: Staatliche Fachschule für Keramik Znaim. Werkstätten- und Fabrikspraxis. Staatliche Kunstgewerbeschule Wien.

Derzeitige Dienststellung: Direktor

Dienststelle, Dienstort: Reichshochschule f. angew. Kunst Wien.

Eintritt in den öffentlichen Dienst: 1 Oktober 1913 Bruttogehalt: 9976:41

Seit dem 1. Jänner 1932 innegehabte Ehrenstellungen und Nebenämter: Sachberater im Kulturamt d. Stadt Wien. Vorsitzender der Porzellanfabrik Augarten A.G. Stellvertretender Vorsitzender Augarten A.G. Gericht. beeideter Sachverständiger

Sonstiges Einkommen unter Angabe der Einkommenquellen: Aus meiner prakt. Tätigkeit als Keramiker ca 300.- RM. jährl.

Welches unbewegliche Vermögen haben Sie seit dem 1. Jänner 1932 erworben? Keines

Erwerbstitel:

**Zur Beachtung!** Die Verneinung einer Frage ist durch »nein«, nicht durch einen Strich auszudrücken.

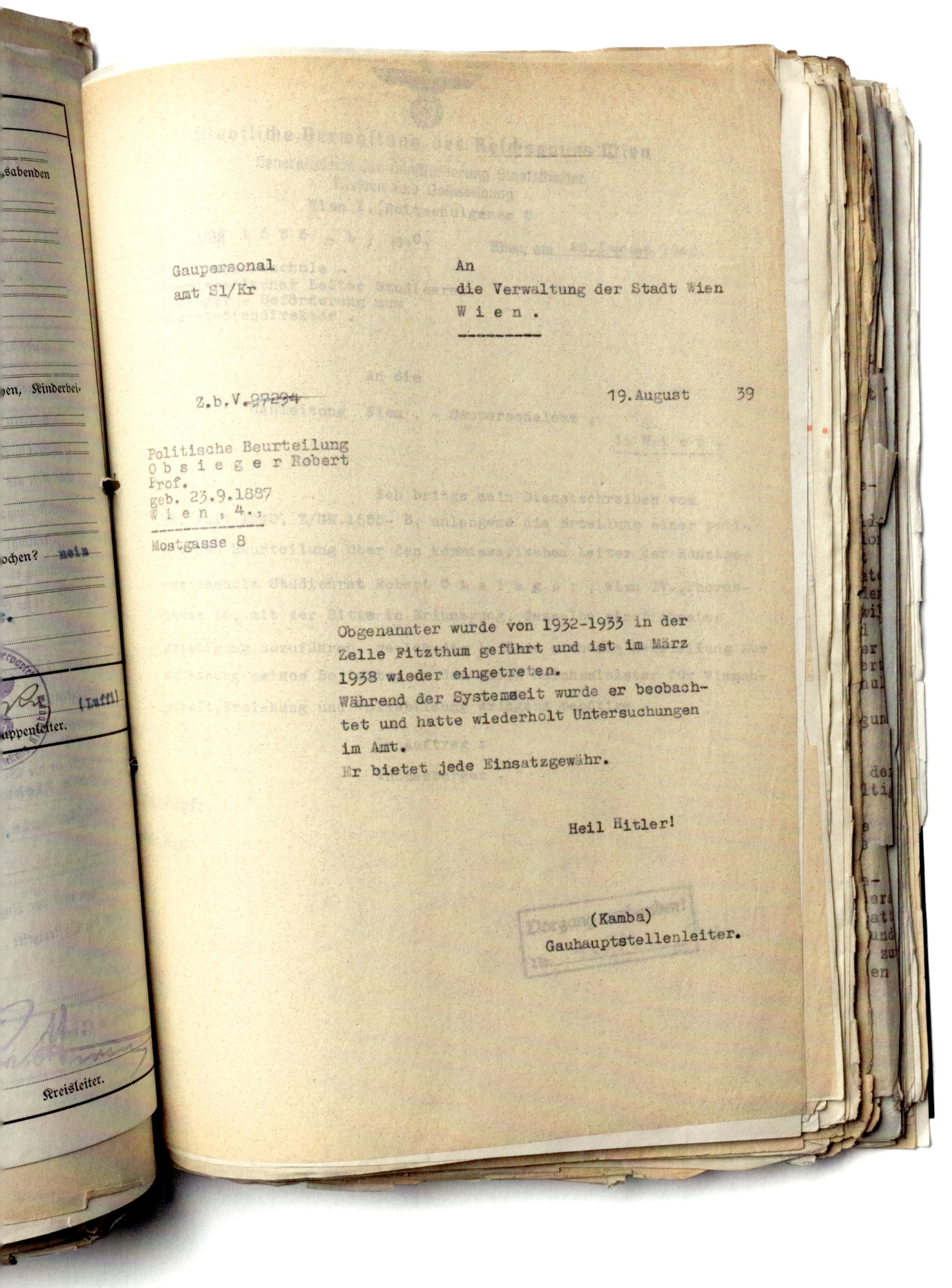

Gaupersonal
amt Sl/Kr

An
die Verwaltung der Stadt Wien
W i e n .

Z.b.V. ~~97294~~

19. August 39

Politische Beurteilung
O b s i e g e r Robert
Prof.
geb. 23.9.1887
W i e n , 4.,
Mostgasse 8

Obgenannter wurde von 1932–1933 in der Zelle Fitzthum geführt und ist im März 1938 wieder eingetreten.
Während der Systemzeit wurde er beobachtet und hatte wiederholt Untersuchungen im Amt.
Er bietet jede Einsatzgewähr.

Heil Hitler!

(Kamba)
Gauhauptstellenleiter.

der seitens des Staatskommissars beim Reichsstatthalter zum Leiter ernannt wurde, was die Enthebung Obsiegers zur Folge hatte.[85] Sanders war Gebrauchsgrafiker sowie Architekt und Absolvent der Kunstgewerbeschule. Er gehörte zur Gruppe der „Illegalen" in Wien, die in der Verbotszeit aktiv im Untergrund tätig waren. Er flüchtete 1936 nach Berlin und bereitete dort gemeinsam mit anderen politischen Gesinnungsgenoss*innen aus Österreich und den NS-Behörden den „Anschluss" Österreichs vor. Es ist augenscheinlich, dass Sanders aufgrund seiner politischen Treue als „Alter Kämpfer" zum kommissarischen Leiter ernannt wurde. Dieser Umstand führte bei den Studierenden als auch im Lehrkörper, die sich vehement für die Rückkehr Obsiegers und die Absetzung Sanders einsetzten, zu starkem Widerstand. Mit Erfolg, Obsieger wurde im November 1938 als Leiter reinstalliert.[86] Der auf höchster politischer Ebene ausgetragene Postenstreit war womöglich auch dem Umstand geschuldet, dass nicht nur Sanders, sondern auch Obsieger eine gewichtige NS-Vergangenheit vorweisen konnten. In mehreren Dokumenten aus der NS-Zeit bestätigt sich, dass Obsieger bereits von 1932 bis 1933 und ab März 1938 als Mitglied der NSDAP tätig war und in der „Systemzeit" unter polizeilicher Beobachtung stand.[87]

Durch Obsiegers Tätigkeit als Direktor der Reichshochschule und seiner Funktion als Sachberater im Kulturamt wurde eine wichtige Personalunion geschaffen, die den politischen Einfluss auf die kunstgewerbliche Ausbildung sicherte. Eine genaue Definition seines Aufgabenbereichs im Kulturamt – wie bei den anderen Gruppen – fehlt in den Akten, was in erster Linie auf die Gründung der städtischen Institution des Wiener Kunsthandwerkvereins zurückzuführen ist, dem die Förderung des Wiener Kunsthandwerks oblag.[88] Da kaum Werke von Obsieger bekannt sind, ließ anscheinend das umfangreiche Aufgabengebiet nur wenig Zeit für eigene Arbeiten. Seinen Angaben zufolge war er in der NS-Zeit in verschiedenen Sparten der keramischen Kunst tätig und nahm 1941 an der VII. Triennale in Mailand teil, wo er mit einer goldenen Medaille ausgezeichnet wurde.[89] 1942 erhielt Obsieger die NS-Dienstauszeichnung des „Silbernen Treudienst-Ehrenzeichens", das langjährige und besonders treue Beamte, Angestellte oder Arbeiter erhielten.[90]

Nach dem Zerfall des NS-Regimes wurde wieder Max Fellerer als Direktor der Hochschule für angewandte Kunst eingesetzt und Obsieger aufgrund seiner politischen Belastung als Professor enthoben. Das Betreten der Schule wurde ihm untersagt.[91] Sein Fall war dem „Komitee zur Säuberung der höchsten Staats- und Wirtschaftsstellen" überstellt worden, das das Entnazifizierungsverfahren durchführte und mit einem Schreiben im Juni 1946 seine Entscheidung bekannt gab. Obsieger konnte an der Schule wieder „weiter verwendet werden".[92] Im April 1949 erfolgte seine Ernennung zum ordentlichen Hochschulprofessor an der Akademie für angewandte Kunst.[93] Für den Wiener Gemeindebau schuf Obsieger nach 1945 diverse Baukeramiken und erhielt 1952 den Preis der Stadt Wien für angewandte Kunst. Im fortgeschrittenen Alter wurde Obsieger 1954 (bis 1956) Präsident der Berufsvereinigung der bildenden Künstler und engagierte sich als Mitglied in diversen Fachverbänden und Institutionen bis zu seinem Tod 1958.[94]

## Sachberater für Mode: Günther Ohnheiser

Der für die Mode zuständige Günther Ohnheiser (1911–1971) zählte im Kreis der Sachberater zu den politisch aktivsten und übte auch hohe Parteifunktionen aus. Als Leiter des „Hauses der Mode"[95] stand er nicht nur einer der wichtigsten kommunalen NS-Kulturinstitutionen vor, sondern wurde auch in das beratende Gremium der Ratsherren[96], das aus überwiegend „Alten Kämpfern" bestand, aufgenommen. Günther Ohnheiser wurde 1911 in Unternberg, Salzburg, geboren und studierte an der Akademie der bildenden Künste Wien. Über seine künstlerische Ausbildung und Tätigkeit als Gebrauchsgrafiker und Modezeichner vor 1938 ist nur wenig bekannt.[97] Durch Dokumente ist gesichert, dass er ab 1931 NSDAP-Mitglied[98], Blutordensträger und Mitglied der SA war.[99] Er betrieb in Wien die SA-Gruppe Donau in der Mariahilfer Straße, im Atelier des Fotografen K. T. Garden, einer geheimen Nachrichtenstelle, über die der Verbindungsdienst zur SA-Brigade lief. Ohnheiser war Leiter des Nachrichtendienstes. Im März 1935 wurde er verhaftet, wegen Hochverrats verurteilt und ins Anhaltelager Wöllersdorf überstellt, wo er 18 Monate inhaftiert war. 1936 ging er nach Deutschland und kehrte 1938 wieder nach Wien zurück.[100] Wenige Monate später, im September 1938, wurde er zum Beauftragten des Gauleiters und Reichskommissars des Gaues Wien für die Modewirtschaft und im Mai 1939 zum Ratsherrn der Stadt Wien ernannt.[101] Seine Tätigkeit als Sachberater für Mode fiel in Personalunion mit der Leitung des Vereines Haus der Mode, für dessen Errichtung er verantwortlich war.[102] Ohnheiser

S. 155 Zeitschrift *Wiener Mode*, Jg. 52, H. 5, 1939, Artikel über die Eröffnung des Hauses der Mode mit einem Porträt des Leiters Günther Ohnheiser, WM

# „Wiener Mode"

OFFIZIELLES ORGAN DES HAUSES DER MODE

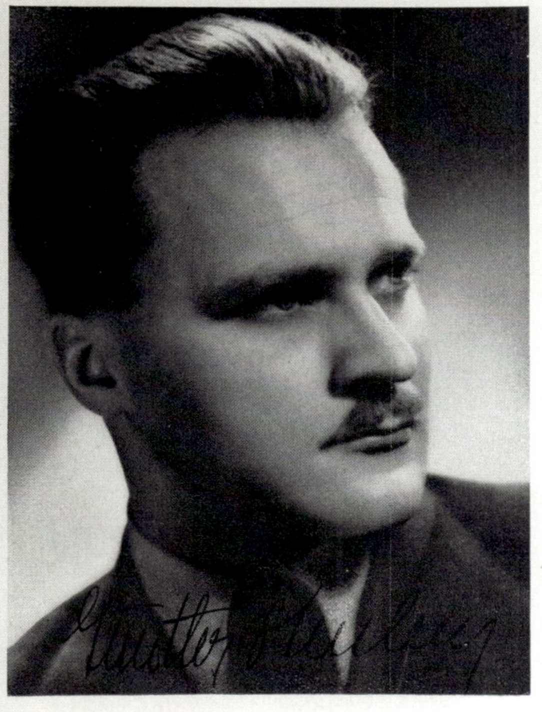

Der Hauptgeschäftsführer des „Hauses der Mode in Wien", Günther Ohnheiser, hat in seiner Rede am Eröffnungstag des Hauses klar umrissen dessen Aufgaben bestimmt. Das Haus der Mode soll der Zentralpunkt sein, an dem im gesamtdeutschen Interesse die vielartigen Fäden von Kunst, Kunsthandwerk, Industrie und Handel, die sich an Mode- und Geschmackschaffen knüpfen, zu gemeinsamer Arbeit zusammenfinden. Drei Aufgabengebiete verlangen vor allem Betreuung: Die Förderung der schöpferischen Leistung durch Erziehung eines geeigneten Nachwuchses, die Förderung der Erzeugung und des Absatzes. Über diesen Aufgabenkreis hinaus wird das „Haus der Mode in Wien" die Wiener Mode- und Geschmackskultur wirtschaftlich nach außen vertreten und anregenden Austausch auf der Grundlage volklicher Eigenart mit anderen Ländern pflegen.

Die seit Jahrhunderten bestehende Mittlerrolle Wiens zwischen dem Westen und dem Osten hat dem Wiener Modeschaffen seine eigene Note gegeben. Der Reichtum an hier zusammenströmenden Stil- und Kulturrichtungen gab Vorbild und Anregung und bildete den unmittelbaren Anlaß zu jener anmutigen und ideenreichen Wiener Mode, die in aller Welt einen guten Klang hat. So hat Wien seine Berufung als führende Modestadt nicht erst zu gewinnen, sondern unter neuen Möglichkeiten zu bestätigen. Mit Stolz übernimmt das „Haus der Mode in Wien" diese ihm anvertraute Mission, im sicheren Bewußtsein, dem Weltruf der Wiener Mode neue Freunde und Anhänger zu gewinnen.

Wien, Mai 1939

Schriftleitung der
Wiener Mode

HAUS DER MODE

ist weder als Mitglied der RdbK verzeichnet noch trat er als eigenständiger Künstler in Erscheinung. Seine Position in der Kunstpolitik ist als eine rein politische Besetzung zu werten.

Ohnheiser geriet nach dem Krieg in amerikanische Gefangenschaft und wurde im Jänner 1946 in das Inhaftierungslager Glasenbach überstellt. Er musste sich vor dem Volksgericht verantworten.[103] In seinem Prozess traten Akteur*innen auf, die er aus dem Umkreis des Hauses der Mode kannte, so der ehemalige künstlerische Leiter Alfred Kunz, Hans Bolek, oder Elsa Engel-Mainfelden, eine Angestellte im Haus der Mode. Sie war nach 1945 Inhaberin eines Modesalons sowie Lehrerin an der Modeschule.[104] Wie bei vielen Volksgerichtsverfahren stand bei diesen Zeugenaussagen das „Reinwaschen" der Angeklagten vor antisemitischen Verstrickungen im Vordergrund. Mit wenig Erfolg, Ohnheiser wurde im Juni 1947 zu 18 Monaten schwerem Kerker verurteilt.[105] Die Begründung des Urteils lag in seiner Tätigkeit als „Alter Kämpfer" und als „illegaler" Nationalsozialist in der Verbotszeit, womit er „einen wesentlichen Beitrag zur Vernichtung der staatlichen Freiheit und Unabhängigkeit Österreichs geleistet hat".[106] Im Juni 1950 wurde Ohnheisers Ansuchen zur „Ausnahme von der Behandlung nach den Bestimmungen des Artikels IV VG 1947 und von den in besonderen Gesetzen enthaltenen Sühnefolgen" schließlich stattgegeben. Der Fortbestand seines nationalsozialistischen Netzwerkes nach 1945 zeichnet sich vor allem in seiner Nähe zum „Gmundner Kreis" ab, in dem sich schwerbelastete Nationalsozialisten versammelten und dem auch Ohnheiser zuzurechnen ist.[107] Er verstarb 1971 in Wien.

## Das Kulturamt und seine Rolle als Auftraggeber

Da die Erwartungshaltung unter den Künstler*innen groß war, begann das Kulturamt in rascher Abfolge mit der Ausschreibung von Wettbewerben, die in den Zeitschriften und Zeitungen medienwirksam angekündigt wurden.[108] Die Aufbruchsstimmung hielt de facto bis zum Überfall auf Polen an und erfuhr 1940 einen deutlichen Einbruch. Unter den Fachsparten waren das Theaterwesen, dem das größte Interesse galt, gefolgt von Film, Musikwesen, Malerei, Bildhauerei, Architektur, Literatur, Mode und dem Kunstgewerbe betroffen.[109]

Festzuhalten ist, dass Architekturprojekte, die aufgrund der längeren Vorlauf- und Bauzeit meist nicht über die Planungsphase hinauskamen, weniger Aufmerksamkeit genossen. Zwar plante man Heldengedenkstätten, Bühnengestaltungen, ein neues Messegelände u.a. Errichtet wurde, abgesehen von kriegsbedingten Bauten wie Flaktürmen, Luftschutzkellern, vereinzelten Wohnbauten, Siedlungen und Rüstungsbauten, wenig. Einzig bei ephemeren Bauten, wie Festdekorationen von NS-Parteiveranstaltungen, Aufmärschen oder Ausstellungen, kamen Architekten zum Zug. Die Architekten Franz Hubert Matuschek und Josef Proksch erklärten sich am 10. September 1940 bereit, Pläne für die „Ausschmückung der Ringstraße und der Hauptzufahrtstraßen" zu erstellen, bestehend aus Fahnenmasten, Standarten sowie Adler- und Schwertpylonen, die die Straßen säumten.[110] Ihre Detailplanungen sowie die Entwürfe des Otto-Wagner-Schülers Konstantin Peller, der im Auftrag des Wiener Stadtbauamtes plante, haben sich erhalten.[111]

Besondere Aufmerksamkeit schenkte man der NS-konformen Ausstattung des Wiener Rathauses. Ein wichtiger, weil in der Öffentlichkeit sichtbarer, gattungsübergreifender Bereich, waren die Aufträge für Kunst-am-Bau-Objekte an Wohnhäusern sowie öffentlichen Bauten in Form von Reliefs, Mosaiken, Sgrafitti, Statuen oder Hauszeichen. Anlässlich bestimmter Ausstellungen gab es für Maler*innen, Grafiker*innen und Bildhauer*innen Auftragsvergaben sowie regelmäßige Ankäufe, die meistens den Städtischen Sammlungen übergeben wurden. Mit der Fortdauer des Krieges beschränkten sich die Wettbewerbe immer häufiger auf das kleine Format, d.h. es wurden nur mehr Wettbewerbe für Plakate, Medaillen, Plaketten, Porzellanobjekte etc. ausgeschrieben. Bisweilen waren es reine Ideenkonkurrenzen ohne Realisierungsabsicht, was unter die Kategorie der Künstlerförderung fiel. Mode und Kunstgewerbe erhielten durch die Einrichtung eigener Institutionen eine intensive Förderung (Entwurfs- und Versuchswerkstätte für schöpferische Formgebung, Gobelin-Manufaktur etc.).

Die Gebrauchsgrafik, neben Film und Foto eines der wichtigsten visuellen Propagandamedien, erfuhr durch den Nationalsozialismus eine intensive Förderung. Für die parteipolitische Vereinnahmung eignete sie sich ausgesprochen gut, handelte es sich doch um ein kostengünstiges, rasch zu produzierendes und vor allem reproduzierendes, niederschwelliges Medium, das einen hohen kommunikativen Wert besaß. Das wichtigste Objekt war das Plakat, mit dem die politische Propaganda zielgerichtet platziert und rasch aktualisiert werden konnte. Gebrauchsgrafiker*innen bot sich innerhalb der NS-Kunstpolitik also ein umfangreiches Betätigungsfeld.

S. 157 Wettbewerbsentwürfe für die ständige Ausschmückung Wiens, 1940: Josef Proksch, *Schwarzenbergplatz (o.)*; Hubert Matuschek, *Vor der Oper (u.)*, WM

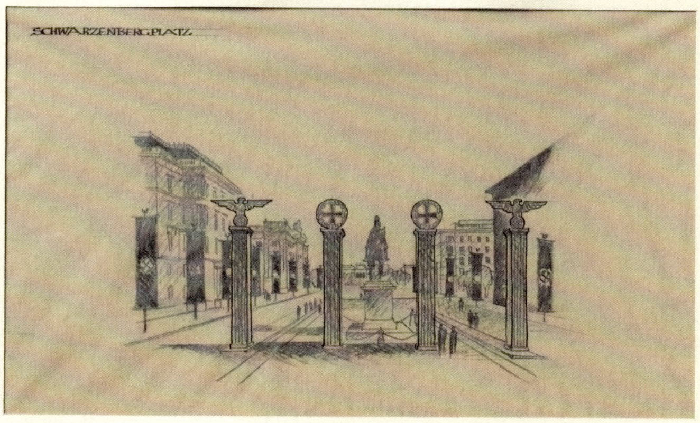
SCHWARZENBERG.PLATZ

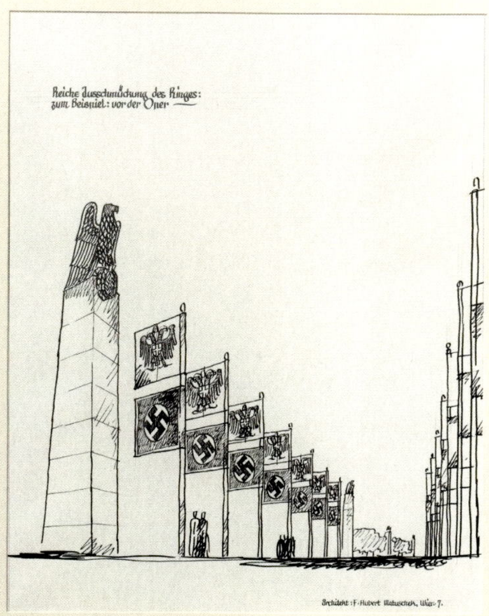
Reiche Ausschmückung des Ringes:
zum Beispiel: vor der Oper
Architekt: F. Hubert Matuschek, Wien 7.

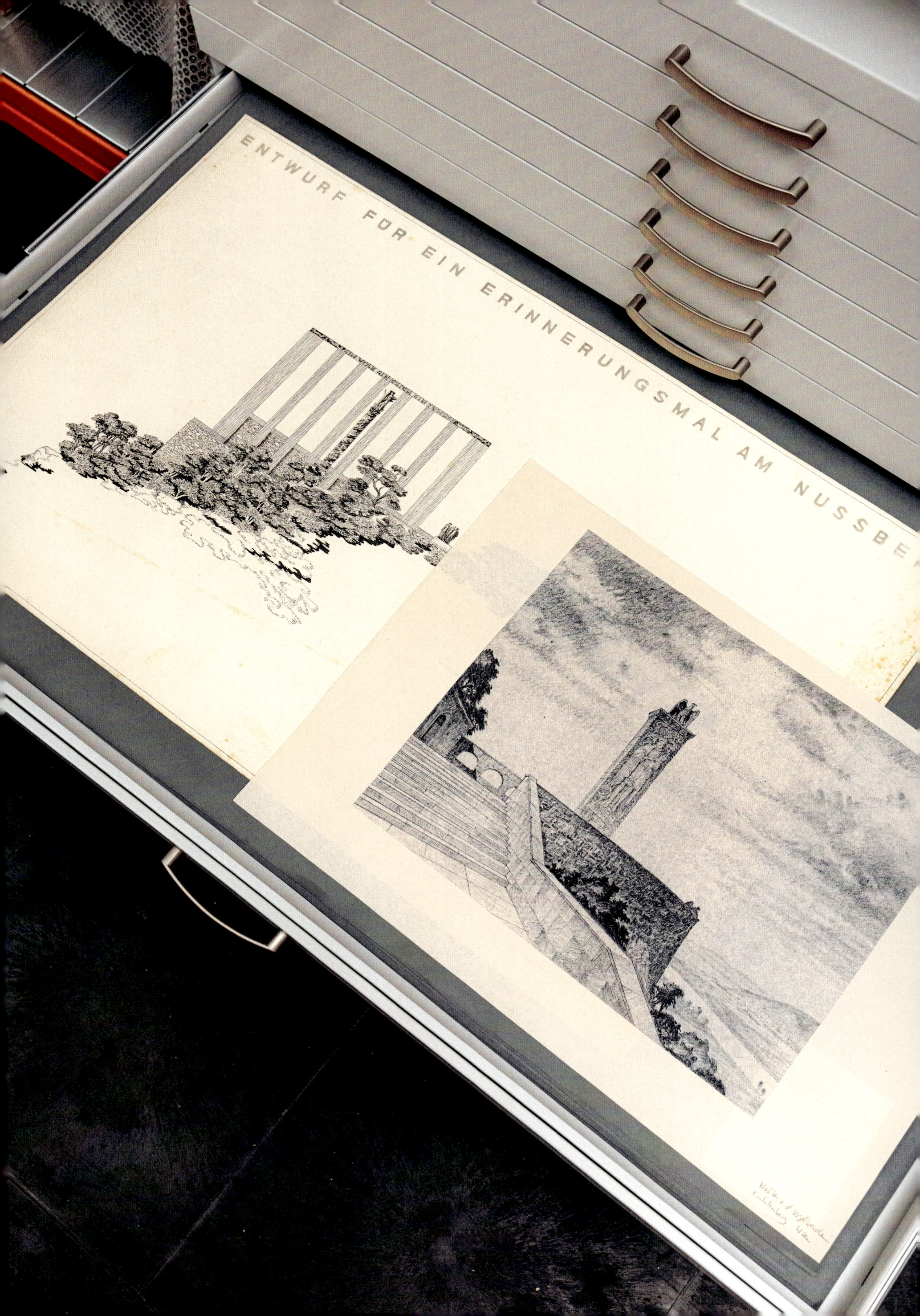
ENTWURF FÜR EIN ERINNERUNGSMAL AM NUSSBE

Die öffentlichkeitswirksamsten Wettbewerbe betrafen die Bildhauerei. Den Kulturamtsgründern schwebten Denkmäler zu den Vorläufern der NS-Ideologie sowie prononcierten Antisemiten mit Ostmark-Bezug in den Bereichen Wissenschaft, Dichtung, Musik und Architektur vor. Diese Konkurrenzen wollten gut vorbereitet sein, weshalb man sich vorerst mit kleineren Vorhaben, wie mit einer Ausschreibung zum *Grenzstein Groß-Wien*[112] (November 1938) oder zu einem Relief am Kahlenberg, das an die erfolgreiche Abwehr der zweiten Türkenbelagerung am 12. September 1683 erinnern sollte, begnügte.[113]

## Erinnerungsmal Wöllersdorf

Der Anfang Juli 1938 ausgeschriebene Wettbewerb für das Erinnerungsmal in Wöllersdorf war zugleich einer der politischsten. Nicht überraschend ist, dass man sich nur an überzeugte Nationalsozialisten wandte.[114] In Wöllersdorf bei Wiener Neustadt war in der Zeit des Austrofaschismus 1933 ein sogenanntes Anhaltelager errichtet worden, in dem nach dem Juliputsch 1934 Tausende Nationalsozialisten inhaftiert waren.[115] Unter den 58 Einsendungen wurden zwei der Sieger zu einem engeren Wettbewerb[116] eingeladen, Architekt Robert Örley[117] und die Bildhauer Heinz Leinfellner und Paul Peschke.[118] Bekannt ist der Entwurf von Örley in der dritten Fassung vom 27. August 1939, der einen kubistisch inspirierten, nach oben zu abgestuften Pfeiler zeigt, der vom Hoheitszeichen bekrönt ist. Zu einer Umsetzung kam es allerdings nie.

## Walther-von-der-Vogelweide-Denkmal

Einer der aufwendigsten Wettbewerbe war jener zur Errichtung eines Denkmals für Walther von der Vogelweide auf dem Nordhang des Leopoldsbergs in Wien, der als Reichswettbewerb zur Ausschreibung gelangte.[119] Für den im Mai 1939 ausgeschriebenen Wettbewerb wurden eigene Unterlagen gedruckt, Pläne und Fotos der örtlichen Situation angefertigt und zur Verfügung gestellt. Die Jury war politisch und künstlerisch hochkarätig besetzt, neben Bürckel, Neubacher, Blaschke, Blauensteiner und den Sachberatern des Kulturamtes waren auch der Münchner Architekt German Bestelmeyer und aus Berlin der Bildhauer Arno Breker geladen. Die Sitzung des Preisgerichtes fand am 11. Oktober 1939 in der Secession statt, wo die 118 anonym eingereichten Projekte ausgestellt und begutachtet wurden. Nach der Ermittlung der Preisträger – der erste Preis ging an den Bildhauer Georg Johann Lang aus Oberammergau – vertrat das Preisgericht die Meinung, dass keiner der Entwürfe ohne Änderung zur Ausführung gelangen könne, weshalb ein engerer Wettbewerb durchgeführt werden sollte.[120] Alle Entwürfe passten ihr Modell der topografischen Situation der „Nase“, einem plateauartigen Vorsprung des Leopoldsbergs, von dem sich ein beeindruckender Blick Richtung Wien und Donau eröffnet, an. Die meisten Projekte sahen eine Einfassung des Plateaus mit einer Art Mauer vor, die von einem stelenartigen Gebilde mit oder ohne Reliefs bekrönt wurde. Manche stellten mittig eine Statue auf. Oswald Haerdtl (Ankauf) schlug gar eine offene Pfeilerhalle vor, in deren Mitte ein monumentaler Pfeiler stand. Ihn bekrönte eine Statue Hans Andres, die den Dichter als heroische Figur mit Harfe, begleitet von einem schwerttragenden Jüngling, zeigte.

## Houston-Stewart-Chamberlain-Denkmal

Mit der Ausschreibung eines geladenen Wettbewerbs zur Errichtung eines Denkmals für Houston Stewart Chamberlain am 8. Februar 1941 sollte neben Georg Ritter von Schönerer[121] ein weiterer NS-Wegbereiter geehrt werden. Mit Houston Stewart Chamberlain (1855–1927) wollte man den „‚Seher von Bayreuth‘, den Vorkämpfer des aufrechten Rassegedankens und einer neuen germanischen Weltanschauung“ würdigen.[122] Der englisch-deutsche Schriftsteller hatte sich von 1890 bis 1920 als antisemitischer Vordenker in der Kulturszene von Wien und Bayreuth sowie als Schwiegersohn Richard Wagners einen Namen gemacht. Für Hitler und die Nationalsozialisten war er ein Ideengeber des deutschen NS-Kulturbegriffs. Als Aufstellungsort wählte man den rückwärtigen Teil des Esterházyparks. Eine Zusammenarbeit zwischen Bildhauern und Architekten sei anzustreben. Zur üblichen Jury wurden Josef Müllner, Alexander Popp und der NS-Schriftsteller Bruno Brehm beigezogen.[123] Als Sieger ermittelte die Jury den Müllner-Schüler Ernst Kubiena, die beiden 2. Preise gingen an Artur Hecke (Mitarbeiter von Alfred Bartosch) und an Alfred Hofmann. Alle drei entschieden sich für eine Aktfigur, die den meist seriös auftretenden Schriftsteller nicht als bürgerliche Persönlichkeit des Kulturlebens, sondern als nordischen Lichtbringer zeigt. Aufgestellt wurde das Denkmal nicht.

S. 158 Wettbewerbsentwürfe für das Walther-von-der-Vogelweide-Denkmal auf dem Leopoldsberg, 19. Bezirk, 1939: Oswald Haerdtl, *Erinnerungsmal am Nussberg* (l.); Siegfried Theiss, Hans Jaksch und Werner Theiss (r.), 1939, Az W Sammlung

P r o t o k o l l

der Preisrichtertagung im Wettbewerb um ein Houston Stewart Chamberlain-Denkmal in Wien.

Anwesend die Preisrichter:

Vorsitzender: Ing. Hanns Blaschke, Beigeordn
leiter für Kultur.

Arch. Hermann Kutschera, Sachb
im Kulturamt der Gaustadt Wie

Bildhauer Prof. Wilhelm Frass
hauerei im Kulturamt der Gaus

Maler Prof. Rudolf Böttger, S
Kulturamt der Gaustadt Wien,

Arch. Johannes Cech, Sachberat
der Gaustadt Wien,

Maler Prof. Leopold Blauenste
Reichskammer der bildenden Kü

Prof. Josef Müllner, Prof. an
Künste in Wien,

Baurat Robert Örley als Ersat
Popp,

Hermann Stuppäck als Ersatzma

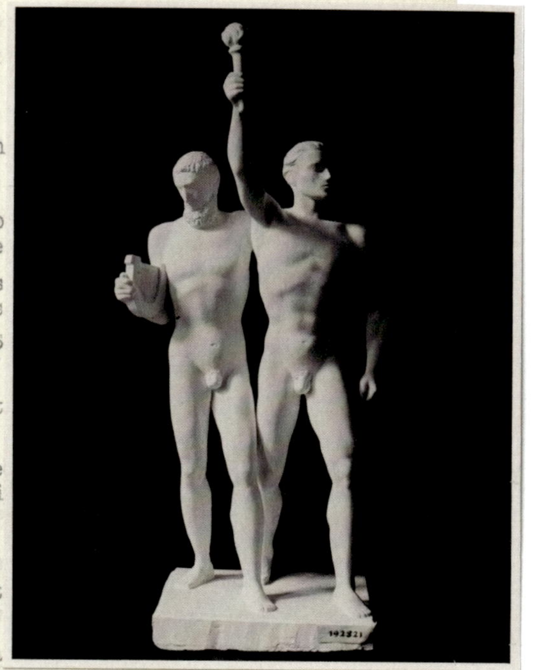

Das Preisgericht hat im ersten Gang die Projekte mit Kennziffern
131.813 und 19o.212, im zweiten Gang die Projekte
71.717 und 681.11o ausgeschieden.
richt hat dem Projekt mit Kennziffer 29o.315 den
und durch Zusammenlegung des 2. und 3. Preises zwei
en Projekten 594.877 u
läge ergab Verfasser
ena, 4., Taubstummenga
fred Hofmann, 7., Lind
ke, 19., Pyrkergasse 2
henden Beschlüsse wurd
Ausführung eines der p
faßt.
nder Stimme haben an d
e Ersatzmänner:

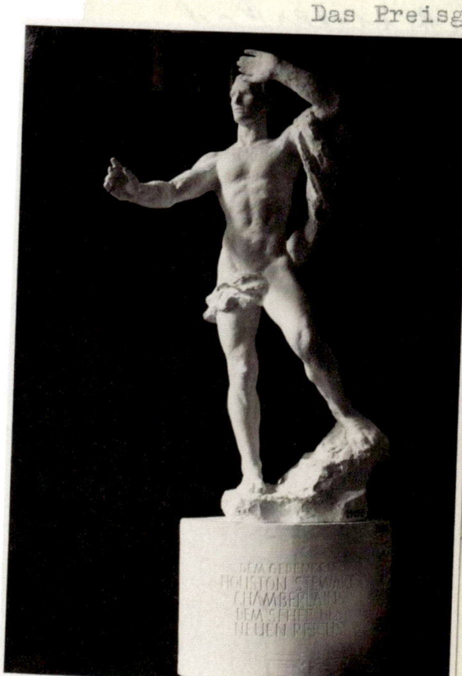

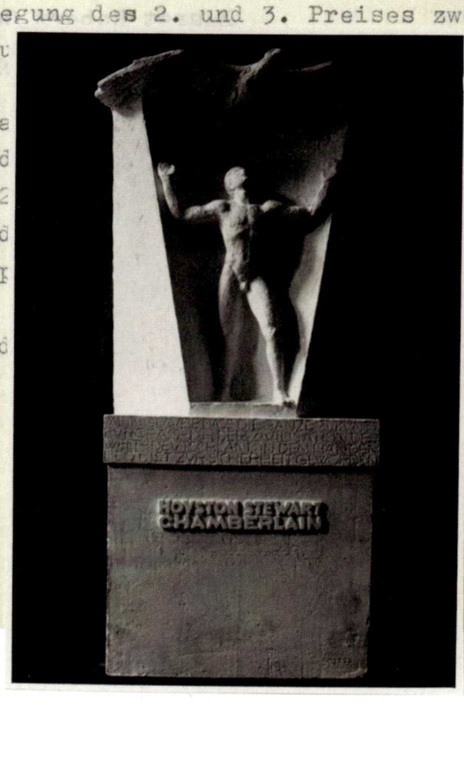

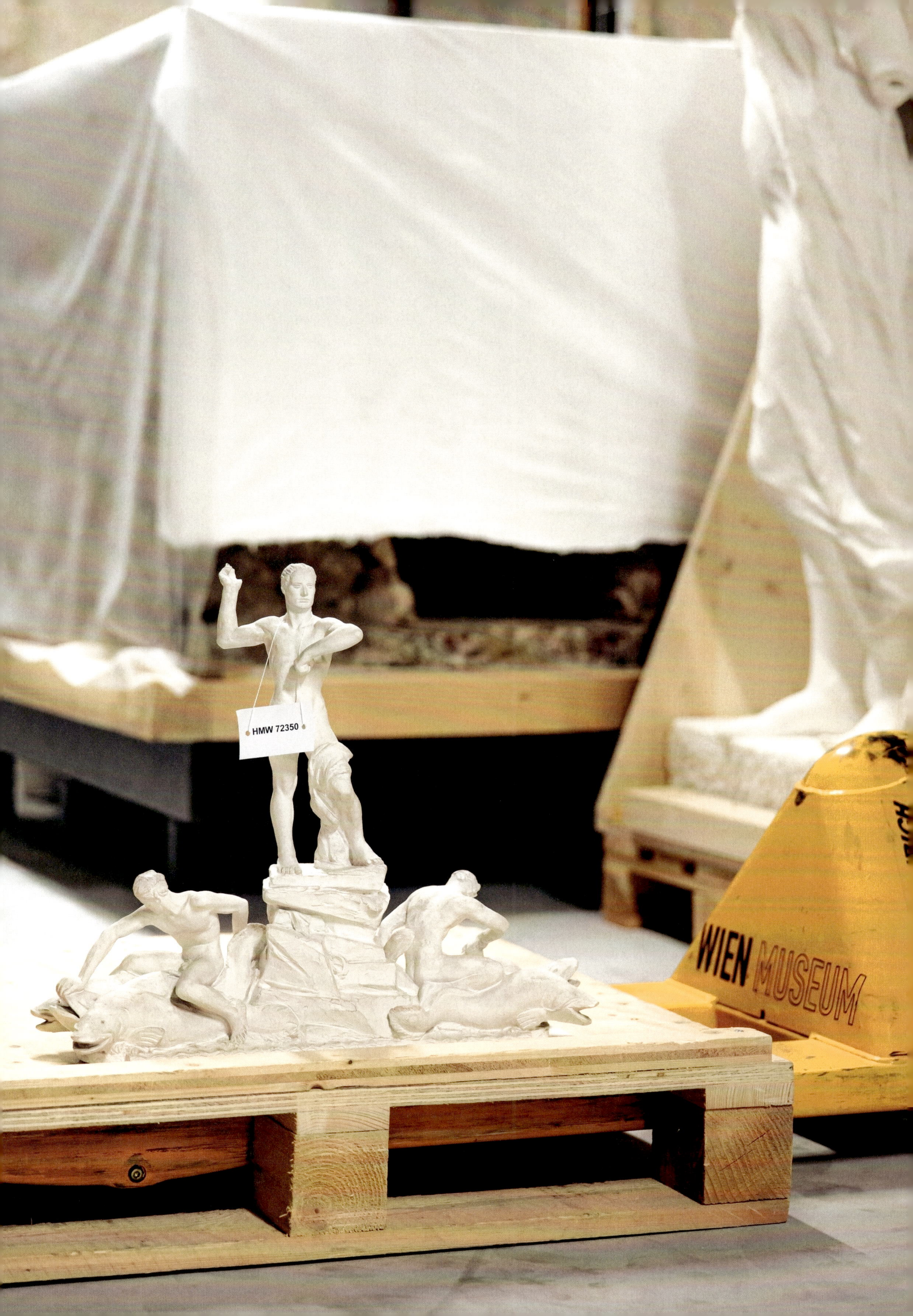
HMW 72350
WIEN MUSEUM

## Orpheusbrunnen

Neben den mit der NS-Ideologie im Zusammenhang stehenden Denkmälern vergab das Kulturamt auch Aufträge, die der Verschönerung der Stadt Wien dienen sollten und dem Geschmack des Gauleiters Baldur von Schirach entsprachen.

Relativ weit gediehen waren die Vorarbeiten zweier Denkmäler, die von Fritz Behn ausgeführt werden sollten. Mit Fritz Behn (1878–1970) war neben Werner March im April 1940 ein prominenter Reichsdeutscher als Professor an die Akademie berufen worden.[124] Er übernahm die Spezialschule für Bildhauerei und Medailleurkunst des enthobenen Albert Bechtold.[125] Aufgrund seiner zahlreichen Afrikareisen durch die ehemaligen deutschen Kolonien hatte sich Behn als Meister der Tierplastik profiliert.[126] Irene Nierhaus bezeichnete die beiden „gottbegnadeten" Akademie-Professoren Behn und Josef Müllner als Vertreter einer indifferenten Plastik, „die entsprechend ihres Anti-Aktualismus und Mainstream-Charakters jegliche politische Wende mitmachen konnte[n]".[127] Behn genoss in seinen Wiener Jahren die besondere Förderung durch Schirach und anderer NS-Größen. 1943 erfolgte die Verleihung der Goethe-Medaille für Kunst und Wissenschaft. 1945 wurde er von der Akademie entlassen.

Angesichts des immer aussichtsloser scheinenden Krieges, der bevorstehenden Landung der Alliierten in der Normandie und den seit August 1943 auch gegen Österreich gerichteten Luftangriffen ist es schwer nachvollziehbar, dass Schirach noch am 31. Mai 1944 persönlich einen Vertrag mit Behn unterfertigte. Für ein Honorar von 100.000 Reichsmark sollte er einen monumentalen Orpheusbrunnen anfertigen.[128] Wegen dieser Beauftragung zeigte sich Frass einigermaßen ungehalten und erlaubte sich zu bemerken, dass es angesichts des im April 1943 beauftragten und nicht fertiggestellten Lipizzaner-Denkmals (Honorar 35.000 Reichsmark) nicht zweckmäßig sei, Behn ein weiteres Projekt zu überantworten. Er riet Schirach, davon Abstand zu nehmen, jedoch vergebens.[129] Die erhaltenen Fotos des Gipsmodells zeigen den auf einem Hügel stehenden Orpheus mit seiner Lyra, zu dessen Füßen sich exotische Tiere, wie ein Panther, ein Krokodil oder ein Nashorn, tummeln. Als Material war diesmal nicht Bronze, sondern Stein vorgesehen.

## Donau-Brunnen

Die reservierte Haltung von Frass gegenüber Behn mag zweierlei Gründe gehabt haben: Zum einen trug er Behn vermutlich nach, dass diesem bei der Bewerbung um die Akademieprofessur der Vorzug gegeben wurde. Zum anderen verfolgte Frass in Zeiten der Materialknappheit seine eigenen Interessen. Ab 1943 arbeitete er an einem großen Donau-Brunnen für die Stadt Wien, der hinter dem Rathaus, am Friedrich-Schmidt-Platz, Aufstellung finden sollte (Lageplan Hermann Kutschera).[130] Für die Ausführung der fünf vier Meter großen Brunnenfiguren forderte Frass ab Februar 1944 über die RdbK Material an.[131] Während der erste Entwurf noch eine zentrale männliche Figur, vermutlich Neptun, vorsah, war der zweite Entwurf (*Schönheitsbrunnen*, 1945) eine wenig gelungene Mischung zwischen Botticellis *Geburt der Venus* und Georg Raphael Donners *Providentiabrunnen* am Neuen Markt. Im Zentrum des Modells entsteigt eine weibliche Aktfigur, deren steif aufgerichteter Körper mit der Eleganz Botticellis Venus wenig gemein hat, einer Jakobsmuschel. Seitlich ringen zwei nackte Männer mit Donaufischen und am Brunnenrand liegen zwei weitere weibliche Akte, vermutlich Flussgöttinnen, auf ihren Amphoren.

## NS-Kunst am Bau

Analog zum Deutschen Reich vergab die Wiener Stadtverwaltung unmittelbar nach Gründung des Kulturamtes diverse Kunst-am-Bau-Aufträge. Obwohl es sich dabei eher um kleinere Aufgaben handelte, waren sie von nicht zu unterschätzender propagandistischer Wirkung. Sie befanden sich an Fassaden von Wohnhäusern oder öffentlichen Gebäuden sowie in Schulen, HJ-Heimen oder Kasernen. Auffallend ist, dass häufig Wohnbauten, die während der Februarkämpfe 1934 Zentren des Widerstandes waren oder Bewohner*innen beherbergten, die gegen das NS-Regime opponierten, neu gestaltet wurden.

Als Beispiel sei die 1929 bis 1931 von Karl Schmalhofer geplante „Rasenstadt", die spätere Johann-Mithlinger-Siedlung in Favoriten, genannt. Die Beauftragung für die Anbringung von 16 Steinzeugreliefs aus dem Themenkreis der deutschen Märchenwelt erging

S. 160 Protokoll der Preisrichtertagung im Wettbewerb für ein Houston-Stewart-Chamberlain-Denkmal in Wien, Esterházypark, 6. Bezirk, 15.5.1941; Fotos der prämierten Projekte: Ernst Kubiena, 1. Preis (l.), zwei 2. Preise an Artur Hecke und Alfred Bartosch (r. o.) und Alfred Hofmann (r. u.), WStLA

S. 161 Wilhelm Frass, Gipsmodell für einen Donau-Brunnen, Friedrich-Schmidt-Platz, 1. Bezirk, 1943/44, WM

S. 163 Franz Kralicek, *Adel der Arbeit,* 1938, Ecke Faulmanngasse 2/Operngasse 24, 4. Bezirk

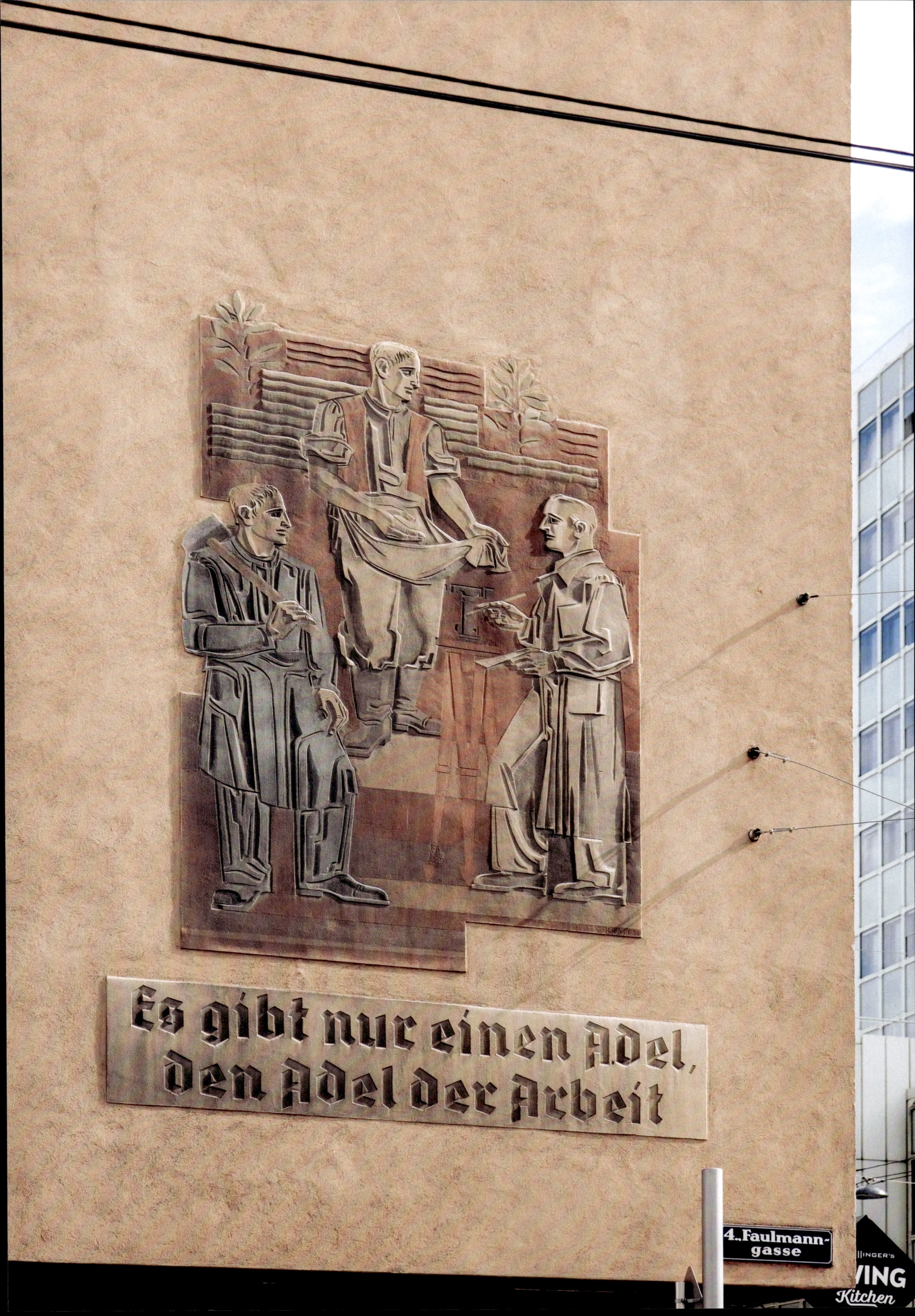
Es gibt nur einen Adel,
den Adel der Arbeit
4., Faulmann-
gasse

am 2. Juni 1939 an ausgewählte Künstler*innen. Mit den in die Fassaden eingelassenen, einen Quadratmeter großen Platten, manche bunt, andere steinsichtig, wurden Franz Kralicek, Ándre Roder, Jan Hendrik, Gusty Mundt, Adolf Wagner von der Mühl, Hans Burger, Robert Aigner, Karl Perl u. a. beauftragt. Mit der Themenwahl verband man eine „volkserzieherische" Intention.[132] Ob zum Zeitpunkt der Anbringung der Reliefs bereits bekannt war, dass die Siedlung nicht nur 1934, sondern auch in der NS-Zeit ein Zentrum des Widerstandes war, ist nicht bekannt. Einer der Führer dieser illegalen Aktivitäten war der kaufmännische Angestellte Johann Mithlinger, nach dem später die Siedlung benannt wurde.[133]

Die häufigsten künstlerischen Techniken, die zur Anwendung kamen, waren Sgrafitti, Reliefs, vereinzelte Skulpturen sowie Gedenktafeln, die durch NS-Losungen, meist mit Aussprüchen Hitlers, ergänzt wurden. Ein Beispiel dafür befindet sich auf einem Wohnblock in Wien-Wieden, Ecke Operngasse und Faulmanngasse. Unter dem Wandbild von Franz Kralicek, einen Handwerker, einen Bauern und einen Wissenschaftler darstellend, steht in altdeutscher Schrift zu lesen: „Es gibt nur einen Adel, den der Arbeit". Kralicek, ein Absolvent der Kunstgewerbeschule (1929–1934) und anschließend bis 1938 ein Meisterschüler Ferdinand Andris, war ein häufig beauftragter Maler für Kunst-am-Bau-Projekte und NS-Festdekorateur. Das damals allseits bekannte Hitler-Zitat kam ohne Namensnennung aus, vermutlich ein Grund, weshalb sich dieses Kunstobjekt, im Vergleich zu anderen, nach wie vor unkommentiert im öffentlichen Raum befindet.[134]

Eine der ersten Maßnahmen nach 1945 bestand darin, den Namen „Hitler" an derartigen Kunstwerken zu tilgen. Die Sprüche selbst hatten oft länger Bestand. Exemplarisch wird hier der Hitlerspruch „Wir reden nicht, sondern handeln" zitiert, der unter einem Hochrelief von Alfons Riedel, einen pflügenden muskulösen Bauer darstellend, an der Fassade des Anton-Wildganshofes, der 1934 von den Schutzbündler*innen heftig verteidigt worden war, angebracht ist. Bereits im Juli 1945 wandte sich der Bezirksvorsteher Erdbergs an Stadtrat Viktor Matejka, „dieses ‚Kulturdenkmal' aus der Nazizeit" zu entfernen, da es bereits Anstoß beim russischen Kommandanten erregt habe.[135] Die Stadt ließ vorerst lediglich den Namen Hitlers abschlagen, nicht jedoch den Spruch. Der restliche Text dürfte erst in letzter Zeit abgetragen worden sein.

## Theaterumbauten

Musiktheater und Schauspiel wurden von den Nationalsozialisten gezielt zur gesellschaftspolitischen Indoktrinierung und Ideologisierung eingesetzt. Bereits vom 12. bis 19. Juni 1938 fanden unter der Schirmherrschaft von Goebbels die Reichstheater-Festwochen in Wien statt. Die Wiener Parteigenoss*innen hofften, mit einer gezielten Instrumentalisierung der traditionsreichen Wiener Bühnen eine Schlüsselposition in der NS-Kulturpolitik einzunehmen. Unmittelbar nach dem „Anschluss" ergingen viele Aufträge zum Umbau und zur Modernisierung der Wiener Bühnen. In einer programmatischen „Kulturrede" verkündete Blaschke, dass „die Bühnen zum Teil großer historischer Vergangenheit als deutsche Bühnen wieder zu moralischen Anstalten und zu Weihestätten deutscher dramatischer Kunst umgebaut werden" sollen.[136] Der in Wien gefragteste Theaterarchitekt war der Hoffmann-Schüler Carl Witzmann (1883–1952),[137] der von 1919 bis 1945 an der Wiener Kunstgewerbeschule unterrichtete und 1923/24 das Theater in der Josefstadt umgebaut hatte. Neben den Einbauten von „Führerlogen", die ähnlich den traditionellen Herrscher- oder Ehrenlogen zentral positioniert waren und meist über zwei Geschosse reichten, bestand die Aufgabe hauptsächlich darin, die Zuschauerräume klarer zu strukturieren. Üppige, historistische Dekorationen wurden entfernt bzw. „bereinigt", die meist veraltete Bühnentechnik auf den neuesten Stand gebracht.

Die von der Gemeinde übernommene Volksoper (Städtische Volksoper, ab 1941 Opernhaus der Stadt Wien) war vom 1. Juli 1938 bis Ende Februar 1939 von Carl Witzmann und Hans Bichler adaptiert worden. Bichler hatte von 1935 bis 1938 in den Büros von Josef Hoffmann und Oswald Haerdtl gearbeitet und übernahm von 1938 bis 1945 den Vorsitz des Wiener Kunsthandwerkvereins. Er trat bereits 1932 der NSDAP bei und war ab 1938 SS-Oberscharführer.[138] Neben technischen Modernisierungen, wie der Installierung einer Drehbühne oder der Umgestaltung des Zuschauerraums, wurde ein großer Empfangsraum samt „Führerloge" eingebaut.[139] Obwohl diese selten benutzt wurden, waren sie für eventuelle Besuche führender Persönlichkeiten freizuhalten. Hitler war in Wiener Theatern selten zu Gast, häufiger war die lokale Politprominenz Nutznießerin der „Führerlogen". Als Sieger des 1939 ausgeschrie-

S. 165 Gottlieb Theodor Kempf-Hartenkampf, *Nach dem Einlass*, Innenansicht des Akademietheaters mit dem Eisernen Vorhang von Franz Zülow, 1939, WM

S. 166 Gottlieb Theodor Kempf-Hartenkampf, Innenansicht der Volksoper mit Szenenbild aus der Oper *Tiefland*, 1939, WM

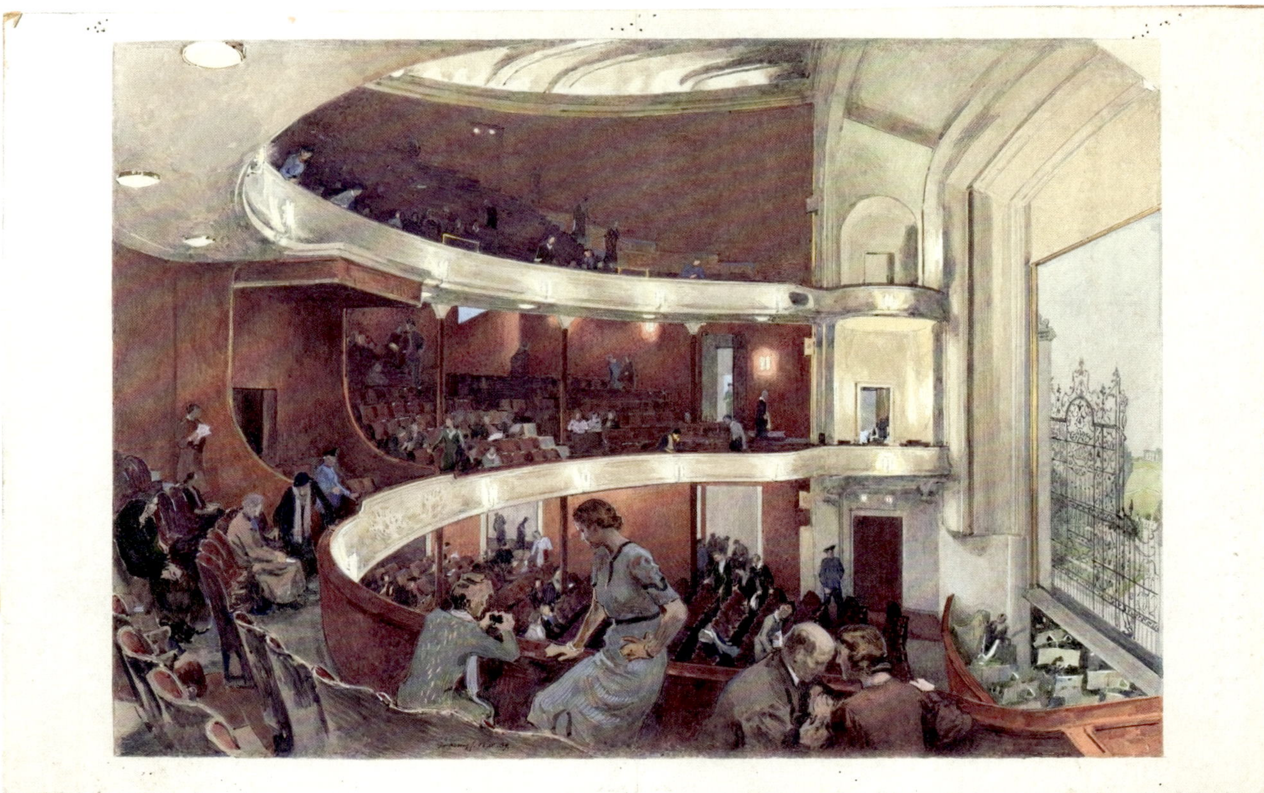

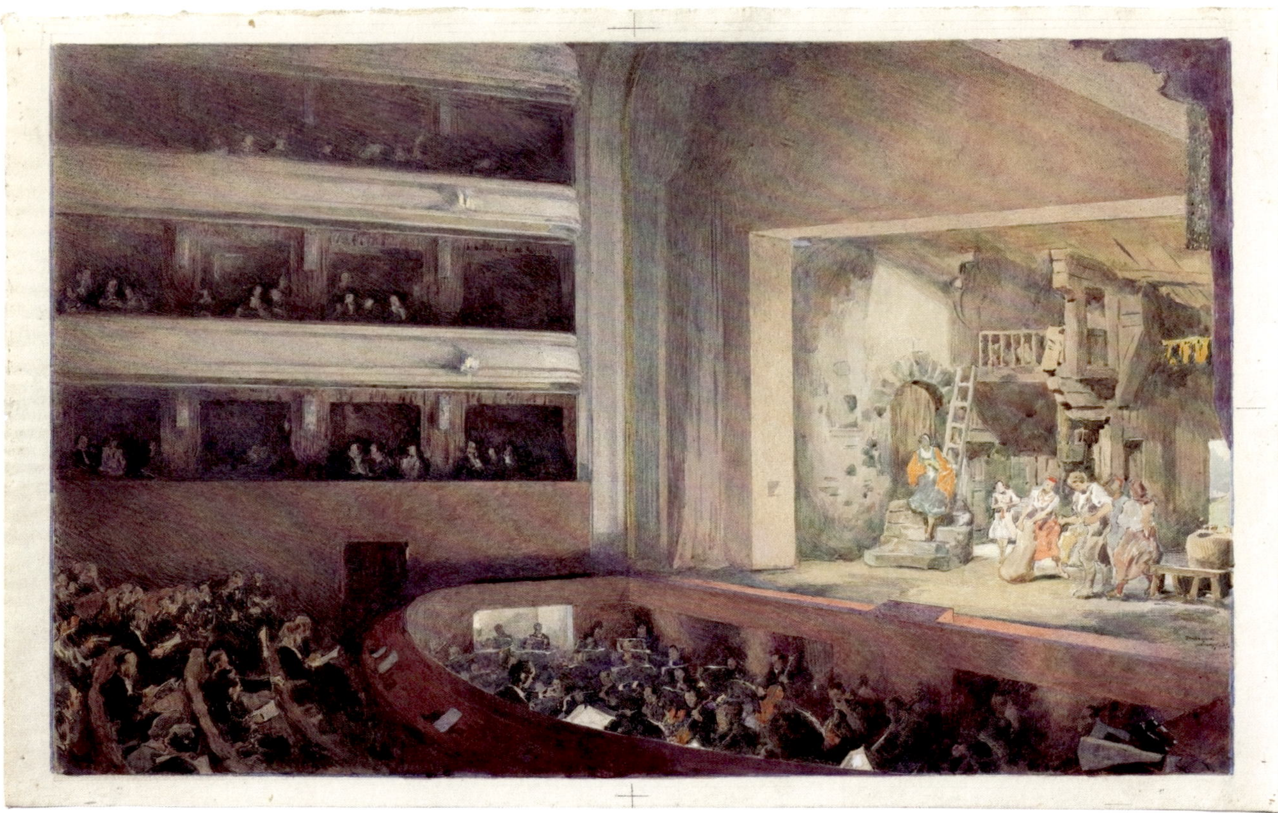

benen Wettbewerbs für den Eisernen Vorhang[140] wurde Franz Kralicek (1907–1943) ermittelt, zehn weitere Einreichungen sind bekannt.[141] Als begabter Gebrauchsgrafiker war Kralicek nach seiner Ausbildung von 1938 bis 1939 als Assistent bei Paul Kirnig an der Kunstgewerbeschule tätig. 1941 übernahm er bis zu seiner Einziehung in die Wehrmacht die Fachklasse für Gebrauchs-, Illustrations- und Modegraphik.[142] Kralicek und die Grafikerin Elisabeth Benedikt, seine spätere Frau, eröffneten das Atelier Krali–Benedikt in der Rathausstraße 3/5. Sie entwarfen eine Vielzahl an Plakaten und Drucksorten für den Tourismusverband Niederdonau und Wien. Obwohl der Wettbewerb für den Eisernen Vorhang schon 1939 entschieden worden war, wurde die Ausführung aus technischen Gründen verschoben. An dem Tag im Sommer 1943, an dem er mit der Ausführung beginnen sollte, verstarb Kralicek an einem Herzinfarkt im Alter von 36 Jahren. Böttger wies daraufhin die Maler Rudolf Holzinger, Max Frey und Günther Baszel an, den Vorhang nach dem Entwurf Kraliceks, der auf mattgelbem Hintergrund eine Ansammlung von deutschen Operngestalten um das mittige Wappen der Stadt Wien zeigt, auszuführen.[143]

Der von Kajetan Mühlmann an Alexander Popp vergebene Auftrag zur Erneuerung des 1911 bis 1913 erbauten Akademietheaters wurde 1939 ausgeführt.[144] Aufgrund räumlicher Beschränkungen waren keine größeren Eingriffe möglich, wohl aber sollte dem Theater ein neues Aussehen verliehen werden. Dies betraf den Eingang und das Foyer. Die neuen Stuckdekorationen stammten von Michael Drobil, die Deckenmalerei von Herbert Dimmel. Bemerkenswert ist Franz Zülows Entwurf für den Eisernen Vorhang (1939). In einem lockeren, fast aquarellartigheiteren, naturalistischen Stil zeigt die Theaterdekoration den Blick vom „Führerbalkon" der Hofburg über den Heldenplatz Richtung Rathaus, ohne auf parteipolitische Embleme Bezug zu nehmen; das war angesichts der Prominenz des Ortes auch nicht nötig.[145] In diesem Theater saß das gesamte Publikum gleichsam in einer „Führerloge".

Das Raimundtheater sollte unter dem Intendanten Willy Seidl eine von der Deutschen Arbeitsfront betriebene Spielstätte für die Operette werden. Die Umbauten wurden 1939 den Architekten Fritz Zeymer und Alfred Soulek übertragen und dauerten drei Monate. Beide Architekten galten als Vertreter einer eher antimodernen Architektureinstellung und waren Mitglieder der NSDAP. Zeymer, ein ehemaliger Mitarbeiter der Wiener Werkstätte, war überzeugter Nationalsozialist und fungierte als Schriftleiter der NS-Zeitschrift *Kunst dem Volk*. Soulek leitete die offenen Entwurfszeichensäle in der Kunstgewerbeschule. Als künstlerischer Leiter des Kunsthandwerkvereins saß er an einer Schlüsselstelle. Deshalb wurde 1940 seine Uk-Stellung befürwortet, allerdings musste er 1942 dann doch zum Wehrdienst einrücken.[146] Zeymer verstarb 1940. Im Foyer wurde der Zugang zum „Empfangsraum des Führers" mit dem Hoheitszeichen versehen. Über diesen mit sandfarbenen Velours tapezierten und mit bequemen Polstersesseln möblierten Raum konnte die „Führerloge" betreten werden. Der in Weiß, Rot und Gold gehaltene Zuschauerraum erhielt eine klarere Struktur, dekorative Elemente wurden eliminiert und auf die horizontalen Linien der Brüstungsgitter reduziert. Nach Entfernung der Proszeniumsloge und der Stehplätze erfolgte eine neue Bestuhlung. Die Modernisierung bezog sich auf die Technik, Nebenräume, wie etwa Garderoben, und die Einrichtung eines Rauchsalons. Für die neuen Stuckarbeiten im Zuschauerraum zeichnete Michael Powolny verantwortlich.[147]

Abschließend seien noch die Umbauarbeiten des 1889 nach den Entwürfen von Hermann Helmer und Ferdinand Fellner erbauten Volkstheaters erwähnt, das die Deutsche Arbeitsfront unter dem Generalintendanten Bruno Walter Ilz zum Ort des deutschen Sprechtheaters machen wollte. Mit dem Umbau, der die „soziale Schichtung der Zuschauer nach Logen, Parkett oder Galeriebesuchern" aufheben sollte, beauftragte man den in Prag ausgebildeten Theaterarchitekt Leo Kammel, der ab 1913 in Wien tätig war. Die „Führerloge" erhielt einen „eigenen Aufgang von der Straße" und ein „Empfangszimmer" im Direktionstrakt.[148] Das von Hitler nie betretene Zimmer, das Kammel mit dem Behrens-Schüler Josef Friedel mit einer glatten Holzvertäfelung mit Wandleuchten versehen und mit klobigen, unterschiedlich gemusterten Fauteuils mit niedrigen Füßen, Tischen und einem Wandbuffet möbliert hatte,[149] wurde erst im 21. Jahrhundert wiederentdeckt. Seine einstige Funktion war in Vergessenheit geraten. Der Umgang mit dem bis dato kaum bekannten Relikt aus der NS-Zeit sorgte unter der Direktion von Michael Schottenberg für einiges Aufsehen; er ließ es 2005 abtragen. Zuvor noch wollte er das „Führerzimmer" als „historisches Zitat für die Aufführung von Thomas Bernhards Stück ‚Vor dem Ruhestand' einsetzen", um die NS-Architektur „künstlerisch zu kommentieren".[150] Das Bundesdenkmalamt verpflichtete Schottenberg zum Rückbau.

S. 168–169 Artikel zum Theaterumbau, „Das Raimundtheater", in: *Die Pause*, H. 25, 1938, WB

S. 170–171 Artikel zum Theaterumbau des „Deutschen Volkstheaters" mit dem „Führerzimmer" und „Die neue Wiener Volksoper", in: *Die Pause*, H. 25, 1938, WB

S. 172–173 Franz Kralicek, Entwurf für den Eisernen Vorhang des Ronachers, 1940 (l.); Entwurf für den Eisernen Vorhang der Wiener Volksoper, 1939 (r.), WM

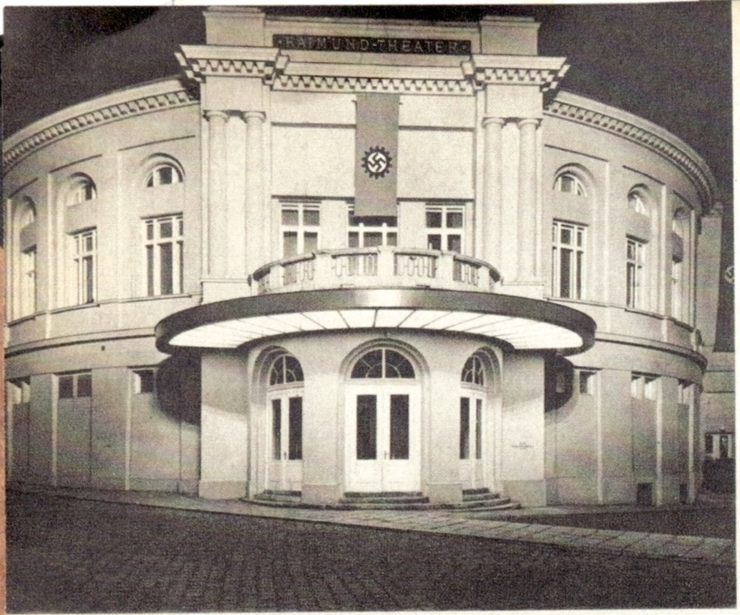

Die von Architekt Z. V. Fritz Zeymer neugestaltete F
des Raimundtheaters. Aufnahme J.

# Das Raimundtheater

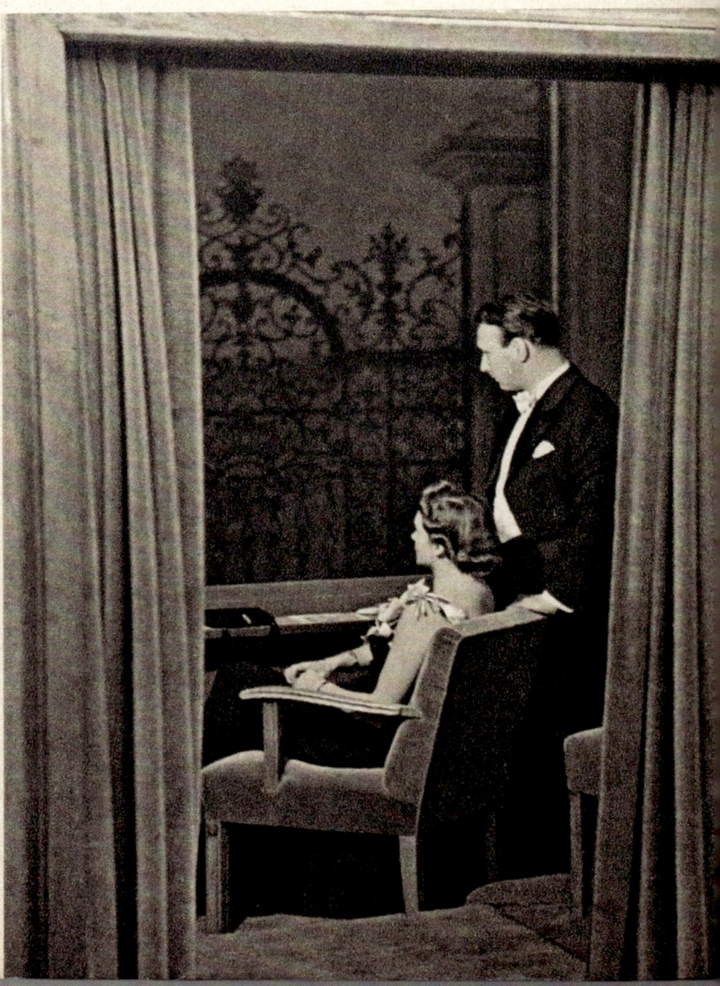

Das Raimundtheater wurde im Jahre 1893 nach den Plänen von Architekt Franz Roth erbaut. Kunstsinnige Wiener Bürger brachten die Mittel auf, um durch den Bau des Theaters der volkstümlichen dramatischen Kunst eine Heimstätte zu geben. Doch diese Sendung wurde alsbald vergessen. Volksfremder Einfluß und schlechte Wirtschaft richteten das Theater zugrunde und damit verfiel auch das Haus zur Ruine.

Erst durch die Heimkehr der Ostmark ins Reich waren die Voraussetzungen für die Neugestaltung und Wiederbelebung dieser volkstümlichen Bühne als Theater des Volkes gegeben. Die Deutsche Arbeitsfront erwarb das Raimundtheater und stellte in großzügiger Weise die Mittel bei, um das

Durchblick durch die Führerloge in den Theaterraum Aufnahme Lothar Rübelt

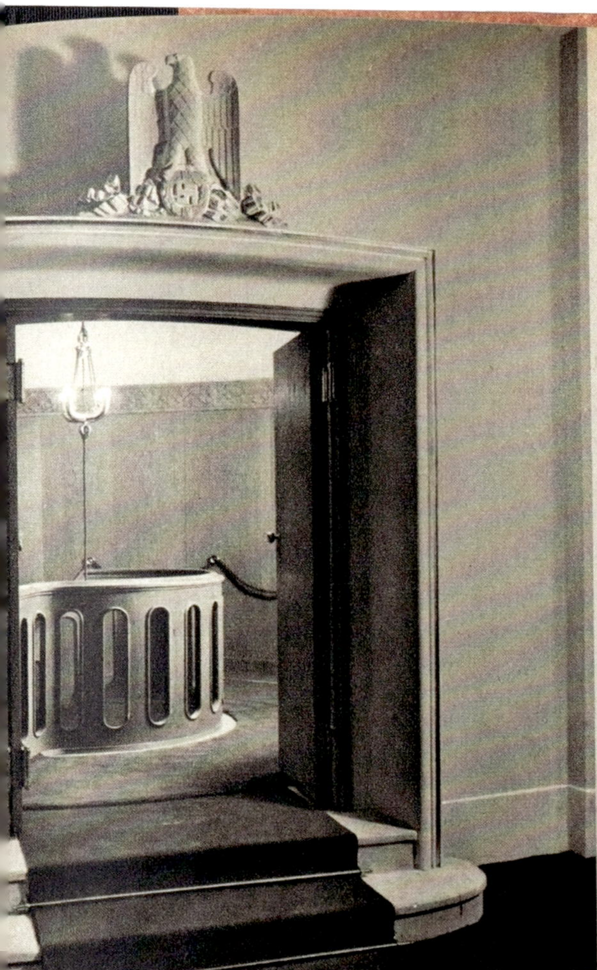

Empfangsraum und zur Führerloge
Aufnahme J. Scherb

Haus durch eine bauliche Erneuerung von Grund auf unseren heutigen Anforderungen an Gestaltung und Bühnentechnik anzupassen.

Dem Gesamtplan entsprechend, nach dem die Aufgaben des Wiener Theaters auf die Wiener Bühnen verteilt wurden, erhielt das Raimundtheater die auf Wiener Boden gewiß anspruchsvolle Bestimmung, der Wiener Operette einen neuen Weg der Entfaltung und des Aufstieges zu bereiten. Die verantwortungsreiche Führung des Hauses wurde Intendant Willy Seidl übertragen. Es war ein guter Auftakt zur Neubelebung der vielgepriesenen Wiener Operette, der mit einer soliden, geschmackvollen, die besten Zeiten von einst an rauschender Schönheit überholenden Aufführung von Millöckers „Bettelstudent" in den letzten Wochen gegeben wurde.

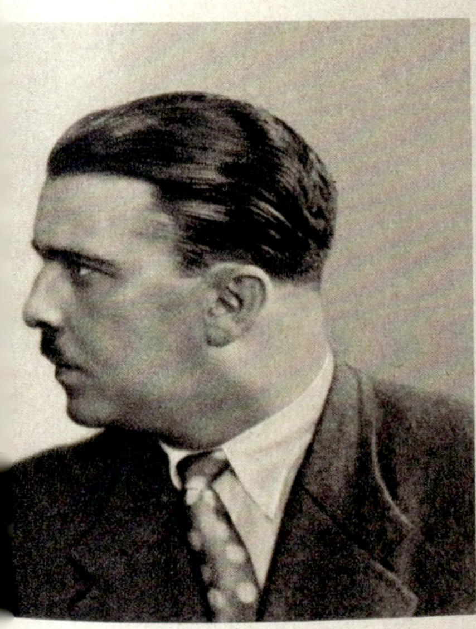

Intendant Willy Seidl

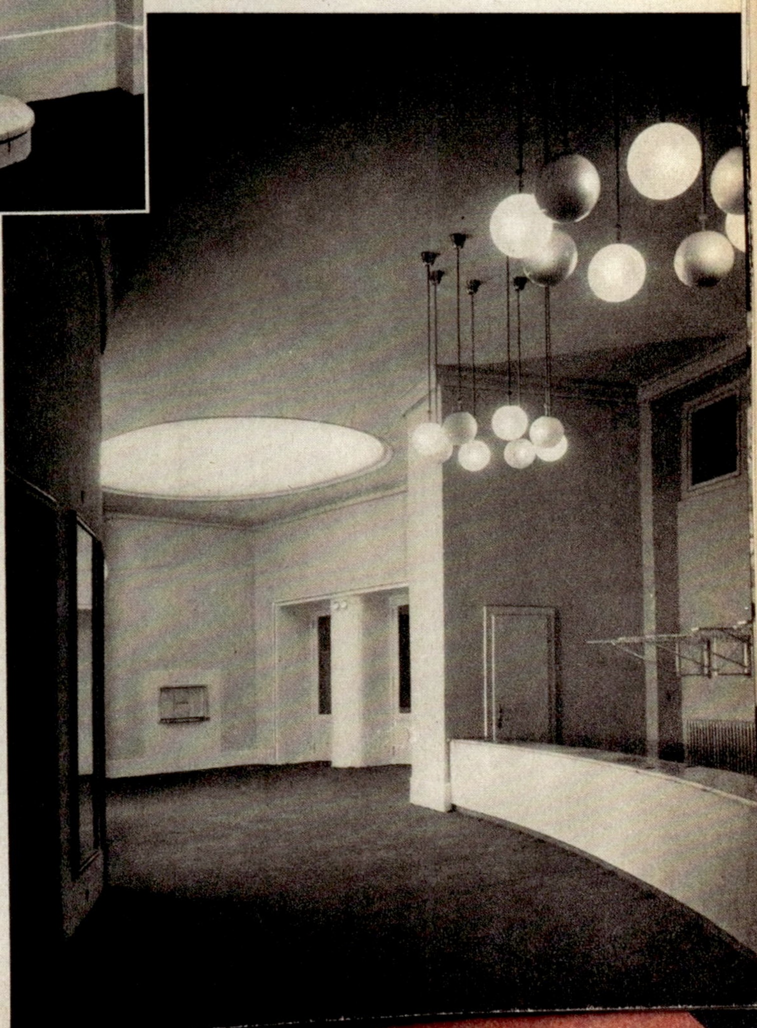

Zuschauergarderoben
Aufnahme J. Scherb

Generalintendant Bruno Walter Iltz mit seinen Mitarbeitern Erhard Siedel, Dr. Otto Emmerich Groh und Kurt von Lessen

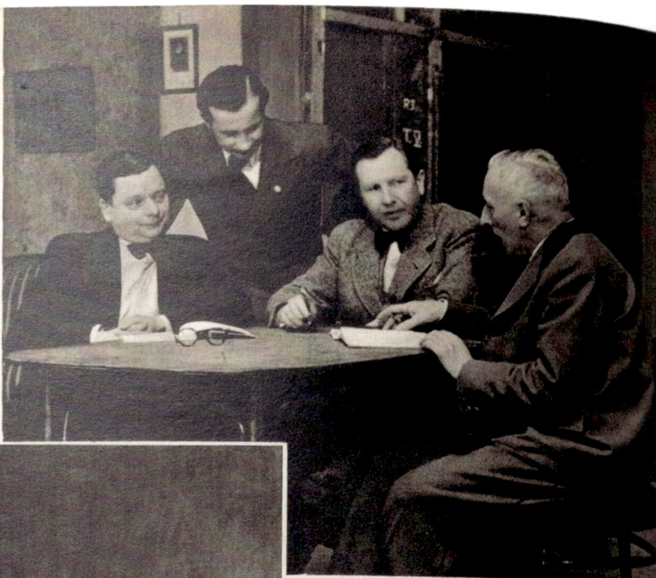

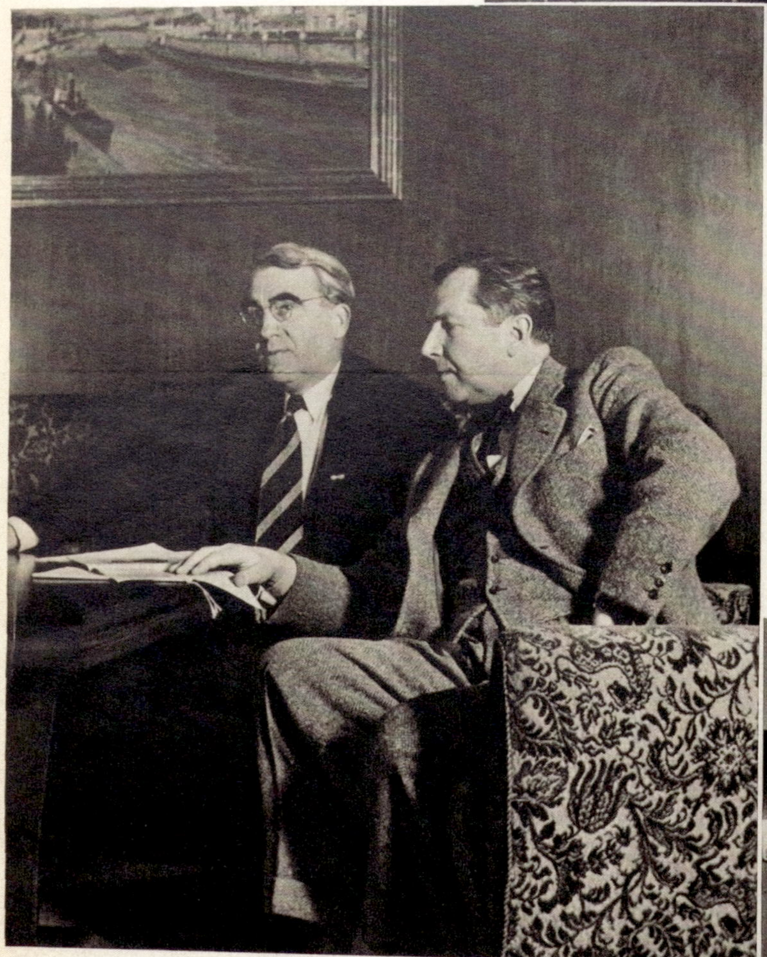

Generalintendant Iltz mit Intendant Götze

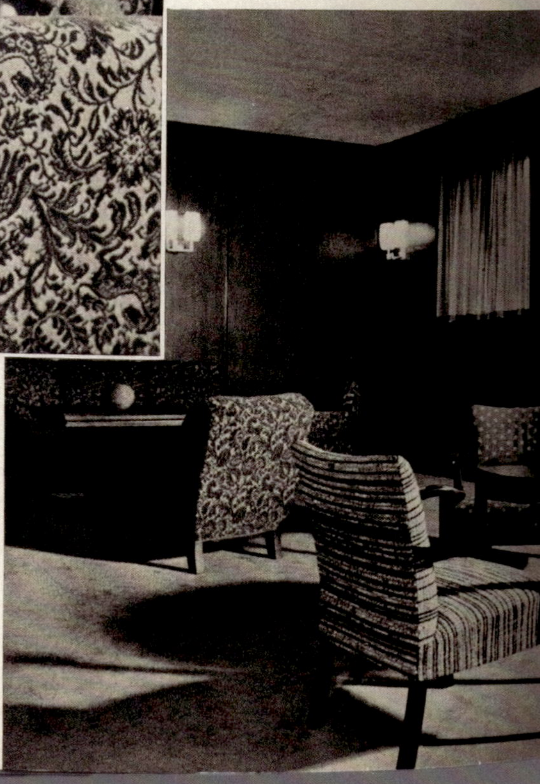

Das Führerzimmer im Deutschen Volkstheater

# ie neue Wiener ksoper

Prof. Witzmann und Architekt Hans
lteten Theaterraum

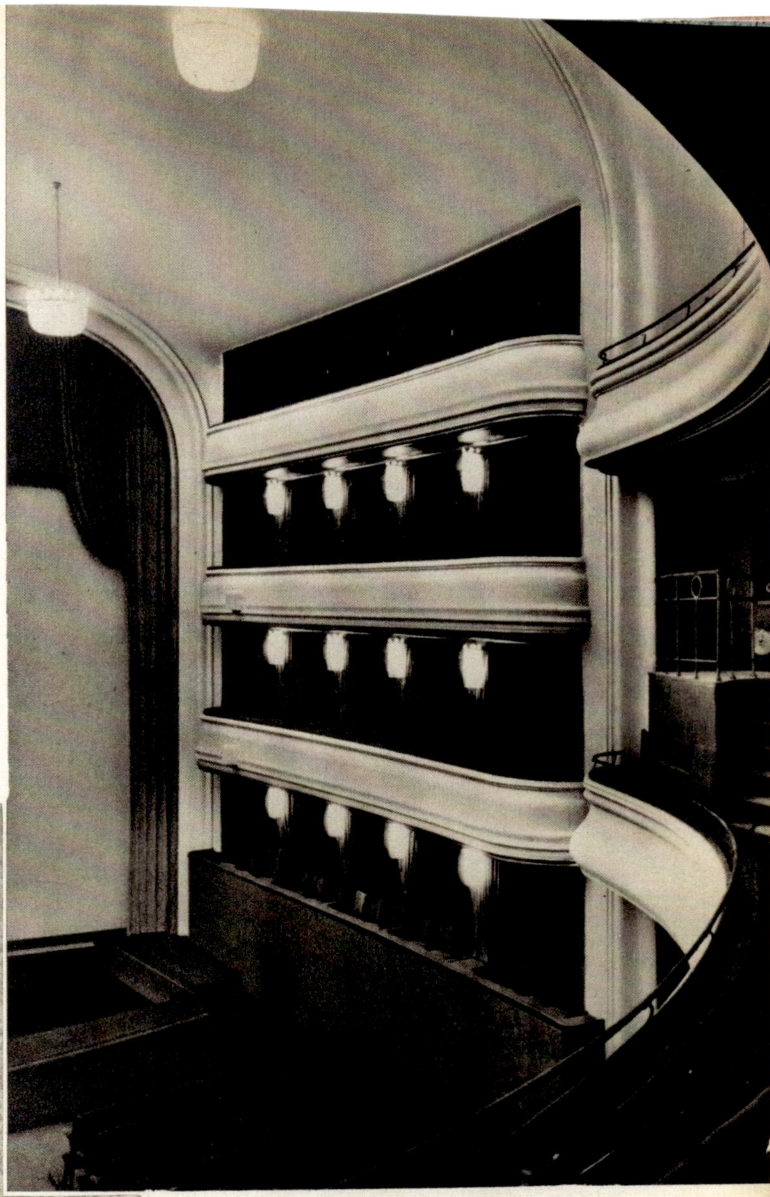

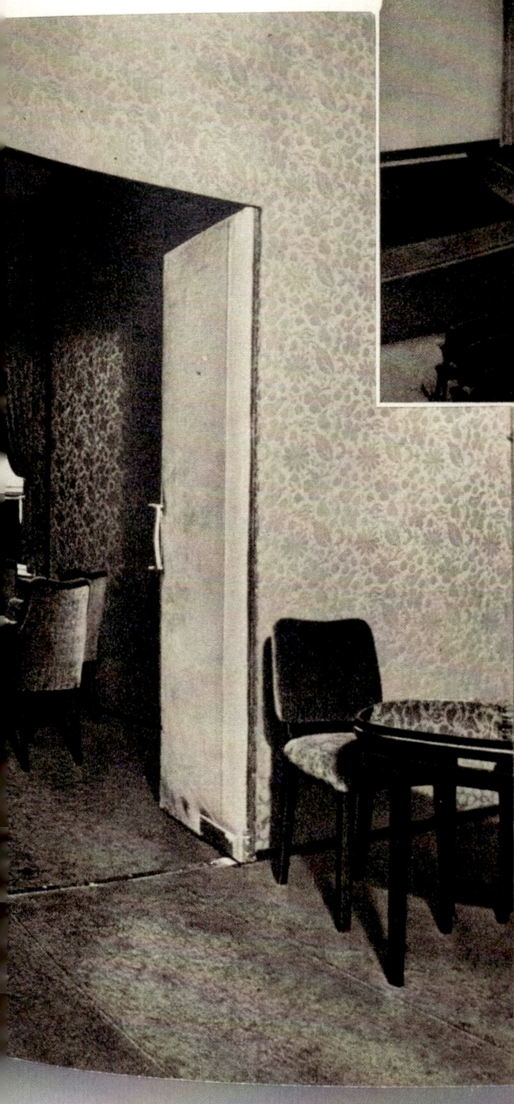

Wenigen Instituten wird auf dem musikalisch so gepflegten und überlieferungsreichen Boden Wiens in gleichem Maße die Aufgabe verliehen sein, die Brücke zwischen der deutschen Kunst und dem schaffenden deutschen Menschen von heute, zwischen dem Ewigen und dem Augenblick deutschen Lebens zu bilden, wie der Wiener Volksoper auf dem Währinger Gürtel. An eine deutlich empfundene Grenze gebaut, ist sie von jeher, dem arbeitenden Volke nähergerückt und akademisch nicht belastet, zur Weihestätte absoluter deutscher Kunst für das Gesamtvolk bestimmt gewesen. Die in den Verfallsjahren abgebrochene Tradition wurde mit heißem Bemühen unter der Obhut der Stadt Wien und unter der Führung von Kammersänger Anton Baumann wieder aufgenommen. Mit „Fidelio" wurde bei der Eröffnung des Hauses bereits eine Aufführung geboten, die das Programm der Führung offenbarte, kein Opernhaus zweiter Klasse, sondern die aus den höchsten künst-

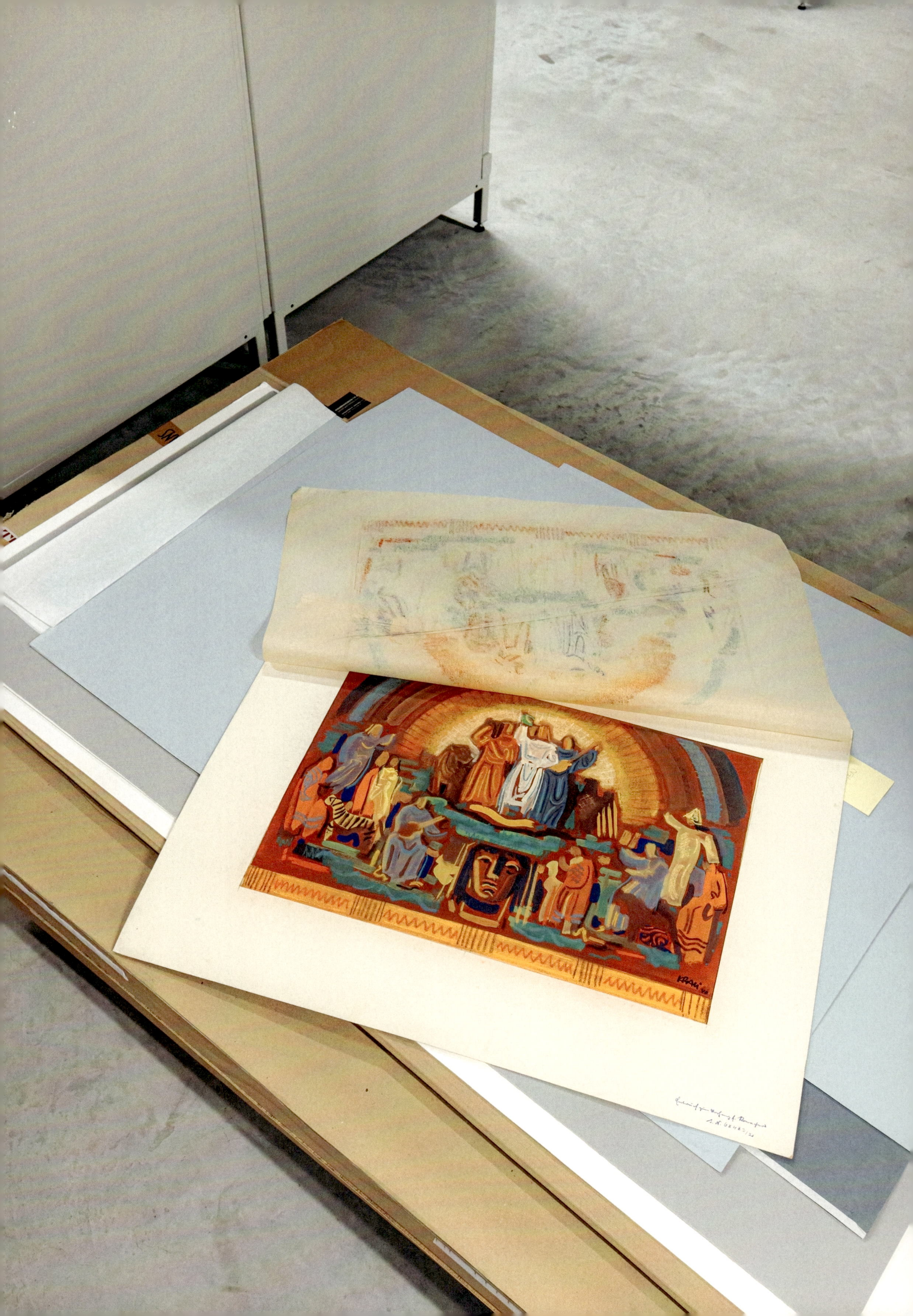

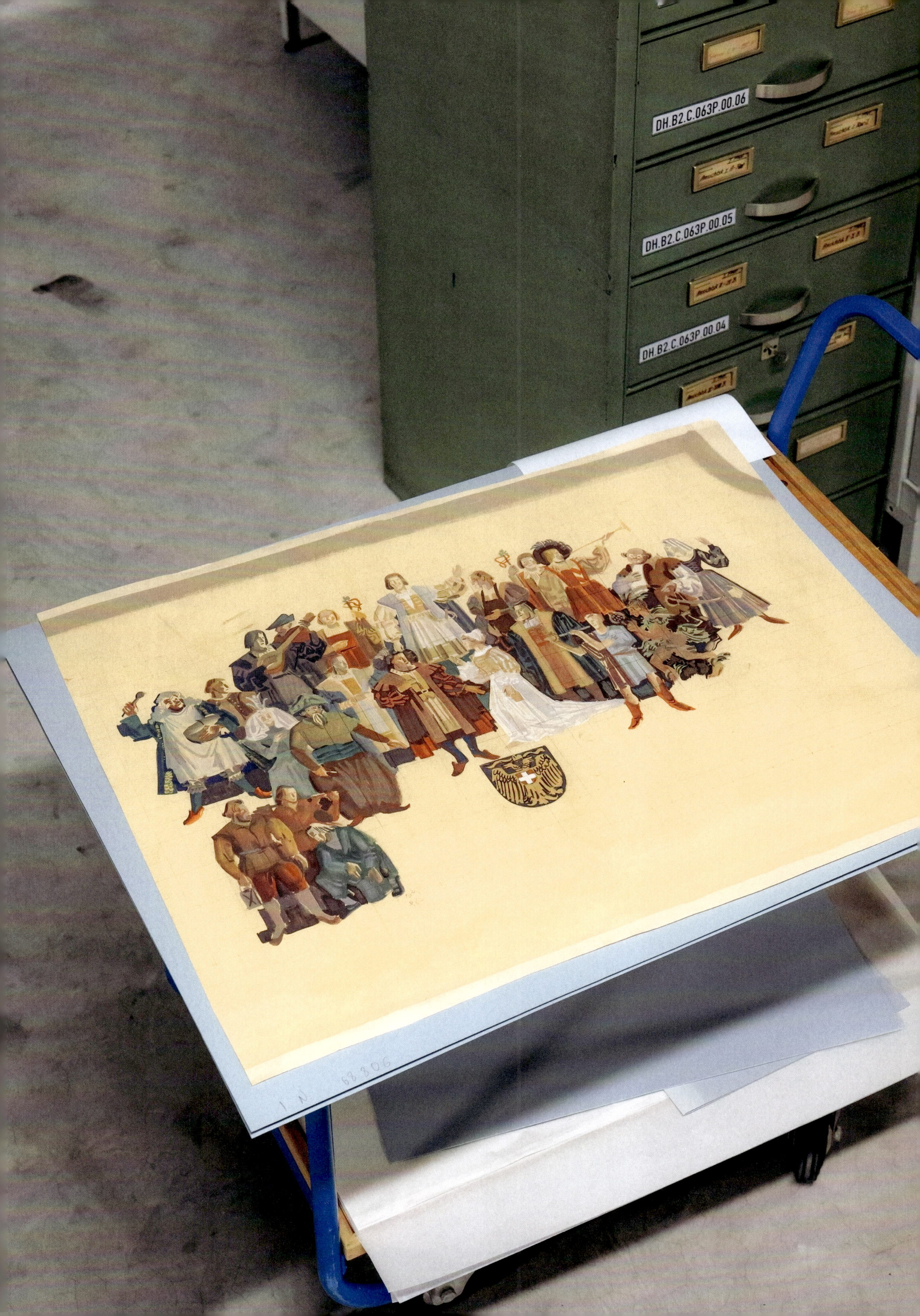
DH.B2.C.063P.00.06
DH.B2.C.063P.00.05
DH.B2.C.063P.00.04

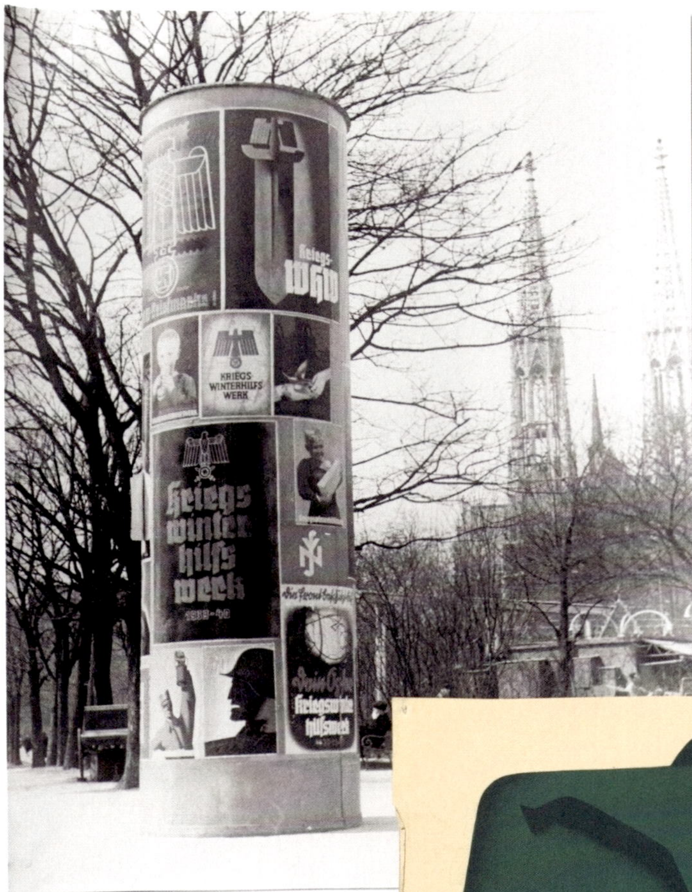

KRIEGS
WINTERHILFS
WERK
Kriegs
winter
hilfs
werk


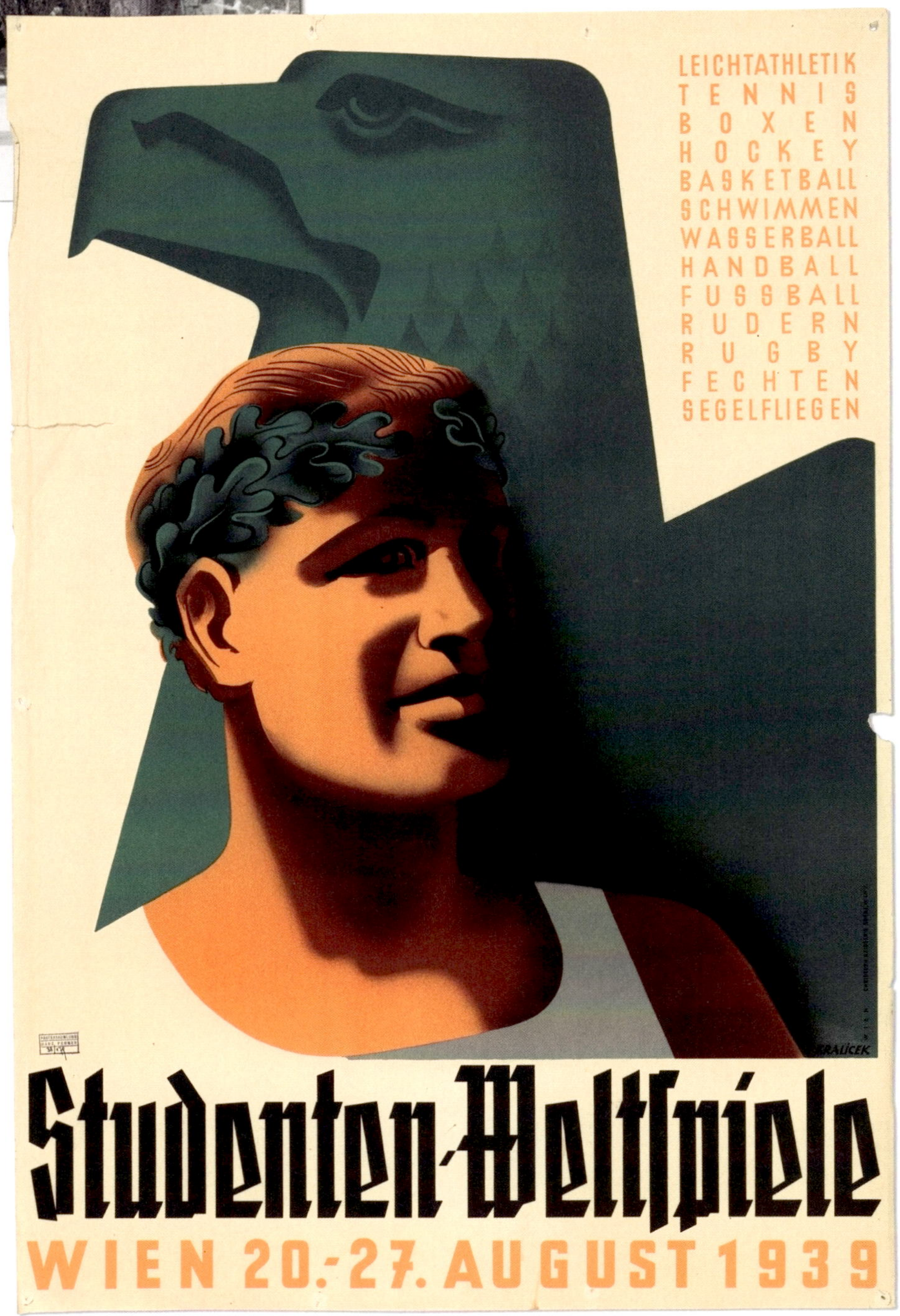

LEICHTATHLETIK
TENNIS
BOXEN
HOCKEY
BASKETBALL
SCHWIMMEN
WASSERBALL
HANDBALL
FUSSBALL
RUDERN
RUGBY
FECHTEN
SEGELFLIEGEN
KRALICEK
Studenten-Weltspiele
WIEN 20.-27. AUGUST 1939

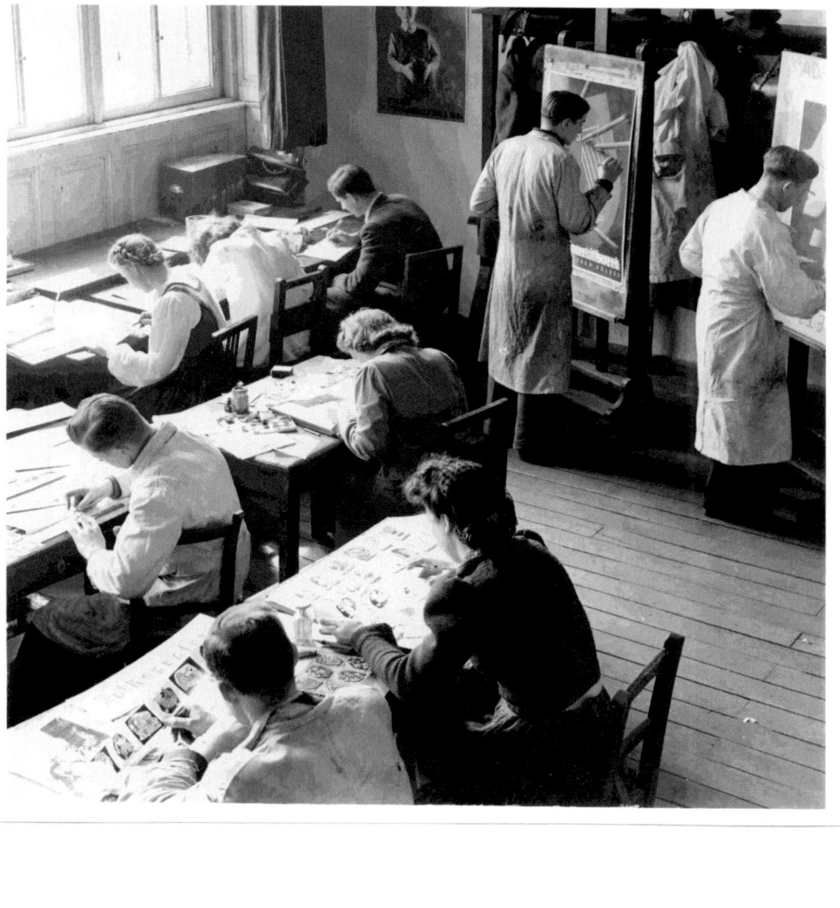

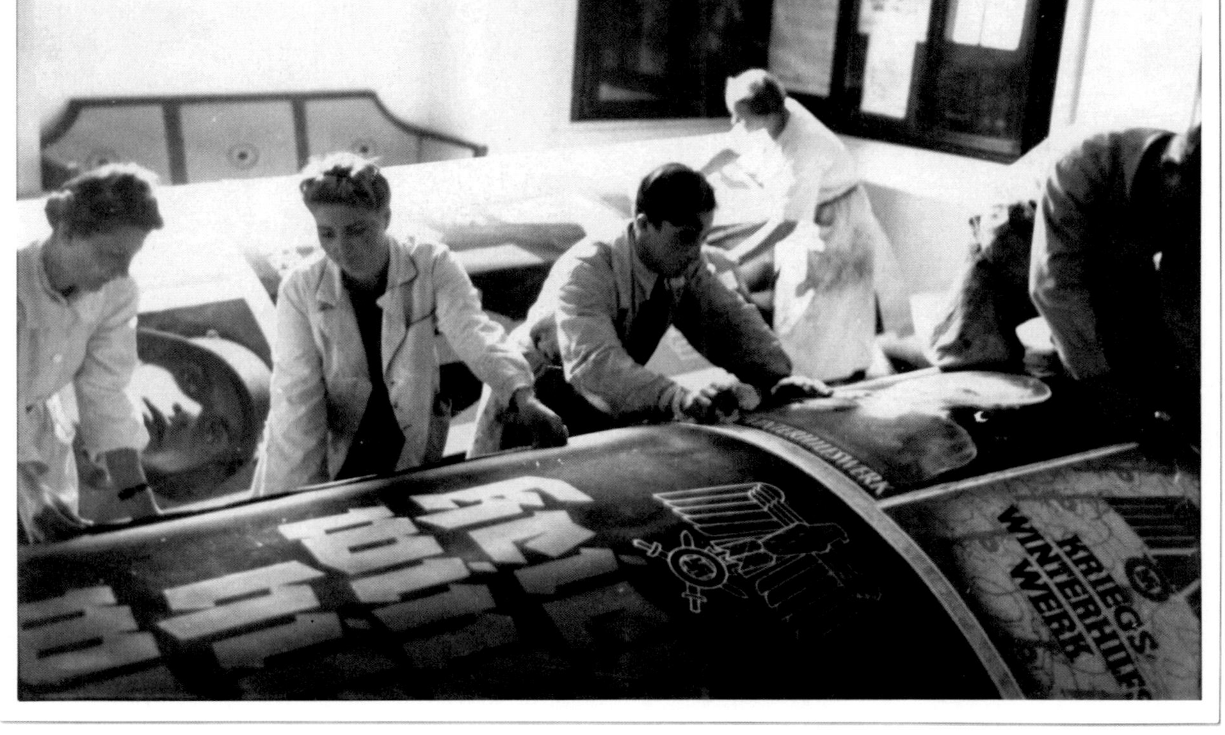
KRIEGS
WINTERHILFS
WERK

Eine der führenden Persönlichkeiten auf dem Gebiet der Gebrauchsgrafik war Bertold Löffler, der ab 1907 an der Kunstgewerbeschule lehrte. Aufgrund seiner „illegalen", proaktiven NS-Haltung wurde Löffler 1934 suspendiert bzw. pensioniert,[151] die Nachfolge übernahm sein Assistent Paul Kirnig (1891–1955).[152] Die 1941 in Fachklasse für Gebrauchs-, Illustrations- und Modegraphik umbenannte Löffler-Klasse führte Kirnig durch die NS-Zeit bis 1953.

Bis dato ist es nicht wirklich gelungen, ein objektives Bild von Kirnigs widersprüchlicher politischer Haltung zu zeichnen. Unklar ist, ob er ein geschickter Opportunist war oder gleichsam ein listiger Odysseus.[153] Im Zuge seines Entnazifizierungsverfahrens 1945 bezeichnete sich Kirnig als Kommunist, ja, als Widerstandskämpfer, was nicht belegt ist. Da man angeblich in seinem Atelier belastendes Material gefunden hatte und er sogar beschuldigt wurde, „einen Anschlag auf den in Wien erwarteten Führer geplant und vorbereitet" zu haben, wurde er vor dem Umsturz 1938 suspendiert.[154] Durch die Fürsprache des befreundeten NSDAP-Mitglieds Josef Fizthum, der 1923 bis 1933 an der Schule wirkte und den er nach einem „illegalen" NS-Anschlag in seiner Wohnung versteckt hatte,[155] sei die Anklage niedergeschlagen worden.[156] Nach einem Versuch, im Sommer 1938 in England beruflich Fuß zu fassen, kehrte Kirnig im Herbst 1938 enttäuscht zurück, nahm seine Lehrtätigkeit wieder auf und arrangierte sich mit den NS-Machthabern. Am 4. Juli 1944 wurde Kirnig der Professorentitel verliehen.[157] Möglicherweise versuchte Kirnig durch die intensive Zusammenarbeit mit NS-Stellen jeglichen Verdacht von sich zu lenken, andererseits lassen seine Reden sowie sein Engagement doch auf eine gewisse Sympathie für den Nationalsozialismus schließen. In seiner Klasse wurden jedenfalls die meisten NS-Propagandaplakate entworfen, sei es für das Winterhilfswerk, für den Bund Deutscher Mädel und die Hitler-Jugend, die Nationalsozialistische Volkswohlfahrt, für NS-Ausstellungen oder Plakate mit Durchhalteparolen, mit Warnungen vor Spionen, Aufrufen zu Spenden, zum Tag der deutschen Polizei und vieles mehr. Im Jänner 1940 zeigte seine Klasse 50 Plakate für das Winterhilfswerk, die auf einer 16 Meter hohen Litfaßsäule beim Schottentor affichiert worden waren.

Das Kulturamt schrieb ab 1939 in rascher Abfolge beschränkte Wettbewerbe aus: Im März beispielsweise ein Plakat für die Hitler-Jugend (Gewinner: Hans Strohofer) oder im April für die Wiener Messe[158] (Gewinner: Karl Plefke, ein „illegaler" Nationalsozialist und 1934 ins „Altreich" geflüchteter Grafiker).[159] Beim Wettbewerb eines Plakats für die Stadt Wien zum Thema „Wien im Sommer" im Mai 1939 reüssierte das Atelier Krali–Benedikt[160] und für ein kriegspolitisches Plakat im Juli 1940 gingen sogar 103 Einsendungen ein.[161] Ein nicht minder wichtiges Betätigungsfeld waren Film- und Kinoplakate. Dazu zählten Fassadenplakate für die Premierenkinos und für die Saaldekoration. Über die speziellen Anforderungen der Kinobetreiber berichtet Victor Theodor Slama 1942, als er bei der RdbK einen Antrag auf Zuteilung von Malutensilien stellte: „In meinem Atelier werden die großen Filmplakate für die Erstaufführungen der Filme und im Auftrage von Reichs- und Parteistellen bei Großveranstaltungen als Saalschmuck dienende Führerbilder etc. gemalt."[162] Dem 1890 geborenen, vermutlich autodidaktisch geschulten Slama verdankt man einprägsame Werbeplakate politischer Parteien der 1920er und 1930er Jahre, insbesondere jene der Sozialdemokratie und der Kommunisten. In der NS-Zeit übernahm Slama zahlreiche Aufträge, mitunter auch für Propagandafilme.[163]

Neben diesen künstlerisch anspruchsvolleren Aufträgen gab es auch unzählige Illustrationsaufgaben, Mappenwerke sowie druckgrafische Aufträge für die Partei, die Stadtverwaltung oder Urkunden, die zu unterschiedlichsten Anlässen produziert und verteilt wurden. Der maßgebliche Schriftgestalter war Johannes Cech, der für das Kulturamt alle Grafiken übernahm. Bis zu dem von Hitler erlassenen Verbot der Frakturschrift Anfang 1941 kam die als deutsch eingestufte gotische Schrift vorzugsweise zum Einsatz. Ob der leichteren Lesbarkeit, insbesondere auch von Propagandaschriften, stellte man dann auf die Antiqua-Schrift um, die als „deutsche Normalschrift" auch in den Schulen verwendet werden sollte.

S. 174 Litfaßsäule gestaltet mit Plakaten von Paul Kirnigs Klasse für Gebrauchsgraphik, Schottentor, 1. Bezirk, 1940, WB; Franz Kralicek, Plakat „Studenten-Weltspiele", 1939, WM

S. 175 Fotos aus dem Fotoalbum von Emma Reif: Blick in die Klasse für Gebrauchsgraphik von Paul Kirnig, 1940 (o.); Aufbringen der Plakate an der Litfaßsäule für das Schottentor, 1939/40 (u.), UaK, Kunstsammlung und Archiv

# Anmerkungen

1 Christian Mertens: Die Wiener Stadtverwaltung vom „Anschluss" zum Ostmarkgesetz, in: ders. (Hg.): 1938 – „Wir wissen es, dass die Beamtenschaft ihre Pflicht auch im Neuen Wien tun wird." Die Wiener Stadtverwaltung 1938, Wien 2018, S. 59–75, hier S. 59; siehe auch: Gerhard Botz: Nationalsozialismus in Wien. Machtübernahme, Herrschaftssicherung, Radikalisierung, Kriegsvorbereitung, 1938/39, Wien 2018.

2 Generalreferat für staatliche Kunstverwaltung und Volksbildung des Reichsgaues Wien (Hg.): Volk und Kultur, Rede des Gauleiters Bürckel gehalten anlässlich der Übertragung der staatlichen Kunstverwaltung des Landes Österreichs auf den Reichsgau Wien am 3. März 1940 in der Hofburg, Wien 1940.

3 Gaupropagandaamt Wien der NSDAP (Hg.): Das Wiener Kulturprogramm, Rede des Reichsleiters Baldur von Schirach im Wiener Burgtheater am Sonntag, den 6. April 1941, Wien 1941.

4 WStLA, M.Abt. 350, A55, Schachtel 1, Fünf Jahre Kulturamt 1943, Mappe 2, Ansprachen am 28.12.1938 zur Gründung des Gaukulturamtes. Jubiläumsschrift des Wiener Kulturamtes „Fünf Jahre Kulturamt der Stadt Wien 1943"; WStLA, Hauptarchiv-Akt, A1:985, 1938–1939, Das Kulturamt der Stadt Wien, vervielfältigte Berichte über Organisation und Tätigkeit der einzelnen Abteilungen.

5 O. A.: Fünf Jahre Kulturamt der Stadt Wien, Ansprache des Leiters SS Oberführer Dipl.-Ing. Hanns Blaschke im Festsaale des Rathauses, Wien 1943, S. 9.

6 Mertens, Die Wiener Stadtverwaltung, S. 70.

7 Evelyn Deutsch-Schreiner: Nationalsozialistische Kulturpolitik in Wien 1938–1945 unter spezieller Berücksichtigung der Wiener Theaterszene, Diss., Univ. Wien, 1980, S. 70.

8 O. A.: Fünf Jahre Kulturamt der Stadt Wien, S. 9.

9 Deutsch-Schreiner, Nationalsozialistische Kulturpolitik, S. 70, FN 29.

10 Ebd., S. 73.

11 WStLA, Bestand 3.7.3.A1.101.4, Persönlichkeiten des Wiener Kultur- und Geisteslebens 1942–1943, Rudolf Böttger, S. 9.

12 Ebd.

13 WStLA, M.Abt. 350, Allg. Reg., A1-9, 1939, Fotos der Reise nach München.

14 O. A.: Fünf Jahre Kulturamt der Stadt Wien, S. 3.

15 Siehe: Kapitel 7.

16 WStLA, Bestand 3.7.3.A1.101.4, Persönlichkeiten des Wiener Kultur- und Geisteslebens 1942–1943, Rudolf Böttger, NSDAP-Mitgl.-Nr. 6.130.519 (ab 1934); WStLA, Gauakt, Rudolf Böttger.

17 WStLA, Bestand 3.7.3.A1.101.4, Persönlichkeiten des Wiener Kultur- und Geisteslebens 1942–1943, Rudolf Böttger.

18 Ebd.

19 Ebd.

20 WStLA, Hauptarchiv-Akt, A1:985, 1938–1939, Das Kulturamt der Stadt Wien, vervielfältigte Berichte über Organisation und Tätigkeit der einzelnen Abteilungen, Kulturamtsarbeit auf dem Gebiete der Malerei, S. 26.

21 Ebd.

22 Der eine HJ-Uniform tragende Bub hielt ursprünglich einen Wimpel mit Hakenkreuz in der Hand, der 1945 entfernt wurde. 2002 kontextualisierte Ulrike Lienbacher das Wandbild. Sie setzte ihm eine Glastafel mit der spiegelverkehrten Aufschrift „IDYLLE" vor, die die falsche Familienidylle konterkarierte. Siehe dazu: Das Rote Wien, Weblexikon der Wiener Sozialdemokratie, Kommunale Wohnbauten Margareten, http://www.dasrotewien.at/seite/kommunale-wohnbauten-5 (6.4.2021).

23 KH Archiv, Akt Rudolf Böttger, Schreiben der Kommissarischen Leitung der Genossenschaft an Rudolf Böttger, 30.10.1938.

24 Otto Gillen: Maler der Ostmark, Rudolf Böttger, in: Völkischer Beobachter, 19.2.1939, S. 6.

25 BV Archiv, Akt Ivo Saliger. Saliger war Mitglied im BDMÖ und ab 1936 bei der NSDAP (Ortsgruppe Seewalchen).

26 O. A.: Die Arbeit als Kunsterlebnis, in: Neues Wiener Tagblatt, 29.6.1944, S. 3; o. A.: Die Kunstschau des RAD, in: Neues Wiener Tagblatt, 29.7.1944, S. 3.

27 KH Archiv, Akt Rudolf Böttger, Schreiben Rudolf Böttger an das Sekretariat des Künstlerhauses, 3.4.1947.

28 Ebd., Schreiben Karl M. May an Rudolf Böttger, 18.10.1945.

29 Ebd., Schreiben Karl M. May an Rudolf Böttger, 24.3.1948.

30 Ebd., Schreiben Rudolf Böttger an Karl M. May, 4.4.1949.

31 Karl Hareiter: Der Bildhauer Wilhelm Fraß, in: Völkischer Beobachter, 25.12.1938, S. 6.

32 Ebd.

33 Ebd.

34 WStLA, Bestand 3.7.3.A1.103.22, Persönlichkeiten des Wiener Kultur- und Geisteslebens 1942–1943, Wilhelm Frass, Interview Okt. 1942; BV Archiv, Akt Wilhelm Frass, Erklärung von Anton Endstorfer, 7.2.1948.

35 BV Archiv, Akt Wilhelm Frass, künstlerische Bewertung von Leopold Blauensteiner, 11.7.1939.

36 WStLA, M.Abt. 350, Allg. Reg., A1-3, 1939, Wilhelm Frass, Dienstzettel, 12.5.1939.

37 Ebd., Schreiben des Oberstadtbaurates an die Mag. Abt. 50, 15.6.1939.

38 Elisabeth Koller-Glück: Siegfried Charoux und das Charoux-Museum in Langenzersdorf, in: Neues Museum (1994) 2, S. 7–10.

39 Der Nachlass von Wilhelm Frass befindet sich im Stadtmuseum St. Pölten.

40 O. A.: Planetta zum Gedächtnis, in: Völkischer Beobachter, 29.10.1938, S. 10.

41 St. Pölten, Stadtmuseum, Gipsmodell.

42 BArch Berlin, R55/20252a, Gottbegnadeten-Liste, 1944. Zu den „gottbegnadeten" Bildhauern zählten ferner Hans Bitterlich, Michael Drobil, Rudolf Franz Ullmann, Michael Powolny und der 1940 an die Akademie berufene deutsche Bildhauer Fritz Behn. Oliver Rathkolb: Führertreu und gottbegnadet. Künstlereliten im Dritten Reich, Wien 1991, S. 176.

43 Otto Thomae: Die Propaganda-Maschinerie. Bildende Kunst und Öffentlichkeitsarbeit im Dritten Reich, Berlin 1978, S. 538.

44 BV Archiv, Akt Wilhelm Frass, Schreiben Franz Schlögel, 21.3.1945.

45 WStLA, M.Abt. 119, A42, NS-Registrierung, Wilhelm Frass, Schreiben Wilhelm Frass an das Staatsamt für Inneres, 9.7.1945.

46 WStLA, M.Abt. 119, A42, NS-Registrierung, Wilhelm Frass, Sammelschreiben an die Polizeidirektion Wien, 29.6.1945.

47 BV Archiv, Akt Wilhelm Frass, Schreiben Wilhelm Frass an Karl Stemolak, 16.2.1948.

48 Ebd., Schreiben Gustav Gurschner, 20.11.1947.

49 Ebd., Kommission zur Beurteilung der freischaffenden Künstler im Bundesministerium für Unterricht an die BV, 22.7.1948 und 15.3.1949.

50 Wien Geschichte Wiki, Wilhelm Frass, https://www.geschichtewiki.wien.gv.at/Wilhelm_Frass (7.4.2021).

51 AT-OeStA/AdR, Handel 79.541-1/1930, Biografisches Hermann Kutschera.

52 KH Archiv, Akt Hermann Kutschera, Lebenslauf.

53 O. A.: Zwei neue Arbeiten von Architekt H. Kutschera, in: Österreichische Kunst 9 (1938), S. 33–35.

54 WStLA, Gauakten A1, Hermann Kutschera, geb. 27.4.1903, ZEST-Auskunft 28.5.1948; AT-OeStA/Gauakt Hermann Kutschera, Fragebogen für Architekten, 19.4.1938.

55 ZV Archiv, Akt Hermann Kutschera, Fragebogen zur Aufnahme in die BV, 15.12.1945.

56 WStLA, Hauptarchiv-Akt, A1:985, 1938–1939, Das Kulturamt der Stadt Wien, vervielfältigte Berichte über Organisation und Tätigkeit der einzelnen Abteilungen, Kulturamtsarbeit auf dem Gebiete der Architektur, S. 22.

57 KH Archiv, Akt Hermann Kutschera, Lebenslauf.

58 Ebd.

59 Richard Němec: Die Ökonomisierung des Raums. Planen und Bauen in Mittel- und Osteuropa unter den Nationalsozialisten 1938 bis 1945, Berlin 2020, S. 119, 183, 195.

60 ZV Archiv, Akt Hermann Kutschera.

61 KH Archiv, Schreiben Künstlerhaus an Hermann Kutschera, 18.10.1945.

62 AT-OeStA / Bundesministerium für Handel und Verkehr (BMfHuV), 30.398/I/1/1948, Schreiben Landesregierung Salzburg an die Bezirkshauptmannschaft St. Johann im Pongau, 13.3.1948.

63 AT-OeStA/BMfHuV, 178.554/I/1/1947, Gnadengesuch Hermann Kutschera, o. D., eingelangt am 9.12.1947.

64 KH Archiv, Akt Hermann Kutschera, Schreiben Künstlerhaus an BMU, 4.12.1959.

65 WStLA, Bestand 3.7.3.A1.103.10, Persönlichkeiten des Wiener Kultur- und Geisteslebens, 1942–1943, Josef Hoffmann, Interview mit J. Hoffmann, 3.2.1943.

66 WStLA, M.Abt. 202, A5-Personalakten, Cech Johannes, geb. 4.4.1903, Fragebogen Personalamt, 11.11.1939.

67 Ebd. Cech gibt folgende Verbände an: NSRL (Nationalsozialistischer Reichsbund für Leibesübungen), NS Altherrenbund, Nordische Gesellschaft.

68 WStLA, Hauptarchiv-Akt, A1:985, 1938–1939, Das Kulturamt der Stadt Wien, vervielfältigte Berichte über Organisation und Tätigkeit der einzelnen Abteilungen Schrift und Gebrauchsgraphik, S. 29.

69 Sabine Forsthuber: Vom Ende der Wiener Frauenakademie in der NS-Zeit, in: Hans Seiger, Michael Lunardi, Peter Josef Populorum (Hg.): Im Reich der Kunst, die Wiener Akademie der bildenden Künste und die faschistische Kunstpolitik (Österreichische Texte zur Gesellschaftskritik, hg. vom Verein Kritische Sozialwissenschaft und Politische Bildung, Bd. 50), Wien 1990, S. 217–246, hier S. 232; siehe: Kapitel 7.

70 WM, Inv.-Nr. 75175.

71 WM, Inv.-Nr. 163926.

72 KH Archiv, Akt Johannes Cech, Formular: Anmeldung zur Jubiläumsausstellung 1941, 12.9.1941.

73 Jan Tabor: Die Gaben der Ostmark, in: Seiger, Lunardi, Populorum, Im Reich der Kunst, S. 277–296, hier S. 278–279.

74 Ebd.

75 WM, Inv.-Nr. 72243.

76 WM, Inv.-Nr. 072170.

77 KH Archiv, Akt Johannes Cech, Schreiben Künstlerhaus an J. Cech, 18.10.1945.

78 Wladimir Aichelburg, 150 Jahre Künstlerhaus Wien 1861–2011, Johannes Cech, in: http://www.wladimir-aichelburg.at/kuenstlerhaus/mitglieder/verzeichnisse/mitglieder-gesamtverzeichnis/#c (1.4.2021).

79 WStLA, M.Abt. 202, A5-Personalakten, Cech Johannes, geb. 4.4.1903, Urteilsspruch Arbeitsgericht, 10.2.1953

80 BV Archiv, Akt Robert Obsieger, Präs. der RdbK an Obsieger, 23.5.1940.

81 AT-OeStA/AdR UWFuK BMU PA, Robert Obsieger, Lebenslauf verfasst von R. Obsieger am 22.6.1945 als Beilage zum Personenstandesblatt (Formular).

82 Siehe dazu: Konstanze Horak: Studien zur österreichischen Baukeramik der Zwischenkriegszeit mit Schwerpunkt Wienerberger, Dipl.-Arb., Univ. Wien, 2012.

83 AT-OeStA/AdR UWFuK BMU PA Robert Obsieger, Standesausweis, o. D.: 1933 Gran Diploma d'onore Triennale Ausstellung Mailand, 1934 Diplome de Medaille d'or, Weltausstellung Brüssel, 1937 Diplome d'honneur, Weltausstellung Paris.

84 AT-OeStA/AdR UWFuK BMU PA, Robert Obsieger, Fragebogen, 14.5.1942.

85 Siehe dazu: Sophie Köhldorfer: Die institutionelle „Säuberung" der Universität für angewandte Kunst Wien als Folge des „Anschlusses" 1938, Dipl.-Arb., Univ. Wien, 2012; Gabriele Jurjevec-Koller: Kollaboration und Verantwortung. Die Jahre 1938–1945, in: Gerald Bast, Anja Seipenbusch-Hufschmied, Patrick Werkner (Hg.): 150 Jahre Universität für angewandte Kunst Wien. Ästhetik der Veränderung, Berlin u. a. 2017, S. 112–119.

86 Siehe dazu: AT-OeStA/Büro Mühlmann, 200.252_38, Schreiben Höfer an Kajetan Mühlmann, 22.6.1938; AT-OeStA/AdR UWFuK BMU PA, Robert Obsieger, GZ V Ref4/a-31381, KgS-Bestellg des Kommissarischen Leiters, Schreiben Mühlmann, September 1938.

87 AT-OeStA/AdR UWFuK BMU PA, Robert Obsieger, Politische Beurteilung, 21.9.1940 und 11.10.1943, Fragebogen der NSDAP, 1.8.1939.

88 Siehe: Kapitel 7, S. 205 f.

89 AT-OeStA/AdR UWFuK BMU PA, Robert Obsieger, Standesausweis, o. D., S. 6.

90 Ebd., Bestätigung von Obsieger unterschrieben, dass er das Ehrenzeichen am 6.7.1942 erhalten hat.

91 Ebd., Akt Enthebung R. Obsieger vom Dienste, 10.4.1945, Schreiben Direktion der Hochschule f. angewandte Kunst an R. Obsieger, 29.3.1946.

92 Ebd., Schreiben Bundeskanzleramt an Bundesministerium, 1.6.1946.

93 Ebd., Standesausweis, o. D.

94 Ebd., Parte, 5.12.1958.

95 Siehe: Kapitel 7, S. 181 f.

96 Gerhard Botz: Nationalsozialismus in Wien, S. 565–592. In das am 3. Mai 1939 eingesetzte Gremium der 45 Ratsherren wurden verdiente Parteimitglieder und „Illegale" berufen. Politisch gesehen hatten sie keine Macht, sondern nur beratende und repräsentative Pflichten zu erfüllen. Maren Seliger hatte für diese Form der kommunalen Verwaltung der Stadt den Begriff des „Scheinparlamentarismus" geprägt. Siehe: Anmerkung 97.

97 Maren Seliger: Scheinparlamentarismus im Führerstaat. „Gemeindevertretung" im Austrofaschismus und Nationalsozialismus. Funktionen und politische Profile Wiener Räte und Ratsherren 1934–1945 im Vergleich (Politik und Zeitgeschichte, Bd. 6), Wien 2010, S. 848–849, hier S. 848.

98 AT-OeStA/AdR PK (Präsidentschaftskanzlei) 2Rep AR NS Buchstabe I–Q 14/7.653/1950, Günther Ohnheiser, NSDAP-Mitgl.-Nr. 612.150.

99 Ebd.

100 WStLA, Volksgericht, A1-Vg Vr-Strafakten: Vg 11 Vr3206/47, Günther Ohnheiser, Bericht Polizeidirektion Wien, 22.6.1946.

101 Ebd., Bericht der Polizeidirektion Wien, 22.6.1946.

102 Siehe: Kapitel 7, S. 181 f.

103 WStLA, Volksgericht, A1-Vg Vr-Strafakten: Vg 11 Vr3206/47, Günther Ohnheiser.

104 Ebd., Zeugenvernehmung Hans Bolek, 21.8.1947, Zeugenvernehmung Elsa Engel-Mainfelden, 21.8.1947, Zeugenvernehmung Alfred Kunz, 21.8.1947.

105 AT-OeStA/AdR PK 2Rep AR NS Buchstabe I–Q 14/7.653/1950, Günther Ohnheiser.

106 WStLA, Volksgericht, A1-Vg Vr-Strafakten: Vg 11 Vr3206/47, Günther Ohnheiser, Urteil, 28.10.1947.

107 Seliger, Scheinparlamentarismus im Führerstaat, S. 849.

108 Otto Horny: Die Stadt als Auftraggeber, in: Völkischer Beobachter, 23.7.1940, S. 5.

109 O. A.: Kulturamt des Gaues und der Stadt Wien, in: Amtsblatt der Stadt Wien, Nr. 40, 30.9.1938, S. 1–2.

110 WStLA, M.Abt. 350, Allg. Reg., A1-20, 1940, Schreiben Franz Hubert Matuschek und Josef Proksch an die Gemeindeverwaltung, 10.9.1940; WM, Inv.-Nr. 76525/1–8 (F. H. Matuschek) und WM, Inv.-Nr. 76524/1–6 (J. Proksch).

111 WStLA, Pläne der Plan- und Schriftenkammer, P13/4-N:d-Wettbewerbe und Bedingnisse, 119703-1., Ringstraße: Festliche Ausgestaltung.

112 O. A.: Grenzstein-Wettbewerb des Kulturamtes der Stadt Wien, in: Illustrierte Kronen-Zeitung, 9.12.1938, S. 6 (Sieger: Karl Jamöck); WM, Inv.-Nr. 69561, Modell.

113 WStLA, M.Abt. 350, Allg. Reg., A1-6, 1939, Bericht über den durchgeführten Wettbewerb „Relief am Kahlenberg", 29.11.1938.

114 O. A.: Der kommissarische Leiter aller Institutionen für Bildende Kunst verlautbart, in: Nachrichtenblatt des Zentralverbandes bildender Künstler Oesterreichs (1938) 40, S. 15.

115 Pia Schölnberger: Das Anhaltelager Wöllersdorf, 1933–1938. Strukturen, Brüche, Erinnerungen, Wien u. a., 2015, S. 334–340.

116 O. A.: Wettbewerb für ein Erinnerungsmal in Wöllersdorf, in: Vorarlberger Tagblatt, 6.7.1938, S. 9.

117 BV Archiv, Robert Örley, „Entwurf M.M.W.3, 3. Fassung 1939".

118 O. A.: Das Erinnerungsmal in Wöllersdorf, in: Neues Wiener Tagblatt, 28.10.1938, S. 10.

119 O. A.: Wettbewerb für ein Walther-von-der-Vogelweide-Denkmal für den Leopoldsberg in Wien, in: Die Bühne (1939) 11, S. 16–17.

120 WStLA, M.Abt. 350, Allg. Reg., A1-4, 1939, Protokoll der Preisrichtertagung zur Auswahl eines Walther von der Vogelweide-Denkmals für den Leopoldsberg in Wien, 11.10.1939.

121 Eigener Bericht des Völkischen Beobachters, Wien erhält ein Schönerer-Denkmal, in: Völkischer Beobachter, 11.8.1939, S. 1.

122 O. A.: Houston, Stewart-Chamberlain-Denkmal in Wien, in: Innsbrucker Nachrichten, 21.5.1941, S. 5.

123 WStLA, M.Abt. 350, Allg. Reg., A1-23, 1941, Mappe Chamberlain-Denkmal.

124 O. A.: Drei Künstler stellen sich vor, in: Kleine Volks-Zeitung, 5.3.1940, S. 6.

125 Irene Nierhaus: Adoration und Selbstverherrlichung, Künstlerische und kunstpolitische Schwerpunkte an der Akademie der bildenden Künste von den dreißiger bis Ende der vierziger Jahre, in: Seiger, Lunardi, Populorum, Im Reich der Kunst, S. 65–141.

126 Hans Ankwicz-Kleehoven: Der Bildhauer Fritz Behn, in: Kunst dem Volk 11 (1940) 10, S. 17–25.

127 Nierhaus, Adoration und Selbstverherrlichung, S. 100.

128 WStLA, M.Abt. 350, Allg. Reg. A1-50, 1944, Abschrift des Vertrags zwischen Baldur von Schirach und Fritz Behn (31.5.1944), 2.7.1944.

129 Ebd., Schreiben Robert Kraus an den Bürgermeister, 22.7.1944, und an Wilhelm Frass, 29.6.1944.

130 WStLA, M.Abt. 350, A55, Schachtel 1, Fünf Jahre Kulturamt, 1943; KH Archiv, Akt Wilhelm Frass. Ein Brunnenmodell (1. Fassung) hat sich im Wien Museum erhalten: WM, Inv.-Nr. 72350. Lebensgroße Gipsmodelle des Brunnens befinden sich in St. Pölten, Stadtmuseum, Nachlass W. Frass.

131 BV Archiv, Akt Wilhelm Frass, Ansuchen an und Befürwortung durch die RdbK, 29.2.1944 und 11.4.1944.

132 WStLA, M.Abt. 350, A55, Schachtel 1, Fünf Jahre Kulturamt, 1943.

133 Das Rote Wien, Weblexikon der Wiener Sozialdemokratie, Johann-Mithlinger-Siedlung, http://www.dasrotewien.at/seite/johann-mithlinger-siedlung (28.5.2020).

134 WM, Inv.-Nr. 303000/2, Entwürfe (1938). WB Sammlung, Nachlass Franz Kralicek, ZPH 1450, 2.

135 WStLA, M.Abt. 350, Allg. Reg. A1-56, 1945, Schreiben der Bezirksvorstehung Erdberg an Viktor Matejka, 16.7.1945.

136 Hanns Blaschke: Kulturaufbau in Wien, in: Die Pause 3 (1938) 9, 1938, S. 2.

137 WStLA, M.Abt. 119, A42, NS-Registrierung, Carl Witzmann, NSDAP-Mitgl.-Nr. 7.683.309 (ab 1.6.1940).

138 WStLA, Gauakt 141.174, Hans Bichler.

139 O. A.: Die bauliche Neugestaltung der Wiener Volksoper, in: Die Pause 3 (1938/39) 10, S. 63–64.

140 O. A.: Der „Eiserne" in der Volksoper neu bemalt, in: Die Bühne (1939) 13, S. 16.

141 WM, Inv.-Nr. 303000/17, Franz Kralicek; weitere Entwürfe WM, Inv.-Nr. 69403 bis 69407, 60866 bis 60870.

142 WB Sammlung, ZPH 1450 1–2, Nachlass Franz Kralicek.

143 O. A.: Deutsche Opernfiguren schmücken den „Eisernen", in: Kleine Volks-Zeitung, 6.7.1941, S. 9.

144 O. A.: Das neue Gesicht des Akademietheaters, in: Die Pause 3 (1938/39) 11, S. 82–83.

145 Karl Maria Grimme: Neues Kunstschaffen in der Ostmark, in: Der getreue Eckart 16 (1939) 1, S. 494–499, Abb. Eiserner Vorhang von Zülow, S. 499; AT-OeStA/AdR, Amt des Reichsstatthalters, Abt. III/Büro Mühlmann, GZ. 76845/1939, GZ. 77438/1939.

146 ZV Archiv, Akt Alfred Soulek, NSDAP-Mitgl.-Nr. 8.122.467 (ab 1.7.1940).

147 O. A.: Das Raimundtheater, in: Die Pause 3 (1938/39) 11, S. 110–113; o. A.: Die bauliche Neugestaltung des Raimundtheaters, in: ebd., S. 129.

148 O. A.: Das deutsche Volkstheater erhält ein neues Kleid, in: Neues Wiener Tagblatt, 9.9.1938, S. 15.

149 O. A.: Vom Umbau des Deutschen Volkstheaters in Wien, in: Die Pause 3 (1938/39) 10, S. 70–71.

150 ORF, Das „Führerzimmer" im Volkstheater, 8.4.2017, https://oe1.orf.at/artikel/203261/Das-Fuehrerzimmer-im-Volkstheater (20.3.2020).

151 Siehe: Kapitel 7, S. 196 f.

152 Christoph Bertsch, Markus Neuwirth: Paul Kirnig. Industriebilder der Zwischenkriegszeit (Ausstellungskatalog Universität Innsbruck, hg. vom Institut für Kunstgeschichte der Universität Innsbruck, Bd. 7), Innsbruck 1995.

153 Konstantin Ferihumer: Paul Kirnig und die „Fachklasse für Gebrauchs-, Illustrations und Modegraphik" – zwischen Gaupropaganda und „Niemals Vergessen!", in: Bast, Seipenbusch-Hufschmied, Werkner, 150 Jahre Universität, S. 182–185, hier S. 182.

154 BV Archiv, Akt Paul Kirnig, Schreiben Paul Kirnig an Rudolf Buchner, 5.6.1945.

155 AT-OeStA/AdR UWFuK BMU PA Sign. 3, Paul Kirnig, Politische Beurteilung des Dozentenführers Reinhold Klaus, 11.3.1942, NSDAP-Mitgl.-Nr. 8.450.498 (ab 1.7.1940).

156 Josef Fizthum wurde nach NS-Anschlägen mehrmals interniert, aber von Anhängern wieder befreit. Nach seiner Ausbürgerung aus Österreich im Oktober 1936 war er hauptamtlicher SS-Führer im Deutschen Reich und ab 12.3.1938 Vize-Polizeipräsident von Wien und Ratsherr (1939–1944). Von 1943–1945 war er als Beauftragter des Reichsführers SS Heinrich Himmler für Albanien zuständig. Seliger, Scheinparlamentarismus im Führerstaat, S. 823.

157 AT-OeStA/AdR UWFuK BMU PA Sign. 3, Paul Kirnig, Ernennungsschreiben.

158 O. A.: Wettbewerb für „Wiener Messe" Plakat, in: Völkischer Beobachter, 25.4.1939, S. 11.

159 O. A.: Preisgekröntes Plakat, in: Die Bühne (1939) 13, S. 18; o. A.: Alois Pfleke, in: Die Pause 4 (1939) 3, S. 163.

160 O. A.: Plakatpreise der Stadt Wien, in: Neues Wiener Tagblatt, 16.5.1939, S. 14.

161 Otto Horny: Die Stadt als Auftraggeber, in: Völkischer Beobachter, 23.7.1940, S. 5.

162 BV Archiv, Akt Victor Theodor Slama, Schreiben Victor Theodor Slama an die RdbK, 6.7.1942.

163 Bernhard Hachleitner, Julia König (Hg.): Victor Theodor Slama. Plakate, Ausstellungen, Masseninszenierungen (Plakate aus der Sammlung der Wienbibliothek, hg. von der WB im Rathaus, Bd. 5), Wien 2019.

## ⑦ Kommunal produziert
## Die Wiener Institutionen der Mode und des Kunsthandwerks

Die Großraumpolitik des NS-Regimes stand im direkten Zusammenhang mit dem Anspruch einer politischen und wirtschaftlichen Vormachtstellung. Europa sollte unter dem Aspekt eines „deutschen" Eroberungs- und Herrschaftsprogrammes umgebaut und die unabhängigen Nationalstaaten zu kolonialen „Ergänzungsräumen" für das Dritte Reich herabgesetzt werden. So wurde auch unmittelbar nach dem „Anschluss" am 12. März 1938 vom neu ernannten Wiener Bürgermeister Hermann Neubacher verkündet, Wien solle ein „Hamburg des Ostens"[1] werden. In diesem System sollte Wien als zweitgrößte Stadt des Großdeutschen Reiches eine wichtige Schlüsselfunktion erhalten.[2] Der Ausbau zu einem „Tor nach Südosten", einem Handelsplatz mit stark vergrößertem Messezentrum wurde propagiert. Als wichtigste Grundlage dieser Überlegungen diente der „Gauwirtschaftsplan", der von Gauwirtschaftsberater Walter Rafelsberger bis 1941 verfasst wurde. Dieser sollte die grundlegenden sozioökonomischen Daten des Gaues Wien erheben, eine Stärken-Schwächen-Bilanz beruhend auf Wirtschaftssektoren, Bevölkerungsentwicklung, Berufsqualifikationen etc. erstellen und darauf aufbauend Zukunftsbilder, Lenkungsmaßnahmen und Investitionsbedarf vorschlagen. Die Aufwertung des Wiener Großhandels und des Börseplatzes Wien sollte folgerichtig die finanzielle Grundlage der Durchdringung des südosteuropäischen Wirtschaftsraumes liefern.[3] Der Plan sah auch eine Stärkung der „Geschmacksindustrie" vor, die „insbesondere im Bereich der Mode durch neue Organisationsformen und Maßnahmen wie die Konzentrierung der gesamtdeutschen Lehrlingsausbildung im Wiener Handwerk abgesichert werden sollte".[4]

### Das Haus der Mode

Ein Schwerpunkt des nationalsozialistischen Wirtschaftsplans lag auf der Stärkung der Textilindustrie und der Förderung der „Wiener Mode"[5], denn bereits vor 1938 zählte die Ausfuhr von Textilien zu den wichtigsten Exportprodukten von Fertigwaren und war für die wirtschaftliche Bedeutung von besonderem Interesse.[6] Ziel war es, Wien zur deutschen Modestadt zu machen. Man dachte nicht so sehr an die Konzentration der Herstellung, sondern an zentrale jährliche Modeschauen, die Gründung einer Mode-Akademie sowie die Förderung des gesamten Marketings der Mode (Zeitschriften, Verlage).[7] Bei der Neukonzeption und Definition der Aufgabenbereiche des Kulturamtes betonte dessen Leiter Hanns Blaschke, die Mode sei „bei uns etwas Gewachsenes" und müsse „nicht erst durch künstliche Maßnahmen gepflanzt und gezüchtet werden. Bei uns sprudelt alles von selber aus dem Formgefühl der talentierten Wienerinnen und unseres talentierten Kunstgewerbes". Man müsse nur richtunggebend und fördernd eingreifen.[8] Im Sommer 1938 beabsichtigten Bürgermeister Hermann Neubacher, Hans Harald Rath – seit 1938 Inhaber der traditionsreichen Firma Lobmeyr für Glaserzeugung – sowie der Ratsherr und Sachberater für Mode im Kulturamt, Günther Ohnheiser, die Gründung einer „Gesellschaft zur Förderung der Wiener Mode und Geschmacksindustrie".[9] Als zentrale Fragen erachtete man die Schulausbildung, die Errichtung einer „Reichsakademie für Mode und Geschmack" und des „Hauses der Mode". Den erhaltenen Akten zufolge war die Stadtverwaltung bestrebt, den Einfluss des „Altreiches", insbesondere des „Deutschen Modeinstitutes Berlin",[10] zurückzudrängen. Wien sollte ein Modezentrum von Weltruf, zumindest jedoch zum Mittelpunkt der „Deutschen

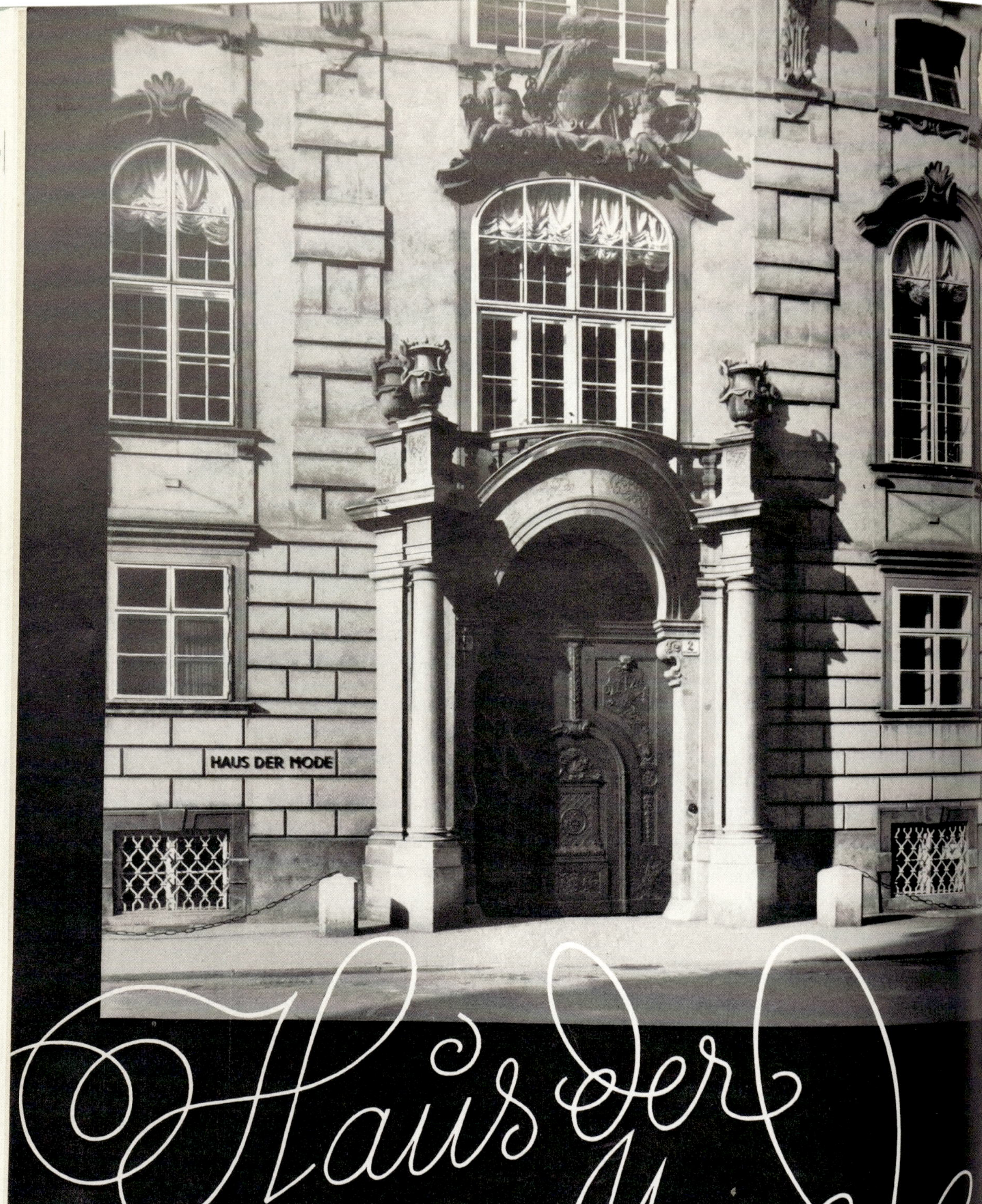
HAUS DER MODE
Haus der

Mode- und Geschmacksindustrie“ werden. Übergeordnetes Ziel war selbstverständlich die Ankurbelung der Wirtschaft, die durch den Ausfall der jüdischen Firmen eingebrochen war und die man durch den erhofften Modeexport kompensieren und in Schwung bringen wollte.[11]

Durch das propagierte politische Ziel zur Errichtung einer „Stadt der Mode“ wuchs auch bei den Wiener Künstler*innen die Hoffnung auf lukrative Aufträge und ließ vergangene Pläne wieder an die Oberfläche treten. Josef Hoffmann, Mitbegründer und langjähriger Mitarbeiter der Wiener Werkstätte, war bereits 1936 für die Gründung eines „Modeamtes“ als Planungs- und Koordinationsstelle für die Wiener Mode eingetreten[12] und sah nun im politischen Umsturz eine Möglichkeit zur Umsetzung. Seine Vorstellungen übermittelte er unmittelbar nach dem „Anschluss“ an Staatssekretär Kajetan Mühlmann in Form eines Typoskripts, in dem Hoffmann ausführte: „Die besondere Pflege deutscher Mode sollte vielleicht gerade in Wien konzentriert werden, weil heir [sic] sowohl die Talente und Begabungen als auch die tadellosen Durchführungsmöglichkeiten vorhanden sind. Hier sollten auch die Modellhäuser und Modezeitschriften entstehen und das gesamtdeutsche Modegebiet Anregung und Befruchtung finden. Die Führung durch ein gesamtdeutsches grosszügiges [sic] Modeamt wird alle notwendigen organisatorischen Arbeiten vorzubereiten haben, die besonders begabte Kräfte bekanntmachen und die von ihm und den Modellhäusern geschaffenen Werke zu propagieren trachten. Eine besondere Pflege der Erzeugung allen Modematerials, aller Textilien und aller einschlägigen Artikel gehört selbstverständlich zu diesem Amt, welches die Aufgabe hätte, neben Paris die zweite Modezentrale der Welt in Wien ins Leben zu rufen.“[13]

Josef Hoffmanns Bemühungen zur Errichtung eines Wiener Modeamtes stießen bei den Nationalsozialisten auf fruchtbaren Boden, denn aufgrund der wirtschaftlichen Bedeutung war es im Parteiprogramm des Wiener Bürgermeisters fest verankert. Bereits im Sommer 1938 wurde die Gründung eines Vereins initiiert, der nach Verfügung des Stillhaltekommissars vom 16. August 1938 durch die Überführung des Niederösterreichischen Gewerbevereins und des Hauptverbands der textilverarbeitenden Gewerbe in das „Haus der Mode in Wien. Gesellschaft zur Förderung der Mode und des Geschmacksgewerbes“[14] entstand.[15] In den Vereinsstatuten heißt es: „Der Verein ‚Haus der Mode‘ fördert im gesamtdeutschen Interesse alle Bestrebungen, die der Mehrung und Erhaltung des überlieferten Rufes des Wiener Mode- und Geschmacksgewerbes in seiner künstlerischen, handwerklichen und industriellen Leistung dienen.“[16] Die Aufgabe des Vereins lag in der Förderung der „schöpferischen Leistung“, der „Erzeugung“ und des „Absatzes“.[17] Parallel dazu wurde vom Reichskommissar für die Wiedervereinigung, Josef Bürckel, Mitte Juli 1938 das „Referat III / B Mode und Geschmacksindustrie“ gegründet, das das Pendant zum Haus der Mode auf Reichsebene war und eng mit diesem kooperierte.

Präsident des Vereins war der Bürgermeister der Stadt Wien, Hermann Neubacher, und als Vizepräsident stand ihm Gauwirtschaftsberater Walter Rafelsberger zur Seite.[18] Die Finanzierung erfolgte aus dem städtischen Budget. Hauptgeschäftsführer war der Blutordensträger und Ratsherr Günther Ohnheiser,[19] ein treuer und in seinen nationalsozialistischen Überzeugungen gefestigter Parteifunktionär. Mit Ohnheisers Doppelfunktion als Leiter des Modeamtes und Sachberater für Mode im Kulturamt wurden die städtischen Agenden der Modewirtschaft bei einer Person gebündelt.[20]

Als künstlerischer Leiter wurde Alfred Kunz (1894–1961) engagiert. Kunz besuchte nach Abbruch der Realschule die Akademie der bildenden Künste in Düsseldorf. Ab 1918 war er an fast allen Wiener Theatern als Bühnenbildner und Kostümausstatter tätig und arbeitete für VITA-Film, WIEN-Film und FORST-Film als Filmausstatter.[21] Parallel zu seiner Leitungsfunktion im Haus der Mode nahm er wesentlichen Anteil an der 1939 erfolgten Umgestaltung der Wiener Frauenakademie in eine Kunst- und Modeschule. Da durch die neue Institution des Hauses der Mode auch die Ausbildung eine größere Bedeutung erlangte, kam der Modeschule eine wichtige Funktion und Kunz eine bedeutende Vermittlungsrolle zwischen Lehre und Praxis zu. So lag es nahe, dass er nach Ende des Krieges im September 1945 von der Stadt – als Kenner der Institution – zum Direktor (1945–1955) der Schule berufen wurde. Kunz war ebenso maßgeblich am Aufbau der Modesammlung des Wien Museums beteiligt. Für seine Verdienste erhielt Kunz 1945 den Titel des Professors und 1949 den Preis der Stadt Wien. Er starb 1961 in Wien.

Sowohl durch die Installierung des Hauses der Mode als auch die Gründung der Kunst- und Modeschule bekam der Beruf der Modezeichner*innen in Wien eine prestigeträchtige Aufwertung, die sich berufsständisch durch die Aufnahme in die RdbK abzeichnete.

S. 182 Haus der Mode – Palais Lobkowitz, in: *Wiener Mode*, H. 4, 1939, WM

S. 184–185 Artikel von Josef Hoffmann zur Adaptierung und Einrichtung des Hauses der Mode im Palais Lobkowitz, in: *Wiener Mode*, H. 4, 1939, WM

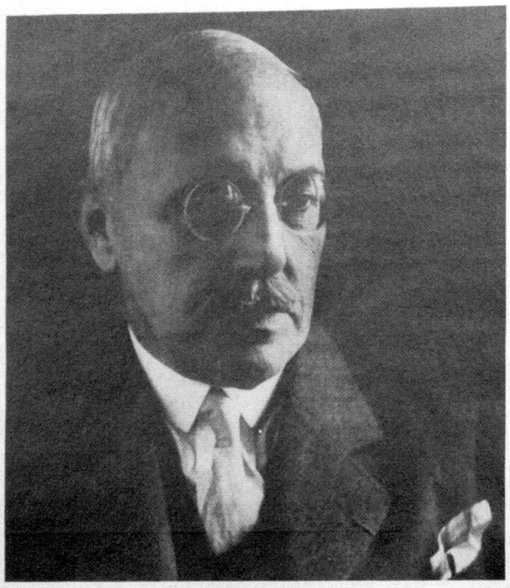

Photo: Schwab

*Oberbaurat Prof. JOSEF HOFFMANN*

Ein altes Palais und eine ganz neue Aufgabe: Barock und Wiener Mode — es mag nicht leicht scheinen, hier die richtige Synthese zu schaffen, aber Oberbaurat Professor Josef Hoffmann weiß, wie man's anpacken muß.

Das kleine, freundliche Zimmer, in dem er jetzt seine Pläne ausbreitet, war noch vor kurzem ein vergessenes „Loch". Eine Rumpelkammer. Es gab in dem stolzen Palais gar nicht wenig solcher stiefmütterlich vergessener Räume, die jetzt alle in den großen Plan einbezogen werden. Ob es schwierig sei? Eigentlich nicht, meint Professor Hoffmann, denn: „Ein wirklich gutes Haus eignet sich zu allem!"

Da sind zunächst einmal die historischen Prunkräume. Drei herrliche Barocksäle, unter ihnen der kleine, in dem Ludwig Beethoven zum erstenmal seine „Eroica" spielte. Dann die Treppen, die Vorhallen, die Höfe und Fassaden. Hier wird nichts, gar nichts geändert. Nur stellt man dort, wo das gute alte Barock durch spätere Nachbildungen verunziert wurde, das Alte wieder her. Sonst aber wird nur gründlich geputzt und — ausgeräumt. Keine falschen, stillosen Nachbildungen auch bei den Möbeln! Dem Alten die ihm gebührende Achtung, aber keine Nachahmung!

„Den Leuten im Barock", sagt Professor Hoffmann, „ist es nicht im Schlaf eingefallen, zeitfremde Stilarten nachzuahmen, sie bauten unbekümmert in ihrem Stil. Auch im Rokoko und später." Erst in den letzten dreißig Jahren sei man auf die schreckliche Idee gekommen, Barock, Rokoko und was sonst noch alles zu imitieren. Dieser Unsitte wird man im Lobkowitz-Palais nicht verfallen! Wo Räume neu einzurichten sind, wird selbstverständlich im Geist und im Stil unserer Zeit gearbeitet. Und es ist ziemlich viel zu tun.

Ein Blick auf die Pläne: Im kleinen Hof wird ein Ausstellungsbüro geschaffen, hier können fürs Ausland bestimmte Modeausstellungen vorbereitet werden, ja gelegentlich könnte hier auch eine ganz kleine, intime Schau stattfinden. Der große Hof bekommt eine Gartenanlage und als stilgemäßen Schmuck eine Barockfigur.

Steigen wir in den ersten Stock hinauf. Im Haus der Mode werden viele Arbeitsmenschen tätig sein, man denkt schon beim Umbau an sie. Ein kleines, behagliches Restaurant wird im ersten Stock untergebracht. Daneben finden die Mannequins hier ihre vorbildlich eingerichteten Garderoberäume. Das zweite Stockwerk mit seinen weitläufigen Räumen wird der Verwaltung und der künstlerischen Leitung vorbehalten. Auf der einen Seite der Trakt für Künstler und Architekten und gleich daneben die große Fachbibliothek. Ein wunderbar in sich geschlossener, zum Studieren einladender Raum. Bisher gab es noch keine solche Bibliothek der Mode in Wien, eine wichtige Lücke wird also ausgefüllt!

Im Trakt gegenüber die eigentlichen Verwaltungsräume, Buchhaltung, Exportabteilung. Vergessen wir über allen künstlerischen Aufgaben nicht, daß schon 1937 die Wiener Mode — vom Export nach dem Altreich abgesehen — für 45 Millionen Reichsmark Auslandsgeschäfte abgeschlossen hat. Es geht, wie uns Professor Hoffmann versichert, alles auf einen Zentimeter aus. Ein großer Gemeinschaftsraum für Appelle und Sitzungen, im Parterre untergebracht, rundet das Bild ab.

Noch sind's Pläne und wir müssen uns auf den Gängen vielfach unter Leitern hindurchzwängen. Aber das Werk ist im vollen Gange. Bald wird Wien sein Haus der Mode fix und fertig haben.

*Oben rechts: Blick in den Empfangsraum des wirtschaftlichen Leiters im Haus der Mode. In diesem Zimmer soll alle Arbeit geleistet werden, die nötig ist, um unsere Wiener Modelle in die Welt zu bringen.*

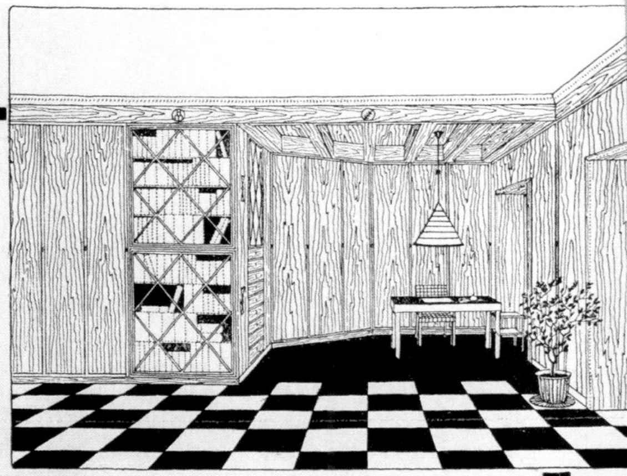

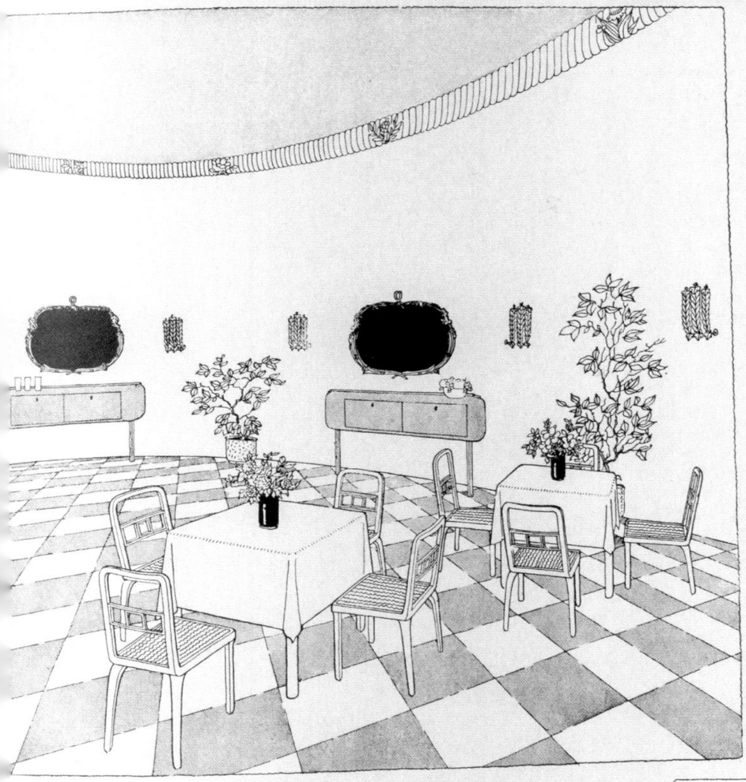

*Mitte: Ausschnitt aus dem kleinen Restaurant im ersten Stock des Lobkowitzpalais. Kleine Tischchen, bequeme Stühle — es ist vorgesorgt, daß die Menschen, die der Wiener Mode dienen, sich in den Arbeitspausen wie daheim fühlen.*

*Unten rechts: Eine Ecke im Arbeitsraum des künstlerischen Leiters. Überall moderne Möbel. Keine Stilimitation, kein Gschnas! Auch die Räume sollen in ihrer gut-einfachen Ausstattung für den Wiener Geschmack werben.*

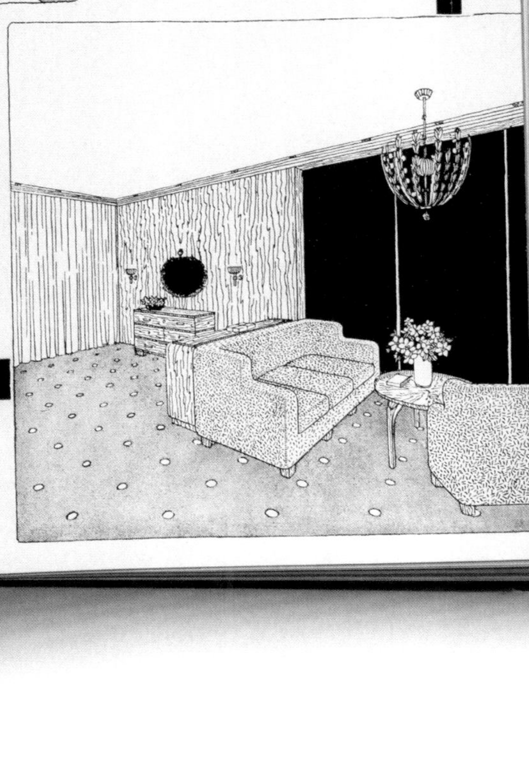

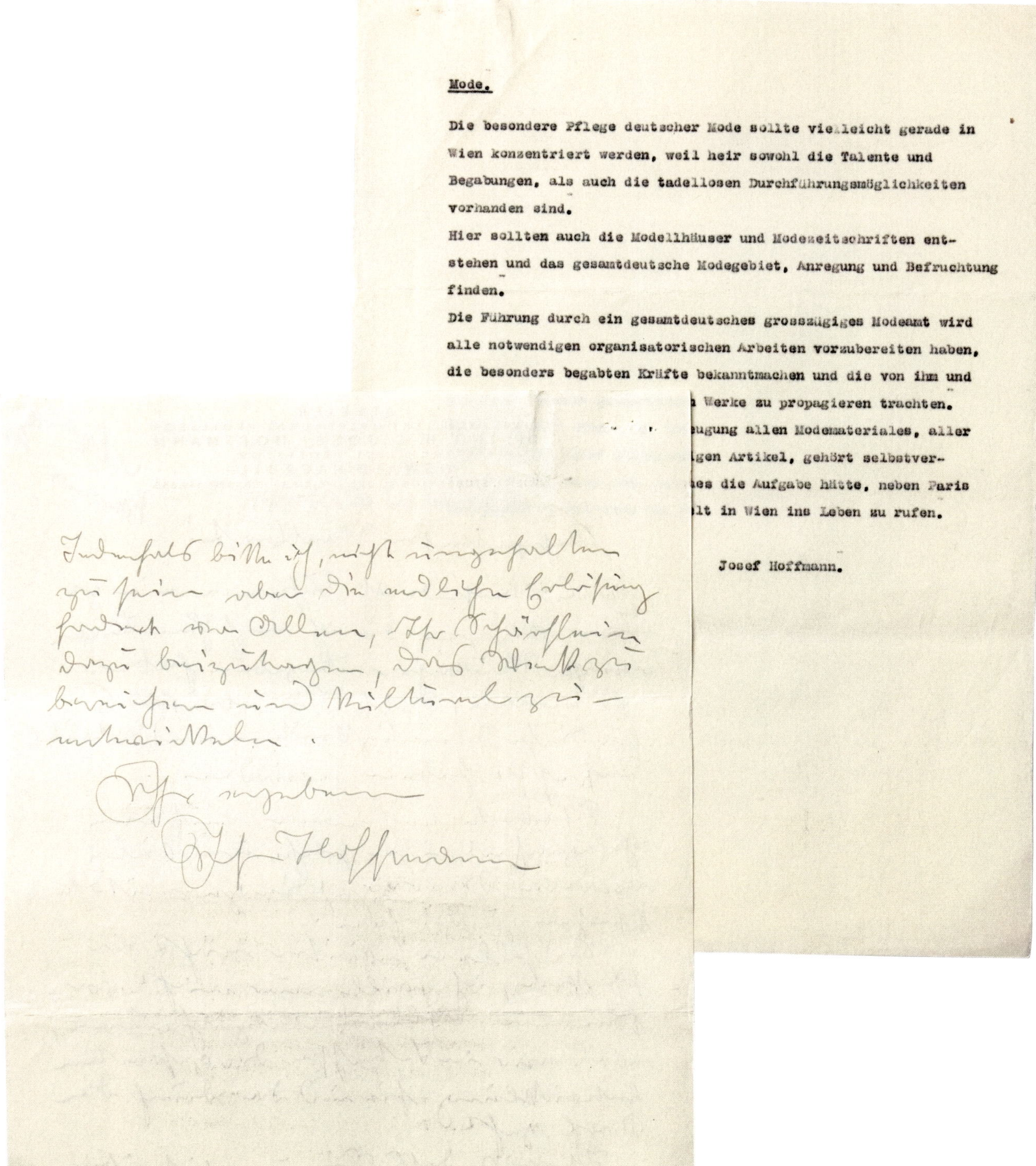
**Mode.**

Die besondere Pflege deutscher Mode sollte vielleicht gerade in Wien konzentriert werden, weil heir sowohl die Talente und Begabungen, als auch die tadellosen Durchführungsmöglichkeiten vorhanden sind.
Hier sollten auch die Modellhäuser und Modezeitschriften entstehen und das gesamtdeutsche Modegebiet, Anregung und Befruchtung finden.
Die Führung durch ein gesamtdeutsches grosszügiges Modeamt wird alle notwendigen organisatorischen Arbeiten vorzubereiten haben, die besonders begabten Kräfte bekanntmachen und die von ihm und [illegible] Werke zu propagieren trachten.
[illegible] eugung allen Modemateriales, aller [illegible] gen Artikel, gehört selbstver- [illegible] es die Aufgabe hätte, neben Paris [illegible] lt in Wien ins Leben zu rufen.

Josef Hoffmann.

Indessen [illegible] bitte ich, nicht ungehalten zu sein über die endliche Erledigung [illegible] [illegible], Ihr Scherflein dazu beizutragen, das [illegible] zu bereichern und kulturell zu untermauern.

Ihr ergebener

Josef Hoffmann

Durch die Pflichtmitgliedschaft ist im Archiv der Berufsvereinigung eine große Anzahl an Mitgliederakten von Wiener Modezeichner*innen überliefert, die in der Fachgruppe Gebrauchsgraphik vertreten waren, darunter die Mode- und Plakatzeichnerin Charlotte Schkerl (geb. 1919), die die Wiener Kunstgewerbeschule absolvierte und deren Modezeichnungen aus der Zeit des Nationalsozialismus im Archiv erhalten sind.[22] Ebenso zu finden sind die Originalskizzen der Modezeichnerin Charlotte Aurnhammer (geb. 1906), die bis 1929 an der Kunstgewerbeschule bei Josef Hoffmann und Eduard Wimmer studierte und 1941 den Antrag auf Aufnahme in die RdbK stellte. Sie übersiedelte 1929 nach Paris, um bei den „führenden Pariser Modehäusern" als Modezeichnerin zu arbeiten. 1940 kehrte sie nach Wien zurück und versuchte, hier wieder beruflich Fuß zu fassen.[23] Für Modezeichner*innen war das Haus der Mode nicht nur ein lukrativer Arbeitgeber, sondern ein ebenso wichtiger Knotenpunkt des beruflichen Netzwerkes, in dem zum fachlichen Austausch auch gemeinsame Zeichen- und Diskussionsabende organisiert wurden.

Für den Sitz der neuen städtischen Institution wählte man das in der Inneren Stadt gelegene Barockpalais Lobkowitz, das sich im Besitz der in der Tschechoslowakei lebenden Familie Lobkowitz befand und 1939 von den Nationalsozialisten „arisiert" wurde. Die neuen Eigentümer begannen umgehend, das Gebäude für ihre Zwecke zu adaptieren, ein repräsentatives Haus der Mode sollte geschaffen werden. Der Planungsauftrag ging an Josef Hoffmann, der in einem Interview für die Zeitschrift *Wiener Mode* seine Pläne beschrieb: „Im kleinen Hof wird ein Ausstellungsbüro geschaffen, hier können fürs Ausland bestimmte Modeausstellungen vorbereitet werden [...]. Der große Hof bekommt eine Gartenanlage und als stilgemäßen Schmuck eine Barockfigur. [...] Ein kleines, behagliches Restaurant wird im ersten Stock untergebracht. Daneben finden die Mannequins hier ihre vorbildlich eingerichteten Garderobenräume. Das zweite Stockwerk mit seinen weitläufigen Räumen wird der Verwaltung und der künstlerischen Leitung vorbehalten. Auf der einen Seite der Trakt für Künstler und Architekten und gleich daneben die große Fachbibliothek. [...] Bisher gab es noch keine solche Bibliothek der Mode in Wien, eine wichtige Lücke wird also ausgefüllt! Im Trakt gegenüber die eigentlichen Verwaltungsräume, Buchhaltung, Exportabteilung. [...] Ein großer Gemeinschaftsraum für Appelle und Sitzungen, im Parterre untergebracht, rundet das Bild ab."[24] Die Adaptierungs- und Neugestaltungsarbeiten waren bis 31. Jänner 1940 abgeschlossen.[25] Einen Eindruck der repräsentativen Ausstattung vermitteln mehrere farbige Zeichnungen und Fotos, die in der Zeitschrift *Moderne Bauformen*[26] 1942 veröffentlicht wurden.

Die erste offizielle Veranstaltung des neuen Hauses der Mode erfolgte anlässlich des „Balls der Mode", der am 9. Februar 1939 in den Sälen des Konzerthauses stattfand.[27] Carl Witzmann zeichnete für die Gestaltung der Ballräume verantwortlich, die er mit „Blausamt und Pastellseide"[28] ausstattete. Insgesamt wurden 60 Modelle vom Haus der Mode vorgeführt, „die in betont wienerischer Note die kommende Mode für Frühjahr und Sommer auf der Straße und beim Sport, im Beruf und in der Gesellschaft" präsentierten.[29] Die offizielle Eröffnung des Hauses der Mode im Palais Lobkowitz fand wenige Tage darauf, am 22. Februar 1939, im Marmorsaal statt.[30] Neben dem Wiener Stammhaus entstanden in der Folge mehrere Außenstellen mit Verkaufs- und Schauräumen – u.a. in Prag und Gastein –, die den Absatzmarkt auf nationaler sowie internationaler Ebene außerhalb Wiens erweitern sollten.

## Modeschauen und Ausstellungen

Die wichtigste Aufgabe des Hauses der Mode lag in der Vermittlung zwischen Produktion und Absatzmarkt, die in erster Linie durch Modeschauen im und außerhalb des Hauses erfolgte. In der Architektur des Barockpalais fanden die Nationalsozialisten eine entsprechende repräsentative Bühne. Neben den hausinternen Modeschauen waren die zweimal im Jahr veranstalteten Wiener Modewochen, bei denen die Kollektionen des gesamten Wiener Modeschaffens gezeigt wurden, das wichtigste heimische Präsentationsformat. Zusätzlich fanden in den Räumlichkeiten des „Zwieback-Hauses" (Kärntner Straße), in denen auch der Wiener Kunsthandwerkverein und die Entwurfs- und Versuchswerkstätte untergebracht waren, temporäre Modeausstellungen statt.[31]

Da sich aufgrund der politischen Situation auch der Absatzmarkt änderte, lag eine Hauptaufgabe des Hauses darin, neue Kundschaft aus dem „Altreich" zu gewinnen.[32] Die dafür gegründete Abteilung II (Presseabteilung) sollte durch Zeichnungen und Fotos in der in- und ausländischen Presse die Marke „Haus der Mode" bewerben. Daneben galt es, Modeschauen außerhalb des Hauses zu organisieren, die im Rahmen von Messen und Ausstellungen stattfanden. So präsentierte man sich ab 1939 nicht nur auf der Herbstmesse in Wien, sondern auch in Leipzig, der wichtigsten Messestadt des Dritten Reiches. In den Sommermonaten wurden

S. 186 Schreiben von Josef Hoffmann, mit Beilagen u.a. zum Thema „Mode", um 1938–1940, AT-OeStA

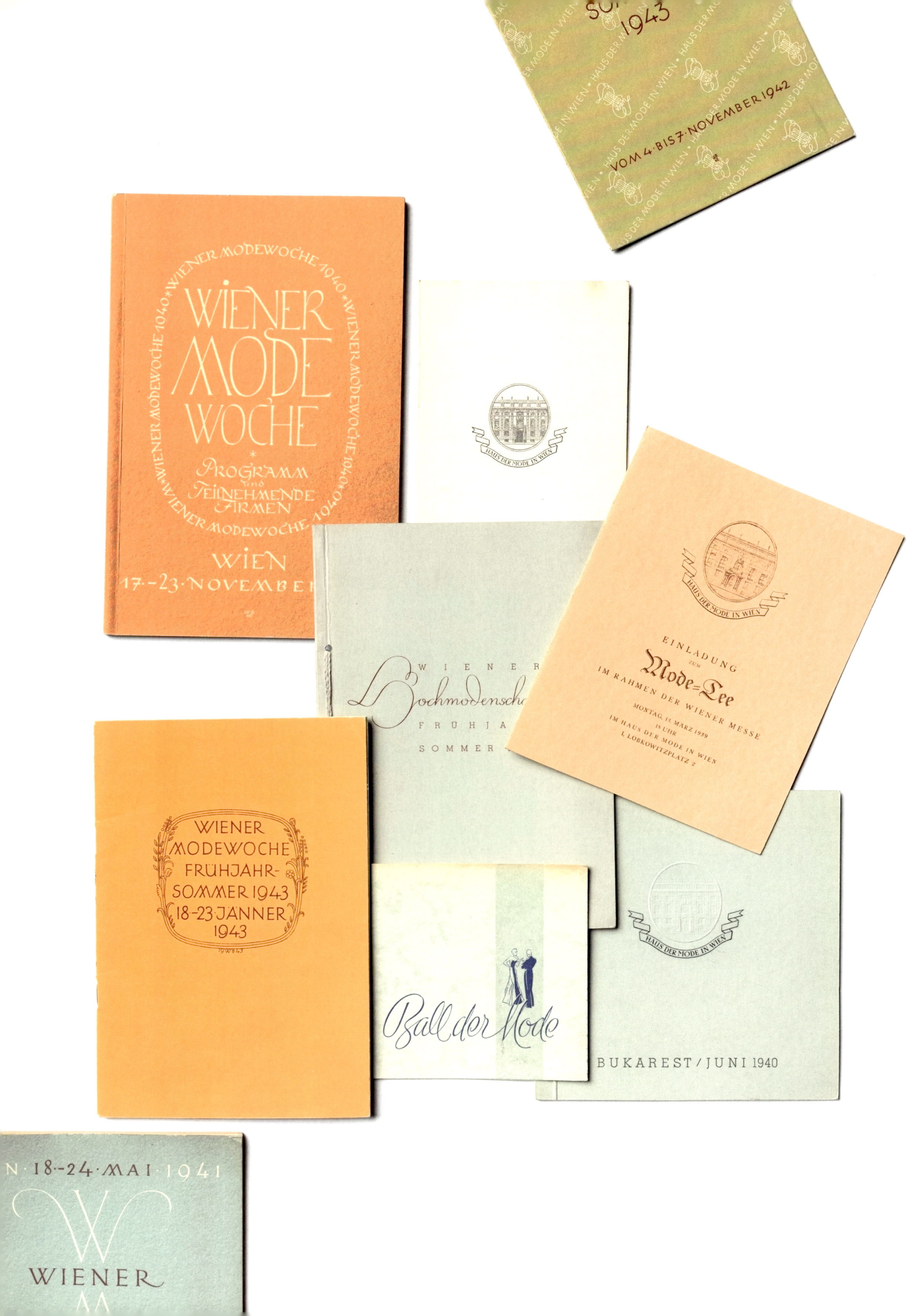
1943
HAUS DER MODE IN WIEN
VOM 4. BIS 7. NOVEMBER 1942
WIENER MODEWOCHE 1940
WIENER MODE WOCHE
PROGRAMM und TEILNEHMENDE FIRMEN
WIEN
17.–23. NOVEMBE
HAUS DER MODE IN WIEN
WIENER
Hochmodensch
FRÜHJA
SOMMER
HAUS DER MODE IN WIEN
EINLADUNG ZUM Mode-Tee
IM RAHMEN DER WIENER MESSE
MONTAG, 13. MÄRZ 1939
IM HAUS DER MODE IN WIEN
I, LOBKOWITZPLATZ 2
WIENER MODEWOCHE FRÜHJAHR-SOMMER 1943
18.–23. JÄNNER 1943
Ball der Mode
HAUS DER MODE IN WIEN
BUKAREST / JUNI 1940
N · 18.–24. MAI 1941
W
WIENER

sogenannte Bäderreisen nach Salzburg, Gastein, Zell am See, Karlsbad, Franzensbad und Marienbad unternommen, um die Wiener Modellkollektionen vorzuführen. 1940 folgten Modeschauen in Brüssel und Breslau und ab 1941 plante das Haus der Mode auch Präsentationen im südosteuropäischen Raum, wie etwa 1941 in Laibach (Ljubljana) oder in Agram (Zagreb), die gemeinsam mit dem Deutschen Modeinstitut erfolgten.

## Aneignung der Zeitschrift *Wiener Mode*

Die bereits seit 1888 herausgegebene Zeitschrift *Wiener Mode* wurde im Nationalsozialismus vom Haus der Mode übernommen und erschien ab November 1938 unter neuer Schriftleitung. Die hauptsächlich aus Illustrationen bestehende Modezeitschrift wurde von Modezeichner*innen gestaltet, die eng mit dem Haus der Mode zusammenarbeiteten und die modische Linie illustrierten. Die Grafikerin Eva Kallbrunner[33] zeichnete für die grafische Gestaltung der Zeitschrift verantwortlich und koordinierte das Netz der Modezeichner*innen. Kallbrunner wurde 1914 in Klosterneuburg geboren und besuchte die Graphische Lehr- und Versuchsanstalt in Wien. Ab 1936 war sie als selbstständige Mode- und Pressezeichnerin für verschiedene Zeitschriften tätig. Da Dokumente aus der RdbK fehlen, reduzieren sich die Kenntnisse zu ihrem grafischen Werk auf die Illustrationen in der Zeitschrift. Rudolf Matouschek[34] ist als einziger männlicher Modezeichner für die *Wiener Mode* überliefert und hatte die Herrenlinie in der Zeitschrift illustriert. Er wurde 1901 in Wien geboren und ging nach einem Jahr an der Kunstgewerbeschule auf Reisen nach Italien, England, Afrika und Amerika, wo er als Maler und Zeichner für Magazine und Zeitungen tätig war. Blauensteiner beschrieb Matouschek 1943 als „manierierten aber flotten" Modezeichner, der in Fachkreisen gut bekannt war. Er wurde als Mitglied in die Fachgruppe Gebrauchsgraphik aufgenommen. Anneliese Freissler (auch: Freißler) zählte neben Kallbrunner zu den Hauptillustratorinnen der Zeitschrift. In ihrer Anmeldung zur RdbK fällt vor allem der frühe Eintritt in die NSDAP auf, den sie mit 13. Juli 1932 angibt.[35] Sie wurde 1911 in Wien geboren und hat nach der Realschule sowohl die Wiener Frauenakademie als auch die Graphische Lehr- und Versuchsanstalt Wien besucht.

## Übernahme auf Reichsebene

Die Berufung des neuen Gauleiters Baldur von Schirach nach Wien und seine ehrgeizigen Pläne, u. a. Wien zur „Reichsmodestadt"[36] zu machen, führten zu einer Umorganisation der Institution. Das Haus der Mode wurde von der Deutschen Arbeitsfront übernommen und der Vorstand aufgelöst, wodurch es organisatorisch und personell nicht mehr kommunal verwaltet, sondern in die Reichsplanung einbezogen wurde und die Unabhängigkeit nur mehr formell gegeben war. Ab nun wurde der Präsident des Vereins vom „Reichsstatthalter in Wien im Einvernehmen mit dem Modebeauftragten des Führers" berufen.[37] Schirachs Bemühungen, die Wiener Absolventin der Schwarzwaldschule, Adolf-Loos-Schülerin und Leiterin des Modeamtes der Stadt Frankfurt, Margarethe Klimt,[38] als neue künstlerische Leiterin abzuwerben, scheiterten[39] – wie so viele andere Pläne der Nationalsozialisten, die aufgrund des fortschreitenden Krieges eingestellt werden mussten. Bereits 1940 musste man aufgrund der Stoffrationierungen um Sondergenehmigungen zum „Ankauf von Stoffen für die Wiener Modesalons"[40] ansuchen und begründen, dass dies im „Interesse der Aufrechterhaltung der Ausfuhr bzw. der Erweiterung der Ausfuhr von Fertigkleidung, insbesondere nach dem Balkan" liege.[41] Die Aktivitäten des Hauses der Mode nahmen immer mehr ab und schon im Frühling 1943 wurde es zur „Kriegswirtschaftsstelle Bekleidung" umbenannt und im Sommer 1944 zur Gänze der Rüstungsindustrie unterstellt.

## Liquidierung nach 1945

Nach dem Zerfall des NS-Regimes wurde im Gegensatz zur Kunst- und Modeschule der Stadt Wien die Institution „Haus der Mode" liquidiert. Wie aus einem Lagebericht[42] des Hauses der Mode vom 12. Mai 1945 an das Kulturamt hervorgeht, waren während des Krieges die Bestände des Modemuseums in der Hofburg und die der Modebibliothek in einem Schloss bei St. Pölten eingelagert. Das Vereinsvermögen fiel schließlich an das Wirtschaftsförderungsinstitut der Bundeshandelskammer und die Subventionen der Stadt Wien wurden zurückgezahlt.[43] Oswald

| | |
|---|---|
| S. 188 | Programmhefte, Haus der Mode, 1939–1943, WM |
| S. 190 | Charlotte Schkerl, vereh. Kauer (o.), und Charlotte Aurnhammer (u.), Modeentwürfe, um 1939, BV Archiv |
| S. 191 | Modeentwürfe, Haus der Mode, Entwurfszeichnung und Modell, um 1941, WM |
| S. 192 | Modeschauen, Haus der Mode, Weltbild, 1941 (r.); Lothar Rübelt, 1939 (l. o. und u.); ÖNB, Bildarchiv und Grafiksammlung |
| S. 193 | Haus der Mode, Vorführkleid (Mantelkleid), 1942, WM |
| S. 194 | Josef Hoffmann, Entwürfe und Innenansicht für das Haus der Mode, in: *Moderne Bauformen*, 1942, Privatsammlung |
| S. 195 | Haus der Mode, Abendkleid, um 1940, WM |

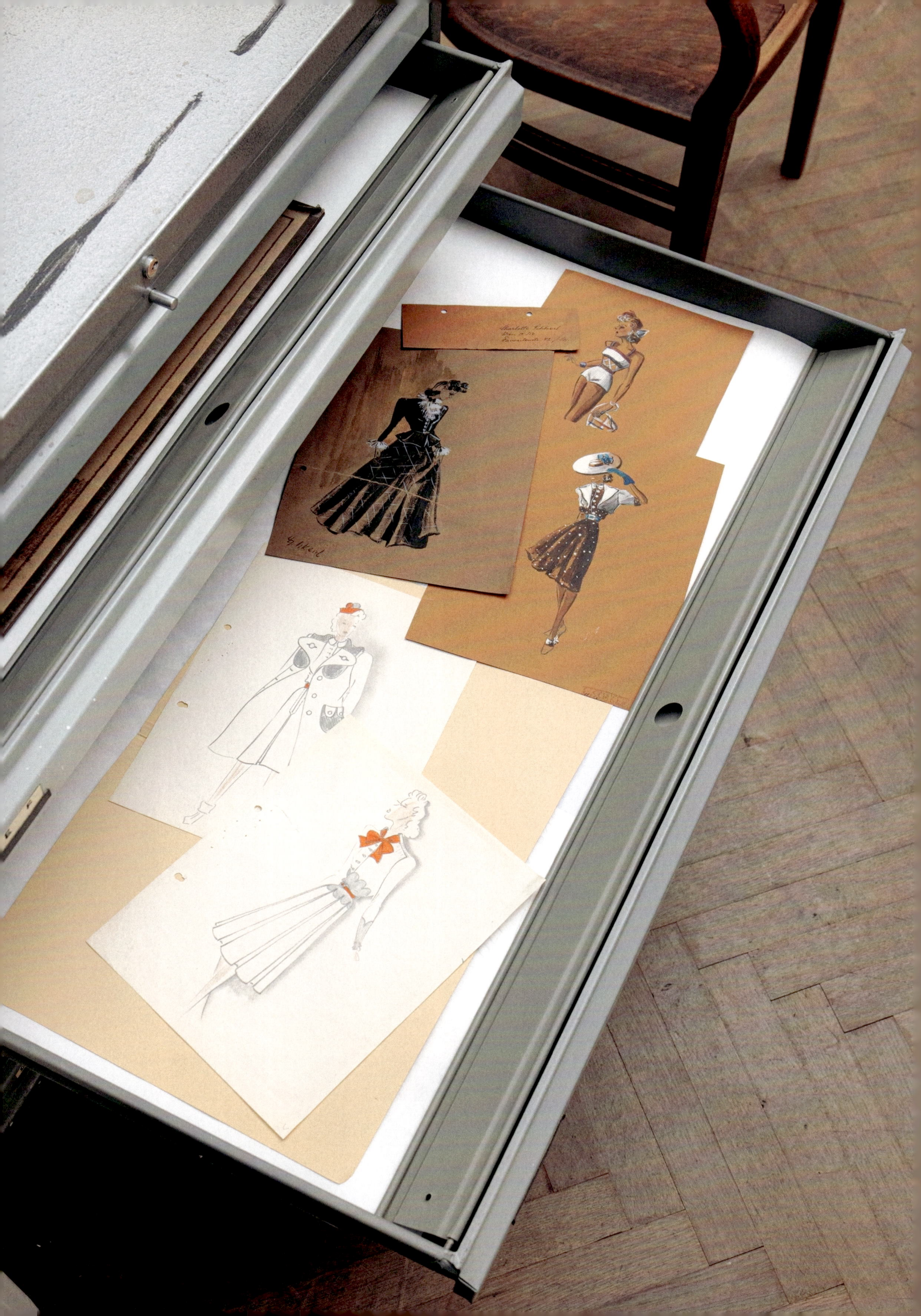

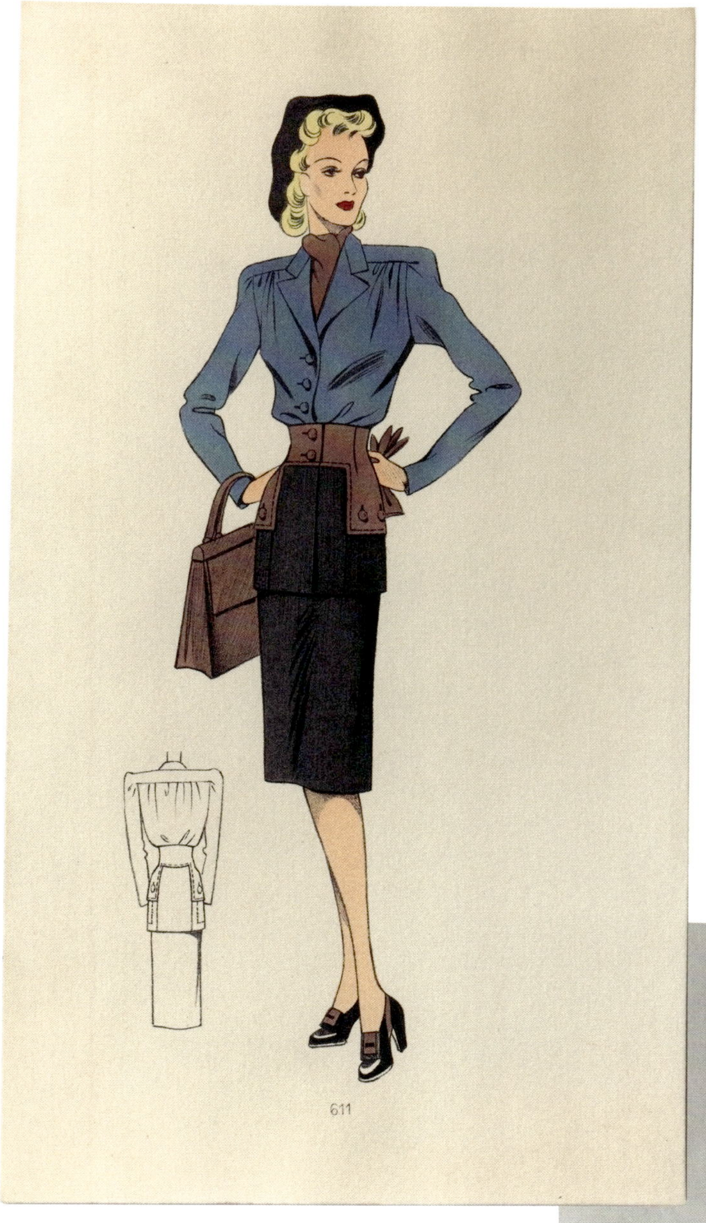
611

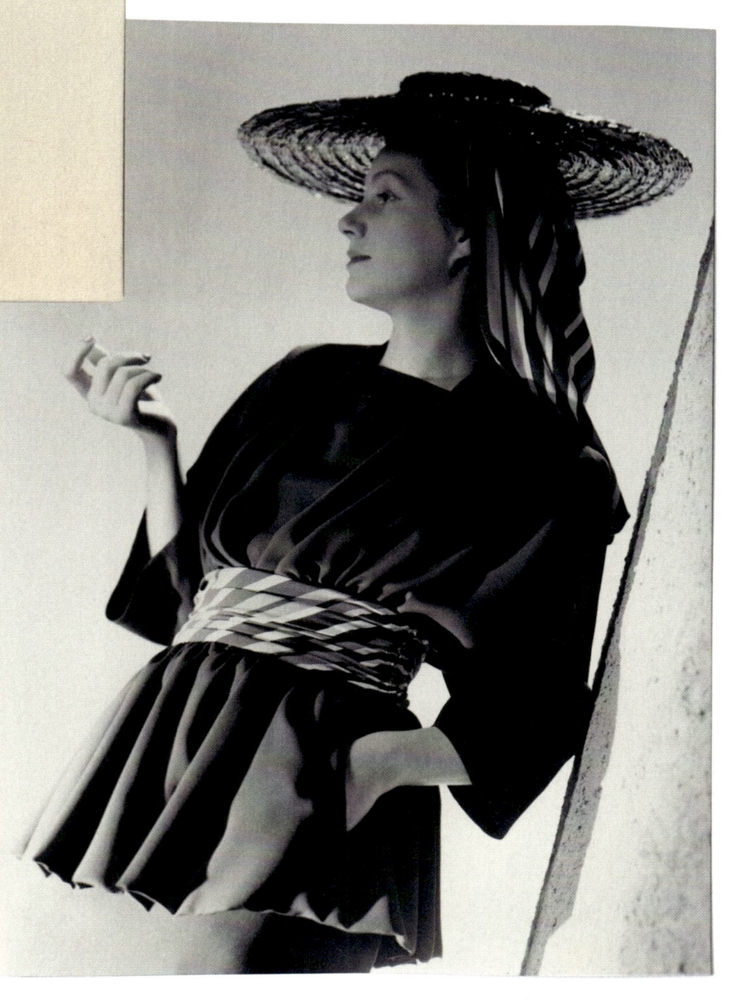

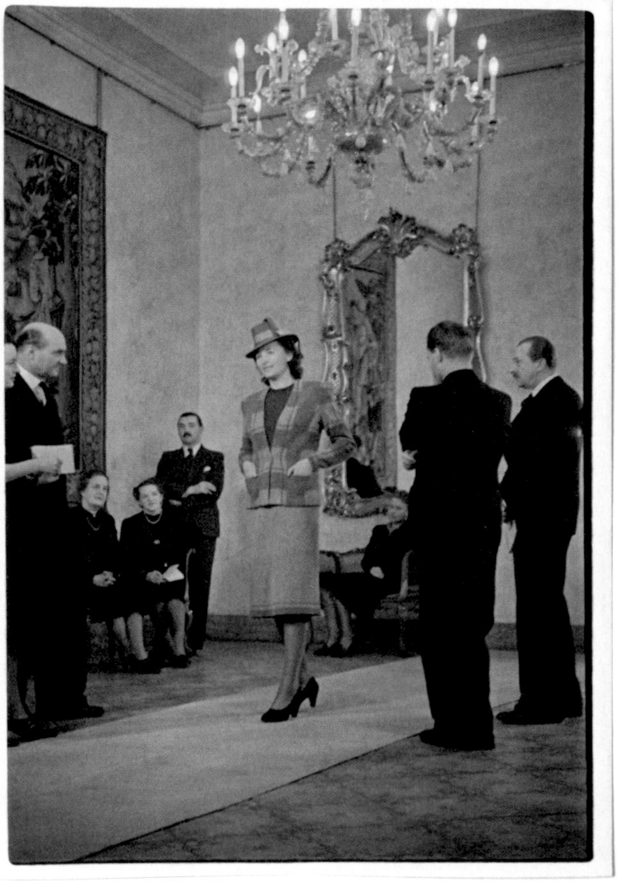

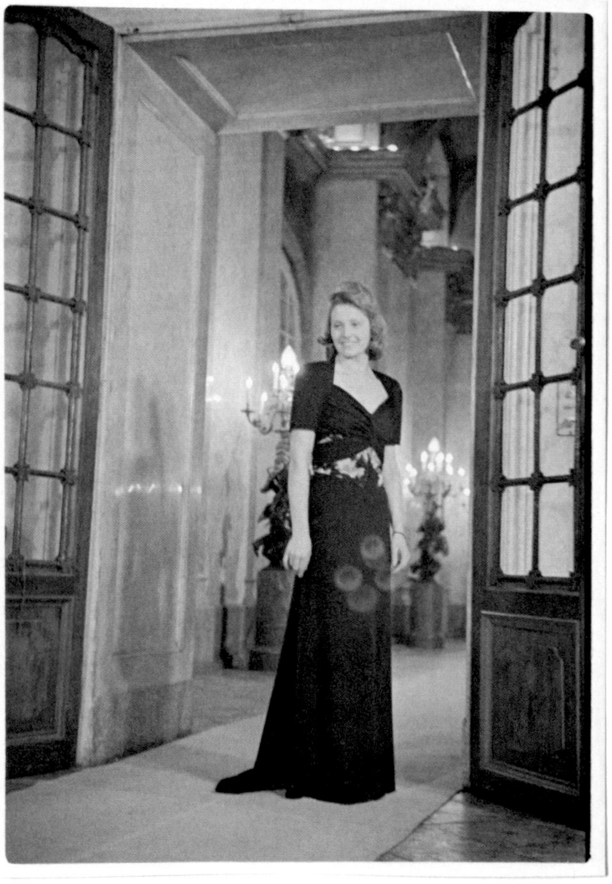

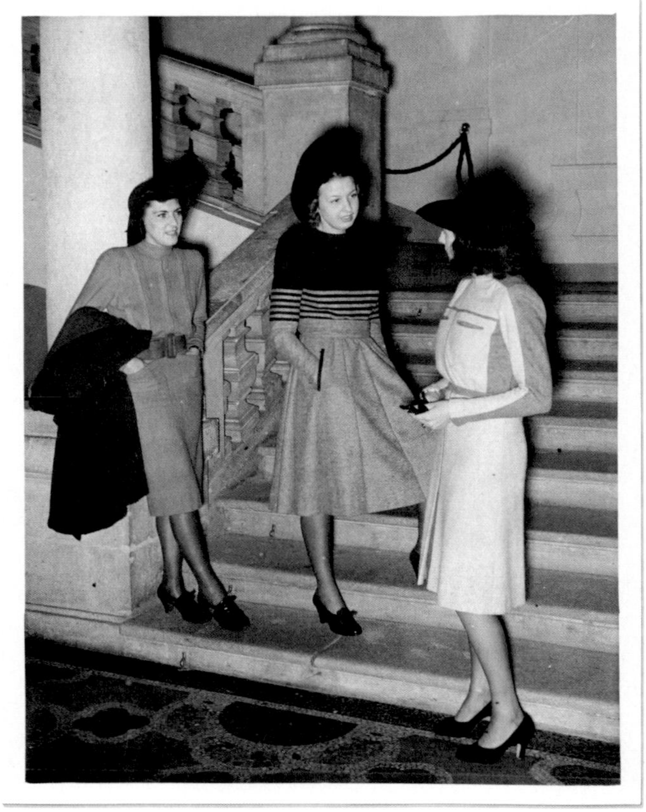

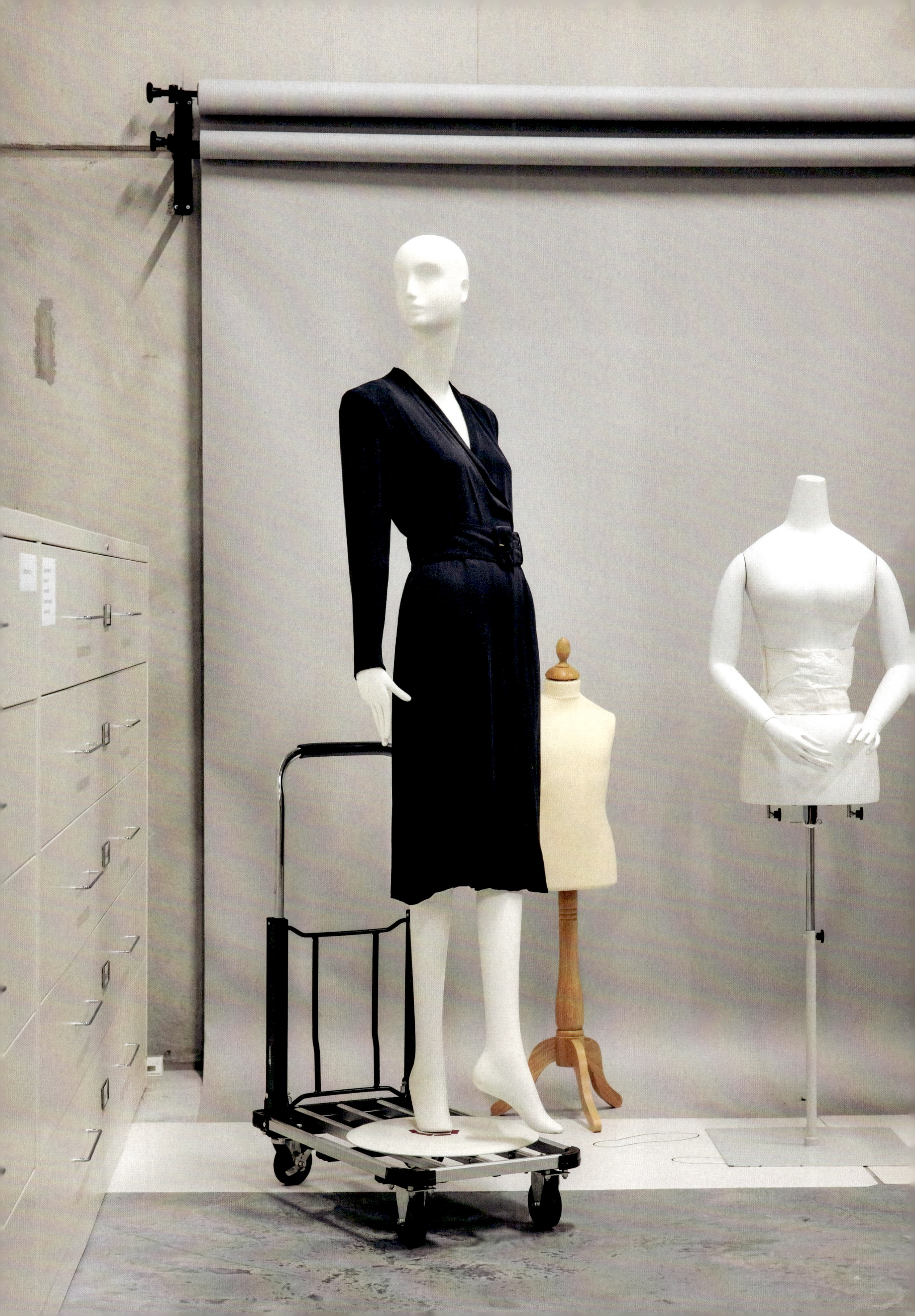

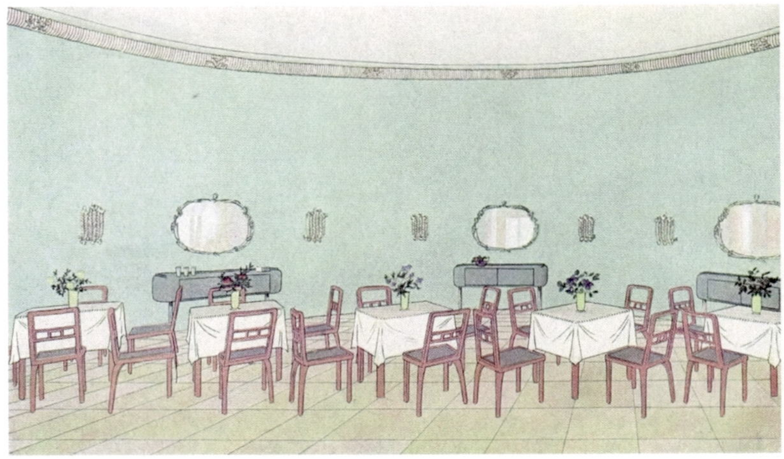

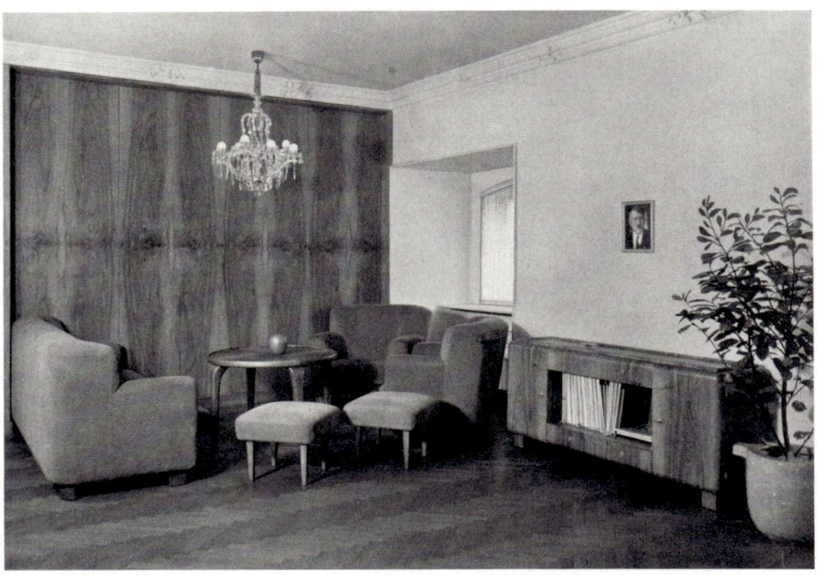

Josef Hoffmann, Wien. „Haus der Mode", Modeamt der Stadt Wien im Lobkowitzpalais Wien I. Raum des künstlerischen Leiters. Wände teils weißer Stuck, teils kaukasisch Nußbaum. Möbelbezüge graubrauner Velours

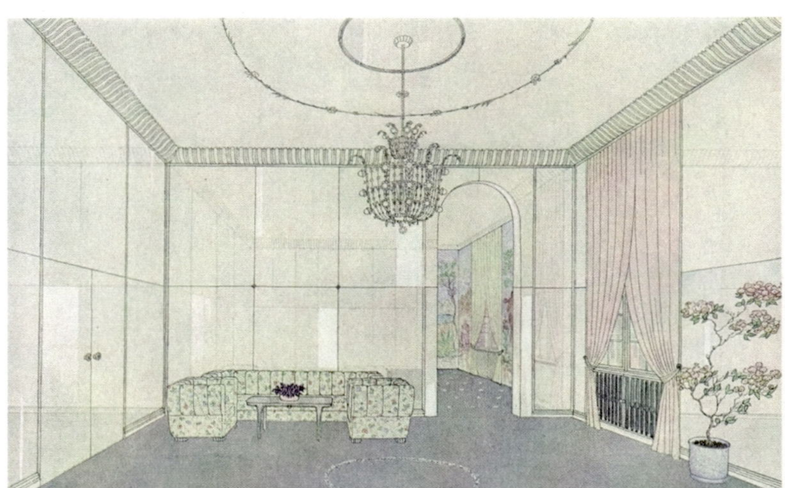

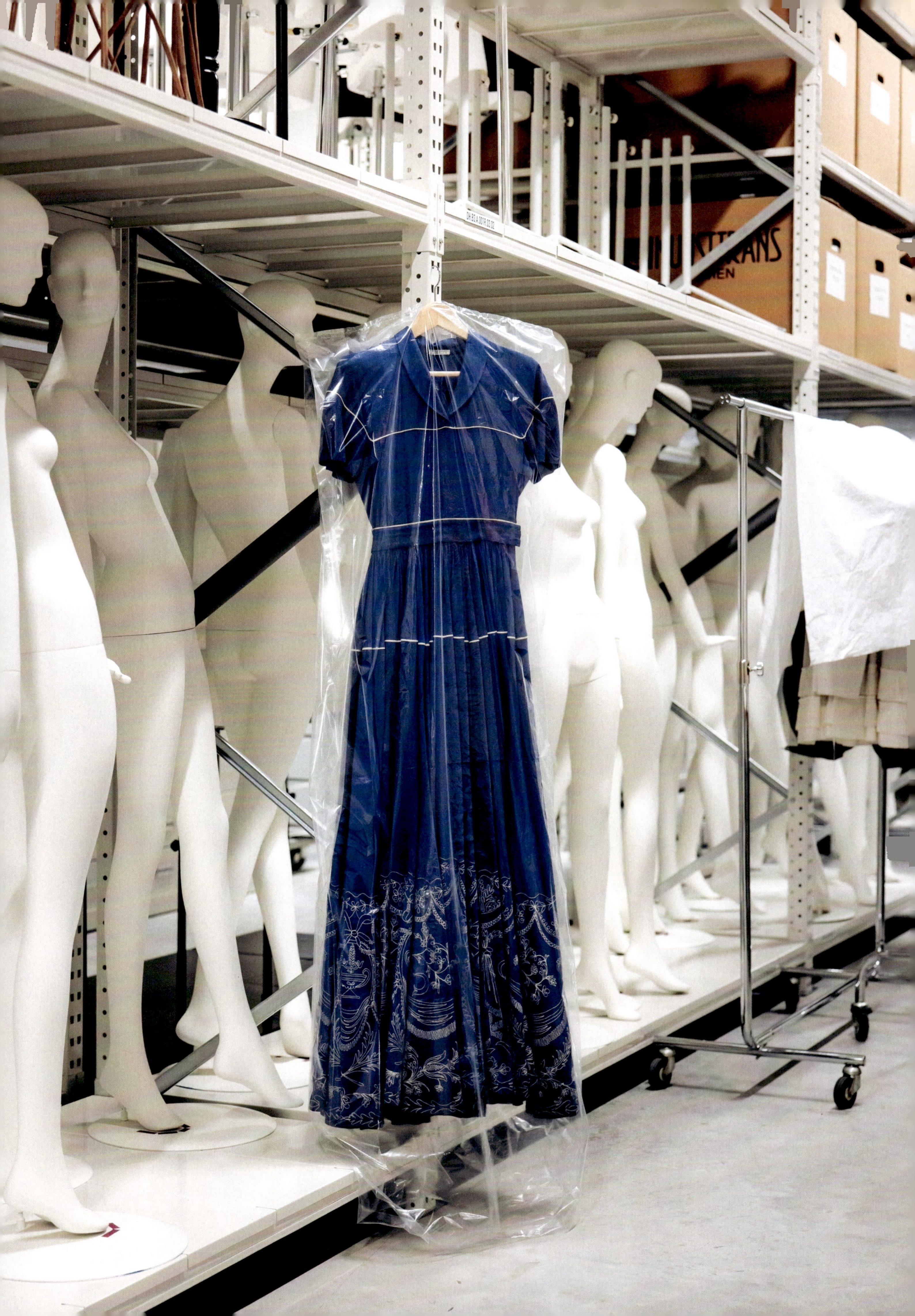

Haerdtl richtete im Namen des Wiener Kunsthandwerkvereins im Juli 1945 ein Schreiben an das Kulturamt, in dem er auf die Bedeutung der Sammlung des Hauses der Mode hinweist und ersuchte, diese in das Staatliche Kunstgewerbemuseum zu überführen. Haerdtl verwies auf die „grosse Anzahl an Druckmodeln für handbedruckte Textilien und ca. 4 Handwebestühle samt Rohmaterialien", die sich nun im Besitz der Handwerkskammer befänden und – wenn nötig – auch vom Verein angekauft werden würden.[44] Auch der ehemalige künstlerische Leiter und Geschäftsführer des Hauses der Mode, Alfred Kunz, der mittlerweile Direktor der Modeschule war, setzte sich 1946 für die „leihweise Übergabe" der Modebibliothek und der Modesammlung ein,[45] dem schließlich auch seitens der Handelskammer zugestimmt wurde. Heute befinden sich die Sammlung und die Modebibliothek im Wien Museum, wo diese einen bedeutenden Teil der Modesammlung bilden. Die Akten und Archivalien wurden dem Wiener Stadt- und Landesarchiv übergeben.[46]

## Kunst- und Modeschule der Stadt Wien

Mit der Übernahme der traditionsreichen, äußerst erfolgreichen Frauenakademie[47] durch die Stadt Wien am 1. März 1939 kam es zu einer ideologischen und inhaltlichen Neuausrichtung und, in Konsequenz dessen, im Jahr 1941 zur Umbenennung in „Kunst- und Modeschule der Stadt Wien". Nicht die Ausbildung freier bildender Künstlerinnen und Kunsthandwerkerinnen war das vorrangige Ziel, sondern die von qualifizierten Modedesignerinnen und Textilkünstlerinnen. Diese Neuorientierung steht im Zusammenhang mit den kurz nach dem „Anschluss" intensivierten Planungen, Wien – in Konkurrenz zu Berlin – zur Modehauptstadt des Deutschen Reiches auszubauen.

Die 1897 vom Maler und Kunstkritiker Adalbert Franz Seligmann als Kunstschule für Frauen und Mädchen gegründete Schule schloss eine „Marktlücke" auf dem Sektor der weiblichen Kunstausbildung. Zahlreiche Künstler*innen aus dem Umkreis der Secession fanden sich in den folgenden Jahrzehnten im Lehrkörper. Die vorerst als Verein gegründete Schule, die 1908 das Öffentlichkeitsrecht erhielt, war ein voller Erfolg, expandierte jährlich (200 bis 300 Schülerinnen) und bedeutete für viele Frauen den Ersteinstieg ins Kunstleben, für andere die alleinige Kunstausbildung. Ab 1918 wurden sogar Akademische Klassen eingeführt, die jenen an der Akademie gleichgestellt waren. Mitte der 1920er Jahre erfolgte der Ausbau der kunsthandwerklichen Fächer, was sich 1933 in der Namensänderung zu „Wiener Frauenakademie und Schule für freie und angewandte Kunst" niederschlug. Im Jahr 1937 feierte die Frauenakademie das 40-jährige Schuljubiläum mit Ausstellungen und mit der Übersiedlung in ein eigenes Schulhaus in der Siegelgasse 2–4 im 3. Bezirk.[48]

## Die Übernahme durch das Kulturamt 1939

Zum Zeitpunkt der Übernahme der Schule durch die Stadt Wien wurden die Akademischen Klassen im Bereich der Malerei von Ferdinand Kitt und Richard Harlfinger, die für Graphik von Bertold Löffler und jene für Bildhauerei von Heinrich Zita geleitet. Die die akademische Ausbildung ergänzenden Hilfsfächer umfassten Anatomie (Hermann Heller), Perspektive (Harlfinger), ornamentale Schrift (Johannes Cech), Keramik (Michael Powolny) und den Abendakt (Kitt, Harlfinger).[49] Unter den Fachklassen für Werkkunst konnte neben der von Viktor Weixler geleiteten Vorbereitungsklasse zwischen Klassen für Modezeichnen, Textil und Gebrauchsgraphik und zahlreichen Lehrwerkstätten gewählt werden. Die Eingliederung der Schule in das Kulturamt erfolgte am 22. September 1938, der Verein wurde aufgelöst.[50] Als kommissarischer Leiter (ab 1. März 1939) und künftiger Direktor fungierte bis 1945 Johannes Cech. Zum Zeitpunkt der Übernahme leitete der Bildhauer Heinrich Zita die Schule, an der er ab 1927 unterrichtete, 1932 wurde er Direktor. Zita, der von 1902 bis 1906 eine Ausbildung an der Akademie bei Edmund Hellmer absolviert hatte und als Porträtbildner und Medailleur bekannt war, darf als technisch versierter, traditioneller Bildhauer bezeichnet werden, 1926 erhielt er den Österreichischen Staatspreis.

Angesichts der drohenden Auflösung der Schule verfasste Zita mehrere Schreiben, in denen er ihre Relevanz für die weibliche NS-Erziehung hervorkehrte. Am 14. November 1938 machte er Blaschke gar den Vorschlag, alle „kunststrebenden Frauen" in seiner Schule zusammenzufassen. Ein gemeinsamer Aktunterricht sei zur „Wahrung der Mädchenehre", die „eine unumgängliche Vorbedingung für die moralische Gesundung des Volkskörpers" darstelle, untragbar.[51] Zitas Strategie war jedoch allzu durchsichtig. Die nun heraufbeschworenen Konflikte und zu erwarten gewesenen Reaktionen der angesprochenen Kunstschulen ließen

S. 197 Heinrich Zita, Fragebogen für die Aufnahme in die RdbK, 22.7.1938, BV Archiv

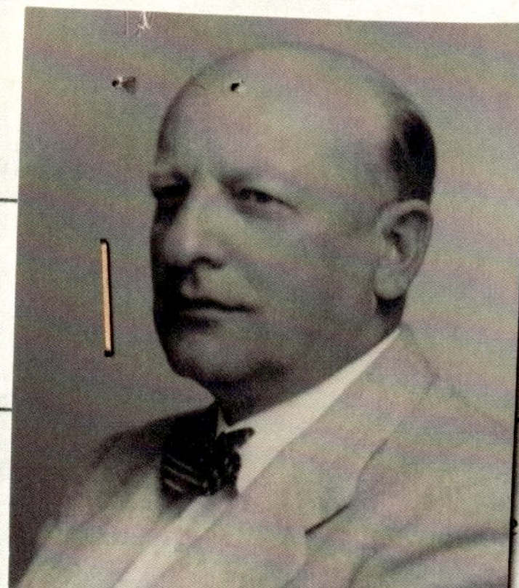

# Fragebogen

…me in die Reichskammer der bildenden Künste

Der Beauftragte aller bildenden Künste … bildende Kunst
Eing. 22. JUL. 1938
Aktenz.

B

(… Punkt 2, Tätigkeitszweige.)

1. …werbers    Heinrich ZITA
2. …nischer Bildhauer, Professor, Regierungsrat.
3. Wohnort, Straße, Hausnummer    Wien III., Siegelgasse 2 – 4.
4. Arbeitsstätte, Ort, Straße    Wien II., Prater – Krieau, Staatsatelier.
5. Fernsprecher, Ort, Nr.    Wohnung: B 59-4-69; Atelier: R 48-1-93 U
6. Geburtsort und Land    Esseklee / b. Znaim, Mähren
7. Geburtstag, Monat und Jahr    29. Juni 1882
8. Staatszugehörigkeit    Deutsches Reich (Ostmark)
9. Religion (eventuelle frühere Religionszugehörigkeit)    röm. Kath.
10. Wieviel dokumentarisch nachweisbare arische Großeltern haben Sie?    alle
11. Sind Sie Mitglied der NSDAP., wenn ja, seit wann und unter welcher Nummer?    –.–
12. Welchen weltanschaulichen, beruflichen, gesellschaftlichen Vereinigungen, **Künstlerverbänden** oder studentischen Verbindungen gehören Sie an?

    Künstlervereinigung "Wiener Secession", Künstlerverband österr. Bildhauer, Medailleurvereinigung, Mährischer Künstlerverband, Brünn. Wirtschaftsverband bildender Künstler, Wien.

12 a) Haben Sie die Befugnis eines Architekten nach den Bestimmungen der österreichischen Gesetze?    –.–

12 b) Sind Sie Mitglied der Fachsektion der Architekten der österreichischen Ingenieurkammer?    –.–

13. Sind Sie verheiratet, verwitwet oder geschieden?    verheiratet
14. Vor- und Zuname des Ehepartners, bei weiblichen auch den Mädchennamen    Leopoldine Zita, geb. Schretzmayer
15. Religion des Ehepartners (eventuell frühere Religionszugehörigkeit)    röm. kath.
16. Wieviel dokumentarisch nachweisbare arische Großeltern hat Ihr Ehepartner?    alle
17. Wieviel Kinder haben Sie?    2

    deren Vornamen    Hans, Grete.

nicht lange auf sich warten. Robert Obsieger verwahrte sich in seiner Funktion als kommissarischer Leiter der Kunstgewerbeschule strikt gegen Zitas Ansinnen.[52] Das Gutachten der kommissarischen Akademieleitung kam einer Diffamierung gleich, indem es von einem „jüdischen Erziehungsinstitut" sprach. Zudem sei die hohe Schülerinnenanzahl ein untrügliches Zeichen, dass es sich hier „vielfach um die Erziehung von Dilettantinnen" handle, „die besser ernsten fraulichen Berufen zugeführt würden".[53] Dieser Angriff war existenzgefährdend und nur durch eine grundlegende Neupositionierung zu entkräften. Deshalb wurde die Frauenakademie als neu errichtete städtische Akademie vorerst der RdbK unterstellt und der „arische" Lehrkörper übernommen.[54] Der geringe jüdische Anteil im Lehrpersonal zum Zeitpunkt der Übernahme war auf Zita zurückzuführen, der sich noch 1941 damit brüstete, als Direktor der Schule (1932) „die Entjudung dieser völlig verjudeten Anstalt" vollzogen zu haben. Auch habe er in den „ärgsten Verbotszeiten der Partei den gemaßregelten Lehrer, Pg. Löffler" eingestellt und sich dadurch den Vorwurf, ein „böser Nazi" zu sein, gefallen lassen müssen.[55] Die Absetzung von Zita wurde von Frass forciert, der sich 1926 vergeblich für die Funktion als Lehrer der Bildhauereiklasse beworben hatte.[56] Nun nutzte Frass seine einflussreiche Stellung im Kulturamt und übernahm 1939 die Akademische Klasse für Bildhauerei. Gegen Zita, einem offenbar ungeschickt agierenden Opportunisten, liefen mehrere Verfahren, weshalb er 1940 in den vorzeitigen Ruhestand versetzt worden war. Am 19. März 1941 wurde gegen ihn ein Parteiausschlussverfahren eingeleitet, dem am 25. November 1942 mit der Begründung, er habe „disziplinwidrig und ehrenrührig gehandelt", stattgegeben wurde.[57] Damit hatte sich Zita selbst aus der Schule eliminiert und wurde mit 31. März 1944 gekündigt.[58] Zum Zeitpunkt der Überleitung der Schule hatte sich das Kulturamt daher nur mehr mit zwei als problematisch eingestuften Lehrern, nämlich mit Ferdinand Kitt und Viktor Weixler, auseinanderzusetzen.

## Ferdinand Kitt und Viktor Weixler, zwei „problematische" Lehrer

Der Maler Ferdinand Kitt (1887–1961) unterrichtete seit 1927 an der Frauenakademie. Der von 1907 bis 1914 an der Akademie bei Rudolf Bacher ausgebildete Künstler, seit 1919 Mitglied und von 1926 bis 1929 Präsident der Secession, war eine widersprüchliche Persönlichkeit. Schon vor dem „Anschluss" galt Kitt als Experte für großflächige Wandbilder, für die sein auf die klare Großform reduzierender Malstil besonders gut geeignet war. Kitt war kein NSDAP-Mitglied, sondern eher ein taktierender Nutznießer des Systems. Als angesehenem Maler übertrug man ihm dekorative Aufträge für Gobelins und Wandbilder, etwa für das Wiener Rathaus oder den Festsaal des vom österreichischen Architekten Robert Kramreiter 1940 bis 1942 erbauten Deutschen Kulturinstituts in Madrid, des heutigen Goethe-Instituts (*Empfang Walther von der Vogelweide in der Babenberger Burg zu Wien*, 1941).

Als Mitinitiator der 1927 gegründeten Zinkenbacher Malerkolonie am Wolfgangsee war Kitt in Künstlerkreisen bestens vernetzt. Es war wohl die gute Einbindung in die NS-Kulturpolitik, die ihn veranlasste, 1942 eine Eingabe zugunsten des befreundeten jüdischen Kunstsammlers Ludwig Neumark zu initiieren, die Josef Hoffmann, Josef Dobrowsky, Ernst Huber, Arthur Brusenbauch, Robin Christian Andersen, Gustav Schütt, Richard Teschner u. a., allesamt Mitglieder der RdbK, unterfertigten. In dem Schreiben dankten sie ihrem Förderer Neumark und meinten, sie würden „sich darüber freuen und es als vollauf verdient ansehen, wenn es möglich wäre, seine Lage zu verbessern".[59] Eine derartige Intervention zeugt doch von einer gewissen Unerschrockenheit der Unterstützer. Dass dies nicht ohne persönliches Risiko war, ist dem Antwortschreiben des Sicherheitsdienstes des Reichsführers SS an Blauensteiner zu entnehmen: In diesem wurde ihm vertraulich mitgeteilt, dass Neumark abgeschoben werde. Außerdem habe Blauensteiner den Mitunterzeichnern einen Verweis zu erteilen, weil „sie es als deutsche Künstler im dritten Kriegsjahr wagen, in derart läppischer und würdeloser Form bei einer öffentlichen deutschen Dienststelle für einen Juden einzutreten".[60] Kitts Engagement überrascht umso mehr, als er zwischenzeitlich immer rigider mit Denunziationen, die sogar zu seiner kurzzeitigen Kündigung führten, konfrontiert war. Er war ab 1939 Leiter der Akademischen Klasse für Malerei und wurde am 30. März 1940 mit folgender Begründung gekündigt: Er sei „vorerst marxistisch ausgerichtet gewesen" und habe „späterhin der Vaterländischen Front" angehört. Erschwerend wirke ferner, dass er mit „einem Mischling II. Grades verheiratet" sei und sich seine Frau, Maria Kitt, geb. Leifer, beim „Gauamt für Sippenforschung [als] deutschblütig angegeben" habe. „Bekannt ist sein Bild ‚Huldigung der Stände vor dem Krukenkreuz', welches später auf ‚Hakenkreuz' umgewandelt wurde."[61] Letztlich sei sein Vertrag in Unkenntnis dieses Sachverhalts überhaupt verlängert worden. Kitt dürfte einflussreiche Fürsprecher gehabt haben, da die Gauleitung Wien der NSDAP zwei Wochen später seinen Vertrag verlängerte.[62]

S. 199 Viktor Weixler, Entwurf für einen Wintermantel und eine Galauniform für die Wiener Sängerknaben, 1944, WM

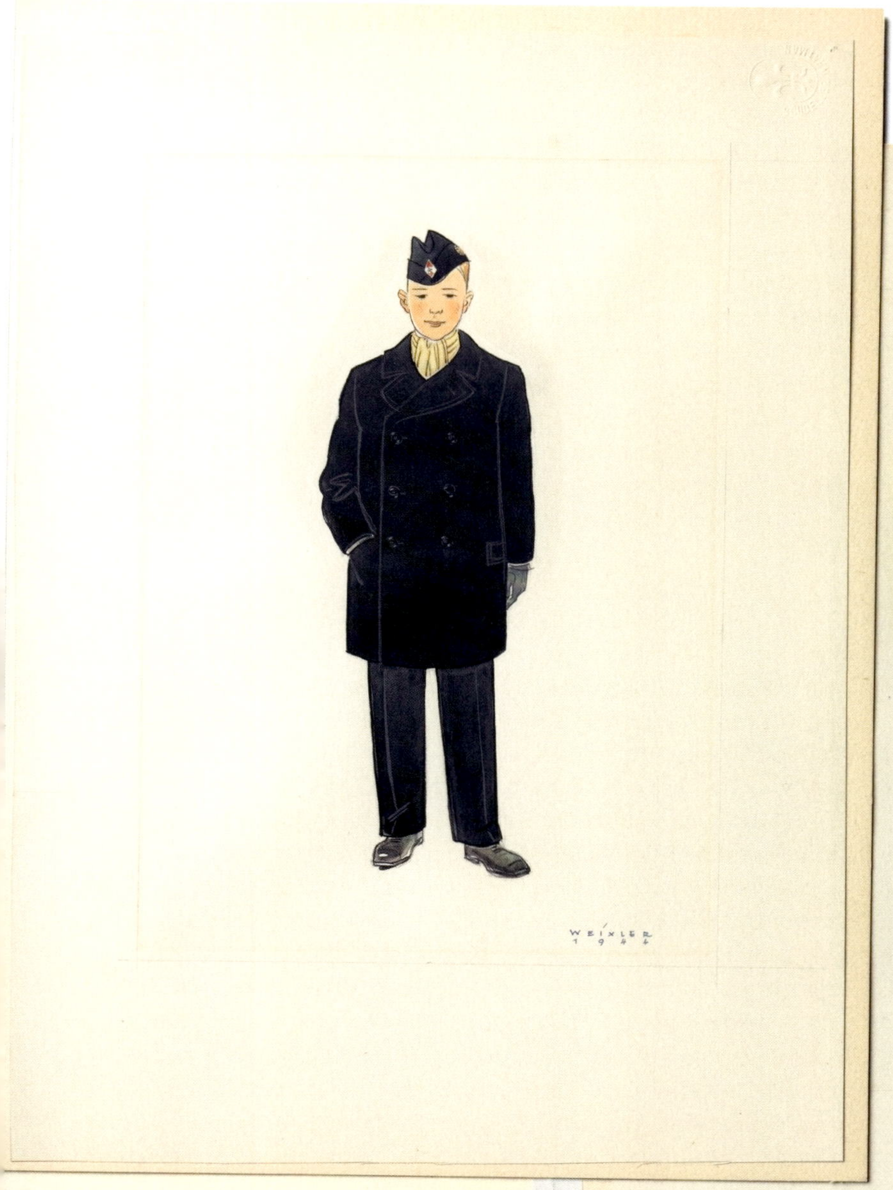
WEIXLER
1944
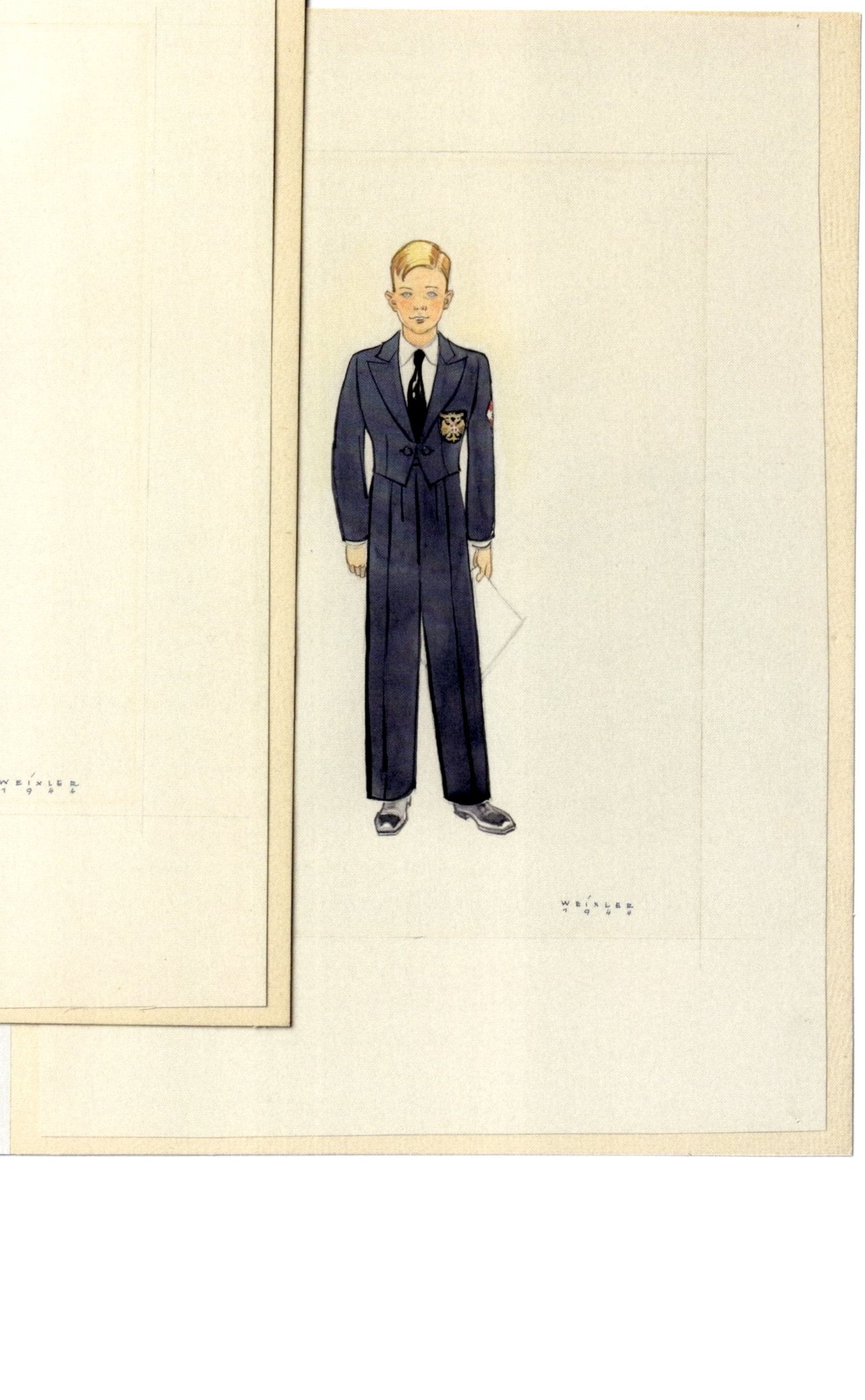
WEIXLER
1944

Am 31. Oktober 1938 kam es zur vorläufigen Kündigung des Architekten Viktor Weixler (1883–1977). Weixler hatte von 1904 bis 1911 sein Architekturstudium an der Technischen Hochschule absolviert und übernahm 1913 eine Assistentenstelle. Die zweite Staatsprüfung legte er aber erst 1920 ab. Nach seiner Rückkehr aus dem Ersten Weltkrieg war er von 1919 bis 1933 an verschiedenen Instituten der Technischen Hochschule als Assistent tätig.[63] Als Architekt baute er 1927/28 nur den Georg-Schmiedel-Hof im 20. Bezirk[64] und einige Einfamilienhäuser und Geschäftslokale. 1937 erwarb er die Ziviltechnikerbefugnis. Bedeutender als sein architektonisches Werk war seine Arbeit als Gebrauchsgrafiker. 1924 bis 1926 betrieb er mit dem Schriftsteller Alfred Löbl eine Firma für „Reform Propaganda", in der sie Entwürfe für Plakate, Reklame, Inserate etc. anboten. Bekannt sind zahlreiche Werbeplakate, darunter eines für die Wiener Messe 1922, für das er gemeinsam mit dem Architekten Fritz Judtmann den 1. Preis errungen hatte.[65] Auch fertigte er für die humoristische Wochenzeitschrift *Die Muskete* und die von 1928 bis 1941 erschienene österreichische Publikumszeitschrift *Mocca* regelmäßig Karikaturen an. Zusammen mit Erich Leischner vom Wiener Stadtbauamt veröffentlichte er 1926 das Buch *Wohnhausbauten der Gemeinde Wien* und erstellte große Bildtafeln für Ausstellungen. Diese produktive Zusammenarbeit zwischen Leischner und Weixler sollte bis in die 1950er Jahre andauern.

Weixler unterrichtete an der Frauenakademie ab 1922 in einem Kurs für malerische Perspektive und leitete ab 1935 die Werkkunstklassen. Da 1935 seine „illegale" Parteimitgliedschaft bekannt geworden sein dürfte,[66] waren seine Bezüge kurzfristig eingestellt worden. Nach dem „Anschluss" wurde er erneut mit einer Kündigung konfrontiert. Diesmal war der Grund ein anderer, nämlich seine zweite Ehe mit Hildegard Weixler, geb. Ehrlich, einem „Mischling I. Grades". Nun kam sein Fall vor ein Gaugericht, das am 23. August 1939 seine Entlassung aus der Partei beschloss. Für seine Tätigkeit als Lehrer hatte dies kaum Folgen. Den Akten ist zu entnehmen, dass „Prof. Weixler wegen jüdischer Versippung im Jahre 1938 aus dem aktiven Dienste auszuscheiden gehabt hätte und nur aufgrund des § 3 (3) BBV mit Zustimmung des Stellvertreters des Führers in Aktivität verbleiben konnte".[67] Mit 2. September 1939 konnte Weixler seinen Dienst wieder antreten.[68] Als nach dem Krieg die Lehrerschaft hinsichtlich ihrer politischen Verflechtungen mit der NSDAP überprüft wurde, hielt man fest, dass Weixler nicht unter das Verbotsgesetz von 1947 falle.[69]

## Nazifizierung des Unterrichts

Mit der Übernahme der Schule durch die Stadt Wien und die Angliederung an das Kulturamt erfolgte eine Umstrukturierung des Lehrplans. Außer einem Kostüm- und Trachtenkurs sowie einem für Volks- und Brauchtum (Gaubeauftragter Franz Vogl) wurden versuchsweise ein Kurs für Raumplanung und ein Freskokurs von Kitt abgehalten, ferner gliederte man dem Unterricht einen Kurs für dekorative Malerei und Volkskunst für den Bund deutscher Mädel ein. Die Mädchen hatten sich z. B. mit der künstlerischen Ausgestaltung einer Brauttruhe zu befassen. Die Kurse bezweckten, den angehenden jungen Führerinnen, wie es ihre künftige Bestimmung als Hausfrau und Mutter verlangte, mit handwerklich-künstlerischen Fertigkeiten vertraut zu machen.[70] Der Tendenz nach war das eine ostentative Brauchtumspflege, die künstlerisch in einen politisch-agitatorischen Dilettantismus münden musste. Die Förderung der Unterrichtsfächer für Textil und Mode ging nunmehr eindeutig auf Kosten der rein künstlerischen. Mit der Umstrukturierung trug man nicht nur der Ideologie Rechnung, der zufolge im weiblichen Kunstunterricht die Handarbeit zu forcieren sei. Vielmehr sollten die Absolventinnen „als brauchbare Mitarbeiterinnen am deutschen Modeschaffen" mitwirken.[71] Deshalb baute die Gemeinde die Modeklassen der Frauenakademie unter Aufwendung beträchtlicher Mittel aus und stockte den Lehrkörper und die Ausbildungszeit auf.[72]

Mit der Aufnahme von bereits in den Ruhestand versetzten Professoren der Kunstgewerbeschule, wie Michael Powolny (1871–1954) und Bertold Löffler (1874–1960), hatte Zita renommiertes Lehrpersonal an die Frauenakademie geholt. Powolny, Gründer der Wiener Keramik (1906), war Mitglied der Wiener Werkstätte und hatte von 1909 bis 1936 eine Professur für Keramik an der Kunstgewerbeschule inne. Ab 1937 übernahm er an der Frauenakademie die Klasse des jüdischen Bildhauers Arthur Fleischmann, der Österreich Richtung Südafrika und Bali verlassen hatte.[73] Obwohl Powolny kein Parteimitglied war,[74] wurde er in die „Gottbegnadeten-Liste" aufgenommen.[75] Er blickte bereits auf eine lange Karriere zurück und war nicht von Aufträgen seitens der Partei abhängig, verweigerte sich aber nicht. Genannt seien Powolnys *Heldische Figuren* für das von Josef Hoffmann entworfene Haus der Deutschen Wehrmacht (1940) in der Metternichgasse im 3. Bezirk.[76] Powolny nahm, so wie Hoffmann, auch die Ehrungen und Auszeichnungen der Partei bereitwillig entgegen, darunter den angesehenen Alfred-Roller-Preis 1943. Die im September 1945 vorgeschlagene Auszeichnung mit dem Ehrenring der Stadt Wien zum 75. Geburtstag kam hingegen nicht zustande, „da die Umarbeitung des Ringes (Änderung des Wappens und Entfernung der Hakenkreuze zu beiden Seiten) noch einige Zeit in Anspruch nehmen wird".[77] 1950 wurde Powolny stattdessen die 1949 geschaffene Ehrenmedaille

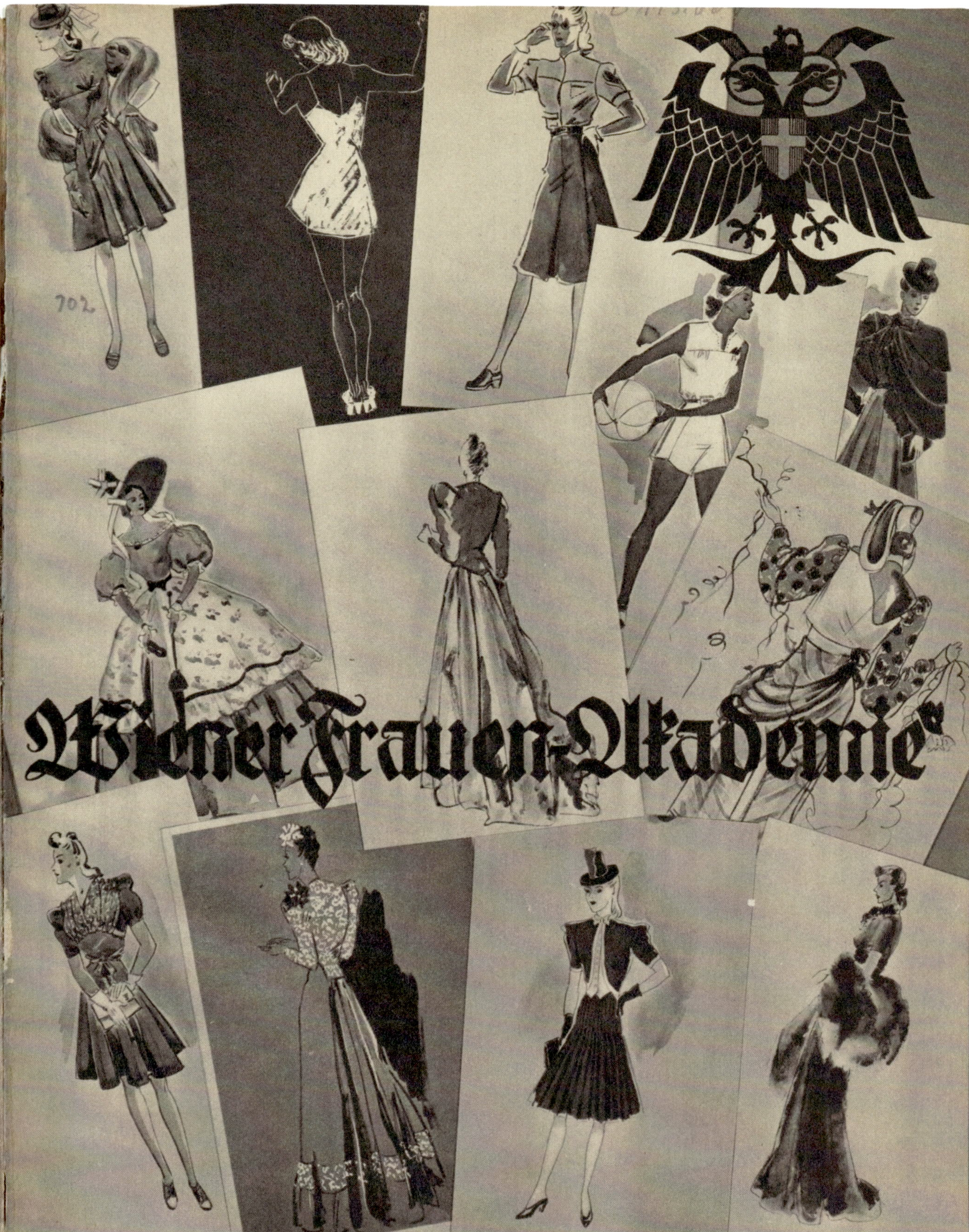
Wiener Frauen-Akademie

Aktstudien in der Abteilung für Bildhauerei

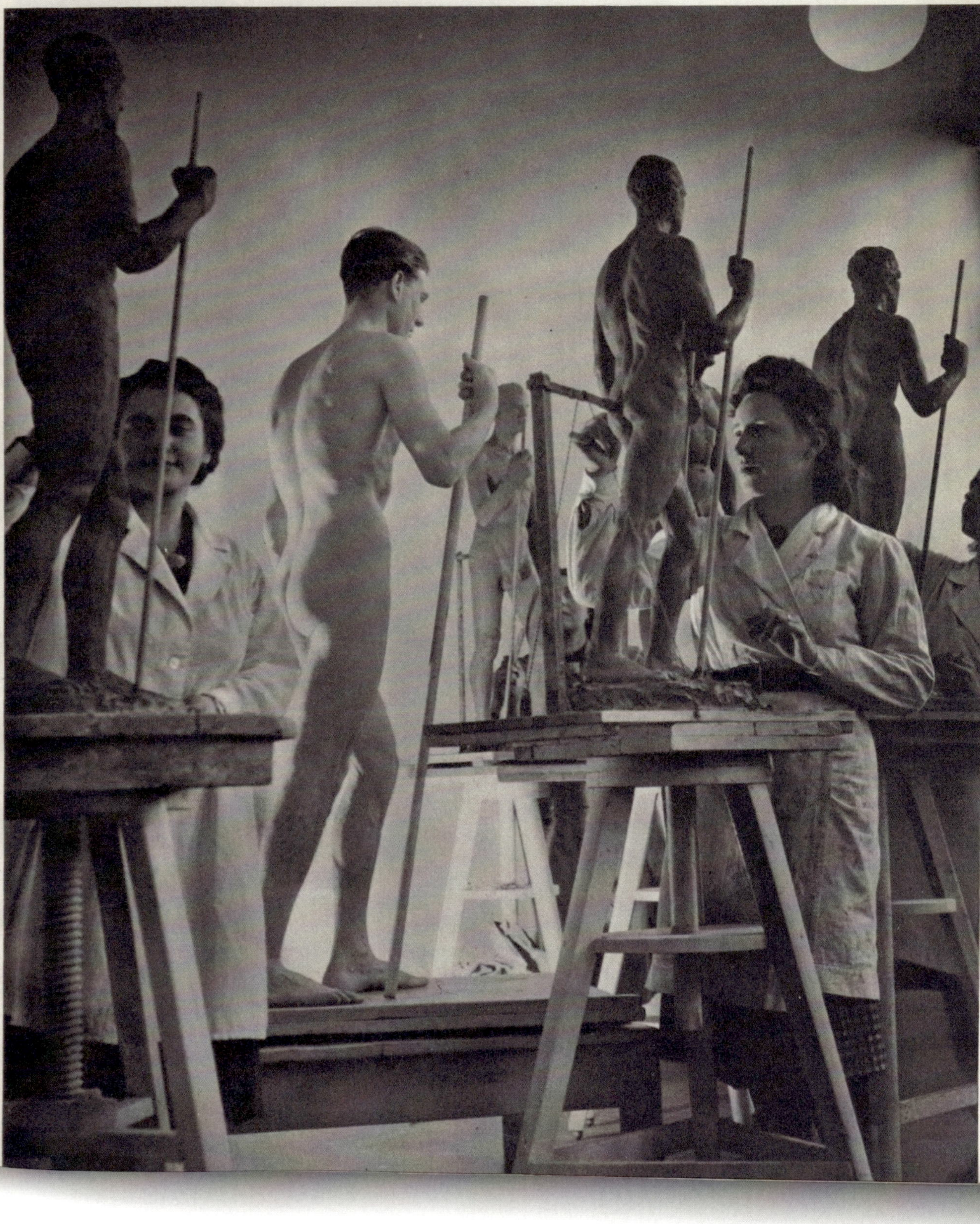

der Bundeshauptstadt Wien überreicht. Löffler, gegen den 1934 ein Disziplinarverfahren wegen Verdachts der „Förderung staats- und regierungsfeindlicher Betätigung" eingeleitet worden war, wurde an der Kunstgewerbeschule suspendiert und anschließend pensioniert.[78] Zita bot ihm in dieser für ihn existenziell schwierigen Situation einen Posten an. 1937 trat Löffler dem Bund deutscher Maler Österreichs und dem „Deutschen Klub" bei, der im Zusammenhang mit der Ermordung von Dollfuß genannt wird. Löffler leitete ab 1938 einen Graphikkurs und bis 1941 die Akademische Klasse für Graphik.

Dass der gezielte Ausbau der Modeklassen nicht ohne Auswirkungen auf den Unterricht der Akademischen Klassen bleiben konnte, war absehbar. Mit Ausnahme der Bildhauereiklasse von Frass wurden 1941 alle anderen Akademischen Klassen stillgelegt, ihre Leiter den ausgebauten Werkkunst- und Modeklassen zugeordnet und die wenigen verbliebenen Schülerinnen an die Akademie verwiesen. Einen weiteren, nun fast definitiven Schritt auf dem Weg der Selbstauslöschung der ehemaligen Wiener Frauenakademie bildete die Namensänderung. Da mit Erlass des Reichsministers für Wissenschaft, Erziehung und Volksbildung vom 6. November 1941 die Bezeichnung „Akademie" nur mehr für staatliche, vom Minister anerkannte Einrichtungen künstlerischer oder wissenschaftlicher Tätigkeit reserviert war, musste sie mit dem Titel „Kunst- und Modeschule der Stadt Wien" vorliebnehmen. Die Namensänderung trug der neuerdings geforderten Pädagogik exakt Rechnung, da kein Unterricht in den sogenannten schönen Künsten mehr erfolgte und damit in der Tat „jede Begründung für die Bezeichnung Akademie" gefallen war.[79]

Die Zusammenarbeit mit dem Haus der Mode war eng. Als Beirat des Hauses der Mode gelang es Weixler, den Modeklassen Aufträge, wie von der NS-Frauenschaft (z. B. ein zweckmäßiges Berufskleid), der Gauführung des BDM-Werkes „Glaube und Schönheit"[80] oder für die Neuuniformierung der Wiener Sängerknaben (1944) zu sichern. Wettbewerbe sollten die Schülerinnen zusätzlich anspornen, ebenso die Möglichkeit der Teilnahme an Ausstellungen der „Vereinigung bildender Künstlerinnen der Reichsgaue der Ostmark". 1943 konnte man immerhin mit einigem Stolz resümieren, dass die Schülerinnenanzahl auf 300 gestiegen war und fast alle Absolventinnen bei führenden Wiener Modefirmen, beim Film oder beim Theater eine Anstellung gefunden hatten.[81] Mit der Intensivierung des Krieges wurde die Materialbeschaffung für den Unterricht immer schwieriger. Textilien wurden rationiert und bereits im November 1939 „Reichskleiderkarten" eingeführt. Die älteren Schülerinnen wurden zum Zwecke der Reichsverteidigung auch extern eingeschult, Fachlehrer zum Wehrdienst eingezogen, Uk-Stellungen abgewiesen. Am 5. November 1944 setzte die komplette Zerbombung des Schulgebäudes jedwedem Unterricht ein Ende. Während ein Teil der Schülerinnen mit 13. November 1944 im Festsaal der Musikschule (Johannesgasse, 1. Bezirk) untergebracht wurde, übersiedelte die Textilklasse ins Konzerthaus. Am 30. Jänner 1945 musste der Unterricht eingestellt werden.

## Wiederaufbau nach 1945

Der Wiederaufbau der Schule nach 1945 stand zunächst unter beträchtlichen Schwierigkeiten, da mit der Zerstörung des Schulgebäudes alle Materialien und Akten vernichtet worden waren. Ein völliger Neuanfang war vonnöten. Ein erster Probelauf mit 150 Schülerinnen begann im März 1946 im Zwieback-Haus. Außer den räumlichen und administrativen Missständen gab es Komplikationen hinsichtlich der Zusammensetzung des Lehrkörpers. Der zunächst verantwortliche Schulleiter, der Filmarchitekt, Bühnen- und Kostümbildner Alfred Kunz, der bis 1945 der Abteilung „Schöpferische Leistung" im Haus der Mode vorgestanden hatte, hielt fest, dass aus der ehemaligen Lehrerschaft „teils durch Pension, teils durch Parteizugehörigkeit 16 abgelehnt" werden mussten.[82]

Über das angestrebte Ziel der Schule äußerte sich Kunz 1946 bestimmt: Sein Leitgedanke war, keine Künstlerinnen mehr heranzubilden, sondern „Handwerkerinnen mit künstlerischem Niveau". Da vor allem im Modehandwerk „erstklassig geschulter Nachwuchs" herangezogen werden soll, müssten alle „rein künstlerischen Fächer der ehemaligen Kunstschule wie Malerei und Bildhauerei eliminiert werden".[83] Künstlerisch ambitionierten Frauen stünde eine Ausbildung an der Kunstgewerbeschule offen. Etwas polemisch ließe sich behaupten, dass das Fundament der Neugründung auf den Prämissen und einem Teil der Lehrinhalte aus der NS-Zeit aufbaute. Unterstützung fand Kunz bei Bürgermeister Theodor Körner und Stadtrat Viktor Matejka. Die von ihnen dem reetablierten Institut im November 1946 zugewiesene Baulichkeit gab der Schule fortan eine neue Identität, die alle Kontinuität vergessen machte, zumal sie unter einem die Örtlichkeit einbeziehenden, respektablen Titel fungierte: Dieser lautete damals – wie heute – „Modeschule der Stadt Wien im Schloss Hetzendorf".

S. 201–202 Publikation, *Wiener Frauen-Akademie*, um 1939/40, WB

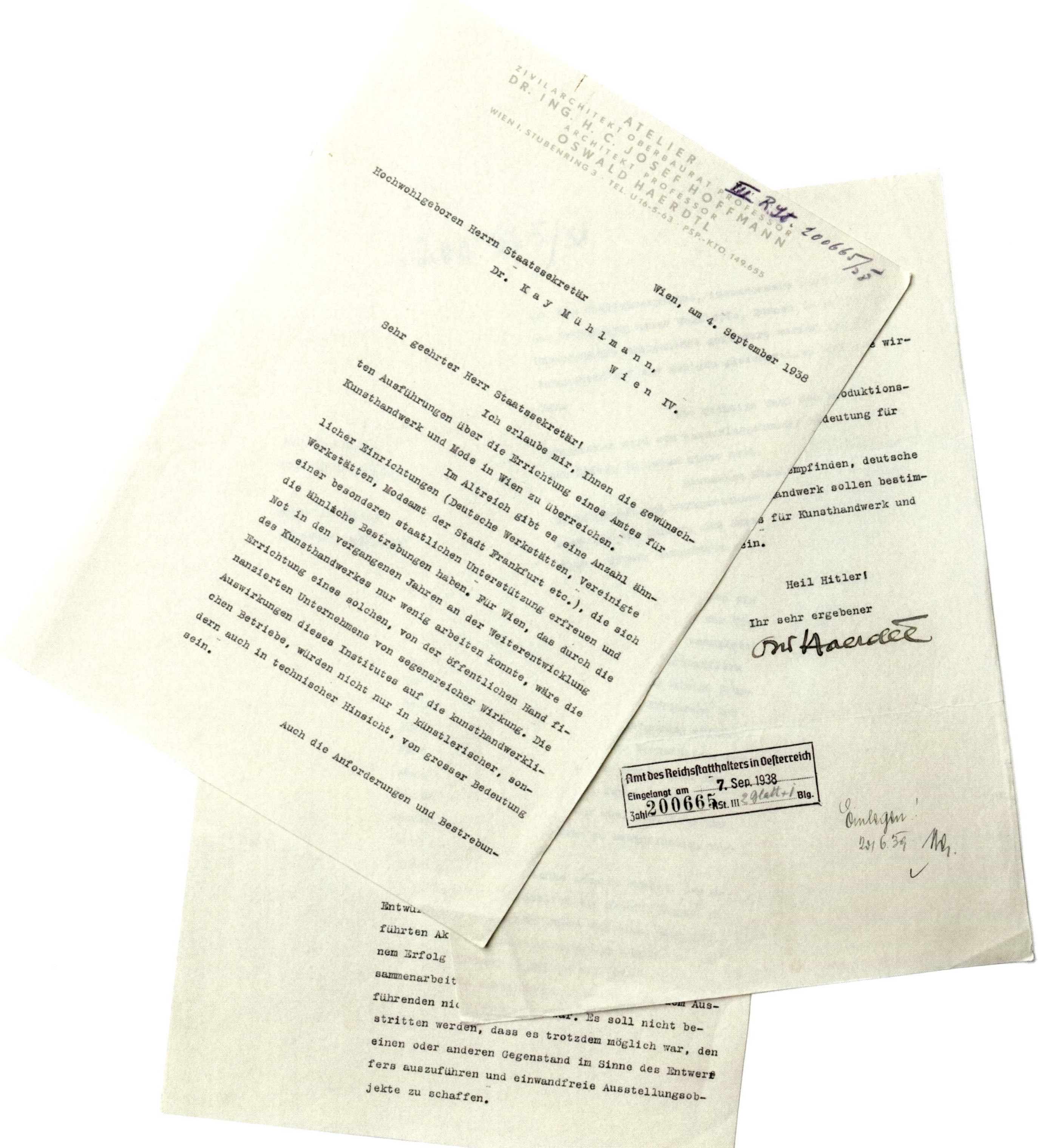
ATELIER
ZIVILARCHITEKT OBERBAURAT PROFESSOR
DR. ING. H. C. JOSEF HOFFMANN
ARCHITEKT PROFESSOR
OSWALD HAERDTL
WIEN I. STUBENRING 3 · TEL. U-16-5-63 · PSP.-KTO. 149.655

III Rst. 200665/38

Wien, am 4. September 1938

Hochwohlgeboren Herrn Staatssekretär
Dr. Kay Mühlmann,
Wien IV.

Sehr geehrter Herr Staatssekretär!

Ich erlaube mir, Ihnen die gewünschten Ausführungen über die Errichtung eines Amtes für Kunsthandwerk und Mode in Wien zu überreichen.

Im Altreich gibt es eine Anzahl ähnlicher Einrichtungen (Deutsche Werkstätten, Vereinigte Werkstätten, Modeamt der Stadt Frankfurt etc.), die sich einer besonderen staatlichen Unterstützung erfreuen und die ähnliche Bestrebungen haben. Für Wien, das durch die Not in den vergangenen Jahren an der Weiterentwicklung des Kunsthandwerkes nur wenig arbeiten konnte, wäre die Errichtung eines solchen, von der öffentlichen Hand finanzierten Unternehmens von segensreicher Wirkung. Die Auswirkungen dieses Institutes auf die kunsthandwerklichen Betriebe, würden nicht nur in künstlerischer, sondern auch in technischer Hinsicht, von grosser Bedeutung sein.

Auch die Anforderungen und Bestrebun-

…e wir-
…roduktions-
…deutung für
…empfinden, deutsche
…andwerk sollen bestim-
…s für Kunsthandwerk und
…ein.

Heil Hitler!

Ihr sehr ergebener

Osw Haerdtl

Amt des Reichsstatthalters in Oesterreich
Eingelangt am 7. Sep. 1938
Zahl 200665 Abt. III 2 Blatt + 1 Blg.

Einlagen!
20/6.39

Entwu…
führten Ak…
nem Erfolg…
sammenarbeit…
führenden nic… …em Aus-
…r. Es soll nicht bestritten werden, dass es trotzdem möglich war, den einen oder anderen Gegenstand im Sinne des Entwerfers auszuführen und einwandfreie Ausstellungsobjekte zu schaffen.

Der erste Wiener Gauleiter, Josef Bürckel, forderte im Mai 1938 vehement, dass die Wiener Kunstgewerbeschule in Zukunft dem „vornehmen österreichischen Geschmack wieder dienstbar gemacht" werde und sich die Ausbildung im „echt wienerischen" Kunstgewerbe verstärkt dem „bodenständigen Kunsthandwerk" widmen solle. Die schaffenden Künstler*innen sollten mit den ausführenden Handwerker*innen „in lebendigen Kontakt gebracht" und nicht mehr wie bisher nur im Entwerfen und Zeichnen ausgebildet werden.[84] Zu stark sei die Geschichte des „Wiener Kunsthandwerks" mit der Geschichte der Wiener Werkstätte verwoben und damit mit der jüdischen Wiener Gesellschaft, mit dem sich das NS-Regime auf keinen Fall identifizieren konnte. Noch klarer erscheint die zugeschriebene Rolle des Wiener Kunsthandwerks innerhalb der angestrebten Vorherrschaft der „deutschen" Kultur in einem Artikel der Zeitschrift *Innen-Dekoration*. Darin heißt es: „Zu keinem Zeitpunkte konnte es eine schönere, eine sinnvollere Aufgabe sein, einiges Grundsätzliche über Wiener Kunsthandwerk zu sagen, als in diesen Tagen der Heimkehr Österreichs in den großen deutschen Volksverband. [...] Es ist uns gegenwärtig im bestimmten Sinne die Pflicht auferlegt, das kunsthandwerkliche Schaffen als ein lebendiges Glied innerhalb der Einheit ‚Kultur' weiter zu entwickeln. Gerade jetzt, da trotz hochwertiger künstlerischer Leistungen in allen Ländern Europas die Gefahr einer Formverwirrung besteht, besitzt diese Aufgabe besondere Bedeutung. Es handelt sich hierbei ebenso um die bewußte Schulung des Laien und Käufers wie um jene des entwerfenden Künstlers und ausführenden Kunsthandwerkers."[85] Illustriert wird der Beitrag mit verschiedenen Beispielen von „Wiener Raum- und Möbelgestaltungen" sowie Objekten aus „Silber und Glas aus Wien", die nach Entwürfen des Architekten und Designers Oswald Haerdtl gefertigt wurden. Der Artikel bekräftigt, dass das Wiener Kunsthandwerk als etwas „Eigenständiges" und „Besonderes" wahrgenommen[86] wurde, das auch seitens der NS-Kunstpolitik eine entsprechende Förderung bekam.

## Oswald Haerdtl und Josef Hoffmann, zwei bedeutende Akteure

Die nach dem „Anschluss" erfolgten, unmittelbaren Ankündigungen des politischen Regimes, das Wiener Kunsthandwerk zu fördern, weckten bei vielen Akteur*innen die Hoffnung, ihre eigenen Ideen umsetzen zu können und so vom System zu profitieren. Im Bereich des Kunsthandwerks waren es die beiden Persönlichkeiten Josef Hoffmann und Oswald Haerdtl, die bis 1939 ein gemeinsames Büro betrieben und sich rege an den Plänen der nationalsozialistischen Regierung beteiligten. Bereits im September 1938 beschrieb Haerdtl seine Gedanken zur „Errichtung eines Amtes für Kunsthandwerk und Mode" in einem Schreiben an Staatssekretär Kajetan Mühlmann und verweist auf die „Auswirkungen dieses Institutes auf die kunsthandwerklichen Betriebe", die „nicht nur in künstlerischer, sondern auch in technischer Hinsicht von grosser Bedeutung sein" würden. Auch das wirtschaftliche Ansehen einer solchen Institution wurde hervorgehoben und das Schreiben von Haerdtl mit dem Satz beendet: „Deutsches Kunstempfinden, deutsche Schlichtheit und werkgerechtes Handwerk sollen bestimmend für die Führung des Amtes für Kunsthandwerk und Mode – Wiener Werkstätte sein."[87]

In einem weiteren Typoskript mit dem Titel „Gedanken und Vorschläge zur Errichtung eines Musterbetriebes für Kunsthandwerk und Mode. Amt für Kunsthandwerk und Mode – Wiener Werkstätte"[88] stellte Haerdtl fest, dass „in den letzten zehn Jahren im Allgemeinen ein sichtlicher Rückgang in der Produktivität der Wiener Geschmacksindustrie zu verzeichnen" sei. Dabei verweist er auf den Verlust der führenden Rolle durch Erzeugnisse anderer Länder (Italien, Schweiz, Schweden, Finnland) auf den beiden Weltausstellungen der Jahre 1935 und 1937. Grund dafür sieht er in dem „Fehlen eines Inlandsmarktes", was die Serienerzeugung „guter Bedarfsartikel zu erschwinglichen Preisen" fast unmöglich mache. Im „Anschluss" Österreichs und den dadurch geschaffenen neuen Absatzmöglichkeiten infolge der Vergrößerung des Inlandsmarktes sehe er eine Chance für steigende Absatzziffern.[89] Neben den Aufgaben und der Organisation machte er auch Angaben zur technischen Gliederung und Finanzierung, die von ihm genau ausgeführt wurden.

S. 204 Schreiben von Oswald Haerdtl an Kajetan Mühlmann mit dem Typoskript „Gedanken und Vorschläge zur Errichtung eines Musterbetriebes für Kunsthandwerk und Mode – Wiener Werkstätte", 4.9.1938, AT-OeStA

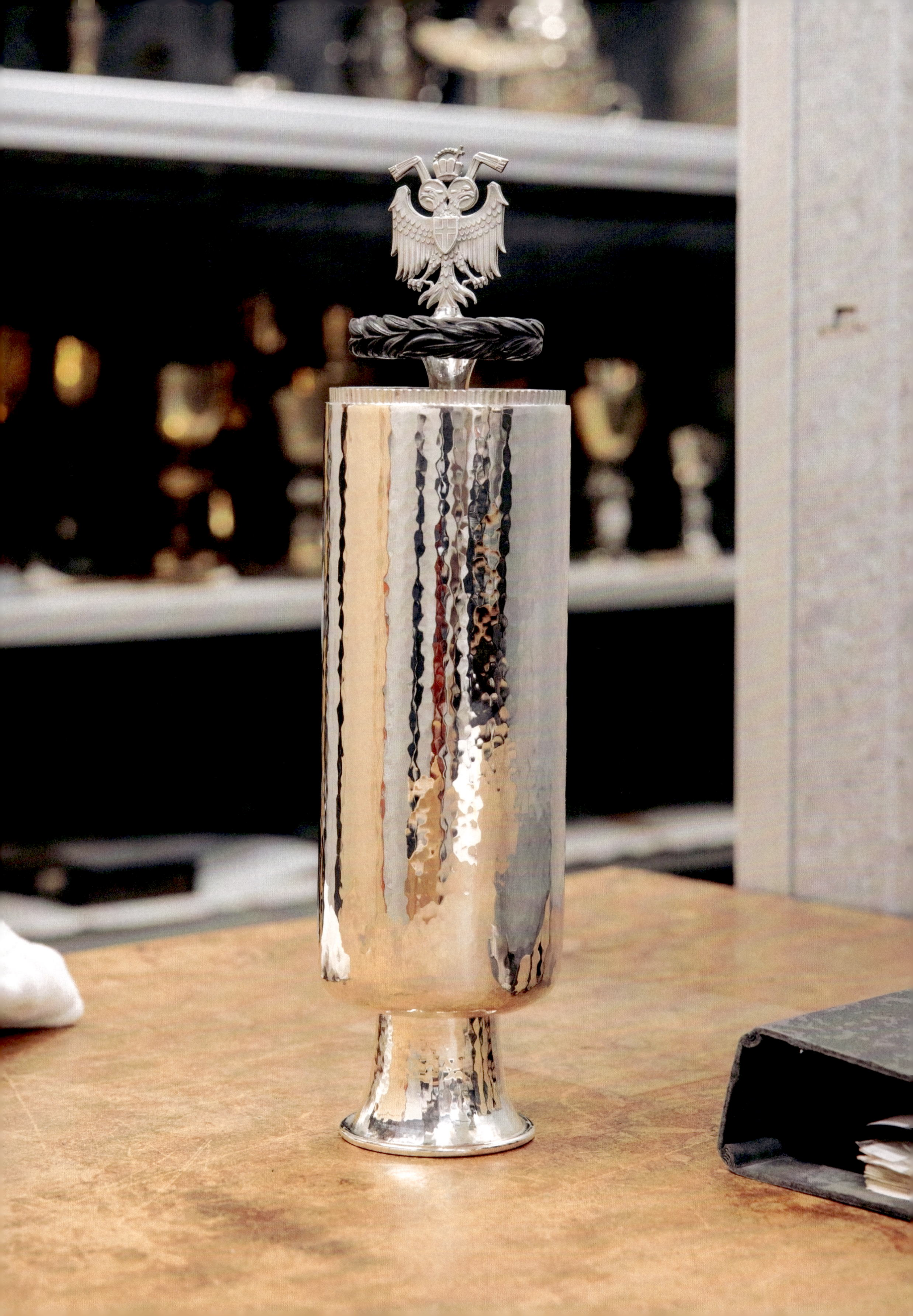

Oswald Haerdtl (1899–1959)[90] war bereits zur Zeit des Nationalsozialismus ein etablierter Künstler und gehörte zu den wichtigsten Persönlichkeiten, die das Wiener Kunsthandwerk prägten. Er wurde 1899 in Wien geboren und besuchte die Graphische Lehr- und Versuchsanstalt. Nach einer Tischlerlehre trat er 1916 in die Wiener Kunstgewerbeschule ein, die er nach seinem Kriegsdienst 1921 abschloss. Haerdtl begann 1922 als Assistent im Atelier von Josef Hoffmann und stieg 1928 zu dessen Atelierchef auf. Ab 1932 war er Kompagnon und führte mit Hoffmann bis 1939 ein gemeinsames Büro. Nach dem Tod seines Lehrers Oskar Strnad 1935 wurde Haerdtl an der Kunstgewerbeschule Professor für Architektur, 1938 auch Professor für gewerblichen und industriellen Entwurf. Bereits während der Zeit des Austrofaschismus hatte Haerdtl als Architekt und Designer eine führende Position inne und erhielt neben der Einrichtung von Geschäftslokalen, Cafés und Restaurants, die prestigeträchtigen Aufträge zur Gestaltung der beiden österreichischen Pavillons für die Weltausstellungen in Brüssel (1935) und Paris (1937).

Auch während des NS-Regimes war Haerdtl ein gut beschäftigter Künstler, der 1939 noch gemeinsam mit Hoffmann für die schwülstig-überladene Dekoration des letzten Wiener Opernballs vor Kriegsausbruch verantwortlich zeichnete. Es war eines der letzten gemeinsamen Projekte der beiden Architekten. Haerdtl löste im Jahr 1939 die Bürogemeinschaft mit Hoffmann und eröffnete sein eigenes Atelier. Im selben Jahr beteiligte er sich am Ideenwettbewerb zur Gestaltung des Walther-von-der-Vogelweide-Denkmals am Leopoldsberg. In weiterer Folge entwarf er diverse Möbelstücke für die Deutschen Werkstätten und stattete Wohnungen für Industrielle und Persönlichkeiten der NS-Elite aus.[91] In einem Artikel zu Haerdtls Entwürfen in der Zeitschrift *Moderne Bauformen* im Jahr 1940 wird die stilistische Eigenheit der Wiener Erzeugnisse gegenüber jenen der Deutschen Werkstätten betont und die Eleganz und Qualität der Ausführung hervorgehoben.[92] Gerade in den Einzelstücken komme der „elegante Wesenszug des Wienertums" am reinsten zum Ausdruck. Während die Deutschen Werkstätten eine „solide, geschmackvolle bürgerliche Wohnkultur" pflegten, würden die Wiener es verstehen, „elegant zu sein, phantasievoll, kapriziös".[93] Diese elegant-moderne „Wiener Note"[94] in ihrer Eigenart und Originalität wurde nicht nur Haerdtl zugeschrieben, sondern auch anderen Wiener Künstler*innen.[95] Oswald Haerdtl wurde aber wegen der hohen Ausführungsqualität, der eigenständigen Formensprache und der Leichtigkeit und Eleganz seiner Interieurs in der NS-Zeit sehr geschätzt, was sich auch in einer Vielzahl an Aufträgen widerspiegelt.[96]

Haerdtl war von Jänner bis Oktober 1940 in die Wehrmacht einberufen, konnte jedoch nach der Intervention von Robert Obsieger, dem Direktor der Kunstgewerbeschule, eine Uk-Stellung mit der Begründung erwirken, dass sein Ausscheiden aus der Schule aufgrund des fehlenden Ersatzes eine Schließung der Abteilung zur Folge hätte.[97] Der sich mittlerweile in Polen befindliche Kajetan Mühlmann (Staatssekretär für Kunst 1938–1939) versuchte, die Freistellung Haerdtls rückgängig zu machen und schrieb am 22. Oktober 1940 von Krakau nach Wien: „Herr Prof. Oswald Haerdtl wurde von mir [Anm.: Kajetan Mühlmann] seit Monaten von der Wehrmacht angefordert, weil er im Auftrage des Generalgouverneurs, Reichsminister Dr. Frank, architektonische Grossaufgaben im Generalgouvernement durchzuführen hat."[98] Eine neuerliche Einberufung in die Wehrmacht konnte daher durch die Uk-Stellung, die er als Lehrer bekommen hatte, abgewendet werden. Den Kontakt zu Mühlmann behielt Haerdtl jedoch aufrecht und gründete in der Folge ein Filialbüro in Krakau, das im Generalgouvernement für die besetzten polnischen Gebiete lag und nur mit einer Bewilligung[99] zu bereisen war. Dort plante Haerdtl das Parkhotel (1941–1944) und nahm an einem Wettbewerb für die Innenausstattung des Hotels der Casino G.m.b.H. teil.[100] Er wurde auch mit der Planung eines städtischen Theaters in Radom beauftragt,[101] einer Stadt in der Nähe von Warschau, in der sich ein Außenlager des KZ Majdanek und das Ghetto Radom mit 30.000 Bewohner*innen befand. In den Kriegsjahren verlegte Haerdtl sein Büro nach Breslau und beschäftigte sich mit Entwürfen zur Tarnung des Rübezahl-Werkes in Niederschlesien (1944) und der Planung der Deutschen Gesandtschaft in Madrid (1944/45). Auch bei Aufträgen von kunsthandwerklichen Objekten blieb Haerdtl vom NS-Regime nicht unberücksichtigt. Ein silberner Deckelbecher[102] (1938) aus der Sammlung des Museums für angewandte Kunst lässt sich aufgrund der skulpturalen Ausführung des Deckels, eines Doppelkopfadlers mit bekrönter Reichskrone, der auf einen Eichenlaubkranz ruht, eindeutig der NS-Zeit zuschreiben.

Dass sich gerade im Kunsthandwerk aufgrund der stilistischen Bandbreite im Nationalsozialismus und vor allem durch das Fehlen von Hoheitszeichen eine eindeutige Zuschreibung erschwert, zeigt auch die Genese des Ehrenringes der Stadt Wien, der ursprünglich 1925 von der sozialistischen Landesregierung erstmals verliehen wurde. In der NS-Zeit wurde von der Stadtregierung ein Wettbewerb zur Neugestaltung ausgeschrieben, den Haerdtl für sich

S. 206 Oswald Haerdtl, Deckelbecher, 1938, MAK

Wiener Werkstätte.

Die Neugründung der leider aufgelassenen Wiener Werkstätte ist nunmehr wieder aktuell geworden.

Es wäre zu bedenken, ob man eine Zusammenfassung von Betrieben, wie die neu zu schaffenden Werkstätten mit der Gobelinmanufaktur, der Porzellanmanufaktur Augarten, dem Welz-Betrieb und ähnlichen noch bestehenden Qualitätserzeugern, anstreben sollte. Auch die Angliederung einer selbstständigen Modeerzeugung wie die der Damen Steininger und Höchsmann und für Hüte der Frau List, wäre zu erwägen.

Eigene Werkstätten müssten nur auf den Gebieten neu eingerichtet werden, welche entweder schon im Verfall geraten sind, oder auch im Beginn einer Entwicklung stehen, also Experimentierwerkstätten für alle neuartigen Bedürfnisse und Materialien. Pflege der unbedingten handwerklichen Arbeit und Durcharbeitung, sowie Modellerzeugung für Waren maschineller Massenerzeugung, welche ja leider durchwegs trotz der besten Maschinen, nichts für die gute Form des Endproduktes geleistet hat.

Für alle Fälle müsste wieder, wie vor mehr als dreissig Jahren, eigene Werkstätten aufgemacht werden, die unbedingt nur das höchste Qualitätsprinzip vor Augen, nach und nach auch die Erziehung der Konsumenten des In- und Auslandes anstreben und dadurch der gesamten Produktion ein gutes, nachahmenswertes Beispiel geben müssten.

Bestimmt würde eine besonders wienerische Note überall Interesse erregen und schliesslich auch den Export heben, überdies auch unser leider schon stark darniederliegendes Renommé,

entscheiden konnte und vom Juwelier A. E. Köchert ausgeführt wurde.[103] Köchert beschrieb den Ring in einem Schreiben an das Kulturamt: „Der Ehrenring ist aus vierzehn-karätigem [sic] Gold gearbeitet und besteht aus einem Reifen, auf dem Lorbeerblätter aufliegen, die das Wappen der Stadt Wien rechts und links umfassen. Die Blätter sind einzeln handgearbeitet und zusammengelötet. Der goldene Adler des Wappens ist ausgesägt und ziselliert [sic], das Wappenschild emailliert. Der Adler ist auf einer schwarzen Onyxplatte aufgesetzt. Das Wappen ist nich [sic] wie üblich wagrecht [sic], sondern zum Beschauer geneigt."[104] Der Künstler Ferdinand Andri wurde 1941 erstmals mit dem neu gestalteten Ehrenring der Stadt Wien ausgezeichnet, gefolgt von NS-Persönlichkeiten wie Hermann Göring (1943), Ernst Kaltenbrunner (1943) und Hermann Neubacher (1943). Ein Jahr nach Kriegsende, im April 1946, erging an Haerdtl und Köchert seitens der neuen Gemeindeverwaltung der Auftrag zur künstlerischen Umgestaltung des Ehrenringes, die Symbole des Nationalsozialismus mussten entfernt werden.[105] Die Hakenkreuze verschwanden und das Wappen der Stadt Wien wurde ausgetauscht. Damit war der Ehrenring der Stadt entnazifiziert und für die weiteren Verleihungen neutralisiert, die bis 2016 in dieser „Form" erfolgten.

Wie bei vielen Wiener Künstler*innen weist auch Oswald Haerdtls Biografie in der Zeit des Nationalsozialismus große Leerstellen auf. In der Nachkriegszeit konnte er ohne Unterbrechung an seine berufliche Karriere anschließen. Er widmete sich sowohl städtebaulichen Fragen, wie der Neugestaltung des Stephansplatzes, und prägte mit Projekten, wie dem Heinrichshof am Opernring oder dem Neubau des Historischen Museums am Karlsplatz, das architektonische Bild des Wiederaufbaus. Mit der Ausgestaltung der Repräsentationsräume des Bundeskanzleramtes wurde er 1948 mit einem der prestigeträchtigsten Staatsaufträge der Zweiten Republik betraut.

Neben Oswald Haerdtl intervenierte auch sein Partner Josef Hoffmann bei Kajetan Mühlmann, der in einem Schreiben eine Reaktivierung der Wiener Werkstätte anregte. „Eigene Werkstätten müssten nur auf den Gebieten neu eingerichtet werden, welche entweder schon im [sic] Verfall geraten sind oder auch im Beginn einer Entwicklung stehen, also Experimentierwerkstätten für alle neuartigen Bedürfnisse und Materialien. [...] Für alle Fälle müsste [sic] wieder, wie vor mehr als dreissig Jahren, eigene Werkstätten aufgemacht werden, die unbedingt nur das höchste Qualitätsprinzip vor Augen, nach und nach die Erziehung der Konsumenten des In- und Auslandes anstreben und dadurch der gesamten Produktion ein gutes, nachahmenswertes Beispiel geben müssten."[106]

Auch die Biografie von Josef Hoffmann (1870–1956)[107] steht im unmittelbaren Zusammenhang mit der Geschichte des Wiener Kunsthandwerks. Er war nicht nur Mitbegründer der Wiener Werkstätte (1903–1932), sondern nahezu 30 Jahre als deren künstlerischer Leiter tätig, wodurch er die Produktion von kostbarem Kunsthandwerk und die zahlreichen Inneneinrichtungen der Wiener Werkstätte maßgeblich prägte. Ab 1899 war er als Lehrer an der Wiener Kunstgewerbeschule tätig, wo er die Fachklasse für Architektur bis zu seiner Emeritierung 1937 leitete und damit auch großen Einfluss auf die Ausbildung nahm. Als freischaffender Architekt beschäftigte er sich vor 1938 vor allem mit dem privaten Villenbau und einigen wenigen Wohnhausbauten für die Gemeinde Wien. Ein weiterer Schwerpunkt seiner Arbeit lag in der Ausstellungsgestaltung. Durch Projekte wie das Palais Stoclet in Brüssel (1906–1911) oder den österreichischen Pavillon für die Weltausstellung in Paris (1925) wurde sein Werk auch international wahrgenommen. In der Zeit des Austrofaschismus wurde Hoffmann mit offiziellen Aufträgen, wie dem Österreichischen Pavillon für die Biennale in Venedig (1934), beauftragt.

Die Kontinuität seines Werkes setzte sich 1938 unter dem NS-Regime weiter fort.[108] In einem Fragebogen vom 12. April 1938 gab Hoffmann an, dass er seit 22. März 1938 als NSDAP-Parteimitglied angemeldet war.[109] Wie jedoch aus einer späteren, im Jahr 1940 erstellten, politischen Beurteilung hervorgeht, wurde er nicht aufgenommen: „Hoffmann war Professor an der Wiener Kunstgewerbeschule und erteilte Unterricht in moderner Kunst und Modezeichnen. In fachlicher Hinsicht ist er Vertreter der modernen Kunst und mit der Kunst nat. soz. Richtung nicht einverstanden. Seine künstlerische Anschauung ist international. Er hat daher vor dem Umbruch viel mit Juden verkehrt, da er auch Mitglied der Wiener Werkstätte, die vollkommen verjudet war, gewesen ist. Hoffmann ist nicht Parteimitglied, aber Mitglied der Reichskammer der bildenden Künste. Er ist Sudetendeutscher, hat sich in politischer Hinsicht indifferent verhalten und erst nach dem Umbruch sein deutsches Herz entdeckt. Irgendwelche gegnerische Einstellung in politischer Hinsicht genüber [sic] dem Nationalsozialismus ist nicht bekannt. Man kann ihn mit Rücksicht auf sein hohes Alter als politisch einwandfrei gelten lassen."[110]

S. 208 — Typoskript von Josef Hoffmann über eine Neugründung der Wiener Werkstätte, 1938, AT-OeStA
S. 210–211 — Artikel von Josef Hoffmann, „Wiener Kunsthandwerk", in: *Die Pause*, H. 7, 1942, WB

OBERBAURAT PROFESSOR ARCHITEKT
DR.-ING. H. C. JOSEF HOFFMANN

# WIENER KUNST HAND WERK

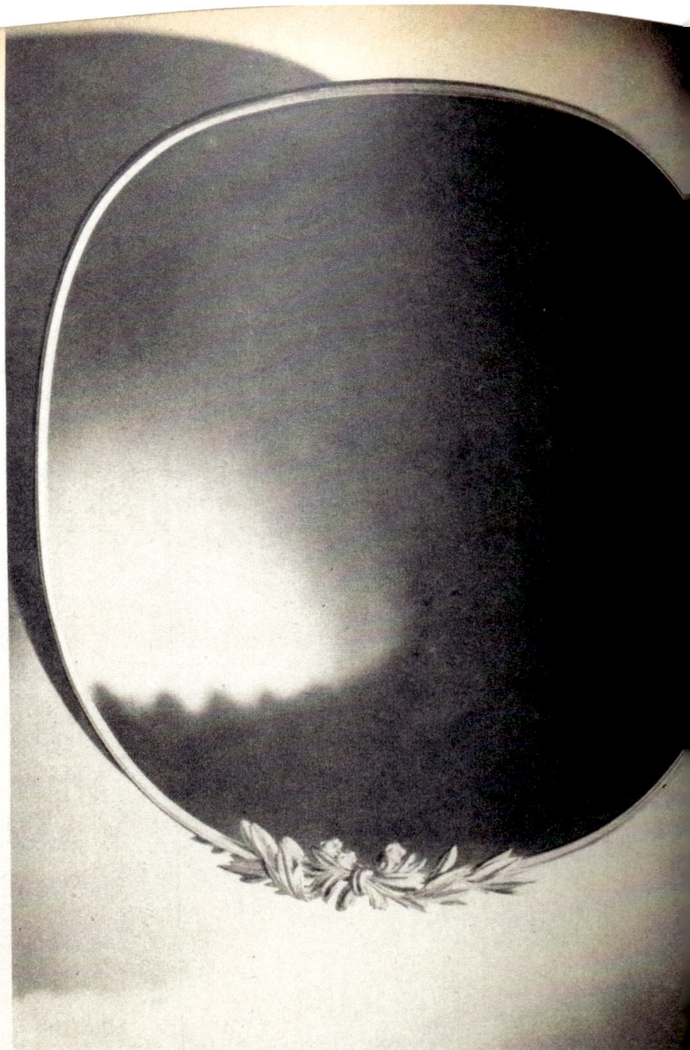

AUFNAHMEN HANS MADENSKY UND MONIKA RÜCKAUF

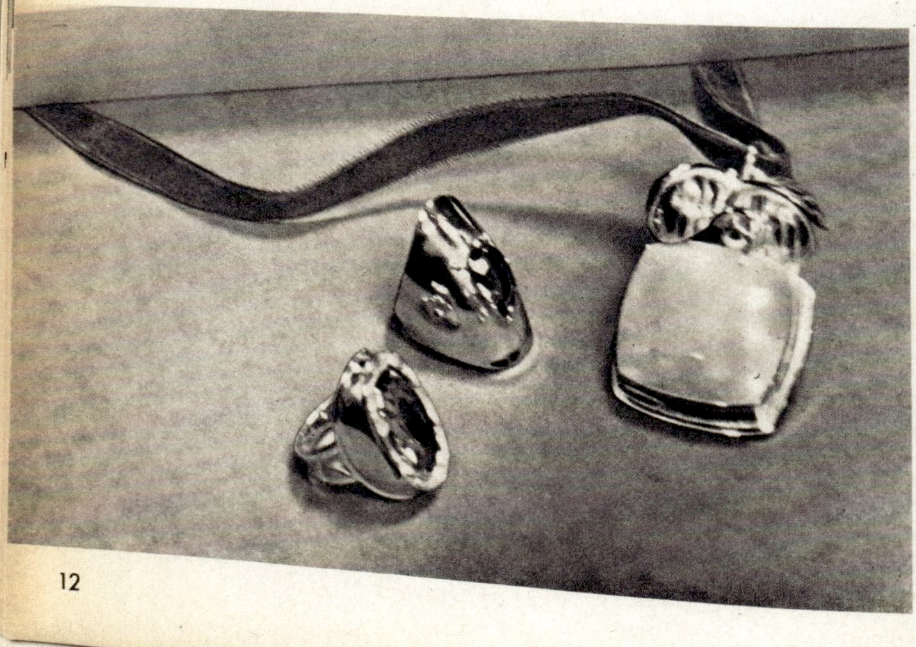

OBEN: EIN HANDGESCHN
TER SPIEGELRAHMEN IN NU
HOLZ (GRÖSSE 80 : 85
NACH DEM ENTWURF V
PROF. OSWALD HAER
AUSFÜHRUNG MAX WEL
LINKS: BERNSTEINANHÄN
MIT SILBERFASSUNG. IM V
DERGRUND EIN SILBER
RING, BEI DEM DIE LUFT
FASSUNG DES STEINES,
WIE IN EINER SCHALE LI
AUFFÄLLT. DANEBEN
GOLDRING IN INTERESS
TER GESTALTUNG. ENTWU
U. AUSFÜHRUNG K. PESC

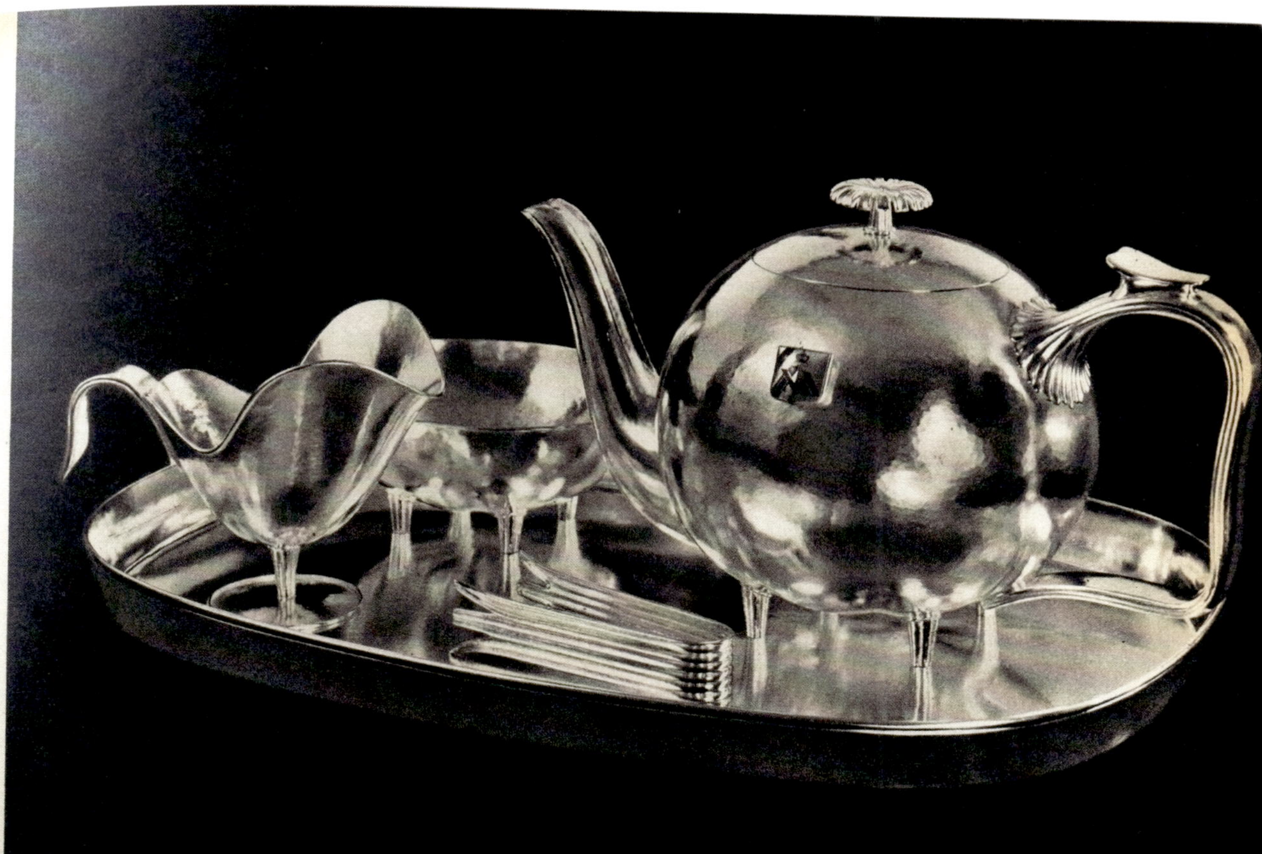

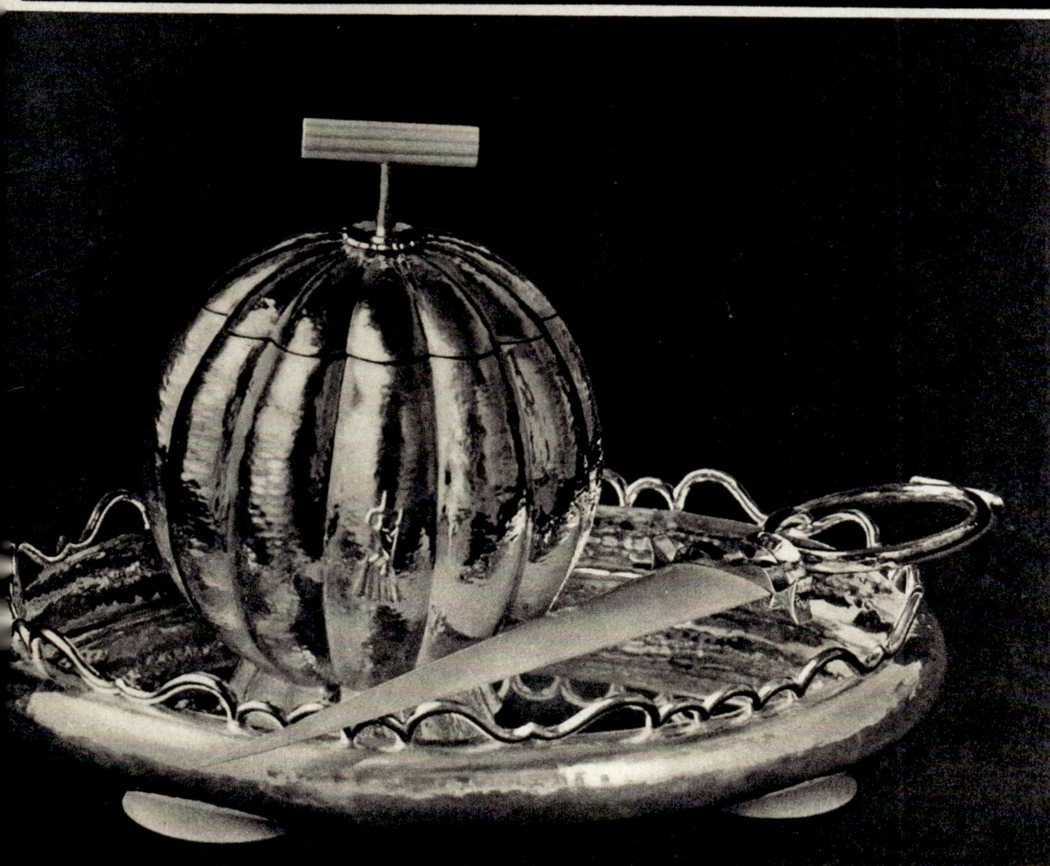

RECHTE SEITE: OBEN: HANDGESCHLAGENES TEESERVICE IN SILBER. ENTWURF PROF. OSWALD HAERDTL, AUSFÜHRUNG J. C. KLINKOSCH / AUFNAHME JULIUS SCHERB — UNTEN: HANDGEARBEITETES SILBERNES SCHREIBZEUG / ENTWURF PROF. JOSEF HOFFMANN, AUSFÜHRUNG WIENER WERKSTÄTTE

Dass Hoffmann in der NS-Zeit in Wien jedoch als Künstler überaus angesehen war, spiegelt sich in den vielen Ehrungen und Auszeichnungen von der Wiener Stadtverwaltung wider.[111] So richtete diese anlässlich seines 70. Geburtstages im kleinen Festsaal des Rathauses einen Empfang mit Abendessen für 80 Personen aus und beauftragte Sergius Pauser mit der Anfertigung eines Porträts von Hoffmann, das in der Ehrengalerie der Stadt Wien Platz finden sollte.[112] 1942 war Hoffmann der erste Preisträger des von der Stadt Wien gestifteten Alfred-Roller-Preises, der „an deutschblütige Männer und Frauen für ein künstlerisches Lebenswerk auf dem Gebiete des Kunsthandwerks" und „nur für Leistungen [...], die dem deutschen Kulturkreis angehören und eine wertvolle Bereicherung der deutschen Kunst bedeuten" verliehen wurde.[113]

Eine wichtige Funktion in der NS-Kunstpolitik übernahm Hoffmann im Juni 1941, als er vom Gauleiter Baldur von Schirach zum „Sonderbeauftragten des Kulturamtes der Stadt Wien für die künstlerische Neubildung des Wiener Kunsthandwerks" eingesetzt wurde. Schirach sah in der neuen Aufgabe Hoffmanns eine „würdige Fortsetzung" der alten Wiener Kunsthandwerkstradition im neuen Aufbau Wiens gewährleistet.[114] Inwieweit Hoffmann mit diesem „Sonderauftrag" ein politisches Amt übernahm bzw. welche Tätigkeiten damit verbunden waren, geht aus den Dokumenten nicht eindeutig hervor. Aber wie Haerdtl war auch Hoffmann den öffentlichen Aufträgen vonseiten der Nationalsozialisten nicht abgeneigt. Der Ausgestaltung des Opernballes 1939 (gemeinsam mit Haerdtl) folgte ab 1939 die Neugestaltung des Palais Lobkowitz zu einem Haus der Mode. Ebenso bestätigt der Umbau der Deutschen Gesandtschaft (Metternichgasse 3, 3. Bezirk) in ein repräsentatives Haus der Wehrmacht (1940) einmal mehr Hoffmanns Nähe zum politischen Regime. Obwohl sich Hoffmann in mehreren Aufsätzen[115] zu kunstgewerblichen Fragen äußerte, sind nur wenige Objekte aus Hoffmanns kunsthandwerklicher Tätigkeit aus der NS-Zeit gesichert. Einige Tafelgeräte, Pokale, Vasen, Holzschatullen und ein „Krug mit Kriegssymbolik" (Eichenlaub und Schwert) aus Silber befinden sich in der Sammlung des Museums für angewandte Kunst.[116]

Die Quellen bestätigen, dass Josef Hoffmann ein Profiteur und Nutznießer der politischen NS-Ziele, Wien zu einer Stadt der „Wiener Mode" und des „Kunsthandwerks" auszubauen, war. Er ergriff die Gunst der Stunde für sich und sah im politischen Umbruch des „Anschlusses" eine Möglichkeit, an der Gestaltung der neuen NS-Kunstpolitik mitzuarbeiten und seine Ideen einzubringen, im Wissen, dass er sich damit einem politischen System anpasst, das in den ersten Stunden der Machtübernahme in Österreich durch gezielte Aktionen der Hetze und Verfolgung ihre rassistische Ideologie öffentlich und vor aller Augen sichtbar zum Ausdruck brachte. In diesem Zusammenhang muss auch erwähnt werden, dass Hoffmann ab Mai 1940 bis zu seinem Tod in einer „arisierten" Luxuswohnung (Salesianergasse 33/2/7, 3. Bezirk) wohnte.[117]

Nach dem Krieg befand sich Hoffmann bereits in seinem 75. Lebensjahr, was seiner beruflichen Tätigkeit als Architekt und Kunsthandwerker jedoch keinen Abbruch tat. Er war Mitbegründer der „Österreichischen Werkstätten" und 1950 wurde ihm der vom Lehrerkollegium der Akademie der angewandten Kunst beantragte Titel „Ordentlicher Professor" verliehen. Eine der Begründungen war, dass Hoffmann „ausser dem Maler Kokoschka der einzige lebende bildende Künstler Österreichs ist, der einen wirklich internationalen Ruhm geniesst".[118] Im gleichen Jahr erhielt er auch den Österreichischen Staatspreis für Architektur. Sein künstlerisches Werk und seine Verdienste um die Wiener Moderne überschatteten seine Tätigkeit in der NS-Zeit.

## Entwurfs- und Versuchswerkstätte für das Kunsthandwerk

Josef Hoffmann konnte schließlich mit Unterstützung der Politik seine Forderung nach einer eigenen Werkstätte durchsetzen. Der Leiter des Kulturamtes, Hanns Blaschke, sprach 1943 von einer „eigenen Wiener Werkstätte, die vom Gründer der ‚Wiener Werkstätte', Prof. Josef Hoffmann, geleitet wird" und „neben den altbewährten Fachleuten wienerischer Geschmackskultur die Jugend in den einzelnen Kunstgebieten" unterweisen sollte, um „jene Brücke über die Zeit des Niederganges zu schlagen, die eine Verdorrung dieses lebendigen Zweiges des Wiener Schaffensdranges ausschließt".[119] Die „Entwurfs- und Versuchswerkstätte für das Kunsthandwerk"[120] unterstand dem Wiener Kulturamt. Hoffmann gab 1943 in einem Gespräch zur Dokumentation von Wiener Persönlichkeiten Einblick in seine Aufgaben als deren Leiter. Er bekräftigte dabei, dass er die Werkstätte zu einer „führenden Stellung im Kunsthandwerk" bringen möchte und dass in ihr „alle Gebiete des Kunsthandwerks an einer Stelle zusammengefasst werden" sowie „alles vom Entwurf bis zum Modell ausgeführt werden" soll. „Nur die letzte

S. 213 Artikel von Josef Hoffmann, „Wiener Kunsthandwerk", in: *Die Pause*, H. 7, 1942, WB

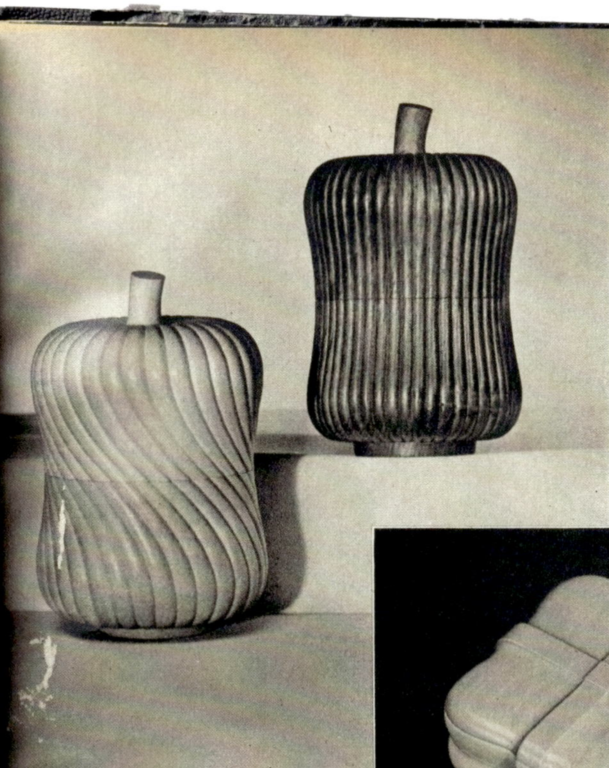

zu geben haben. Wenn es uns nicht gelingen sollte, nach und nach jeden Gegenstand bis zur Vollendung zu entwickeln, hätten wir nicht einmal das erreicht, was vor hundert Jahren eine Selbstverständlichkeit war. Damals war das Handwerk in guten Händen. Wir werden alles versuchen müssen, um eine ebensolche Blüte zu erreichen, ohne in den Fehler zu verfallen, jene Zeit und ihre Ausdrucksform nachzuahmen.

In eine neue Welt gestellt, müssen wir, unbeeinflußt auf uns selbst bedacht, in hartem Ringen das große Ziel zu erreichen

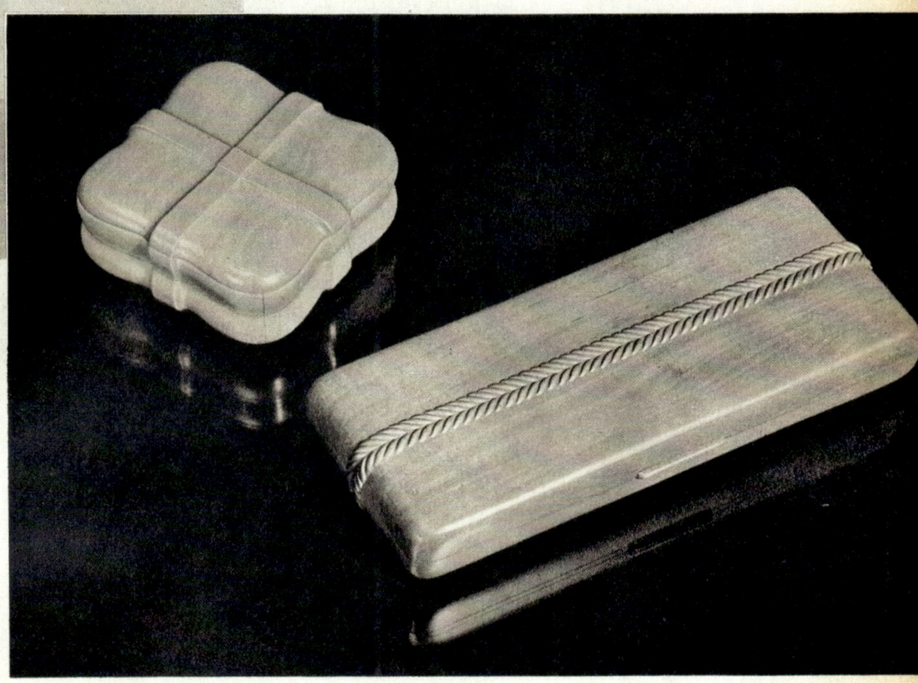

trachten. Der **neuen Zeit und allen** ihren Erfordernissen das richtige Gewand zu geben, ist unsere heilige Pflicht und Aufgabe.

Das Wiener Kunsthandwerk wird endlich das vollbringen, was ihm an eigenartiger Kraft gegeben ist und das in den vollendeten Werken Ewigkeitswerte besitzen wird.

Jede Arbeit, die schöpferisch aus sich selbst heraus, trotzdem fest verwurzelt im ureigensten Boden, entsteht, ist unersetzlich. Einen Rangunterschied zwischen hoher und angewandter Kunst darf es nie mehr geben. Es wäre ein Verkommen des Wesens jeder schöpferischen Gestaltung.

OBEN: DOSEN IN NUSSBAUM- UND PALISANDERHOLZ, ENTWURF ARCH. ALFRED SOULEK — MITTE: DOSEN AUS BIRNBAUMHOLZ, ENTWURF ARCH. ALFRED SOULEK / AUFNAHMEN H. MADENSKY

Ausfertigung soll verschiedenen Firmen überlassen werden. (Darin liegt der Unterschied der neuen Versuchsanstalt zur Wiener Werkstätte, die größtenteils auch die ganze Ausführung selbst übernahm.)"[121]

Untergebracht war die Werkstätte in den Räumlichkeiten des Zwieback-Hauses, die von der Stadt Wien angemietet wurden. In Verbindung mit den Ausstellungsräumen des Wiener Kunsthandwerkvereins und denen des Hauses der Mode etablierte sich das Haus in der Kärntner Straße 15 zur wichtigsten Präsentationsplattform der städtischen Kulturinstitutionen.[122] Aus einem Schreiben von Hoffmann an Blaschke im September 1943 geht hervor, dass sich die Versuchswerkstätte gut entwickeln würde und es trotz des Krieges einen großen Platzmangel im Zwieback-Haus gebe. „Mindestens ein Stockwerk müßte man uns auf alle Fälle überlassen, damit die ganze endlich in gute Bahnen gebrachte Werkstättenangelegenheit, wenigstens provisorisch bis zum Kriegsende funktionieren kann."[123]

Die genauen Tätigkeiten der Entwurfs- und Versuchswerkstätte gehen aus zwei Berichten hervor, die Hoffmann 1943 und 1944 für das Kulturamt verfasste. 1943 berichtete er, dass die „Vasen für die Trauungszeremonien der Standesämter" zur Auswahl bereitstünden und „größere figurale Arbeiten nach Modellen von Prof. Powolny" neben „Vasen und Gebrauchsgeschirr" ausgeführt werden. „Die Maler beschäftigen sich hauptsächlich mit dem Bemalen von Truhen. Auf Bestellung der Frau Reichsleiter wurde für die Tochter der Frau Göring eine Spielzeugtruhe mit Prinz Eugen Dekor hergestellt und mit vielerlei eigens geschaffenem Spielzeug gefüllt."[124] Hoffmann verwies dabei darauf, dass die Anzahl der Mitarbeiter „trotz des Krieges" wächst und die Werkstätte schon unter Platznot leide. Ebenso berichtete er über Aktivitäten wie die Herbstausstellung im Kunsthandwerkverein. Der Bericht endet mit der Aufzählung der Besuche von „Herrn u. Frau Reichsleiter, Frau Reichsmarschall Göring, Herrn Dr. Neubacher", vieler deutscher Kunsthandwerker*innen und der „Herren vom Kunstdienst Berlin".[125]

Aufgrund der genauen Beschreibung der Werkstätten-Arbeiten von Hoffmann lassen sich die in der Fotoserie von Martin Gerlach (Wien Museum)[126] abgebildeten Kunstobjekte den Produkten der Versuchswerkstätte zuschreiben, die um 1943 entstanden sind. Darunter befinden sich Abbildungen von Holzschatullen, Keramikschalen und von einem mit Blumendekor bemalten Tisch. Die Originale werden heute in einer Privatsammlung aufbewahrt. Weitere Fotos zeigen die Spielzeugtruhe für Görings Tochter mit dem Motiv des Prinzen Eugen oder oder einen Schrank mit der Darstellung der vier Jahreszeiten, deren Figuren sich an der völkischen und bodenständigen NS-Ästhetik orientieren. Klobig und schwer wirkt auch die Keramikvase mit dem Wappen, die möglicherweise als „Vase für die Trauungszeremonien der Standesämter" entworfen wurde. 1944 verfasste Hoffmann den zweiten Tätigkeitsbericht.[127]

Die Kriegsereignisse taten der Erfolgsgeschichte der Werkstätte jedenfalls keinen Abbruch. Unmittelbar nach Kriegsende bestätigte das Amt für Kultur und Volksbildung, dass die Entwurfs- und Versuchswerkstätte für das Kunsthandwerk als eine Einrichtung der Stadt galt.[128] Die finanzielle Unterstützung seitens der Stadt wurde immer schwieriger und so versuchte Josef Hoffmann im Namen des „Künstlerwerkstätten-Vereins" 1948 Subventionen vom Bund zu bekommen.[129] Möglicherweise gelang dies durch die Auflösung des städtischen Vereins und der Neugründung der „Österreichischen Werkstätten" (1948). Die Gründerväter waren die altbewährten Kunsthandwerker Josef Hoffmann, Oswald Haerdtl, John Backhausen jun., Hans Harald Rath, Carl Auböck und Karl Hagenauer. Die Spuren der in der NS-Zeit gegründeten Institution des Künstlerwerkstätten-Vereins verschwanden zur Gänze. Und so setzt in der Fachliteratur zur Wiener Handwerkskunst die Geschichte der Wiener Werkstätte erst mit der Gründung der Österreichischen Werkstätten an. Die Kontinuitäten über das NS-Regime hinweg blieben sowohl in der Geschichte der Institutionen als auch in den Biografien der Künstler*innen ausgeklammert.

S. 215 Zwieback-Haus, Kärntner Straße 15, 1. Bezirk, um 1940, Foto: Bruno Reiffenstein, WStLA
S. 216 Josef Hoffmann, Zeitungsausschnitt, „Sonderauftrag für Professor Hoffmann", 1941; Haus der Deutschen Wehrmacht, 1940, Metternichgasse, 3. Bezirk, Foto: Julius Scherb; Silberpokal, um 1940, WStLA
S. 217 Schreiben von Josef Hoffman an Hanns Blaschke, Ansuchen für die Erweiterung der Entwurfs- und Versuchswerkstätte im Zwieback-Haus, 17.9.1943, WStLA
S. 218–219 Josef Hoffmann, Holztisch, Bemalung: Gertrude Balaban (l.), und Schatulle bemalt (r.), Entwurfs- und Versuchswerkstätte, 1943–1945, Ernst Ploil, Wien
S. 220–221 Holzschalen und Holzdose bemalt, Signatur der Wiener Versuchswerkstätte (l.), Entwurfs- und Versuchswerkstätte, 1943–1945, Ernst Ploil, Wien
S. 222–223 Josef Hoffmann, Grüne Vase und Silbervase (l.), Zigarettenetuis (r.), Entwurfs- und Versuchswerkstätte, 1943–1945, Ernst Ploil, Wien
S. 224–225 Martin Gerlach jun., Fotos von Objekten aus der Entwurfs- und Versuchswerkstätte, 1943–1945, WM
S. 226 Josef Hoffmann, Krug mit Kriegssymbolik, um 1942, MAK
S. 227 Sergius Pauser, *Porträt Josef Hoffmann*, 1942, WM

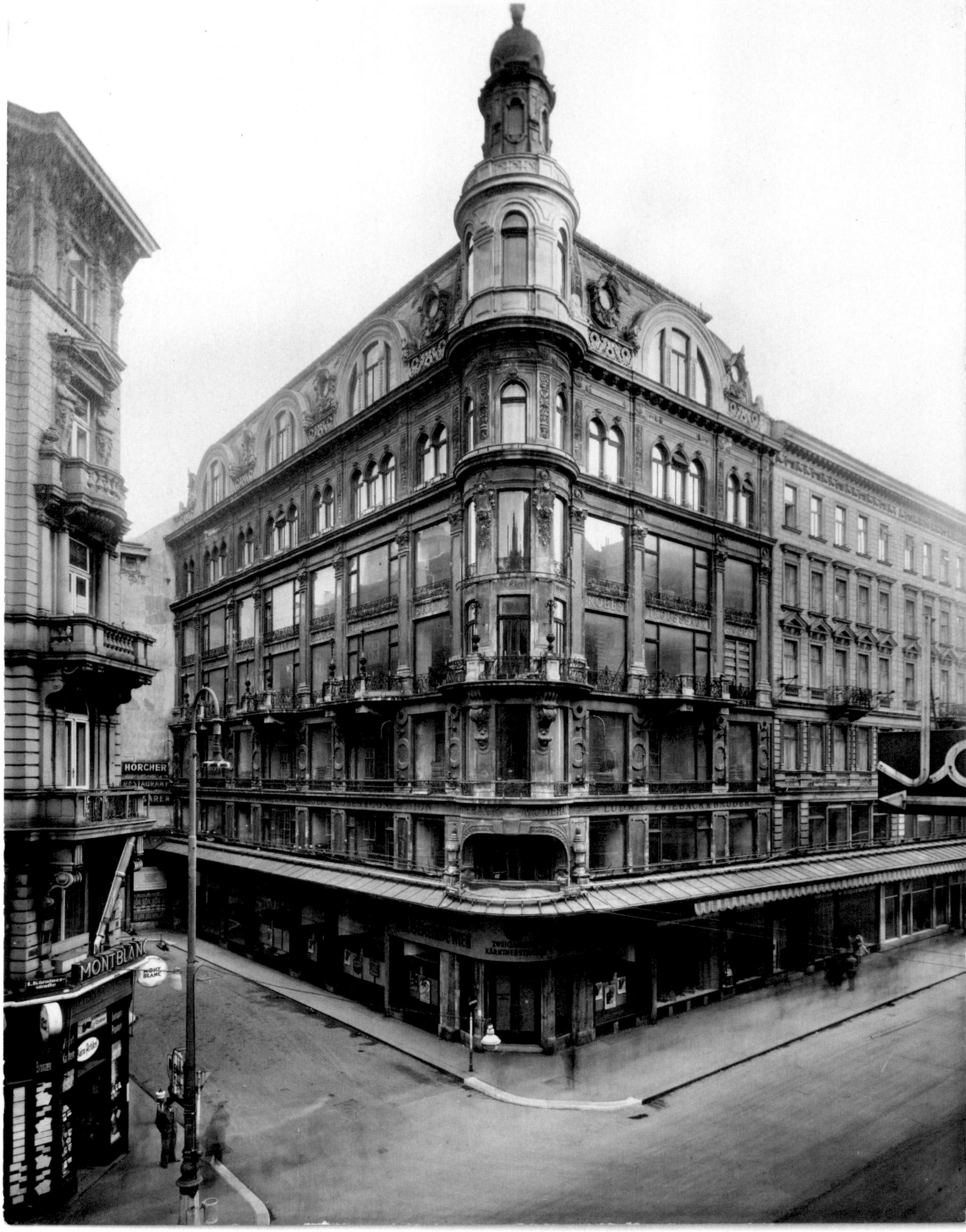
HORCHER
RESTAURANT

## Sonderauftrag für Professor Hoffmann

**Wien, 7. Juni.**

NSW. Im Zuge des Kulturaufbaues der Stadt Wien wurde vom Reichsstatthalter Reichsleiter Baldur von Schirach Oberbaurat Professor Dr. h. c. Josef Hoffmann als Sonderbeauftragter des Kulturamtes der Stadt Wien für die künstlerische Neubildung des Wiener Kunsthandwerkes berufen.

Mit dem Auftrag an Professor Hoffmann ehrt Reichsleiter Baldur von Schirach einen Mann unter den ausübenden Wiener Kunsthandwerkern und Künstlern, der dafür Gewähr gibt, daß die alte Wiener Kunsthandwerks-Tradition beim neuen Aufbau Wiens eine würdige Fortsetzung findet. Der von Architekt Hans Bichler geleitete Kunsthandwerksverein, der Professor Hoffmann zu seinen bedeutendsten Mitgliedern zählt, wird damit in seiner Zielsetzung wesentlich gefördert. Professor Hoffmann war künstlerischer Gründer und Leiter der weltberühmten Wiener Werkstätte und Lehrer der Wiener Kunstgewerbeschule in einer Zeit, als diese ihren Weltruf begründete.

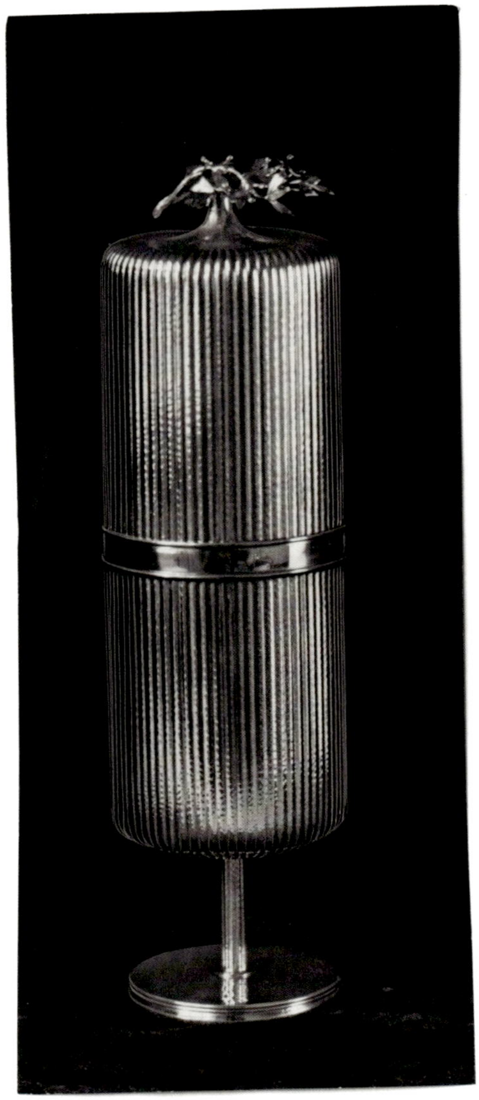

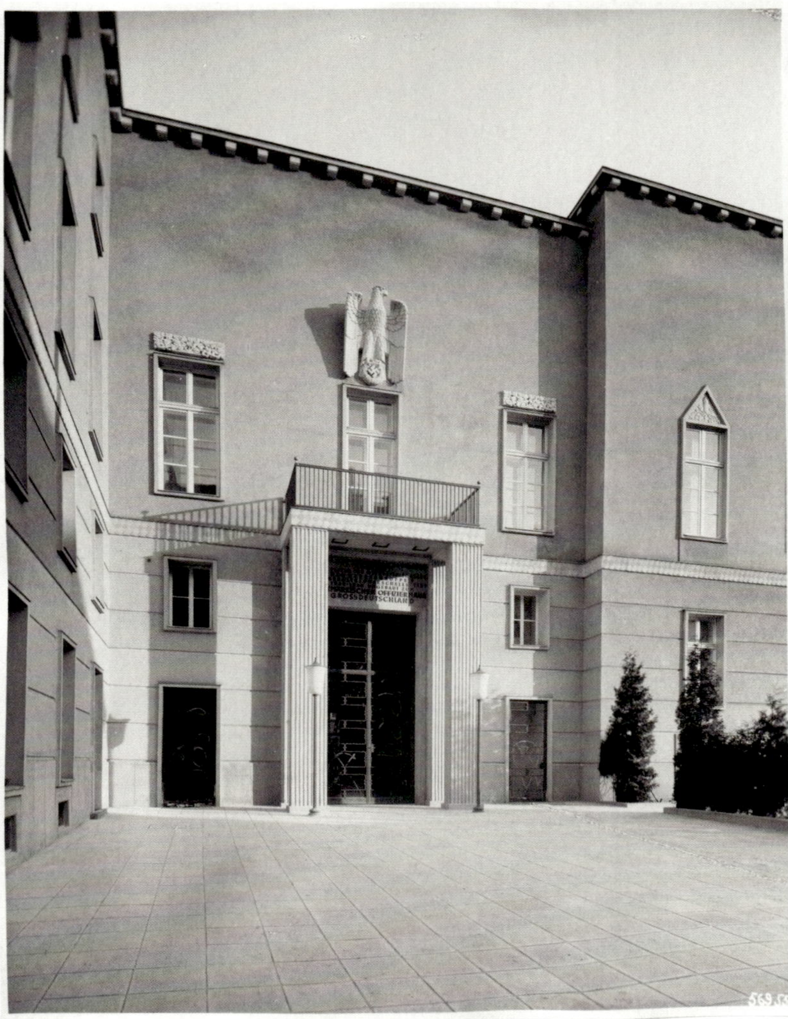

OBERBAURAT PROF. DR. ING. H. C. JOSEF HOFFMANN
SONDERBEAUFTRAGTER DES KULTURAMTES DER STADT WIEN FÜR DAS KUNSTHANDWERK
WIEN III. SALESIANERGASSE 33 FERNRUF U 1 44 70

Wien, den 17. September 1943.

Herrn

Stadtrat Dipl. Ing. Hanns Blaschke

W i e n I.,

Neues Rathaus.



Sehr geehrter Herr Stadtrat!

Verzeihen Sie hochgeehrter Herr Stadtrat, wenn ich mich gezwungen fühle, Sie zu bitten, die Angelegenheit der zwei Stockwerke im Hause I. Kärntnerstraße 15, welche uns zwar bestimmt zugedacht waren, jetzt aber von der D.A.F. für eine Lehrlingswerkstätte der Bekleidungsindustrie beschlagnahmt wurde, und bereits eingerichtet wird zu klären.

Unsere Versuchswerkstätte hat sich trotz des Krieges immerhin so entwickelt, daß ein großer Platzmangel eingetreten ist. Die keramische Abteilung müßte schon wegen der Verwendung von Bleiglasuren sepatiert werden.

Unser Handwebstuhl ist in einem halbdunklen Raum aufgestellt, wodurch wir sehr bei der Arbeit behindert sind. Auch erwarten wir zwei neue Webstühle die auch einen Platz brauchen.

Unser Buchbinder arbeitet in einen dunklen Raum eine Art Küche im zweiten Stock und unsere vielen Mitarbeiter können kaum noch einen Platz finden, wo sie ihre Arbeit halbwegs durchführen können.

Wir sind eben dabei auch einen Emailofen mit allen Zubehör zu erwerben und aufzustellen. Mindestens ein Stockwerk müßte man uns auf alle Fälle überlassen, damit die ganze endlich in gute Behnen gebrachte Werkstättenangelegenheit, wenigstens provisorisch bis zum Kriegsende funktionieren kann.

Es ist jetzt auch eine Entscheidung aus dem Grund notwendig, um das nötige Heizmaterial für diesen Winter anfordern zu können, und um die notwendige Gasleitungverstärkung durchführen zu lassen.

Wir bitten Herrn Stadtrat, eine Entscheidung herbeizuführen, damit wir uns rechtzeitig danach einrichten können. Vielleicht wäre eine Intervention des Herrn Reichsleiters bei der D.A.F. durchzusetzen.

H e i l H i t l e r !

KULTURAMT DER STADT WIEN
ENTWURFS- U. VERSUCHSWERKSTÄTTE
FÜR DAS KUNSTHANDWERK
WIEN I, KÄRNTNER STRASSE 15, I. St.

Josef Hoffmann

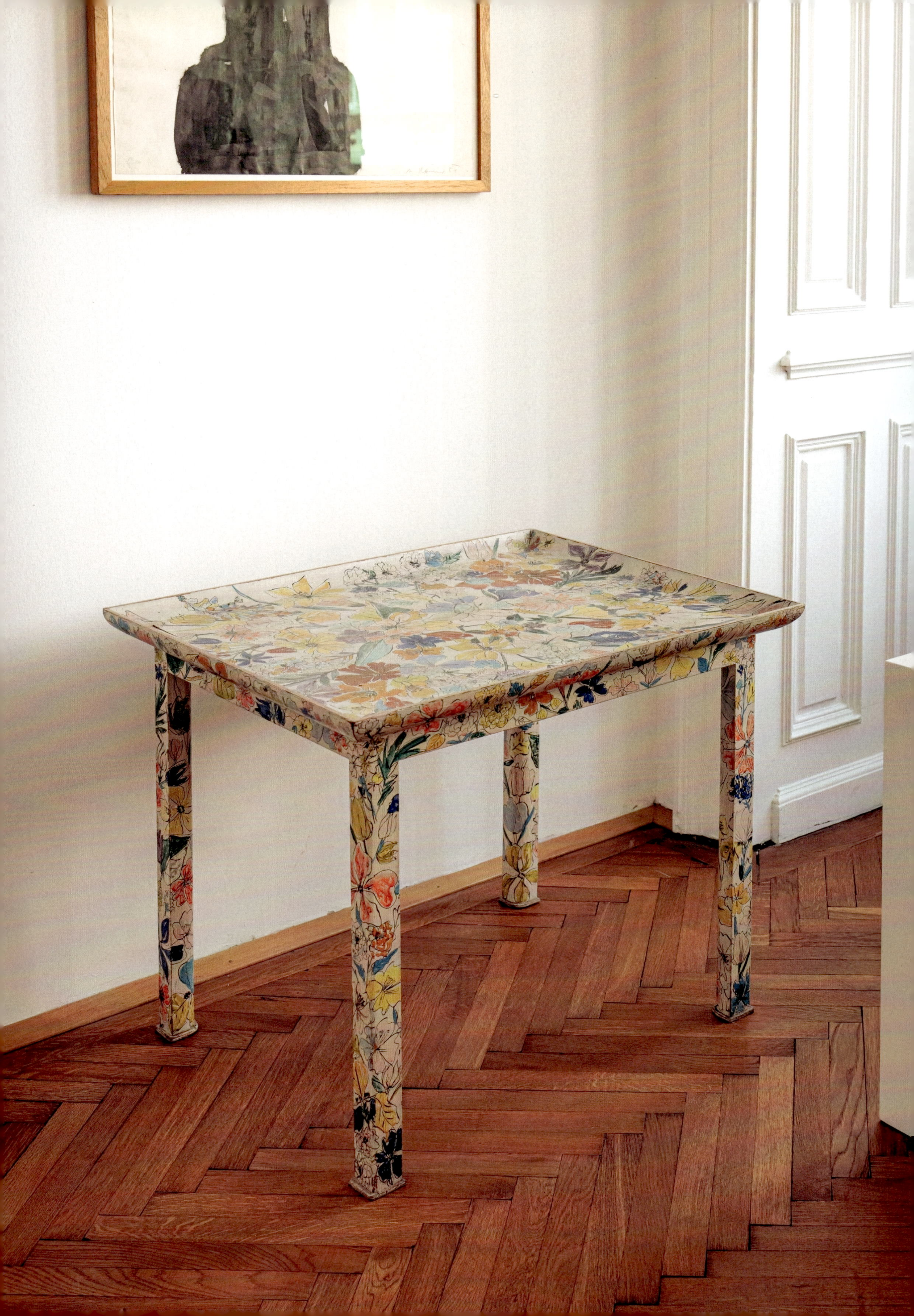

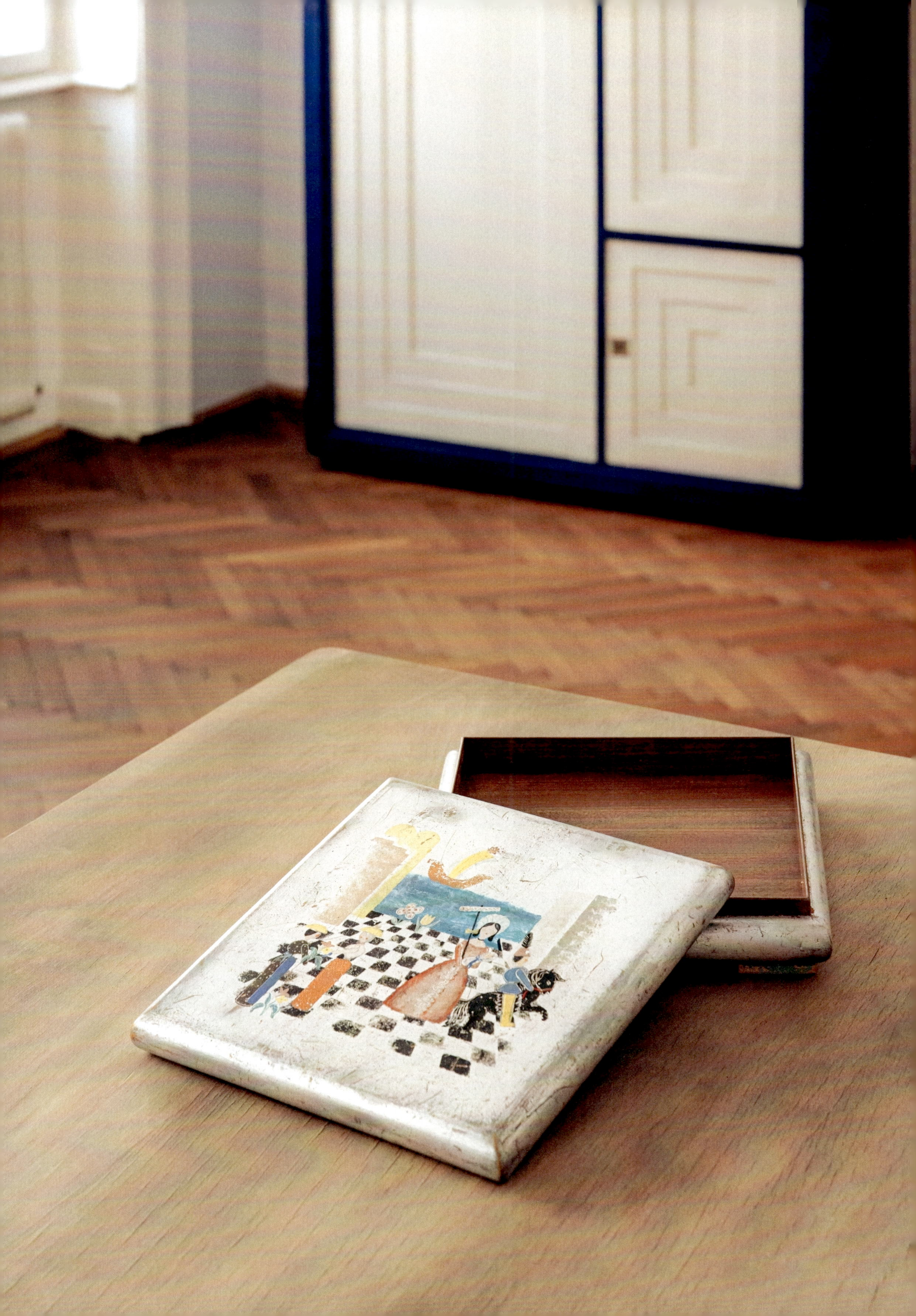

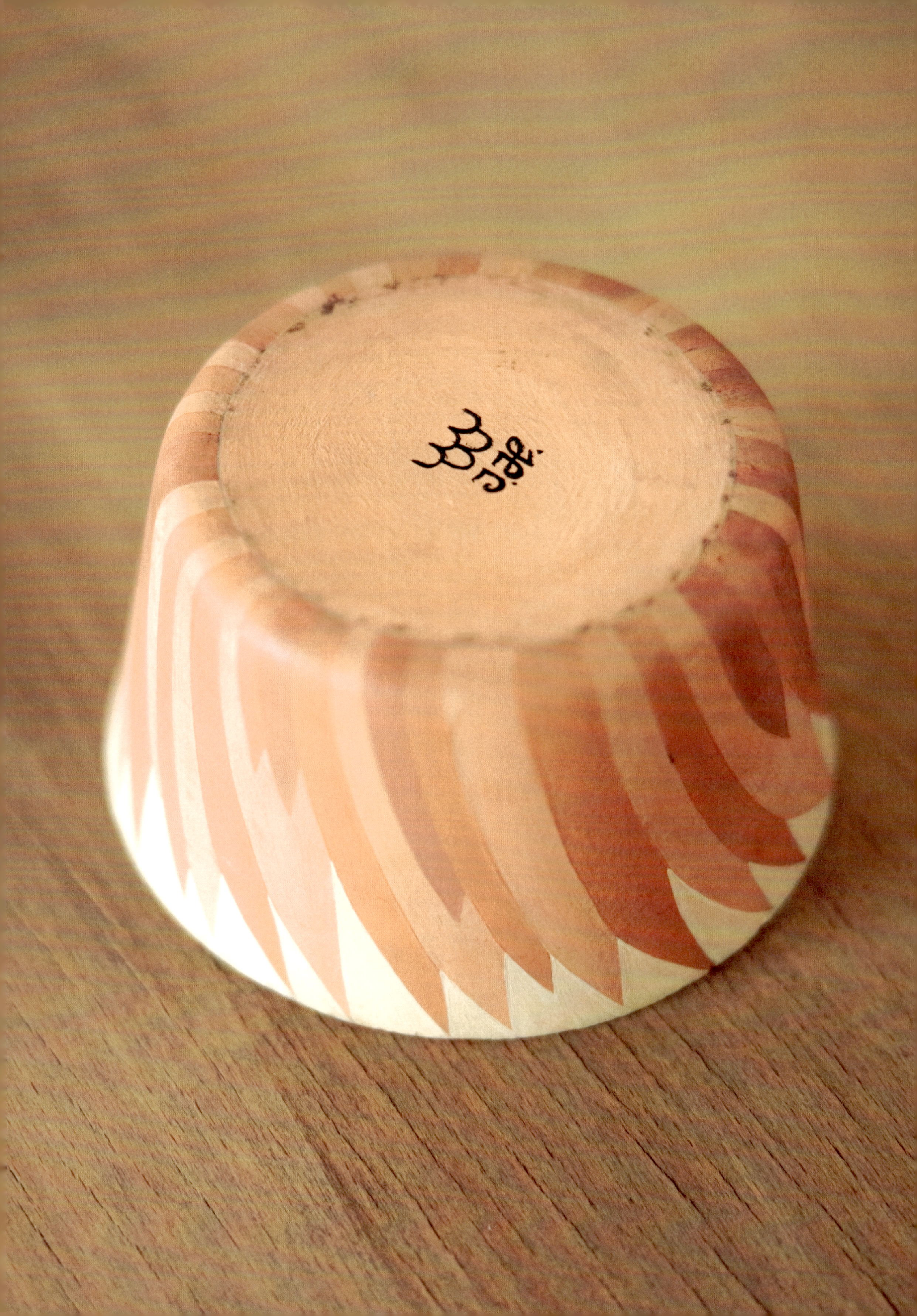

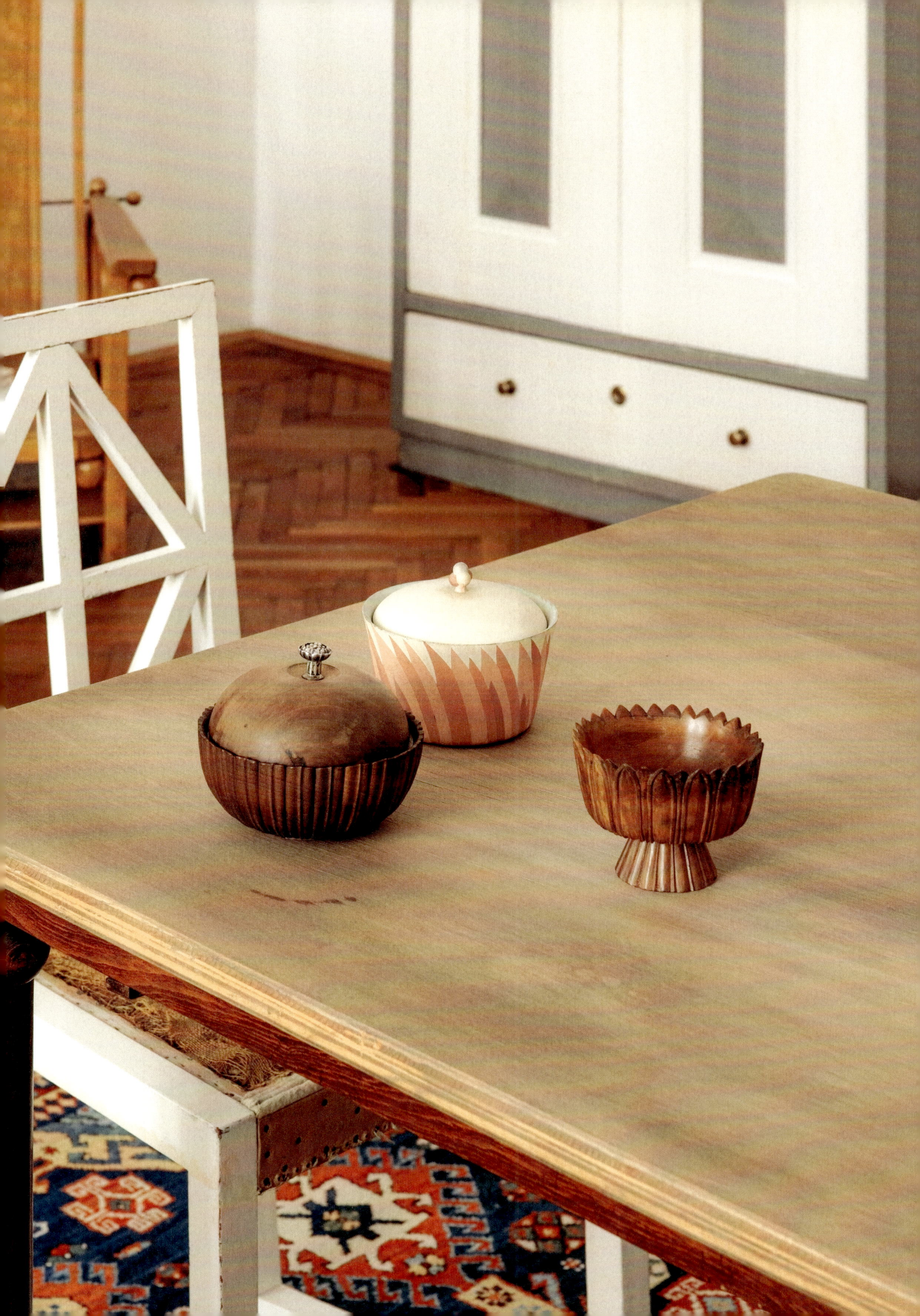

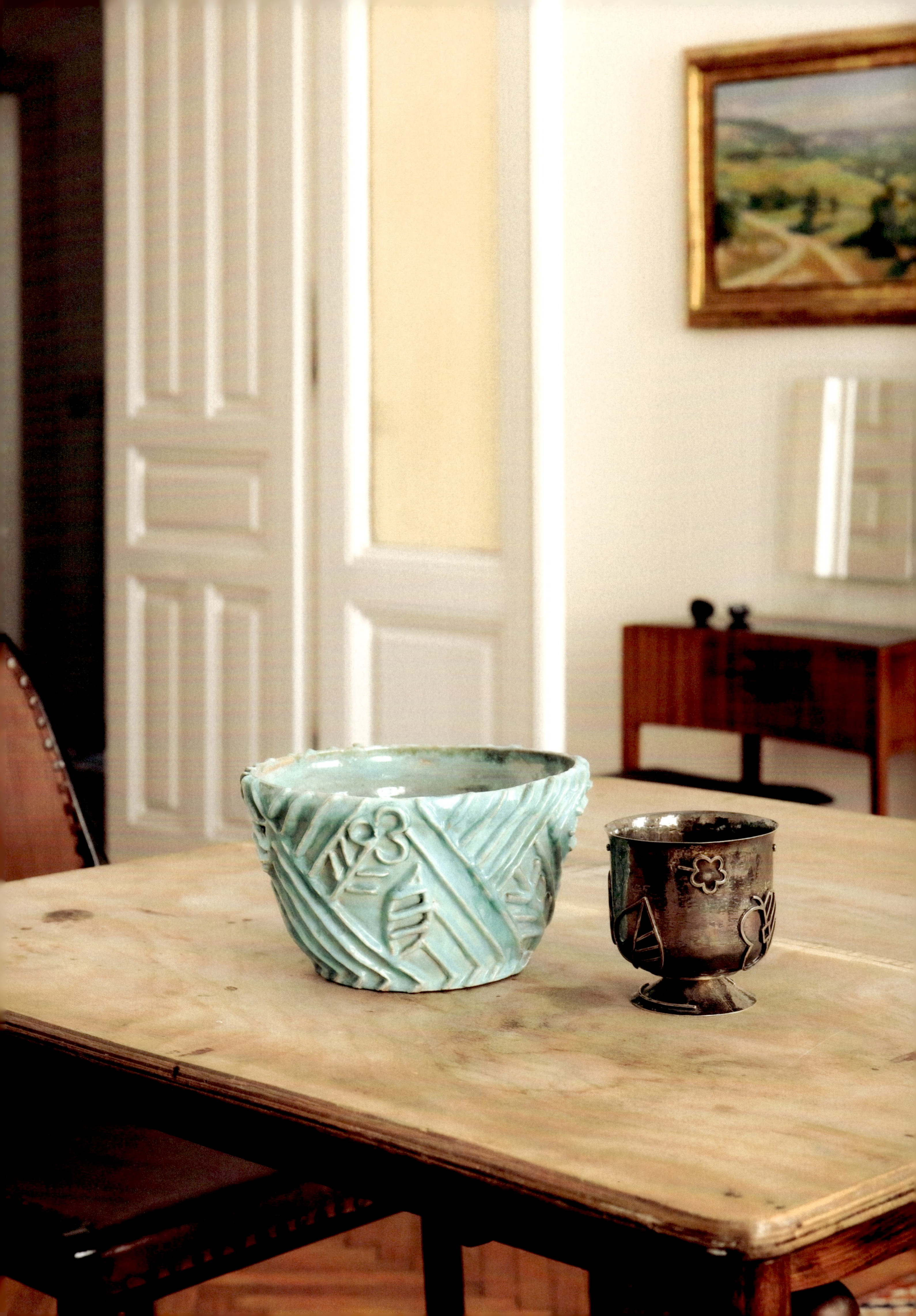

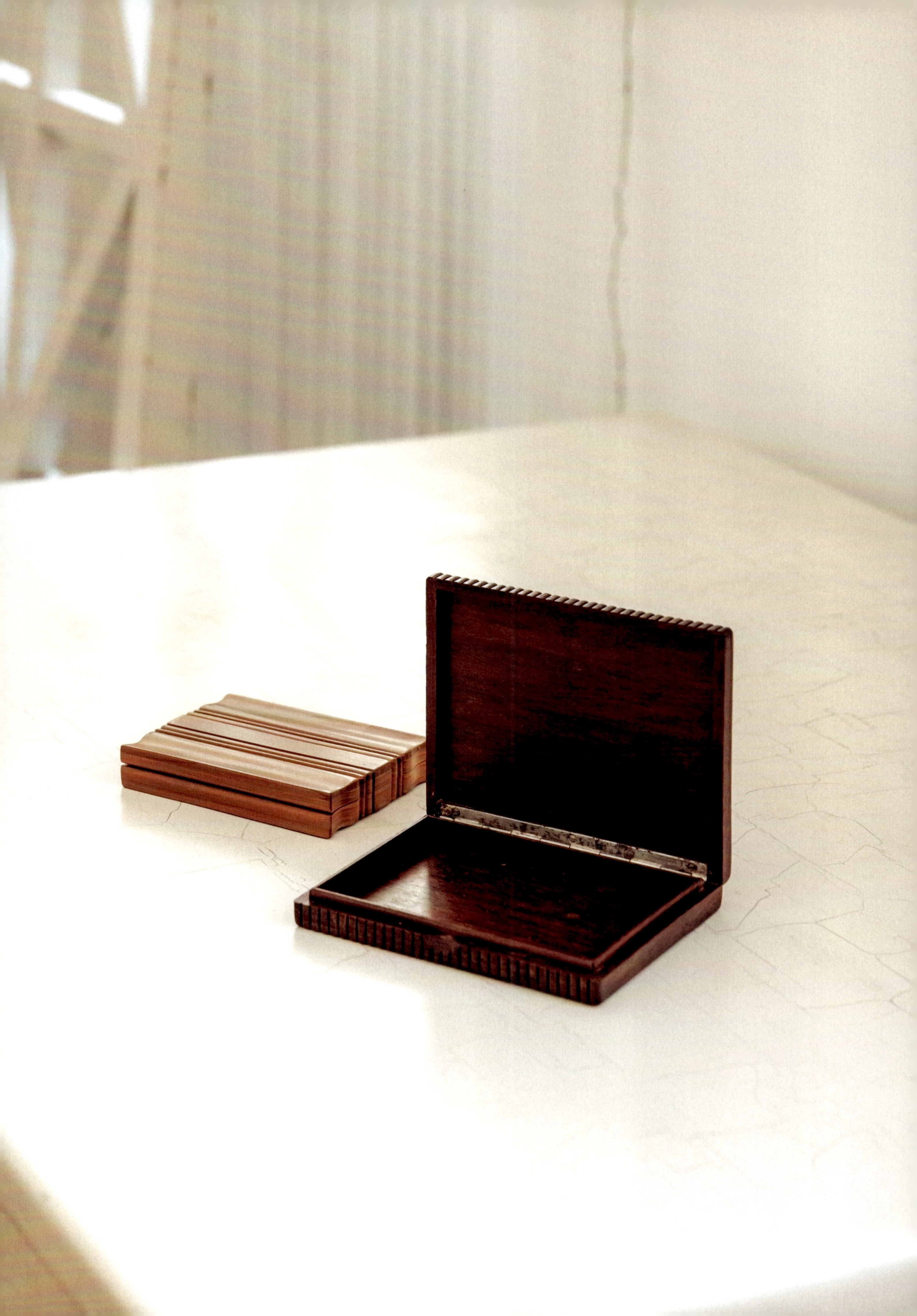

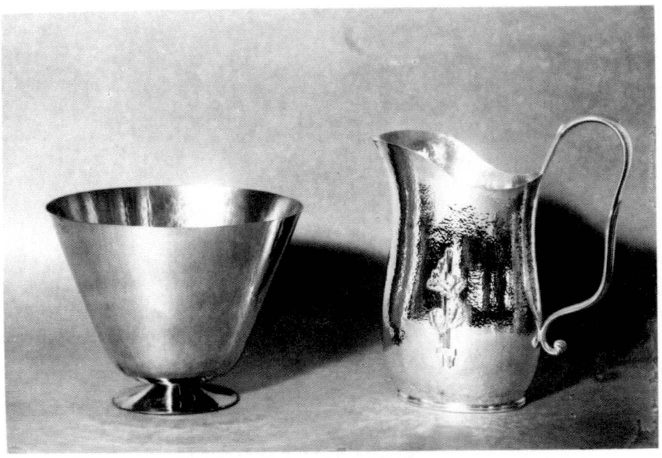
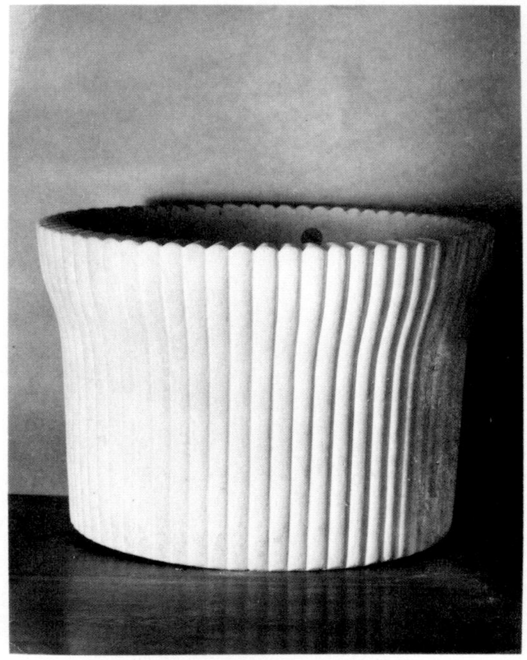
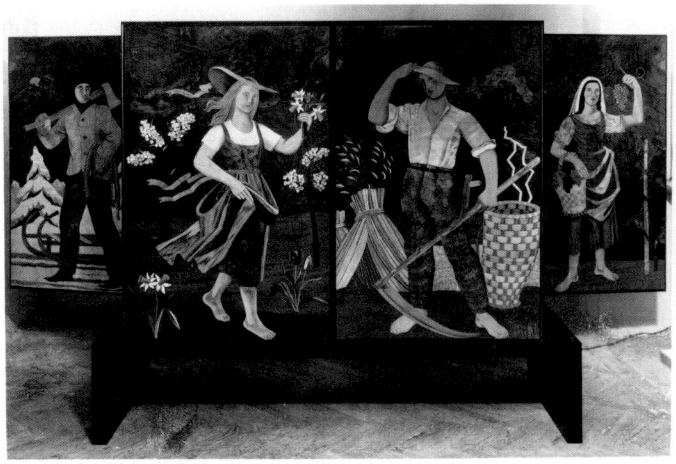
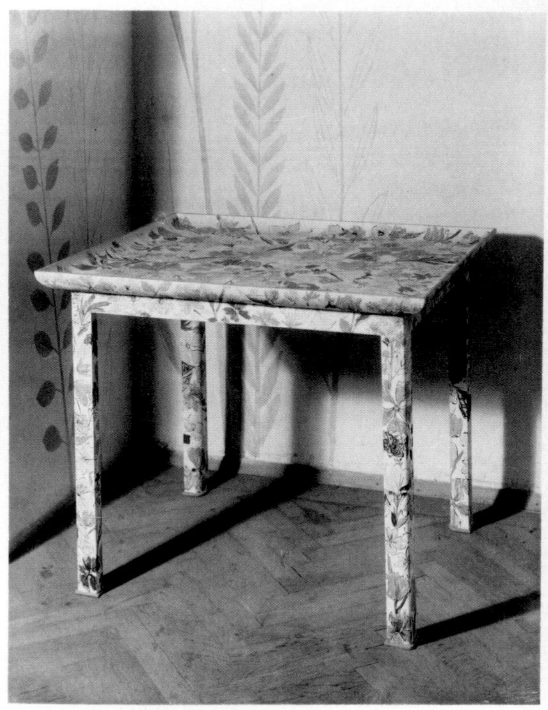

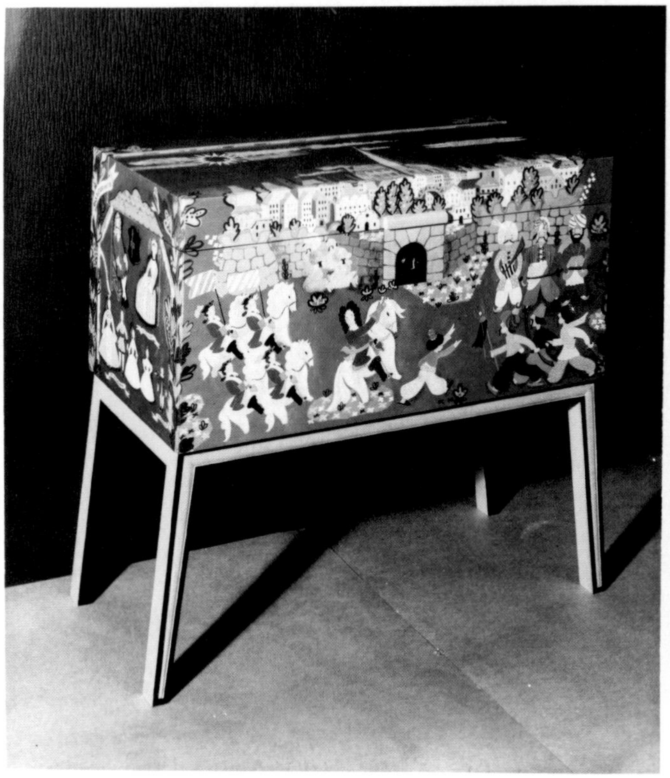

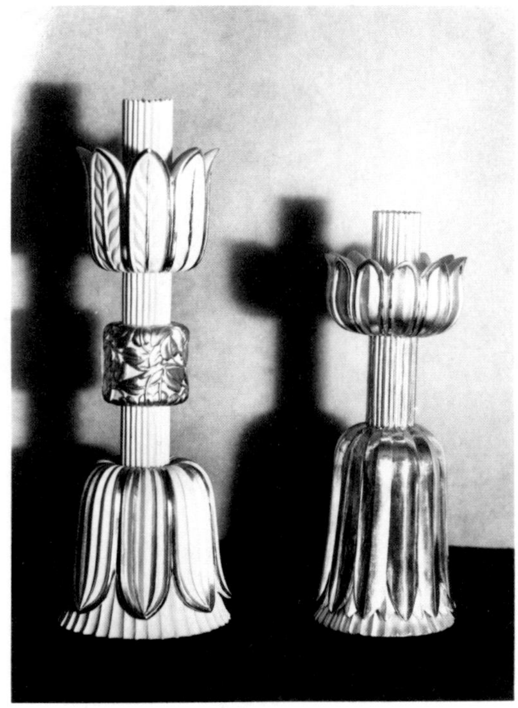

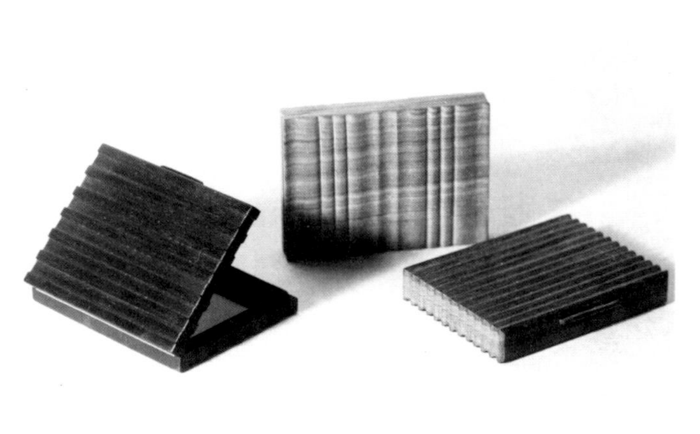

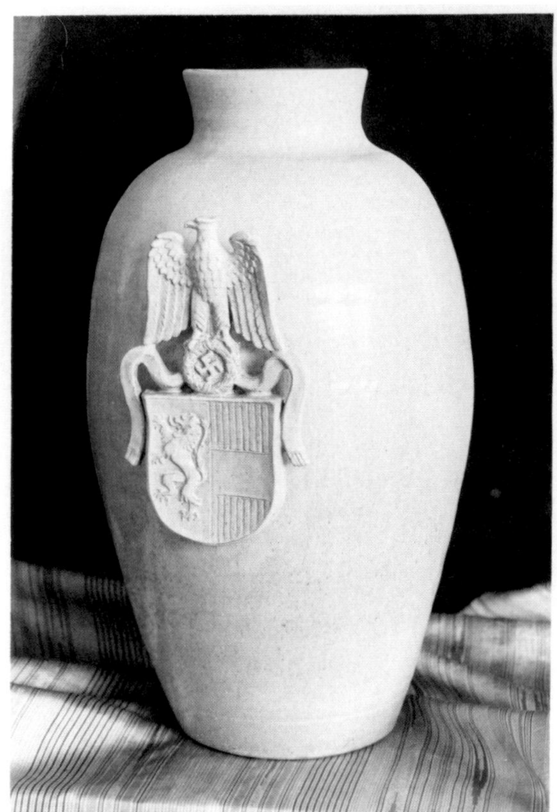

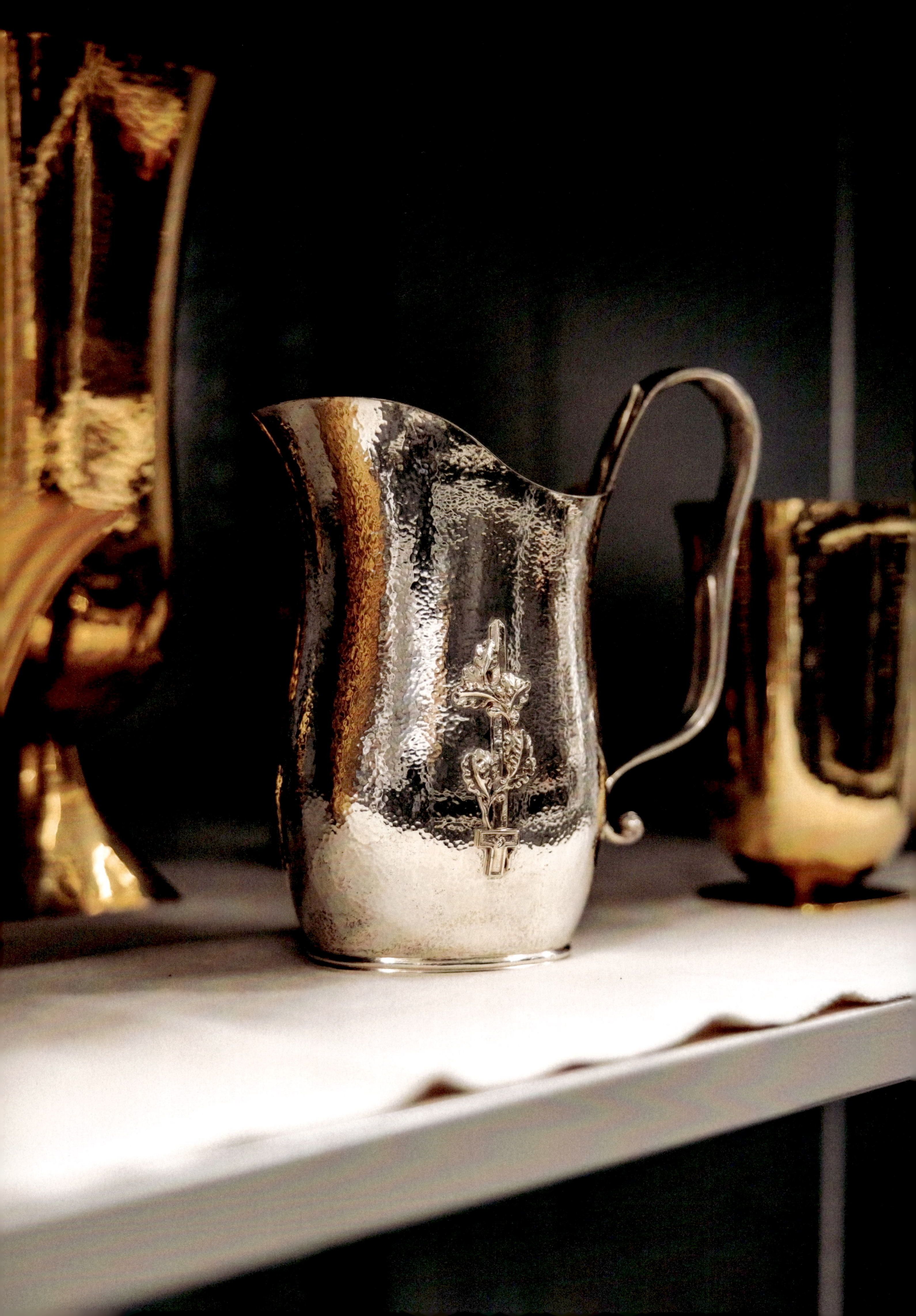

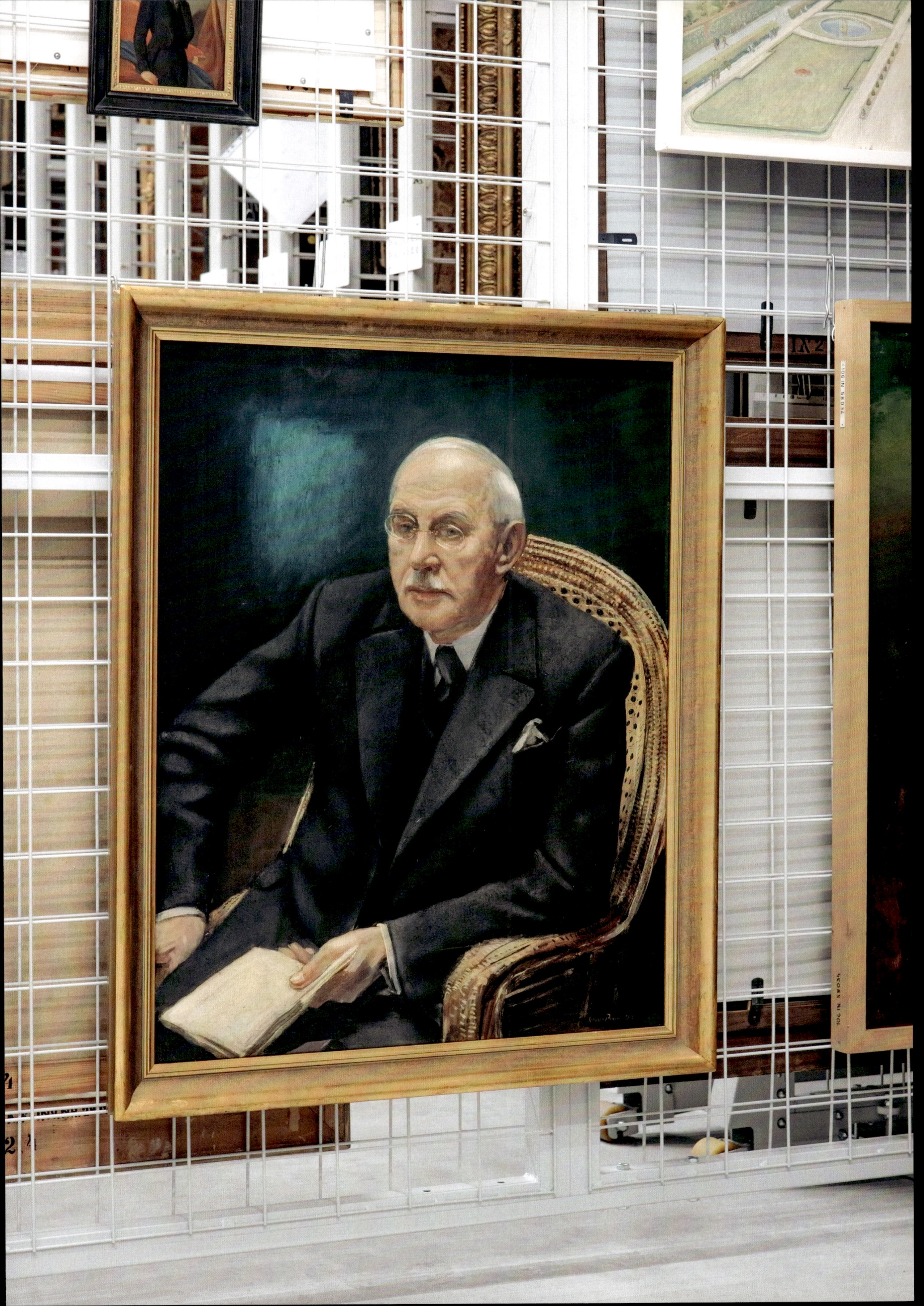

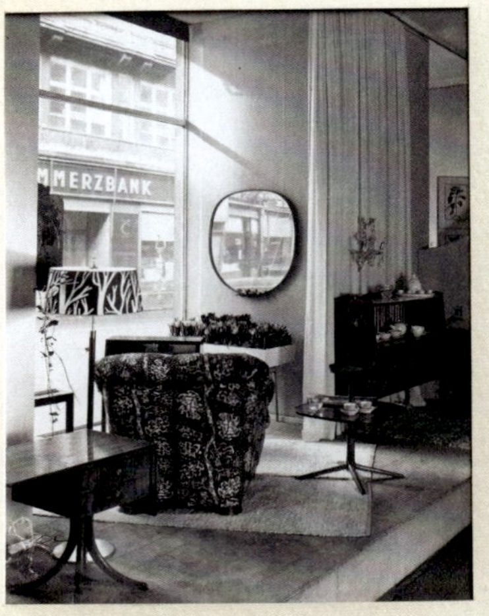


## SONDERSCHAU

VERANSTALTET VOM

# WIENER KUNSTHANDWERKVEREIN

WIEN I, KÄRNTNER STRASSE 15 • FERNRUF R 20 4 47

MIT UNTERSTÜTZUNG DER STADT WIEN (HAUPTABTEILUNG FÜR KULTURELLE ANGELEGENHEITEN)

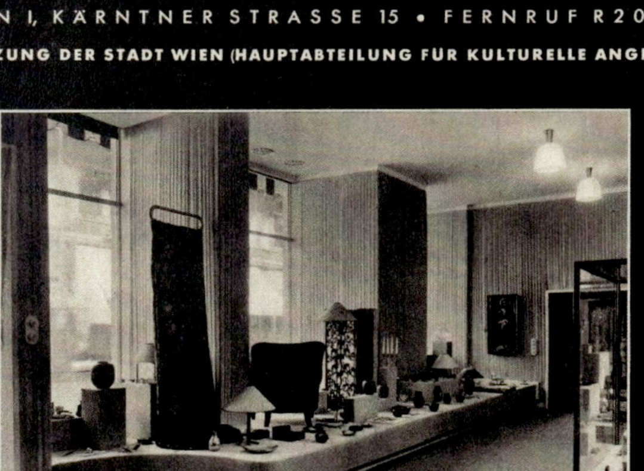

**VERARBEITETE WERKSTOFFE**

METALLE / EDELMETALLE / SPINNSTOFFE / KERAMIK / PORZELLAN / GLAS / LEDER HOLZ / EISEN / PAPIER / HANDWEBEN

**VERARBEITET ZU**

INNENAUSSTATTUNGSGERÄTEN ALLER ART / BELEUCHTUNGSKÖRPERN / POLSTERMÖBELN / KLEINMÖBELN / ZIERGEGENSTÄNDEN / VORHANG- UND MÖBELSTOFFEN TISCHDECKEN / TEPPICHEN USW. USW.

Der „Wiener Kunsthandwerkverein“ war wie das Haus der Mode und die Entwurfs- und Versuchswerkstätte eine städtische Institution, die als Verein organisiert war und dem Kulturamt unterstand. Die neuen Quellen ermöglichen nicht nur eine genaue Beschreibung der Institution, sondern auch der Führungspersönlichkeiten, des Präsidenten Hans Bichler und des künstlerischen Leiters Alfred Soulek.

„Der Kunsthandwerkverein wurde als Nachfolger der beiden österreichischen Werkbünde im Jahre 1938 konstituiert, indem durch Verfügung der Reichskammer der bildenden Künste die beiden früheren Vereine zusammengelegt wurden. Die Satzung hatte im Sinne des neuen Namens vor allem eine Einschränkung und Konzentration des Wirkens auf das Gebiet des Kunsthandwerks zum Inhalt, und setzte ansonsten die allgemeine Pflege des Geschmacks und die Förderung und Veredelung der handwerklichen Arbeit zum Ziele.“[130] Architekt Hans Bichler wurde vorerst als kommissarischer Leiter eingesetzt und anschließend vom Kulturamt als neuer Präsident des neu gegründeten Wiener Kunsthandwerkvereins bestätigt.[131] Wie aus den Dokumenten ersichtlich, wurde im Zuge der Auflösung der Werkbünde deren Inventar an Bichler bzw. an den Kunsthandwerkverein überführt.[132] Die Aufgaben des Präsidenten des Vereins lagen in der „Betreuung des Wiener Kunsthandwerks und der Kunsthandwerker“ ebenso wie in der „Veranstaltung und Gestaltung von einer Reihe von Sonderausstellungen kunsthandwerklicher Arbeiten in Wien und Leipzig“.[133] Die künstlerische Leitung des Kunsthandwerkvereins übernahm Alfred Soulek.

Im Mai 1939 wurde dem Verein, der seinen Vereinssitz in der Hofburg (Zehrgardenstiege)[134] hatte, von der Stadt ein Raum im ehemaligen Zwieback-Haus in der Kärntner Straße 15 (1. Bezirk) zur Verfügung gestellt, um dort eine ständige Verkaufsausstellung zu installieren. Das Geschäftshaus der Familie Zwieback wurde Ende des 19. Jahrhunderts als Damenkonfektionsgeschäft von Ludwig Zwieback erbaut. Nach dem „Anschluss“ wurde der Besitz der jüdischen Familie Zwieback „zwangsarisiert“ und Ella Zirner-Zwieback emigrierte mit ihrem Sohn nach Amerika. Das Kaufhaus wurde 1938 von der Zentralsparkasse der Gemeinde Wien „erworben“[135] und die Räumlichkeiten wurden dem Kunstgewerbeverein sowie dem Haus der Mode als Ausstellungsflächen überlassen.[136]

Der Zuspruch der Konsument*innen und Mitglieder war so groß, dass die Fläche später um einen Raum erweitert wurde.[137] Der Verein verstand sich als Vertretung seiner Mitglieder, die er bei den Messen, vor allem in Leipzig und Wien, präsentierte. Nachdem im Sommer 1942 Reichsstatthalter Baldur von Schirach die Schirmherrschaft des Kunsthandwerkvereins übernommen hatte, stieg die Bedeutung des Vereins im politischen Apparat des Nationalsozialismus weiter an. Auch Referenten aus dem „Altreich“ kamen nach Wien, um Vorträge zu halten. In das Programm für den Winter 1943/44 wurden dann auch regelmäßige Ausstellungen (Herbst und Frühjahr) der Mitglieder aufgenommen. In den Kriegsjahren beschränkte sich das Programm auf das Ausstellen von „einzelnen Wiener Meistern“ und auf Vortragsabende von „Wiener Kunsthandwerkern“.[138]

## Präsident: Hans Bichler

Der neue Präsident, Hans Bichler (1904–1980), war kein Unbekannter im Kreis der Wiener Künstler*innen. Er war bis zum „Anschluss“ sowohl Assistent bei Oswald Haerdtl an der Kunstgewerbeschule als auch Mitarbeiter im Atelier von Hoffmann und Haerdtl. Ein junger 34-jähriger Künstler, der womöglich durch seine „illegalen“ Tätigkeiten für die NSDAP in der Verbotszeit mit dieser Position für sein Engagement in der Partei belohnt wurde. Bichler wurde 1904 in Wien geboren. Er studierte bis 1929 bei Oskar Strnad Architektur und Bühnenbild und anschließend Architektur an der Akademie der bildenden Künste bei Clemens Holzmeister. Bereits in seiner Studienzeit plante er Einrichtungen für Wiener Wohnungen und entwarf diverse Bühnenbilder. 1932 richtete er in der Werkbundausstellung ein Siedlungshaus ein. 1935 bis 1945 war er Lehrer an der Kunstgewerbeschule für Architektur (Assistent von Oswald Haerdtl) und für Entwurfszeichnen für Gewerbetreibende. Als Mitarbeiter von Haerdtl (1935–1938) fungierte er 1937 als Bauleiter des österreichischen Pavillons auf der Pariser Weltausstellung.[139]

Bichler war ab 1932 Mitglied der NSDAP und trat 1938 der SS bei. Er gehörte schon vor 1938 dem „illegalen“ Kulturamt an, unterhielt in seinem Haus die „illegale“ Presse und versteckte in seinem Haus polizeilich gesuchte Parteigenossen.[140] Nach dem „Anschluss“ übernahm er die Klasse des zwangspensionierten Otto Prutscher. In einer undatierten Erklärung

S. 228 Wiener Kunsthandwerkverein: Einblick in die Ausstellung von Oswald Haerdtl, 1944, Foto: Bruno Reiffenstein, Az W Sammlung (o.); Anzeige mit einem Foto des Innenraumes, in: *Die Pause*, H. 32, 1940, WM (u.)

WIENER KUNSTHANDWERKVEREIN

WIEN I. KÄRNTNERSTRASSE 15, AUSSTELLUNG R 20447, BÜRO R 20225

Ihre Nachricht Zeichen Bi/Ar Wien, den 29. Mai 1943

Betrifft : Modell- und Versuchswerkstätten

An die
Gemeindeverwaltung des Reichsgaues Wien
Kulturamt, Herrn Dr. Schönbauer

W i e n I.,
Neues Rathaus

Sehr geehrter Herr Doktor!

Die Modell- und Versuchswerkstätten des Wiener Kunsthandwerkvereines dienen zur Entwicklung und Herstellung von hochwertigen und künstlerischen Modellstücken des Handwerks. Es soll hierdurch der im Kriege auf ein Minimum reduzierten kunsthandwerklichen Betätigung eine schmale Entwicklungsbasis erhalten sein, um die traditionellen Qualitäten der Wiener Arbeit in ihren Spitzenleistungen nicht gänzlich dem Verfall und der Vergessenheit anheimzugeben und um für die Zeit nach dem Kriege einen gewissen Fundus zur Befruchtung des übrigen Schaffens auf handwerklichem Gebiet aufzubauen.

Daneben soll in diesen Werkstätten auch Modell- und Entwurfsarbeit für die industrielle Mengenfertigung von Gebrauchsgut und Gerät geleistet werden.

Die vom Schirmherrn des Wiener Kunsthandwerkvereines, Reichsleiter Baldur von Schirach, gewünschte Weiterführung der traditionellen Wiener Handwerkskunst veranlasst, einzelne kleine Keimzellen zu erhalten, bzw. diese gewissermassen unter unmittelbaren Schutz des Vereines zusammenzuschliessen ; einzelne besonders wichtige Kunsthandwerker und einzelne kunsthandwerkliche Betriebszellen, daneben erstklassige handwerkliche Könner und entwicklungsfähige Meister, sollen in den Werkstätten eine Möglichkeit finden, gegebenenfalls in Zusammenarbeit mit Entwerfern und Künstlern, weiterhin kunsthandwerkliche Studien und Musterstücke herzustellen und zu gegebener Zeit der Oeffentlichkeit zu zeigen.

Schliesslich können die Einrichtungen der Werkstätten den aus der Wehrmacht zurückkommenden Kunsthandwerkern dienen, wenn sie aus irgendeinem Grunde noch keine eigene betriebsfähige Werkstatt haben und sich überhaupt erst in ihre berufliche Betätigung hineinleben müssen.

Heil Hitler!

gez. Arch. Hans Bichler

Beglaubigt:

WIENER KUNSTHANDWERKVEREIN

nach dem Krieg wurde Bichler von Robert Obsieger – dem in der NS-Zeit eingesetzten Direktor der Kunstgewerbeschule – als „Illegal. Vertrauensmann der Gestapo"[141] beschrieben, ebenso besagt das Schreiben, dass der damalige Direktor Max Fellerer von Bichler von der Schule „entfernt"[142] wurde. Er setzte auch während der NS-Zeit seine Laufbahn als freischaffender Architekt fort und wurde gemeinsam mit Carl Witzmann vom Kulturamt Wien mit dem Umbau der Volksoper (1939),[143] des Volkstheaters und des Raimundtheaters beauftragt.[144] Es folgten in der NS-Zeit der Teilumbau der Musikschule der Stadt Wien (1942)[145] sowie Fabrikbauten in Brünn (1942)[146]. 1940 versuchte Bichler über einen Antrag des Wiener Kunsthandwerkvereins eine Uk-Stellung zu erreichen, was jedoch abgelehnt wurde.[147] Er wurde schließlich in Treskau (Owińska) bei Posen in Polen stationiert und „für kriegswichtige und äusserst dringliche Bauvorhaben" eingesetzt.[148] Während des Krieges war Bichler als Berater für SS-Bauangelegenheiten in Polen stationiert, wo er mit der Errichtung von „S-Stützpunkten" in Polen und der Ukraine betraut war. Er wurde mit einer Baubefugnis im Befehlsbereich der SS-Totenkopfstandarten und Konzentrationslager ausgestattet und war damit unmittelbarer Teil des Mordapparates der Nationalsozialisten. Im April 1942 wurde er aus der Waffen-SS entlassen und er erhielt die Uk-Stellung.[149] Ab diesem Zeitpunkt konnte er wieder seine Aufgabe als Präsident des Kunsthandwerkvereins ausüben.

Im Zuge der Entnazifizierung wurde Bichler interniert. Nach 1945 war er in Ybbsitz, Niederösterreich, wohnhaft[150] und nahm seine Tätigkeit als Hochbau-Architekt wieder auf. 1949 stellte er einen „Antrag auf Nachsicht der Sühnefolgen nach dem Verbotsgesetz 1947". Die Kommission zur Beurteilung freischaffender Künstler im Bundesministerium für Unterricht hatte Bichlers Gesuch zur öffentlichen Berufsausübung 1948 stattgegeben, obwohl Bichler als „belastete Person gemäß §17, Abs. 2" galt. 1951 wurde seitens des Bundeskanzlers Leopold Figl Bichlers Antrag auf Nachsicht der Sühnefolgen nach dem Verbotsgesetz 1947 stattgegeben.[151]

## Künstlerischer Leiter: Alfred Soulek

Als künstlerischer Leiter des Wiener Kunsthandwerkvereins wurde Alfred Soulek (1909–1994) eingesetzt, der wie Bichler zur jungen Generation der Kunsthandwerker*innen zählte. Er besuchte Franz Čižeks Jugendkunstklasse und erlernte von 1924 bis 1927 die Kunsttischlerei. Von 1926 bis 1929 studierte er an der Wiener Kunstgewerbeschule bei Josef Hoffmann und inskribierte 1929 an der Akademie der bildenden Künste (Diplom 1935). Bereits vor Studienabschluss war er seinen Angaben zufolge ab 1928 selbstständig. Von 1930 bis 1931 war er im Atelier von Clemens Holzmeister tätig,[152] wo er u. a. am Palais des ehemaligen türkischen Staatspräsidenten in Ankara mitgearbeitet hatte. Wie Bichler wurde auch Soulek 1935 Assistent an der Wiener Kunstgewerbeschule und arbeitete weiterhin als selbstständiger Architekt und Entwerfer. Die Stelle an der Kunstgewerbeschule hatte er bis zu seiner Einziehung 1942 inne.[153] Soulek war Mitglied in der Wiener Secession und im Neuen Werkbund Österreichs.[154]

Soulek war NSDAP-Mitglied[155] und wurde 1938 in die Fachgruppen Architektur und Entwerfen der RdbK aufgenommen.[156] Neben Ausstellungen in Museen und im Künstlerhaus plante er Möbel und kunstgewerbliche Gegenstände.[157] In der Sammlung des Wien Museums sind von Soulek aus der NS-Zeit Entwürfe zu Porzellanservices überliefert, die von ihrer Formgebung unverfänglich scheinen, jedoch durch das NS-Motiv des Eichenblattes eindeutig der NS-Zeit zuzuordnen sind. Weitere Quellen zu seinem künstlerischen Werk in der NS-Zeit sind nicht bekannt. Am 13. August 1940 verfasste der Geschäftsführer der Firma J. & L. Lobmeyr, Hans Harald Rath,[158] im Namen des Wiener Kunsthandwerkvereins ein Ansuchen an das „Generalreferat für Kunstförderung" zur Uk-Stellung von Soulek.[159] Dem Ansuchen wurde am 9. Oktober 1940 vorerst entsprochen. Aufgrund der Kriegsereignisse wurde diese jedoch im Mai 1942 wieder aufgehoben und Soulek wurde eingezogen.[160]

Nach dem Krieg war er als selbstständiger Architekt tätig und unterrichtete ab 1956 an der Akademie der bildenden Künste und von 1958 bis 1979 an der Hochschule für angewandte Kunst.[161] Er starb 1994 in Wien.[162]

S. 230 Schreiben von Hans Bichler (Wiener Kunsthandwerkverein) an die Gemeindeverwaltung die Modell- und Versuchswerkstätte betreffend, 29.5.1943, WStLA
S. 232 Renate Tschurtschenthaler, zwei Sippenteller, Entwurfs- und Versuchswerkstätte, um 1943, WM
S. 233 Johannes Cech, Sippenleuchter, Entwurfs- und Versuchswerkstätte, um 1943, WM
S. 234–235 Alfred Soulek, Entwurf für ein Porzellanservice mit Eichenblatt-Motiv, 1940, WM

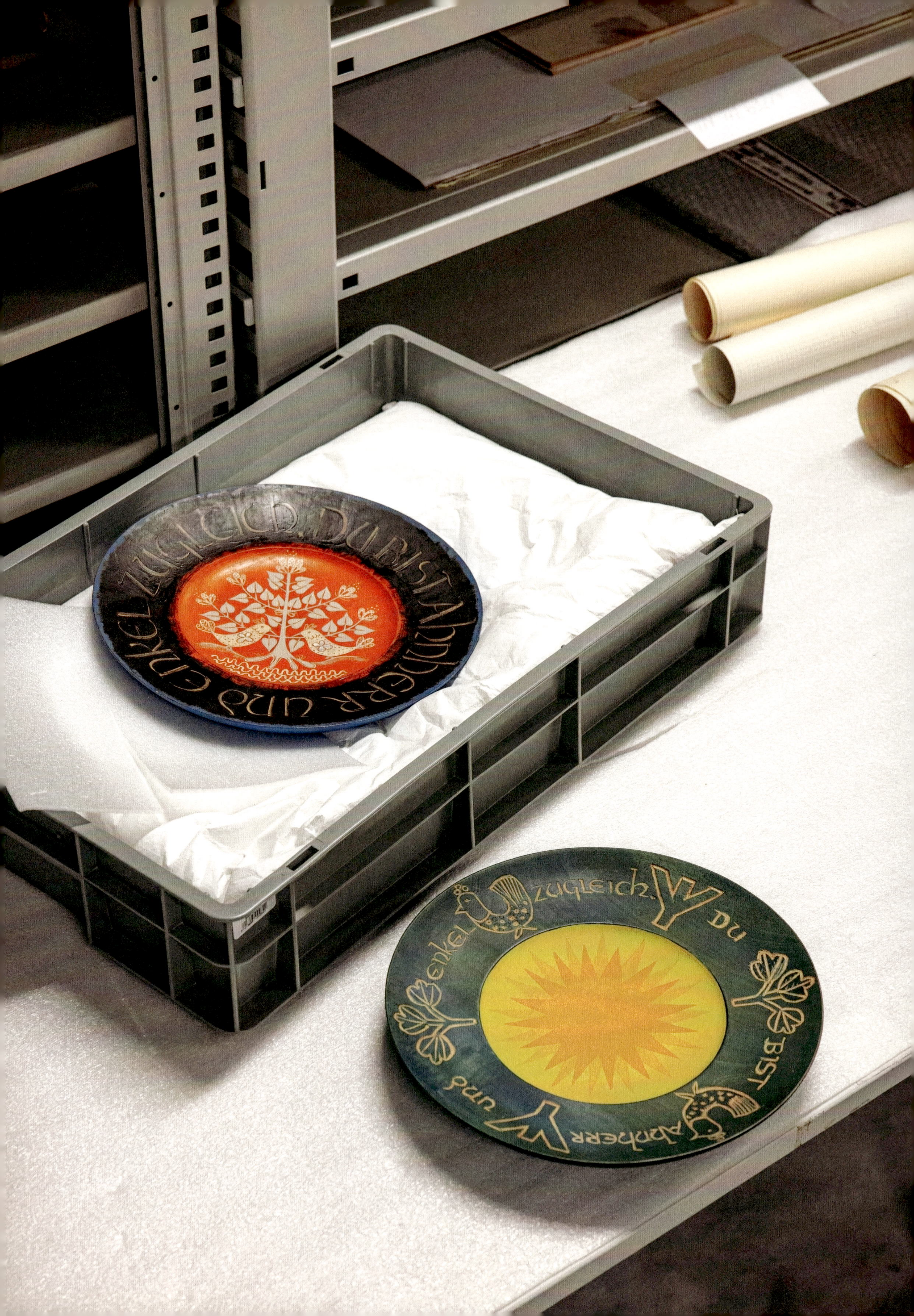
ZUGLEICH. DU BIST AHNHERR UND ENKEL
ZUGLEICH. DU BIST AHNHERR UND ENKEL

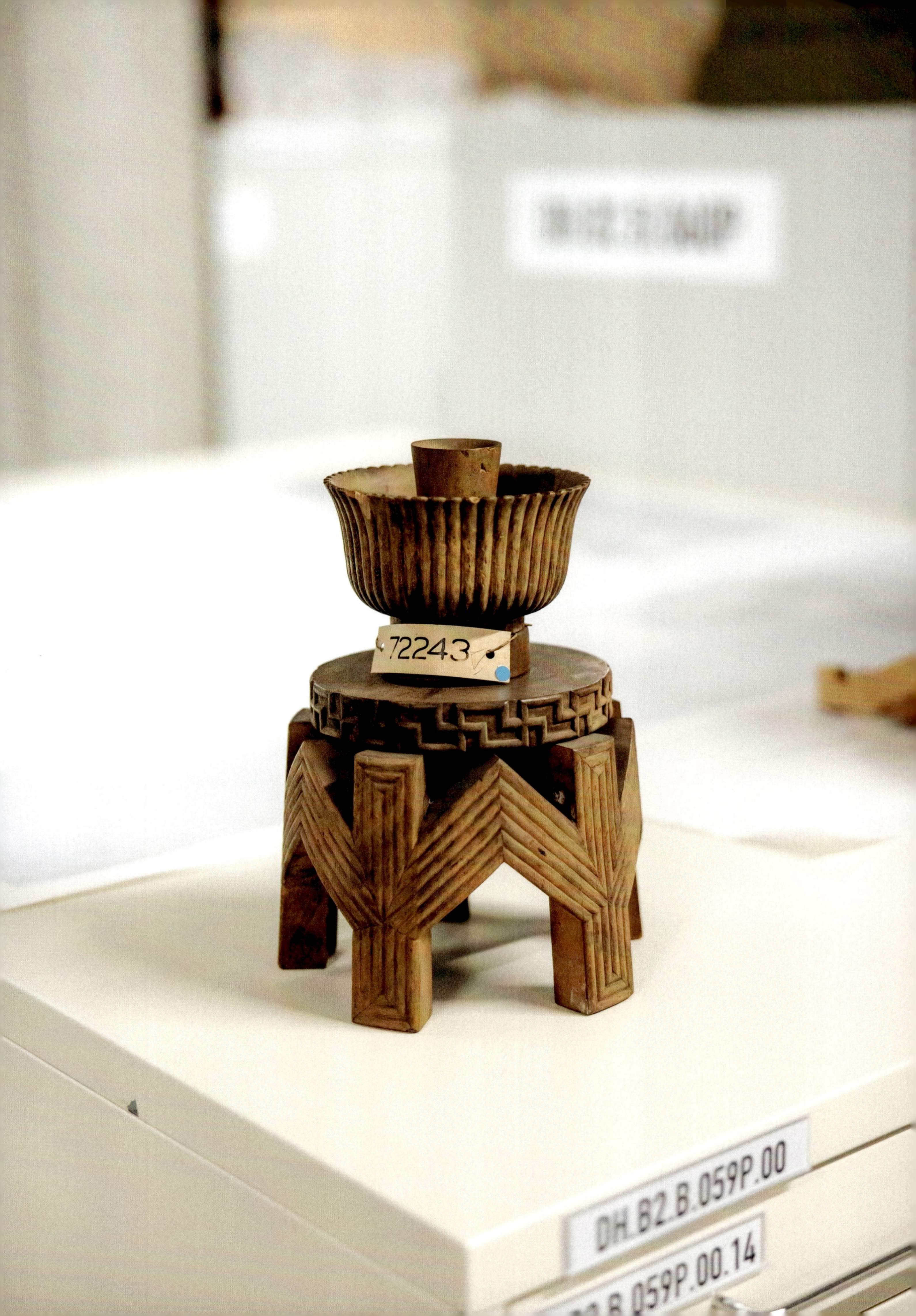
72243
DH.B2.B.059P.00

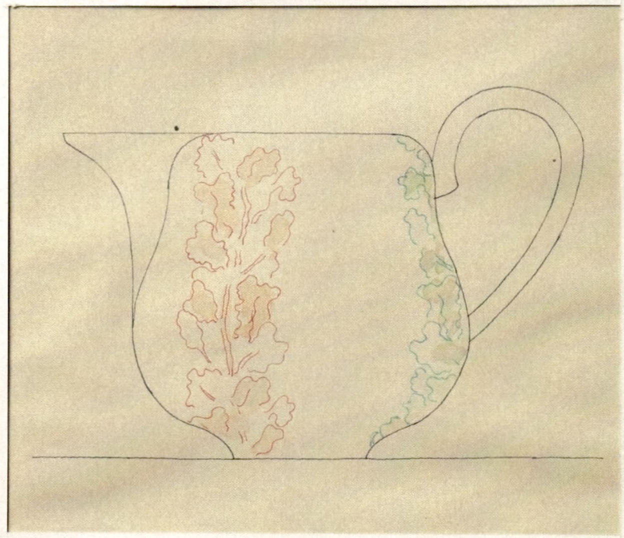

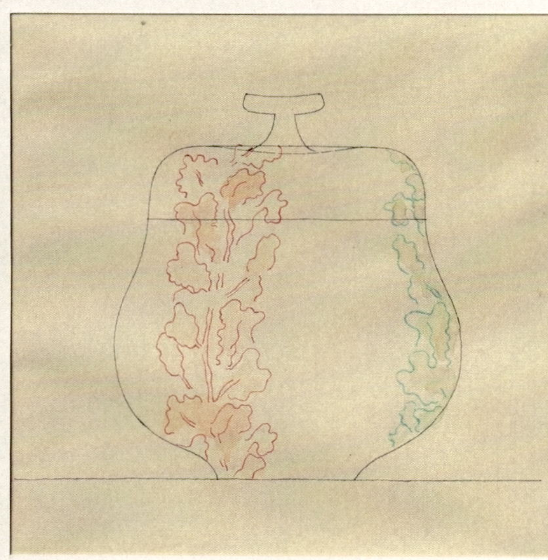

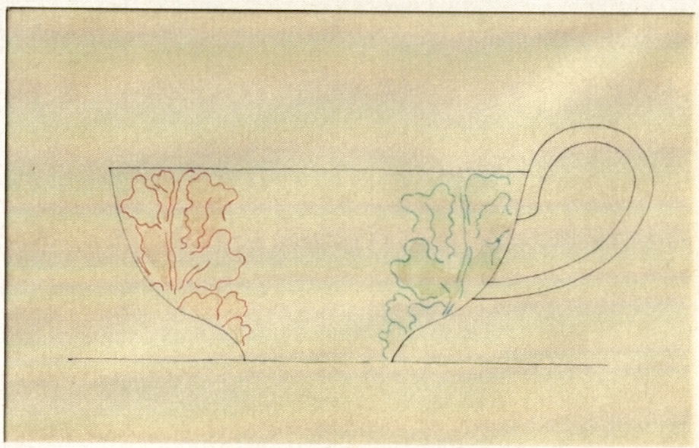

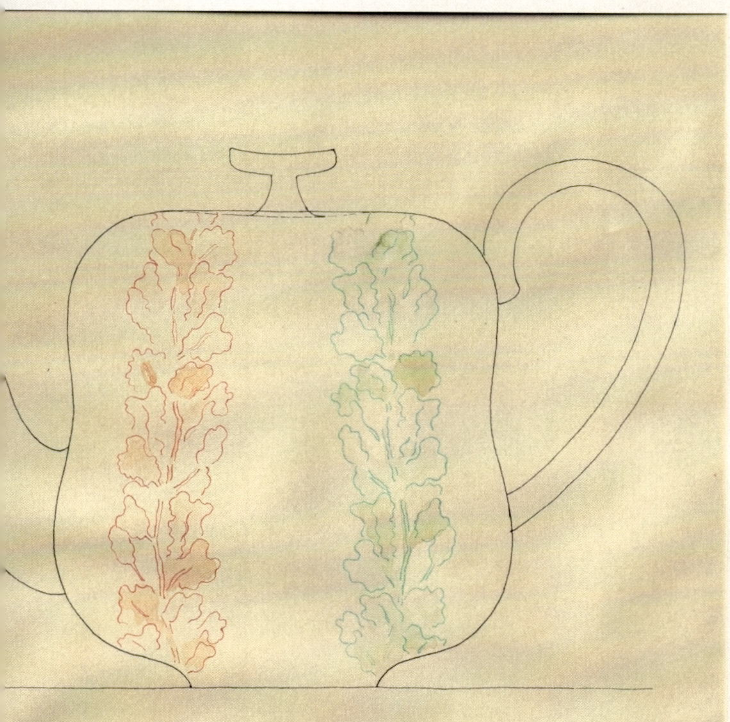

alfred Sautter
1940

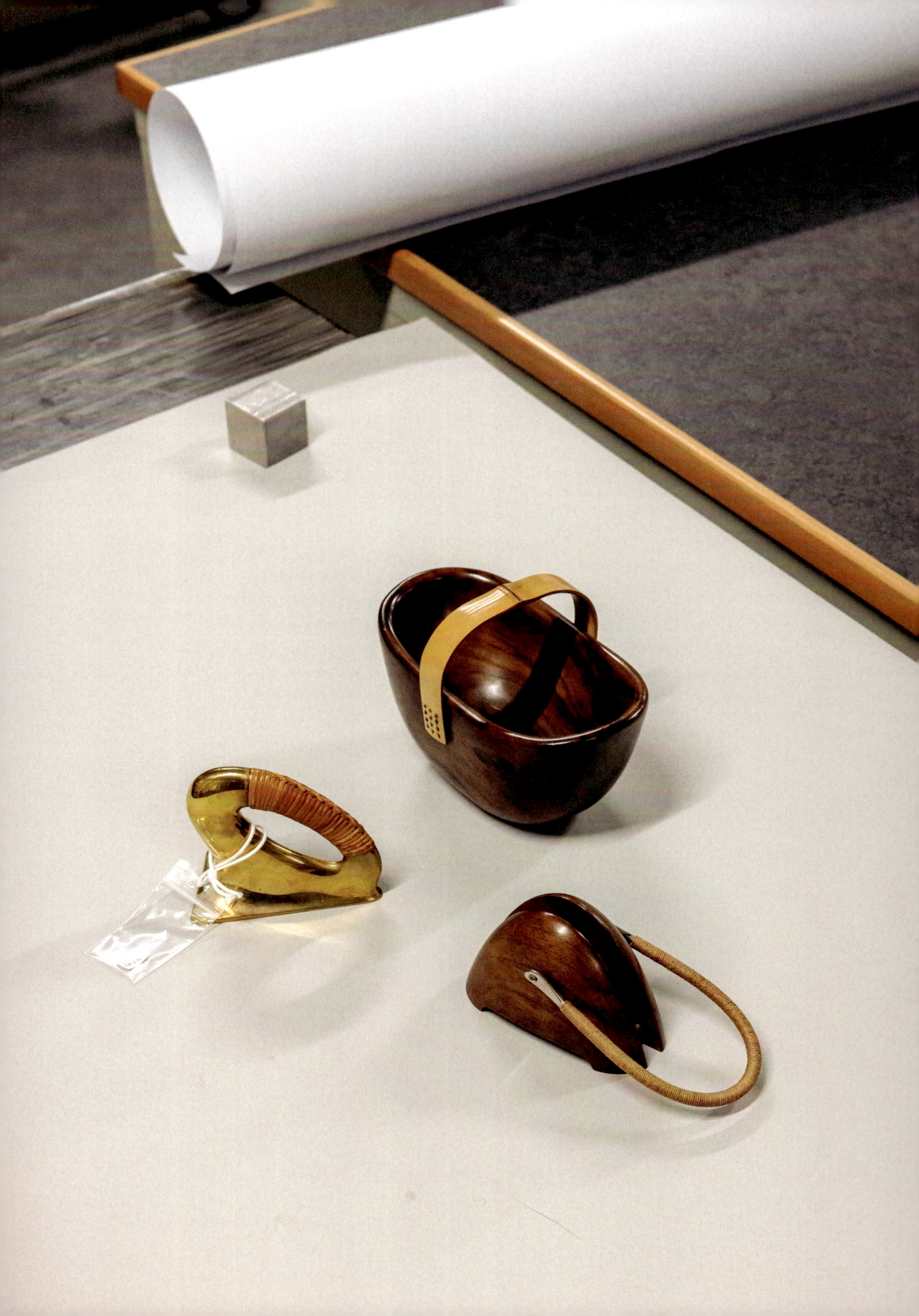

## Kassenwart: Carl Auböck

Die Funktion des Kassenwarts[163] übernahm Carl Auböck (1900–1957)[164], der wie Bichler und Soulek zur jüngeren Generation der Kunsthandwerker*innen in Wien zählte. 1917 trat Auböck in die Akademie der bildenden Künste in Wien als Schüler von Hans Tichy (Malerei) ein. Er wechselte an die Hochschule für bildende Künste in Weimar, wo er bis 1919 bei Johannes Itten studierte und anschließend bis 1921 Schüler in der Metallwerkstätte am Bauhaus in Weimar war. Nach Praxisjahren in Italien und Tschechien kam er nach Wien zurück und arbeitete ab 1923 in der Werkstätte seines Vaters, die er später übernahm. „Laut Fragebogen der Kreisleitung Wien I vom 7. Jänner 1939 war Auböck seit Mai 1933 Mitglied der NSDAP und Angehöriger der SA sowie SA-Scharführer. Er wurde daher auch als ‚Alter Kämpfer' eingestuft."[165] Im Nationalsozialismus war er als Kunsthandwerker überaus erfolgreich. Er nahm an vielen in- und ausländischen Ausstellungen teil, wie zum Beispiel an der letzten Triennale in Mailand (1940, Goldmedaille), an der Ausstellung *Deutsche Wertarbeit* in Berlin (1943, veranstaltet vom Reichspropagandaministerium), in Zürich und Bern (1943, veranstaltet vom Kunstdienst), in Wien (1943, veranstaltet vom Kunstdienst im Kunstgewerbemuseum) sowie 1944 an der Kollektivausstellung im Wiener Kunsthandwerkverein.[166] Auch bei der vom Kunstgewerbemuseum bzw. später vom Kunsthandwerkverein organisierten Sonderschau *Kunsthandwerk in Wien und der Ostmark* im Grassimuseum in Leipzig war Auböck regelmäßig bei den Aussteller*innen vertreten. 1944 wurde Auböck der Alfred-Roller-Preis verliehen, eine von der Stadt Wien im Nationalsozialismus gestifteten Auszeichnung für Kunsthandwerk, die neben Josef Hoffmann (1942) auch Michael Powolny (1943) erhalten hat.[167] Objekte aus der Sammlung des Wien Museums verweisen auf Auböcks Arbeiten in der NS-Zeit, wie diverse Buchstützen aus Messing sowie Tafelgeräte aus Holz.[168]

Aufgrund seiner Einstufung als „Alter Kämpfer" wurde Auböck von Mai bis November 1945 im Landesgericht I in Wien inhaftiert.[169] Sein Verfahren wurde ohne Verurteilung eingestellt.[170] Das in der NS-Zeit um den Wiener Kunsthandwerkverein verdichtete Netz der Kunsthandwerker*innen blieb auch nach 1945 bestehen, was sich vor allem im Personenkreis der Gründungsmitglieder der Österreichischen Werkstätten (1948) abzeichnet, zu dem auch Carl Auböck zählt.

## Ausstellungen im Grassimuseum in Leipzig

Mit dem „Anschluss" eröffnete sich auch für das Kunsthandwerk ein neuer Absatzmarkt, den man vor allem mit der Teilnahme an Messen und der Organisation von Ausstellungen ansprechen wollte. Leipzig war das Messezentrum des Dritten Reiches und die Leipziger Messe die wichtigste Präsentationsplattform für die Wirtschaft zur Erschließung neuer Absatzmärkte. Bereits im Sommer 1938 wurde das Kunstgewerbemuseum seitens des Reichsstatthalters beauftragt, bei der Leipziger Herbstmesse die Ausstellung *Wiener Kunstgewerbe. Kunstgewerbe aus der Ostmark*[171] im Grassimuseum umzusetzen (28.8.–18.9.1938). Als Grundstock der Ausstellung diente die für die internationale Handwerksausstellung in Berlin zusammengestellte Sonderschau *Ostmark,* wo „Proben bäuerliche[r] Handwerkskunst und eine reiche Schau des Kunstgewerbes vom einfachen, wohlgestalteten Wohngerät bis zu den repräsentativen Aufgaben"[172] gezeigt wurden. Mit der Umsetzung der Ausstellung wurde Otto Niedermoser als Ausstellungsarchitekt beauftragt und die Leitung übernahm der damalige Direktor des Kunstgewerbemuseums Richard Ernst. Die Ausstellung wanderte anschließend nach Frankfurt in die Villa Passavant und von dort nach Mannheim in die Kunsthalle. Die Wiener und die Ostmark-Ausstellung im Grassimuseum wurden zum fixen Bestandteil der Leipziger Messe, deren Organisation ab Frühjahr 1940 vom Wiener Kunsthandwerkverein übernommen wurde und bis 1941 zweimal im Jahr – im Frühjahr und Herbst – stattfand.[173]

Die Kriegsjahre beendeten die Ausstellungstätigkeit des Kunsthandwerkvereins im „Altreich" und beschränkten diese auf die eigene Ausstellungsfläche in der Kärntner Straße in Wien. Noch im März 1944 wurden in einer Personale Oswald Haerdtls Arbeiten der vergangenen Jahre präsentiert, darunter auch Möbel, die er in der NS-Zeit für den Industriellen Oskar Rhomberg entwarf, ein Angehöriger der Familie Rhomberg in Dornbirn, die gemeinsam mit den Hämmerles das „arisierte" Kaufhaus Herzmansky führten und in der NS-Zeit zu den einflussreichsten Familien in der Textilindustrie zählten.

S. 236 Carl Auböck, Buchstütze *Bügeleisen,* Schale für Nüsse, Serviettenhalter, um 1940, WM

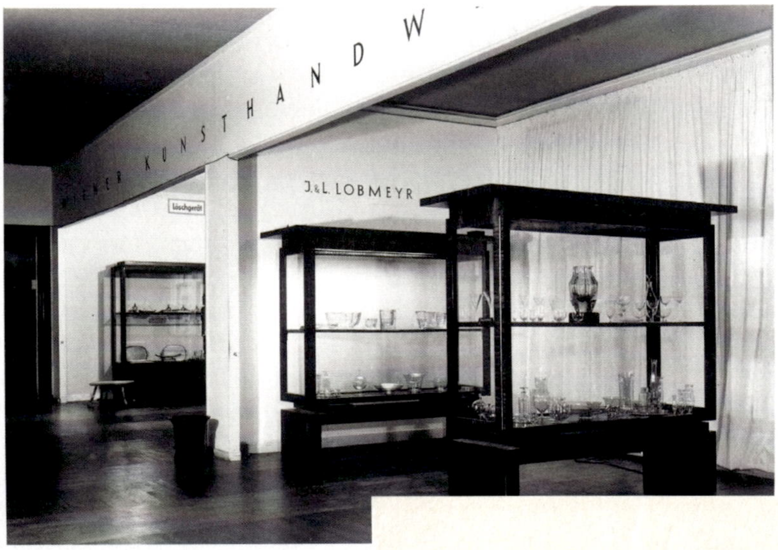




# Leipziger Herbstmesse 1938

## Grassimuseum

## Kunstgewerbe aus Wien und der Ostmark

Angermayer, Keramische Werkstätte, Eberschwang, Gau Obderdonau
Auböck, Karl, Kassetten, Wien, VII., Bernardgasse 23
Backhausen, Joh. & Söhne, Möbelstoffe, Teppiche usw., Wien, I., Opernring 1
Bakalowits Söhne, Glaswaren, Wien, I., Spiegelgasse 3
Bartosch, Josef, Edelholzkassetten, Wien, XV., Kanzlerplatz 1
Bauer, Andreas, Rauchrequisitenerzeugung, Wien, XV., Pouthongasse 8
Berndorfer Metallwarenfabrik A. Krupp, Wien, I., Wollzeile 12
Bleiberger Hausindustrie, Weberei und Stickerei, Bleiberg, Kärnten
Bojanovsky, Rudolf, Edelholzkassetten, Wien, XV., Pelzgasse 20
Boniakovski, R., Lederwaren, Wien, XVI., Ottakringer Straße 21
Brabek, Marie, Handweberei, Gams ob Frauental, Gau Steiermark
Bucher, Hertha, Keramik, Wien, IV., Mozartgasse 3
Dombrovski, Ernst, Graphiker, Graz
Entstrasser, Stefan, Handweberei, Kössen in Tirol
Eschner, Anna, Goldkettenerzeugung, Wien, VII., Kandlgasse 32
Fabrizii, Traude, Handweberei, Graz, Elisabethstraße 36
Fischer, Helene, Keramische Werkstätte, Graz, Scheidtenberger Straße 7
Förster, A., Galanteriewaren und feine Lederwaren, Wien, I., Kohlmarkt 5
Frauneder, Annemarie, Keramische Werkstätte, Bruck a. d. Mur, Steiermark
Gareis-Thrul, Gertha, Handweberei, Wien, XII., Altmannsdorfer Straße 56
Genewein, Christian, Handweberei, Wien, I., Stallburggasse 4
Gerstmayr, Hans, Prof., Stahlschnitt, Steyr, Obderdonau
Gewerbeförderungsamt Salzburg, Holzspanschachteln
Gewerbeförderungsinstitut der Landes-Handelskammer, Salzburg, Weiserstraße 1
Gobelin-Manufaktur, Wiener, Wien, I., Hofburg
Godina's Söhne, Juweliere, Wien, VI., Papagenogasse 5
Gredler, Berta, Textilien, Wien, VI., Magdalenenstraße 4

Wie aus den Quellen hervorgeht, wurde nach dem Krieg der Kunsthandwerkverein weitergeführt, der aufgrund des laufenden Mietvertrags die Räumlichkeiten im Zwieback-Haus behielt und weiterhin mit Ausstellungen bespielen konnte. Die finanzielle Situation des Vereins war jedoch sehr schwierig und im November 1946 wurde seitens der MA 7 ein Ansuchen zur Subventionierung des Wiener Kunsthandwerkvereins an den Gemeinderatsausschuss gestellt, um dem Verein die Miete im Zwieback-Haus zu ermöglichen. Die Bespielung der Räume und die Organisation der Ausstellungen übernahm der wiedergegründete Österreichische Werkbund, dem Oswald Haerdtl als Präsident vorstand und der auch die Agenden des Kunsthandwerkvereins übernahm.[174] „Der Österreichische Werkbund – neu entstanden", so betitelte die *Österreichische Zeitung* am 3. Juli 1945 einen Beitrag, in dem über eine am 30. Juni 1945 eröffnete Ausstellung im ehemaligen Zwieback-Haus berichtet wird, in der Arbeiten u.a. von Obsieger, Julius Theodor Kalmar und Grete Radar präsentiert wurden. „Der Österreichische Werkbund zeigt in einer mit echt wienerischem Geschmack zusammengetragenen Schau erlesene Arbeiten seiner Mitglieder. Arbeiten, die in der siebenjährigen Zeit der braunen Fremdherrschaft verpönt waren wie alles, was mit Wiener Kunst und Wiener Eigenart zusammenhing."[175] Der Journalist sprach in seinem Artikel von einer „echtösterreichischen" Ausstellung, wie sie die Wiener Bevölkerung sieben Jahre nicht zu sehen bekommen habe.[176] Die „Fremdherrschaft" durch die Nationalsozialisten wurde verdrängt und in der Suche nach einer neuen Identität auf Bilder des „Österreichischen" bzw. des „Wienerischen" verwiesen. Ausgeblendet wurde jedoch der Umstand, dass auch in der NS-Zeit die Marke „Wiener Kunsthandwerk" als Einzigartigkeit herausgestellt wurde. 1948 wurde in einem Schreiben für eine Presseaussendung bekannt gegeben, dass sich der Kunsthandwerkverein und die Mitglieder des Österreichischen Werkbundes zu einer Genossenschaft zusammengeschlossen haben, die im Rahmen des Wiederaufbaus ihre Aufgabe darin sah, „den Ruf des österreichischen Kunsthandwerks in seiner alten Größe wiederaufzurichten". Die konstituierende Generalversammlung sollte am 23. März 1948 in der Handelskammer stattfinden.[177] Im September berichtete bereits die Zeitung *Neues Österreich* mit dem Titel „Handwerk zwischen Luxus, Kunst und Kitsch. Der neue Österreichische Werkbund stellt sich vor" über die durch Bürgermeister Theodor Körner eröffneten Verkaufsräume der Österreichischen Werkstätten in der Kärntner Straße, dem „Wirtschaftsinstrument" des neuen Österreichischen Werkbundes.[178]

Der in der NS-Zeit gegründete Wiener Kunsthandwerkverein war nun unter einer neuen Genossenschaft, den Österreichischen Werkstätten, subsumiert und damit jeglicher Hinweis auf seine Gründungszeit ausgelöscht. Ein Paradoxon, das sich nach 1945 nicht nur in der Institutionsgeschichte des Wiener Kunsthandwerkvereins abzeichnet.

S. 238 Sonderschau *Kunsthandwerk aus Wien und der Ostmark*, Leipziger Frühjahrsmesse 1941, Grassi Museum für Angewandte Kunst, Leipzig (o.); Ausstellerverzeichnis, *Kunstgewerbe aus Wien und der Ostmark*, Leipziger Herbstmesse 1938, Grassimuseum (u.), AT-OeStA

1 O. A.: Arbeit und Freude im neuen deutschen Wien. Bürgermeister Neubacher über die Aufgaben der nationalsozialistischen Gemeindeverwaltung, in: Neues Wiener Journal, 18.3.1938, S. 2.

2 Siehe dazu: Siegfried Mattl: Nationalsozialistische Wirtschaft, in: ders., Gottfried Pirhofer, Franz J. Gangelmayer: Wien in der nationalsozialistischen Ordnung des Raums. Lücken in der Wien Erzählung (VWI Studienreihe, hg. vom Wiener Wiesenthal Institut für Holocaust-Studien, Bd. 3), Wien 2018, S. 61–94; Gloria Sultano: Wie geistiges Kokain ... Mode unterm Hakenkreuz, Wien 1995.

3 Mattl, Nationalsozialistische Wirtschaft, S. 69.

4 Ebd.

5 Siehe: Siegfried Mattl, Gottfried Pirhofer: NS-Standortpolitik: Wien als „Drehscheibe" zwischen „Alt-Reich" und Südosteuropa, Wien 2014 [unveröffentlichter Projektbericht, Zukunftsfonds der Republik Österreich]; Mattl, Nationalsozialistische Wirtschaft; Sultano, Wie geistiges Kokain.

6 Jürgen Nautz: Die Entwicklung der Handelsbeziehungen Österreichs zu den anderen Nachfolgestaaten nach dem Ersten Weltkrieg, in: Wirtschaft und Gesellschaft 18 (1992) 4, S. 539–559, hier S. 540.

7 AT-OeStA/AdR, Reichsstatthalter (RStH) Wien, Kt.32, M.171, Besprechungsvermerk über Unterredung mit Dr. Robert Ley am 19.2.1941 im Arbeitszimmer des Reichsleiters Baldur von Schirach.

8 WStLA, Hauptarchiv-Akt, A1:985, 1938–1939, Das Kulturamt der Stadt Wien, vervielfältigte Berichte über Organisation und Tätigkeit der einzelnen Abteilungen, Aussprache anlässlich der Schaffung des Gaukulturamtes der Stadt Wien, Notiz, 28.9.1938.

9 AT-OeStA/AdR, Zivilakten der NS-Zeit (ZNsZ), Reichskommissar (RK) Materie 2100-2238, 2238: Wiener Mode und Geschmacksindustrie, 1938–1940, Aktenvermerk, 22.7.1938, Besprechung mit Bürgermeister Hermann Neubacher. Ohnheiser hatte einen „Totalplan" vorgelegt, „ein ‚Haus der Mode' mit Ausstellungsräumen, Modellwerkstatt und Kaufgelegenheit – in einer Art von genossenschaftlichen Charakter – zusammen mit einem ‚Salon der Stadt Wien' am Parkring, als einen geschäftlichen und gesellschaftlichen Treffpunkt in gleicher Weise". Der Plan trage jedoch, so die Kritik der Kollegen vom Berliner Modeinstitut, „unverkennbar noch die Züge des Denkens in einem beschränkten, städtischen bezw. bisher österreichischen Rahmen". Eine Reichsplanung müsse „anders ausschauen". Ausgearbeitete Pläne der Architektin Irene (Kutzbach-) Hittaler wurden diskutiert.

10 Sultano, Wie geistiges Kokain, S. 136.

11 Ebd., S. 99–131.

12 Eduard F. Sekler: Josef Hoffmann. Das architektonische Werk. Monographie und Werkverzeichnis, Salzburg, Wien 1982, S. 221; Sultano, Wie geistiges Kokain, S. 99.

13 AT-OeStA/RStH III 1938–1940, 200.665/38, Schreiben Josef Hoffmann mit Beilagen, u.a. zum Thema „Mode", o.D.

14 WStLA, M.Abt. 204, A91: 16 – Steuerangelegenheiten 1940–42 (Stadtwerke, Haus der Mode), o. A.: Gründungsgeschichte „Haus der Mode", 3.11.1941.

15 AT-OeStA/AdR ZNsZ RK Materie 2100 2238/1, Statuten Haus der Mode.

16 WStLA, M.Abt. 204, A91: 16 – Steuerangelegenheiten 1940–42 (Stadtwerke, Haus der Mode), Broschüre Haus der Mode, o.D.

17 Ebd.

18 Ebd.; Sultano, Wie geistiges Kokain, S. 104; Mattl, Nationalsozialistische Wirtschaft, S. 87. Des Weiteren gehörten dem Vorstand des Hauses „Max Bude, Staatssekretär Kajetan Mühlmann, Handwerkswalter Ziegler, Syndikus der Handwerkskammer Rath, der Industrielle Hermann Rhomberg sowie je ein Vertreter des Kulturamtes und des Reichskomissariates" an. Mattl, Nationalsozialistische Wirtschaft, S. 87. In einer späteren Liste (28.1.1944) setzte sich der Vorstand aus folgenden Personen zusammen: Walter Rafelsberger, Hanns Blaschke, Otto Böhler, Siegfried Camuzzi, Walter Emmerich, Karl Gratzenberger, Kurt Hanke, Franz Leibenfrost, Günther Ohnheiser, Rudolf Rath, Hans Rehbeck, Lorenz Rhomberg, Hans Schmidt, Heinrich Schlemmer, Karl Schneeberger. WStLA, M.Abt. 350, Allg. Reg. A1-65, 1946, Namensliste, 28.1.1944.

19 Maren Seliger: Scheinparlamentarismus im Führerstaat. „Gemeindevertretung" im Austrofaschismus und Nationalsozialismus. Funktionen und politische Profile Wiener Räte und Ratsherren 1934–1945 im Vergleich (Politik und Zeitgeschichte, Bd. 6), Wien 2010, S. 848–849.

20 Biografie Günther Ohnheiser siehe: Kapitel 6, S. 154.

21 WStLA, M.Abt. 202, A5-Personalakten 1. Reihe, Alfred Kunz, geb. 26.6.1894, Fragebogen 13.10.1945, Schreiben Alfred Kunz an den Bürgermeister, 5.4.1946.

22 BV Archiv, Akt Charlotte Schkerl, Fragebogen 30.8.1938.

23 BV Archiv, Akt Charlotte Aurnhammer, Fragebogen 8.8.1941 und 7.9.1945.

24 Interview mit Oberbaurat Josef Hoffmann zur Planung des Hauses der Mode, in: o. A.: Wiener Mode 52 (April 1939) 4, 1939, o. S.

25 WStLA, M.Abt. 350, Allg. Reg., 1939, A1-14, 1940, Schreiben Haus der Mode an die Abt. III, 3.2.1940.

26 O. A.: Arbeiten von Professor Josef Hoffmann, Wien, in: Moderne Bauformen 41 (1942) 8, S. 285–296.

27 Inserat „Ball der Mode", in: Neues Wiener Journal, 29.1.1939, S. 5.

28 O. A.: Ein Fest wienerischer Gestaltungskunst. Handwerksschaffen und Wohnkultur im Konzerthaus, in: Kleine Volks-Zeitung, Nr. 41, 10.2.1939, S. 9.

29 Ebd.

30 O.A.: Bürgermeister Dr. Ing. Hermann Neubacher eröffnet das „Haus der Mode in Wien", in: Bühne (1939) 6, S. 26; o.A.: „Schon mit der praktischen Arbeit begonnen". Bürgermeister Neubacher eröffnete das „Haus der Mode", in: Kleine Volks-Zeitung, Nr. 54, 23.2.1939, S. 5.

31 O.A.: Bild der Ausstellung, in: Wiener Mittagsausgabe, 6.4.1939, S. 4.

32 WStLA, M.Abt. 204, A91: 16 – Steuerangelegenheiten 1940–42 (Stadtwerke, Haus der Mode), o. A.: Gründungsgeschichte „Haus der Mode", 3.11.1941.

33 BV Archiv, Akt Eva Kallbrunner.

34 BV Archiv, Akt Rudolf Matouschek.

35 BV Archiv, Akt Anneliese Freissler (Freißler).

36 Sultano, Wie geistiges Kokain, S. 111.

37 Ebd.; Mattl, Nationalsozialistische Wirtschaft, S. 91.

38 Margarete [sic] Klimt ist in der sogenannten Gottbegnadeten-Liste in der Gruppe „Gebrauchsgraphiker und Entwerfer" angeführt. BArch Berlin, R55/20252a, Gottbegnadeten-Liste, 1944.

39 Sultano, Wie geistiges Kokain, S. 111.

40 AT-OeStA/AdR ZNsZ RK Materie 2100 2238/1, Brief Haus der Mode an den RK für die Wiedervereinigung, 8.2.1940.

41 Ebd., Brief RK für die Wiedervereinigung an die Reichsstelle für Kleidung und verwandte Gebiete, 6.2.1940.

42 WStLA, M.Abt. 350, Allg. Reg. A1-65, 1946, Lagebericht, 12.5.1945.

43 Ebd., Schreiben Robert Kraus an das Wirtschaftsförderungsinstitut, 14.12.1946.

44 Ebd., 3231-4159, Schreiben Oswald Haerdtl an das Amt für Kultur und Volksbildung (Robert Kraus), 10.7.1945.

45 Ebd., 3231-4159, Schreiben Wirtschaftsförderungsinstitut an die MA 7, 30.11.1946.

46 WStLA, Bestand 1.3.2.813.1, Modeschule der Stadt Wien, 1945–1981.

47 Sabine Forsthuber: Vom Ende der Wiener Frauenakademie in der NS-Zeit, in: Hans Seiger, Michael Lunardi, Peter Josef Populorum (Hg.): Im Reich der Kunst. Die Wiener Akademie der bildenden Kunst und die faschistische Kunstpolitik (Österreichische Texte zur Gesellschaftskritik, hg. vom Verein Kritische Sozialwissenschaft und Politische Bildung, Bd. 50), Wien 1990, S. 217–246.

48 Richard Harlfinger: Die Wiener Frauenakademie, in: Nachrichtenblatt des Zentralverbandes bildender Künstler Oesterreichs (1937) 33, S. 2–5.

49 WB Sammlung, A 90970, Inv.-Nr. 132.715, Wiener Frauenakademie, Prospekt (um 1938/1939).

50 AT-OeStA/AdR, Stillhaltekommissar für Vereine, Organisationen und Verbände, 37A/1, Frauenakademie, Schreiben an die RdbK, 3.11.1938.

51 Akademie der bildenden Künste Wien, Archiv (AdbK Archiv), 1189/1938, Schreiben Heinrich Zita an Hanns Blaschke, 14.11.1938.

52 AT-OeStA/Allgemeines Verwaltungsarchiv (AVA), 15, Vereine Wien, Schreiben Robert Obsieger, 29.11.1938.

53 AdbK Archiv, 1270/1938, Schreiben der kommissarischen Leitung der Akademie an die Reichsstudentenführung Wien, 10.12.1938.

54 AT-OeStA/AdR, Stillhaltekommissar für Vereine, Organisationen und Verbände, 37A/2, Frauenakademie, Schreiben an die RdbK, 13.11.1938.

55 AT-OeStA/AdR, 02, 15, Frauenakademie, Brief Heinrich Zita an den Kreisleiter, 6.10.1941.

56 AT-OeStA/AVA, Unterricht, Fasz. 2884, Vorschlag des Schulvorstandes vom 23.12.1926.

57 AT-OeStA/AdR, 02, 15, Frauenakademie, Urteil des Kreisgerichtes Wien III vom 25.11.1942, NSDAP-Mitgl.-Nr. 7.862.359 (ab Herbst 1938).

58 Ebd., Schreiben Heinrich Himmler an Baldur von Schirach, 29.9.1944.

59 BV Archiv, Akt Ferdinand Kitt, Abschrift, März 1942.

60 Ebd., Antwort des Sicherheitsdienstes des Reichsführers SS an Leopold Blauensteiner, 5.5.1942. Neumark hat überlebt und war nach dem Krieg in Wien als Kunstredakteur tätig.

61 AT-OeStA/AVA, Unterricht, Frauenakademie, 2884, Zl. 8084/1940.

62 WStLA, M. Abt. 350, Allg. Reg., A1-18, 1940, Schreiben des Ministeriums für kulturelle und innere Angelegenheiten an das Kulturamt, 16.4.1940.

63 Technische Universität Wien, Archiv (TUWA), PA Viktor Weixler.

64 Ursula Prokop: Viktor Weixler, Architekturzentrum Wien, Architektenlexikon Wien 1770–1945, http://www.architektenlexikon.at/de/679.htm (30. 10.2019). Im Antrag zu seiner Verleihung der Ziviltechnikerbefugnis und im TUWA finden sich hingegen andere Daten: AT-OeStA/AdR Handel, Bergbau, Bauten und Technik (HBbBuT) BMfHuV Allg. Reihe Privattechniker (PTech) Weixler Viktor.

65 O. A.: Der Plakatwettbewerb der Wiener Messe-A.G., in: Neues Wiener Tagblatt, 30.10.1922, S. 5.

66 AT-OeStA/AdR Inneres Bundesministerium für Inneres (BMI) Beschwerdekommission (BeKo) nach §7 VG (1946–1959) Buchstabe W, NSDAP-Mitgl.-Nr. 440.219 (ab 4.2.1931).

67 WStLA, M.Abt. 350, Allg. Reg., A1-63, 1946, Schreiben des BMU an die Gemeindeverwaltung der Stadt Wien, 5.8.1946.

68 AT-OeStA/AVA, Unterricht, Frauenakademie, 2884, Schreiben der Reichsstatthalterei, 2.9.1939.

69 AT-OeStA/AdR UWFuK BMU PA Sign. 3, Viktor Weixler, Bescheid des BMI, 1.2.1949.

70 WB Sammlung, Inv.-Nr. 157.960, Wiener Frauenakademie, Wien 1940.

71 WStLA, M.Abt. 350, Schachtel 1, Fünf Jahre Kulturamt, Die Kunst- und Modeschule der Stadt Wien, 1943.

72 O. A.: Die Wiener Frauenakademie, in: Nachrichtenblatt des Zentralverbandes bildender Künstler (1939) 44, S. 5–6.

73 Fleischmann, ein in Prag ausgebildeter Arzt, hat 1921–1928 an der Akademie der bildenden Künste Wien Bildhauerei studiert (Josef Müllner). Ab 1939 lebte er in Australien und ab 1948 in London. Wikipedia, Arthur Fleischmann, https://en.wikipedia.org/wiki/Arthur_Fleischmann (22.4.2021).

74 WStLA, M.Abt. 350, Allg. Reg. A1-65, 1946, vgl. Schreiben der BV an das Kulturreferat der Gemeinde Wien, 13.9.1949.

75 BArch Berlin, R55/20252a, Gottbegnadeten-Liste, 1944.

76 L[eopoldine] Springschitz: Michael Powolny, in: Die Pause 8 (1943), S. 19.

77 WStLA, M.Abt. 350, Allg. Reg. A1-65, 1946, Schreiben vom 10.9.1945.

78 Gabriele Koller: Die bildenden Künste. Über die Lehrbarkeit des Nichterlernbaren, in: Erika Patka, Wilhelm Holzbauer (Hg.): Kunst: Anspruch und Gegenstand. Von der Kunstgewerbeschule zur Hochschule für Angewandte Kunst in Wien 1918–1991, Salzburg u. a. 1991, S. 180–257, hier S. 204.

79 WStLA, M.Abt. 350, Allg. Reg. A1-33, 1942, Schreiben der Verwaltung der Stadt Wien an den Leiter des Kulturamtes, 29.6.1942.

80 O. A.: Ein Kostüm für Elsa von Brabant und ein solches für meine Frau, in: Große Volkszeitung, 13.9.1942, S. 3.

81 WStLA, M.Abt. 350, Schachtel 1, Fünf Jahre Kulturamt, Die Kunst- und Modeschule der Stadt Wien, 1943.

82 WStLA, Karton 23/1, Modeschule der Stadt Wien, Hetzendorf 1946–1951, Antrag vom 26.3.1946.

83 Ebd., Alfred Kunz, Artikel für die Zeitschrift Wiener Mode.

84 O. A.: Wien bleibt die Stadt der Künste, in: Neuigkeits-Welt-Blatt, 11.5.1938.

85 Eva Kessler: Wiener Kunsthandwerk, in: Innen-Dekoration (1938) 49, S. 181–191.

86 Birgit Knauer: Oswald Haerdtl. Ein „deutscher" Designer mit Wiener Note, in: Ingrid Holzschuh, Monika Platzer, Architekturzentrum Wien (Hg.): „Wien. Die Perle des Reiches". Planen für Hitler (Ausstellungskatalog Architekturzentrum Wien), Zürich 2015, S. 86–103, hier S. 87.

87 AT-OeStA/RSth III, 200.665/38, Typoskript von Oswald Haerdtl an Kajetan Mühlmann, 4.9.1938.

88 Ebd., Typoskript von Oswald Haerdtl an Kajetan Mühlmann, Herbst 1938.

89 Ebd.

90 Adolph Stiller: Oswald Haerdtl, Architekt und Designer. 1899–1959, Wien 2000.

91 Siehe: Knauer, Oswald Haerdtl, S. 85–102.

92 Günther von Pechmann: Neue Möbel für die Deutschen Werkstätten in Hellerau von Professor Oswald Haerdtl, Wien, in: Moderne Bauformen, 39 (1940) 7, S. 332–333.

93 Ebd.

94 Knauer, Oswald Haerdtl, S. 101.

95 Ebd.

96 Ebd., S. 96.

97 AT-OeStA/AdR BMU, PA Oswald Haerdtl, Uk-Karte, 9.8.1941.

98 Ebd., Schreiben Kajetan Mühlmann an das Generalreferat für Kunstangelegenheiten, 22.10.1940.

99 Ebd., Schreiben Reichsstatthalter an Oswald Haerdtl, 7. 2.1941.

100 Siehe: Marian Potocar: Österreicher bauen im „Neuen Osten". Bratislava, Prag und Krakau, in: Holzschuh, Platzer, Az W, „Wien. Die Perle des Reiches", S. 104–120.

101 AT-OeStA/AdR BMU, PA Oswald Haerdtl, Aktenvermerk Reichsstatthalter Wien, 7.2.1941.

102 MAK Sammlung, Inv.-Nr. GO 1831 Deckelbecher.

103 Wien Geschichte Wiki, Ehrenring, https://www.geschichtewiki.wien.gv.at/Ehrenring (23.3.2021)

104 WStLA, M.Abt. 350, Allg. Reg. A1-46, 1943, 3050-3412, Schreiben A. E. Köchert an das Kulturamt, 10.2.1944.

105 Privatsammlung Firma Köchert, Wien, Schreiben der MA 7 an die Firma Köchert, 30.4.1946.

106 AT-OeStA/RSth III, 200.665/38, mehrere Schreiben (Manuskript und Typoskript) Josef Hoffmann an Kajetan Mühlmann, o. D. [ca. 1938].

107 Sekler, Josef Hoffmann; August Sarnitz: Josef Hoffmann. 1870–1956. Im Universum der Schönheit, Köln 2007; Christoph Thun-Hohenstein: Wege der Moderne – Josef Hoffmann, Adolf Loos und die Folgen (Ausstellungskatalog MAK Wien), Wien 2015.

108 Sekler, Josef Hoffmann; Christoph Thun-Hohenstein, Matthias Boeckl, Rainald Franz, Christian Witt-Dörring (Hg.): Josef Hoffmann 1870-1956: Fortschritt durch Schönheit. Das Handbuch zum Werk (Ausstellungskatalog MAK – Österreichisches Museum für angewandte Kunst), Basel 2021.

109 AT-OeStA/Gauakt Josef Hoffmann, geb. 15.12.1870, 4892, Fragebogen Reichsjugendführung, Arbeitsausschuss für HJ-Heimbeschaffung, 12.4.1938.

110 Ebd., Politische Beurteilung, 10.4.1940.

111 Der von der RdbK gestellte Antrag zur Verleihung der Goethe-Medaille an Hoffmann wurde von Goebbels „im ersten Fall wegen Speers negativem Gutachten und im zweiten Fall aus grundsätzlichen Erwägungen" abgelehnt. Vgl. Thomae, Die Propaganda-Maschinerie, S. 194.

112 WStLA, M.Abt. 350, Allg. Reg., A1-23, 1941, Schreiben an den Bürgermeister, 3.12.1940.

113 WStLA, M.Abt. 350, Allg. Reg., A1-38, 1942, Satzungen für die Verleihung des Alfred-Roller-Preises, 19.10.1942.

114 WStLA, 3.7.3.A1. Akten 103.10, Dokumente und Unterlagen zu Personen und Familien, Josef Hoffmann, Sonderauftrag für Professor Hoffmann, Zeitungsausschnitt, 7.6.1941.

115 Josef Hoffmann: Wiener Kunsthandwerk, in: Die Pause, 7 (1942), S. 12–21; ders.: Entwicklung und Ziele im Kunsthandwerk, in: Völkischer Beobachter, 19.2.1944, S. 3.

116 MAK Sammlung, Inv.-Nr. GO 1864, Krug mit Kriegssymbolik, 1938.

117 WStLA, 3.7.3.A1 Akten 103.10, Dokumente und Unterlagen zu Personen und Familien, Josef Hoffmann, Interview mit Hoffmann, 3.2.1943, S. 11; Stephan Templ, Tina Walzer: Unser Wien: „Arisierung" auf österreichisch, Berlin 2001, S. 127; WStLA, Akt 2.5.1.4.K11. Hoffmann Josef, 15.12.1870; Meldezettel Josef Hoffmann, 1940, in: Stadt Wien, WAIS – Wiener Archivinformationssystem, https://www.wien.gv.at/actaproweb2/benutzung/index.xhtml (10.4.2021).

118 AT-OeStA/AdR BMU PA, Josef Hoffmann, 27.12.1950.

119 WStLA, M.Abt. 350, Allg. Reg. A1-41, 1943, Schreiben Josef Hoffmann an Hanns Blaschke, 17.9.1943

120 WStLA, Hauptarchiv-Akt, A1:985, 1938–1939, Das Kulturamt der Stadt Wien, vervielfältigte Berichte

über Organisation und Tätigkeit der einzelnen Abteilungen, S. 57.

121 WStLA, 3.7.3.A1_Akten 103.10, Dokumente und Unterlagen zu Personen und Familien, Josef Hoffmann, Interview mit Hoffmann, 3.2.1943, S. 9.

122 WStLA, M.Abt. 350, Allg. Reg. A1-42, Schreiben Josef Hoffmann an Hanns Blaschke, mit Firmenstempel, 17.9.1943.

123 Ebd., 1943, Schreiben Josef Hoffmann an Hanns Blaschke, 17.9.1943.

124 WStLA, M.Abt. 350, Allg. Reg. A1-46, 1943, Vierteljahresbericht Hoffmann, 20.10.1943.

125 Ebd.

126 Insgesamt umfasst die Fotoserie 110 Abbildungen, siehe: WM, Inv.-Nr. 211651 bis 211761.

127 WStLA, M.Abt. 350, Allg. Reg. A1-46, 1943, Verwaltungsbericht Hoffmann, 31.3.1944.

128 Ebd., Allg. Reg. A1-54, 1945, Bestätigung Amt für Kultur und Volksbildung, 27.4.1945.

129 „Der Künstlerwerkstättenverein [sic] wurde unter Leitung Prof. Josef Hoffmann [sic] während des Krieges gegründet, um den schwer kämpfenden kunsthandwerklichen Kräften die Möglichkeit ihres Weiterbestandes zu sichern." Siehe: AT-OeStA/BMU, Kunstsektion, 1948, 33.774-II/4a-48, Künstlerwerkstätten-Verein, Ankäufe des BMU aus den Mitteln der „Kunstförderungsbeiträge", Schreiben Josef Hoffmann an die Kunstsektion des BMU, 21.5.1948.

130 WStLA, Hauptarchiv-Akt, A1:985, 1938–1939, Das Kulturamt der Stadt Wien, vervielfältigte Berichte über Organisation und Tätigkeit der einzelnen Abteilungen, S. 80.

131 AT-OeStA/BMU PA, Erklärung von Robert Obsieger, nicht datiert, nach 1945; ZV Archiv, Akt Hans Bichler, Fragebogen vom 14.11.1957.

132 AT-OeStA/BMU PA, Erklärung von Robert Obsieger, nicht datiert, nach 1945.

133 AT-OeStA/AdR BMfHuV, 33.793, Präs. III/59, Hans Bichler, Lebenslauf, Ansuchen um Verleihung der Standesbezeichnung „Ingenieur".

134 WStLA, M.Abt. 350, A1-43, 1943, Schreiben der MA 50 an den Wiener Kunsthandwerkverein, 20.3.1939.

135 Wien Geschichte Wiki, Geschäftshaus Zwieback, https://www.geschichtewiki.wien.gv.at/Gesch%C3%A4ftshaus_Zwieback (9.7.2019).

136 Baupolizei MA 37, Bauakte Haus Kärntner Straße 11/Weihburggasse 2, 1010 Wien, Einreichplan vom 24.1.1951 und November 1956.

137 WStLA, M.Abt. 350, Allg. Reg. A1-28, 1941, 1111–1460, Schreiben der Zentralsparkasse Wien an die Gemeindeverwaltung mit einer Planskizze vom Haus in der Kärntner Straße 15, Zwieback-Haus, 15.8.1941.

138 WStLA, Hauptarchiv-Akt, A1:985, 1938–1939, Das Kulturamt der Stadt Wien, vervielfältigte Berichte über Organisation und Tätigkeit der einzelnen Abteilungen, S. 81.

139 AT-OeStA/AdR Handel, 33.793 und 35.207/Präs. III/59, Hans Bichler, Lebenslauf, Ansuchen um Verleihung der Standesbezeichnung „Ingenieur", 1959.

140 AT-OeStA/AdR PK, Akt 14.4129, Antrag auf Nachsicht der Sühnefolgen nach dem Verbotsgesetz 1947 für Hans Bichler, 1951; ebenso: WStLA, Gauakt Hans Bichler, Lebenslauf, Fragebogen mit ausgefülltem Lebenslauf.

141 AT-OeStA/BMU PA, Erklärung Robert Obsieger, nicht datiert, nach 1945.

142 Ebd.

143 AT-OeStA/AdR BMfHuV, 33.793, Präs. III/59, Hans Bichler, Lebenslauf, Ansuchen um Verleihung der Standesbezeichnung „Ingenieur".

144 Fünf Jahre Kulturamt der Stadt Wien, Ansprache des Leiters Dipl.-Ing. Hanns Blaschke, S. 8.

145 AT-OeStA/AdR BMfHuV, 33.793, Präs. III/59, Hans Bichler, Lebenslauf, Ansuchen um Verleihung der Standesbezeichnung „Ingenieur".

146 Ebd.

147 WStLA, Gauakt Hans Bichler, Schreiben des SS-Hauptsturmführers Berlin an den Wiener Kunsthandwerkverein, 12.11.1940.

148 Ebd., Bauprogramm für die Neubauten der Nationalpolitischen Erziehungsanstalten mit grundständigem Zug, o. D. Das Bauprogramm beinhaltet das Raum- und Funktionsprogramm der Neubauten.

149 Ebd., SS-Wirtschafts-Verwaltungshauptamt an den Stab der Amtsgruppe C, 28.4.1942; AT-OeStA/AdR PK, Hans Bichler, Akt, Nachsicht der Sühnefolgen aus dem Bundeskanzleramt, 1949.

150 AT-OeStA/AdR PK, Hans Bichler, Akt, Nachsicht der Sühnefolgen aus dem Bundeskanzleramt, Formular, 1950.

151 AT-OeStA/AdR PK, Akt 14.4129, Antrag auf Nachsicht der Sühnefolgen nach dem Verbotsgesetz 1947 für Hans Bichler, 1951.

152 BV Archiv, Akt Alfred Soulek, Fragebogen zur Aufnahme in die BV von 1946.

153 Ebd., Lebenslauf, o. D.

154 Ebd., Fragebogen für die Aufnahme in die RdbK, Fachgruppe Entwerfen, 14.7.1938. Ebenso beinhaltet der Mitgliedsakt im Archiv der ZV den Fragebogen für die Fachgruppe Innenraumgestaltung und Baukunst.

155 Ebd., Fragebogen zur Aufnahme in die BV von 1946.

156 ZV Archiv, Akt Alfred Soulek, Bescheide, 8.12.1938 und 15.4.1939.

157 Ebd., Fragebogen zur Aufnahme in die RdbK, 14.7.1938.

158 Hans Harald Rath war Mitglied der RdbK (Glaswarenerzeuger) und seine Firma bekam in der NS-Zeit lukrative Aufträge. So stattete das Unternehmen im Schloss Kleßheim (Salzburg) das „Gästehaus des Führers" und die Reichskanzlei in Berlin mit Lustern aus. Nach dem Krieg kann das Traditionsunternehmen seine Arbeit in repräsentativen Häusern fortsetzen und u. a. in der 1966 eröffneten Metropolitan Opera in New York Leuchten installieren. ArchiExpo, Woka Lamps Vienna, Klassische Deckenleuchte, http://www.archiexpo.de/prod/woka-lamps-vienna/product-4561-1974884.html (5.4.2019).

159 ZV Archiv, Akt Alfred Soulek, Schreiben Hans Harald Rath an das Generalreferat für Kunstförderung, 13.8.1939.

160 Ebd., Schreiben Alfred Soulek an die Reichskammer, 18.5.1942.

161 Stadt Wien, Wiener Wohnen, Sieveringer Straße 163, http://www.wienerwohnen.at/hof/1365/Sieveringer-Strasse-163.html (5.4.2019).

162 Wladimir Aichelburg, 150 Jahre Künstlerhaus Wien 1861–2011, Alfred Soulek, in: http://www.wladimir-aichelburg.at/kuenstlerhaus/mitglieder/verzeichnisse/mitglieder-gesamtverzeichnis (23.4.2018).

163 BV Archiv, Akt Carl Auböck, Schreiben des Präsidenten der RdbK Berlin an Leopold Blauensteiner, 9.9.1940; Schreiben Leopold Blauensteiner an den Präsidenten der RdbK Berlin, 12.10.1940.

164 Günther Buchinger (Hg.): Carl Auböck. 1900–1957: Maler und Designer (Ausstellungskatalog Historisches Museum der Stadt Wien), Wien 1997.

165 BArch Berlin, 3100/A00018, NSDAP-Mitgliederverzeichnis, Zentralkartei; WStLA, 2.7.1.4.A1 Gauakten 1932–1955 (Carl Auböck); WStLA, 1.3.2.119. A42 NS-Registrierung 1945–1957, Akt 27 (Carl Auböck), alle zit. nach: Peter Autengruber, Birgit Nemec, Oliver Rathkolb, Florian Wenninger: Forschungsprojektendbericht. Straßennamen Wiens seit 1890 als „Politische Erinnerungsorte", Wien 2013, S. 130, https://www.wien.gv.at/kultur/abteilung/pdf/strassennamenbericht.pdf (29.4.2021)..

166 WStLA, M.Abt. 350, Allg. Reg. A1-49, 1944, 751-1205, Lebenslauf Carl Auböck, verfasst anlässlich der Überreichung des Alfred-Roller-Preises, 1944.

167 Ebd.

168 U. a. WM, Inv.-Nr. 199646, Buchstütze *Bügeleisen;* Inv.-Nr. 199654, Serviettenständer; Inv.-Nr. 199660, Schale für Nüsse (alle datiert mit 1940/42).

169 Autengruber, Nemec, Rathkolb, Wenninger, Forschungsprojektendbericht. Straßennamen Wiens, S. 130.

170 Wikipedia, Carl Auböck (Maler), https://de.wikipedia.org/wiki/Carl_Aub%C3%B6ck_(Maler) (21.6.2021).

171 In der Sammlung des MAK befinden sich mehrere Fotografien von kunstgewerblichen Objekten der Ausstellung *Kunstgewerbe aus Wien und der Ostmark* im Grassimuseum in Leipzig 1938: MAK Sammlung, KI 18373-3, Tischlampe; KI 18374-7, 18374-8 und 18374-9, Keramik-Schale, Entwurf: Franz Zülow.

172 AT-OeStA/Büro Mühlmann, Karton 8, RStH III, 201.811-38, Schreiben des Kunstgewerbemuseums an den Reichsstatthalter, 31.10.1938.

173 Olaf Thormann: Die Museumschronik 1930 bis 1945. Grassi Museum für Angewandte Kunst Leipzig, Leipzig 2015, S. 164–165. Fotos im Buch zeigen die Präsentation von Gläsern der Firma Lobmeyr sowie Möbel von Oswald Haerdtl in der Ausstellung im Grassimuseum 1941.

174 WStLA, M.Abt. 350, Allg. Reg. A1-64, 1946, Subventionsansuchen der MA 7 an den Gemeinderat, 13.11.1946.

175 G. Horwitz: Der Österreichische Werkbund – neu erstanden, in: Österreichische Zeitung, 3.7.1945, S. 3.

176 Ebd.

177 WStLA, M.Abt. 350, Allg. Reg. A1-75, 1948, Wiener Kunsthandwerkverein, Presseaussendung, o. D.

178 O. A.: Handwerk zwischen Luxus, Kunst und Kitsch. Der neue Österreichische Werkbund stellt sich vor, in: Neues Österreich, 25.9.1948, S. 5. Siehe dazu: Friedrich Achleitner: Der Österreichische Werkbund und seine Beziehungen zum Deutschen Werkbund, in: Lucius Burckhardt (Hg.): Der Werkbund in Deutschland, Österreich und der Schweiz. Form ohne Ornament, Stuttgart 1978, S. 102–113.

## ⑧ Angeeignet
## Die künstlerische NS-Ausstattung des Wiener Rathauses

Unter den Wettbewerben, die zur Ausschmückung der Stadt ausgeschrieben wurden, kam denen für die bildkünstlerische NS-Ausstattung des Wiener Rathauses eine besondere Bedeutung zu. Das Rathaus war neben der Hofburg jener Ort, an dem Hitler am 9. April 1938, dem Tag vor der Volksabstimmung, eine seiner für Wien denkwürdigsten Reden hielt, die „Perlenrede". In dieser Ansprache verkündete Hitler, er werde Wien in „jene Fassung bringen, die dieser Perle würdig" sei, womit er bei Künstler*innen und Architekt*innen größte Hoffnungen und Erwartungen auf künftige Aufträge weckte.[1] Für den Besuch Hitlers war im ersten Stock des zentralen Rathausturmes ein provisorischer Balkon, eine Art „Außenkanzel", errichtet worden, von der er sich um 12 Uhr mittags unter den Klängen Richard Wagners der begeisterten Wiener Bevölkerung zeigte und Goebbels die „Proklamation des Tages des Großdeutschen Reiches" ausrief. Zu Jahresende erhielt dieser Balkon eine bleibende, stabile Konstruktion. Zur Erinnerung an den geschichtsträchtigen Tag wurden an den Wänden der dem Balkon vorgelagerten Turmnische die von Johannes Cech gestalteten Bronzetafeln mit den Reden Hitlers und des Bürgermeisters Hermann Neubacher eingelassen.[2]

Die neogotische, an deutsche mittelalterliche Rathäuser angelehnte Architektur bot die perfekte Kulisse für die programmatische künstlerische NS-Ausstattung der einzelnen Repräsentationssäle. Die Räumlichkeiten erfuhren eine den politischen Verhältnissen angepasste Umbenennung. Der große Festsaal blieb, abgesehen vom Balkon samt Vorraum, unverändert. Hingegen wurde für die Dekorierung der angrenzenden Räume des Nord- und Südbuffets, die nun in Nibelungen- und Ostmarksaal umbenannt wurden, ein beschränkter, geladener Wettbewerb ausgeschrieben. Dieser richtete sich an die Elite der NS-Künstler, an die Parteigenossen Ferdinand Andri, Herbert Dimmel, Rudolf Hermann Eisenmenger und den parteilosen Ferdinand Kitt, die ihre Entwürfe bis 24. März 1939 einzureichen hatten.[3]

### Nibelungensaal

Für die Ausgestaltung des Nibelungensaals – des ehemaligen Nordbuffets – war unter Bürgermeister Karl Lueger 1908 ein Wettbewerb ausgeschrieben worden, aus dem Albin Egger-Lienz (1868–1926) siegreich hervorgegangen war.[4] Sein 1910/11 entstandenes Gemälde mit dem Titel *Einzug König Etzels mit Kriemhild in Wien* zeigt die Szene in bildparalleler Friesanordnung. Das Wandbild wurde jedoch nie angebracht, sondern landete im Depot des Historischen Museums. Nun wurde das Gemälde von Egger-Lienz aufgehängt, man könnte auch sagen, ideologisch vereinnahmt. In dem NS-Wettbewerb kamen daher die verbliebenen freien Flächen zur Ausschreibung.

S. 246–247 Johannes Cech, Gedenktafel für Adolf Hitler am Wiener Rathaus, 1938, WM; Lage- und Konstruktionsplan für den Balkon am Hochturm des Wiener Rathauses, 1938, MA 37, Archiv der Baupolizei

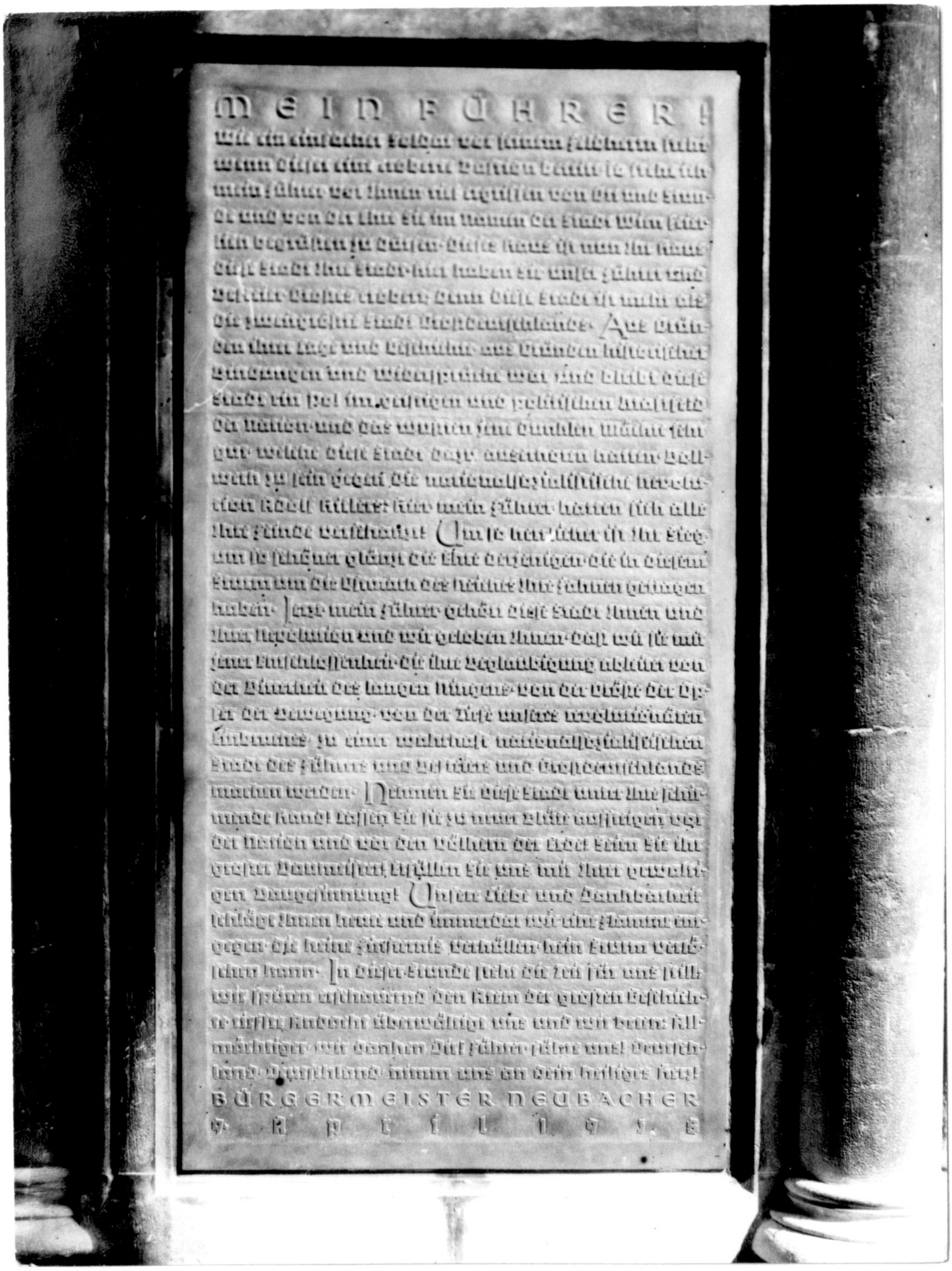
MEIN FÜHRER!
BÜRGERMEISTER NEUBACHER
9. April 1938

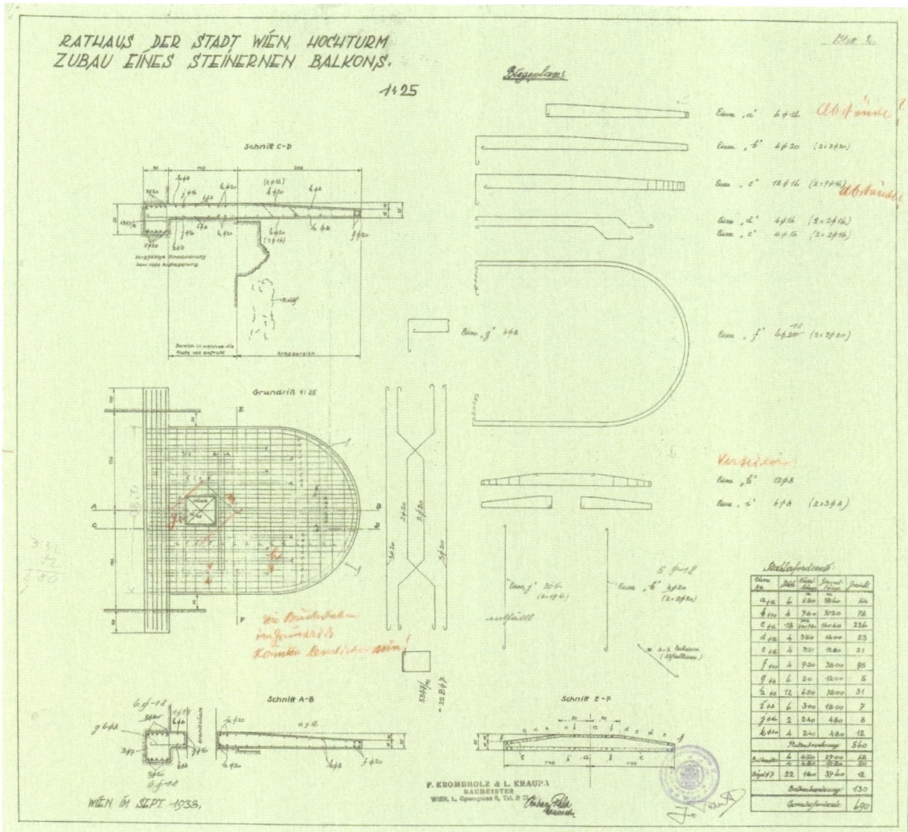
RATHAUS DER STADT WIEN, HOCHTURM
ZUBAU EINES STEINERNEN BALKONS.
1:25
Schnitt C-D
Grundriß 1:25
Schnitt A-B
Schnitt E-F
F. KROMBHOLZ & L. KRAUPA
BAUMEISTER
WIEN IM SEPT. 1938.

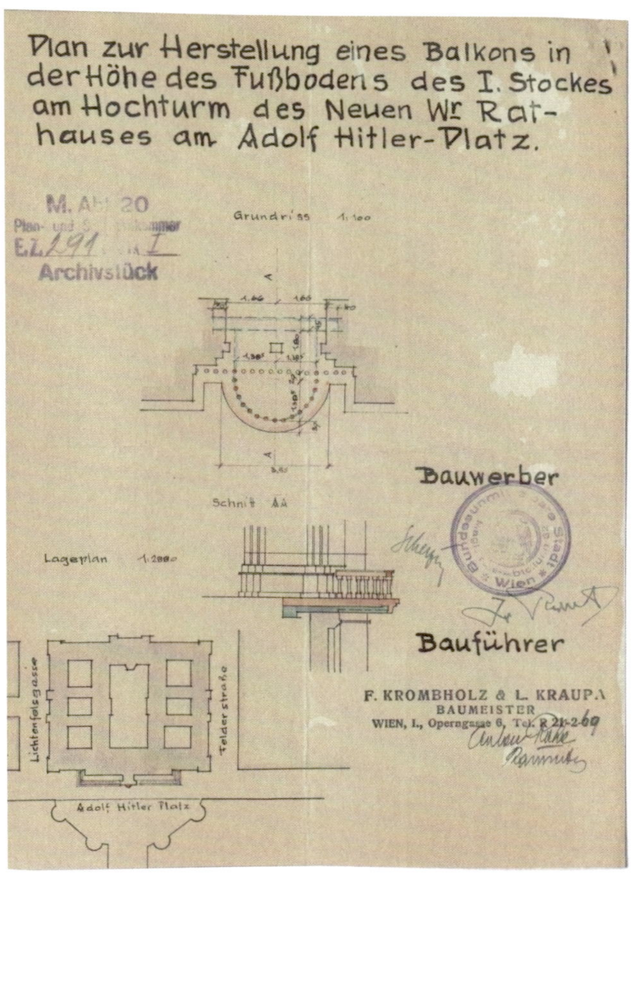
Plan zur Herstellung eines Balkons in der Höhe des Fußbodens des I. Stockes am Hochturm des Neuen Wr. Rathauses am Adolf Hitler-Platz.
M. Abt. 20
Archivstück
Grundriss 1:100
Schnitt AA
Lageplan 1:2880
Bauwerber
Bauführer
F. KROMBHOLZ & L. KRAUPA
BAUMEISTER
WIEN, I., Operngasse 6, Tel. R 21-2-69
Lichtenfelsgasse
Felderstraße
Adolf Hitler Platz

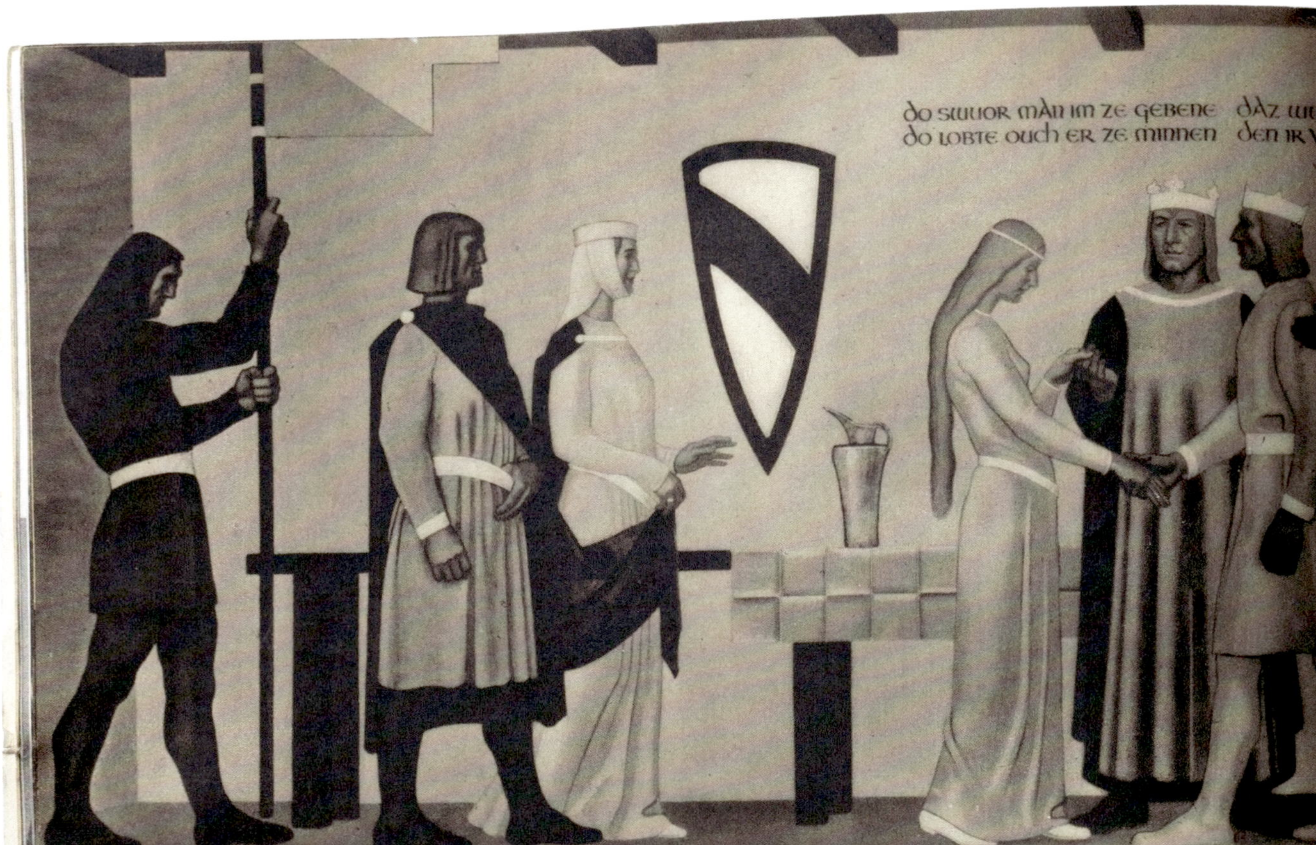
do swuor mân im ze gebene daz
do lobte ouch er ze minnen den ir

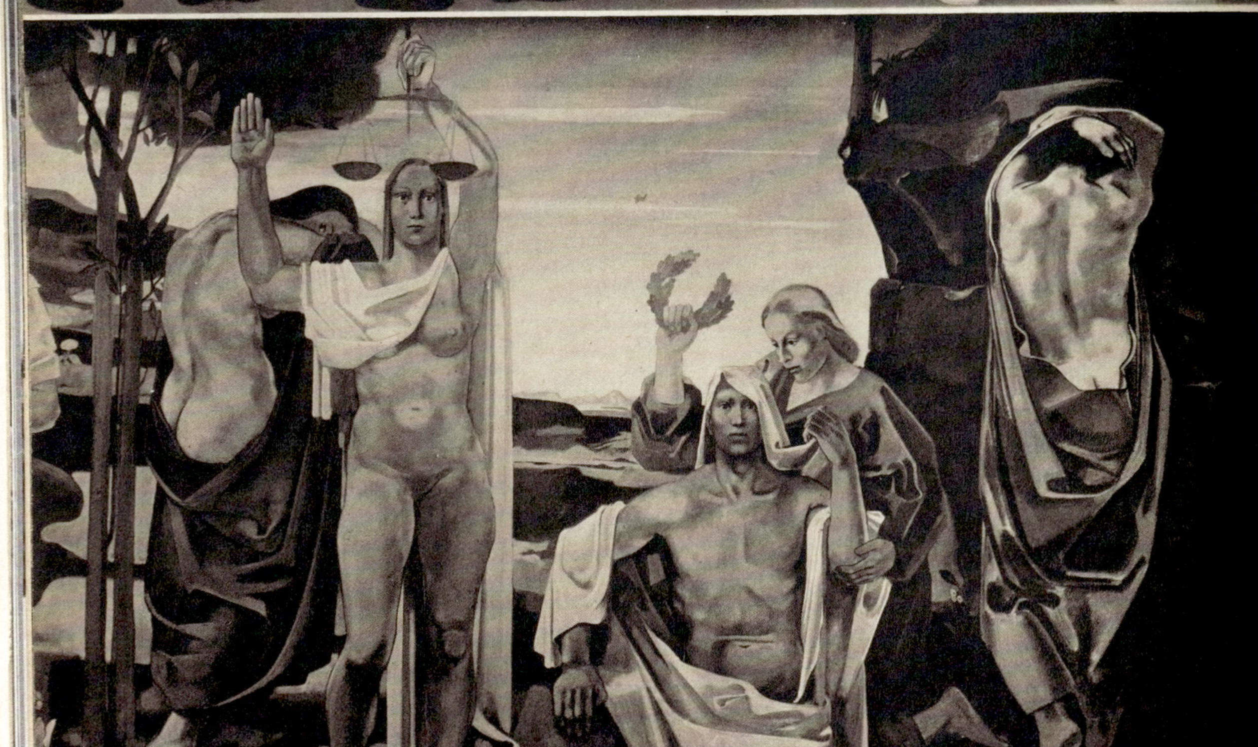

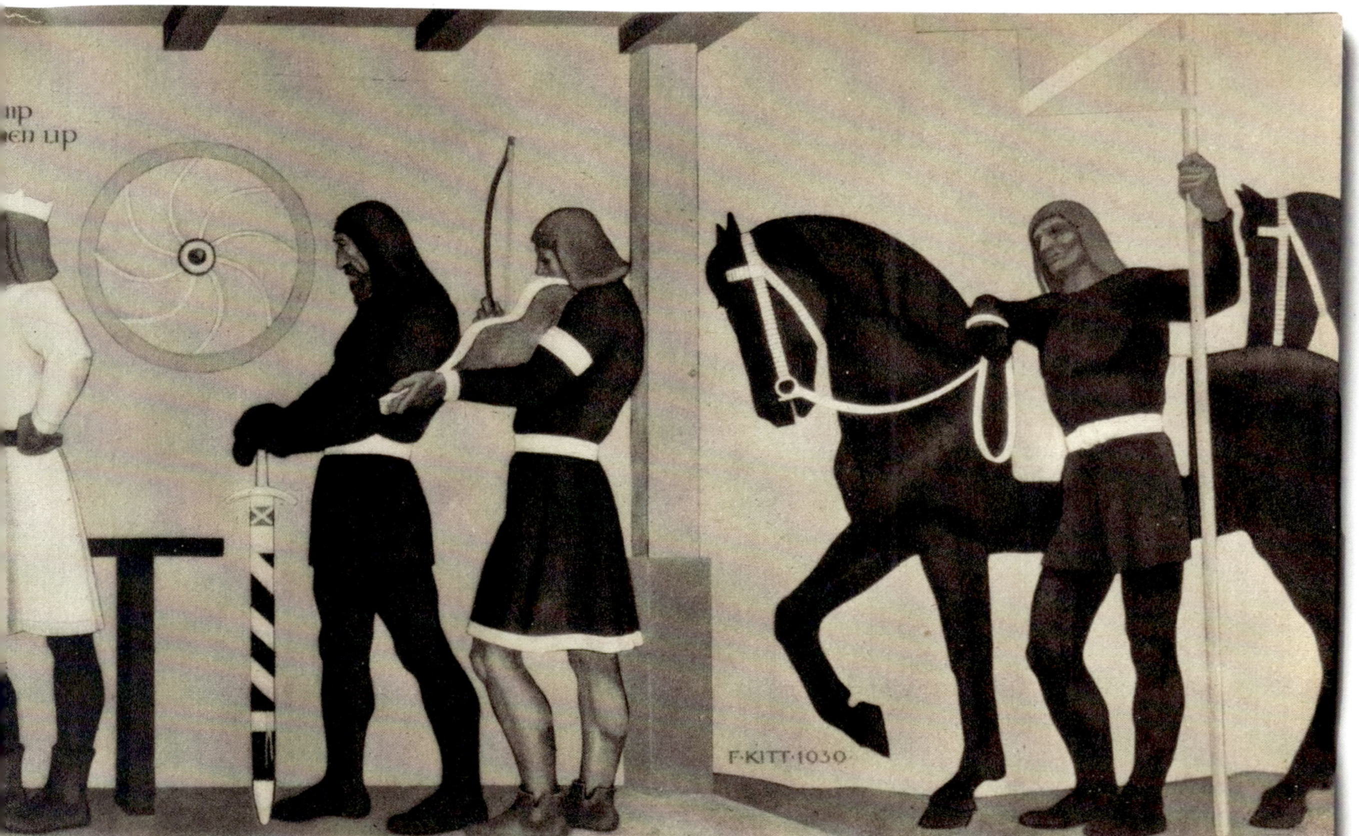

FERDINAND KITT: VERLOBUNG GISELHERS MIT DIETLIND ZU BÖCHELARN / WANDBILD IM FESTSAAL DES WIENER RATHAUSES (1939/40)
LINKE SEITE UNTEN: RUDOLF H. EISENMENGER: DIE HEIMKEHR DER OSTMARK (AUSSCHNITT) / WANDBILD IM FESTSAAL DES WIENER RATHAUSES (1940)

auszuwählen, und Namen aufzählen hat wenig Sinn; aber was man auch abbilden wollte von den vielen, von Klein, Kasper, Kirchner, Lehmann, Blumenthal, Schiffers u. a., beinahe jeder zeigt eine persönliche Note, und der Wille zum Überpersönlichen, zum Anonymen hat glücklicherweise die Provinz des Intimen und Seelenvollen und Individuellen nicht zerstört. Denn welche Aufgaben die Zukunft auch stellen mag, dieses Reservoir ist unersetzlich.

* * *

Sich über die wesentlichsten Triebkräfte der heutigen Malerei unterrichten, ist nicht leicht. Ein wenig klarer sieht man, wenn man beobachtet, welche Vorbilder anerkannt werden: auf der einen Seite die deutsche Malerei der Dürer-Zeit, Dürer, Holbein, Cranach, Altdorfer, weniger Grünewald und H. B. Grien; auf der anderen Seite die Romantiker, C. D. Friedrich, O. Runge, K. Blechen, und die Nazarener Cornelius, Schnorr von Carolsfeld, A. Koch. Eine geringere Rolle spielen die Impressionisten, dafür stehen Realisten wie Menzel, Leibl und Thoma in hohem Ansehen. Wenn „eine gute Zukunft nur auf Grund einer guten Herkunft möglich ist", bedeutet das, daß die Malerei der Gegenwart sich in *dem* Flügel des Hauses einzurichten gedenkt, in dem die Geister des Ausgleiches zwischen Norden und Süden, zwischen Bild und Aussage wohnen (Dürer), und die Geister einer fast religiösen Naturbeseelung (Friedrich) und intensiven Erneuerung der Geschichte (Cornelius). Ableitungen dieser Art bleiben immer einseitig, denn selbstverständlich schließen Richtpunkte anders geartete Eindrücke nicht aus, auch solche aus dem Lager der Impressionisten nicht, wie wir an W. Zügel sehen. Immerhin, hatten wir lange Zeit die Vergangenheit beinahe ausschließlich unter dem Gesichtswinkel der Freilichtmalerei gesehen, so jetzt unter dem ideeller und menschlicher Werte.

Natürlich könnten wir den Vorrat an gegenwärtiger Malerei nicht unter den alten Rubriken unterbringen. Rein inhaltlich schon gar nicht, denn des Aktuellen ist viel (Leben in der Gemeinschaft, Leben auf dem Lande, Industrie, Krieg). Formal eher, denn jedes neue Thema bedingte zwar die Erschließung eines entsprechenden Formvorrates, hat ihn aber nicht immer zur Folge. A. v. Menzels „Eisenwalzwerk" von 1875 dürfte stilistisch

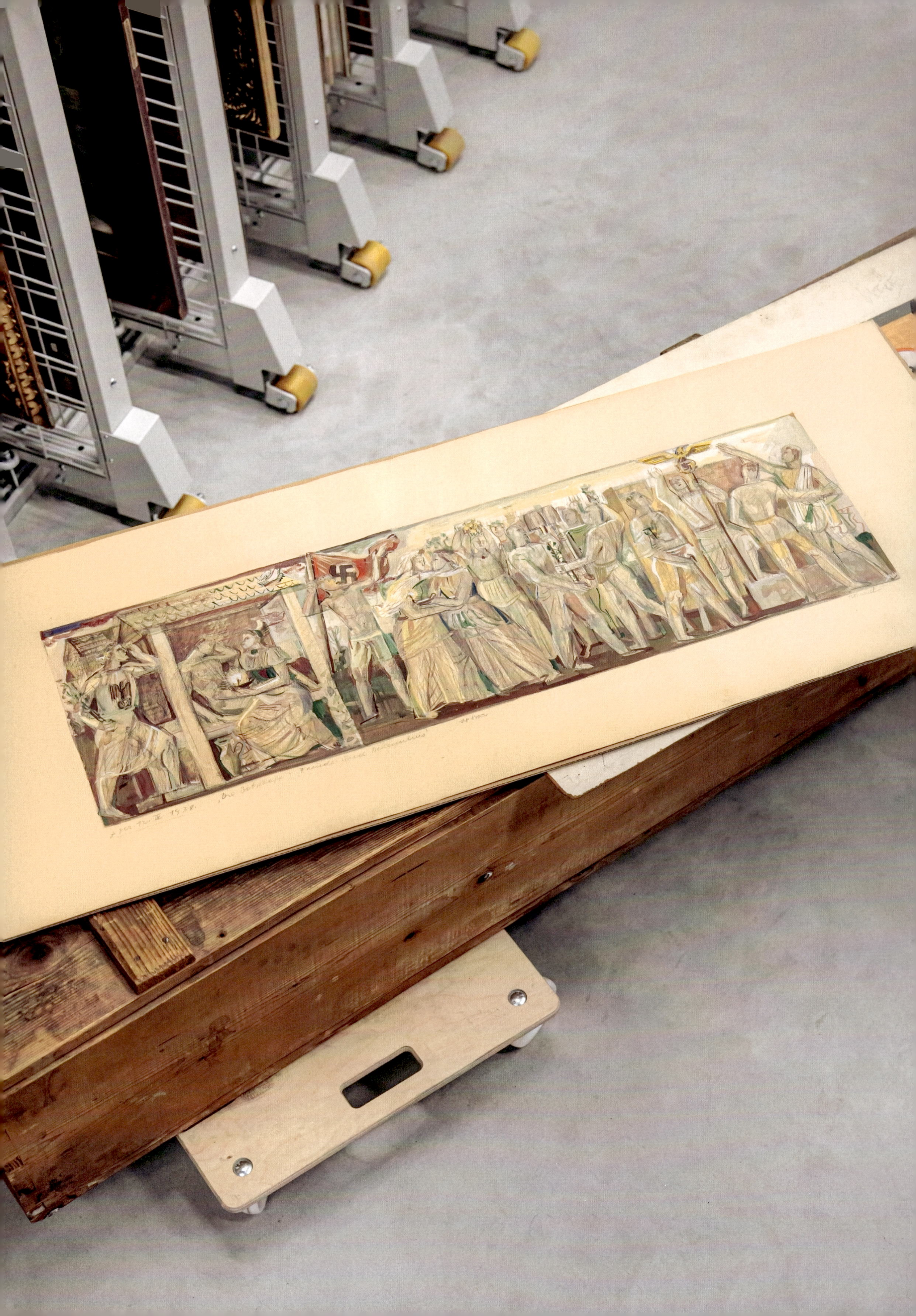

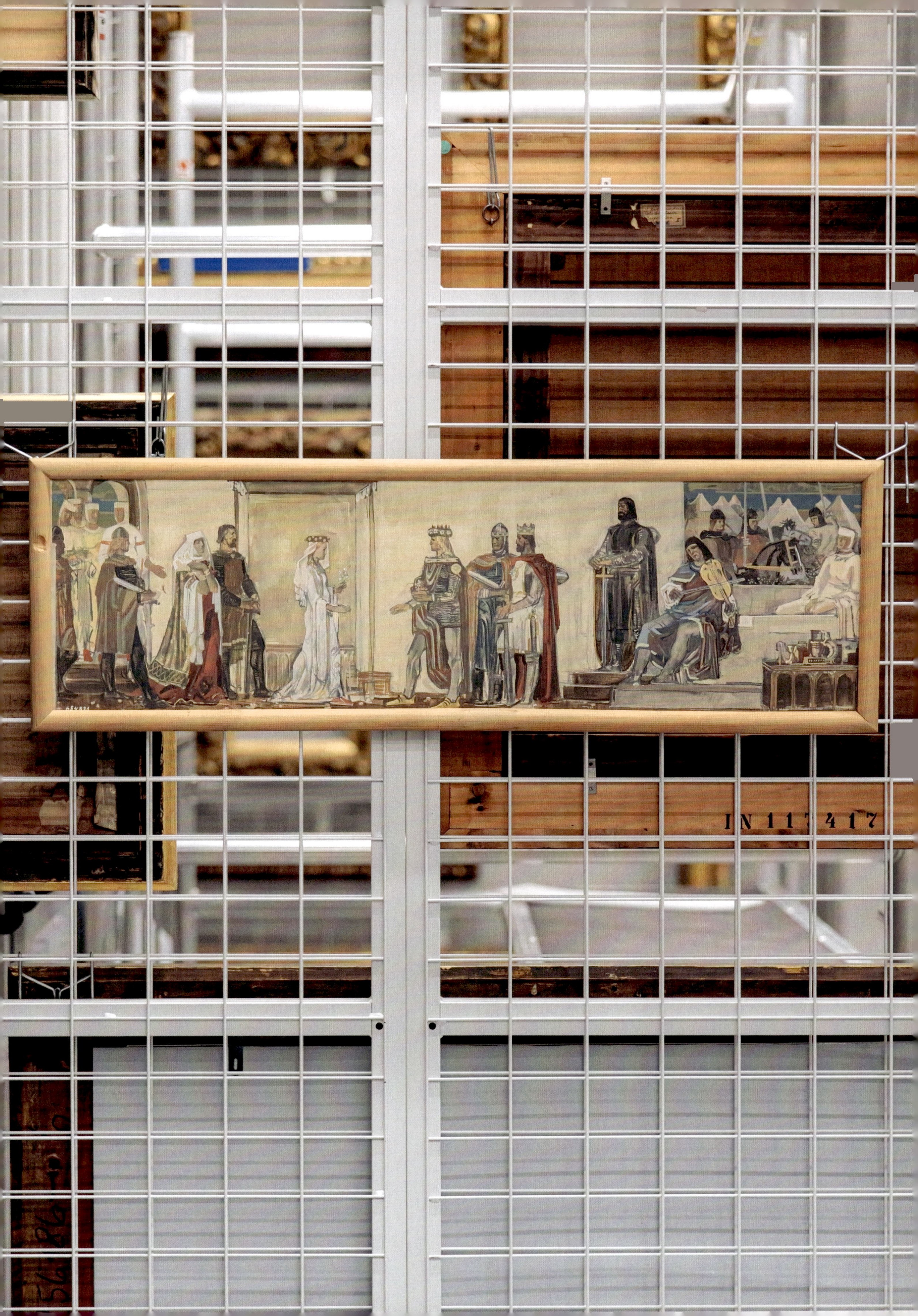

Besonders das Treueverständnis der nordischen Helden („Nibelungentreue") kam der NS-Kulturpolitik gelegen. Die Nationalsozialisten suchten bewusst eine Verbindung zu den nordischen und germanischen Heldensagen, das Nibelungenlied galt ihnen als Nationalepos. Im Treueverständnis der nordischen Helden zu einer Führerpersönlichkeit erkannten sie rassische Idealbilder. Angesichts des aussichtslosen Kampfes um Stalingrad beschwor Göring diese heroischen Tugenden der Nibelungen und meinte damit den „Kampfeinsatz bis zum letzten".[5] Kunstwerke aus dem Themenkreis der Nibelungen waren äußerst beliebt. So bestellte Goebbels 1943 bei Eisenmenger drei in der Wiener Gobelin-Manufaktur angefertigte Tapisserien mit Episoden aus diesem mittelalterlichen Heldenepos,[6] von denen 1945 immerhin noch einer ausgeliefert wurde.[7]

Für den Nibelungensaal hatten Eisenmenger (*Gernots Hochzeit*)[8] und Kitt Entwürfe eingereicht. Letzterer wurde mit der Ausführung des Themas *Die Verlobung Giselhers mit Dietlind* beauftragt. Die von links und rechts heranziehenden Festzüge von Rittern und Hofdamen reichen sich in Kitts 1940 angebrachtem Wandbild in der Mitte die Hände (8,5 × 2,6 m).[9] Kitt orientierte sich kompositorisch und stilistisch eng an Egger-Lienz und kam, mit Ausnahme des scheinbar unabdingbaren Sonnenrades, ohne plakative politische Anspielungen aus. Die Schmalseiten des Saales sollten mit Gobelins bedeckt werden. Der diesbezügliche Auftrag war 1939 an Herbert Dimmel ergangen und sollte ebenfalls Themen aus dem Nibelungenlied beinhalten (*Hagen und Volker auf der Schildwacht, Der brennende Saal*, 3,5 × 2 m).[10] Dem *Amtlichen Führer durch das Wiener Rathaus* aus dem Jahr 1943 ist jedoch zu entnehmen, dass sie sich damals noch in Ausarbeitung befanden.[11]

Mit Herbert Dimmel (1894–1980) kam ein weiterer angesehener NS-Künstler, ein Schüler und Assistent Ferdinand Andris und von 1938 bis 1945 Professor an der Akademie, zum Zug.[12] Er dürfte von Andri, dem Leiter der Meisterklasse für Wandmalerei, nachhaltig beeindruckt gewesen sein.[13] Dimmel hatte 1934 Steinschnitte für das Heldendenkmal, 1939 ein Deckenbild für das Akademietheater (Allegorie) sowie Kartons der Jahreszeiten für die Fresken im Kahlenberg-Hotel u. Ä. ausgeführt. Zu seinen propagandistischen Bildern „im Gedenken an das nun schon historische Geschehen des März 1938" zählen fünf Wandbilder für das Funkhaus des Reichssenders Wien (1938). Diese Entwürfe (Kartons von 50 m Länge) waren auf der Professoren-Ausstellung 1940 in der Akademie zu sehen.[14]

## Ostmarksaal

Der Zuschlag für die Dekoration des Ostmarksaals ging an Eisenmenger, der hier stilistisch freier und zugleich programmatischer vorgehen konnte. Schon die Themensetzung der beiden Wandbilder mit den Titeln *Heimkehr der Ostmark ins Reich* und *Die Gaben der Ostmark* darf als Ausdruck der damaligen Eigenwahrnehmung gesehen werden. Die Ostmark kehre eben nicht „wie ein verlorener Sohn" heim, wie sich Eisenmenger ausdrückte,[15] sondern leiste einen kulturellen Beitrag zur Stärkung des Reiches. Das Wandbild visualisiere demnach „die reichen materiellen und musischen Gaben, die die Ostmark dem Deutschen Reich als Mitgift mitgebracht hat".[16] Die Betonung der Eigenständigkeit der ostmärkischen Kultur war, wie Jan Tabor betonte, nur in der Übergangszeit möglich und galt zunehmend als unerwünscht. Wien wurde dementsprechend zur „Gaustadt" herabgestuft,[17] 1942 wurde der Begriff der Ostmark überhaupt untersagt.

Kitts eingereichte Entwürfe für den Ostmarksaal haben sich erhalten. Sie zeigen einerseits aufeinander zugehende NS-Größen mit Hakenkreuzfahnen und andererseits Frauen in unterschiedlichen Trachten, die Arme zum „Hitlergruß" erhoben. In einem weiteren Entwurf führen Panzer einen Reiterzug an.[18] Dimmel hatte wegen Arbeitsüberlastung nur für eine der beiden Wandflächen einen Vorschlag eingebracht,[19] weshalb er im Ostmarksaal nicht zum Zug kam. Eisenmenger bedankte sich bei Blaschke für den Auftrag und meinte: „Gerne will ich meine ganze Kraft in den Dienst dieser Arbeit stellen und hoffen, dass diese schließlich so ausfällt, dass sie den großen Tagen des Jahres 1938 würdig ist!"[20]

Die beiden circa neun Meter langen Wandbilder sind Eisenmengers politischste Arbeiten. Sie bringen in symbolhafter Weise sein Bekenntnis zum Nationalsozialismus zum Ausdruck. Im Zentrum der *Heimkehr der Ostmark ins Reich* steht ein junger Mann in HJ-Uniform, die Hakenkreuzfahne geschultert, zu seiner Rechten eine weißgewandete junge Frau mit Fackel

S. 248–249 Ferdinand Kitt, *Die Verlobung Giselhers mit Dietlind zu Böchelarn* (o.), Rudolf Hermann Eisenmenger, *Die Heimkehr der Ostmark*, Ausschnitt (u.), ausgeführte Entwürfe für das Wiener Rathaus, in: *Die Pause*, H. 1/2, 1941, WM
S. 250 Herbert Dimmel, *Der 12. III. 1938*, Entwurf zu einem Wandgemälde für den Ostmarksaal im Wiener Rathaus, 1939, WM
S. 251 Rudolf Hermann Eisenmenger, *Gernots Hochzeit*, Entwurf zu einem Wandgemälde für den Nibelungensaal im Wiener Rathaus, 1939, WM
S. 253 Ostmarksaal des Wiener Rathauses, in: *Amtlicher Führer durch das Wiener Rathaus*, 1943, WB

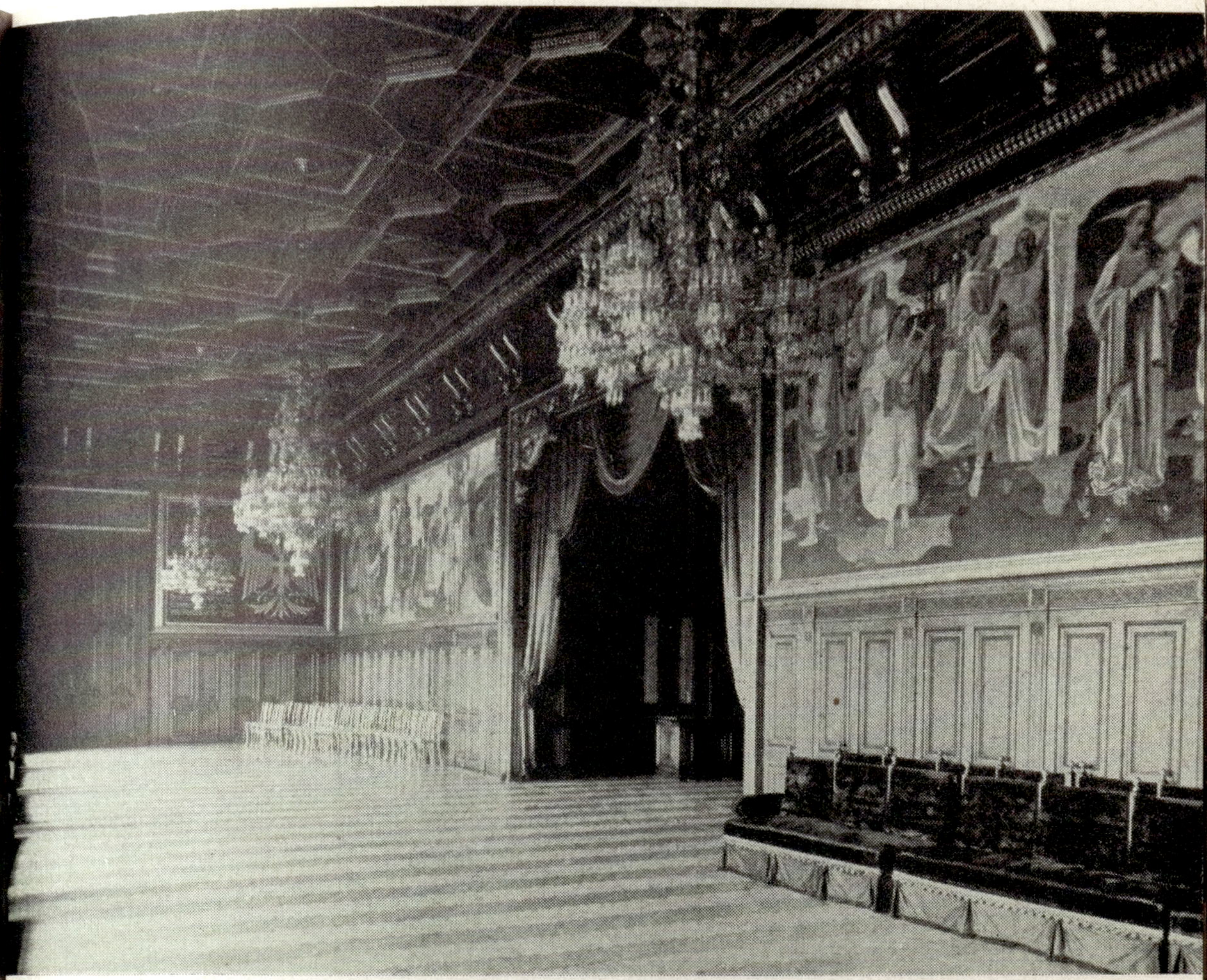

Logentreppen, in der Mitte vorgelagerte dreiteilige Loggia mit Apollofigur; Gesamtbreite 137 m, Tiefe 85 m, Höhe 43 m. Fassungsraum 1477 Personen. Ein äußerst wirkungsvoller Theaterbau, dessen breite Massen dem Rathaus eindrucksvoll gegenüber gelagert sind.

Die Votivkirche: Der populärste von allen Bauten der Ringstraße. Vom 27jährigen Heinrich von Ferstel entworfen, als Erinnerung an den Attentatsversuch auf Kaiser Franz Josef am 18. Februar 1853. Bauzeit 1856—1879. Die Fassade der Kirche mit den beiden 99 m hohen Türmen öffnet sich in drei Portalen. Neugotischer Stil, überaus großer Reichtum an architektonischer Gliederung.

Das Gauhaus (früher Parlament): Errichtet von Theophil von Hansen in den Jahren 1873—1883. Der künstlerisch wertvollste Ringstraßenbau. Elemente der antiken Baukunst in modernem Ge-

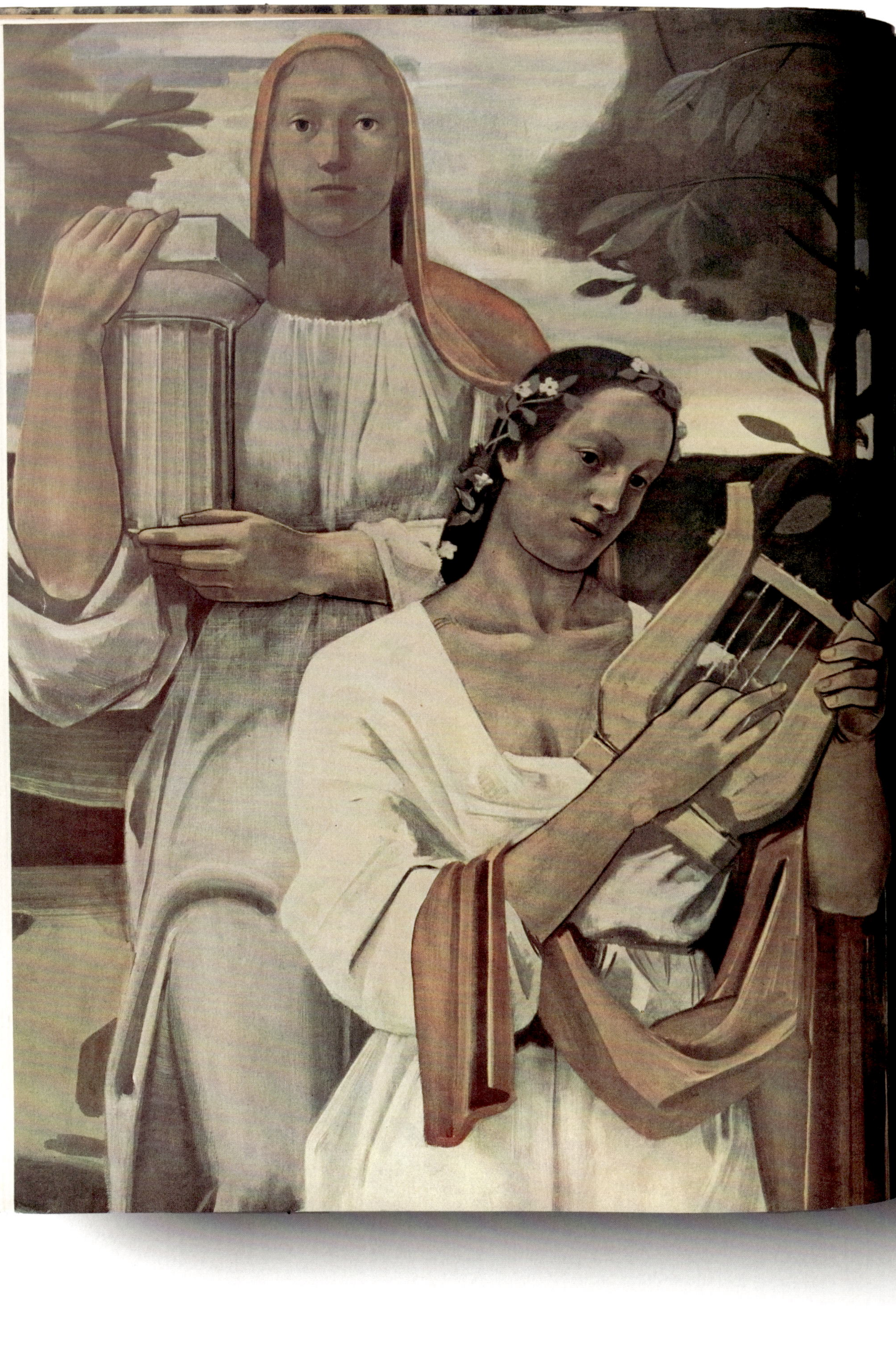

und zu seiner Linken ein junger Mann, der seine Fesseln abstreift. Zentrale Aussage ist die Glorifizierung der Befreiung der Ostmark. Nach Eisenmengers Deutung stellt es „die nach Duldung und Not endlich erfolgte Heimkehr unseres Landes ins Reich dar und ist von symbolischen Figuren (Leid, Kampf, Verrat, Hoffnung usw.) belebt, die jedoch alle mit dem im Mittelpunkt der Bildfläche wuchtenden Bannerträger der Bewegung darstellungsmäßig und auch in der Farbgebung harmonieren".[21] Die Figuren weisen, wie viele NS-Bilder, eine starre, friesartige Anordnung ohne innere Beziehung auf. Eine ähnliche kompositorische Gestaltung kennzeichnet auch das Bild *Die Gaben der Ostmark*, das Eisenmenger als großes allegorisches Thema auffasste. Unter die Gaben subsumierte er z. B. die Musik und die bildende Kunst, ferner „die Reichskleinodien, welche das Großdeutsche Reich symbolisieren und schließlich die siegreich aufgestandenen Kämpfer. Die Gerechtigkeit steht nackt im Vordergrund, hinter ihr verschwindet die Lüge. Die Trauer weicht den Gräbern, und die Hässlichkeit rückt ab". Diese interpretierende Beschreibung hat Eisenmenger auf der Rückseite seines Gemäldes vermerkt.[22] Darüber hinaus erhielten die Bilder noch ein für geschichtsbewusste Betrachter*innen erkennbares tiefsinniges Element: „Jedes der beiden Gemälde weist durch die Verwendung von 13 Gestalten auf das historische Geschehen vom 13. März 1938 hin", so Eisenmenger.[23] Mit dieser Wandgestaltung zeigte sich die Stadtverwaltung mehr als zufrieden. Der Raum erhielt den gewünschten feierlichen Charakter und „das Gepräge des neuen Geistes, der mit dem Nationalsozialismus ins Wiener Rathaus eingezogen ist".[24] Die Entwürfe wurden 1941 zudem auf der *Großen Deutschen Kunstausstellung* in München präsentiert.

Die zwei Gobelins an den Stirnseiten des Ostmarksaals entwarf Johannes Cech. Einer zeigte das Wappen der Stadt Wien samt geschichtsträchtigem Text in Gold und der zweite das Hoheitszeichen in Silberausführung und ein Spruchband: „‚Ein Volk, ein Reich, ein Führer', mit diesem Ruf begrüßte das deutsche Wien am 13. März 1938 seinen Befreier Adolf Hitler."[25]

## Gobelinsaal

Dem Festsaal gegenüber lag der Gobelinsaal, der ehemalige Steinerne Saal. Während in den anderen Sälen Gobelins als Ergänzung zur gemalten Wanddekoration Verwendung fanden, zierten die Wände dieses Festraumes, in dem „Namensgebungen" abgehalten wurden, ausschließlich textile Kunstwerke von Rudolf Böttger, Karl Hauk und Carlos Riefel. An den Schmalseiten fanden die beiden hochrechteckigen Wandteppiche von Rudolf Böttger mit dem Bildnis des Grafen von Salm (1529) und ein weiterer mit dem des Bürgermeisters Johann Andreas von Liebenberg (1683) ihren Platz. Die Gobelins für die gegenüberliegende Seite, mit den Porträts des Prinzen Eugen und Erzherzog Karls, waren 1943 noch in Arbeit, da Karl Hauk zum Wehrdienst eingezogen worden war. Seine Entwürfe hatte er schon auf der *Jubiläumsausstellung* 1941 im Künstlerhaus präsentiert.

Karl Hauk (1898–1974), ein Absolvent der Akademie der bildenden Künste Wien, war ab 1927 Mitglied des Hagenbundes und hatte sich als Anhänger einer expressiv sachlichen Malerei mit Arbeiten in öffentlichen Gebäuden, Fresken, Mosaiken, Glasfenstern, Sgraffiti etc. umfassend, aber auch für Wiener Sakralbauten in der Zeit des Austrofaschismus einen Namen gemacht.[26] Für die Ausstellung *Berge, Menschen und Wirtschaft der Ostmark* 1939 in Berlin malte er monumentale Wandbilder und im Auftrag des Kulturamtes u.a. das große Fresko *Kreislauf des Lebens* (1940/41) für die Einsegnungshalle am Wiener Zentralfriedhof. Die 1940 von Blauensteiner befürwortete Uk-Stellung, in der er Hauk als „hervorragende[n] Monumentalmaler, dessen Begabung auf große Zukunft mit Sicherheit schließen lässt" charakterisierte, wurde jedoch am 26. September 1941 abgelehnt.[27] Obwohl Hauk auf Empfehlung Blauensteiners im Juni 1943 eine Professur an der Akademie der bildenden Künste in Breslau angeboten wurde, dachte er nicht daran, die Stelle anzunehmen. Vielmehr übte Hauk mit diesem Angebot von seinem Einsatzort Warschau Druck auf Blauensteiner aus, seine Freistellung zu erwirken, indem er auf „die persönliche Ehrung des Führers angesichts der größten Freskoarbeit [Anm.: Fresken für den Linzer Hauptbahnhof], die fast jemals entstanden ist", verwies.[28] Da das Vorhaben fehlschlug, wandte sich Blauensteiner direkt an Schirach und Stuppäck, Hauk vom Luftgaukommando VIII in Warschau zum Wiener Luftgaukommando XVII zu versetzen,[29] was im Februar 1944 gelang. Auf der *Frühjahrsausstellung* 1944 präsentierte Hauk zahlreiche Kartons und Skizzen seines 1945 zerstörten Freskos in der Halle des Linzer Bahnhofes, eine Ansammlung unterschiedlicher bäuerlicher Szenen unter der zentralen Bruckner-Orgel und dem Prospekt von St. Florian.

S. 254 Rudolf Hermann Eisenmenger, *Die Gaben der Ostmark* im Ostmarksaal des Wiener Rathauses, Ausschnitt, 1939/40, in: *Die Kunst im Deutschen Reich,* 5. Jg., F. 1, 1941, TU Wien, Bibliothek

S. 256–257 Carlos Riefel, Gobelin im Gobelinsaal des Wiener Rathauses, in: *Kunst dem Volk,* F. 9, 1940, Foto: Julius Scherb, TU Wien, Bibliothek; Karton für den Gobelin mit Blumendekor mit der überdeckten Inschrift der „Perlenrede" von Adolf Hitler für den Gobelinsaal im Wiener Rathaus, 1939, MAK

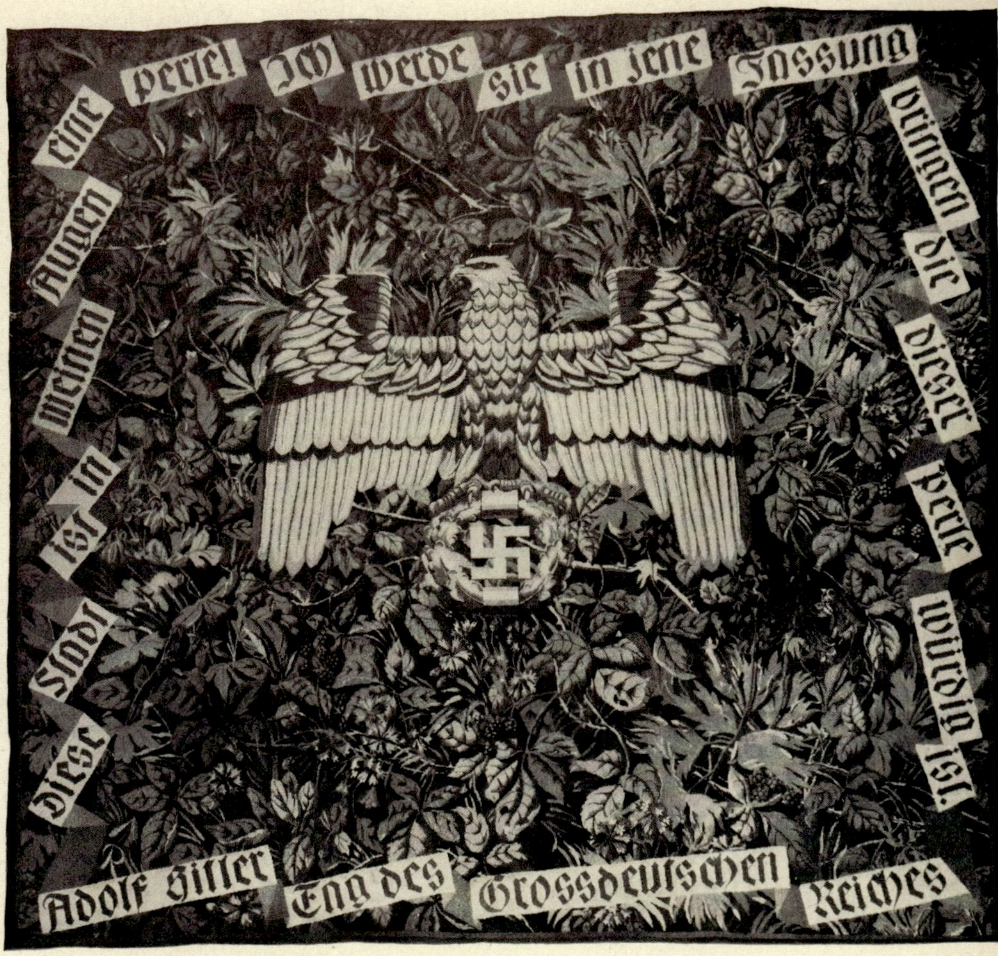


CARLOS v. RIEFEL — *Gobelin mit Hoheitszeichen (ausgeführt für die Stadt Wien)*

Riefel arbeitete bereits ein Jahr in der Spezialschule Prof. Bachers, als sich seinen bisherigen Kollegen auch eine junge Malerin hinzugesellte, die sein Interesse bald nicht nur in künstlerischer Hinsicht, sondern auch in menschlicher Beziehung aufs stärkste auf sich ziehen sollte. Fräulein Friederike Schmidt, die Tochter des bekannten Aquarellmalers Rudolf Schmidt, war ebenso strebsam wie talentiert und verfügte, als sie in die Bacher-Klasse eintrat, schon über ein ganz respektables Können. Nach Absolvierung einer Privatschule hatte sie die Wiener Graphische Lehr- und Versuchsanstalt besucht und sich 1923 an der Akademie immatrikulieren lassen, wo sie zunächst die Malerklasse Prof. Hans Tichys, dann diejenige Prof. Josef Jungwirths frequentierte, um endlich im Herbst 1927 in die Meisterschule Prof. Bachers vorzurücken. Hier blieb sie bis zum Sommer 1931. Sie arbeitete hauptsächlich auf dem Gebiete der figuralen Malerei (Akt und Bildnis), doch versuchte sie sich auch mit Erfolg im Landschaftlichen und in Blumenstudien. Mehrere großangelegte Bildnisse, die voll Empfindung und Ausdruck durchaus gut gezeichnet und gemalt sind, sollen hier hervorgehoben sein. Auf diese letzten Arbeiten hin konnte Frl. Schmidt zweimal der Meisterschulpreis verliehen werden. Im Jahre 1933 stellte sie in der Sezession einige Bildnisse, später – im Hagenbund – auch Landschaften aus und ist erst jüngst in der Schau »Künstlerisches Frauenschaffen« mit einer feinen Landschaftsskizze hervorgetreten. Seit 1937 die Gattin Carlos v. Riefels, hat sich die junge Malerin mangels größerer Aufträge jetzt vor allem auf die mit starken Hell-Dunkel-Kontrasten arbeitende Pinselzeichnung verlegt, die sie mit erstaunlicher Sicherheit meistert. So haben sich hier zwei schöpferische Menschen in seltener Harmonie gefunden. Ihre Kräfte aneinander steigernd, streben sie, jeder in seiner eigenen Art, gleichem Ziele entgegen, ihre Umwelt und sich selbst durch ihre Kunst beglückend.

Dr. Hans Ankwicz v. Kleehoven

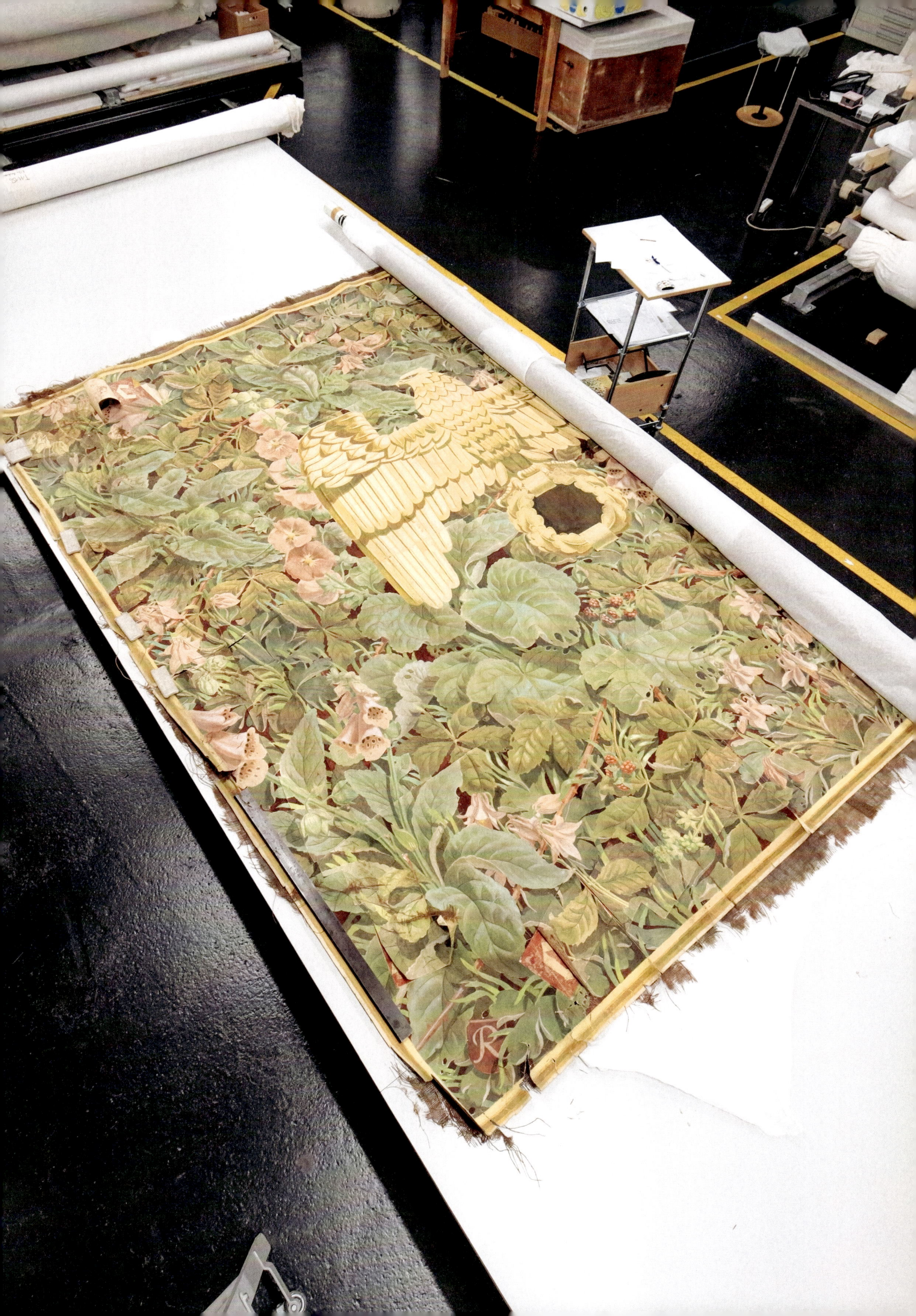

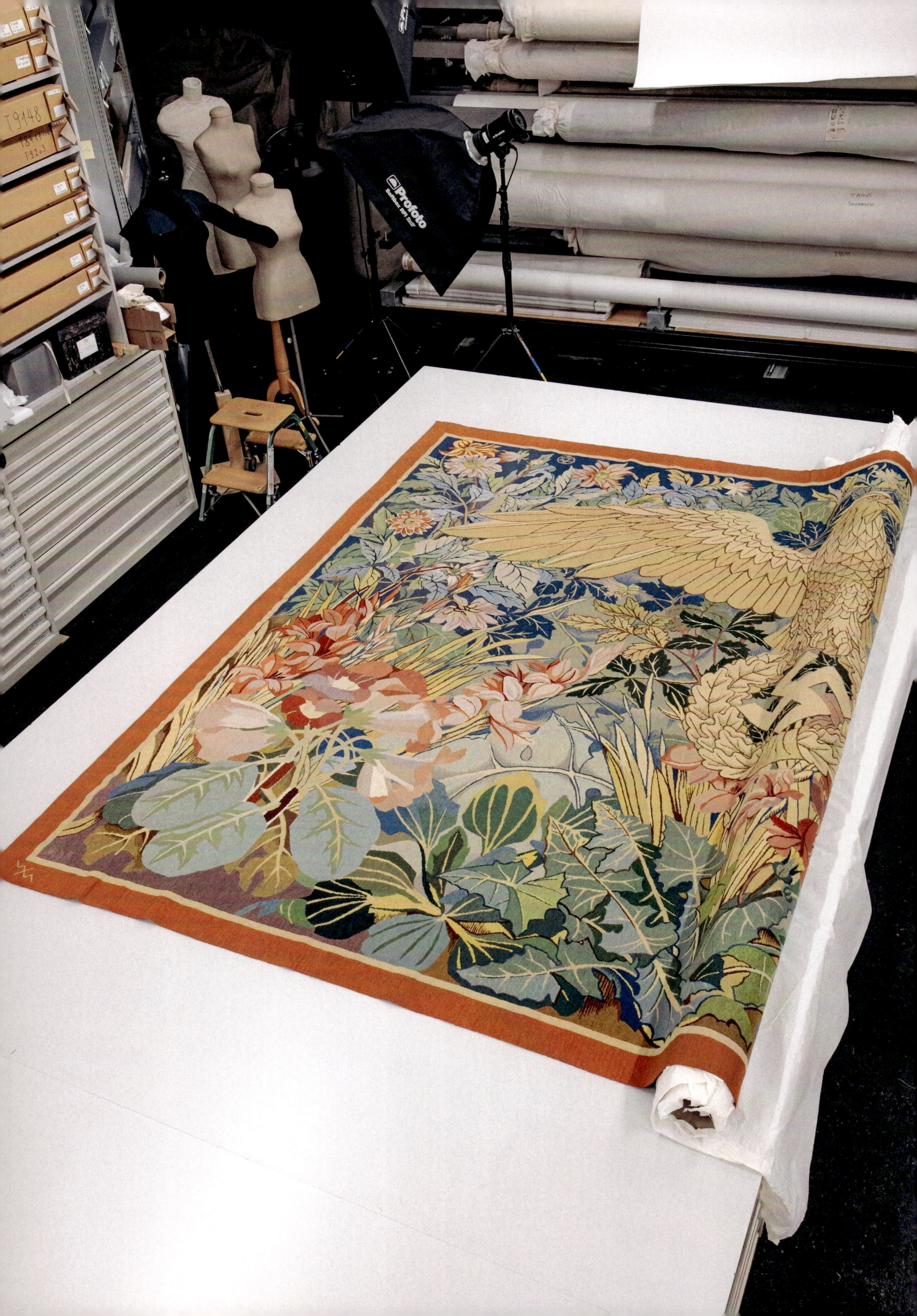
T9148
Profoto

Das Prunkstück des Gobelinsaals war jedoch der Bildteppich von Carlos Riefel (1903–1993). Riefel, ein Absolvent Rudolf Bachers an der Akademie (1930) und ein Meister des Blumenbildes, verstand es, in seinen in Form von Verdüren konzipierten Gobelins den Adler samt Hakenkreuz vor einem Blätter- und Blumengewebe sowie die relevanten Textpassagen von Hitlers „Perlenrede" einzufügen.[30] Die Kartons haben sich erhalten, allerdings wurde der Text zu einem späteren Zeitpunkt mit Blumenmotiven überdeckt.[31] Ein zweiter, ähnlich konzipierter Gobelin zeigte anstelle des Hoheitszeichens das Wappen der Stadt Wien.[32] Riefels Blumenaquarelle, die an Illustrationen botanischer Bücher erinnern, hatten in Hitler einen Käufer gefunden[33] und auch das Interesse von Goebbels geweckt.[34]

## Exkurs: Wiener Gobelin-Manufaktur

Alle im Gobelinsaal aufgehängten Tapisserien wurden in der 1921 von August Mader (1888–1962) und Robin Christian Andersen (1890–1969) gegründeten Wiener Gobelin-Manufaktur hergestellt, die ihren Sitz in der Wiener Hofburg hatte und bis 1987 existierte. In der Zwischenkriegszeit, und verstärkt in der Zeit des Austrofaschismus, stieg die Wertschätzung für diese aufwendige Textilkunst und wurde zur Dekoration öffentlicher und sakraler Bauten herangezogen. Einen weiteren Aufschwung erlebte sie im Nationalsozialismus. Gobelins eigneten sich für die Ausschmückung von repräsentativen Räumen, wobei bewusst auf aristokratische Raumausstattungen von Schlössern oder Residenzen Bezug genommen wurde. Angeregt ferner vom Einrichtungsstil des Münchner Architekten Paul Ludwig Troost kam dieser Textilschmuck in Innenräumen von Hitlers Privat- und Repräsentationsbauten zur Anwendung. Auch für Göring waren Gobelins bevorzugte Sammlungsobjekte. Durch die Verwendung edler Materialien, wie Seide-, Gold- und Silberfäden, ließ sich der materielle und ästhetische Wert derartiger Tapisserien zusätzlich steigern. Das Sammlungsinteresse richtete sich auf historische wie moderne Gobelins. Aus diesem Grund ließ Albert Speer 21 Tapisserien aus dem Kunsthistorischen Museum „als Leihgaben" für die Neue Reichskanzlei nach Berlin abtransportieren.[35] Von diesem Boom und dem Bedarf an Wandteppichen im Dritten Reich profitierten die Manufakturen in München, Nürnberg oder eben auch in Wien. Die Wiener Gobelin-Manufaktur, die neben der Ausführung von Entwürfen auch Kopier- oder Restaurierungsarbeiten, etwa für die vom Manufakturchef Mader im Generalgouvernement Polen beschlagnahmten Textilien aus jüdischem oder kirchlichem Besitz, übernahm,[36] führte zwischen 1938 und 1945 zahlreiche Aufträge aus. Die überwiegenden Motive auf den Gobelins waren Hoheitszeichen, Hakenkreuze, mythologische und historische Szenen, aber auch Texte wurden herangezogen, darunter bevorzugt Zitate Hitlers oder anderer NS-Größen oder -Dichter. Diese prägnanten Textbotschaften waren ein probates Propagandamittel und fanden, wie schon bei Kunst-am-Bau-Arbeiten, häufig Anwendung.

Eine von Andersen 1939/40 entworfene Tapisserie, *Adler und Hakenkreuz auf Blumengrund*, dürfte 1938 vom Gauleiter Odilo Globocnik beauftragt worden sein und ist jener von Riefel sehr ähnlich. Andersens Gobelin, der sich erhalten hat, präsentiert ebenfalls das Hoheitszeichen vor einem bewegten, pflanzlichen Hintergrund, allerdings dominieren rote Blumen und Blüten.[37] Obwohl Andersen dänischer Staatsbürger war, wurde er nach der Fürsprache des Secessions-Präsidenten Heinrich Revy, der attestierte, dass sich Andersen dem „gesamtgermanischen Kulturkreis" verbunden fühle, 1939 in die RdbK aufgenommen.[38] Andersen lieferte 1940 – wie Franz Zülow – Entwürfe für einen *Eingemeindungsgobelin* für den Gobelinsaal.[39] Während in Andersens Kartons der Stephansdom von diversen Veduten der eingemeindeten Vororte gesäumt wird,[40] zeigt Zülow den sogenannten Canaletto-Blick vom Oberen Belvedere auf die Stadt Wien. Zwischen Putten und Blumengirlanden eingestreut prangen das Wappen der Stadt Wien und das Hoheitszeichen.[41] Vermutlich wurden diese Entwürfe nie umgesetzt.

Hervorzuheben ist in diesem Zusammenhang ein Gobelin Eisenmengers, der für Hitlers Geburtstag 1945 bestellt und noch angefertigt worden war. Der Gobelin mit dem Spruch „Du bist Deutschland" zeigt das Hoheitszeichen flankiert von Eichenlaub.[42] Neben den bereits erwähnten drei Nibelungengobelins entwarf Eisenmenger 1941 drei Tapisserien für den Festsaal im Rathaus Chemnitz, die 1942/43 angefertigt wurden und in den Bordüren Propagandatexte aufweisen. Der erste, verloren gegangene, zeigte unter der Hakenkreuzfahne den Abschied eines jungen Soldaten von Mutter, Frau und Kind, der zweite thematisiert Kunst und Musik und der dritte illustriert den Reichtum einer deutschen Familie, jeweils unter dem Wappen der Stadt Chemnitz.[43]

S. 258 Robin Christian Andersen, *Adler und Hakenkreuz auf Blumengrund*, Gobelin, 1939, Ausführung: Wiener Gobelin-Manufaktur, MAK
S. 260–261 Robert Aigner, Glasfensterentwürfe für den Ratsherrensaal (Großer Sitzungssaal) im Wiener Rathaus, 1939, WStLA

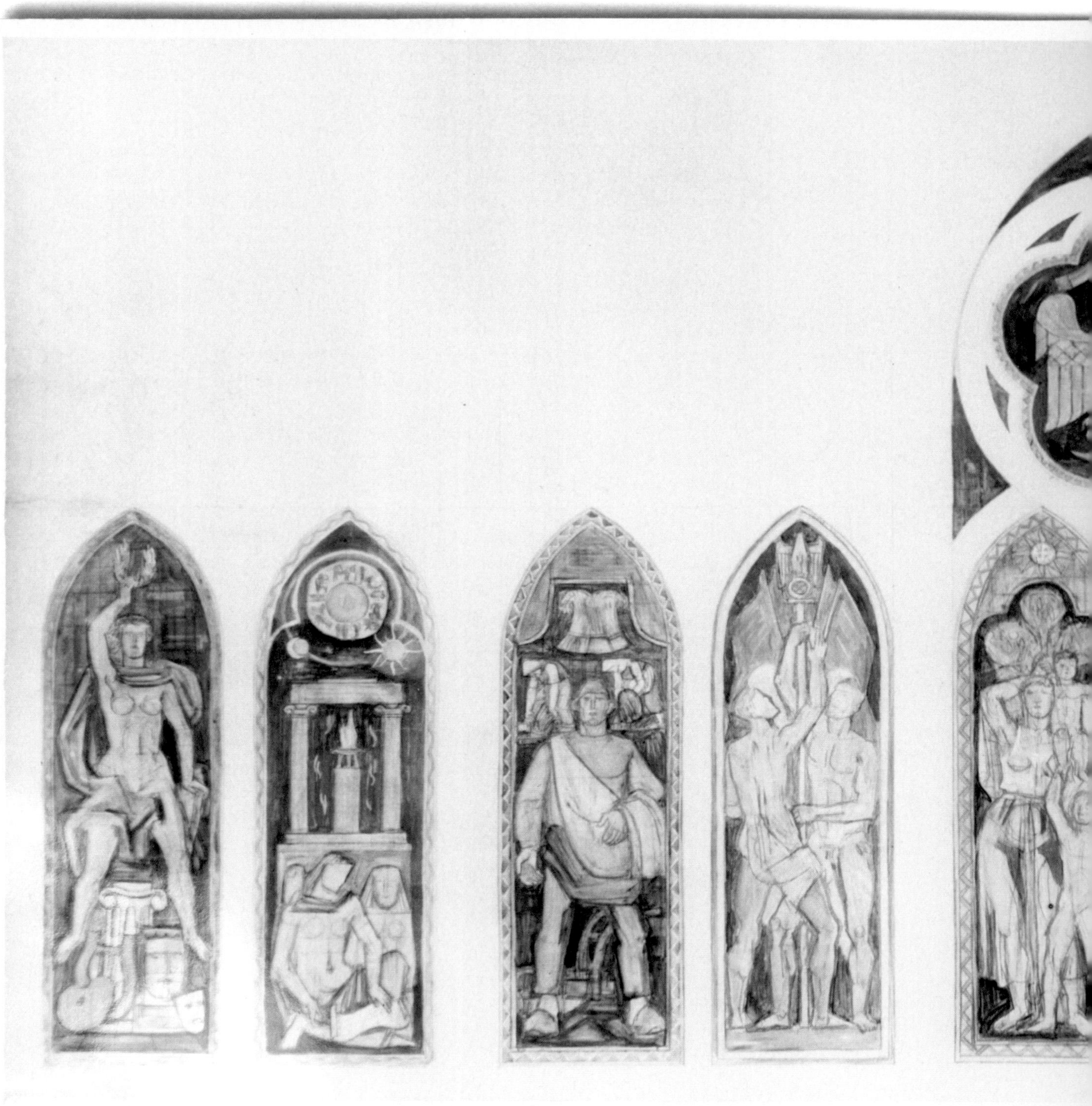

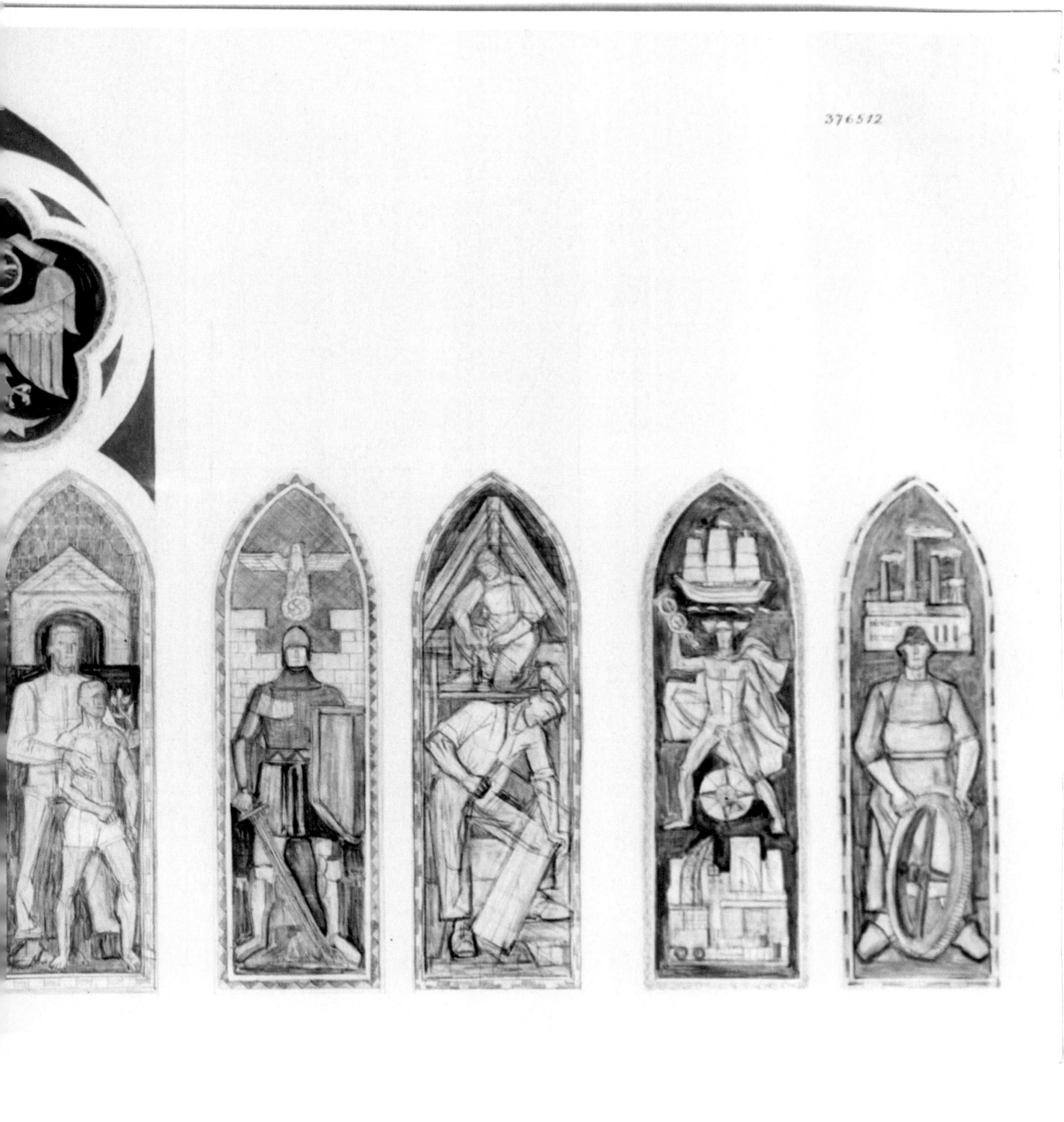
376512

Nach dem Gobelinsaal gelangte man in den kleinen Festsaal, den ein ganzfiguriges Hitler-Porträt (1939) von Wilhelm Dachauer (1881–1951) dominierte. Dachauer, der gemeinsam mit Andri und Alexander Popp 1938 die kommissarische Leitung der Akademie der bildenden Künste Wien übernommen hatte, war Secessionist, ab 1937 Professor an der Akademie und wurde 1937 Obmannstellvertreter des Bundes deutscher Maler Österreichs. Er war überzeugter Nationalsozialist.[44] Der „gottbegnadete" Dachauer, Maler bäuerlicher, oft ins Pathetische übersteigerter Szenen und Entwerfer zahlreicher Briefmarkenserien *(Nibelungenserie)*, dürfte das Porträt des vor einer Säulenarchitektur stehenden Hitlers in Uniform und langem Mantel nach einem Foto Heinrich Hoffmanns gemalt haben.[45] Dachauer genoss die Wertschätzung Hitlers. 1944 erwarb er um 25.000 Reichsmark ein Bild Dachauers aus der *Großen Deutschen Kunstausstellung* mit dem Titel: *Und aus den Opfern des Krieges entsteht das neue Europa*. Es zeigt den fast nackten Leichnam eines jungen Mannes, über dem eine weibliche Gestalt als Allegorie Europas – interessanterweise nicht Deutschlands – schwebt.

## Ratsherrensaal bzw. Großer Sitzungssaal

Großer Aufmerksamkeit erfreute sich ein im Juli 1939 öffentlich ausgeschriebener Wettbewerb zur Bemalung der Glasfenster im Ratsherrensaal.[46] Dabei handelte es sich um den zentralen Sitzungssaal der ehemaligen Wiener Gemeindevertretung, in dem nun die Ratsherren tagten. Der Wettbewerb bezog sich auf die Neugestaltung der fünf gekuppelten Spitzbogenfenster hinter der Tribüne des Sitzungssaals Richtung Friedrich-Schmidt-Platz, deren farbige Verglasung einst Rudolf Geyling ausgeführt hatte. Aufgrund des starken Lichteinfalls bzw. Gegenlichts wurde die Fensterwand hinter dem Podium meist mit Stoffen abgedunkelt, weshalb man für die neuen Glasfenster eine dunkle Farbgebung wünschte.

Die Motive waren klar vorgegeben: In den beiden Mittelfenstern sollte das Thema Familie, in jenen links davon die Themen Partei und Bauer sowie Wissenschaft und Kunst dargestellt werden. Rechts vom Mittelfenster waren die Themen Wehrmacht und Arbeiter, Handel und Industrie und in den Fensterrosetten das Wappen der Stadt Wien vorgesehen. Nach der Jurysitzung am 26. Juli 1939, in der 25 Einreichungen durch Vertreter des Kulturamtes und Blauensteiner begutachtet wurden, erhielt Robert Aigner den ersten Preis und den Auftrag, vorerst die Themen Familie und Wehrmacht detaillierter auszuarbeiten.[47] Eine endgültige Entscheidung sollte nach Vorlage der Kartons getroffen werden. Der zweite Preis erging an Hauk, der dritte Preis an Rudolf Holzinger.

Mit Robert Aigner (1901–1966), einem 1925 bis 1928 bei Müller-Hofmann an der Kunstgewerbeschule ausgebildeten Maler, kam ein „illegaler" Nationalsozialist zum Zug. Aigner, der sich selbst als „bewährter Kämpfer für die Bewegung Adolf Hitlers" bezeichnete, war seit April 1932 Parteimitglied, SS-Mann[48] und im Juli 1936 ins „Altreich" geflohen.[49] 1936 erwarb er in Bayern die Mitgliedschaft bei der RdbK, die ihn als „sehr begabt und sehr entwicklungsfähig" („B"), beurteilte.[50] Aigner dürfte in der Zuteilung des Glasfenster-Auftrags die von ihm eingeforderte Anerkennung seines langjährigen „illegalen" Engagements für die Partei erkannt haben. Anfang Dezember 1940 hatte Aigner die zehn Kartons und im Februar 1941 den Entwurf der Rosette fertiggestellt. Nach Aufstellung eines von den renommierten Vereinigten Werkstätten für Mosaik und Glasmalerei in Berlin ausgeführten Probefensters im Rathaus wurde Aigner im Mai 1941 der Auftrag jedoch entzogen. Schirach hatte entschieden, dass die „Entwürfe nicht zur Ausführung gelangen".[51] Aigner wurde für die Erstellung der drei Kartons entschädigt.

Die Gründe für den Auftragsentzug sind nicht bekannt, am Projekt wurde jedoch weiterhin festgehalten. Zwischenzeitlich war Blaschke aktiv geworden. Da Aigners Glasfenster Schirach nicht gefallen haben dürften, beauftragte er den Zweitplatzierten, Karl Hauk, mit der Ausführung eines kleinen Probefensters in Schlifftechnik (50 × 50 cm), das einen Jünglingskopf mit lorbeergeschmücktem Stahlhelm zeigte.[52] Hauk war nicht nur ein Günstling Blaschkes, sondern auch von Blauensteiner. Er war einer der wenigen Künstler*innen, die mit der Bewertung „A" in die RdbK aufgenommen wurden.[53] Da sich der Reichsleiter auch „recht abfällig über die Kartons des Malers Hauk geäußert" haben soll,[54] wurde der gesamte Auftrag auf die Zeit nach dem Krieg verschoben und nie ausgeführt.[55] Den einzigen NS-Schmuck, den der Ratsherrensaal bekam, war ein monumentaler, vermutlich hölzerner vergoldeter Reichsadler mit Hakenkreuz, der von der Decke abgehängt wurde und über dem Rednerpult schwebte.

Die aufwendigen Umgestaltungen des Rathauses in der NS-Zeit sind daher leicht zu bilanzieren. Die großen Wandbilder von Eisenmenger und Kitt und die meisten Gobelins wurden zerstört, das Gemälde von Egger-Lienz wanderte nach Tirol. Erhalten haben sich hingegen die verschiedenen Wettbewerbsentwürfe und der „Führerbalkon".

## Anmerkungen

1 O. A.: „Auch diese Stadt wird eine neue Blüte erleben!" in: Neues Wiener Journal, 10.4.1938, S. 3.

2 Gerhard Murauer: Thingspiel im Arkadenhof. Zur nationalsozialistischen Raumnutzung des Wiener Rathauses, in: Christian Mertens (Hg.): 1938 – „Wir wissen es, dass die Beamtenschaft ihre Pflicht auch im Neuen Wien tun wird." Die Wiener Stadtverwaltung 1938, Wien 2018, S. 101–105.

3 WStLA, M.Abt. 350, Allg. Reg., A1-12, 1939, Rudolf Böttger, Beschränkter Wettbewerb für die Bemalung der Wandflächen in den Räumen neben dem Festsaale im Wiener Rathaus, 10.2.1939.

4 Wilfried Kirschl: Albin Egger-Lienz, 1868–1926. Das Gesamtwerk, Wien 1977, S. 139–142.

5 Thomas Pulle: Der Mythos der Nibelungen. Die propagandistische Verwertung eines Epos, in: Jan Tabor (Hg.): Kunst und Diktatur. Architektur, Bildhauerei und Malerei in Österreich, Deutschland, Italien und der Sowjetunion 1922–1956 (Ausstellungskatalog Künstlerhaus Wien, Bd. 2), Baden 1994, S. 520–527.

6 H. Ertl: Der Wiener Maler Rudolf Eisenmenger, in: Die Bühne (1941) 8, S. 8–9.

7 Einer der drei 2,27×4,18m großen Gobelins, *Wie Hagen den Schatz der Nibelungen im Rhein versenken ließ*, befindet sich im Deutschen Historischen Museum. Siehe: Kapitel 9, Abb. S. 268. Vgl. Anita Gallian: Wiener Gobelinmanufaktur 1921–1987. Geschichte einer Manufaktur, Dipl.-Arb., Univ. Wien, 1996, S. 128; Anja Prölß-Kammerer: Die Tapisserie im Nationalsozialismus. Propaganda, Repräsentation und Produktion. Facetten eines Kunsthandwerks im „Dritten Reich", Hildesheim u. a. 2000, S. 339–341.

8 WM, Inv.-Nr. 67053, Rudolf H. Eisenmenger, Gernots Hochzeit, Entwurf.

9 O. A.: Die Verlobung Giselhers und Dietlind, in: Kleine Volks-Zeitung, 13.10.1940, S. 14.

10 Berthold Ecker (Hg.): Herbert Dimmel 1894–1980, Linz 1998, S. 172.

11 Josef Welei: Amtlicher Führer durch das Wiener Rathaus, Wien 1943, S. 20.

12 AT-OeStA/AdR, Gauakt 202.219, Herbert Dimmel, NSDAP-Mitgl.-Nr. 6.119.465 (seit 30.5.1938).

13 Ecker, Herbert Dimmel, S. 10. Von 1947 bis 1972 war Dimmel der Leiter der Meisterklasse für Malerei an der Kunstschule der Stadt Linz.

14 O. H.: Ausbau der Akademie der bildenden Künste, in: Völkischer Beobachter, 5.4.1940, S. 4.

15 Maria Mißbach: Rudolf Hermann Eisenmenger, Leben und Werk, Diss., Univ. Wien, 1986, S. 86.

16 Welei, Amtlicher Führer, S. 20.

17 Jan Tabor: … und sie folgten ihm. Österreichische Künstler und Architekten nach dem „Anschluss". Eine Reportage, in: Siegwald Ganglmair (Hg.): Wien 1938 (Ausstellungskatalog Historisches Museum der Stadt Wien, Rathaus, Volkshalle, Realisierung durch das Dokumentationsarchiv des Österreichischen Widerstandes), Wien 1988, S. 398–430, hier S. 414.

18 WM, Inv.-Nr. 67054/1–3, Ferdinand Kitt, Entwürfe.

19 Ebd., Inv.-Nr. 67052, Herbert Dimmel, Entwurf.

20 WStLA, M.Abt. 350, Allg. Reg., A1-2, 1939, Schreiben Rudolf H. Eisenmenger an Hanns Blaschke, 5.5.1939.

21 O. A.: Heimkehr der Ostmark und ihre Gaben, in: Kleine Volks-Zeitung, 15.10.1940, S. 9.

22 Mißbach, Rudolf Hermann Eisenmenger, S. 87.

23 O. A.: Heimkehr der Ostmark.

24 Ebd.

25 O. A.: Neue Gobelins für den Ostmarksaal des Wiener Rathauses, in: Das kleine Volksblatt, 24.6.1940, S. 7.

26 Roland Widder (Hg.): Karl Hauk. Zwischen Expressionismus und Neuer Sachlichkeit, Wien 2016.

27 BV Archiv, Akt Karl Hauk, Uk-Karte, Befürwortung durch Leopold Blauensteiner, 2.4.1941.

28 Ebd., Schreiben Karl Hauk an Leopold Blauensteiner, 22.6.1943.

29 Ebd., Schreiben Leopold Blauensteiner an Baldur von Schirach und Hermann Stuppäck, 18.12.1943.

30 Hans Ankwicz-Kleehoven: Carlos und Friederike Riefel, in: Kunst dem Volk 11 (1940) 9, S. 36–41.

31 MAK Sammlung, T 11156/2, Karton.

32 WM, Inv.-Nr. 95301, Carlos Riefel, Gobelin mit dem Wappen der Stadt Wien, 1939/-40, 3×3,10m; Entwürfe, Inv.-Nr. 60742/1–3.

33 *Große Deutsche Kunstausstellung* im Haus der Deutschen Kunst, München, 1940. Zwei der gezeigten Aquarelle, *Windlinge* und *Akelei und Scilla*, wurden von Hitler angekauft.

34 BV Archiv, Akt Carlos Riefel, Schreiben der RdbK Berlin an Carlos Riefel, 15.10.1942.

35 Prölß-Kammerer, Tapisserie im Nationalsozialismus, S. 74.

36 Ebd., S. 342.

37 Karl Maria Grimme: Neues Kunstschaffen in der Ostmark, in: Der getreue Eckart 16 (1939) 1, S. 494–499, hier S. 494; MAK Sammlung, T 11.156/1, Adler und Hakenkreuz, Tapisserie.

38 BV Archiv, Akt Robin Christian Andersen, Schreiben Heinrich Revy an die RdbK Berlin, 10.7.1939.

39 Ebd., Ankäufe des Kulturamtes.

40 Für diesen Hinweis bedanken wir uns bei Herrn Dr. Franz Smola.

41 WM, Inv.-Nr. 68806, Gobelinentwurf zur Eingemeindung von 98 Ortschaften zu Groß-Wien, 1938; siehe: Kapitel 4, S. 119.

42 Rudolf Hermann Eisenmengers Gobelin *Du bist Deutschland* wurde 2019/2020 in der Ausstellung *Design of the Third Reich* im Design Museum Den Bosch, Niederlande, gezeigt.

43 Prölß-Kammerer, Tapisserie im Nationalsozialismus, S. 340; Kunstsammlungen Chemnitz, Inv.-Nr. XIII /11369 und 11375, Tapisserien.

44 BV Archiv, Akt Wilhelm Dachauer, Schreiben der Polizeidirektion an die BV, 24.4.1947, NSDAP-Mitgl.-Nr. 8.453.073 (ab 1.10.1940).

45 Vgl. Die Pause 5 (1940) 4, Abb. zw. S. 2 und S. 3.

46 O. A.: Glasfenster im Rathaus werden bemalt, in: Die Bühne (1939) 14, S. 16.

47 WStLA, M.Abt. 350, Allg. Reg., A1-9, 1939, Foto der Entwürfe; Will Grohmann: Mosaik, Glasmalerei, Bildteppich, in: Die Pause 6 (1941) 7, S. 7–13.

48 NSDAP-Mitgl.-Nr. 898.927 (ab 1.4.1932), vgl. AT-OeStA/Gauakt 133.793, Robert Aigner; BV Archiv, Akt Robert Aigner, Schreiben Robert Aigner an die RdbK, 13.5.1939 und 16.7.1940.

49 BV Archiv, Akt Robert Aigner, Schreiben Robert Aigner an die RdbK, 13.5.1939.

50 Ebd., RdbK Landesleitung München-Oberbayern, 19.10.1936.

51 Ebd., Schreiben Leopold Blauensteiner an den Präsidenten der RdbK Berlin, 26.5.1941.

52 Ebd., Schreiben vom 1.7.1941: Betreff Fenster im Ratsherrensaal.

53 BV Archiv, Akt Karl Hauk, Bewertung durch Leopold Blauensteiner, 26.1.1939.

54 WStLA, M.Abt. 350, Allg. Reg., A1-4, 1939, Schreiben der Glashütte Mönichkirchen an Rudolf Böttger, 28.7.1942.

55 Ebd., Schreiben Robert Kraus an Rudolf Böttger, 10.9.1942.

## ⑨ Propagiert
## Die NS-Ausstellungen von 1938 bis 1945

Der zentrale Ort der NS-Kunst- und Kriegspropagandaausstellungen war das Künstlerhaus unter den Präsidenten Leopold Blauensteiner (1937–1938) und Rudolf Hermann Eisenmenger (1939–1945). Obwohl sich die Secession ab den 1930er Jahren als Hort des Nationalsozialismus profiliert hatte, wurde Blauensteiner in seiner Funktion als Landesleiter der RdbK im September 1939 beauftragt, ihre Fusion mit dem Künstlerhaus voranzutreiben. Bei Widerstand riet ihm der Präsident der RdbK Berlin, der Secession mit ihrer Auflösung zu drohen.[1] Die Gründe waren weniger künstlerische oder politische, sondern vielmehr ökonomische: Die Subventionierung und „Aufrechterhaltung zweier gleicher Vereine [sei] wirtschaftlich nicht tragbar".[2] Trotz verständlicher Vorbehalte fügten sich die Secessionisten der am 31. Dezember 1939 vollzogenen Liquidierung.[3] Nach 40-jähriger Trennung kehrten sie nun etwas kleinlaut ins Künstlerhaus zurück, aus dem sie 1897 protestierend ausgetreten waren. Die Secession, nunmehr Ausstellungshaus Friedrichstraße, fungierte fortan als Dependance des Künstlerhauses, der offizielle Name des fusionierten Künstlervereins lautete „Gesellschaft bildender Künstler Wiens, Künstlerhaus".

Während die Genossenschaft bildender Künstler nach dem „Anschluss" noch eigene Projekte lancierte, musste die Leitung alsbald zur Kenntnis nehmen, dass das Haus und sein Ausstellungsprogramm immer stärker von der NS-Kulturpolitik und -Propaganda bestimmt wurden. Als gut subventionierter Betrieb hielt das Künstlerhaus zahlreiche Feindbildausstellungen ab, darunter immer häufiger auch solche, die der Kriegspropaganda dienten. Neben Blauensteiner spielte Eisenmenger als Präsident des Künstlerhauses und führender Kulturfunktionär in der Wiener NS-Kunstpolitik eine wichtige Rolle.

### Präsident des Künstlerhauses (1939–1945): Rudolf Hermann Eisenmenger

Als „eine der größten Hoffnungen der deutschen Malerei" wurde Rudolf Hermann Eisenmenger (1902–1994) anlässlich seines 40. Geburtstages am 8. August 1942 von der Zeitung *Der Samstag* in Wien[4] betitelt. Eisenmenger, dessen Familie 1921 aus Siebenbürgen nach Wien ausgewandert war, galt nach seinem Studium an der Akademie der bildenden Künste Wien von 1921 bis 1929 bei Hans Tichy und Rudolf Bacher als junger aufstrebender, vielfach ausgezeichneter Künstler. Er hatte sich als Porträtist und Maler stimmiger Allegorien große Anerkennung erworben, weshalb er 1930 als einer der Jüngsten ins Künstlerhaus aufgenommen wurde. Seiner künstlerischen Karriere sowie zwiespältigen Rolle in der Zeit des Nationalsozialismus und nach 1945 wurde bereits in mehreren wissenschaftlichen Arbeiten nachgegangen.[5] Diese Erkenntnisse konnten durch die in Wiener Archiven erhaltenen Akten präzisiert werden. Das sich daraus ergebende Bild bestätigt die generellen Einschätzungen von Peter Stachel, der 2015 resümierte, Eisenmenger könne man „kaum als einen äußeren Zwängen nachgebenden ‚Mitläufer' ansehen", sondern man müsse „ihn wohl als einen deklarierten und prononcierten NS-Künstler bezeichnen".[6] Stachel

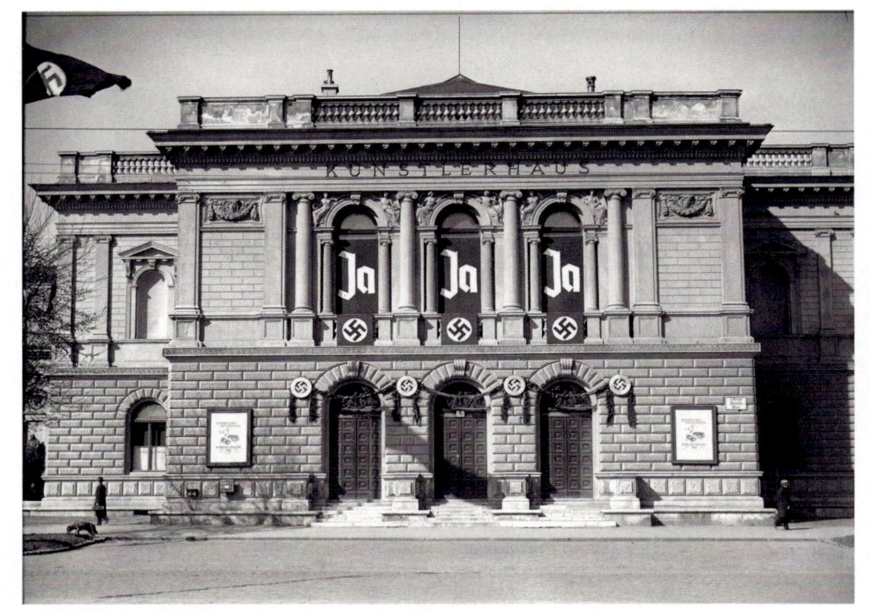


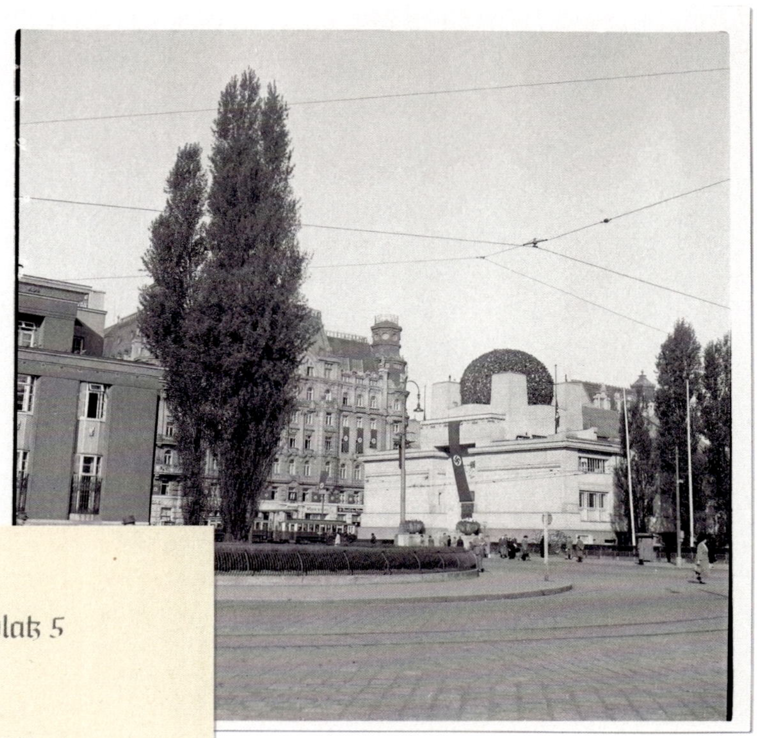

Künstlerhaus, Wien 1, Karlsplatz 5

Einladung

zu der am Montag, den 18. Dezember 1939 um 18 Uhr stattfindenden

# Festversammlung

anläßlich des Zusammenschlusses der Vereinigung bildender Künstler Wiens mit dem Künstlerhause

Der Vorsitzende:
R. H. Eisenmenger

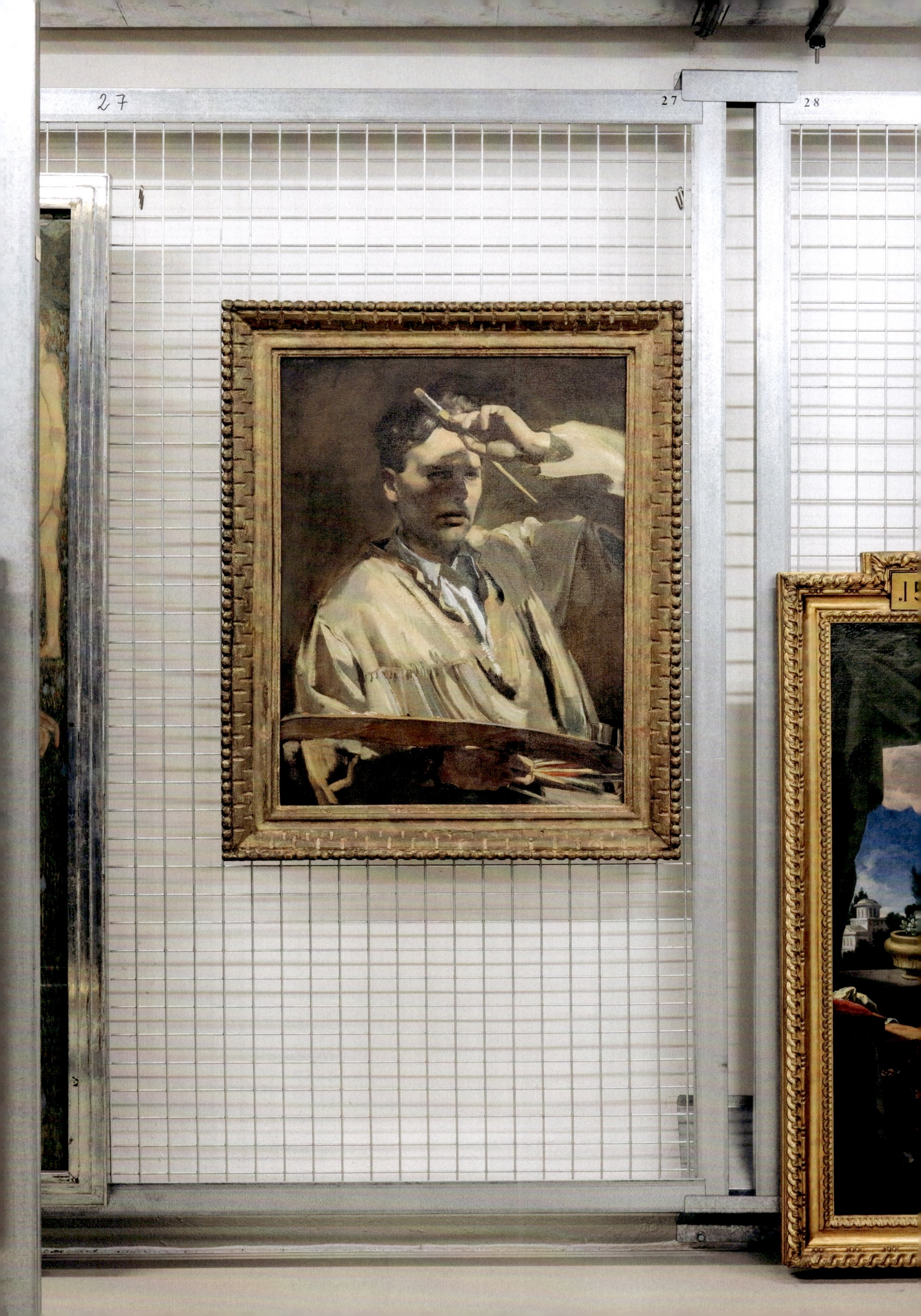
27
27
28

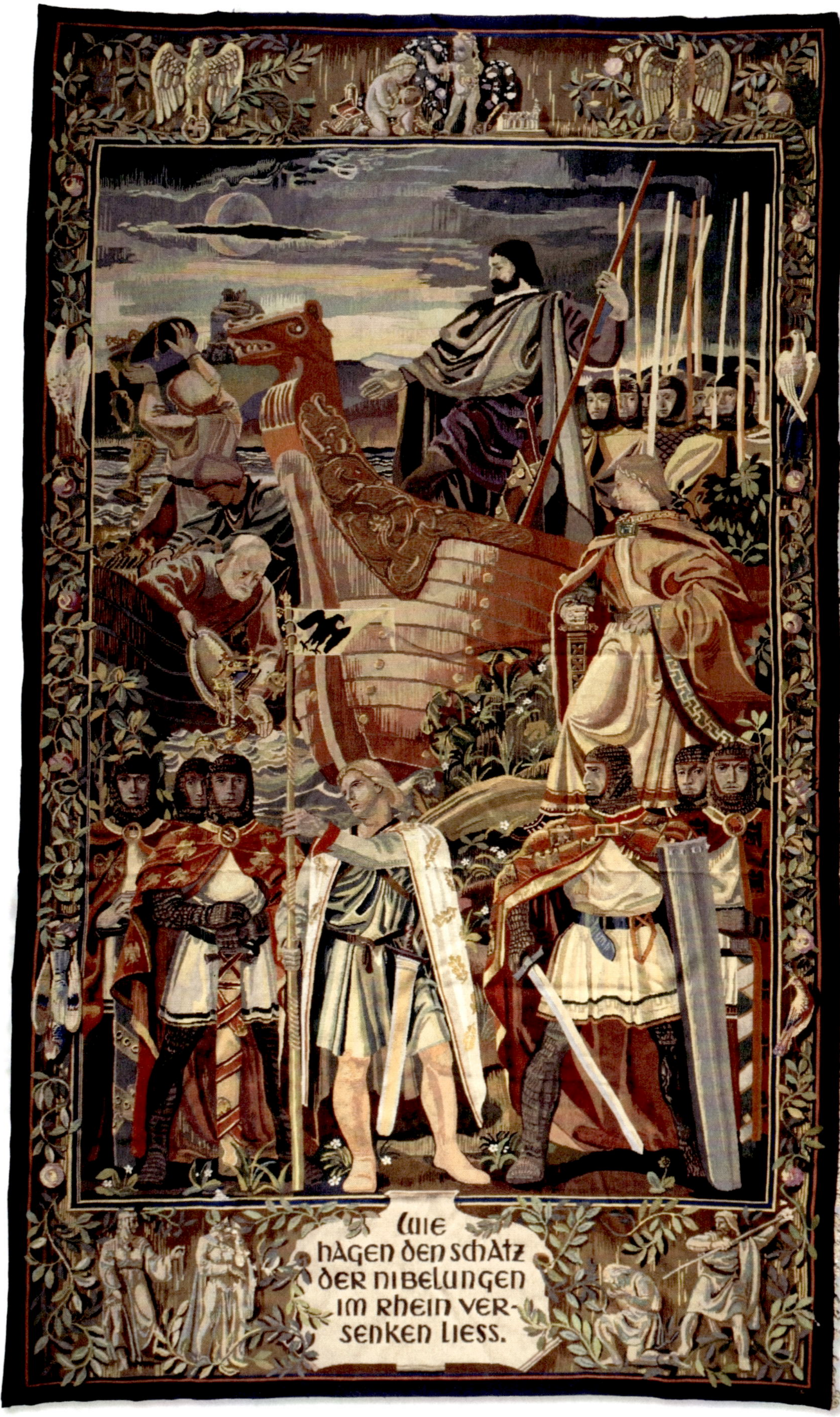
WIE
HAGEN DEN SCHATZ
DER NIBELUNGEN
IM RHEIN VER-
SENKEN LIESS.

meint jedoch, dass er in seiner Funktion als Präsident des Künstlerhauses „offenkundig" nicht als „Scharfmacher, der sein Amt dazu benutzte, politisch missliebige Kollegen zu kujonieren oder Konkurrenten zu schaden", in Erscheinung getreten ist.[7]

Wie aus den Gauakten im Österreichischen Staatsarchiv unmissverständlich hervorgeht, war der deutschnational eingestellte Eisenmenger ab 28. Februar 1933 überzeugtes Parteimitglied,[8] das sich für diese Ideologie auch politisch eingesetzt hatte. Wie bereits ausgeführt, war er Mitarbeiter des „illegalen" Kulturamtes und damit ein politischer Mitstreiter, der sich für den „Anschluss" Österreichs engagierte. Seine „illegale" Tätigkeit blieb nicht unbemerkt. So gab er im Personalfragebogen zur Feststellung der NSDAP-Mitgliedschaft an, dass er „Zellenleiter im Wiener Künstlerhaus" sei und bei ihm 1935 eine Hausdurchsuchung stattgefunden habe. Als Mitglied der deutschnationalen Burschenschaft Silesia (ab 1921) hatte er mit seiner Unterschrift auf der Proponentenliste Anteil an der Gründung des Deutschsozialen Volksbundes in Österreich.[9] Dieser wurde im Jahr 1937 nach dem Juliabkommen 1936 gegründet und strebte eine Art Legalisierung der „illegalen" NSDAP-Mitglieder an. Wie auch von Blauensteiner am Fragebogen bestätigt wurde, habe „Eisenmenger trotz drohender materieller Schädigung seiner Existenz stets mannhaft seine Gesinnung bekannt [gegeben] und danach" gehandelt.[10] Beide zählten 1937 zu den Gründungsmitgliedern des Bundes deutscher Maler Österreichs.

Bei der Aufnahme in die RdbK erhielt er von Blauensteiner, der ihn als „hervorragendsten Künstler Wiens"[11] bezeichnete, die höchste Bewertung („A") und 1939 wurde er in die Fachgruppe Malerei mit der Nummer M 25.177 aufgenommen.[12] Es ist naheliegend, dass man Eisenmenger eine wichtige Rolle in der Kunstpolitik Wiens, wie die Leitung des Künstlerhauses, übertragen wollte. Damit löste er Blauensteiner ab, der nun als Landesleiter der RdbK tätig war und seinem politischen Mitstreiter und „Freund" Eisenmenger das Zepter im Künstlerhaus übergab. Wie aus den Dokumenten hervorgeht, lehnte Eisenmenger vorerst das schon im Dezember 1938 an ihn herangetragene Angebot wegen „eigene[r] künstlerische[r] Arbeiten" ab.[13] Blauensteiner beharrte jedoch darauf und betonte, dass er dem „Wunsch Berlins" entspreche, wenn „ich diese Angelegenheit in Bezug auf Dich noch einmal aufrolle".[14] Ab 1. Jänner 1939 übernahm Eisenmenger die Leitung vorerst kommissarisch,[15] die offizielle Bestätigung der Ernennung zum Vorsitzenden des Künstlerhauses, der Genossenschaft bildender Künstler Wiens, durch den Präsidenten der RdbK in Berlin erfolgte im August 1939.[16] Anlässlich der Jahresversammlung im Künstlerhaus am 7. Juni 1939 hielt Eisenmenger eine Rede, die in einem Dokument überliefert ist. Er sprach über sein geplantes Programm für das Künstlerhaus sowie das Kunstschaffen im Nationalsozialismus. Er beendete seine Rede mit den Worten: „Eine von Arbeit erfüllte schöne Zukunft liegt greifbar vor uns. Ruhig können wir dieser Zukunft entgegengehen, denn sie ist von einem Mann bestimmt, der selbst aus dem ostmärkischen Volke kommend, das Volk in allen seinen Lebensäußerungen versteht und der gewiss nur das Beste für sein Volk will."[17] Dass er seine Agenden auch zur Zufriedenheit der Partei erfüllte, geht auch daraus hervor, dass er in die „Führerliste vom 4.1.1940"[18] aufgenommen wurde, womit er sich für die Dauer des Krieges eine Freistellung vom Wehrdienst sicherte: „Eine Einberufung des Prof. Eisenmenger kommt damit nicht in Frage."[19] Demzufolge wurde er auch in der Liste der „Gottbegnadeten" von 1944 geführt.[20] Eisenmenger, gerade einmal 38 Jahre alt, konnte sich damit weiterhin seiner künstlerischen Karriere widmen. Seine Werke wurden nicht nur an Reichsminister Goebbels verkauft,[21] sondern er fertigte noch 1945 Gobelins für Hitler persönlich an.[22] Im Haus der Deutschen Kunst war Eisenmenger regelmäßig mit Arbeiten vertreten, einschlägige NS-Kunstzeitschriften widmeten dem Jungstar ausführliche Beiträge. 1943 wurde ihm von Hitler der Professorentitel zugesprochen. Diese Auszeichnung galt wegen der kriegsbedingten Aussetzung bei der Vergabe von Professorentiteln sowie seines jungen Alters als besondere Ehre.[23] Seine politische Überzeugung, seine Bereitschaft zur Unterstützung des Regimes und seine Verbundenheit mit den kulturpolitischen NS-Repräsentanten sind zahlreichen Dokumenten zu entnehmen. Auch die großen Aufträge des Kulturamtes, wie etwa die Wandbilder für den Ostmarksaal im Wiener Rathaus[24] (1939/40) oder für den Welser Bahnhof (1938–1940), sprechen dafür.

Nach 1945 konnte sich Eisenmenger rasch seiner Verantwortung entziehen, was auch durch die Fürsprachen seiner Kollegen unterstützt wurde. So bat der neu eingesetzte Präsident des Künstlerhauses, Karl Maria May, Stadtrat Viktor Matejka im Mai 1945 um ein Befürwortungsschreiben, das Eisenmenger „vor der Verfolgung als Partei-Mitglied"[25] schützen sollte. In mehreren Erklärungen versuchte May, die Tätigkeiten Eisenmengers in der NS-Zeit

S. 266 Beflaggtes Künstlerhaus, 1938 (o.); beflaggte Secession, 1938 (m.), ÖNB, Bildarchiv und Grafiksammlung; Einladung zur Festversammlung am 18.12.1939 anlässlich des Zusammenschlusses der Vereinigung bildender Künstler mit dem Künstlerhaus, KH Archiv (u.)
S. 267 Rudolf Hermann Eisenmenger, *Selbstbildnis mit Palette*, 1942, Belvedere, Wien
S. 268 Rudolf Hermann Eisenmenger, *Wie Hagen den Schatz der Nibelungen im Rhein versenken liess*, Gobelin, 1943, Stiftung DHM

nachzuzeichnen und seine „politische" Unschuld zu belegen. May spricht davon, dass er wisse, „daß Eisenmenger die ‚Kunstpolitik' Deutschlands, die Ausschaltung der ‚modernen' Künstler, die man zu unrecht als ‚entartet' bezeichnete, sehr mißbilligte".[26] May konnte die Streichung Eisenmengers aus der Mitgliederliste des Künstlerhauses nicht verhindern. Auch in die Berufsvereinigung wurde er aufgrund seines politischen Vorlebens nicht aufgenommen. Kurz nach dem Erlass des neuen Verbotsgesetzes im Februar 1947 suchte der nun als „minderbelastet" eingestufte Eisenmenger um Aufnahme in die Berufsvereinigung an.[27] Im Dezember 1947 erfolgte mit großer Freude die Wiederaufnahme als Mitglied in das Künstlerhaus.[28]

In den folgenden Jahren konnte Eisenmenger zahlreiche repräsentative Aufträge ausführen, etwa die Ausstattung des Künstlerhauskinos (1948), 13 Tapisserien (1950–1954) sowie den bis heute umstrittenen Eisernen Vorhang für die Wiener Staatsoper (1954/55). Von 1951 bis 1972 hatte er eine Professur für Zeichnerische und Malerische Darstellung an der Technischen Hochschule Wien inne. Wie bei den meisten anderen Künstler*innen erfolgte in der Nachkriegszeit keine kritische Auseinandersetzung mit Eisenmengers NS-Vergangenheit. Exemplarisch sei hier ein immerhin schon aus dem Jahr 1967 stammendes Gutachten des Kunsthistorikers und Archivars des Künstlerhauses, Walther Maria Neuwirth, genannt, der Eisenmengers NS-Arbeiten verharmloste, eine Position, der auch Autor*innen des 21. Jahrhunderts noch immer anhängen.[29] Dort heißt es: „Seine während der NS-Zeit erfolgten Arbeiten [...] kommen im Wesentlichen der Engagierten Kunst nahe, bieten sich als Bilderbogenstil an und sind für die künstlerische Bewertung Rudolf Hermann Eisenmengers nicht maßgebend." Stattdessen schrieb er ihm „eine der wenigen dauerhaften Positionen in der Entwicklung der Wiener Kunst im 20. Jahrhundert" zu.[30] Eisenmenger, der sich einem symbolistisch und religiös geprägten Alterswerk zugewandt hatte, gab der israelischen Historikerin Irith Dublon-Knebel 1985 ein Interview, in dem er bekannte: „Ich war ein Nazi."[31] Eine Selbsteinschätzung, die alle Akten eindeutig belegen.

## Propagandaausstellungen 1938/39

Noch ehe die Gesetze der RdbK ihre offizielle Gültigkeit erlangten, stimmte sich die Führung des Künstlerhauses auf die neuen Machthaber ein. Im Herbst 1938 übernahm das Künstlerhaus die von Alfred Rosenberg, Adolf Ziegler und Gauleiter Odilo Globocnik eröffnete NS-Propagandaschau *Europas Schicksalskampf im Osten*[32], eine antisemitische, antibolschewistische Wanderausstellung, die 1938 am Reichsparteitagsgelände in Nürnberg zu sehen war. Die Intensität der NS-Propaganda in Wien ist schon allein daraus zu ermessen, dass erst kurz zuvor die Hetzausstellung *Der ewige Jude* (2.8.–23.10.1938) in der Nordwestbahnhalle geschlossen worden war, in der die angeblich enge Verflechtung zwischen Judentum und Bolschewismus belegt werden sollte. Die Ausstellung soll 350.000 Besucher*innen gehabt haben. Wenige Tage nach Ausstellungsschluss brannten die Synagogen im Deutschen Reich. Blauensteiner hatte sich unmittelbar nach dem „Anschluss" dafür eingesetzt, die Ausstellung *Der ewige Jude* möglichst rasch im Künstlerhaus zu zeigen. Zeitgleich mit der Absage im Mai 1938 erhielt er jedoch die Zusicherung für die Ausstellung *Entartete Kunst*.[33] Wie bei anderen derartigen Ausstellungen wies ein Drittel der Objekte in der Ausstellung *Der ewige Jude* einen lokalen Bezug auf, der in Wien vom Institut für Ausstellungstechnik und Bildstatistik gestaltet wurde.[34]

## Berge und Menschen der Ostmark, Wien, 1939

Beginnend mit dem Frühjahr 1937 betrieben die Mitglieder des Künstlerhauses für den Herbst 1938 das Projekt einer großen alpinen Ausstellung. Die Vorarbeiten unter der Leitung von Igo Pötsch liefen auf vielen Ebenen, galt es doch, unter Einbeziehung des österreichischen und deutschen Alpenvereins, der wichtigsten Repräsentant*innen des Fremdenverkehrs, der Landeshauptmänner etc., eine umfassende Schau der österreichischen Bergwelt und ihrer Bewohner*innen künstlerisch umzusetzen. Der Aufruf zur Teilnahme richtete sich an die im Zentralverband organisierte Künstlerschaft. Listen der zu malenden Gebirgsgruppen wurden erstellt, die Bevölkerung aufgerufen, den Künstler*innen freie Kost und Logis zu gewähren, und die Bundesbahn sollte Freikarten zur Verfügung stellen. Als Gegenleistung wurden etwa Bahnhöfe, Bergbahnen, Berghütten etc. auf den Gemälden dargestellt. Schon im März 1937 wurden erste Kontakte zur RdbK in Berlin aufgenommen und diese zur Teilnahme motiviert.

Nach dem „Anschluss" änderten sich der Titel und die Ausrichtung der Ausstellung. Aus dem Arbeitstitel von 1937, *Die Berge und Menschen. Das deutsche und österreichische*

S. 271 Ausstellungskatalog *Berge und Menschen der Ostmark,* Künstlerhaus Wien, 1939; Alfred Cossmann, *Bauern aus dem Pinzgau,* Grafik, vor 1939; Ausstellungskatalog *Berge, Menschen und Wirtschaft der Ostmark,* Entwurf Cover: Lois Gaigg, Ausstellung Berlin, 1939, WM

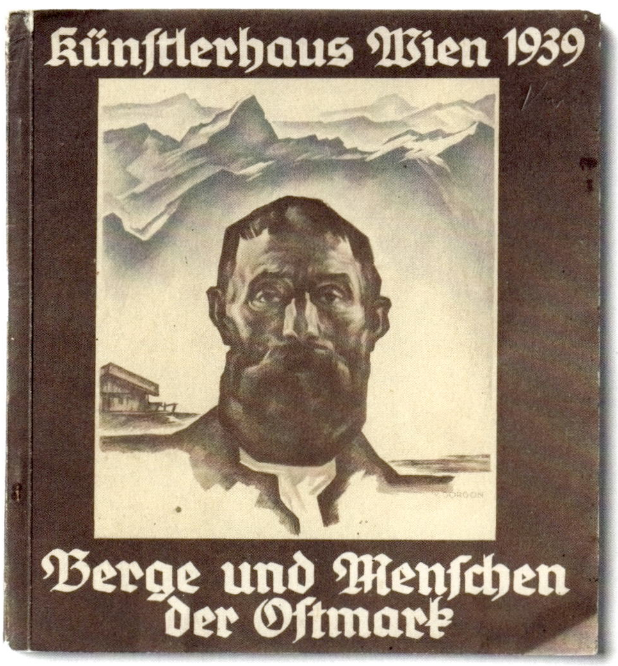
Künstlerhaus Wien 1939
Berge und Menschen der Ostmark

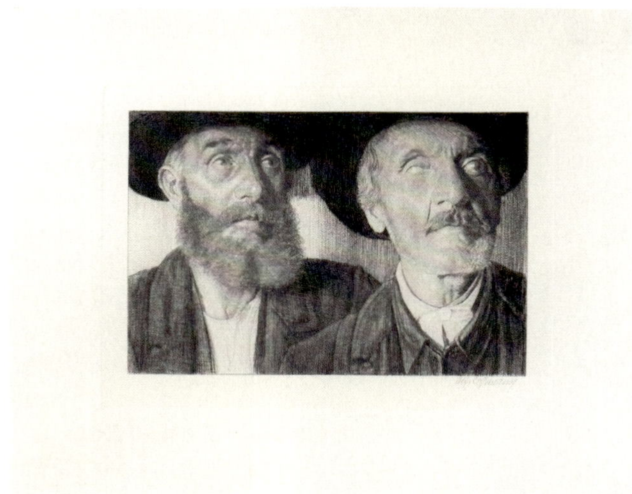

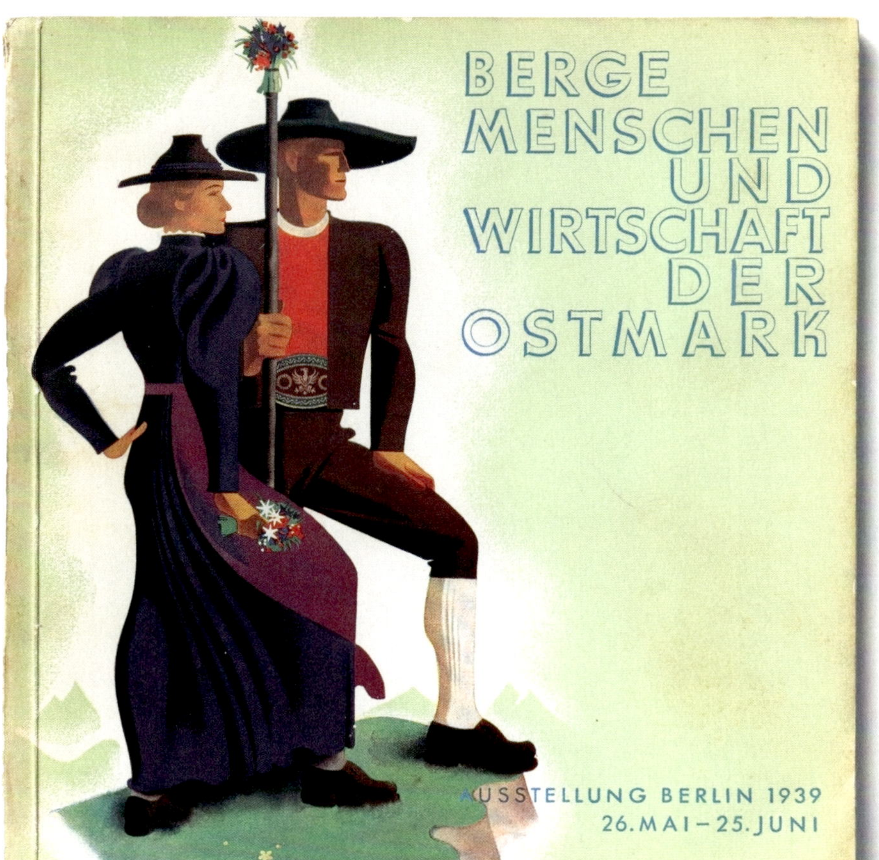
BERGE
MENSCHEN
UND
WIRTSCHAFT
DER
OSTMARK
AUSSTELLUNG BERLIN 1939
26. MAI – 25. JUNI

*Alpengebiet in der bildlichen Darstellung*, wurde *Berge und Menschen der Ostmark* (4.3.–30.4.1939). Die Ausstellung wurde auf das Jahr 1939 verschoben und um Themen wie „Bodenschätze", „Ahne und Erbe" oder „Dichter und Kämpfer" erweitert.[35] Als Förderer und Auftraggeber fungierten nicht mehr hauseigene Fonds und Stiftungen, sondern zuvorderst die Reichsstatthalterei und die Gaustadt Wien. Von den 2.000 eingereichten Objekten wurden 850 ausgewählt. Darunter befanden sich immerhin 43 Auftragswerke des Reichsstatthalters.

Das Arrangement übernahm Architekt Hans Pfann. Im Vorraum wurden die Besucher*innen von Ferdinand Kitts Gobelin *Heimkehr der Ostmark*, den er für eine Schule in Aspern angefertigt hatte, begrüßt. Besonderen Eindruck hinterließen die großformatigen, stilistisch sehr gleichförmigen Auftragswerke zu den „Bodenschätzen der Ostmark", darunter die plakativen, freskoartigen Gemälde von Igo Pötsch *(Wein)*, Max Neuböck *(Salz)* und Rudolf Böttger *(Holz)*, in denen die Gewinnung des Rohmaterials und seine Verarbeitung illustriert wurden. Diese Auftragswerke, ergänzt durch Darstellungen aus dem Themenkreis der Industrie, wurden im Hauptsaal exponiert. Binnen kurzer Zeit hatten sich die stilistischen Divergenzen der Künstler*innen einem einheitlichen, antimodernen Stilgestus angenähert. Ostmarkmenschen, die sich in die Bilderreihen der Berglandschaften einfügten, boten den Maler*innen reichlich Gelegenheit, ihr Können zu zeigen. Gefallen erregten die Grafiken der *Bauern aus dem Pinzgau* von Alfred Cossmann und Switbert Lobisser oder „die in der bekannten schweren Spachteltechnik ausgeführten Holzknechte und Holzzieher" von Alfons Walde.[36]

Die Abteilung „Ahne und Erbe" sollte „gleichsam den ewigen Muttergrund des Volkes" darstellen,[37] dazu gehörten Eisenmengers *Gang durch die Felder*, ein Teilstück des Kartons für das Wandbild des Welser Bahnhofs, Ferdinand Andris monumentales Bild *Mutter und Kind* oder Sepp Mayrhubers *Bauernfamilie aus Oberdonau*. Zu den „Dichtern und Kämpfern" zählte man *Adalbert Stifter* (Böttger), *Karl H. Waggerl*, den Heimatdichter und Landesobmann der Reichsschrifttumskammer im Gau Salzburg (ein ganzfiguriges Porträt Waggerls in Kniebundhosen von Kitt) oder *Luis Trenker*, den Sergius Pauser mit Kamera in nahezu fotorealistischer Weise porträtierte. Die größte Gruppe umfasste aber die Landschaftsbilder von Bregenz bis zum Wienerwald. Plastiken von Frass, darunter seine überlebensgroße *Ostmark*, Brunnen von Josef Müllner oder Alfred Hofmann und Josef Dobners *Gaukler* ergänzten die Schau.[38]

Die mit einem „Brauchtumsessen" eröffnete Schau zählte 10.900 Besucher*innen, was als großer Erfolg verbucht und propagandistisch ausgeschlachtet wurde. Freudig konstatierte man den stilistischen Anschluss an die bildende Kunst des Deutschen Reiches. Thematisch knüpften die Künstler*innen an die Genremalerei der Münchner Schule des späten 19. Jahrhunderts an, die bereits in den 1930er Jahren einen Aufschwung erlebt hatte. Die künstlerische Kontinuität wurde hervorgehoben – mit einer kleinen Einschränkung: „Wohl verschwanden auch hier einzelne Namen und kleine Gruppen, aber bis auf vereinzelte Ausnahmen waren es fast durchwegs Nichtarier, die nun endgültig aus dem Kunstleben ausscheiden." Es seien deshalb auch keine neuen Namen zu entdecken gewesen, denn: „Sie alle waren schon da",[39] so der Autor. Die Reichsstatthalterei kaufte 107 Objekte und die Gauhauptstadt, also das Kulturamt, verlieh drei Preise und erwarb 27 Werke, 33 Objekte gingen an Privatpersonen.[40] Dass es sich bei den großzügigen Ankäufen um mehr als Künstlerförderung handelte, ist auch dem Umstand zu entnehmen, dass die Reichsstatthalterei alle erworbenen Bilder für die Berliner Folgeausstellung zur erneuten Veräußerung freigegeben hatte. Im besten Fall hätte ein Objekt also weiterverkauft werden können. Der erwirtschaftete Gewinn sollte in einen Fonds fließen, mit dem weitere Programmausstellungen finanziert werden sollten.[41] 1958 lagerten im Depot des Künstlerhauses immerhin noch 86 Objekte dieser Ausstellung, die offensichtlich nie abgeholt worden waren.[42]

## Berge, Menschen und Wirtschaft der Ostmark, Berlin, 1939

Die Ausstellung *Berge und Menschen der Ostmark* in Wien galt als eine Art Generalprobe, bevor sie, erweitert um den Aspekt der Wirtschaft, die Reise ins „Altreich" antreten sollte. Kernstück der am Berliner Messegelände vom 26. Mai bis 25. Juni 1939 präsentierten Ausstellung *Berge, Menschen und Wirtschaft der Ostmark* sollte die Wiener Ostmarkschau sein, die um bodenständige Volkskunst, Brauchtum, Jagd, Fischerei etc. und weitere wirtschaftliche Aspekte ergänzt wurde. Eine 1.000 m² große Halle sollte von der Stadt Wien konzipiert werden, die auch der Wiener Mode Raum bieten sollte.

Die Ostmarkschau fand in den riesigen, flächenmäßig kaum mit dem Künstlerhaus vergleichbaren Messehallen unter dem Berliner Funkturm statt. Hier waren ab 1934 die wichtigsten ideologisch instrumentalisierten Messen der Nationalsozialisten abgehalten worden.[43]

S. 273 Emmerich Sandig, *Feldfriede*, 1938, WM

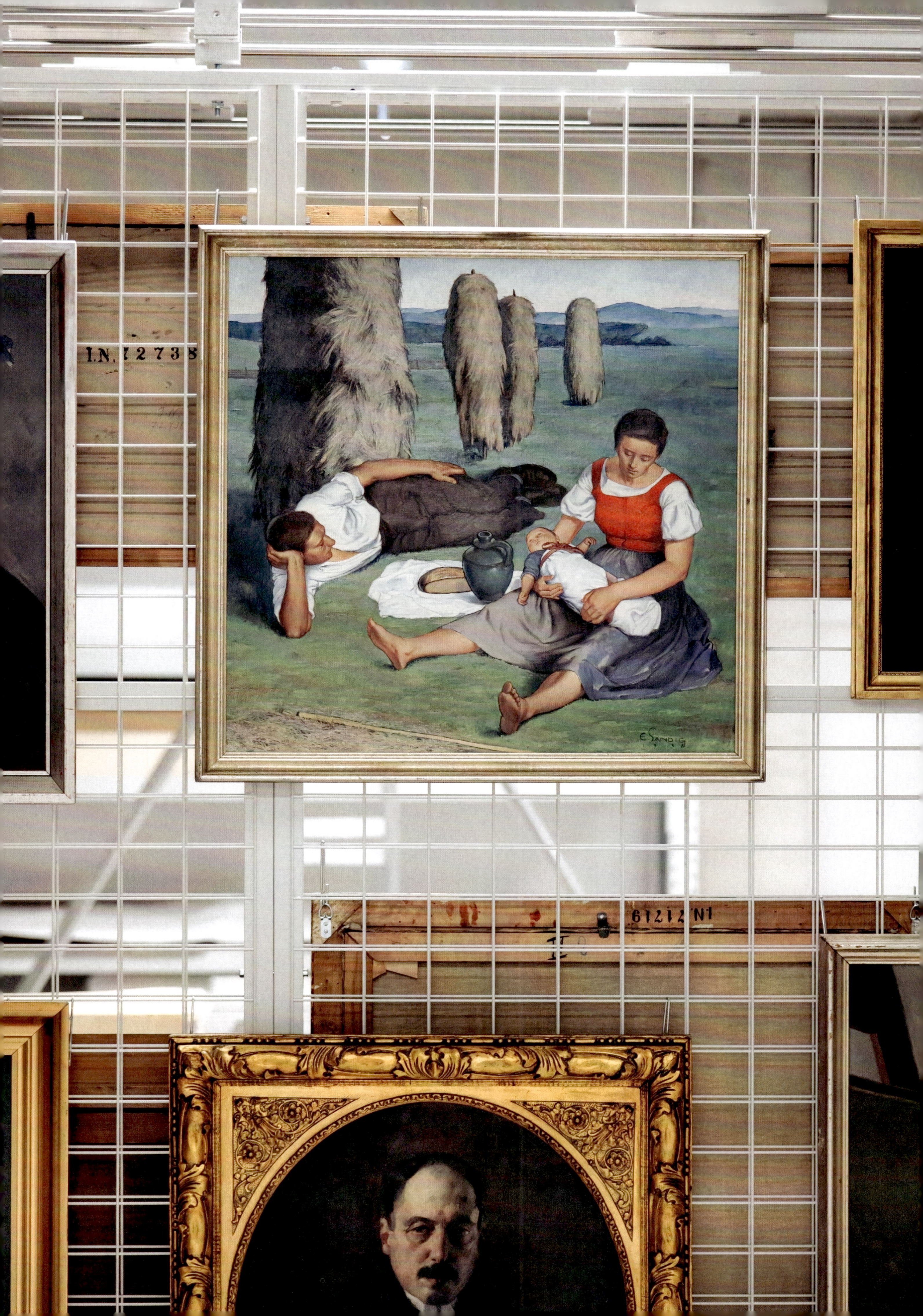

Neben der großen Mansurenhalle aus den 1920er Jahren und weiteren den Funkturm umschließenden Hallen standen den Ostmärkern 25.000 m² Ausstellungsfläche zur Verfügung. Zusätzlich konnte das gesamte Freigelände, wie der stadionartig angelegte Terrassengarten samt Wiener Café und „Weinschlössl", bespielt werden. Die Planung und Gestaltung war in bewährter Weise dem Institut für Ausstellungstechnik und Bildstatistik übertragen worden. Die technische Verantwortung vor Ort hatte der Leiter der Bauabteilung der Berliner Ausstellungen, Architekt Wilhelm von der Weiden, der von den Wiener Architekten Hubert Matuschek, Gottlieb Michael und Carl Witzmann unterstützt wurde. Die Ostmark präsentierte sich als ein biederes Volk der Tradition, des Brauchtums und der bäuerlichen Volkskultur. Dies vermittelten auch das Plakat und das Cover des Ausstellungskatalogs, das ein sonderbar gelängtes, auf einer Erdscholle positioniertes Trachtenpärchen des Wiener Gebrauchsgrafikers Lois Gaigg zeigte.[44]

Von der zentralen hohen Ehrenhalle aus gelangte man in die Abteilung der Kunst, gestaltet von Matuschek, wo die von Pötsch ausgewählten Bilder aus der Wiener Ausstellung gezeigt wurden.[45] Die Bilder und Skulpturen wurden in einer Galerie locker vor neutralem Hintergrund präsentiert, die Eingänge zu den Nebenräumen schmückten diverse Wappen. Linkerhand gelangte man in die 5.000 m² große Abteilung der Kultur, in der sich der mit „Land und Volk" betitelte Raum befand. Man betrat ihn über eine Vorhalle, einen bäuerlichen Festraum, bestehend aus sechs gewundenen Säulen, die eine zentrale Brunnenschale umschlossen. Monumentale Malereien mit Darstellungen der sechs Gaue, die regionaltypische Szenen in unpathetischer Art zeigten, schmückten die umgebenden Wände. Die Maler Herbert Dimmel und Otto Jahn illustrierten die Gaue Niederdonau und Oberdonau, Günther Baszel und Richard Exler die Gaue Salzburg, Kärnten und Tirol. Der nächste Abschnitt der Halle widmete sich dem Jahreskreis im alten Brauchtum, für den ein 90 Meter langer und drei Meter hoher Fries der Maler*innen Hans Babuder, Ernst Huber, Wilhelm Kaufmann, Sepp Mayrhuber, Paul Meissner, Franz Zülow und Erna Piffl angefertigt wurde. Exponate des Volks- und Brauchtums besetzten die Raummitte. Anschließend präsentierte sich die Stadt Wien als Kulturstadt mit musealen Objekten aus den Bereichen Musik, Theater, Literatur, bildende Kunst und Mode, umgeben von Architekturdarstellungen. Baszel und Max Frey hatten eine riesige Fotomontage von Bauten aus der Römerzeit bis zum Weltkrieg konzipiert, die schon auf der *Deutschen Bau- und Siedlungsausstellung* 1938 in Frankfurt zu sehen gewesen war. Den Schlusspunkt dieser Halle bildete ein Einbau von Gottlieb Michael und Otto Jahn zum Thema *Die deutsche Sendung der Ostmark*. In der u-förmigen Pfeilerhalle wurden sechs große Wandbilder eingefügt, die die *Großtaten der ostmärkischen Geschichte* visualisierten.

In der anschließenden Halle wurden die Abteilungen der Land- und Forstwirtschaft sowie der Jagd und die Abteilung der Industrie vorgestellt. Für die Landwirtschaft malte Ferdinand Andri ein 36 × 6 m messendes monumentales Gemälde, das die „einfache, ursprüngliche Art bäuerlicher Arbeit darstellte".[46] Andri, ehemals Secessionist, war ein mehrfach ausgezeichneter NS-Maler, kommissarischer Leiter der Akademie, Träger des Ehrenrings der Stadt Wien (1941) und gehörte zu den „Gottbegnadeten".[47] Neben den Wandbildern und Ausstellungsobjekten produzierte das Institut für Ausstellungstechnik und Bildstatistik diverse Bildtafeln. Man pries die Leistungen der Ostmark und hob die historische Bedeutung „als germanisches Siedlungsland" hervor.[48]

Aus der Abteilung der Industrie gelangte man in die des Ostmärkischen Handwerks, die mit der Modeabteilung begann: In sieben Dioramen wurde die Produktion der Mode in den Werkstätten, vom Gesellschaftskleid bis zur Tracht, veranschaulicht. In der angrenzenden, ebenfalls von Witzmann auffallend schlicht gestalteten Halle befanden sich locker aufgestellte Glasvitrinen mit kunsthandwerklichen Objekten und einzelne Möbelstücke. Den Abschluss bildete die Halle für Fremdenverkehr, für die wiederum große Wandfriese mit davor platzierten Figuren angefertigt wurden. Im großzügig umgestalteten Terrassengarten wurden täglich Tanzvorstellungen geboten.

In finanzieller Hinsicht war die Ausstellung ein Misserfolg. Obwohl sich die Berliner*innen anfangs noch „in Schlangen angestellt" haben,[49] musste das Künstlerhaus nach Ausstellungsschluss zur Kenntnis nehmen, dass der Verkaufserfolg „gänzlich unbefriedigend" war. Offensichtlich hatte es aufgrund der „Ablenkung der Berliner Bevölkerung durch verschiedene bedeutungsvolle politische Ereignisse" einen Einbruch bei den Besucherzahlen gegeben (man sprach von nur 150.000 Personen). Die großzügige Option der Weiterveräußerung der vom Reichsstatthalter in Wien angekauften Bilder rechnete sich nicht.

S. 275 Sergius Pauser, *Luis Trenker mit Kamera*, 1938, Belvedere, Wien
S. 276–277 Ferdinand Andri, *Die bäuerlichen Arbeiten in der Ostmark* (Entwurf für ein Wandbild in der Ausstellung *Berge, Menschen und Wirtschaft der Ostmark* in Berlin), 1939, Stadtmuseum St. Pölten

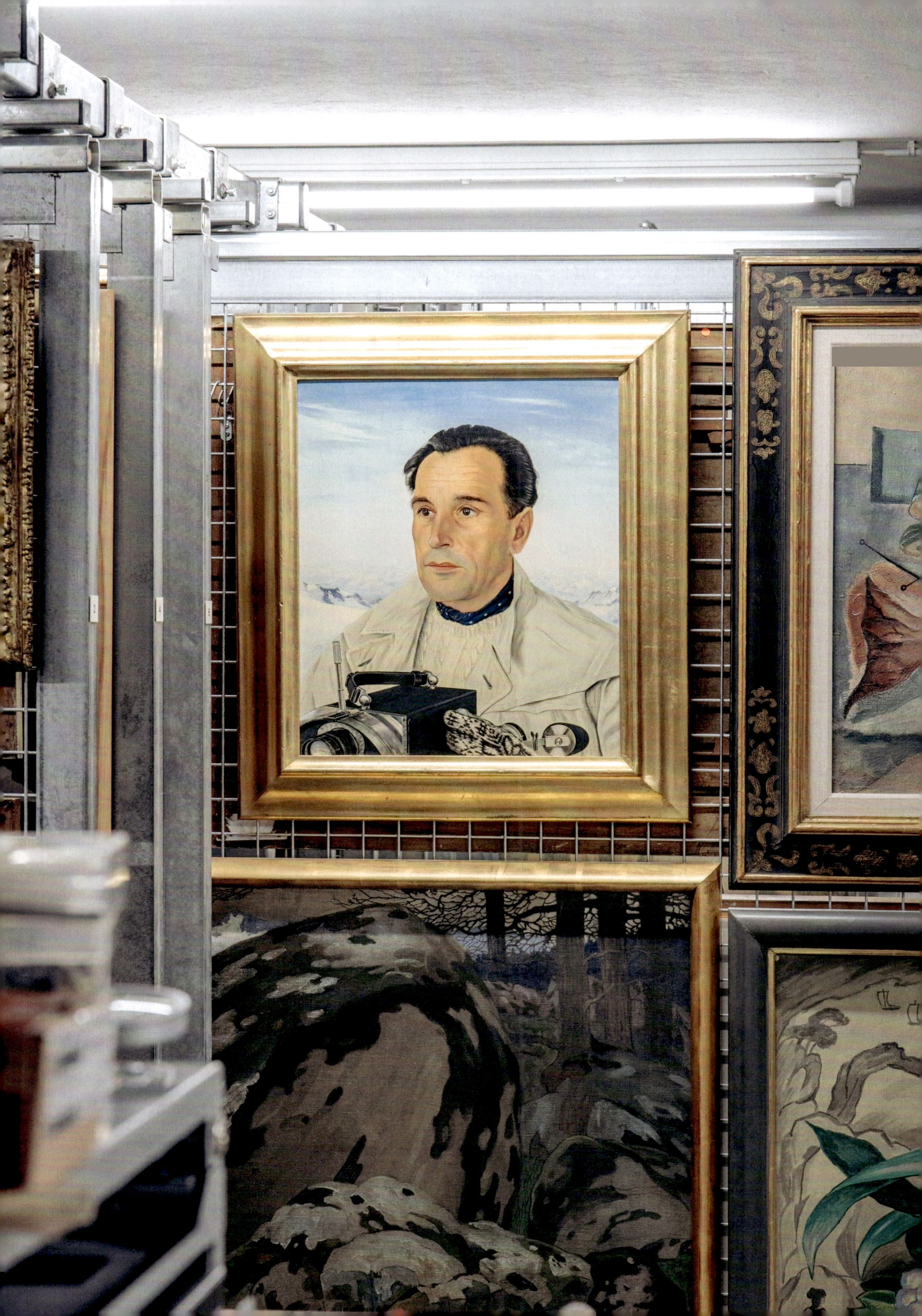

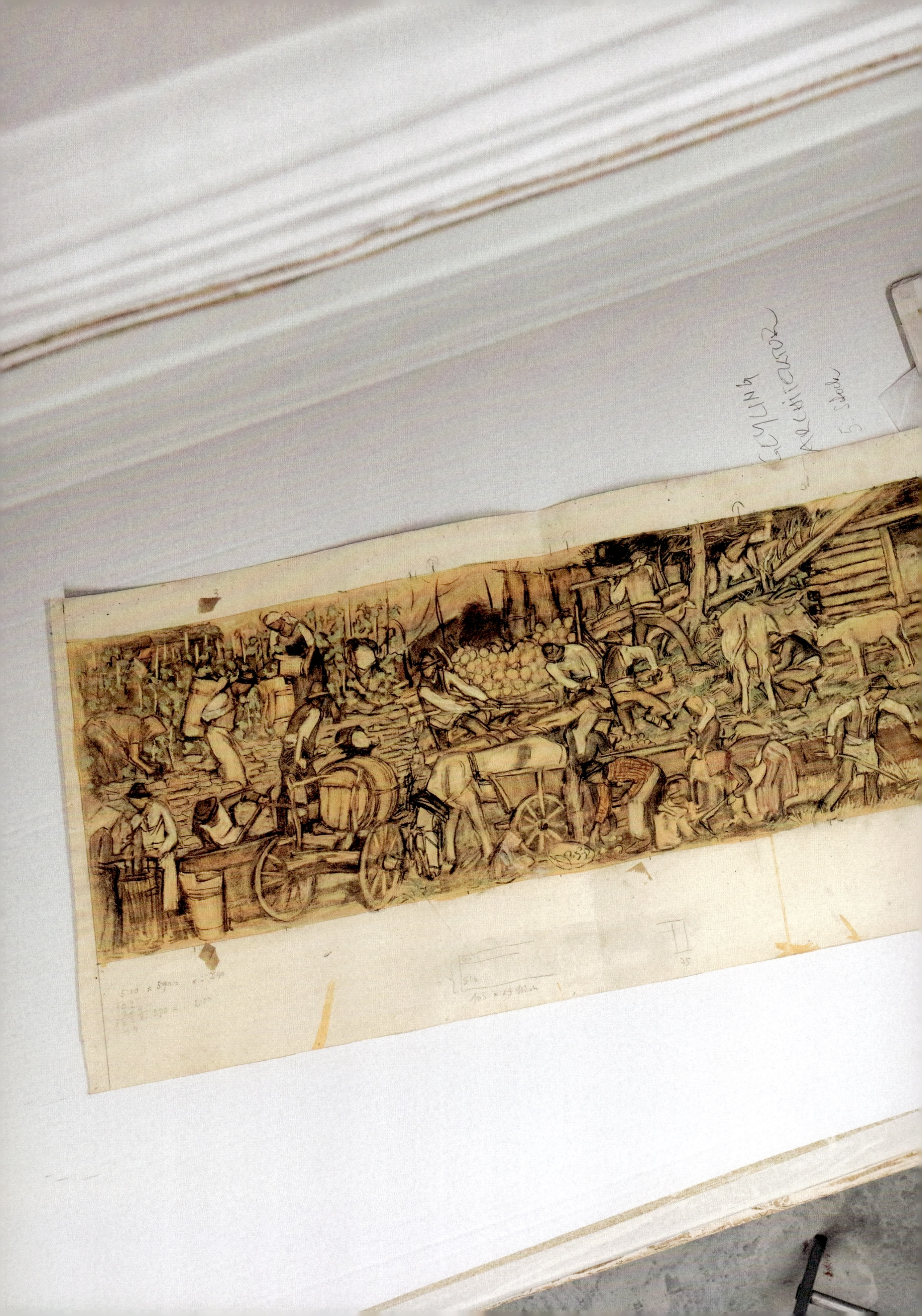

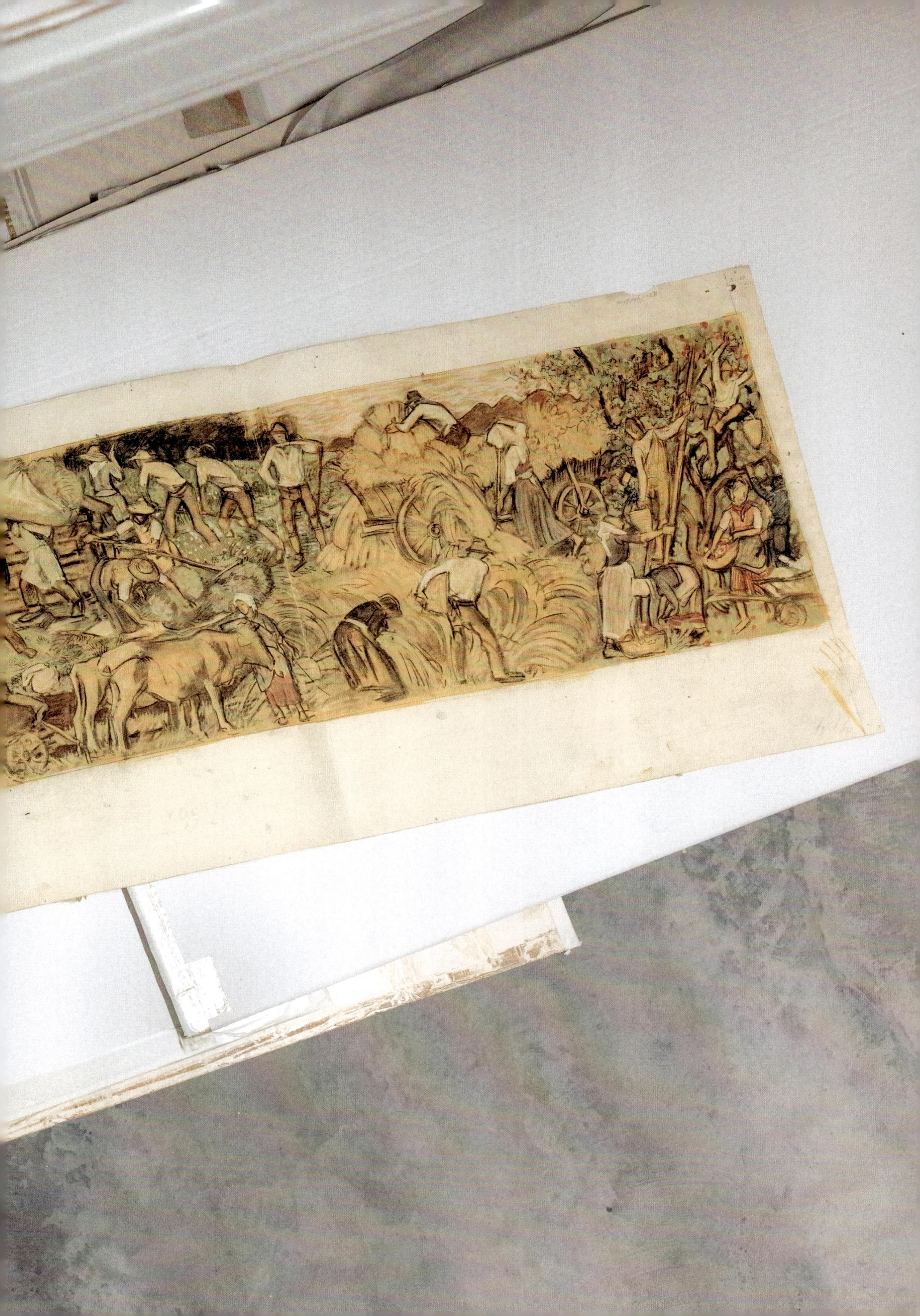

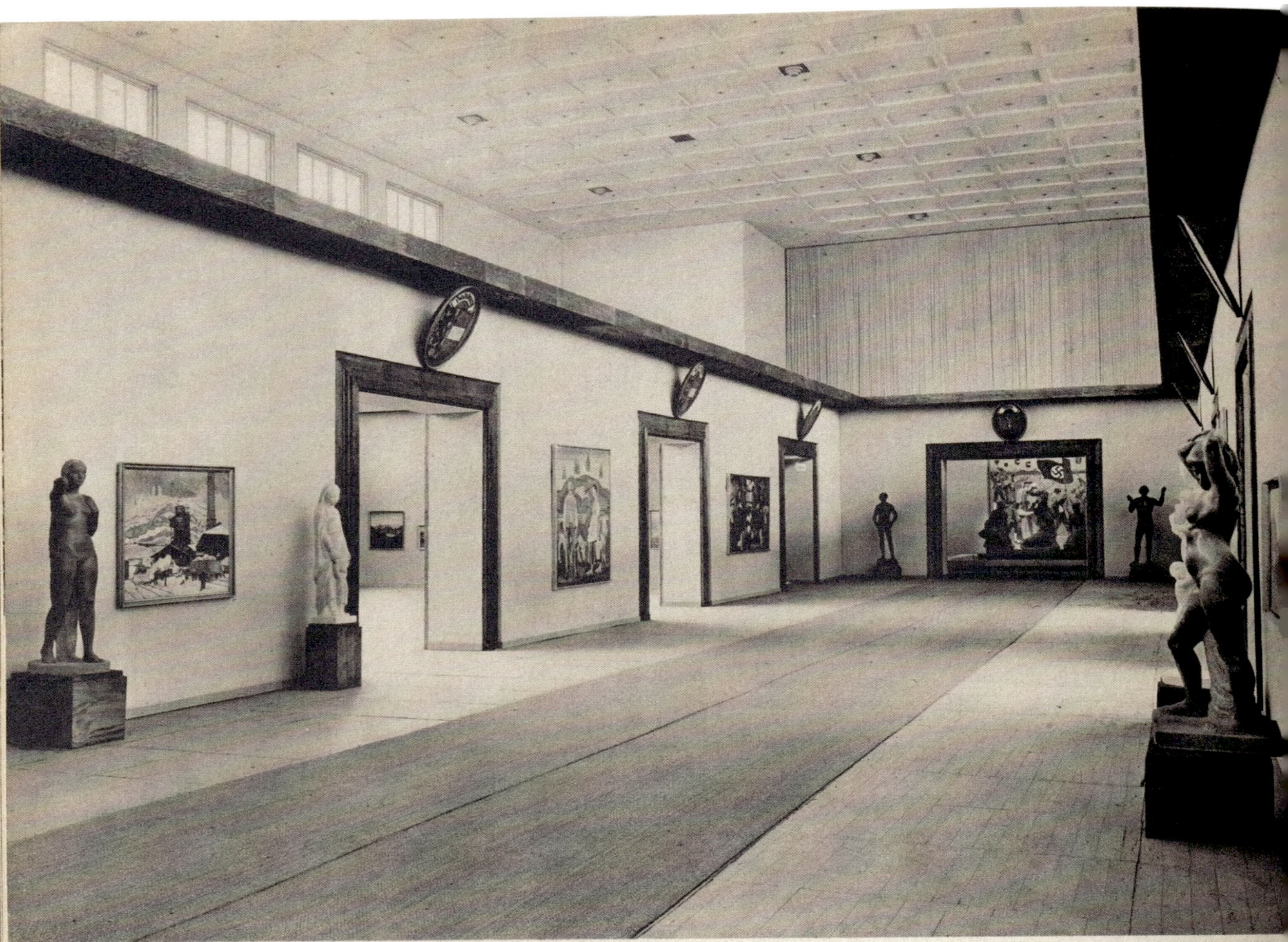

Der Raum der ostmärkischen Kunstausstellung, gestaltet von Arch. Hubert Matuschek / Aufnahme Taubert-Neumann

richtigen Löffel, keine Gabel, keine Aschenschale, keine schöne Zigarettendose und keine Lampe, es ließe sich eine lange Reihe aufzählen, jedes Stück mußte damals in seiner Bestimmung erst erkannt und wieder neu erschaffen werden. An diesen entscheidenden Grundlösungen ist seitdem nichts geändert worden, nur das Schmückende wechselt mit der Zeit und hängt ihnen ein scheinbar anderes Gesicht um.

Auch die Wiener Mode, die schon längst zu einem klaren Begriff ausgebildet wurde, von dem jeder weiß, vermochte unmittelbar zu den Augen zu sprechen. Das Bezeichnende für Stil und Modekleinigkeit, gebändigt durch den Geschmack, wurde in guten Beispielen ausgestellt und vorbeigeführt. Die Aufstellung der Glaskasten und großen Stufen beengte nicht, gestattete überall ein nahes Herantreten, ein eingehendes Besichtigen. Es gab vieles, aber doch kein verwirrendes Allzuviel.

Von den vielen Zweigen der Wirtschaft fanden die Erfindungen eine nützliche Darbietung durch den Gegenstand. Sie zeigten die bedeutenden Leistungen des Geistes, der sich die Welt eroberte, sie gemahnten zugleich ernstlich an das Schicksal von Erfindern und forderten auf, die heute Lebenden und Ringenden nicht abzuweisen, sondern ihnen Gehör und Hilfe zu schenken. Gerade der Anblick der alten ersten Modelle ließ Anfang und Ziel, Kampf und Ruhm dramatisch hervortreten. Viele Namen wurden wieder aus der Vergessenheit zurückgeholt, der Tiroler Madersperger, der die erste Nähmaschine erfann, Josef Ressel mit der Schiffsschraube, Peter Mitterhofer mit seiner Schreibmaschine, Theodor Scheinpflug, dessen Photogrammetrie bis zum Nordpol vordrang, Max Petzval mit der Photokamera, der an der Wiener Universität wirkte und eigentlich ein Zipser war, Wilhelm Kreß, der den Weg durch die Luft wies und so viele andere.

Eine unmittelbare Vorstellung vermittelten auch einige Möbelstücke, Gobelins, Vasen und erlesene Bildwerke, sie gaben sofort den Stimmungsgehalt einer vergangenen Zeit wieder, die Phantasie erschuf sich leicht Ereignisse dazu.

Auf einen weiteren und recht melancholischen Weg wiesen den Besucher die alten Handschriften, die Noten und Briefe, die Erstausgaben weltberühmter Werke, Grillparzers Bücherkasten und Hebbels Schreibtisch, Lenaus Glasschrank, oder die Rüstung Maximilians, die Ordonnanzmappe Vater Radetzkys oder die Spinette und Klaviere, die unter

„Kärnten frei und ungeteilt" — Monumentalgemälde von Maler Kurt Weiss, eines der sechs großen Bildwerke, die im Säulengang der Kulturhalle die Großtaten ostmärkischer Geschichte darstellen

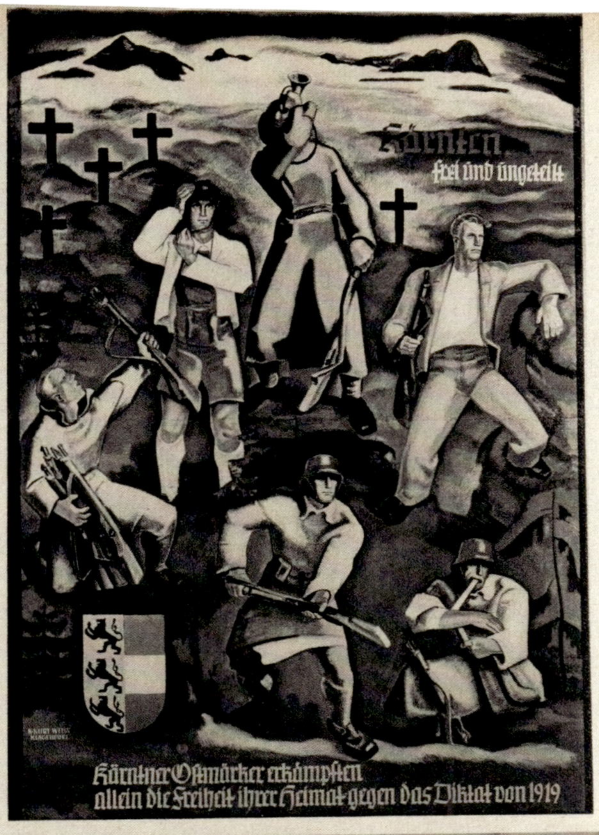


Der Säulengang „Die deutsche Sendung der Ostmark" in der Halle der ostmärkischen Kultur. Entwurf Oberbaurat Arch. Gottlieb Michael u. Maler Otto Jahn / Aufn. Taubert-Neumann

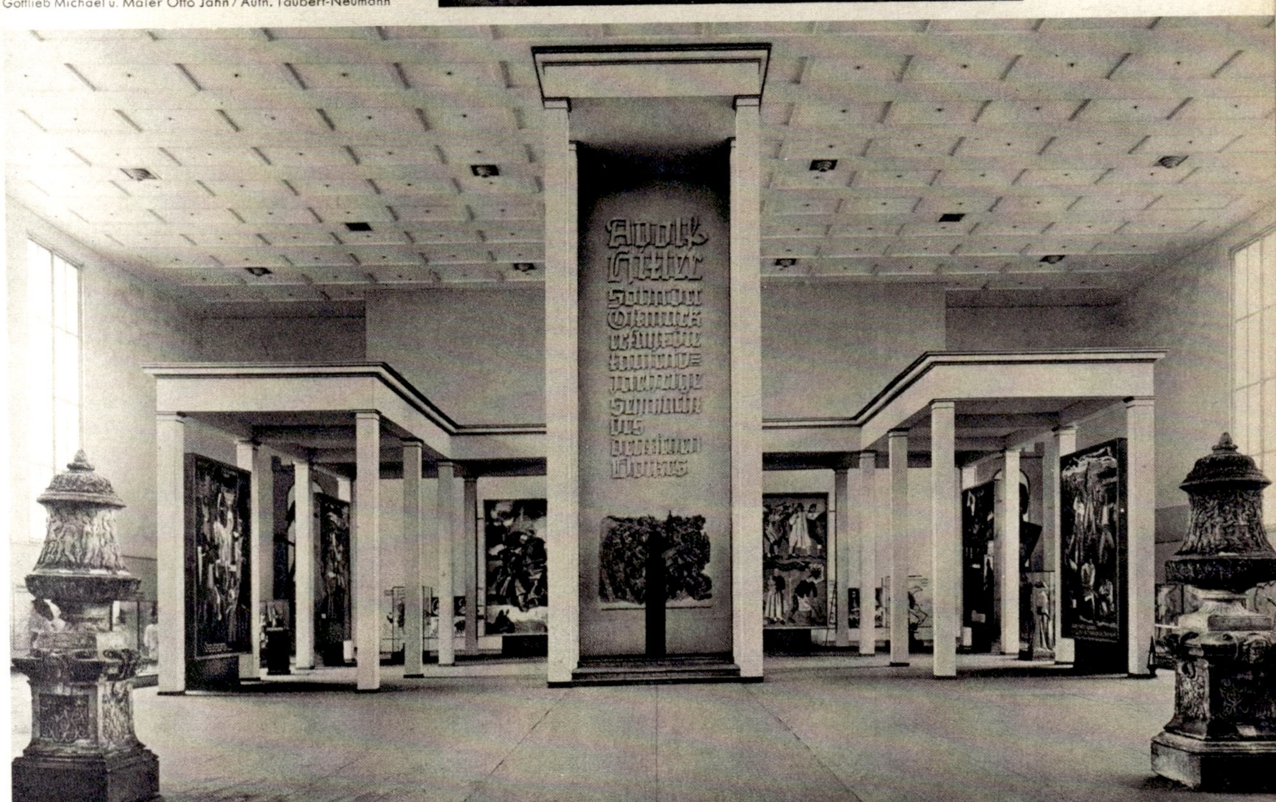

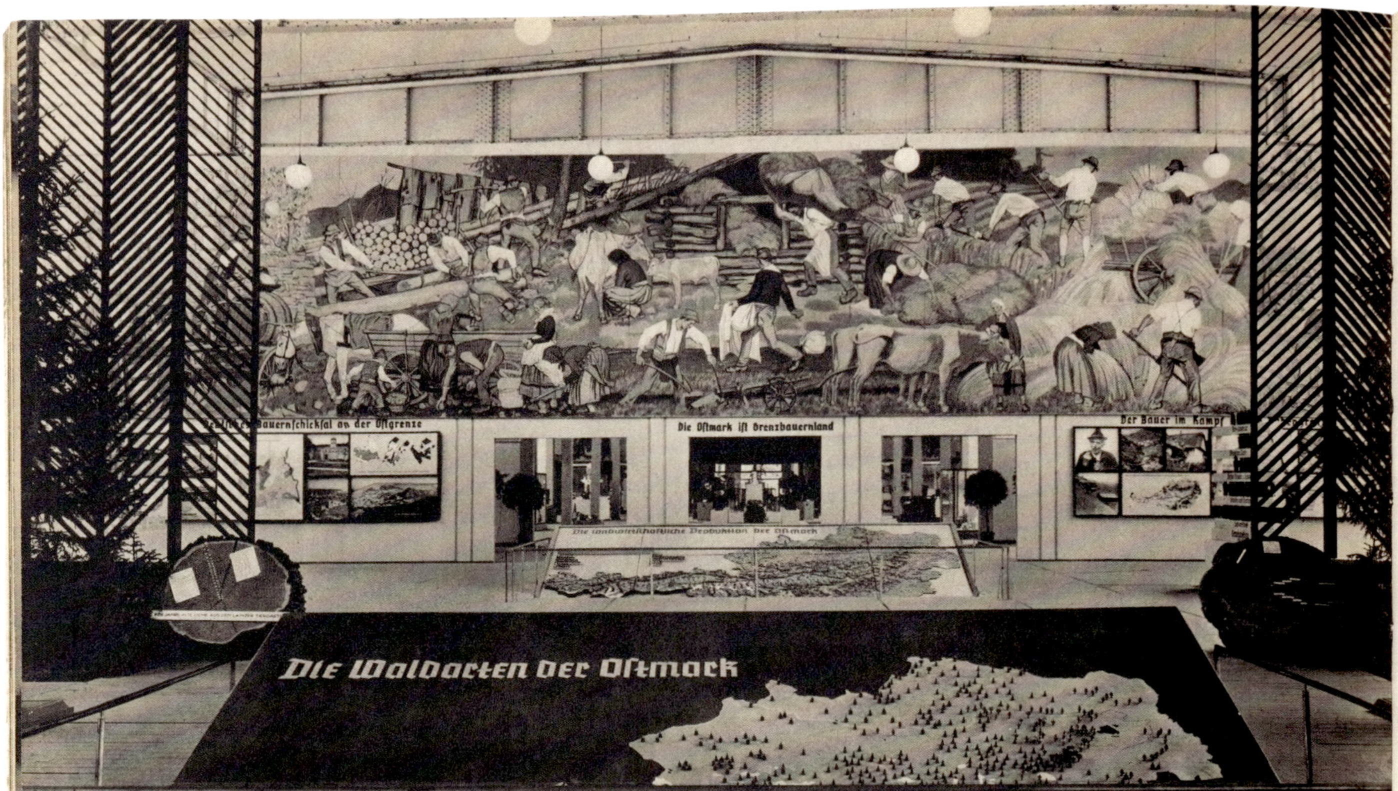


Die Halle der ostmärkischen Landwirtschaft. Entwurf Maler Otto Jahn. Das Wandbild stammt von Prof. Ferdinand Andri / Aufnahme Taubert-Neumann

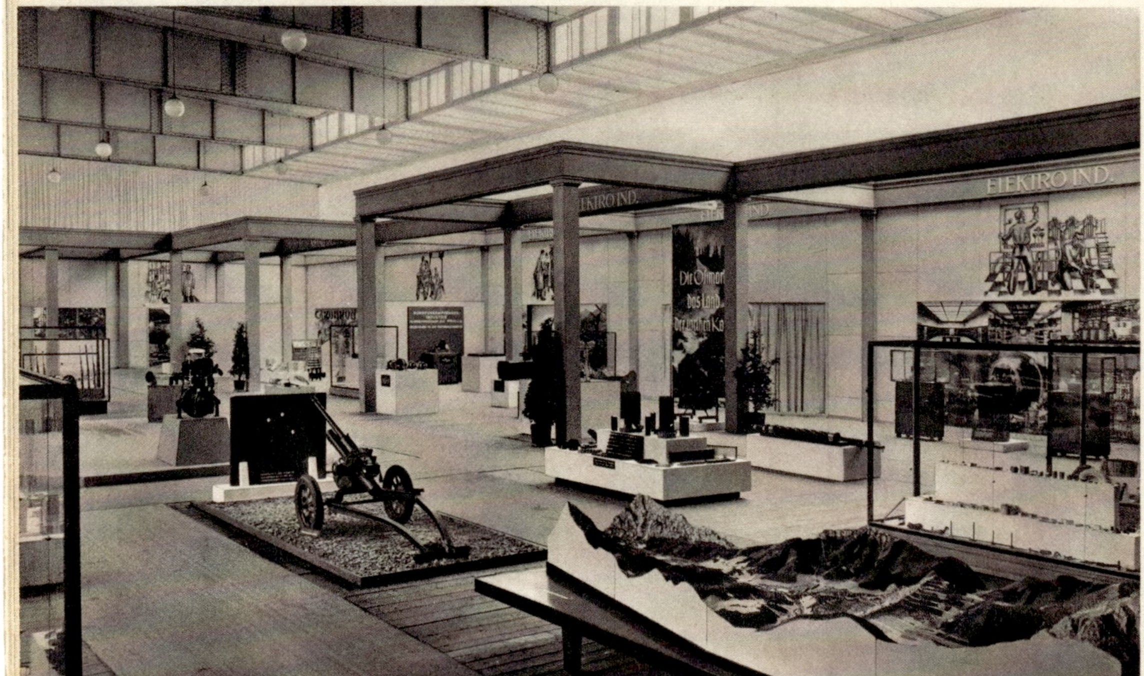

Die Halle der ostmärkischen Industrie, gestaltet von Regierungsrat Prof. Arch. Witzmann Aufn. Taubert-Neumann

Kurz nach dem „Anschluss" verkündete der Architekt Siegfried Theiss in der *Neuen Freien Presse*, dass die Ausstellung *Entartete Kunst* nach Wien kommen werde.[50] Ein Zeitpunkt wurde nicht genannt. Den für Herbst 1938 anvisierten Termin konnte jedoch Salzburg für sich reklamieren. Mit diesem Schachzug gelang es der Festspielstadt, ihre kulturpolitisch bevorzugte Position in der Ostmark gegenüber Wien zu manifestieren. Anfang September 1938 wurde ein neuer Termin in Aussicht gestellt – März 1939.[51] Wien hatte wiederum das Nachsehen, dieser Termin ging an Weimar.[52] Immerhin konnte Blauensteiner Ende April 1939 Bürgermeister Neubacher informieren, dass „infolge einer staatlichen Intervention" die Ausstellung *Entartete Kunst* von Anfang Mai bis Mitte Juni 1939 abzuhalten sei.[53] Aus den ständigen Terminverschiebungen lässt sich schließen, dass die definitiven Ortsfestlegungen relativ kurzfristig erfolgten und dass die Genossenschaft bildender Künstler schon längst zum Spielball der von Berlin aus gesteuerten NS-Propaganda geworden war.

Die Idee, die in den Münchner Hofgartenarkaden gezeigte Femeschau *Entartete Kunst* (19.7.–30.11.1937) – eine Gegenveranstaltung zur *Großen Deutschen Kunstausstellung* im Haus der Deutschen Kunst – durch das Dritte Reich zu schicken, stand nicht von Anbeginn fest. Deshalb unterschied sich auch die binnen eines Monats konzipierte Münchner Schau von den folgenden 13 Stationen. Am 30. Juni 1937 ermächtigte Goebbels Adolf Ziegler, eine Kommission zu bilden, die innerhalb von zehn Tagen Beschlagnahmungen in 23 Städten und 32 Sammlungen durchführte.[54]

Für den Standort Berlin (28.2.–8.5.1938) wurde ein Konzept entwickelt, das die Objekte in neun Abteilungen präsentierte. Die Struktur samt diffamierenden Botschaften folgte dem Ausstellungsführer. Da es sich um keinen Katalog im engeren Sinne handelte, sondern um eine Art Begleitheft mit einem von Fritz Kaiser verfassten Text im NS-Jargon, konnte er problemlos bei den Folgeausstellungen verwendet werden. Das Cover zeigt die 1912 entstandene Gipsplastik *Der neue Mensch* des im KZ Lublin-Majdanek 1943 ermordeten jüdischen Künstlers Otto Freundlich. Die später zerstörte Skulptur, die am Cover in verzerrender Untersicht reproduziert war, begleitete die Schau vermutlich bis zuletzt, ihr Wiedererkennungswert war wichtig.

Der Mietvertrag mit dem Künstlerhaus wurde am 4. April 1939 ausverhandelt. Standen Ort und Termin fest, konnte mit der Propagandaarbeit begonnen werden. In Wien adaptierte man ein für Hamburg entworfenes Plakat, das bei späteren Expositionen zum Einsatz kam. Die von Rudolf Hermann stammende Lithografie zeigt im Vordergrund ein Gesicht, dessen Züge an den „neuen Menschen" von Otto Freundlich erinnern. Im düsteren, grün gehaltenen Hintergrund erscheint ein als jüdisch charakterisiertes Profil, mit dem vermutlich der bekannteste Kunsthändler Deutschlands, Alfred Flechtheim, gemeint war.

Die Rekonstruktion der Wiener Schau ist aus vielerlei Gründen schwierig, zum einen aufgrund des kaum vorhandenen Archivmaterials, zum anderen infolge des Fehlens von Raumaufnahmen. Fast hat es den Anschein, als wollte man die Erwartungen der weniger spektakulären Wiener Schau durch Fotos nicht enttäuschen. In den Medien tauchten weitgehend dieselben Abbildungen von besonders skandalisierten Kunstwerken auf, die in der Ausstellung meist gar nicht (mehr) zu sehen waren.[55] Daneben lief die Propagandamaschinerie an, wobei auf die Unterstützung der Wiener Gaupropagandaleitung zurückgegriffen wurde. Hanns Blaschke hatte am 19. April 1939 aus der erfolgreichen Produktpalette Heinrich Hoffmanns 59 seiner „Antikommunistischen Bildtafeln" bestellt, die in „einfachster Art", etwa „mit Reißnägeln", zu affichieren seien.[56] In eigens gedruckten Handzetteln rief das Wiener Magistrat seine Dienststellen zum Besuch der Ausstellung auf. Interessant ist das Motiv, das den Flugzettel illustriert. Es zeigt das Gipsmodell des *Fabeltiers* von Richard Haizmann, das dieser 1928 als Brunnenfigur für ein Kinderplanschbecken in Hamburg entworfen hatte und das 1930 in Bronze gegossen wurde. Die amorphe, bei Kindern beliebte Fantasiegestalt aus glatt polierter Bronze war 1937 entfernt und vermutlich 1939 eingeschmolzen worden. Für die Ablichtung des Gipsmodells im Ausstellungsführer positionierte man das *Fabeltier*, der Standfestigkeit wegen, auf einem grob zusammengezimmerten Holzgestell. Ab der Berliner Schau war es eines der bevorzugten mit Spott und Häme überschütteten Objekte.

Am 6. Mai 1939 konnte die Ausstellung *Entartete Kunst, Entartete Musik* endlich eröffnet werden. Nach entsprechender Einstimmung durch die NS-Presse leitete Blauensteiner die Feier ein, gefolgt von einem Vortrag von Hans Severus Ziegler. Presseberichten zufolge war die in neun Abteilungen gegliederte Ausstellung im Erdgeschoss und im Obergeschoss des Künstlerhauses, wo auch die „Entartete Musik" gezeigt wurde, untergebracht. Hier arbeitete man vor allem mit Schallplatten, die den Besucher*innen Beispiele atonaler Musik zu Gehör

S. 278–280 Einblicke in die Ausstellung *Berge, Menschen und Wirtschaft der Ostmark* in Berlin, 1939, in: *Die Pause*, H. 6, 1939, WM

# Die Wiedergeburt

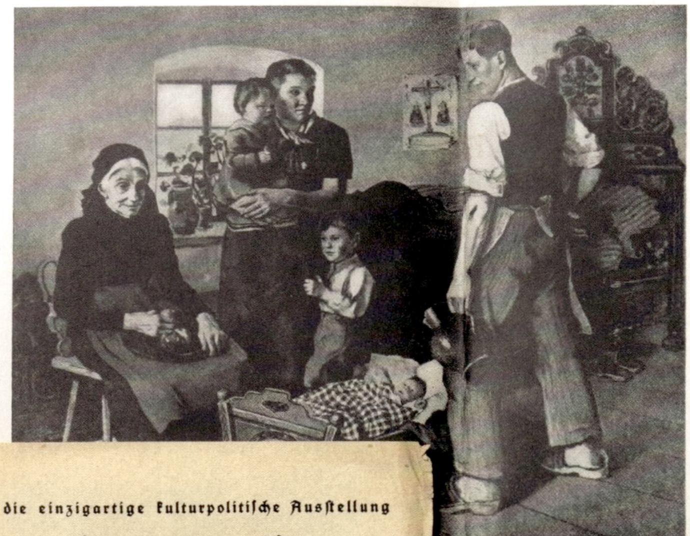

1939, welche die erlesensten Werke lebender
chen Kunstwerke auch österreichische Kunst-
er Bild ein Werk des Malers Anton Lutz, Linz.
nleben der Ostmark.

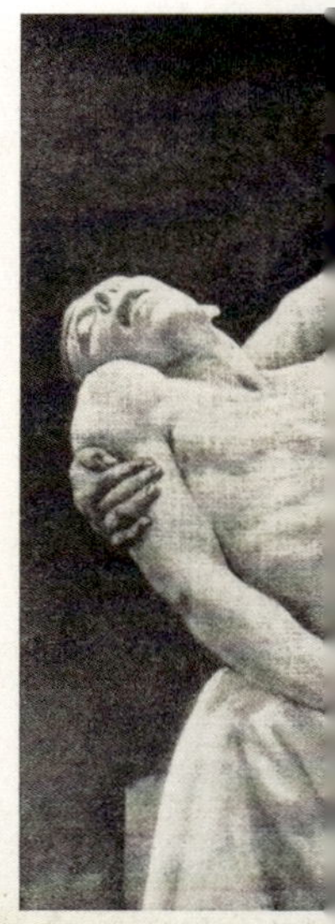

Auch dieses wundervolle Kun
Künstler, Wolfgang Graßberger
dieses Landes mit der deutsch
Hand des Führers in

**Besuchen Sie** die einzigartige kulturpolitische Ausstellung

**„Entartete Kunst"**

**im Künstlerhaus, Wien, I., Karlsplatz 5**
**vom 6. Mai bis 18. Juni 1939**

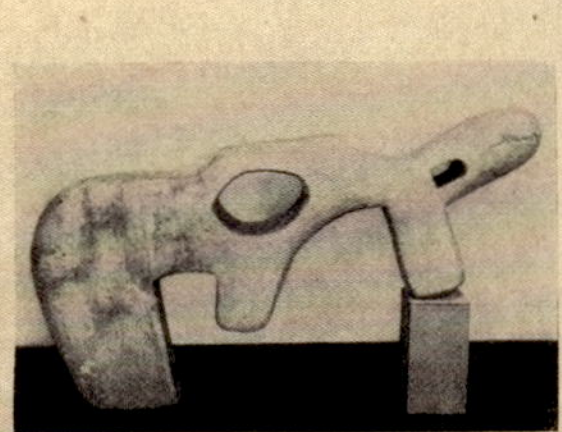

Erkennen Sie dieses Tier?
Erworben vom Staatlichen Museum für Kunst und Gewerbe in Hamburg.

**Über 700 erschütternde** Bildwerke und Plastiken der Verfallszeit geben Einblick in das grauenhafte Schlußkapitel des Kulturzerfalles der letzten Jahrzehnte vor der großen Wende.

In der Abteilung **„Entartete Musik"** hören und sehen Sie über 200 Beispiele der Musikliteratur und Tonkunst des vom Judentum geförderten Kunstbolschewismus.

Vorzugskarten sind beim Gauring, Wien, III., Reisnerstraße 40 und bei den Kreisringleitern in allen Kreispropagandaämtern erhältlich

Kassenpreis RM. -.50 Militär, Arbeitsdienst und Studenten RM. -.20

Auskünfte und Anmeldungen zum Gruppenbesuch U-40-2-26

Führungen: 10, 11.30, 14.30, 16, 17.30 und 19 Uhr

Jugendlichen unter 18 Jahren ist der Eintritt streng verboten

Waldheim-Eberle, Wien

en internationalen Gefilden einer
stischen „Kunstauffassung" hat der
seinem Volke heimgefunden. Mit
Führer die Verirrten zurückgerissen,
und die bereits triumphierende Fratze des Bolschewismus hat sich jäh zu Angst und Schreck gewandelt. Juda ahnt wohl, daß doch noch einmal am deutschen Wesen die Welt genesen wird!

**Soweit war es gekommen mit der Deutschen Kunst unter dem vergiftenden Einfluß des Bolschewismus!**

Verlag: Heinr. Hoffmann, München. — Verantwortlich für Text und Bild: Oskar Robert Achenbach, München.

# …r deutschen Kunst!

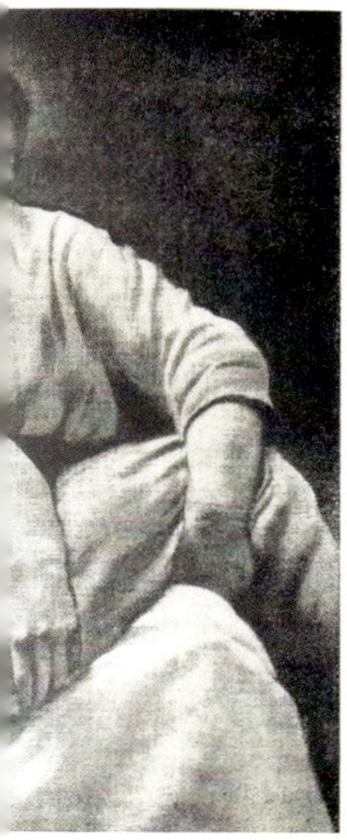

…, stammt von einem österreichischen … uns, wie innig verwachsen die Kunst … deutsche Menschen, welche die starke …terland zurückgeführt hat!

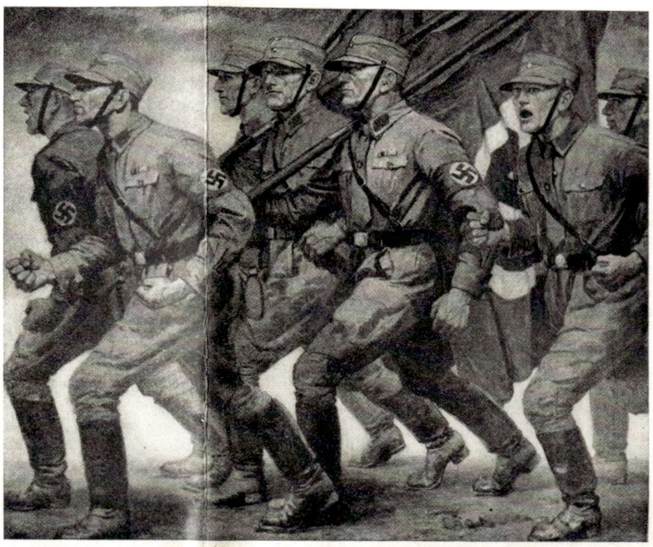

In die bewegten Tage der Kampfzeit, wo SA gegen Bolschewismus und Rotmord stand, führt uns dieses treffliche Bild des Dresdener Malers Prof. Willi Waldapfel: „Die Straße frei den Braunen Bataillonen!"

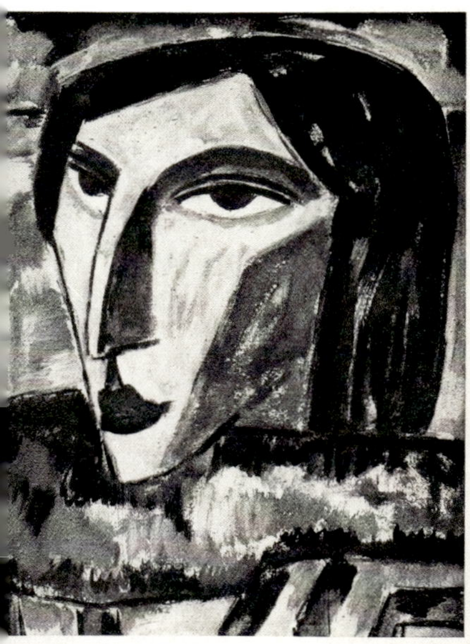

…nierfinkereien, Auswüchse hoffnungs- und talentloser Farbenkleckser, …n furchtbaren Absturz der deutschen Kunst, dem sie unter bolschewistischer und dadaistisch-jüdischer Zielweisung entgegenlief.

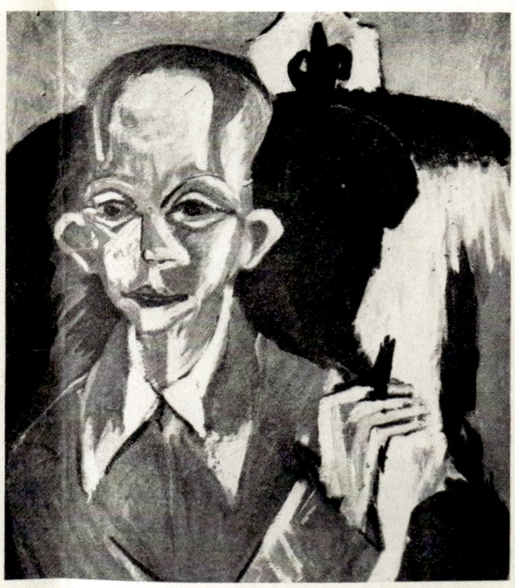

Von diesem Abgrund hat Deutschlands Führer die fast schon verlorene deutsche Kunst im allerletzten Augenblick zurückgerissen, und sie auf ihre ewig gültigen Bahnen zurückgeführt. Das muß ihm sein Jahrhundert danken.

  

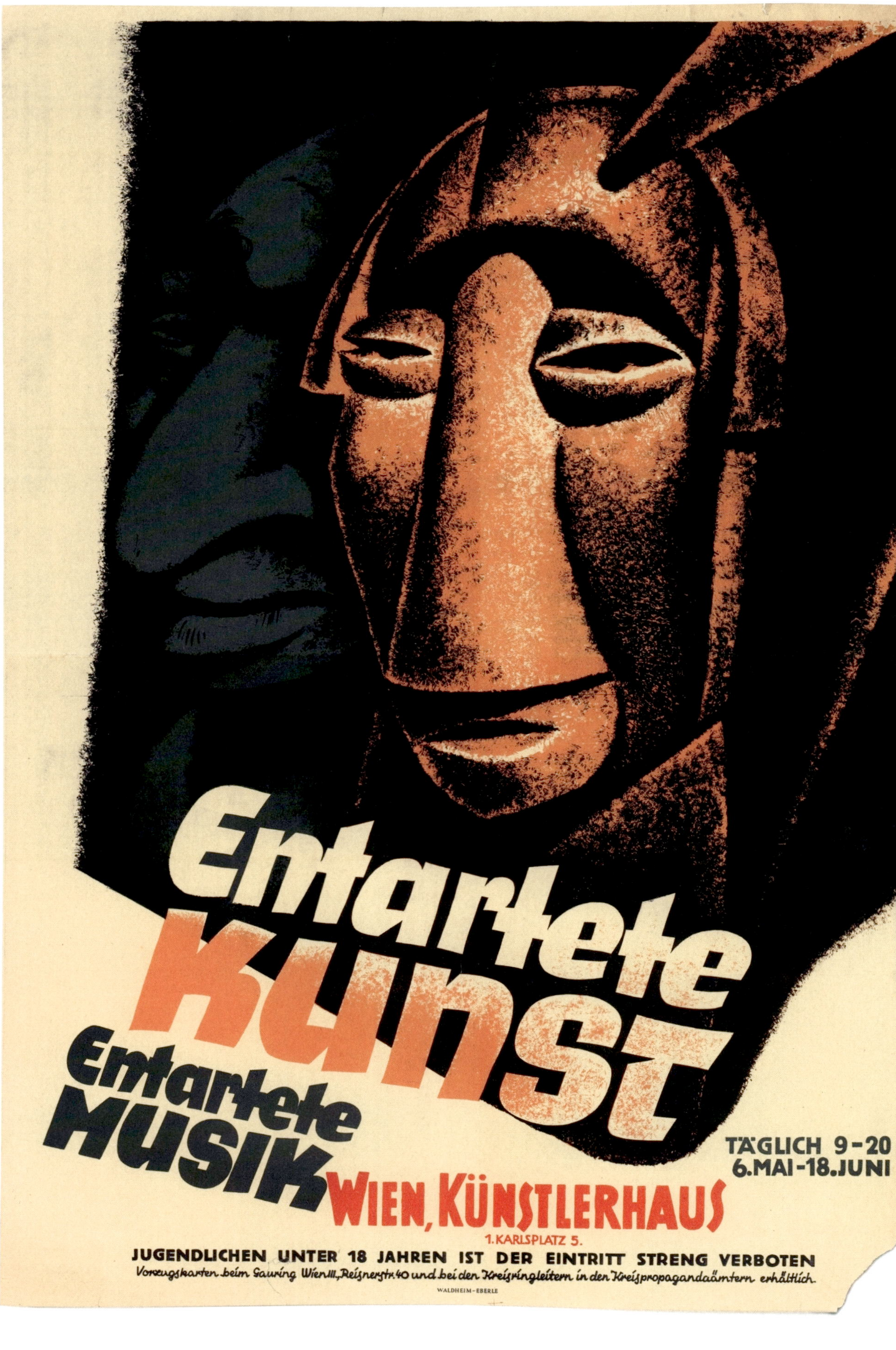
Entartete
Kunst
Entartete
Musik
TÄGLICH 9-20
6.MAI-18.JUNI
WIEN, KÜNSTLERHAUS
1. KARLSPLATZ 5.
JUGENDLICHEN UNTER 18 JAHREN IST DER EINTRITT STRENG VERBOTEN
Vorzugskarten beim Gauring Wien III., Reisnerstr. 40 und bei den Kreisringleitern in den Kreispropagandaämtern erhältlich.
WALDHEIM-EBERLE

brachten.[57] Vereinzelt war zu lesen, die Ausstellung sei für Wien erweitert und um Wienerisches bereichert worden,[58] was bislang nicht nachgewiesen werden konnte. Außerdem gab es am Vortag der Eröffnung die ausdrückliche Order des Staatssekretärs Kajetan Mühlmann, dass sich staatliche Museen nicht an der Ausstellung beteiligen sollten.[59] Anders als in den Museen des Deutschen Reiches, in deren Bestand sich viele Werke der jüngeren Moderne befanden, blieben die Wiener von Beschlagnahmeaktionen „entarteter Kunst" verschont; die für anstößig geltenden Bilder wurden stattdessen abgehängt oder verräumt.[60] Der österreichische Beitrag in der Wiener Ausstellung war marginal.

Die „Klassiker" der „entarteten Kunst", die in Wien und anderswo nicht fehlen durften, waren Max Beckmanns *Kreuzabnahme* von 1917 oder der *Kruzifixus* von Ludwig Gies (1921). Als reinste Blasphemie wurden die Grafiken von George Grosz gesehen.[61] Ein allseits beliebtes Thema war die Bezugnahme von Kunst und Rassenpolitik, weshalb es immer eine Abteilung mit Arbeiten jüdischer Künstler*innen gab. Das in der Ausstellung *Entartete Kunst, Entartete Musik* grundsätzlich geltende Jugendverbot bezog angeblich seine Berechtigung aus einer Abteilung, in der die „schmutzige Atmosphäre einer pornographischen Gedankenwelt" veranschaulicht wurde.[62] Gemeint waren damit Max Ernsts *La Belle Jardinière*, Arbeiten von Otto Dix, Grosz oder die der Brücke-Künstler, die, so ein Rezensent, die „ganze Welt als Bordell" darstellten.[63] Dieselben Künstler wurden zitiert, wenn es darum ging, antimilitaristische Beispiele zu nennen, die das Heldentum und die Soldaten eher desavouierten. Kaum ein Artikel verzichtete darauf, die Collagen und Merzbilder von Kurt Schwitters zu erwähnen, wobei der Materialwert gegen den Kaufwert aufgewogen wurde.[64] Hitlers explizitem Hass gegenüber dem Dadaismus und der Abstraktion wurde stets gebührend Rechnung getragen.

Aus propagandistischer und finanzieller Sicht war die Ausstellung ein voller Erfolg, was selbst die Künstlergenossenschaft erstaunte. „Eines stimmt uns freilich nachdenklich: die phantastischen Besuchsziffern."[65] Man zählte 147.000 Besucher*innen, bei einer hausinternen Ausstellung, wie beispielsweise der 58. Jahresausstellung im Herbst 1938, waren es nur 2.256. Eisenmenger zog daraus die Erkenntnis, dass es auch ein im „negativen Sinn für Kunst [...] unerhörtes Interesse" durch Programmausstellungen zu wecken gelte.[66] Für Blauensteiner war die Ausstellung des Weiteren ein Lehrbeispiel dafür, das künftig „Verfallskunst" zu verhindern sei. Er ordnete deshalb an, zeitgerecht vor jeder Ausstellung verständigt zu werden, um „Ausstellungsmaterial in dieser Hinsicht überprüfen zu können".[67] Diese Anweisung wiederholte er in einem streng vertraulichen Schreiben im Mai 1941, indem er eine Weisung von Adolf Ziegler auf seine Art der Künstlergenossenschaft kundtat: „Ich werde zukünftig mit den mir zur Verfügung stehenden Mitteln nunmehr unerbittlich gegen jeden vorgehen, der Werke der Verfallskunst erzeugt oder solche als Künstler und Händler verbreitet."[68]

## Ausstellungen nach Kriegsbeginn 1939–1944

Die Ausstellungen, die auf die *Entartete Kunst, Entartete Musik* folgten, verliefen im Wesentlichen ohne Höhepunkte.[69] Viele waren Wanderausstellungen, wie zum Beispiel die Schau *Kunstschaffen der Westmark*, in der Kollektionen von Mitgliedern gezeigt wurden, oder kleinere Ausstellungen des Hilfswerks für bildende Kunst in der NS-Wohlfahrt oder die Ausstellung *Siegespreise und Ehrengaben* der RdbK (1939). Der Kriegsbeginn bedeutete eine Zäsur, selbst Eisenmenger stellte die Frage, ob es „angesichts der durch den Krieg völlig veränderten Lage der bildenden Künstler möglich sein wird, im Winter 1939/40 wiederum" eine Themenausstellung abzuhalten. Auch verwies er auf die zunehmend schwieriger werdende materielle Lage der Mitglieder. Die Pläne für das Ausstellungsjahr 1940 hingen vor allem davon ab, „ob wir Krieg oder Frieden haben".[70] Die Verschärfung der Kriegssituation spiegelte sich auch in der thematischen Ausrichtung der Ausstellungen wie bei *Raubstaat England*, veranstaltet durch die NSDAP, Gauleitung Wien (29.3.–15.5.1940), wider.

## Ausstellungen von Künstlerinnen 1940–1944

Die erste Künstlerinnen-Ausstellung fand unter dem Titel *Künstlerisches Frauenschaffen* vom 1. Juni bis 13. Juli 1940 im Ausstellungshaus Friedrichstraße statt und wurde von 30.000 Besucher*innen gesehen.[71] Die wichtigsten Künstlerinnen, die im Nationalsozialismus reüssierten, waren ab 1937 Mitglieder im Bund deutscher Maler Österreichs, der immerhin schon 18 „arische" Frauen aufgenommen hatte, darunter Liesl Bareuther, Margarete Hanusch, Helene Krauss, Sophie Noske, Erna Piffl, Ida Schwetz-Lehmann, Hertha (Karasek-)Strzygowski u. a.

S. 282–283 Flugblatt zur Ausstellung *Entartete Kunst* im Künstlerhaus, Wien, 1939; Heinrich Hoffmann, *Die Wiedergeburt der deutschen Kunst,* Antikommunistische Bildtafel, 1939, WStLA
S. 284 Ausstellungsplakat *Entartete Kunst, Entartete Musik,* Künstlerhaus Wien, 1939, Entwurf Rudolf Hermann, WB, Plakatsammlung

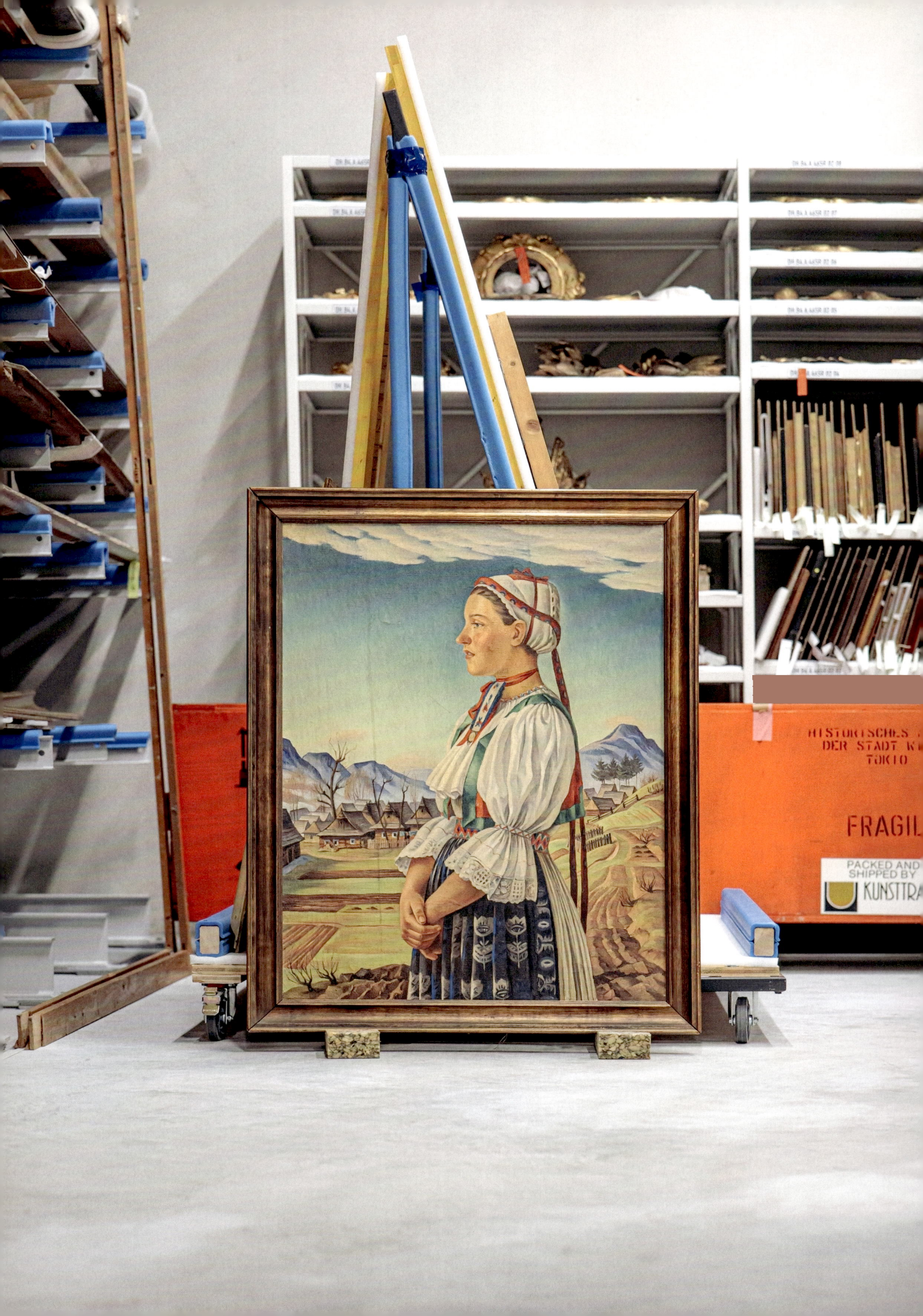
TOKIO
PACKED AND
SHIPPED BY

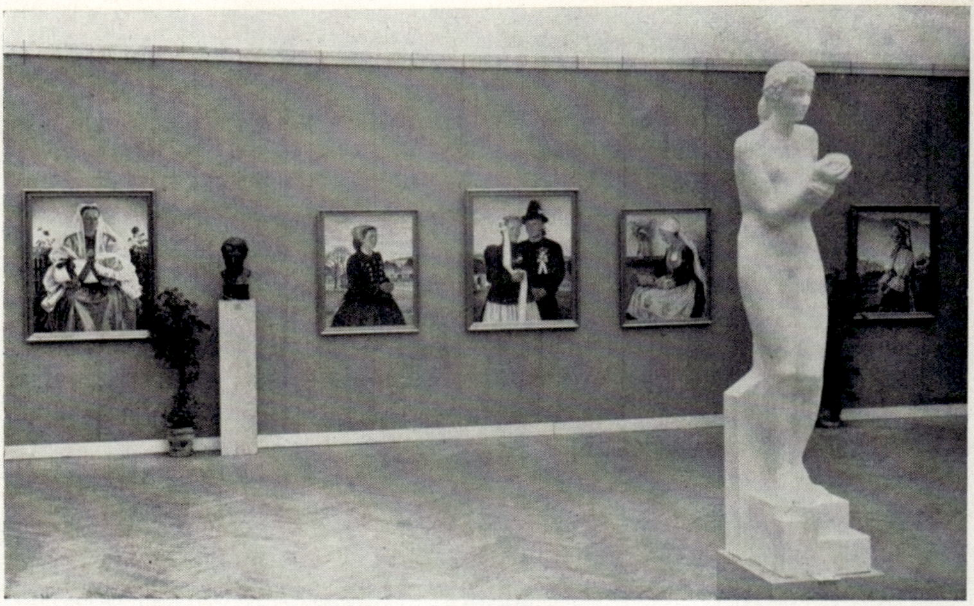

*Der Hauptsaal mit den Gemälden Hertha Strzygowskis*

# Die Ausstellung »Künstlerisches Frauenschaffen« in Wien

## Ein Epilog

In erstaunlich kurzer Zeit ließen fleißige Frauenhände die reichhaltige Ausstellung „Künstlerisches Frauenschaffen" erstehen, die am 8. Juni im Gebäude der ehemaligen Sezession feierlich eröffnet wurde und im Juli ihre Pforten schloß. In diesen knappen fünf Wochen haben mehr als 30.000 Menschen die Schau besichtigt, eine Rekord-Besuchsziffer, die sowohl aus der hohen Qualität der dargebotenen künstlerischen Leistungen wie aus der überaus erfolgreichen Werbetätigkeit zu erklären ist, die seitens der NS.-Frauenschaft, Gauleitung Wien, und des Deutschen Frauenwerkes, Gaustelle Wien, entfaltet wurde. Es ist vor allem das Verdienst der Ausstellungsleiterin Pg. Marx-Matter, die als Sachbearbeiterin für bildende und angewandte Kunst in der Gaufrauenschaftsleitung die Kreisleitungen für die Ausstellung zu interessieren wußte und mit deren Hilfe die weitesten Schichten zum Besuche der Schau heranzog. Und während die Erwachsenen durch kundige Führerinnen vor den Objekten zu unmittelbarem Kunsterleben angeregt wurden, vergnügten sich die Kleinen im „Kinderparadies" an den Aufführungen des Kasperltheaters, dessen von Künstlerinnenhand geschaffene Figuren nun den Puppentheatern der Ortsgruppen als willkommene Vorbilder dienen werden. So wurde diese mustergültig organisierte Veranstaltung der Wiener Frauenschaft zu einem wahren Fest für jung und alt, wurde die Aufgabe, die sich die Frauen-Arbeitsgemeinschaft gestellt hatte: gute Kunst und erlesenes Kunstgewerbe ins Volk zu bringen, restlos erfüllt.

Den großen Mittelsaal beherrschten zwei Kollektionen, von denen jede in ihrer Art ein fest umrissenes Thema meisterte. In ungemein farbenprächtigen, Menschen und Landschaften harmonisch verbindenden Figurenbildern zeigte Hertha Strzygowski Bauern und Bäuerinnen aus den deutschen Sprachinseln des Karpathenlandes, die bis heute ihre alten schönen Volkstrachten erhalten haben und in unveränderter Treue deutsche Sitten und Gebräuche pflegen. Von eindringlichster Wirkung war die in reichstem Schmuck erscheinende „Wilmesauer Gevatterin", die „Bäuerin aus Münnichwies" und die „Junge Frau aus Deutsch-Proben". In den fernen Norden führten Katharina Wallners Reisestudien aus Island, die den eigenartigen Zauber dieser gewaltigen einsamen Landschaften, in denen die Mitternachtssonne eine unvorstellbare Farbenglut entfesselt, mit Pinsel und Pastellstift festhielten und auch den hellhaarigen Menschenschlag dieser Insel in einer Reihe trefflicher Zeichnungen schilderten. Als Bildnismalerin bewies Grete Kmentt-Montandon in vorzüglichen Porträts einer „Armenierin", des Malers Russell und der greisen Burgschauspielerin Wilbrandt-Baudius Geschmack und Können, Lilly Charlemont war mit Bildnissen ihrer Mutter und einer jungen Tiroler Bäuerin sowie mit Landschaften vertreten, unter denen eine „Berglandschaft aus dem Trento" besondern Stimmungsgehalt besaß. Auch Valerie Czepelka, Hedwig Schauenstein-Indra und Liesl Bareuther holten sich die Motive ihrer Gemälde gleich der männlich zupackenden Elfriede Miller-Hauenfels, deren „Waldsee" zu den besten Arbeiten der Ausstellung zählte, meist aus der Alpenwelt, indes uns Lydia Schütt in ihrem reizvoll schlichten Dorfbild „Häuser" ein Stück ihrer siebenbürgischen Heimat veranschaulichte. Im Saal II zog vor allem Erna Piffls Monumentalgemälde „Die Holzfäller", das schon 1939 die Ostmarkschau zierte, die Aufmerksamkeit auf sich, erfreuten Stephanie Hollensteins koloristisch interessante Vorarlberger Landschaften, Elisabeth Laske-Kesselbauers Blumenstücke und Waldviertler Skizzen, Helene Ladstätters „Sonnenblumen" und Agnes Hochstetters „Bildnis Paula Pflugers". Auguste von der Heydt bannte sehr geschickt das wimmelnde Volksleben eines Steyrer Markttages und des Maskeneisschießens in Zell am See auf die Fläche; Erna Piffls ausgezeichnete deutschungarische Trachtenbilder, Elly Rolfs schicke Modezeichnungen und Hertha Sladkys originelle Hinterglasmalereien leiteten bereits ins Kunstgewerbliche hinüber, von dem noch später die Rede sein soll. Saal III, der vornehmlich dem Aquarell und der Kleingraphik gewidmet war, enthielt feine Studien Lisl Cech-Engels, Helene Krauss', Valerie Praschnikers, Hilde Sturm-Skrlas, Friederike Riefel-Schmidts und Irma Bayers, virtuose farbige Radierungen Tanna Kasimir-Hoernes' und entzückende handkolorierte Holzschnitte von Maria Klimbacher.

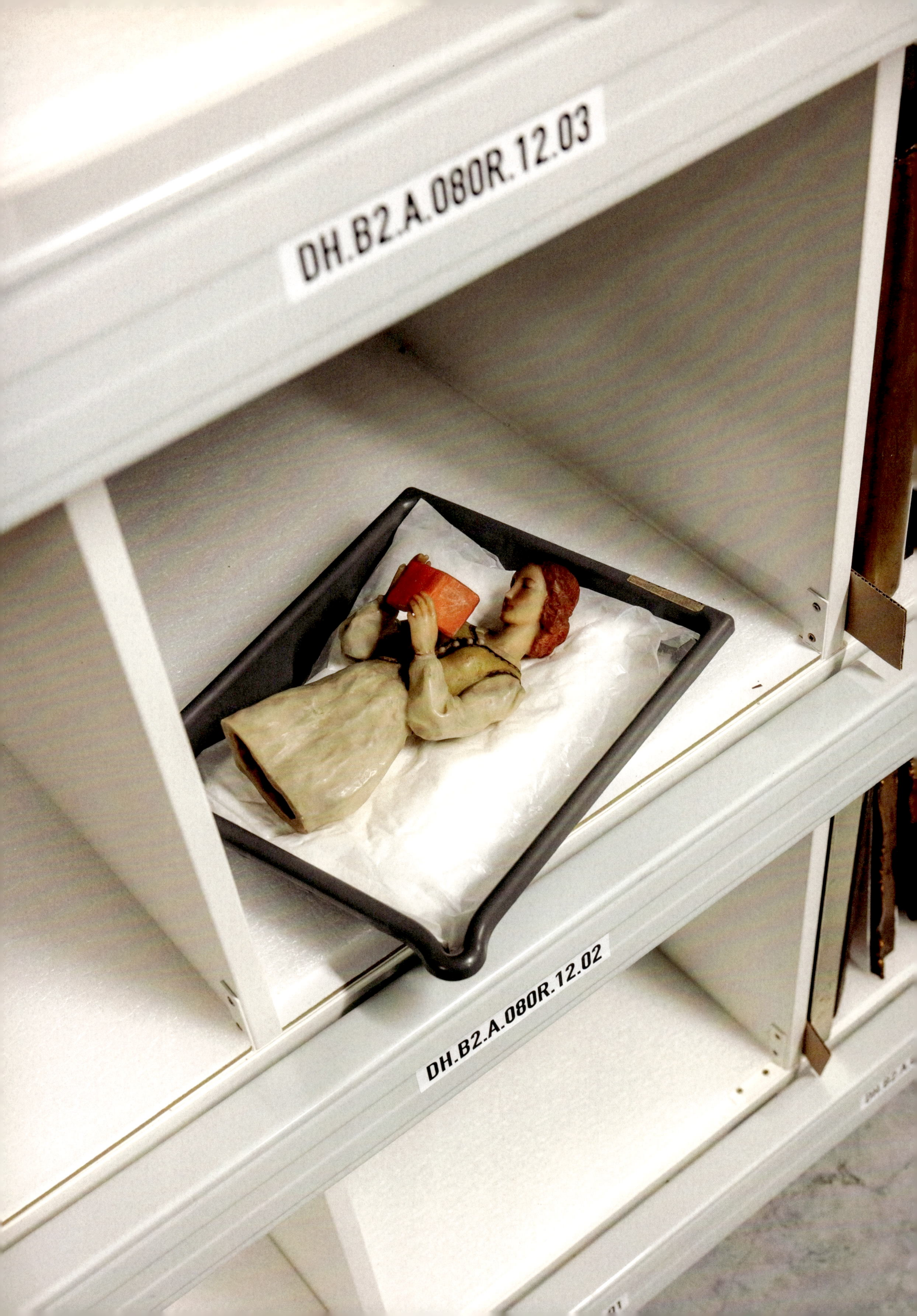
DH.B2.A.080R.12.03
DH.B2.A.080R.12.02

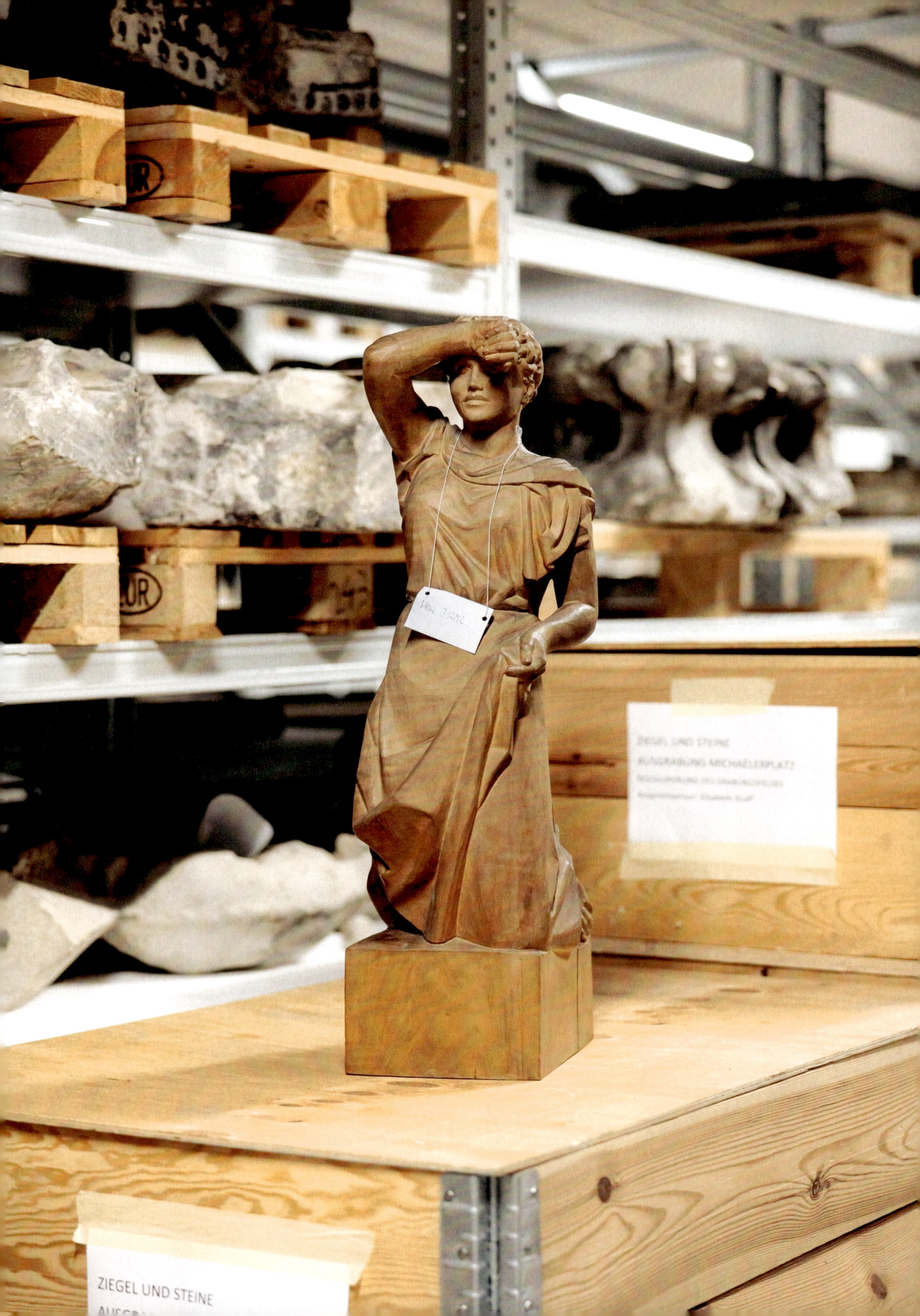
ZIEGEL UND STEINE

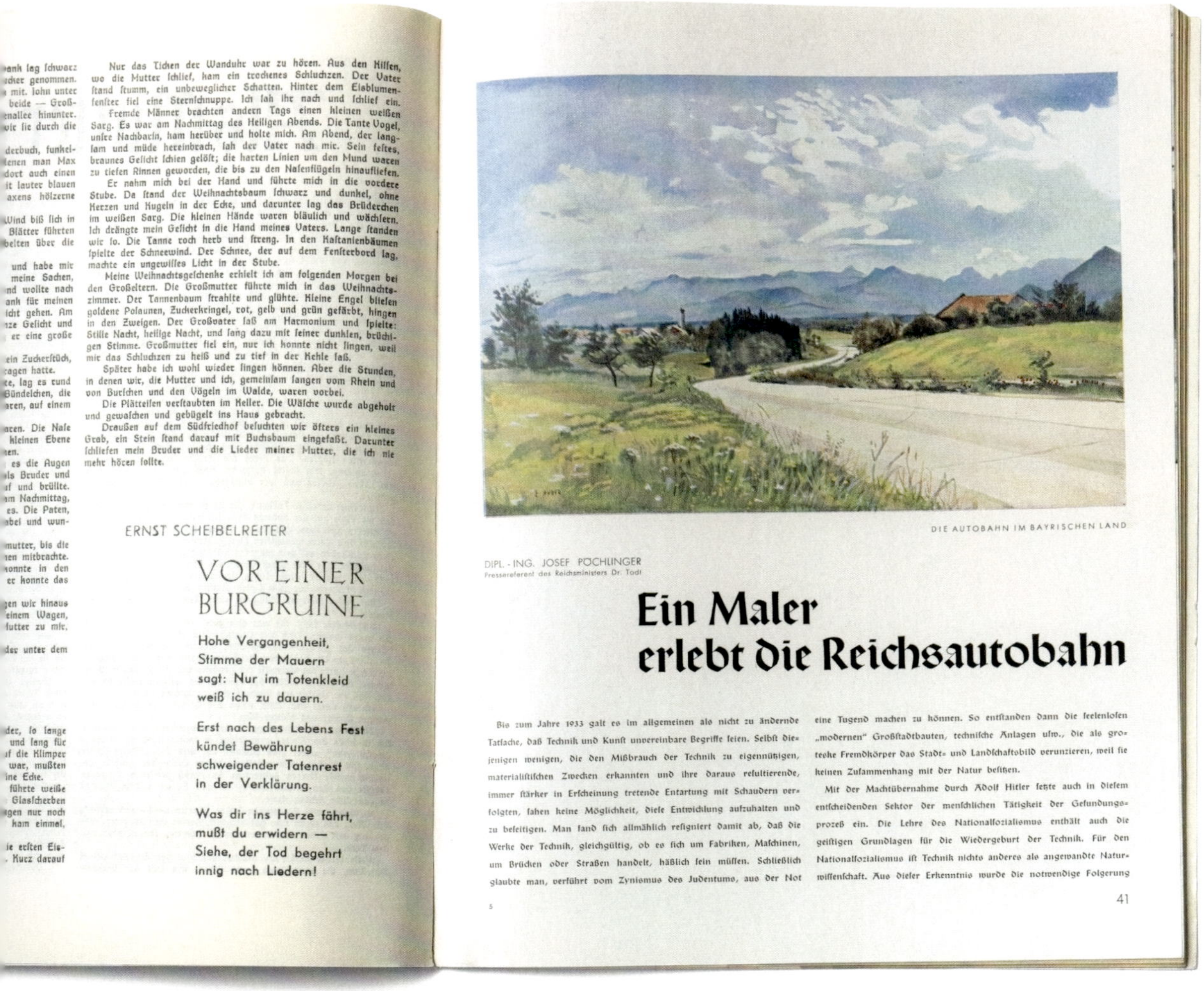

Nur das Ticken der Wanduhr war zu hören. Aus den Kissen, wo die Mutter schlief, kam ein trockenes Schluchzen. Der Vater stand stumm, ein unbeweglicher Schatten. Hinter dem Eisblumenfenster fiel eine Sternschnuppe. Ich sah ihr nach und schlief ein.

Fremde Männer brachten andern Tags einen kleinen weißen Sarg. Es war am Nachmittag des Heiligen Abends. Die Tante Vogel, unsre Nachbarin, kam herüber und holte mich. Am Abend, der langsam und müde hereinbrach, sah der Vater nach mir. Sein festes, braunes Gesicht schien gelöst; die harten Linien um den Mund waren zu tiefen Rinnen geworden, die bis zu den Nasenflügeln hinaufliefen.

Er nahm mich bei der Hand und führte mich in die vordere Stube. Da stand der Weihnachtsbaum schwarz und dunkel, ohne Kerzen und Kugeln in der Ecke, und darunter lag das Brüderchen im weißen Sarg. Die kleinen Hände waren bläulich und wächsern. Ich drängte mein Gesicht in die Hand meines Vaters. Lange standen wir so. Die Tanne roch herb und streng. In den Kastanienbäumen spielte der Schneewind. Der Schnee, der auf dem Fensterbord lag, machte ein ungewisses Licht in der Stube.

Meine Weihnachtsgeschenke erhielt ich am folgenden Morgen bei den Großeltern. Die Großmutter führte mich in das Weihnachtszimmer. Der Tannenbaum strahlte und glühte. Kleine Engel bliesen goldene Posaunen, Zuckerkringel, rot, gelb und grün gefärbt, hingen in den Zweigen. Der Großvater saß am Harmonium und spielte: Stille Nacht, heilige Nacht, und sang dazu mit seiner dunklen, brüchigen Stimme. Großmutter fiel ein, nur ich konnte nicht singen, weil mir das Schluchzen zu heiß und zu tief in der Kehle saß.

Später habe ich wohl wieder singen können. Aber die Stunden, in denen wir, die Mutter und ich, gemeinsam sangen vom Rhein und von Burschen und den Vögeln im Walde, waren vorbei.

Die Plätteisen verstaubten im Keller. Die Wäsche wurde abgeholt und gewaschen und gebügelt ins Haus gebracht.

Draußen auf dem Südfriedhof besuchten wir öfters ein kleines Grab, ein Stein stand darauf mit Buchsbaum eingefaßt. Darunter schliefen mein Bruder und die Lieder meiner Mutter, die ich nie mehr hören sollte.

ERNST SCHEIBELREITER

VOR EINER BURGRUINE

Hohe Vergangenheit,
Stimme der Mauern
sagt: Nur im Totenkleid
weiß ich zu dauern.

Erst nach des Lebens Fest
kündet Bewährung
schweigender Tatenrest
in der Verklärung.

Was dir ins Herze fährt,
mußt du erwidern —
Siehe, der Tod begehrt
innig nach Liedern!

DIE AUTOBAHN IM BAYRISCHEN LAND

DIPL.-ING. JOSEF PÖCHLINGER
Pressereferent des Reichsministers Dr. Todt

Ein Maler erlebt die Reichsautobahn

Bis zum Jahre 1933 galt es im allgemeinen als nicht zu ändernde Tatsache, daß Technik und Kunst unvereinbare Begriffe seien. Selbst diejenigen wenigen, die den Mißbrauch der Technik zu eigennützigen, materialistischen Zwecken erkannten und ihre daraus resultierende, immer stärker in Erscheinung tretende Entartung mit Schaudern verfolgten, sahen keine Möglichkeit, diese Entwicklung aufzuhalten und zu beseitigen. Man fand sich allmählich resigniert damit ab, daß die Werke der Technik, gleichgültig, ob es sich um Fabriken, Maschinen, um Brücken oder Straßen handelt, häßlich sein müssen. Schließlich glaubte man, verführt vom Zynismus des Judentums, aus der Not eine Tugend machen zu können. So entstanden dann die seelenlosen „modernen" Großstadtbauten, technische Anlagen usw., die als groteske Fremdkörper das Stadt- und Landschaftsbild verunzieren, weil sie keinen Zusammenhang mit der Natur besitzen.

Mit der Machtübernahme durch Adolf Hitler setzte auch in diesem entscheidenden Sektor der menschlichen Tätigkeit der Gesundungsprozeß ein. Die Lehre des Nationalsozialismus enthält auch die geistigen Grundlagen für die Wiedergeburt der Technik. Für den Nationalsozialismus ist Technik nichts anderes als angewandte Naturwissenschaft. Aus dieser Erkenntnis wurde die notwendige Folgerung

5

41

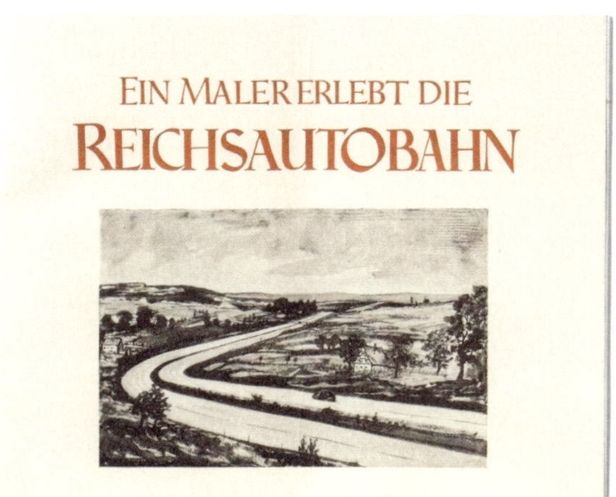


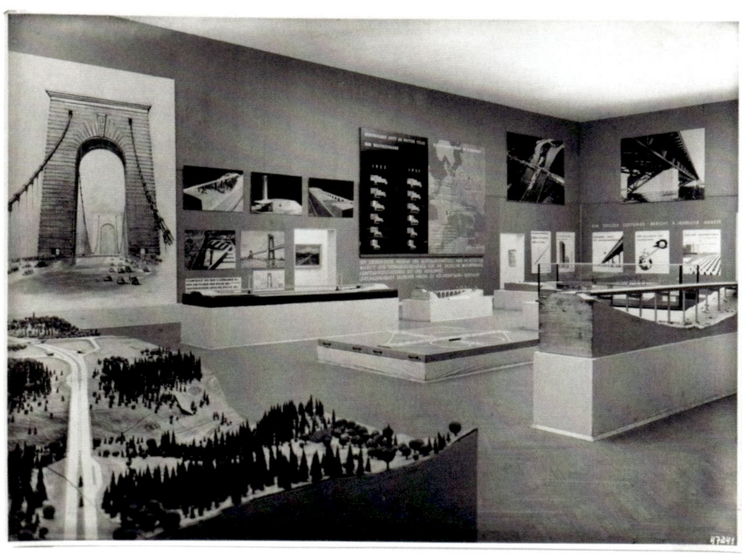

Die Auswahl der Arbeiten besorgten die „NS-Frauenschaft“ und das „Deutsche Frauenwerk“, Gaustelle Wien. Im Zentrum der Schau standen die großformatigen Ölbilder von Hertha (Karasek-)Strzygowski (1886–1990), die Porträts in traditioneller Bauerntracht des „deutschen Karpathenlandes“ exponierte. Ihre Bilder dürfen durchaus als Propagandabilder im Sinne einer künstlerischen Legitimation der Besetzung respektive Teilung Polens gewertet werden. Hertha (Karasek-)Strzygowski, die bis 1942 mit dem deutschnationalen, völkischen Wiener Kunsthistoriker Josef Strzygowski verehelicht war und wie dieser aus Bielitz stammte, zählte Blauensteiner zu den „angesehensten Malerinnen der Ostmark“; sie sei „bereits in der illegalen Zeit der Ostmark“ tätig gewesen.[72] Im Zuge eines geplanten Bilderankaufs der Partei für eine Gauheimstätte in Schlesien nahm er diese positive Bewertung doch ein wenig zurück und verwies auf die Detailtreue, das Gefällige und Dekorative ihrer Bilder. Als Alternative schlug er die Werke von Erna Piffl (1904–1987) vor, „die ebenfalls in der Schilderung von Bauerntrachten sehr bewandert ist [...]“.[73] Erna Piffl galt als Expertin für Trachtenbilder und war, wie Hertha (Karasek-)Strzygowski, Mitarbeiterin des „SS-Ahnenerbes“. Diese 1935 von Heinrich Himmler (Reichsführer SS) mitbegründete Forschungsgemeinschaft, „Deutsches Ahnenerbe e.V.“ (ab 1942 SS-Ahnenerbe), versuchte die Überlegenheit des „arischen Menschen“ wissenschaftlich zu belegen.[74] Die begeisterte, „illegale“ Nationalsozialistin[75] und vielfach ausgezeichnete Malerin fand ihre Motive in Umsiedlungslagern der Südtiroler ebenso wie in „den deutschen Sprachinseln“ in Rumänien. Ihre zarten, akkuraten Aquarellstudien von Personen in Trachten sind vollkommen aus dem Kontext gelöst. Mit einer größeren Kollektion war Katharina Wallner (1891–1961) vertreten. Die an der Frauenakademie ausgebildete, vielgereiste Malerin zeigte isländische Landschafts- und Gebirgsbilder, die von einem mehrjährigen Islandaufenthalt von 1935 bis 1938 herrührten. Weitere gepriesene NS-Malerinnen waren Elfriede Miller-Hauenfels, Stephanie Hollenstein, Lydia Schütt-Lunazek, die Bildhauerinnen Ilse Pompe, Ria Kratzik oder die Hanak-Schülerin und „Illegale“ Margarete Hanusch.[76] Ihre Arbeiten waren auch auf den *Großen Deutschen Kunstausstellungen* zu sehen. Eine dort 1937 exponierte, 2,30 m hohe Eichenholzfigur war von Hermann Göring für sein Gut „Carinhall“[77] angekauft worden. Gefallen fanden die Plastiken von Hertha Bucher sowie die zierlichen Keramiken von Ida Schwetz-Lehmann (1883–1971), wie *Mädchen mit Blumen* und *Muttergottes*, die im Auftrag von Hitler angekauft wurden.[78] Schwetz-Lehmann, eine Schülerin der Kunstgewerbeschule (1904–1911), war 1911 Mitbegründerin der Keramischen Werkgenossenschaft und für die Wiener Werkstätte, die Porzellanmanufaktur Augarten und die Gmundner Keramik tätig. Als anlässlich ihres 60. Geburtstages eine Ehrung anstand, wurde ihre nationale Einstellung hervorgehoben, denn sie „bejahte in der Verbotszeit den Nationalsozialismus“. Die Künstlerin sei „Mitglied der Neuen Gilde, eine getarnte N.S. Vereinigung aus der Verbotszeit“.[79] Das Kulturamt tätigte einige Ankäufe.[80]

Dass über dem Kunstschaffen einer NS-Künstlerin der Dienst für die Partei stand, brachte die Ausstellung *Kinderbildnisse an die Front* im Ausstellungsraum Edhoffer & Kasimir (Opernring 17, 1. Bezirk) von November bis Dezember 1942 zum Ausdruck. Aufgabe der Künstlerinnen war es, den im Feld stehenden Soldaten zu motivieren. Das Plakat für die von der NS-Frauenschaft organisierte Ausstellung gestaltete Katharina Wallner. Die Idee, den Soldaten Bildnisse ihrer Kinder an die Front zu schicken, um ihnen das Ausharren zu erleichtern bzw. vor Augen zu führen, wofür sie kämpften, bedarf keines Kommentars. Dafür malten und zeichneten die Künstlerinnen in uneigennütziger Weise die Kinder Hunderter Frontsoldaten. Die Väter erhielten ein Foto des Kunstwerks, das im Besitz der jeweiligen Familien blieb. Die von der Gaufrauenschaftsleiterin Else Muhr-Jordan im Beisein von Karl Scharitzer und Blaschke eröffnete und mit weniger bedeutenden Preisen (Wallner, [Karasek-]Strzygowski) dotierte Ausstellung wurde von 10.000 Menschen besucht.[81] Drei weitere größere Frauenausstellungen der ab 17. Jänner 1941 als Vereinigung bildender Künstlerinnen der Reichsgaue der Ostmark bezeichneten Gruppierung fanden zwischen 1941 und 1944 in der Wiener Kunsthalle statt.[82]

## Ein Maler erlebt die Reichsautobahn, 1943

Auf breite Zustimmung stieß die von Reichsminister Fritz Todt, dem Generalinspektor für das deutsche Bauwesen, und Baldur von Schirach eröffnete Ausstellung *Ein Maler erlebt die Reichsautobahn* (8.–30.11.1940), in der 162 großformatige Aquarelle des Grafikers und Malers

S. 286 Hertha (Karasek-)Strzygowski, *Jungbäuerin aus Münnichwies*, um 1940, WM
S. 287 Artikel „Künstlerisches Frauenschaffen“, in: *Kunst dem Volk*, F. 9, 1940, TU Wien, Bibliothek
S. 288 Ida Schwetz-Lehmann, *Lesende*, vor 1941, WM
S. 289 Margarete Hanusch, *Kniende*, 1941, WM
S. 290 Ausstellung *Ein Maler erlebt die Reichsautobahn. Aquarelle von Ernst Huber*, Künstlerhaus 1940, Artikel von Josef Pöchlinger, in: *Die Pause*, H. 41, 1940 (o.); Ausstellungskatalog (l.); Ausstellungsansicht (r.), KH Archiv

Ernst Huber[83] gezeigt wurden. Huber war ab 1920 Mitglied der Kunstschau, ab 1932 Mitglied in der Secession und gehörte der Zinkenbacher Malerkolonie an. Es war keineswegs die erste Ausstellung, die sich mit dem NS-Prestigeprojekt der Reichsautobahn befasste. Gleich nach dem „Anschluss" hatte die Secession am 28. März 1938 die Ausstellung *Die Straßen Adolf Hitlers* übernommen, die auch in Linz, Graz, Eisenstadt und Klagenfurt gezeigt wurde. Die Propaganda setzte beim Autobahnbau auf Beschäftigung und die gelungene Verbindung von Landschaft und Technik, die, Hitler zufolge, die „schönsten Straßen der Erde" hervorbringe.[84] In der Ausstellung wurden großformatige Modelle mit Brückenbauten und Straßenführungen exponiert, Fotos, Luftbilder, Plakate und Bildtafeln, die beispielsweise die Zunahme der Motorisierung im Deutschen Reich veranschaulichten. Hubers von Autobahnschneisen, Brückenbauten oder Raststationen belebte Landschaftsbilder zeigen zwar keine NS-Embleme, dennoch visualisierten sie die von Hitler gepriesene ästhetische Einheit von Natur und Technik, die letztendlich auch zur Rechtfertigung der autoritären Macht und der Verherrlichung der NS-Ideologie diente.[85]

## Jubiläumsausstellung, 1941/42

Im Hinblick auf das 80-jährige Bestandsjubiläum der Künstlergesellschaft hatte Schirach, der ab 14. August 1941 die Schirmherrschaft über das Künstlerhaus übernommen hatte, nicht unerhebliche Gelder für eine Sanierung zur Verfügung gestellt. Bereits ab Jänner 1941 drängte der Reichsleiter auf die Erstellung von Umbauplänen, die von Erwin Ilz in Absprache mit dem Reichsarchitekten Hanns Dustmann angefertigt werden sollten.[86] Der Zuschuss Schirachs betrug 150.000 Reichsmark, die Gemeinde stellte eine ebensolche Summe in Aussicht. Schirach wollte sein Prestigeprojekt vorantreiben. Ihm war klar, dass mit der Fortdauer des Krieges eine Sanierung des Künstlerhauses nicht zu argumentieren wäre. Gemeinsam mit Blaschke plädierte er für das Weiterbestehen des Künstlerhauses als Ausstellungshaus und stellte eine mögliche kriegsbedingte Nutzung, etwa als Spital oder für die Rüstungsindustrie, in Abrede. Schirach schwebte „in Zukunft eine Stellung Wiens als Kunst- und Kulturzentrum" vor, in dem das Künstlerhaus „ein von gesamteuropäischen Gesichtspunkten geleitetes großzügiges Ausstellungsprogramm" verwirklichen sollte.[87] Schirach kompensierte, so Oliver Rathkolb, den Verlust der politischen Bedeutung Wiens durch eine in Wien zentrierte Kulturpolitik, er strebte eine Vorreiterrolle der Wiener Kultur in einem faschistischen Europa an.[88] Er gefiel sich deshalb auch als Kunstmäzen und gewährte ab 1942 hohe laufende Subventionen (Reichsleiter 120.000 und die Gemeinde 80.000 Reichsmark). Die großzügige Förderung, die alle Regiekosten deckte, hatte zur Bedingung, das Ausstellungshaus Friedrichstraße kostenfrei für Propagandazwecke zur Verfügung zu stellen.[89] Bis auf die Beschlagnahme von zwei Räumen zur Einlagerung von Getreide hielt der Ausstellungsbetrieb bis 1944 an.

Während die Sanierungsarbeiten liefen, hatte die Gesellschaft Zeit, sich auf die *Jubiläumsausstellung* vorzubereiten, die eine umfangreiche retrospektive Abteilung beinhalten sollte. Dazu mussten die Arbeiten der großen Meister des Biedermeiers und Historismus von den Wiener Sammlungen, Museen und Privatsammlungen entliehen werden. Schirach, „der über die Kunstschätze der Stadt Wien das Verfügungsrecht"[90] hatte, garantierte privaten Leihgeber*innen, dass die von der kriegsbedingten Bergungspflicht ausgenommenen Objekte nach Ausstellungsende an sie zurückgehen würden.[91] Die Ausstellung sollte von einem reich illustrierten Katalog begleitet werden, wozu Papier angefordert werden musste.[92] Die Reichsfilmkammer wurde gebeten, die Ausstellung in den Kinos zu bewerben.[93]

Besonders provokant, ja verwerflich, muss aus heutiger Sicht die Wahl des Sujets für das Katalogcover und das Plakat gewertet werden. Es zeigt das bekannte Porträt *Mädchen mit Strohhut* (1835) von Friedrich von Amerling, das sich bis zur Zwangsversteigerung im März 1939 im Besitz des einstigen Künstlerhausmitgliedes, Ernst von Gotthilf (1865–1950), befand.[94] Der renommierte jüdische Architekt war am 20. August 1938 aus dem Künstlerhaus ausgeschlossen worden, 1939 emigrierte er im Alter von 74 Jahren nach England, wo er verarmt verstarb. Dass gerade das 1939 von der Österreichischen Galerie erworbene Bild von Amerling als Coversujet ausgewählt wurde, darf als Ausdruck präpotenter Machtdemonstration ausgelegt werden. Dazu passt auch, dass Eisenmenger anregte, sich über die RdbK mit der Gestapo in Verbindung zu setzen, da diese Auskunft über jüdischen Kunstbesitz gebe, der für die *Jubiläumsausstellung* relevant sei.[95]

S. 293 *Jubiläumsausstellung (1861–1941) Künstlerhaus,* Wien, 1941, Plakat und Katalog mit dem Porträt *Mädchen mit Strohhut* von Friedrich von Amerling, 1835, KH Archiv
S. 294 *Jubiläumsausstellung (1861–1941) Künstlerhaus,* Wien, 1941, Ausstellungsansichten, KH Archiv
S. 295 Rudolf Hermann Eisenmenger, *Die Nacht begleitet den Morgen*, 1941, Stiftung DHM

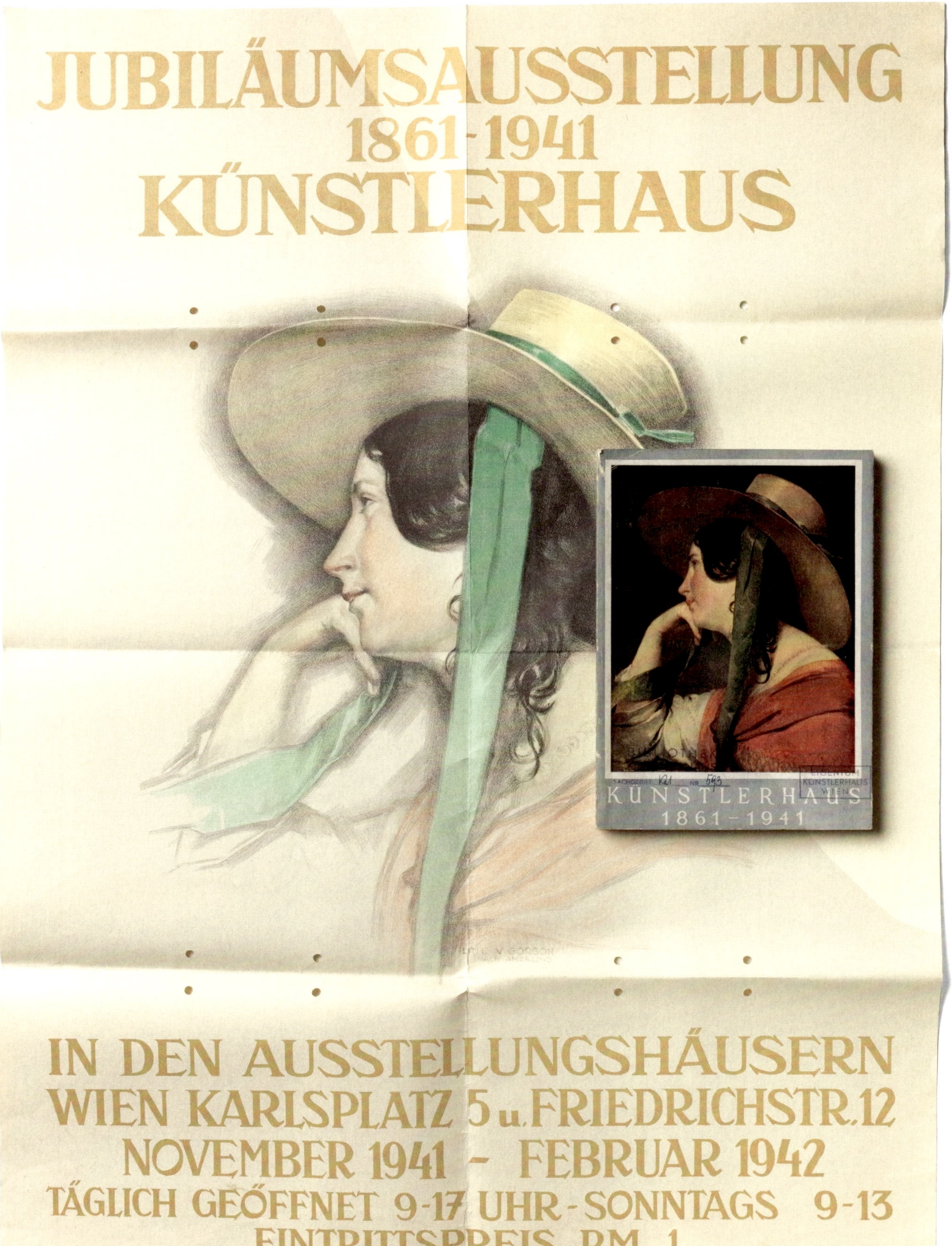
JUBILÄUMSAUSSTELLUNG
1861-1941
KÜNSTLERHAUS
KÜNSTLERHAUS
1861-1941
IN DEN AUSSTELLUNGSHÄUSERN
WIEN KARLSPLATZ 5 u. FRIEDRICHSTR. 12
NOVEMBER 1941 - FEBRUAR 1942
TÄGLICH GEÖFFNET 9-17 UHR - SONNTAGS 9-13
EINTRITTSPREIS RM. 1
LITHOGRAPHIE UND DRUCK DER STAATLICHEN GRAPHISCHEN LEHR- UND VERSUCHSANSTALT WIEN

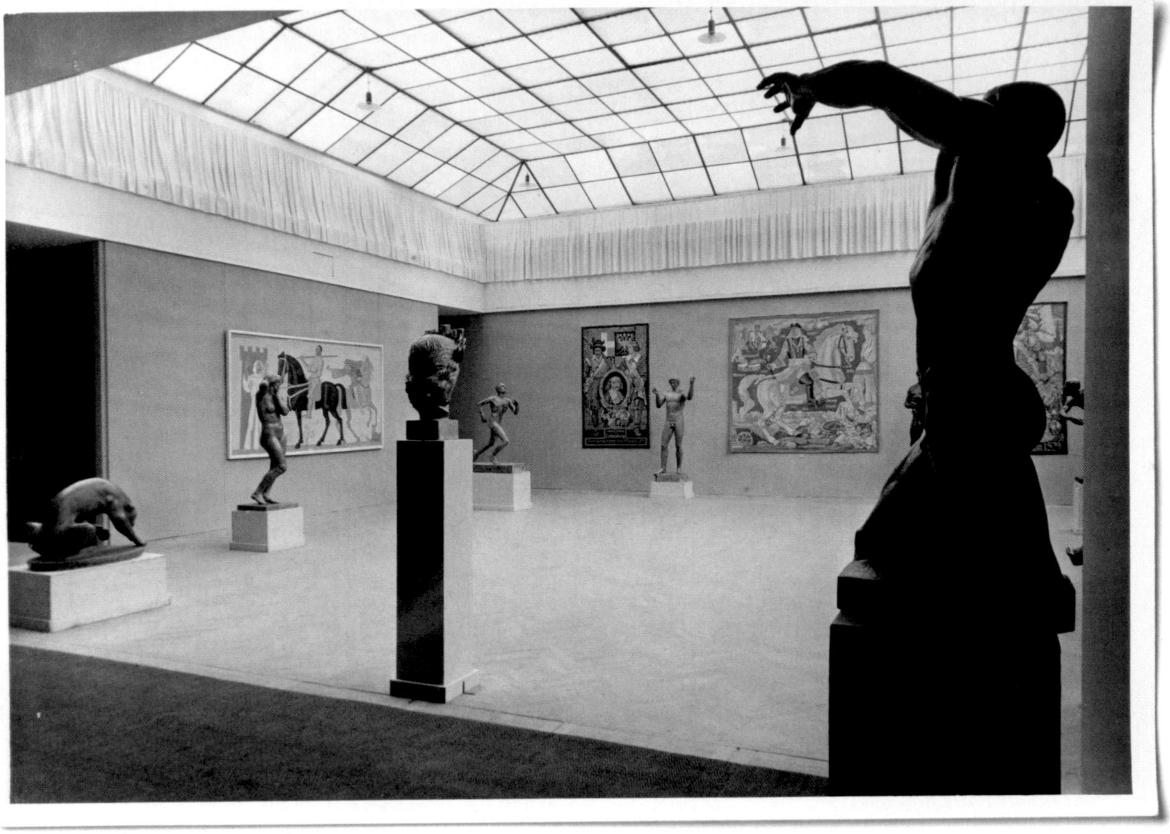

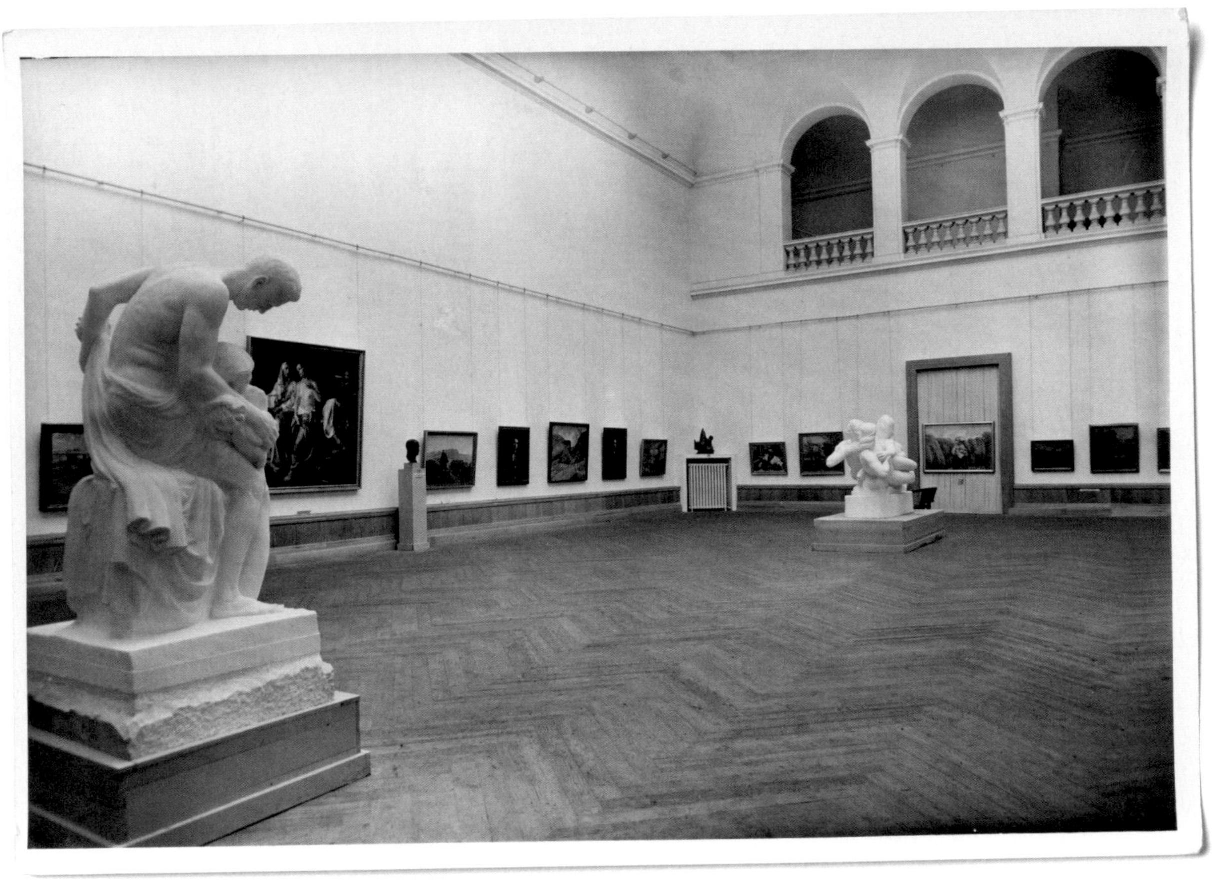

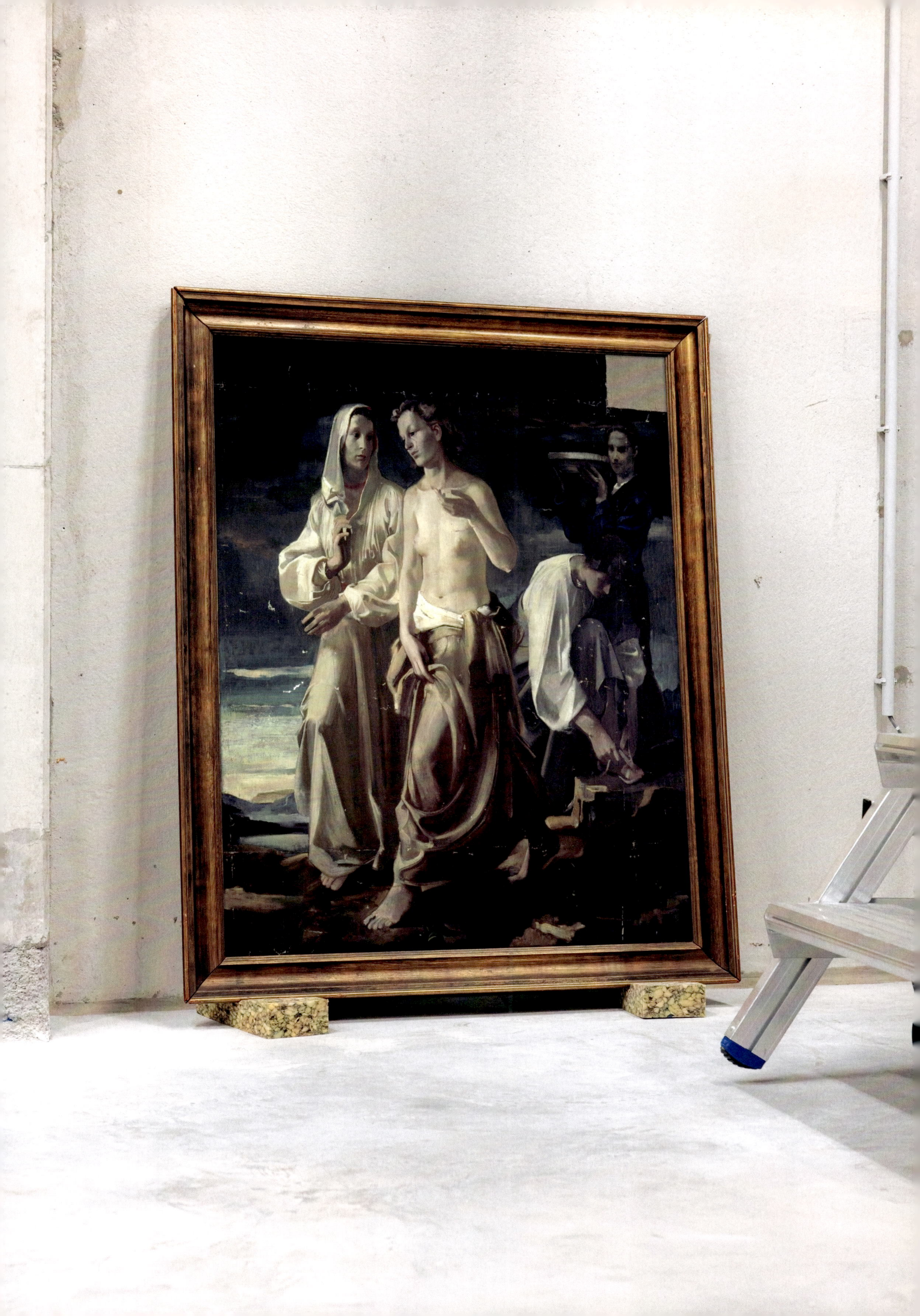

BILDENDER
…LER WIENS
…NSTLERHAUS
WIEN I.
KARLSPLATZ 5 - RUF U 41 0 03
FRIEDRICHSTR. 12 - RUF B 25294

JUBILÄUMS-AUSSTELLUNG 1941

Verk.-Nr. 21–24

**Verkaufschein Nr. 107**

für Herrn Min. Dirigent Biebrach
Berlin W 8, Wilhelmstrasse 8–9

Ich kaufe hiemit aus der obigen Ausstellung von: für Herrn Min. Dr Goebbels

| Künstler | Katalog-Nr. | Art | Werk | Preis in RM |
|---|---|---|---|---|
| Goltz A. D. | 108 | Öl | Bildnis Klara Heese | 7000.– |
| Straka Jos. | 382 | " | Männerbildnis | 1000.– |
| Eisenmenger | 66 | " | Die Nacht begleitet den Morgen | 16.000.– |
| Zetter Eugen | 621 | " | Landschaft aus Mähren | 3.500.– |
| | | | Übertrag ~~zusammen~~ RM | 27.500.– |
| | | | hievon als Anzahlung erlegt RM | |
| | | | verbleibt Rest von RM | |

(in Worten: ), den ich bis
begleichen werde.

Unterschrift des Verkäufers

Unterschrift des Käufers:

Wien, 194

Restbetrag von RM , in Worten:
erhalten am:

Werk wird abgeholt am
Zustell- oder Versandbestimmungen:
Fernruf:

G. & H. 1. 41.

Karton für ein Wandgemälde im Parlament III " 3.000.--
Pastell.

Beglaubigt
Fischer
Büroangestellte

Im Auftrag

gez. Stuppäck

Q/0723

---

…gandaamt
…n
…leiter
… Kf/Ad.
(…nzugeben)

Wien, den 6.12.41
40, Reisnerstraße 40
Fernsprecher B-5-25-40

An den
Vorsitzenden des Künstlerhauses
Herrn Eisenmenger
Wien

e i l t s e h r !
Durch Boten !

Gesellschaft bildender Künstler Wiens
Künstlerhaus
Eingegangen am:
9. DEZ 1941

Lieber Herr Eisenmenger !

Ich habe mich ausserordentlich gefreut, dass sich Reichsminister Dr. Goebbels in Ihrer Jubiläumsausstellung so wohl gefühlt hat, und er einen so ausserordentlich guten Eindruck von der Wiener Malerei empfangen hat.
Ich danke Ihnen herzlich für die Führung des Ministers durch das Haus und bitte Sie nun herzlich, veranlassen zu wollen, dass mir die Kosten für die einzelnen vom Minister ausgewählten Bilder und Fotos und ausgesuchten Gemälde zugeleitet werden. Der Minister wird dann an Hand der Preisliste und der Bilder einen endgültigen Ankauf vollziehen. Hinzuzufügen bitte ich Sie herzlich im Einvernehmen mit dem Minister, Ihr eigenes grosses Bild über die den Tag begleitende Nacht. Ich persönlich würde es ausserordentlich begrüssen, wenn der Reichsminister dieses Gemälde für sein hier erworbenes Haus ankaufen wollte.
Ich werde mich bemühen, innerhalb weniger Tage eine Entscheidung des Ministers über die einzelnen Bilder herbeizuführen, damit der schnelle Verkauf nicht lange durch die erbetene Option aufgehalten wird.
Mit herzlichem Dank,

Heil Hitler !
gez. Kaufmann
Gebietsführer

F.d. Richtigkeit,
da abgereist:
Adam
Sekretärin

Q/0723

Der vom NS-Schriftsteller Erich August Mayer verfasste Katalogtext widmete sich der Geschichte der Künstlergenossenschaft von den Anfängen bis zur „Befreiung" durch die Nationalsozialisten. Das Künstlerhaus pries er als Zentrum der künstlerischen Erneuerung. „Die schönsten Hoffnungen eröffneten sich. Es ist kaum auszudenken, was sich an künstlerischen Plänen schon da verwirklicht hätte, wenn nicht der Krieg mit ehernem Tritt dazwischengetreten wäre."[96] Ziel der Ausstellung war die Bezeugung künstlerischer Kontinuität wie ungebrochener Schaffenskraft.

Die von den Wiener Symphonikern begleitete Eröffnung fand im Beisein der lokalen NS-Prominenz und von Vertreter*innen des „befreundeten Auslandes" Rumänien statt. In der Eröffnungsansprache stellte sich Schirach klar hinter die Künstlerschaft, die, wie er argumentierte, an der Heimatfront einen dem Soldaten im Feld ebenbürtigen Kampf austrug. Mit dieser instrumentalisierenden Gleichsetzung legitimierte Schirach sein eigenes Kulturengagement, gewissermaßen seinen Anteil am kriegerischen Geschehen: „Daher haben wir auch den Mut und die Kraft, inmitten in der größten kriegerischen Auseinandersetzungen der Weltgeschichte die geistige Kraft unseres Volkes zu offenbaren [...]. Das bedeutet kein Abweichen von der Pflicht, die wir unausgesetzt sowohl hier als auch im Felde zu erfüllen haben [...]. So betrachtet, ist die künstlerische Arbeit im Kriege keine lästige Betätigung der Etappe, sondern ein Auftrag an die Künstler, und so und nicht anders verstehe ich eine deutsche Kulturpolitik."[97]

Zur Bestärkung dieser Bemühungen stiftete Schirach drei jährlich zu vergebende Preise der Stadt Wien zu je 5.000 Reichsmark, den Raphael-Donner-Preis für Bildhauerei, den Ferdinand-Georg-Waldmüller-Preis für Malerei und den Josef-Kriehuber-Preis für Grafik und angewandte Kunst, die von 1942 bis 1944 vergeben wurden.[98] Die mit Preisen ausgezeichneten Künstler, darunter immerhin sechs „Gottbegnadete", sollten der breiten Bevölkerung durch Presse, Rundfunk und Filmvorführungen oder Künstlermonografien bekannt gemacht werden.[99] Da die Zeit für eine Jurierung von Kunstwerken für diese „Meisterpreise" in der laufenden *Jubiläumsausstellung* zu knapp bemessen war, entschied das Kulturamt, zusätzlich zum Ehrenpreis der Stadt Wien (1.000 Reichsmark), den Josef Müllner erhielt, einmalig 1941 drei Künstlerhaus-Jubiläumspreise der Stadt zu je 2.000 Reichsmark zu vergeben, die Karl Stemolak, Hans Ranzoni d. J. und Eisenmenger zugeeignet wurden. Die Ausstellung vermittelte anhand von 900 Objekten einen Überblick über das Werk der Mitglieder von den Anfängen im Jahr 1861 bis zur Gegenwart, wobei die große Zahl jüdischer Künstler*innen, die die Geschichte eindrucksvoll mitgeprägt hatten, fehlte. Die zentralen Säle waren dem rezenten NS-Kunstschaffen vorbehalten, die Raummitte nahmen jeweils monumentale Skulpturen von Drobil, Frass, Riedel, Müllner, Zita, Opitz und die Tierplastiken von Behn ein. Die für den Olympischen Kunstwettbewerb 1936 angefertigten Sportlerfiguren (von Stemolak, Thiede, Humplik u. a.) wurden wieder gezeigt.

Ein Höhepunkt war der Besuch von Goebbels, der, geführt von Eisenmenger, einen „außerordentlich guten Eindruck von der Wiener Malerei empfangen" habe. Der Gebietsführer Günter Kaufmann des Reichspropagandaamtes Wien gab seiner Hoffnung Ausdruck, Goebbels möge Eisenmengers Allegorie *Die Nacht begleitet den Morgen* für sein „hier erworbenes Haus" verwenden.[100] Das von Goebbels um 16.000 Reichsmark erstandene großformatige Gemälde (heute im Deutschen Historischen Museum, Berlin) wurde im Sommer 1942 noch auf der *Großen Deutschen Kunstausstellung* gezeigt. Goebbels erwarb noch weitere Arbeiten in der Höhe von 41.000 Reichsmark;[101] Ankäufe tätigten ferner das Kulturamt, die Städtischen Sammlungen, die Österreichische Galerie, die Albertina und das Generalreferat für Kunstförderung.

## Das schöne Wiener Frauenbild, 1942

Einen großen Erfolg verzeichnete die Exposition *Das schöne Wiener Frauenbild* (13.6.–12.7.1942), die bis 1943 als Wanderausstellung in verschiedenen Städten des Deutschen Reiches zu sehen war. Im Wien der Zwischenkriegszeit hatten die Künstlervereinigungen die Erfahrung gemacht, dass mit Ausstellungen zum Thema Frau im Allgemeinen oder Frauen- oder Aktbildern ein gesteigertes Publikumsinteresse geweckt werden konnte.[102] Angesichts dieser thematischen Häufungen wird klar, dass das Bild der Frau als Medium der Konkurrenzierung und als Modell der Projektion in den unterschiedlichsten politischen Systemen funktionierte und erwartungsgemäß auf hohe Zustimmung stieß.

S. 296 Ankauf des Bildes *Die Nacht begleitet den Morgen* durch Joseph Goebbels aus der *Jubiläumsausstellung* 1941, Künstlerhaus: Verkaufsschein Nr. 107, o. D. (o.); Schreiben des Reichspropagandaamtes Wien an Rudolf Hermann Eisenmenger, 6.12.1941 (u.), KH Archiv
S. 298 Ausstellungsplakat *Künstlerhaus Frühjahrsausstellung, Das schöne Wiener Frauenbild*, 1942, WB, Plakatsammlung
S. 299 Robert Streit, *Porträt Paula Wessely*, 1943 (l. o.); Josef Dobrowsky, *Frau mit Krug*, 1940 (l. u.); Robert Streit, *Porträt Hedwig Bleibtreu*, 1942 (r. o.); Andreas Patzelt, *Porträt Ilse Exl*, 1943 (r. u.), WM

KÜNSTLERHAUS
FRÜHJAHRSAUSSTELLUNG

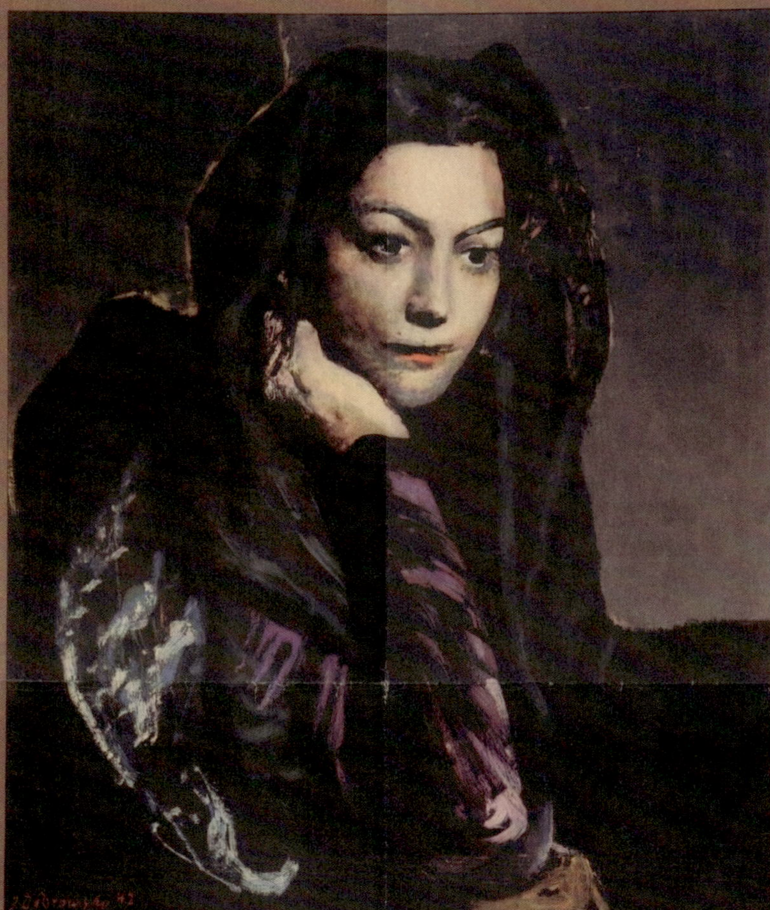

IM HAUSE KARLSPLATZ 5

DAS SCHÖNE WIENER FRAUENBILD
DEUTSCHE KUPFERSTECHER DER GEGENWART

IM HAUSE FRIEDRICHSTRASSE 12

DIE MEISTERPREISTRÄGER 1942

13. JUNI – 12. JULI 1942

WOCHENTAGS 9–17 UHR SONNTAGS 9–13 UHR

EINTRITT RM 1.– FÜR BEIDE HÄUSER

CYLIAX DRUCK WIEN

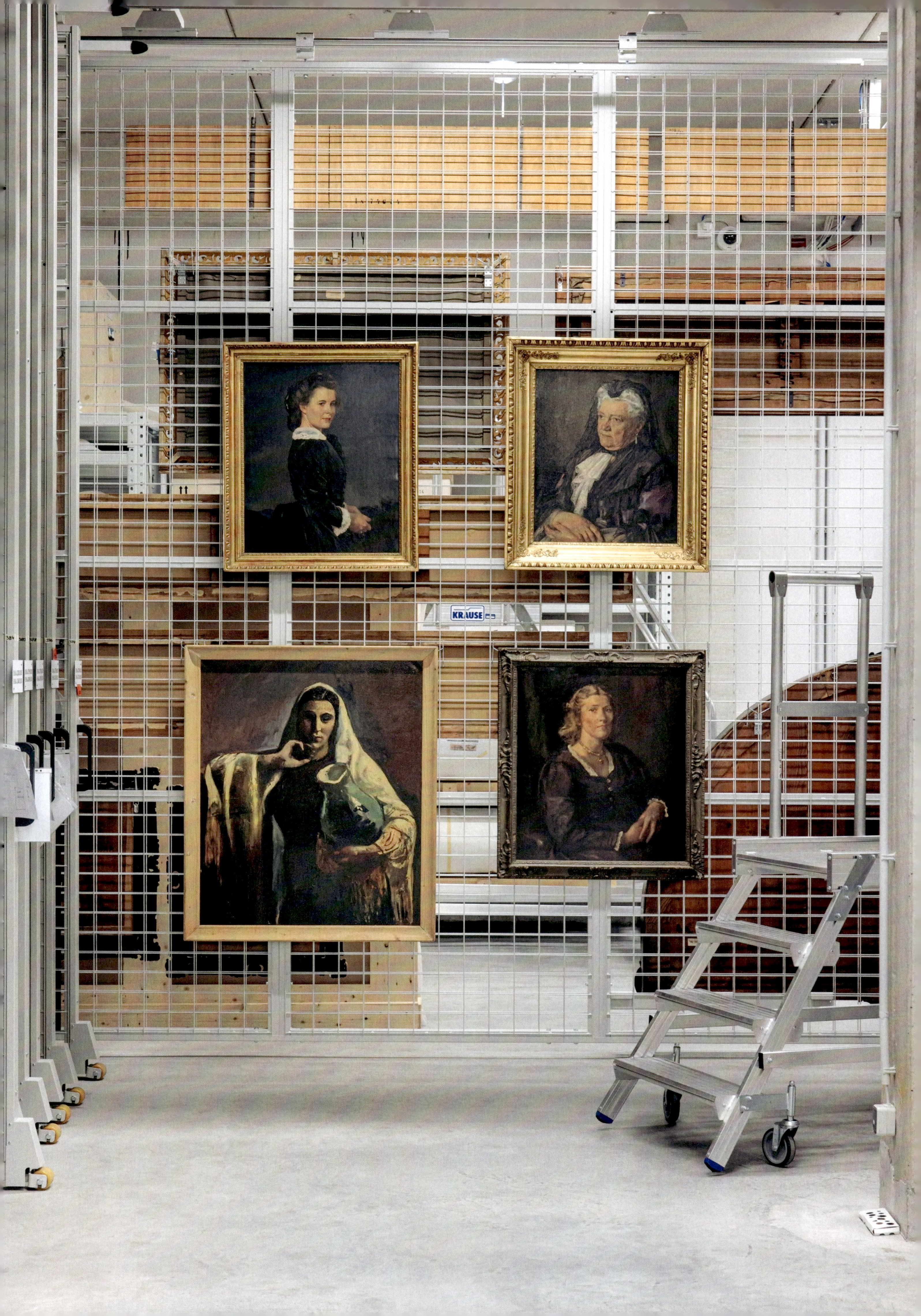
KRAUSE

Der Katalog der NS-Ausstellung *Das schöne Wiener Frauenbild*, den ein Porträt von Hans Frank *(Mädchen mit Gitarre)* zierte, stimmte mit Josef Weinhebers Gedicht „Auf die Wienerin" auf die Thematik ein. Ein Schmähartikel von Rudolf Alexander Moißl befasste sich mit der üblichen verachtenden NS-Rhetorik mit der Porträtkunst der Zwischenkriegszeit.[103] Die NS-Politik und die Presse ließen es sich trotz des unverfänglichen Themas nicht nehmen, die Ausstellung ganz in den Dienst der Kriegspropaganda zu stellen. Die eigentliche Absicht wurde unverblümt ausgesprochen: „Es sollte die Porträtkunst wieder belebt werden, nicht zuletzt, um dem Soldaten draußen im Bilde der Gattin, der Mutter, der Geliebten Kraft zu geben für den Kampf um die Heimat."[104] Auch Blaschke zog in seiner Ansprache Parallelen zum Soldatenleben: „Die Sehnsucht nach dem Artgemäßen gibt dem Künstler die Kraft zu seinem Werk, dem Soldaten die Kraft für sein Opfer, dem Arbeiter die Kraft für die Ausdauer, uns allen aber die Beglückung durch die Kunst."[105]

Die besonders gefeierten Maler waren Sergius Pauser, Josef Dobrowsky (dessen *Dame in Violett* war das Motiv des Ausstellungsplakates), Max Frey, Lois Pregartbauer, Ferdinand Kitt, Alfred Gerstenbrand, Erich Miller-Hauenfels, Karl Hauk, Robert Streit u.a., ihre bevorzugten Motive waren ihre Gattinnen oder Geliebten, Schauspielerinnen, Filmstars oder bekannte Damen der Gesellschaft. Attraktive Frauen und Mädchen wurden am 6. März 1942 bei einem „Damentee" mit den Porträtmalern bekannt gemacht.

Erneut stifteten Schirach und Goebbels hohe Preise zu je 5.000 Reichsmark, den Dr.-Joseph-Goebbels-Preis (Preisträger: Andreas Patzelt und Fritz Zerritsch), den Baldur-von-Schirach-Preis (Preisträger: Hans Schachinger und Karl Maria May) und zehn weitere Preise zu 1.000 Reichsmark.[106] Zudem war das Publikum aufgerufen, über das schönste Wiener Frauenbild mitzubestimmen. Da Schirach offensichtlich befürchtete, dass das Votum zu einem anderen Ergebnis gelange wie die Jury, untersagte er dessen Bekanntgabe „aus politischen Gründen".[107] Gleichwohl war es die Abstimmung, die das Publikumsinteresse befeuerte. „Wer ist die schönste Wienerin?", lautete die unter den Besucher*innen allseits gestellte Frage. Die meisten Stimmen gingen an das Bild *Im Fenster* von Bolesław Czedekowski, einem eher konservativen, akademischen Porträtmaler, dessen Aufnahme in die RdbK aufgrund seiner polnischen Staatsbürgerschaft am 18. April 1941 abgelehnt worden war. Da er Einspruch erhoben hatte und das Verfahren 1944 zu seinen Gunsten entschieden wurde, dürfte seine vorläufige Anmeldung in der RdbK die Teilnahme an der Ausstellung möglich gemacht haben.[108] Sein Porträt zeigt eine junge Frau, die sehnsüchtig aus dem Fenster schaut, während eine zweite, im Hintergrund stehende Dame ihrem Blick folgt. Sie war die Favoritin der älteren Herren, wie „dem alten Kanzleirat", der sich „traumverloren" in diese „Makart'sche Wienerin verliebte".[109] Den zweiten Platz in der Publikumsgunst, jedoch mit einem deutlichen Abstand, errang Erich Probst, gefolgt von Robert Fuchs und Robert Streit,[110] der eine Porträtstudie von Paula Wessely eingereicht hatte. Die im Trachtenjanker dargestellte Schauspielerin wirkte im Vergleich zu dem eleganten Porträt der Wessely, die Streit in der Ausstellung *Wiener Bildnisse in Kunst und Wissenschaft 1900–1943* und auf der *Großen Deutschen Kunstausstellung* 1944 exponiert hatte, etwas bieder, ja altbacken.

Besondere Wertschätzung erfuhr der mit dem Dr.-Joseph-Goebbels-Preis ausgezeichnete Maler Andreas Patzelt (1896–1980). Das Publikum schätzte den „kultivierten Geschmack" seiner süßlichen, weichen, in dämmerigen Farbtönen gehaltenen, ziemlich ähnlichen und spannungslosen Damenbildnisse, die fließendes blondes Haar, Schleier und gerne nackte Schultern zeigten.[111] Durch die regelmäßige Beschickung der *Großen Deutschen Kunstausstellung* wurde Andreas Patzelt, ein Meisterschüler der Akademie von Rudolf Bacher, „in München ‚entdeckt'", weshalb sein Name im ganzen Reich bekannt sei.[112] Seine Frauenbildnisse galten den Nationalsozialisten als Inbegriff der „deutschen Rasse".[113] Patzelt war kein Parteimitglied, genoss aber hohe Anerkennung seitens der RdbK, die am 21. Juli 1943 einen Uk-Antrag befürwortete.[114]

## Junge Kunst im Deutschen Reich, 1943

Abschließend sei hier die Ausstellung *Junge Kunst im Deutschen Reich* (7.2.–7.3.1943) hervorgehoben, die Widersprüche erregte und sogar zu einem politischen Eklat geführt haben soll. Die Abhaltung wird als Zeichen der Eigenmächtigkeit von Schirachs Wien-zentrierter Kulturpolitik und mithin als Affront gegenüber Goebbels gewertet,[115] ja sogar als „beabsichtigter leiser, doch erstaunlicher Protest gegen die ‚entartete' Kunst-Politik der Berliner Reichskulturkammer".[116] Abgesehen von den durch diese Ausstellung hervorgerufenen politischen Folgen und ihrer Bewertung machen die beiden Einschätzungen deutlich, dass sich die exponierten Kunstwerke

S. 301 Ausstellung *Junge Kunst im Deutschen Reich*, Künstlerhaus, 1943, Einladungskarte; Zeitungsartikel zur Ausstellung, in: *Deutsche Zeitung in der Ukraine* und *Völkischer Beobachter*, 21.2.1943, KH Archiv

AUSSTELLUNG
JUNGE KUNST IM DEUTSCHEN REICH

VERANSTALTET VOM
REICHSSTATTHALTER IN WIEN
REICHSLEITER BALDUR VON SCHIRACH

IM KÜNSTLERHAUS
WIEN I. KARLSPLATZ 5

FEBRUAR – MÄRZ 1943

**Observer** I. österr. behördlich konzessionier[tes] Unternehmen für Zeitungsausschn[itte]
Wien, I., Wollzeile 11 .·. Telefon R-23-0-43

Deutsche Zeitung in der Ukrai[ne]
Luzk
Datum: 21. Feb. 1943

## Zum Kampfe bereit

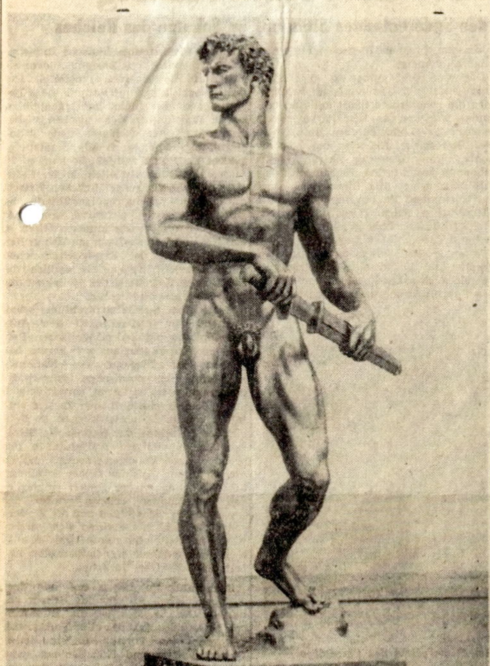

*„Bereitschaft", Plastik von Arno Breker*
Aufn.: Erika Schmauß

## Junge Kunst in Wien

### Ausstellung von 600 Werken der Reifenden

Die in Wien von Baldur von Schirach veranstaltete Ausstellung „Junge Kunst im Deutschen Reich" dient einem anspornenden Grundgedanken: sie will die Kunst der Jungen repräsentieren. Es ist in diesem Falle aufschlußreich, daß der ausgezeichnet gearbeitete Katalog — der Lebensdaten und Werdegang der 175 ausstellenden Künstler bringt, nicht selten auch bezeichnende Grundeinstellungen zitiert — einen sonst nicht üblichen Überblick des Lebensalters der Künstler gibt. Dadurch wird deutlich, daß der Schwerpunkt in die Jahre des Werdens verschoben und der Name der Ausstellung im halte gestalteten Ausstellung, nicht eine Schar von Jüngern um einige große, anerkannte Meister versammelt zu haben. Es sind hier viele Künstler vertreten, von denen die einen nicht wußten, daß die anderen sich ebenso heiß um das Gleiche mühen. Zwar fehlt es gewiß nicht an bekannten und zum Teil sogar auch autoritativen Namen, aus Berlin Fritz Burmann oder Karl Eulenstein, aus Wien Josef Dobrowski und H. R. Eisenmenger, aus München Eugen Croissant, Franz Gebhardt, Hans R. Lichtenberger oder Paul Padua, aus Düsseldorf Carl Barth, [illegible]

**Observer** I. österr. behördlich konzessioniertes Unternehmen für Zeitungsausschnitte
Wien, I., Wollzeile 11 .·. Telefon R-23-0-43

Völkischer Beobachter, München
Datum: 21. Feb. 1943

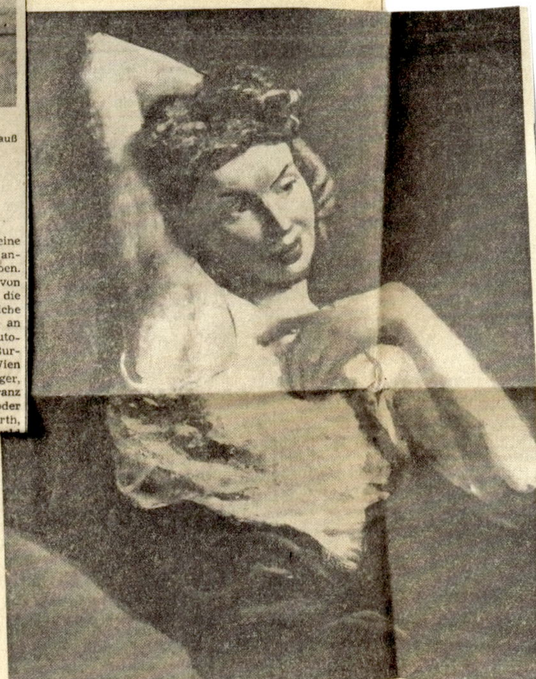

## *Das Modell*

*Sie hat sich eben wieder angezogen und lehnt nach langem Stillstehen mit gelösten Gliedern an der Wand. So reckt sie den Arm hoch und umschließt mit etwas fremder Gebärde den leicht ermüdeten Kopf. Frei, anmutig und locker ist ihre Haltung, offen sinnend ihre Miene. Sie träumt in die Stille des Raums. Schelmisches Lächeln ist um ihren Mund. Erquickender Augenblick äußerer und innerer Gelöstheit, in dem die Gedanken in heiteren Bildern sich ergehen.*

*Diesen reizvollen Augenblick packte der Maler mit Ungestüm und Energie. Farbe umsprüht die große, einfache Linie der Gebärde. Farbe leuchtet aus dem frühlingsfrischen Gesicht. Das Braungold des Haares, der helle Fleischton, alles ist ein Jubilieren der Farbe vor dem dunkel brodelnden Hintergrund. Jugend, Grazie, Sinnlichkeit und Geist — das schöne Leben selbst ist in leuchtender Pracht erstanden.*

*Es ist ein Bild des Wieners Josef Dobrowsky, der unstreitig zu den stärksten Malerpersönlichkeiten gehört, die auf der soeben eröffneten großen Wiener Ausstellung „Junge Kunst im Deutschen Reich" zu beobachten sind.* P. S.

doch von der sonst üblichen stereotypen NS-Kunst abhoben. Der häufig zitierte Konflikt, der sich auf die Selbstrechtfertigung des abgesetzten Generalkulturreferenten Walter Thomas,[117] die Tagebucheintragungen von Goebbels[118] und einen Brief Adolf Zieglers stützt,[119] lässt sich aus den im Archiv des Künstlerhauses erhaltenen Akten nicht belegen.

Die Initiative zur Ausstellung *Junge Kunst im Deutschen Reich* stammte von Schirach. Er griff damit auf die Ausstellung *Junges Schaffen*, die anlässlich des „Europäischen Jugendtreffens" 1942 in Weimar konzipiert worden war, zurück. Dass bereits gegen diese Ausstellung Vorwürfe der „Entartung" erhoben wurden, musste dem Reichsleiter bekannt gewesen sein.[120] Ungeachtet dessen stellte Schirach den Kurator der Weimarer Ausstellung, den Kunsthistoriker Wilhelm Rüdiger, ab Juli 1942 als Sonderbeauftragten ein. Das NSDAP-Mitglied Rüdiger galt als Vordenker „entarteter Kunst" und hatte schon 1933 in Chemnitz eine Femeschau veranstaltet.[121] Seine Expertise sollte ein Garant für eine linientreue Ausstellung sein. Die mit Arbeiten ostmärkischer Künstler*innen erweiterte Ausstellung wurde am 14. Jänner 1943 vom Gaupropagandaamt Wien und am 20. Jänner 1943 von der RdbK genehmigt.[122] Die aufwendigen Vorbereitungen unterschieden sich deutlich von den in rascher Abfolge abgehaltenen vorangegangenen Ausstellungen. Dazu zählte auch der mit 80 Abbildungen illustrierte Ausstellungskatalog,[123] in dem alle Künstler*innen mit einer Kurzbiografie und einer knappen künstlerischen Charakterisierung vorgestellt wurden.

Die für den 6. Februar 1943 vormittags geplante Eröffnungsfeier mit dem „Konzertchor der Hitlerjugend" und einem abendlichen Besuch der Operette *Wiener Blut* von Johann Strauss in den Redoutensälen[124] wurde aufgrund der politischen Ereignisse – am 2. Februar 1943 erfolgte die Kapitulation der 6. Armee in Stalingrad – abgesagt. Stattdessen wohnte man am Abend Richard Wagners Erstaufführung der *Meistersinger* unter der Leitung von Karl Böhm in der Staatsoper, „die nach den Trauertagen beziehungsvoll ihre Arbeit wieder aufnahm", bei.[125] Um allfälliger Kritik vorzubeugen, deutete man die Ausstellung „mitten im Krieg, der die äußerste Anspannung aller Kräfte erfordert", als Beweis „des unbändigen Lebenswillens unseres Volkes".[126] Am 18. Februar 1943 proklamierte Reichspropagandaminister Joseph Goebbels den „Totalen Krieg".

Über die Ausstellung mit ihren 582 Exponaten wurde ausführlich und weitgehend wohlwollend berichtet, Kritik kam nur am Rande vor. Keinesfalls stufte man die Arbeiten der Jungen und mancher jung gebliebenen Alten als zu modern oder gar „entartet" ein. Dennoch ist auffallend, dass Arbeiten mit Kriegsmotiven oder Heldenszenen fehlten, Landschaften, Porträts oder Genreszenen dominierten. In stilistischer Hinsicht zeigten viele Bilder einen lockeren Umgang mit den Farben und verzichteten auf die strenge Konturierung (Paul Mathias Padua, C. O. Müller, Erich Glette, Gerth Biese, Josef Dobrowsky, Josef Hegenbarth u. a.). Als Gemeinsames, Verbindendes machte man den „Drang, der Wirklichkeit zu dienen" aus, „mag sie schön sein oder nicht: sie hat den Vorrang vor der Ästhetik".[127] Manche Rezensent*innen bemerkten immerhin, dass die Kunst der „Großvätergeneration", also der Impressionismus, auf die Jungen noch „eine gewisse Macht" ausübe. Anders seien die Plastiken von Bernhard Bleeker, Karl Albiker oder Gustav Seitz zu bewerten, die sich davon befreit hätten.[128] Diese Einschätzungen blieben nicht unwidersprochen. Henri Nannen fiel die „innere Geschlossenheit des Gezeigten" auf. Es seien eben keine Experimente mehr, kein „kalter Intellektualismus der sogenannten ‚neuen Sachlichkeit'", keine „manische Verkünderekstase des Expressionismus" erkennbar.[129] Der Wiener Kunsthistoriker Heinrich Neumayer schrieb indes im *Völkischen Beobachter* begeistert von dreien seiner Eindrücke: „Farbempfinden, Lichtgestaltung und Stimmungskraft."[130] Der Kritik dürfte ein Unterschied zu der sonst üblichen NS-Kunstproduktion aufgefallen sein, weshalb sich eine allgemeine Verunsicherung breitmachte. War das die künftige NS-Kunst, die an die gemäßigte, gegenständliche Moderne der Zwischenkriegszeit anschloss? Unter den vielen Exponaten befanden sich auch Arbeiten von Künstler*innen, deren Bilder in deutschen Museen beschlagnahmt worden waren, wie jene der Österreicher Hegenbarth oder Dobrowsky oder der Reichsdeutschen Milly Steger oder Friedrich Vordemberge-Gildewart.

Die Wiener Künstler*innen waren in der Minderzahl. Die meisten kannte man aus den Künstlerhaus-Ausstellungen, wie Dombrowski, Eisenmenger, Max Frey, Huber, Kitt, Oskar Laske, Mandelsloh oder Pötsch, seltener waren Hegenbarth, Maximilian Florian, Anton Kolig, Anton Steinhart oder Viktor Pipal zu sehen. Kaum eine Rezension verzichtete darauf, das expressive, kolorierte Damenbildnis *Das Modell* von Josef Dobrowsky zu erwähnen. Das Porträt einer sich lasziv zurücklehnenden Frau mit erhobenem Arm leitete als großformatiger Farbdruck den Beitrag von Henri Nannen in der Zeitschrift *Die Kunst für alle*[131] ein. Auch dem *Völkischen Beobachter* war *Das Modell* einen eigenen Artikel wert.[132] Ausdrücke „von schmissiger Bewegung und sprühender Farbigkeit" *(Fränkischer Kurier)*, „erstaunliche Virtuosität und

S. 303 Artikel „Junge Kunst im Deutschen Reich" von Henri Nannen, in: *Die Kunst für alle*, H. 7, April 1943, UB Heidelberg

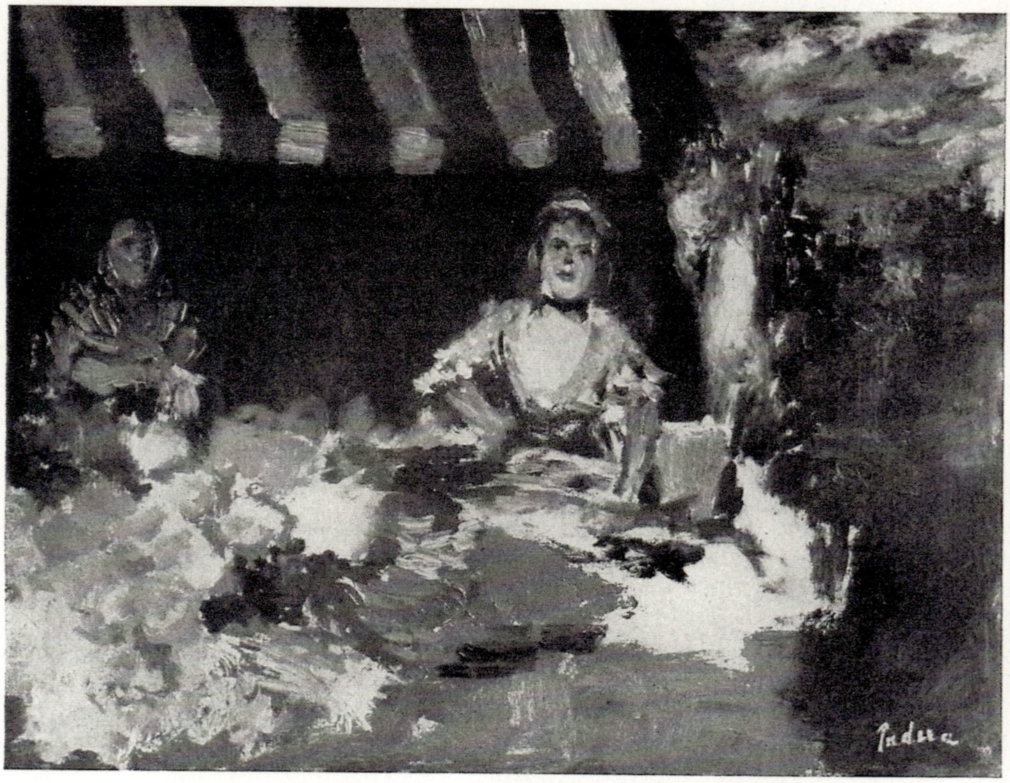



Paul Mathias Padua, München. Blumenstand

## Junge Kunst im Deutschen Reich

### Zu einer vom Reichsstatthalter in Wien, Reichsleiter Baldur von Schirach veranstalteten Ausstellung im Künstlerhaus zu Wien

Die Aufgabe dieser Ausstellung läßt sich in sinnfälliger Weise aus ihrer Erscheinung ablesen. So bedürfte es kaum der statt einer Vorrede klug ausgewählten Zitate im Ausstellungskatalog, in denen von der schöpferischen Unruhe, vom echten Verhältnis der „Jungen" zur Tradition und von der Abgestorbenheit alles Fertigen und Nichtmehrfortzeugenden die Rede ist, noch bedarf es für den aufgeschlossenen Besucher der Ausstellung weiterer Erläuterungen. Die innere Geschlossenheit des Gezeigten, wobei kaum ein Werk aus dem Rahmen fällt, spricht eine eindeutige Sprache, weist in eine bestimmte Richtung, ist in all ihrer Mannigfaltigkeit unmißverständlich. Und was könnte man über eine Ausstellung zunächst Lobenswerteres sagen, als daß sie nicht eine zufällig oder willkürlich zusammengetragene Summe mehr oder minder qualitätvoller Kunstwerke umfaßt, daß sie vielmehr ein Gesicht hat und unter einem ganz bestimmten Stern steht, daß ihre Veranstalter nicht nur wußten, was sie wollten, sondern es auch konnten.

Für den Betrachter aus der Ferne allerdings, der sich mit einigen mechanischen Reproduktionen begnügen muß, scheint es geraten, die Grundidee der Ausstellung mit wenigen Worten zu umreißen — wenngleich es so sehr eine bildkünstlerische Idee ist, daß

Empfindung" (*Frankfurter Zeitung*) oder „genialer Funke" (*Wiener Neueste Nachrichten*) lassen erkennen, dass dieses Bild das Highlight der Ausstellung war.[133]

Die Ausstellung wurde drei Wochen früher als vorgesehen geschlossen. Als Gründe nannten die Zeitungen Personalersparnis und „Entlastung der Reichsbahn" durch anreisende Kunstinteressierte.[134] Über die tatsächlichen Hintergründe der vorzeitigen Schließung sowie des sogenannten Konflikts gibt es divergierende Angaben.

Sehr wahrscheinlich ist, dass das frühe Beenden der Ausstellung mit einem innerparteilichen Konflikt zwischen Schirach und Goebbels und dem NS-Ideologen Alfred Rosenberg zusammenhing. Goebbels dürfte durch Spitzelberichte auf die Ausstellung aufmerksam gemacht geworden sein und sah nun die Chance, gegen Schirachs eigenmächtige Kulturpolitik, die ihm schon lange widerstrebte, vorzugehen. Am 20. Februar 1943 notierte Goebbels in seinem Tagebuch, die Ausstellung enthalte „zum großen Teil Material, das wir in den Ausstellungen entarteter Kunst gezeigt haben. Ich werde diese Frage näher überprüfen".[135] Offensichtlich hatte er Arno Breker eingeschaltet, der ihm riet, die Ausstellung zu schließen. Goebbels wollte auch das Urteil von Reichsbühnenbildner Benno von Arent einholen.[136] Der zur Inspektion nach Wien gereiste Arent soll diese als „liberalistische Schweinerei" bezeichnet haben.[137] Auch Ziegler hatte für Goebbels einen Bericht über die Ausstellung verfasst,[138] in dem er von „gemäßigter Form der Verfallskunst [...], wobei hauptsächlich französische Einflüsse Pate standen", sprach. Ziegler zog freilich nicht Thomas,[139] sondern den Kurator Rüdiger zur Verantwortung. Immerhin habe ja schon die Weimarer Schau „französische Impressionismustendenzen" aufgewiesen.[140] Was war der politische Sinn der Querelen? Goebbels war mit der Zurechtweisung Schirachs durch Hitler mehr als zufrieden. Hatte sie doch zur Folge, dass ihm „die Wiener Kulturpolitik jetzt unmittelbar" unterstellt würde. Mit einiger Genugtuung resümierte Goebbels: „Sollten die Wiener sich dagegen sträuben, so werden ihnen sämtliche Reichszuschüsse gesperrt, was natürlich für Wien den Ruin des Kulturlebens bedeuten würde. Man sieht auch hier wieder, daß der Führer für handfeste Argumente durchaus zugänglich ist, wenn sie nur in der richtigen Form vorgebracht werden."[141] Diese Bemerkungen lassen vermuten, dass der Skandal, ausgehend von der Schließung der Ausstellung, von Goebbels lanciert worden war.

Schirach dürfte ob der Vorkommnisse und Maßnahmen nicht allzu beeindruckt gewesen sein. Immerhin bestellte er am Tag nach der Schließung der Ausstellung sechs Kunstwerke reichsdeutscher Künstler um 26.500 Reichsmark.[142] Der Kärntner Gauleiter Friedrich Rainer erkundigte sich nach dem Preis der Hitler-Büste von Bernhard Bleeker und dem der *Knieenden* von Maria Weber.[143] Das Landesmuseum Beuthen in Niederschlesien bat per Telegramm am 1. März 1943 um Reservierung einiger Arbeiten.[144]

Wirklich bemerkenswert ist, dass zeitgleich zur skandalisierten Ausstellung *Junge Kunst im Deutschen Reich* drei weitere Ausstellungen in Wien liefen, darunter die von Bruno Grimschitz zusammengestellte Klimt-Kollektive in der ehemaligen Secession, wo zum letzten Mal die Fakultätsbilder, zwei Teile des Beethoven-Frieses und viele „arisierte" Bilder zu sehen waren. Angesichts des Kriegsverlaufs mutet es doch einigermaßen erstaunlich an, mit welchem Elan hierorts Ausstellungspolitik vorangetrieben wurde. Sophie Lillie hat die Eckpunkte von Schirachs Kulturprogramm wie folgt umrissen: „Man setzte betont österreichische Kulturakzente, instrumentalisierte traditionell bürgerliche Hochkultur im Sinne nationalsozialistischer Kulturpositionen" und „zeigte sich aber auch gegenüber zeitgenössischer Kunst aufgeschlossen".[145]

## Wiener Bildnisse aus Kreisen der Kunst und Wissenschaft 1900–1943, 1943/44

Dass Porträtausstellungen von Prominenten eine hohe Zugkraft besaßen, bewies die letzte große Programmausstellung zum Thema *Wiener Bildnisse aus Kreisen der Kunst und Wissenschaft 1900–1943*. Für die Ausstellung (27.11.1943–27.2.1944) griff man auf Leihgaben der Städtischen Sammlungen, der Reichsstatthalterei, der Österreichischen Galerie, des Kulturamtes, der Hochschulen und der Theater zurück. Seit 1940 war es üblich, dass das Kulturamt bei runden Geburtstagen von Künstler*innen einen Porträtauftrag vergab. Dieser galt meist einer bekannten Persönlichkeit, nicht selten wurde ein Selbstbildnis bestellt. Die Porträts wurden den Städtischen Sammlungen übergeben, in denen man eine umfangreiche „Galerie von hervorragenden Wiener Persönlichkeiten des wissenschaftlichen, künstlerischen, wirtschaftlichen und nationalpolitischen Lebens" eingerichtet hatte. Ziel dieser Aufträge war die Schaffung einer „Ehrengalerie der Stadt Wien".[146] Für das „Who is who" der Wiener Gesellschaft interessierten sich immerhin noch 50.046 Besucher*innen. *Das kleine Volksblatt* warb mit der Überschrift:

S. 305 Ausstellungsplakat *Gustav Klimt, Ausstellung in der ehem. Secession*, Entwurf Otto Hurm, WB, Plakatsammlung

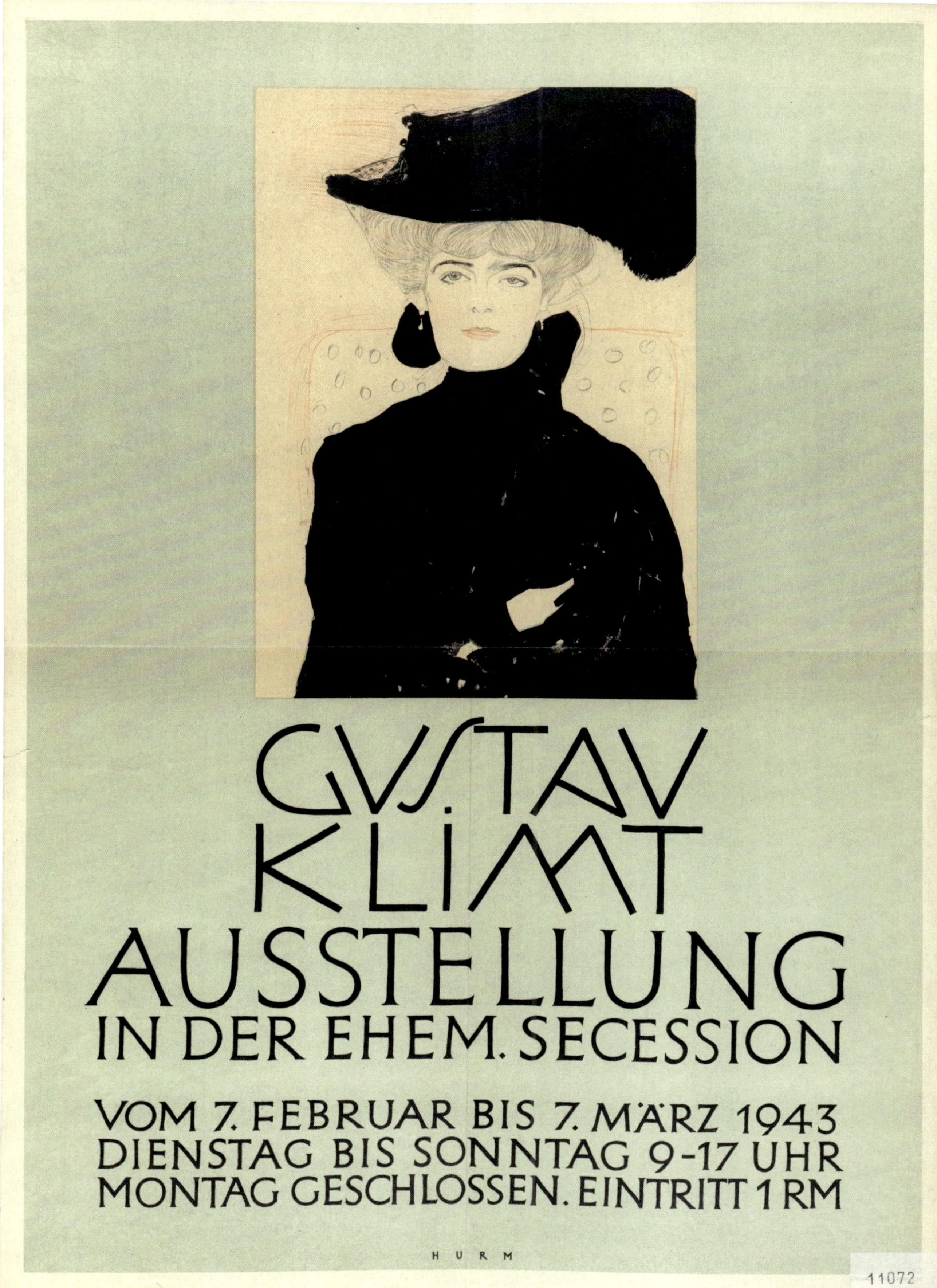
GUSTAV
KLIMT
AUSSTELLUNG
IN DER EHEM. SECESSION
VOM 7. FEBRUAR BIS 7. MÄRZ 1943
DIENSTAG BIS SONNTAG 9-17 UHR
MONTAG GESCHLOSSEN. EINTRITT 1 RM
HURM

A b s c h r i f t .

An den
Reichstatthalter in Wien
Reichsleiter
Baldur von S c h i r a c h ,
W i e n l.,

Wien, 15. September 44.

Reichsleiter!

Als Vorsitzender der Gesellschaft bildender Künstler Wiens, Künstlerhaus, melde ich Ihnen den Beschluß des Vorstandes der Gesellschaft:

Wir erklären unsere glühende Bereitschaft, dem Führer und dem Vaterlande in der entscheidenden Phase des Lebenskampfes unseres Volkes jeden in unseren Kräften liegenden Dienst zu leisten. Da der Reichsbeauftragte für den totalen Kriegseinsatz alle Kreise des Volkes zum Einsatz aufgerufen hat, zögern wir Künstler nicht, diesem Ruf zu folgen. Wir wollen in Gemeinschaftsarbeit unsere Kraft und unser Gesellschaftshaus dem Auftrage zur Verfügung halten, der uns die unseren Fähigkeiten entsprechende Mitwirkung an der Rüstung unserer Helden an der Front zuweist, soferne wir nicht als Soldaten eingesetzt werden können.

Reichsleiter! Wir bitten Sie um Genehmhaltung dieses Beschlusses und um Anordnung unserer Gemeinschaftsarbeit.

H e i l H i t l e r !

gez. Prof. R.H. Eisenmenger.

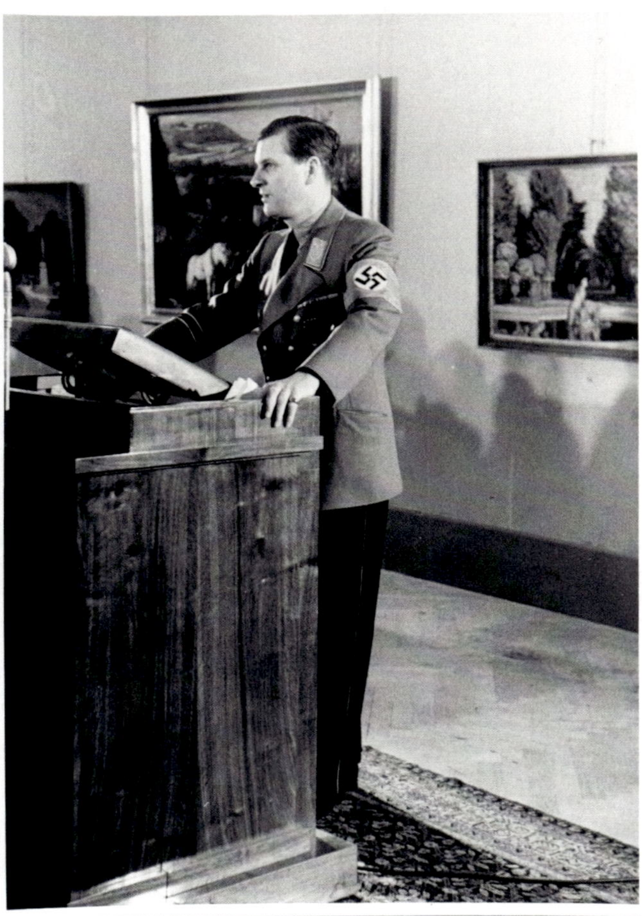

„Katalog überflüssig: jeder kennt die Köpfe" und meinte: „Wieder ist es Wien, das der Künstlerschaft unserer Stadt Modell gestanden hat." Diesmal seien es eben nicht Häuser oder Brücken, sondern Künstler*innen und Wissenschaftler*innen.[147]

Auf der vorbereitenden Jurysitzung am 13. November 1943 sah sich Blauensteiner kraft seines Amtes genötigt, einzuschreiten, was eher selten vorkam. Bei der Begutachtung der eingereichten Arbeiten wies Blauensteiner zwei Bildnisse von Josef Dobrowsky, die Porträts *Prof. Grimschitz* und *Prof. Behn* mit folgender Begründung zurück: „Unbeschadet der Qualität eines Künstlers können Werke nicht in der Öffentlichkeit zugänglich gemacht werden, die Elemente der Verfallskunst aufweisen. Dies ist in beiden Gemälden besonders hinsichtlich der Hände der Fall." Derartige Bilder würden den künstlerischen Nachwuchs verwirren. Beispiele, die an die „krankhafte Kunst der Verfallskunst" erinnern, seien abzuweisen.[148] An Blauensteiner war die Kontroverse um die Ausstellung *Junge Kunst im Deutschen Reich*, insbesondere Dobrowskys Bild *Das Modell*, nicht spurlos vorübergegangen. Er wollte keine weiteren Konflikte und wies deshalb die Porträts zurück.

## Ende des Wiener Ausstellungsprogramms 1944

Ab April 1944 beklagte das Künstlerhaus die anvisierten Budgetkürzungen seitens des Staates und der Gemeinde auf nunmehr 90.000 Reichsmark.[149] Obwohl am 22. August 1944 der Ausstellungsbetrieb aufgrund des totalen Kriegseinsatzes eingestellt worden war, erhob die Künstlergenossenschaft im Oktober gegen die vom Reichsstatthalter geplante Stornierung der Subvention Einspruch. Am 29. August 1944 kam es zur vorläufigen Beschlagnahme des Künstlerhauses für einen Rüstungsbetrieb, ein Ansinnen, das durch das Einschreiten von Blauensteiner zunächst abgewendet werden konnte. Blauensteiner hatte über Goebbels erwirkt, dass im Künstlerhaus „propagandistisch wichtige Ausstellungen im Einzelfalle" stattfinden könnten, sofern es die RdbK für notwendig halte. Dies war vermutlich der Grund, weshalb Eisenmenger namens seiner Kollegen noch einmal sein Bekenntnis zur Partei offenlegte. In einem Brief an Schirach am 15. September 1944 bekundete er die „glühende Bereitschaft, dem Führer und dem Vaterlande in der entscheidenden Phase des Lebenskampfes unseres Volkes jeden in unseren Kräften liegenden Dienst zu leisten. Da der Reichsbeauftragte für den totalen Kriegseinsatz alle Kreise des Volkes zum Einsatz gerufen hat, zögern wir Künstler nicht, diesem Ruf zu folgen".[150] Im Vergleich zu anderen befand sich der „gottbegnadete" Eisenmenger in einer abgesicherten Position, ein Fronteinsatz kam für ihn nicht infrage. Kurz darauf erging an die gesamte Künstlerschaft der Aufruf „zur Totalisierung des Kriegseinsatzes". Alle Künstler*innen und Architekt*innen sollten sich bei den zuständigen Arbeitsämtern melden, um kriegswichtige Tätigkeiten in der Rüstungsindustrie zu übernehmen. Der Unterricht an den Hochschulen wurde eingeschränkt oder sogar stillgelegt, alle Wettbewerbe wurden untersagt, Ausstellungen nicht mehr durchgeführt, die gesamte Tätigkeit auf dem Gebiet des Modeschaffens eingestellt etc.[151] Die Theatersperre war schon seit 1. September 1944 in Kraft, Musikveranstaltungen wurden weitgehend abgesagt. Die Bevölkerung motivierte man mit Durchhalteparolen. Die „Forderung der Stunde" sei „ein totaler Kriegseinsatz jedes einzelnen und der gesamten Nation mit allen materiellen und seelischen Reserven, die ihnen zur Verfügung stehen. Das deutsche Volk befinde sich in Gefahr", so der Propagandaaufruf auf der Titelseite im *Völkischen Beobachter* am 9. Juli 1944.[152]

Die Verschonung von der Beschlagnahmung des Künstlerhauses durch die Rüstungsbetriebe währte jedoch nur kurz. Noch im November 1944 waren Räume in der Secession und im Künstlerhaus von den Saurerwerken mit Zustimmung der Reichskulturkammer Berlin belegt worden.[153] Dass Eisenmenger zugleich die Einrichtung einer Verkaufsstelle für Kunstwerke im Künstlerhaus urgierte, an der auch die Gemeinschaft bildender Künstler (die Zedlitzhalle war mittlerweile von der Wehrmacht beschlagnahmt und am 5. November 1944 schwer beschädigt worden) und die Vereinigung bildender Künstlerinnen[154] teilhaben konnten, ist ein Ausdruck von Realitätsverweigerung. Wer sollte angesichts der Bombardierung der Stadt an den Kauf von Kunstwerken denken? Im Jänner 1945 hatte sich auch das Reichspropagandaamt in der Secession eingemietet.[155] Nach der kriegsbedingten Zerstörung seiner Büroräume im Trattnerhof beschlagnahmte Blauensteiner am 25. Jänner 1945 alle noch verfügbaren Räume des Künstlerhauses für die Landesleitung.[156] Durch Luftangriffe im März 1945 wurde die Secession total zerstört und das Künstlerhaus verlor seine komplette Glasüberdachung. Damit war jedwedem Ausstellungsbetrieb vorerst ein Ende gesetzt.

S. 306 Schreiben von Rudolf Hermann Eisenmenger an Baldur von Schirach, 15.9.1944; Baldur von Schirach bei der Eröffnung der Frühjahrsausstellung 1943 im Künstlerhaus, KH Archiv

# Anmerkungen

1 WStLA, M.Abt. 350, Allg. Reg., A1-12, 1939, Amtsvermerk, 7.9.1939.

2 Ebd.

3 Ebd.

4 KH Archiv, Akt Rudolf H. Eisenmenger, Presseausschnitt, Der Samstag, 8.8.1942.

5 Maria Mißbach: Rudolf Hermann Eisenmenger, Leben und Werk, Diss., Univ. Wien, 1986; Veronika Floch: Rudolf Hermann Eisenmenger (1902–1994). Mechanismen einer Künstlerkarriere, Dipl.-Arb., Univ. Wien, 2007; Peter Stachel: Vom NS-Leiter des Künstlerhauses zum Gestalter des Eisernen Vorhangs der Wiener Staatsoper: Rudolf Hermann Eisenmenger (1902–1994), in: Peter Bogner, Richard Kurdiovsky, Johannes Stoll (Hg.): Das Wiener Künstlerhaus. Kunst und Institution, Wien 2015, S. 151–156; Jan Tabor: Die Gaben der Ostmark. Österreichische Kunst und Künstler in der NS-Zeit, in: Hans Seiger, Michael Lunardi, Peter Josef Populorum (Hg.): Im Reich der Kunst. Die Wiener Akademie der bildenden Kunst und die faschistische Kunstpolitik (Österreichische Texte zur Gesellschaftskritik, hg. vom Verein Kritische Sozialwissenschaft und Politische Bildung, Bd. 50), Wien 1990, S. 277–296.

6 Stachel, Vom NS-Leiter des Künstlerhauses, S. 154.

7 Ebd.

8 AT-OeStA/Gauakt Rudolf H. Eisenmenger, NSDAP, Personalfragebogen, 19.5.1938.

9 Ebd.

10 Ebd.

11 BV Archiv, Akt Rudolf H. Eisenmenger, Schreiben Leopold Blauensteiner, 2.1.1942.

12 Ebd., Bescheid zur Aufnahme in die RdbK, 22.2.1939.

13 Ebd., Rudolf H. Eisenmenger, Rede anlässlich der Jahresversammlung im Künstlerhaus, 7.6.1939.

14 Ebd., Schreiben Leopold Blauensteiner an Rudolf H. Eisenmenger, 21.12.1938.

15 Ebd., Rudolf H. Eisenmenger, Rede anlässlich der Jahresversammlung im Künstlerhaus, 7.6.1939.

16 Ebd., Schreiben des Präsidenten der RdbK an Rudolf H. Eisenmenger, 21.8.1939.

17 Ebd., Rudolf H. Eisenmenger, Rede anlässlich der Jahresversammlung im Künstlerhaus, 7.6.1939.

18 Ebd., Aktenvermerk für Leopold Blauensteiner, 10.12.1942. Die „Führerliste" war eine von diversen Listen mit unverzichtbaren Künstler*innen, die ab 1939 von Hitler und Goebbels geführt wurden. Überliefert sind die „Gottbegnadeten-Liste" und die „Sonderliste" von 1944. Siehe: Kapitel 5, S. 125.

19 Ebd.

20 BArch Berlin, R55/20252a, Gottbegnadeten-Liste, 1944.

21 Siehe: Jubiläumsausstellung im Künstlerhaus Wien, 1941/42, dieses Kapitel, S. 292.

22 Siehe: Exkurs Wiener Gobelin-Manufaktur, Kapitel 8, S. 259.

23 BV Archiv, Akt Rudolf H. Eisenmenger, o. A.: Professor Rudolf Eisenmenger. Der Führer hat den Maler Rudolf Hermann Eisenmenger in Wien zum Professor ernannt, in: Wiener Neueste Nachrichten, 6.8.1943, Zeitungsausschnitt.

24 Siehe: Ostmarksaal, Kapitel 8, S. 252.

25 KH Archiv, Akt Rudolf H. Eisenmenger, Schreiben Karl M. May an Viktor Matejka, 8.5.1945.

26 Ebd., Schreiben Karl M. May an Rudolf H. Eisenmenger, 5.12.1947; ebd., Erklärung vom 23.7.1945 (nicht gezeichnet, vermutlich von K. M. May).

27 BV Archiv, Akt Rudolf H. Eisenmenger, Schreiben Rudolf H. Eisenmenger an die BV, 17.4.1947.

28 Ebd., Schreiben Karl M. May an Rudolf H. Eisenmenger, 5.12.1947.

29 Wladimir Aichelburg: Eisenmenger – ein österreichisches Schicksal, in: Maria Mißbach: Rudolf Hermann Eisenmenger 1902–1994, Wien 2002, S. 27–35. Aichelburg stellt die durch Akten belegten NS-Verflechtungen weitgehend in Abrede und kritisiert die seiner Meinung nach tendenziöse Rezeption Eisenmengers.

30 KH Archiv, Akt Rudolf H. Eisenmenger, Walter Maria Neuwirth, Gutachten, Rudolf H. Eisenmenger, 23.7.1967.

31 German Art Gallery, Irith Dublon-Knebel: A Dual Life. The Fate of Nazi Painters and Sculptors, 1945–1990, in: Tel Aviv Jahrbuch für deutsche Geschichte, 2006, https://germanartgallery.eu/rudolf-hermann-eisenmenger-gobelin-du-bist-deutschland/ (1.4.2021).

32 Vgl. Rosemarie Burgstaller: NS-Feindbild-Ausstellungen 1933–1945. Propaganda, „Volksgemeinschaft" und visuelle Gewalt, Diss., Univ. Wien, 2012, S. 155–162.

33 Vgl. Schreiben Leopold Blauensteiner mit der Reichspropagandaleitung, 17.3.1938, und dem Landeskulturamt, 18.3.1938, zit. n.: Burgstaller, NS-Feindbild-Ausstellungen, S. 289.

34 Die Gestaltung übernahmen der Wiener Maler Otto Jahn und der für Wirtschaftsstatistiken verantwortliche Alois Fischer. Während Fischer bereits für Otto Neurath, dem Begründer der „Wiener Methode der Bildstatistik" (Isotyp) gearbeitet hatte, gestaltete Jahn ab 1935 zahlreiche NS-Feindbild-Ausstellungen. Organisiert wurde die Ausstellung vom Berliner Institut für Kultur- und Wirtschaftspropaganda. Vgl. o. A.: Vorschau auf die Eröffnung „Der ewige Jude", in: Neues Wiener Tagblatt, 30.7.1938, S. 5; Wolfgang Benz: „Der ewige Jude". Metaphern und Methoden nationalsozialistischer Propaganda (Reihe Dokumente, Texte, Materialien/Zentrum für Antisemitismusforschung der TU Berlin, Bd. 75), Berlin 2010, S. 115–125.

35 KH Archiv, Akt „Berge und Menschen der Ostmark", Text von Otto Gillen. Otto Gillen: Berge und Menschen der Ostmark, in: Völkischer Beobachter, 15.2.1939, S. 6.

36 KH Archiv, Akt „Berge und Menschen der Ostmark", Manuskript von Otto Gillen.

37 Ebd.

38 Ebd.

39 O. A.: Maler der Ostmark, in: Kunst dem Volk 10 (1939) 1/2, S. 34–39, hier S. 34.

40 KH Archiv, Akt „Berge und Menschen der Ostmark", Abrechnung vom 1.7.1939.

41 KH Archiv, Sitzungsprotokolle, Beilage zum Tätigkeitsbericht von Leopold Blauensteiner, November 1938 bis Juni 1939, Bericht von Igo Pötsch.

42 KH Archiv, Akt „Berge und Menschen der Ostmark", Übernahmebestätigung des BM für Finanzen, 17.7.1958.

43 Sabine Weißler: Bauhaus-Gestaltung in NS-Propaganda-Ausstellungen, in: Winfried Nerdinger (Hg.): Bauhaus-Moderne im Nationalsozialismus. Zwischen Anbiederung und Verfolgung, München 1993, S. 48–63, hier S. 50.

44 BV Archiv, Akt Lois Gaigg. Gaigg war ab 1929 Mitglied im Bund Österreichischer Gebrauchsgraphiker (BÖG.). Er starb am 13.10.1944 bei einem Angriff auf Wien.

45 KH Archiv, Akt „Berge und Menschen der Ostmark", Skizzen von Franz Hubert Matuschek. Axonometrischer Plan der Ausstellung, in: Die Pause 4 (1939) 4/5, S. 3; Abbildungen in: Die Pause 4 (1939) 6, S. 72–79. Es wurden auch viele Postkarten aufgelegt.

46 O. A.: Berliner Ostmarkschau vor der Vollendung, in: Neues Wiener Tagblatt, 20.5.1939, S. 8. Sowohl der Entwurf als auch das Original Andris' haben sich erhalten. St. Pölten, Stadtmuseum, Nachlass Ferdinand Andri.

47 BArch Berlin, R55/20252a, Gottbegnadeten-Liste, 1944.

48 O. A.: Berliner Ostmarkschau.

49 KH Archiv, Sitzungsprotokolle, Beilage zum Tätigkeitsbericht von Leopold Blauensteiner, November 1938 bis Juni 1939, Bericht von Igo Pötsch.

50 Siegfried Theiss: Adolf Hitler und der neue deutsche Baustil, in: Neue Freie Presse, 9.4.1938, S. 12.

51 KH Archiv, Sitzungsprotokolle, Verhandlungsschrift Nr. 16, 2.9.1938.

52 Ebd., Verhandlungsschrift Nr. 18, 7.3.1939.

53 WStLA, M.Abt. 350, Allg. Reg., A1-5, 1939, Schreiben Leopold Blauensteiner an das Kulturamt, 29.4.1939.

54 Stephanie Barron, Peter Guenther (Hg.): „Entartete Kunst". Das Schicksal der Avantgarde im Nazi-Deutschland (Ausstellungskatalog Los Angeles County Museum of Art u. a.), München 1992, S. 19.

55 Die Datenbank zum Beschlagnahmeinventar der Aktion „Entartete Kunst" verzeichnet bislang 203 in Wien gezeigte Kunstwerke, großteils Grafiken. Freie Universität Berlin, Forschungsstelle „Entartete Kunst", Beschlagnahmeinventar „Entartete Kunst", http://emuseum.campus.fu-berlin.de/eMuseumPlus?service=RedirectService&sp=Scollection&sp=SfieldValue&sp=0&sp=8&sp=3&sp=SdetailList&sp=0&sp=Sdetail&sp=0&sp=F (17.11.2020).

56 WStLA, M.Abt. 350, Allg. Reg., A1-5, 1939, Schreiben der Magistratsabteilung 50 an die Magistratsdirektion, 23.3.1939.

57 Als Vertreter der „Entarteten Musik" galten Arnold Schönberg, Hans Eisler, Leo Fall, Oscar Straus, Kurt Weill, Josef Matthias Hauer, Paul Hindemith u. a.

58 Ernst Winkler: Kunst – ganz verrückt und entartet!, in: Neuigkeits-Welt-Blatt, 7.5.1939, S. 23.

59 Maren Gröning: Fluchtpunkte der „Entarteten Kunst" in Wien, in: Gabriele Anderl, Alexandra Caruso (Hg.): NS-Kunstraub in Österreich und die Folgen, Innsbruck u. a. 2004, S. 80–92, hier S. 83.

60 Monika Mayer: „[…] auch die bildende Kunst muss einer neuen Blüte zugeführt werden". NS-Kunstförderung in Wien am Beispiel des Künstlerhauses und der Österreichischen Galerie, in: Bogner, Kurdiovsky, Stoll, Das Wiener Künstlerhaus, S. 327–333, hier S. 329; o. A.: Die Fratze des Niedergangs, in: Völkischer Beobachter, 3.4.1938, S. 36.

61 Otto Gillen: Was ist entartete Kunst, in: Völkischer Beobachter, 5.5.1939, S. 6.

62 O. A.: Schauderhaftes „Kunstbekenntnis" des Kulturbolschewismus, in: Das kleine Volksblatt, 6.5.1939, S. 6.

63 Winkler, Kunst, S. 23.

64 O. A.: Jüdischer Kunstdilettantismus, in: Kleine Volks-Zeitung, 6.5.1939, S. 9.

65 KH Archiv, Sitzungsprotokolle, Beilage zum Tätigkeitsbericht von Leopold Blauensteiner, November 1938 bis Juni 1939.

66 Ebd., Beilage: Ansprache von Rudolf H. Eisenmenger.

67 KH Archiv, Akt RdbK, Schreiben Leopold Blauensteiner an die Genossenschaft bildender Künstler, 8.7.1939.

68 Ebd., Adolf Ziegler, Rundschreiben Nr. 13, Berlin 23.4.1941, weitergeleitet von Leopold Blauensteiner an die Gesellschaft bildender Künstler Wiens, 22.5.1941.

69 Vgl. Verzeichnis aller Ausstellungen im Künstlerhaus bis 2011, in: Bogner, Kurdiovsky, Stoll, Das Wiener Künstlerhaus, S. 409–434.

70 KH Archiv, Akt RdbK, Schreiben Rudolf H. Eisenmenger an Leopold Blauensteiner, 5.10.1939.

71 A. K.: Die Ausstellung „Künstlerisches Frauenschaffen" in Wien, in: Kunst dem Volk 11 (1940) 9, S. 42–44.

72 BV Archiv, Akt Hertha (Karasek-)Strzygowski, Schreiben Leopold Blauensteiner an Friedrich Uebelhofer, Litzmannstadt, 29.1.1942; AT-OeStA/AdR, Gauakt Hertha (Karasek-)Strzygowski, NSDAP-Mitgl.-Nr. 6.114.492 (ab 1.5.1933).

73 BV Archiv, Akt Hertha (Karasek-)Strzygowski, Leopold Blauensteiner an Leo Göttinger, 2.3.1942.

74 Thomas Brünner: Das „Ahnenerbe" der SS, in: Lebendiges Museum Online, NS-Regime, Innenpolitik, https://www.dhm.de/lemo/kapitel/ns-regime/innenpolitik/das-ahnenerbe-der-ss.html (27.6.2021)

75 Erna Piffl, NSDAP-Mitgliedschaft ab 7.6.1933, siehe: Elsbeth Wallnöfer: Maß nehmen, Maß halten. Frauen im Fach Volkskunde, Wien u. a. 2008, S. 41.

76 BV Archiv, Akt Margarete Hanusch, Fragebogen vom 20.7.1938, NSDAP-Mitglied ab 1.11.1936.

77 A. K.: Die Ausstellung „Künstlerisches Frauenschaffen", S. 44.

78 Ebd.

79 WStLA, M.Abt. 350, Allg. Reg. A1-41, 1943, Schreiben des Kulturamtes an den Leiter der Hauptabteilung D., 24.4.1943.

80 O. A.: Künstlerisches Frauenschaffen in Wien, in: Das interessante Blatt, 4.9.1940, S. 27.

81 O. A.: „Ich bin da und schicke Dir mein Bild", in: Kleine Volks-Zeitung, 15.11.1942, S. 6.

82 Sabine Plakolm-Forsthuber: Künstlerinnen in Österreich. Malerei, Plastik, Architektur 1897–1938, Wien 1994, S. 83–86.

83 BV Archiv, Akt Ernst Huber, Fragebogen der RdbK, 13.7.1938, die Anmeldung zur NSDAP erfolgte am 27.6.1938.

84 Josef Pöchlinger: Ein Maler erlebt die Reichsautobahn, in: Die Pause 5 (1940) 11, S. 43.

85 Heinrich Neumayer: Bilder von der Reichsautobahn, in: Völkischer Beobachter, 28.11.1940, S. 5.

86 KH Archiv, Sitzungsprotokolle, 26.2.1941. Bi.: Trotz Krieg Auftrieb in der Kultur; in: Völkischer Beobachter, 19.9.1941, S. 4.

87 WStLA, Hauptarchiv-Akt, A1:985, 1938–1939, Das Kulturamt der Stadt Wien, vervielfältigte Berichte über Organisation und Tätigkeit der einzelnen Abteilungen, Der Beitrag des „Künstlerhauses" zum Neuaufbau des Wiener Kunstlebens in den Jahren 1938 bis 1943, S. 86.

88 Oliver Rathkolb: Schirach. Eine Generation zwischen Goethe und Hitler, Wien u. a. 2020, S. 203.

89 KH Archiv, Sitzungsprotokolle, 8.7.1942.

90 Ebd., Verhandlungsschrift Nr. 22, 3.9.1941.

91 KH Archiv, Akt „Jubiläumsausstellung" 1941/42, Walter Thomas, Bestätigung vom 21.10.1941.

92 Ebd., Schreiben der Künstlergenossenschaft an die Gaupropagandaleitung, 5.8.1941.

93 Ebd., Schreiben Walter Thomas an die Ala-Anzeigen AG, 8.12.1941.

94 Zwangsversteigerung Weinmüller Wien 15.–17.3.1939 (Los 391), Österreichische Galerie, Belvedere; 2007 Restitution an die Rechtsnachfolger nach Ernst und Else Gotthilf, Auktion Dorotheum Wien 15.10.2008 (Los 563), erworben 2008 durch Fürst Hans-Adam II. von und zu Liechtenstein. Liechtenstein, The Princely Collections, Friedrich von Amerling, Mädchen mit Strohhut, http://www.liechtensteincollections.at/de/pages/artbase_main.asp?module=browse&action=m_work&lang=de&sid=92343&oid=W-1610200812182697 (21.1.2020).

95 KH Archiv, Sitzungsprotokolle, Verhandlungsschrift Nr. 22, 3.9.1941.

96 Erich August Mayer, Gesellschaft bildender Künstler Wiens: Jubiläums-Ausstellung aus Anlass des 80jährigen Bestehens (Ausstellungskatalog Künstlerhaus Wien), Wien 1941, S. 31–32.

97 Uwe Lars Nobbe: Achtzig Jahre Künstlerhaus, in: Völkischer Beobachter, 23.11.1941, S. 3–4; o. A.: Reichsleiter von Schirach eröffnet die Ausstellung, in: ebd., S. 4.

98 Raphael-Donner-Preis: Michael Drobil (1942), Josef Müllner (1943), Alfred Hofmann (1944); Ferdinand-Georg-Waldmüller-Preis: Gottlieb Theodor Kempf-Hartenkampf (1942), Rudolf Bacher (1943), Ferdinand Andri (1944); Josef-Kriehuber-Preis: Alfred Cossmann (1942), Switbert Lobisser (1943), Hans Frank (1944). Am 12.8.1942 wurden der Alfred-Roller-Preis für Kunsthandwerk – Josef Hoffmann (1942), Michael Powolny (1943), Carl Auböck (1944) – und der Fischer-von-Erlach-Preis für Architektur gestiftet, der jedoch nie verliehen wurde. 1942–1944 fanden im Künstlerhaus die Ausstellungen der Meisterpreisträger statt.

99 WStLA, M.Abt. 350 Allg. Reg., A1-30, 1941, Schreiben des Kulturamtes an den Bürgermeister, 25.11.1941; ebd., Festlegung der Jury, Amtsvermerk vom 26.11.1941.

100 KH Archiv, Akt „Jubiläumsausstellung" 1941/42, Schreiben des Reichspropagandaamtes Wien an Rudolf H. Eisenmenger, 6.12.1941.

101 Ebd., Verkaufsschein Nr. 107 und Nr. 108 für Ministerialdirigent Kurt Biebrach, Berlin für Herrn Min. Dr. Goebbels, 4.2.1942.

102 Sabine Plakolm-Forsthuber: Frauenbilder und Bilder von Frauen im Wiener Ausstellungsbetrieb (1925–1945), in: Herbert Posch, Gottfried Fliedl u. a (Hg.): Politik der Präsentation. Museum und Ausstellung in Österreich 1918–1945, Wien 1996, S. 97–118.

103 R. A. Moißl: Vom Porträt zum Bildnis, in: Gesellschaft Bildender Künstler Österreichs, Künstlerhaus: Frühjahrs-Ausstellung 1942. Das schöne Wiener Frauenbild (Ausstellungskatalog Künstlerhaus Wien), Wien 1942, o. S.

104 KH Archiv, Akt „Das schöne Wiener Frauenbild", Zeitungsausschnitt, o. A.: Das schöne Wiener Frauenbild, in: Kölner Stadtanzeiger, 11.1.1943.

105 O. A.: „Kulturbericht", in: Neues Wiener Tagblatt, 14.6.1942, S. 3.

106 O. A.: Preise für die Künstler Wiens, in: Völkischer Beobachter, 15.8.1942, S. 4.

107 KH Archiv, Akt „Das schöne Wiener Frauenbild", 1943, Schreiben Walter Thomas an Rudolf H. Eisenmenger, 6.8.1942.

108 BV Archiv, Akt Bolesław Czedekowski, Schreiben der RdbK Berlin an Bolesław Czedekowski. Am 1.4.1944 wurde der Ablehnungsantrag aufgehoben. Er hatte einen Antrag zur Einbürgerung gestellt.

109 W. f. m.: Spannung um schöne Frauenbilder, in: Neues Wiener Tagblatt, 24.6.1942, S. 5.

110 BV Archiv, Akt Robert Streit, NSDAP-Mitgl.-Nr. 6.128.083 (ab 6.3.1938).

111 Hans Ankwicz-Kleehoven: Andreas Patzelt, in: Kunst dem Volk 13 (1942) 5/6, S. 41.

112 Ebd., S. 47.

113 O. A.: Bildende Kunst in Wien. Zur Jubiläumsausstellung der Gesellschaft Bildender Künstler, in: Kunst im Deutschen Reich, F. 1, Jänner 1942, S. 24.

114 BV Archiv, Akt Andreas Patzelt, Schreiben Leopold Blauensteiner an den Syndikus der Akademie der bildenden Künste München, 11.2.1941.

115 Jan Tabor: Junge Kunst im Deutschen Reich, Wien 1943, in: ders. (Hg.): Kunst und Diktatur. Architektur, Bildhauerei und Malerei in Österreich, Deutschland, Italien und der Sowjetunion 1922–1956 (Ausstellungskatalog Künstlerhaus Wien), Baden 1994, S. 940–941; Oliver Rathkolb: Die Wiener Note in der deutschen Kunst. Nationalsozialistische Kulturpolitik in Wien 1938–1945, in: Tabor, Kunst und Diktatur, S. 332–335; Jan Tabor: Die Gaben der Ostmark, in: Seiger, Lunardi, Populorum, Im Reich der Kunst, S. 293–294; Rathkolb, Schirach, S. 191–223.

116 Paul Assall: Das Künstlerhaus Wien zeigt „Junge Kunst im Deutschen Reich" (SWR2 Zeitwort), SWR, 6.2.2016, https://www.swr.de/-/id=16610732/property=download/nid=660694/5smh4r/swr2-zeitwort-20160206.pdf (29.1.2020).

117 W. Th. Anderman [Pseudonym für Walter Thomas]: Bis der Vorhang fiel. Berichtet nach Aufzeichnungen aus den Jahren 1940 bis 1945, Dortmund 1947.

118 Elke Fröhlich (Hg.): Die Tagebücher von Joseph Goebbels, Teil 2, Diktate 1941–1945, Bd. 7, Januar bis März 1943, München u. a. 1993, S. 381 (20.2.1942), S. 402 (23.2.1943), S. 415 (25.2.1943), S. 580 (18.3.1943), S. 607 (31.3.1943).

119 Rathkolb, Die Wiener Note, S. 335.

120 Karin Hartewig: Kunst für alle! Hitlers ästhetische Diktatur, Norderstedt 2018, S. 101.

121 Christoph Zuschlag: „Entartete Kunst". Ausstellungsstrategien im Nazi-Deutschland (Heidelberger kunstgeschichtliche Abhandlungen, Bd. 21), Worms 1995, S. 222.

122 KH Archiv, Akt „Junge Kunst im Deutschen Reich", 1943.

123 Baldur von Schirach: Junge Kunst im Deutschen Reich, veranstaltet vom Reichsstatthalter in Wien (Ausstellungskatalog Künstlerhaus Wien), Wien 1943.

124 KH Archiv, Akt „Junge Kunst im Deutschen Reich", 1943, Einladung zur Eröffnungsfeier am 6.2.1943.

125 Ebd., Hfr.: Junge Kunst im Deutschen Reich – Wien 1943, in: Der Mittag, Düsseldorf, 10.2.1943, Zeitungsausschnitt.

126 Adolf Bassaraba: Junge Kunst, in: Kleine Volks-Zeitung, 9.2.1943, S. 6.

127 Trude Obzyna: Schönheit der Wirklichkeit, in: Neuigkeits-Welt-Blatt, 9.2.1943, S. 3.

128 KH Archiv, Akt „Junge Kunst im Deutschen Reich", 1943, o. A.: Junge Kunst im Deutschen Reich, in: Frankfurter Zeitung, 17.2.1943, Zeitungsausschnitt.

129 Henri Nannen: Junge Kunst im Deutschen Reich, in: Die Kunst für alle 58 (April 1943) 7, S. 136–148.

130 Heinrich Neumayr: Junge Kunst im Deutschen Reich, in: Völkischer Beobachter, 9.2.1943, S. 3.

131 Nannen, Junge Kunst im Deutschen Reich, S. 136.

132 KH Archiv, Akt „Junge Kunst im Deutschen Reich", 1943, P. S.:, Das Modell, in: Völkischer Beobachter, München, 21.2.1943, Zeitungsausschnitt.

133 Robert Zemen (Hg.): Josef Dobrowsky, 1889–1964. Ein Künstlerbildnis, Wien 2007, S. 422.

134 O. A.: Junge Kunst im Deutschen Reich, in: Das kleine Volksblatt, 7.3.1943, S. 10.

135 Fröhlich, Die Tagebücher, S. 381 (20.2.1943).

136 Ebd., S. 402 (23.2.1943).

137 W. Th. Anderman [Pseudonym für Walter Thomas], Bis der Vorhang fiel, S. 126.

138 Michael Wortmann: Baldur von Schirach. Hitlers Jugendführer, Wien u. a. 1982, S. 214–215.

139 Nachweisbar ist, dass Schirach seinen Generalkulturreferenten mit einem Einberufungsbefehl an die Ostfront entließ. Ob dies in einem ursächlichen Zusammenhang mit der Ausstellung gestanden hat, ist unklar. Aufgrund eines ärztlichen Attestes wurde er jedoch nicht eingezogen. 1943/44 wirkte er als stellvertretender Direktor des Theaters in der Josefstadt und des Deutschen Theaters Berlin. Thomas' Nachfolger war Hermann Stuppäck.

140 Berlin Document Center, Akte Gerdy Troost, zit. nach Rathkolb, Die Wiener Note, S. 335.

141 Fröhlich, Die Tagebücher, S. 580 (18.3.1943).

142 KH Archiv, Akt „Junge Kunst im Deutschen Reich", 1943, Schreiben des Reichsstatthalters in Wien an die Gesellschaft bildender Künstler, 8.3.1942. Die Arbeiten von Karl Albiker, Theo Champion und Franz Gebhardt wurden 1943 an die Österreichische Galerie, Belvedere, übergeben.

143 Ebd., Schreiben Friedrich Rainer an das Künstlerhaus, 19.2.1943.

144 Ebd., Telegramm des Landesmuseums Beuthen an das Künstlerhaus, 1.3.1943.

145 Sophie Lillie: Die Gustav Klimt-Ausstellung von 1943, in: Bogner, Kurdiovsky, Stoll, Das Wiener Künstlerhaus, S. 335–342, hier S. 336.

146 WStLA, M.Abt. 350, A55, Schachtel 1, Fünf Jahre Kulturamt 1943.

147 O. Einfalt: Katalog überflüssig: jeder kennt die Köpfe, in: Das kleine Volksblatt, 28.11.1943, S. 7.

148 KH Archiv, Akt „Wiener Bildnisse aus Kreisen der Kunst und Wissenschaft 1900–1943", Schreiben Leopold Blauensteiner an die Gesellschaft bildender Künstler, 14.11.1943.

149 KH Archiv, Sitzungsprotokolle, Verhandlungsschrift 5, 9.2.1944.

150 KH Archiv, Akt Rudolf H. Eisenmenger, Schreiben Rudolf H. Eisenmenger an Baldur von Schirach, 15.9.1944.

151 O. A.: Totaler Kriegseinsatz an den Hochschulen, in: Neues Wiener Tagblatt, 20.9.1944, S. 3.

152 O. A.: Dr. Goebbels sprach vor 200.000 Deutschen. „Es geht um Sein oder Nichtsein der Nation", in: Völkischer Beobachter, 9.7.1944, S. 1.

153 KH Archiv, Sitzungsprotokolle, Verhandlungsschrift 32, 22.11.1944.

154 Am 23.11.1942 kam es erneut zu einer Namensänderung in „Vereinigung bildender Künstlerinnen, Sitz Wien". Siehe Anmerkung 82.

155 Ebd., Verhandlungsschrift 3, 31.1.1945.

156 KH Archiv, Akt RdbK, Schreiben der RdbK an das Künstlerhaus, 25.1.1945.

⑩

# Liquidiert
# Die Berufsvereinigung der bildenden Künstler Österreichs nach 1945

Der Zerfall des nationalsozialistischen Regimes hatte die Liquidierung aller in der NS-Zeit gegründeten Institutionen zur Folge und damit auch jene der Reichskammer der bildenden Künste. Nur wenige Tage nach Kriegsende wurde der Maler und Jurist Rudolf Buchner zum kommissarischen Leiter bestellt, um einerseits die Liquidierung der RdbK Wien abzuwickeln und andererseits die Überführung der bildenden Künstler*innen in die neu gegründete Berufsvereinigung der bildenden Künstler Österreichs (BV) zu beginnen.[1] Dazu fand bereits am 10. Mai 1945 die erste konstituierende Generalversammlung im Künstlerhaus statt, die von den „zur Zeit in Wien erreichbaren bildenden Künstlern"[2] einberufen wurde. Wie Buchner in einem ausführlichen Schreiben an die Gemeindeverwaltung von der Sitzung berichtete, wurden in dieser die Gründung der neuen BV als „Übergangsstadium bis zur Schaffung eines österreichischen Kammergesetzes für die bildende Kunst", die Ausarbeitung der Satzungen und der Leitungsausschuss der BV beschlossen,[3] der aus folgenden Künstlern bestand: Rudolf Buchner (Vorstand), Franz Lex (Vorstand-Stellvertreter und Leiter der Gruppe Maler), Victor Theodor Slama (Leiter der Gruppe Graphiker), Karl Stemolak (Leiter der Gruppe Bildhauer), Otto Prutscher (Leiter der Gruppe Architekten) und Josef Hoffmann (Leiter der Gruppe Kunstgewerbe).[4] Aus Buchners Bericht geht ebenso hervor, dass zur Sicherstellung des Vermögens der ehemaligen RdbK Wien das Inventar und die Akten von der bisherigen Geschäftsstelle im Trattnerhof, der mittlerweile vom russischen Generalkommando beschlagnahmt und als Dienststelle eingerichtet war, in die neue Geschäftsstelle im Künstlerhaus am Karlsplatz überführt wurden. Als dringliches Problem zeichnete sich im Schreiben die beschränkte Ausstellungsmöglichkeit für die Künstler*innen ab, da die Secession und die Kunsthalle weitgehend zerstört und das Künstlerhaus durch Kriegsschäden kaum benutzbar war. Buchner appellierte an die Gemeindeverwaltung, die Instandsetzungsarbeiten an den Ausstellungshäusern zu intensivieren und insbesondere den Aufbau des Gebäudes der Wiener Secession als besonderes kulturelles Wahrzeichen der Stadt Wien schnellstens durchzuführen.[5] Im Sommer 1945 gab Buchner schließlich den Abschluss der Liquidierung der RdbK Wien bekannt und berichtete der Gemeindeverwaltung im Detail über das in die BV übernommene Personal, Inventar sowie Aktenmaterial, das auch den Bestand der Mitgliederakten umfasste.[6]

S. 314 Schreiben an die Gemeindeverwaltung Wien betreffend die Liquidierung der RdbK, 16.6.1945, BV Archiv
S. 315 Mitteilung der Polizeidirektion Wien über die erfolgte Vereinsgründung der BV, 16.6.1945; Anfrage der Polizeidirektion an die BV betreffend Einsicht in die Akten der RdbK, 22.11.1945, BV Archiv

16.6.1945.

An die
Gemeindeverwaltung Wien,
Amt für Kultur und Volksbildung,
W i e n, I., Neues Rathaus.
-.-.-.-.-.-.-.-.-.-.-.-.-.-.-.-.

Betr: Liquidierung der ehemaligen Reichskammer der bildenden Künste, Landesleitung Wien.
Überführung der bildenden Künstler in die "Berufsvereinigung der bildenden Künstler Österreichs ".

---

Als kommissarisch bestellter Vertreter der ehemaligen Reichskammer der bildenden Künste, Landesleitung Wien gestatte ich mir nachfolgenden Zwischenbericht einzureichen.-

1.) Rechtslage: Das reichsdeutsche Gesetz über die Errichtung der Reichskunstkammer und somit auch der Landesleitung Wien ist bisher noch nicht aufgehoben worden, und müsste von der Staatsregierung ein diesbezüglicher Beschluss gefasst werden. Rechtlich besteht die Reichskammer der bildenden Künste somit noch, doch da die Errichtung und Leitung nicht nach demokratischen Grundsätzen erfolgt, kann sie für Österreich in der alten Form nicht so weitergeführt werden.

Wegen Schaffung eines österreichischen Kammergesetzes für die bildenden Künstler wurden bereits Verhandlungen geführt mit dem zuständigen Staatsamt für Unterricht, doch kann mit einer Erledigung dieser Angelegenheit nicht vor einigen Wochen gerechnet werden, da eine Gesetzesvorlage ausgearbeitet werden muss.

Zur Sicherstellung des Vermögens der ehemaligen Reichskammer der bildenden Künste, Landesleitung

-/-

Polizeidirektion Wien

Zl.

Wien, am 21. Juni 1945

An die

Berufsvereinigung der bildenden Künstler Österreichs

in Wien I.,

Karlsplatz 5 (Künstlerhaus)

Es wird hiemit bestätigt, daß mit der Eingabe vom 21. Juni l.J., hier am gleichen Tage eingelangt, die Gründung des Vereines "Berufsvereinigung der bildenden Künstler Österreichs" angezeigt wurde. Nach der vorliegenden Anzeige ist Dr. Rudolf Buchner, Wien I., Dominikanerbastei 4 der Präsident des Vereines.

Der Polizeipräsident:

I.A.

POLIZEIDIREKTION WIEN b2

---

Polizeidirektion Wien
Abteilung I., Ref. II D
Wien I., Deutschmeisterpl. 3

Wien, den 22. November 1945

An die
Berufsvereinigung
der bildenden Künstler
Österreichs
Wien I.,
Karlsplatz 5

Aus den Personalakten der ehem. Mitglieder der Reichskammer der bildenden Künste wurden 848 Stück Fragebogen zum Zwecke der staatspolizeilichen Überprüfung sichergestellt.

Staatspolizei
Ref. II.

i.V.

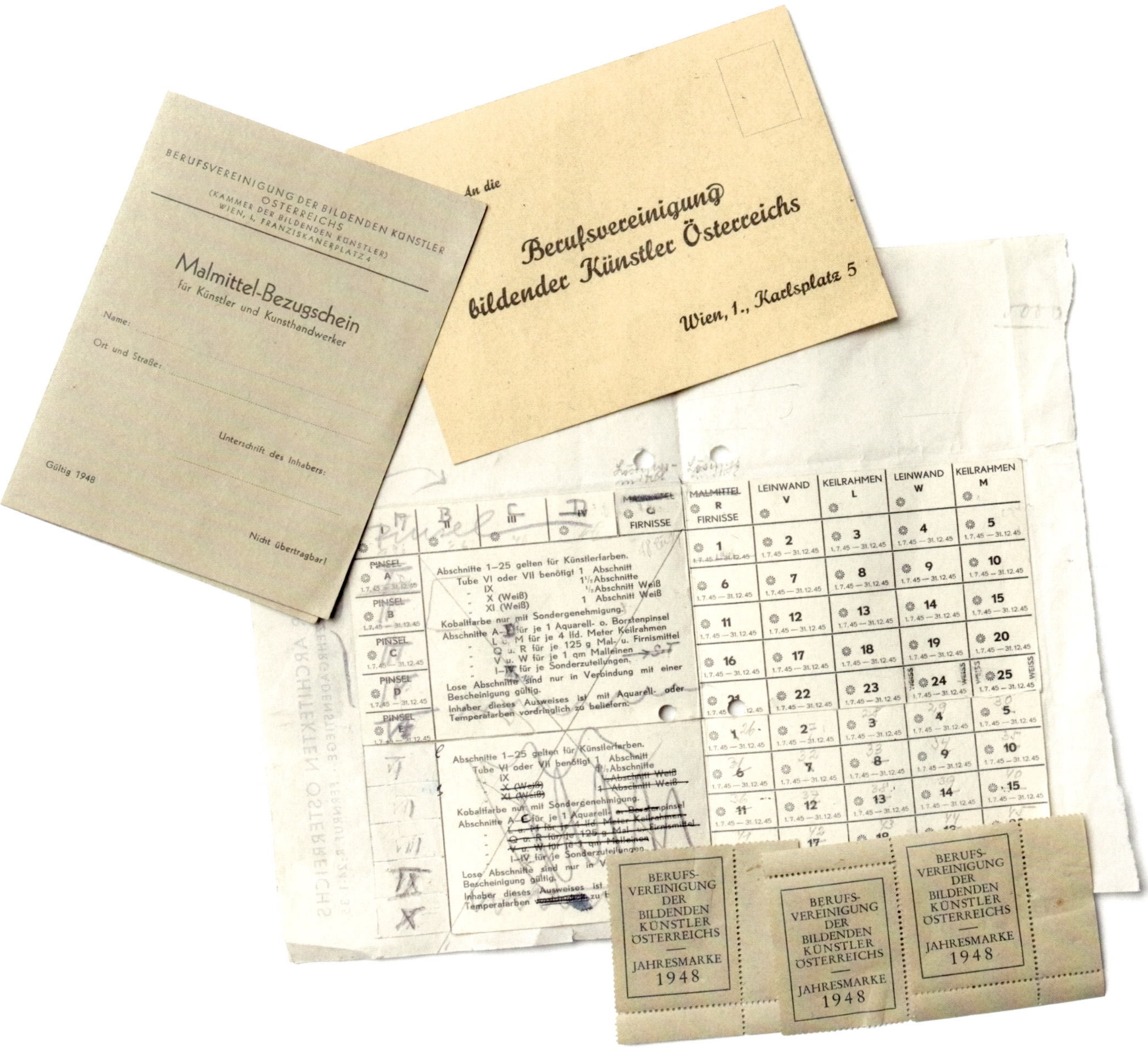
BERUFSVEREINIGUNG DER BILDENDEN KÜNSTLER ÖSTERREICHS
(KAMMER DER BILDENDEN KÜNSTLER)
WIEN, I., FRANZISKANERPLATZ 4
Malmittel-Bezugschein
für Künstler und Kunsthandwerker
Name:
Ort und Straße:
Unterschrift des Inhabers:
Gültig 1948
Nicht übertragbar!
An die
Berufsvereinigung
bildender Künstler Österreichs
Wien, 1., Karlsplatz 5
BERUFS-VEREINIGUNG DER BILDENDEN KÜNSTLER ÖSTERREICHS
JAHRESMARKE
1948

Erster Präsident der neu gegründeten BV war – wie bereits erwähnt – der Maler Rudolf Buchner (1894–1962). Er war selbst ehemaliges Mitglied der RdbK und während der NS-Zeit als Maler und Grafiker tätig. 1940 bekam er den Förderpreis der Stadt Wien und nahm 1942 an mehreren Ausstellungen der Gemeinschaft bildender Künstler in der Zedlitzhalle teil.[7] Neben den umfassenden Aufgaben der Liquidierung der RdbK und der Neugründung der BV war er im Jänner 1946 auch in die Arbeiten zur antifaschistischen Ausstellung *Niemals Vergessen* eingebunden.[8] Im Herbst 1946 wurde Buchner jedoch von seiner NS-Vergangenheit eingeholt. Im Zuge seiner Entnazifizierung stellte sich nach einer Anfrage an die Polizeidirektion heraus, dass er von März 1933 bis 1935 der NSDAP als Mitglied angehörte. „Da er für seine Mitgliedschaft keine Unterlagen erbringen konnte, wurde er ab 1.6.1938 als Parteianwärter geführt. Seit 1.6.1938 war er Mitglied der DAF und seit 1.9.1938 Mitglied der NSR und durch viele Jahre in der Auslandsorganisation der NSDAP in Rotterdam tätig."[9] Buchner trat daraufhin als Präsident der BV zurück. Er erhob Einspruch gegen den Eintrag in die „Registrierungsliste", dem im November 1947 stattgegeben wurde.[10] Der BV blieb er bis zu seinem Umzug nach Holland 1949 als Mitglied verbunden.[11] 1955 war Buchner Mitbegründer des Landesverbandes der Niederösterreichischen Kunstvereine, dem er bis zu seinem Ableben als Präsident vorstand.[12]

Nach Buchners Rücktritt wurde der Bildhauer Karl Stemolak (1875–1954), der von 1916 bis 1927 und von 1929 bis 1938 dem Hagenbund als Präsident vorgestanden hatte, neuer Präsident der BV. Stemolak hatte bereits die Funktion des Leiters der Gruppe Bildhauerei inne. Da er kein ehemaliges NSDAP-Parteimitglied war, galt er nach 1945 als politisch unbedenklich und somit für die Präsidentschaft geeignet. Seiner künstlerischen Karriere in der NS-Zeit, die ohne Parteimitgliedschaft sehr erfolgreich verlief, schenkte man dabei weniger Beachtung, denn seit er den Anerkennungspreis bei der Kunstolympiade 1936 für seine Plastik *Diskuswerfer* erhalten hatte, zählte Stemolak zu jenen Künstler*innen, die in der NS-Zeit regelmäßig ausstellten und deren Werke bei der NS-Elite Anklang fanden. So wurde u. a. seine im Künstlerhaus anlässlich der *Jubiläumsausstellung* (1942) gezeigte Marmorskulptur *Der Schleier* von der Reichsstelle des NS-Ideologen Alfred Rosenberg angekauft[13] und die Bronzeplastiken *Läufer am Start* und *Ruhender Kugelstoßer* in der *Großen Deutschen Kunstausstellung* 1944 in München ausgestellt.[14] Nach 1945 übernahm Stemolak nicht nur die zweite Präsidentschaft in der Interessenvertretung der BV, sondern war auch der erste Präsident der neu gegründeten Secession. Dem ersten Arbeitsausschuss standen neben Stemolak namhafte Künstlerpersönlichkeiten wie Josef Dobrowsky, Rudolf Buchner, Wilhelm Kaufmann, Robin Christian Andersen, Franz Elsner, Oskar Laske, Sergius Pauser, Franz Zülow und Carl Rössler vor.[15] Seine Funktion als Präsident der beiden Künstlerverbände, der BV und der Secession, hatte Stemolak bis zu seinem Tode 1954 inne.

## Erste Interessenvertretung der Künstler*innen nach 1945

Eine Mitgliedschaft in der BV war nach 1945 für die Künstler*innen nicht verpflichtend. Da die Politik jedoch den BV-Mitgliedern eine Reihe von Vergünstigungen, wie Bezugsscheine für Materialien (Farbe, Pinsel etc.) oder Zusatzlebensmittelmarken, einräumte, war die Zugehörigkeit für viele überlebensnotwendig. Gemeinsam mit anderen karitativen Institutionen – wie mit dem Roten Kreuz – wurden Hilfsaktionen gestartet, die den „Nazi-Geschädigten, Bombengeschädigten und Kriegsversehrten"[16] unter der Künstlerschaft Unterstützung geben sollten. Im Einvernehmen mit dem zuständigen Wohnungsamt übernahm die BV auch die Zuweisung von Ateliers.[17] Es gab aber auch andere Aktionen, wie die „Beschaffung von Arbeitsmänteln, Kleidern und Schuhen", ebenso „Lebensmittelaktionen für alle Mitglieder über 70 Jahre" oder „Kohleaktionen", die als wichtige soziale Hilfe der Künstlerschaft gesehen wurden.[18]

Die BV wurde 1945 als Verein gegründet und war nach dem Krieg die erste und vorerst einzige Interessenvertretung der Künstler*innen, deren Zweck es war, „alle bildenden Künstler, und zwar Maler, Graphiker, Bildhauer, Architekten und Kunstgewerbler, die ihren ordentlichen Wohnsitz in Österreich haben, zu erfassen und deren kulturelle, wirtschaftliche und soziale Interessen zu vertreten und zu fördern".[19] Dies sollte durch Ausstellungen und Veranstaltungen im In- und Ausland, die Vermittlung von öffentlichen Aufträgen, die Überwachung der Preisbildung sowie die Schaffung von sozialen Einrichtungen erfolgen. De facto nahm sie die Agenden des 1938 aufgelösten Zentralverbandes bildender Künstler Österreichs wieder auf. Im September 1945 umfasste der Mitgliederstand der BV insgesamt 1.184 Personen, davon 616 Maler*innen, 85 Grafiker*innen, 137 Bildhauer*innen, 207 Architekt*innen und 139 Kunstgewerbler*innen.[20] Neben dem Aufbau der Zentralstelle in Wien[21] erfolgte ab Herbst 1945 auch die Errichtung von Landesstellen in den Bundesländern.[22]

S. 316 Verschiedene Bezugsscheine der BV für Malmaterial und Lebensmittel, 1945–1948, BV Archiv

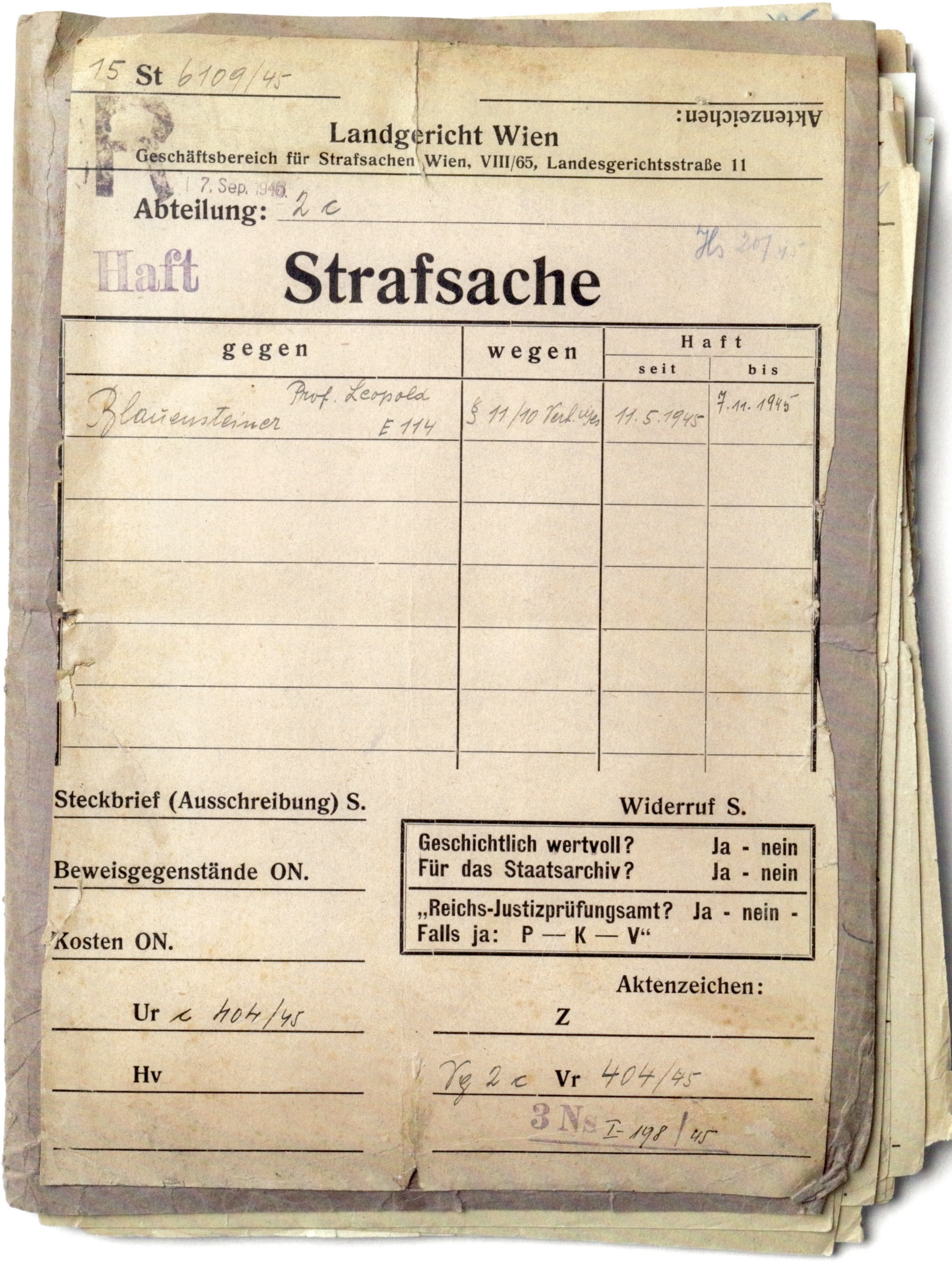

15 St 6109/45

Aktenzeichen:

**Landgericht Wien**

Geschäftsbereich für Strafsachen Wien, VIII/65, Landesgerichtsstraße 11

R 17. Sep. 1945

**Abteilung:** 2 c

Haft

Hs 207/45

# Strafsache

| gegen | wegen | Haft seit | Haft bis |
|---|---|---|---|
| Blauensteiner Prof. Leopold E 114 | § 11/10 Verb.ges. | 11.5.1945 | 7.11.1945 |
| | | | |
| | | | |
| | | | |
| | | | |
| | | | |

Steckbrief (Ausschreibung) S.

Widerruf S.

Beweisgegenstände ON.

| Geschichtlich wertvoll? | Ja - nein |
|---|---|
| Für das Staatsarchiv? | Ja - nein |
| „Reichs-Justizprüfungsamt? | Ja - nein - |
| Falls ja: P — K — V“ | |

Kosten ON.

Aktenzeichen:

Ur c 404/45

Z

Hv

Vg 2 c Vr 404/45

3 Ns I-198/45

Die einstige Gründung der RdbK im März 1938 hatte nicht nur die Auflösung der künstlerischen Berufsverbände, sondern auch den Zusammenschluss aller Künstlergruppen in einer gemeinsamen Kammer zur Folge. Durch die Liquidierung der RdbK fanden sich diese geschlossen im Verein der BV wieder. Daher entstanden in den einzelnen Gruppen sehr schnell Bestrebungen, autonome Interessenverbände zu bilden. So gab es bereits im Sommer 1945 in der Architektengruppe Initiativen, sich aus der BV herauszulösen und die Zentralvereinigung der Architekten Österreichs zu reaktivieren, die von 1907 bis 1938 als Interessenvertretung der freischaffenden Architekt*innen bestand. Vorerst gelang dies jedoch nur als Sektion der BV und nicht als eigener Verein, der die Mitgliederaufnahme – getrennt von der BV – durchführte.[23] Nachdem die RdbK schließlich mit der Verordnung vom 1. Juni 1945 aufgelöst war, intensivierte die BV auch ihre Initiativen zur Gründung einer österreichischen Künstlerkammer und bemühte sich um ein „neues österreichisches Kammergesetz für die bildenden Künstler", Bestrebungen, die weit zurückgreifen und bereits vor 1938 intensiv betrieben wurden, jedoch auch nach dem Krieg erfolglos blieben. Die Vereinsgründung der BV war jedenfalls nach dem Krieg ein erster Schritt in diese Richtung.[24]

## Aufnahmeverfahren der BV im Schatten der Entnazifizierung

Eine Hauptaufgabe der BV nach 1945 bestand in der Abwicklung ihrer Mitgliederaufnahme. Rasch wurde ein Aufnahmeausschuss nominiert, der die Überprüfung in künstlerischer und politischer Hinsicht, insbesondere bezüglich der ehemaligen Zugehörigkeit zur NSDAP, durchführte. Damit oblag der BV die Aufgabe der Selektierung der Künstlerschaft nach politischer (Ein-)Färbung, wobei diese nur die Meldepflicht gegenüber den Behörden hatte und eine offizielle Nichtaufnahme diesen vorenthalten blieb.

Die Anmeldung in die BV erfolgte durch das Ausfüllen eines einseitigen Formulars und die unterfertigte Verpflichtung, eine „einmalige Aufnahmegebühr, einen jährlichen Kammerbeitrag, den Sozialbeitrag für die Sterbekasse der bildenden Künstler, einen freiwilligen Gründungsbeitrag" und einen „Beitrag zum Unterstützungsfonds" zu zahlen.[25] Ebenso musste ein Fragebogen mit biografischen Informationen (Angaben über Tätigkeiten vor 1945) ausgefüllt und eine Bescheinigung der Registrierungsbehörde (Magistratisches Bezirksamt) bezüglich einer etwaigen NSDAP-Mitgliedschaft erbracht werden. Die BV wurde damit zu einer wichtigen Partnerin in der Entnazifizierung für die Behörden, da sie durch die Übernahme der RdbK-Mitgliederakten über Informationen der politischen und beruflichen Tätigkeit in der NS-Zeit der Künstler*innen verfügte. Die hohe Brisanz dieser Akten und das staatspolitische Interesse daran zeigen Schriftstücke aus dem BV-Archiv, in denen die Polizeidirektion Wien um Einsicht in die Akten ersucht[26] und sogar 848 Fragebögen aus den Mitgliederakten „zum Zwecke der staatspolizeilichen Überprüfung sichergestellt" wurden.[27]

In der BV wurde bereits im September 1945 ein „politischer Überprüfungs-Ausschuss" eingesetzt, der die Aufgabe hatte, „ehemalige Mitglieder der NSDAP auf die Tragbarkeit als Mitglieder der Berufsvereinigung zu überprüfen".[28] Als gesetzliche Grundlage diente dabei das Verbotsgesetz: „Verfassungsgesetz über das Verbot der NSDAP vom 8. Mai 1945 StGBl. Nr. 13", das eine Registrierungspflicht für jene Personen vorsah, die zwischen 1933 und 1945 ihren ordentlichen Wohnsitz in Österreich hatten und Mitglied der NSDAP oder einer ihrer Organisationen, wie der SS oder der SA, waren. Neben den Registrierungsbehörden oblag die Durchführung der Entnazifizierung den Kommissionen bei den Arbeitsämtern und Behörden (Sonderkommissionen), der Berufungskommission beim Innenministerium und für die Wirtschaft bei den Arbeitgeber*innen und Gewerkschaften.[29]

Es war ein Neuanfang, der helfen sollte, jene auszuschließen, die sich maßgeblich am politischen System der NS-Diktatur beteiligt hatten. Im Verbotsgesetz war auch eine „Ausnahmeregelung" enthalten: „Ausnahmen von der Behandlung nach den Bestimmungen der Artikel III und IV sind im Einzelfall zulässig, wenn der Betreffende seine Zugehörigkeit zur NSDAP oder einem ihrer Wehrverbände [...] niemals mißbraucht hat und aus seinem Verhalten noch vor der Befreiung Österreichs auf eine positive Einstellung zur unabhängigen Republik Österreich mit Sicherheit geschlossen werden kann."[30] Viele ehemalige NSDAP-Mitglieder versuchten nach dem Krieg, diese Regelung als Schlupfloch zu nutzen und mit umfangreichen Rechtfertigungsschreiben ihre politische Vergangenheit abzuschwächen und holten Bestätigungen ein, sie hätten Personen aus der jüdischen Bevölkerung in der NS-Zeit unterstützt.

Nach der Überprüfung durch den Ausschuss der BV wurde der Antrag an die vom Bundesministerium für Unterricht eingesetzte Kommission zur Beurteilung freischaffender Künstler[31] weitergeleitet. Sie war die entscheidende Behörde, die ein Berufsverbot aussprechen

S. 318 Leopold Blauensteiner, Volksgerichtsakt, Deckblatt, 1945, WStLA

TERREICHISCHER BILDHAUER

An die Polizei Direktion

der Stadt W i e n .

Die Kollegenschaft des Bildhauers Prof. Wilhelm Frass, welcher
als P.G. der N.S.D.A.P. zur Zwangsarbeit an den Aufrämungsarbeiten
herangezögen wurde, erlaubt sich, aus freien Stücken, für ihren verdien-
ten Kollegen um Befreiung, ~~um Befreiung~~ von dieser Arbeit einzukommen.
Die Kollegenschaft begrüdet dieses ihr Ansuchen mit folgenden
Gründen u. Hinweisen.
Kollege Frass ist, wie so viele der bildenden Künstler, von dem
grosszügigem Bauprogramm, das gerade nach den schweren Kriesenzeiten
auf jeden schaffensfrohen Künstler starke Wirkung auslöste, als Künst-
ler und nicht als Politiker, veranlasst gewesen, der Partei beizutreten.
Prof. Wilh. Frass hat trotz seiner Parteizugehörigkeit, nie sein
auch in künstlerischer Beziehung spezifisches Oesterreichertum ver-
leugenet und weder als Künstler noch als Mensch seine Parteizugehörig
keit ausgenützt, um sich ungerechtfertigt zu bereichern.
Im Gegenteil, Prof. W.Frass hat ausschliesslich stets den Stand-
punkt der Kunst verfochten u. zu wiederholten Malen in München bei der
Beschickung des Hausese d. deutschen Kunst unsere ausgesprochenen
österreichischen Interessen und unseren künstlerischen Standpunkt
auch gegen heftige Opposition vertreten.
Kollege Prof. W.Frass hat sich als P.G. nie im politischem Sin-
ne hervorgetan und schon in keiner Weise sich unehrenhaft oder selbst-
süchtig benommen.
Mit der Betreuung der Bildhauer im Kulturamte d. Stadt W i e n
betraut, hat Prof. W.Frass uneigennützig für die Kollegenschaft seine
Zeit geopfert und seine schwere Tätigkeit unparteilich, rein vom künst-
lerischem u. kollegialem Standpunkt in vorbildlicher, vollkommen anstän-
diger Weise durchgeführt u., jedwede Härte vermeidend, diesem Amte vor-
gestanden. Kollege Frass, selber ein ehrlicher Arbeiter, hat als Künstler
viele hervorragende Plastiken geschaffen, darunter Denkmäler für die
Stadt W i e n, selbst.
Jedoch hat er seine Stellung, im Kulturamt d. Stadt W i e n, in
keiner Weise in selbstsüchtiger Weise für seine eigenen Zwecke miss-

Bildhauer Adolf Wagner von der Mühl
Wien,III.,Hetzgass 2o.

Professor Josef Müllner,
Wien,III.,Paracelsusgasse 8

Professor Alfred Hofmann,
WienVII.,Lindengasse 41.

Professor Edmund Moiret,
Wien,III.,Schredtgasse12.

Bildhauer Josef Riedl,
Wien,XVIII.,Khevenhüllerstrasse 2o.

Professor Otto Hofner,
Wien,XII., Arndtstrasse 87.

Bildhauer Josef Tautenhayn,
Wien,XIII., Fichtnergasse 18.

Professor Karl Stemolak,
Wien,XIV.,,Steinböckenstrasse 2

Maler Hans Strohofer,
Wien, III., Max Regergasse 2.

Professor Oswald Roux,
Wien, VI., Millergasse 25.

Professor Michael Drobil,
Wien,XIX., Philippovichgasse16.

Maler Maximilian Neuböck,
Wien, VII.,Kirchengasse 13.

Architekt,Ing.Viktor Weixler,
Wien,III., Kollergasse 15.

Maler Willy Bahner,
Wien,I.,Bösendorferstrasse 1.

konnte. In einem Schreiben an den Maler Ekke Ozlberger weist die BV darauf hin, dass „ehemalige illegale Mitglieder der NSDAP nur mit Zustimmung des genannten Staatsamtes [Anm.: gemeint ist hier die Kommission] in die BV […] aufgenommen werden".[32]

Die Quellenlage zur Kommission zur Beurteilung freischaffender Künstler ist sehr schlecht und Dokumente über deren Tätigkeit sind nur fragmentarisch in den Mitgliederakten der Künstlerverbände überliefert. Die behördlichen Akten im Österreichischen Staatsarchiv wurden weitgehend „skartiert" (vernichtet). Aus der Literatur geht hervor, dass die Kommission von Felix Hurdes, dem Bundesminister für Unterricht (1945–1952), eingesetzt und u. a. der Schriftsteller Oskar Maurus Fontana 1947 in dieses Gremium berufen wurde. Den Vorsitz hatte Hans Pernter (Sektionschef der Kunstsektion im Unterrichtsministerium) inne.[33]

Im Februar 1947 wurde das Verbotsgesetz vom „Nationalsozialistengesetz" (Einteilung in „belastete" und „minderbelastete" Parteimitglieder), dem „Verfassungsgesetz über die Behandlung der Nationalsozialisten vom 6. Februar 1947", abgelöst, was auch für die Tätigkeit der Kommission unmittelbare Folgen hatte. In einem Schriftstück aus dem Bundesministerium (1948) ist festgehalten: „Das Verbotsgesetz 1947 sieht in seinem § 19, Abs. (1), lit. l, vor, dass minderbelastete Personen vom öffentlichen Auftreten als freischaffende Künstler oder als darstellende Künstler (Schauspieler, Sänger, Tänzer), als Dirigenten, Musiker, Regisseure, Bühnenbildner bis 30. April 1950 durch eine beim Bundesministerium für Unterricht eingesetzte Kommission ausgeschlossen werden können. Diese mit 30. April 1950 befristete Sühnefolge hat mit dem Inkrafttreten des Bundesverfassungsgesetzes vom 21. April 1948 über die vorzeitige Beendigung der im Nationalsozialistengesetz vorgesehenen Sühnefolgen für minderbelastete Personen, B.G.Bl. Nr. 99/1948 ihr Ende gefunden. Eine weitere Tätigkeit dieser Kommission bezüglich minderbelasteter Personen erübrigt sich daher wohl. Es wird gebeten, die entsprechenden Verfügungen treffen zu wollen."[34] Somit waren die „Minderbelasteten" aus dem Prozess der Entnazifizierung entlassen und der Kommission oblag nun alleinig die Überprüfung der Gruppe der „Belasteten", die vorwiegend die Gruppe der „Illegalen" betraf: „Die Tätigkeit auf Grund des § 18, lit. p des Verbotsgesetzes 1947 (Behandlung der im Sinne des § 49 der zitierten Durchführungsordnung eingebrachten Anträge auf Zulassung belasteter Künstler) bleibt unberührt."[35]

Wie schwierig sich manche Entscheidung für die BV als Interessenvertreterin der Künstler*innen gestaltete, zeigt der Fall des Malers Wilhelm Dachauer[36], der an der Akademie der bildenden Künste Wien unterrichtete. Im Juni 1946 wurde Dachauer im Zuge der Entnazifizierung von der an der Akademie eingesetzten „Sonderkommission 1. Instanz" folgendermaßen beurteilt: „Professor Wilhelm Dachauer bietet nach seinem bisherigen Verhalten Gewähr dafür, dass er jederzeit rückhaltlos für die unabhängige Republik Österreich eintreten werde. Das durchgeführte Beweisverfahren hat ergeben, dass Dachauer weder in künstlerischer, noch in politischer Hinsicht im nationalsozialistischen Sinne hervorgetreten ist und durch seine Parteizugehörigkeit auch keinerlei wirtschaftliche Vorteile erzielt hat. In seiner Eigenschaft als Lehrer an der Akademie der bildenden Künste war er bestrebt, den Unterricht frei von politischen Einflüssen zu halten."[37] Seine „Beurteilung nach § 21 des Verbotsgesetzes" fiel somit positiv aus. Zwei Monate danach wurde von Dachauer das Aufnahmeansuchen an die BV gestellt, die jedoch der „Erkenntnis" der Sonderkommission etwas unsicher gegenüberstand und eine zusätzliche Anfrage an die Polizeidirektion Wien stellte: „Wir erhielten in den letzten Tagen 2 Aufnahmeansuchen u. zw. a) das des Prof. Wilhelm Dachauer, Akademie der bildenden Kunst und b) das Aufnahmeansuchen des Prof. Eugen Mayer, Hochschule für angewandte Kunst. Auf Grund der in Abschrift beiliegenden Erkenntnisse der Sonderkommission I. Instanz […] bitten [wir] nunmehr um Ihre Entscheidung 1) ob wir beide Herren in unsere Berufsvereinigung aufnehmen dürfen 2) ob wir grundsätzlich berechtigt sind Personen, welche durch eine Sonderkommission überprüft und tragbar befunden wurden, bezw. als nicht illegal erklärt wurden, in unsere Berufsvereinigung aufnehmen dürfen."[38] Die Antwort der Polizeidirektion erfolgte ein halbes Jahr später. Der BV wurde „zur Kenntnis gebracht", dass Dachauer laut Gauakt seit 1. Oktober 1940 Mitglied der NSDAP sowie mehrerer NS-Verbände war, ebenso Mitbegründer des Bundes deutscher Maler Österreichs, und abschließend wurde lediglich auf die „Bestimmungen des NS-Gesetzes 1947" verwiesen.[39] Somit oblag die weitere Entscheidung der BV, die Dachauer hiernach als Mitglied aufnahm.

Der Erlass des Nationalsozialistengesetzes und der damit verbundene uneingeschränkte Zugang aller ehemaligen NSDAP-Mitglieder in die BV löste 1947 eine Welle von Neuanmeldungen aus. Ein prominentes Beispiel ist der Maler Rudolf Hermann Eisenmenger,

S. 320–321 Wilhelm Frass, Unterstützungsschreiben von 18 Kollegen an die Polizeidirektion, um seine Befreiung von der Zwangsarbeit zu erreichen, 29.6.1945, WStLA

S. 323 Rudolf Hermann Eisenmenger, Ansuchen um Aufnahme in die BV, 17.4.1947, BV Archiv; Eiserner Vorhang, Wiener Staatsoper, gestaltet von Rudolf Hermann Eisenmenger, 1955, KH Archiv

PROF. RUDOLF HERMANN EISENMENGER
ATELIER: ~~WIEN IV/50, WOHLLEBENGASSE 9~~
~~TEL. U 4 01 05 Z~~
Wien III.Marokkanerg.12

Wien,17.IV.1947

An die Berufsvereinigung der bildenden Künstler in Wien, I.Franziskanerplatz.

Sehr geehrte Herren !
Ich ersuche um Aufnahme in die Berufsorganisation.In Auswirkung des Verbotsgesetzes vom 6.II.1947 gelte ich als "minderbelastet",so dass ich nun für eine Klärung meiner Stellung als bildender Künstler sehr zu Dank verpflichtet wäre.

Hochachtungsvoll

Eisenmenger

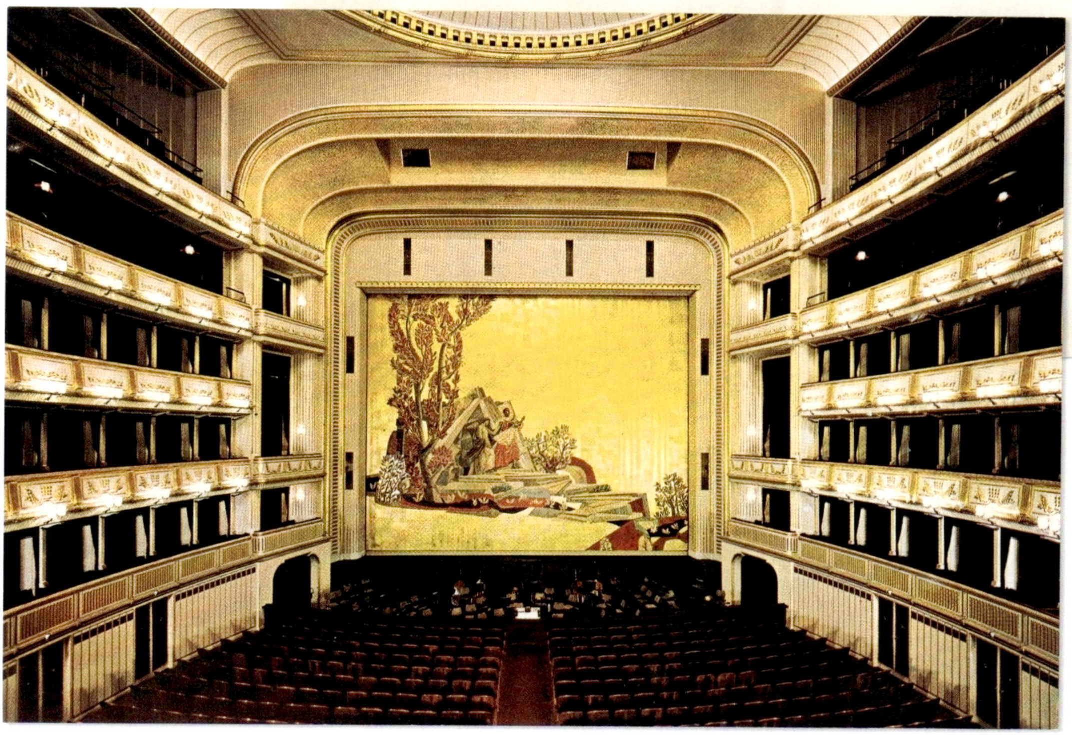

der die Gunst der Stunde nutzte und sich – wissend um seine politische Vergangenheit – erst im April 1947 bei der BV anmeldete: „Ich ersuche um Aufnahme in die Berufsorganisation. In Auswirkung des Verbotsgesetzes vom 6.12.1947 gelte ich als ‚minderbelastet', so dass ich nun für eine Klärung meiner Stellung als bildender Künstler sehr zu Dank verpflichtet wäre."[40] Eisenmenger wurde 1947 als Mitglied in die BV aufgenommen.

Die Gesetzesänderung ermöglichte auch die Einstellung von laufenden Entnazifizierungsverfahren sowie die Aufhebung von Berufsverboten. Wie breit sich der Entscheidungsraum für die Entnazifizierungsstellen nun aufspannte, zeigt der Fall des Malers Otto Elsner. Dieser galt aufgrund seiner „illegalen" Parteizugehörigkeit auch 1947 zwar als „belastete Person", bekam aber dennoch von der Kommission im Juli 1948 den positiven Bescheid zur Berufsausübung ausgesprochen.[41]

Die Entnazifizierung wurde immer durchlässiger und die Vorschriften gegen ehemalige Nationalsozialisten seitens der Politik immer lockerer. 1948 verabschiedete der Nationalrat schließlich eine Amnestie für die „Minderbelasteten", die nun bei den Nationalratswahlen 1949 wieder stimmberechtigt waren. Damit waren die ehemaligen NSDAP-Mitglieder vollkommen rehabilitiert und die Aufnahme in die BV sowie die uneingeschränkte berufliche Tätigkeit möglich. Viele „Belastete" wurden in den Folgejahren durch den Bundespräsidenten begnadigt und 1957 erfolgte schließlich die generelle Amnestie.

## Erste Große Österreichische Kunstausstellung, 1947

Die unglaubliche Dynamik, die mit dem Ende des Zweiten Weltkrieges in der Künstlerschaft entbrannte, zeigte sich auch in der Ausstellungsproduktion, die unmittelbar nach Kriegsende begann. Bereits ab 1. Mai 1945 fand die *Erste österreichische Ausstellung* bzw. die *Erste Wiener Kunstausstellung*[42] der bildenden Künstler*innen im Künstlerhaus „als Auftakt zur Wiederaufnahme der künstlerischen Arbeit"[43] statt, die von der sowjetischen Armee initiiert wurde. Der kommunistische Stadtrat für Kultur und Volksbildung, Viktor Matejka, eröffnete sie in Anwesenheit sowjetischer Offiziere. Der Eintritt war frei und die Kunstschau setzte sich hauptsächlich aus Werken zusammen, die sich seit Kriegsende im Künstlerhaus befanden. Die Ausstellung wurde von 3.000 Menschen besucht und von den insgesamt ca. 120 ausgestellten Werken 90 verkauft.[44] Auch bei der wichtigen antifaschistischen Ausstellung *Niemals vergessen* (1946), die von Victor Theodor Slama geleitet wurde, war die BV mit ihren Mitgliedern vertreten.[45]

Ein Jahr später folgte die *Erste Große Österreichische Kunstausstellung* im Künstlerhaus, die zur wichtigsten von der BV organisierten Nachkriegsausstellung zählte und vom 21. Juni bis 19. Oktober 1947 im Künstlerhaus zu sehen war. Sowohl das ganze Künstlerhaus als auch der öffentliche Raum vor dem Haus wurden bespielt, wobei fast 800 Werke von BV-Mitgliedern ausgestellt waren, die das Schaffen der österreichischen Künstlerschaft nach 1945 präsentierten.[46] Die Ausstellungskommission setzte sich aus Karl Stemolak, Robin Christian Andersen, Vinzenz Gorgon, Wilhelm Kaufmann, Karl Maria May, Otto Prutscher, Hans Ranzoni d. J. und Victor Theodor Slama zusammen, der auch die Gesamtplanung der Ausstellung innehatte.[47] Die Ausstellung sollte einen „Querschnitt durch das gesamte künstlerische Schaffen Österreichs auf dem Gebiete der bildenden Kunst aufzeigen".[48] So waren Kunstwerke aus den Bereichen der Malerei, Plastik, Grafik und angewandten Kunst vertreten. Die Ausstellungsarchitektur entwarfen Victor Theodor Slama und Otto Prutscher.[49] Für die Gestaltung des Plakates zeichnete eine junge Künstlerin verantwortlich, die als Siegerin eines Plakatwettbewerbs hervorging.[50] Das Plakat mit dem Motiv einer Frauenbüste mit der österreichischen Flagge als Kopftuch auf Goldgrund wurde von der Grafikerin Emma Reif (1921–2002) entworfen, die während der NS-Zeit die Klasse von Paul Kirnig an der Reichshochschule für angewandte Kunst besuchte und in diesem Zusammenhang bei den aus Kirnigs Klasse stammenden Plakatentwürfen für das NS-Regime mitarbeitete. 1945 gründete sie nach ihrem Studienabschluss in Wien das Atelier „Der Kreis".[51]

Der *Kurier* betitelte seinen Bericht über die Ausstellung am 22. Juni 1947 mit den Worten aus Karl Renners Eröffnungsrede: „Kein Grund, den Mut zu verlieren"[52] und gab Auszüge aus den Reden der Politiker sowie des BV-Präsidenten Karl Stemolak wieder. Die Schau zeigte Werke aus ganz Österreich „von Künstlern, die in diesen Ländern wohl beheimatet sind, die aber nicht den Zweck verfolgen, schablonenhafte sogenannte Heimatkunst einer bestimmten Richtung zu bieten, sondern frei schaffende Künstler, die ihre eigenen Wege gehen und nicht an einen bestimmten Landschaftsstil, an eine bestimme Norm oder Schulauffassung gebunden sind".[53]

S. 325 — Schreiben von Karl Maria May an Rudolf Böttger über die gesetzliche Regelung der Entnazifizierung, 27.6.1946, KH Archiv
S. 326–327 — *Erste Große Österreichische Kunstausstellung* 1947 im Künstlerhaus, Plakatausstellung und Ausstellungseinblicke, WM

Herrn

Prof. Rudolf B ö t t g e r ,
akad. Maler,

S a l z b u r g , Brunnhausg.14
bei Frau Biehl,

Wien, 27. Juni 1946.

Lieber Böttger!

Du wirst böse sein, daß ich so lange von mir nichts hören ließ. Du würdest mein Schweigen aber begreiflicher finden, wenn Du den Betrieb bei uns sehen würdest. Von 6 Angestellten ist Frau Köppl und Frl. Lotte übriggeblieben. Ich bin der Dritte im Bunde. Du kannst Dir ja denken, was in diesen hysterischen Zeiten alles an mich herantritt.

Seit April 1945 bis jetzt von früh bis abends sitze ich hier und raufe mich mit alle möglichen Unannehmlichkeiten herum. Gott sei Dank haben wir das Haus nun wieder zusammengeleimt und ein normaler Ausstellungsbetrieb kann wieder beginnen.

Wir haben bis jetzt 3 Ausstellungen gemacht. Die Erste wurde am 1. Mai 1945 eröffnet und jetzt läuft eine „Studien-und Skizzen-Ausstellung" – „Aus dem Ateliers der Künstler" die ausserordentlich gefällt und auch künstlerisch hochwertig ist. Momentan haben wir einen Böcklrummel – – Böckl – – österr. Michelangelo mit einer Parteinummer – – da kann man den nichts machen. Zur Zeit wird im Parlament das Nazigesetz beraten. – Wie ich gehört habe soll dasselbe sehr großzügig sein. Hoffentlich wird alles in einer gerechten Form geregelt.

Lieber Freund, ich würde Dir raten bis zur gesetzlichen Regelung überhaupt nichts zu machen. Vieles wird sich von selbst regeln. Wenn Du dann die Vertretung durch einen Doktor beanspruchen willst, werde ich Dir einen nennen. Auf die Registrierung selbst habe ich keinen Einfluß. Doch sehr gerne gebe ich Dir von unserer Gesellschaft eine Bescheinigung, daß eine solche aus kulturellen Gründen wünschenswert wäre und daß Du bei Auftragserteilungen zwischen Faschisten und Antifaschisten keinen Unterschied gemacht hast, – das kann ich Dir auch eidestattlich geben. Am besten wäre es natürlich, wenn Du hier wärest.– Auf Distanz kann man nicht viel unternehmen.

./.

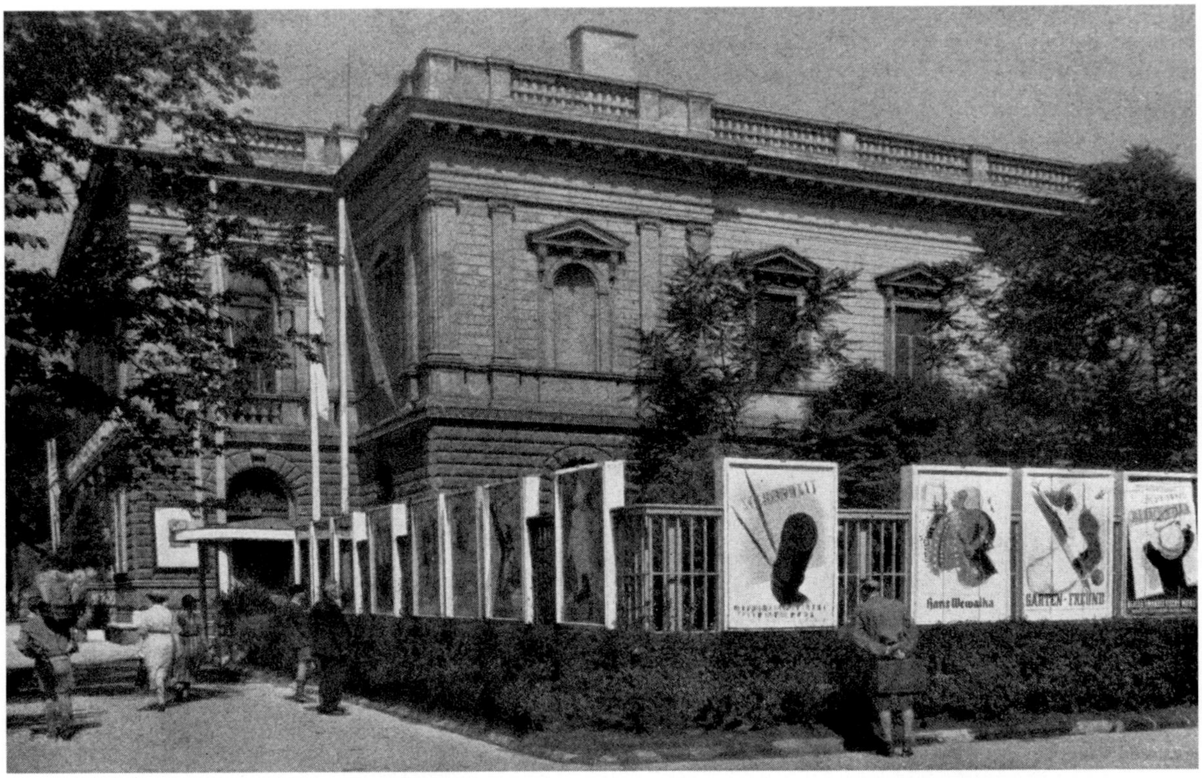
Hans Wewalka
GARTEN-FREUND

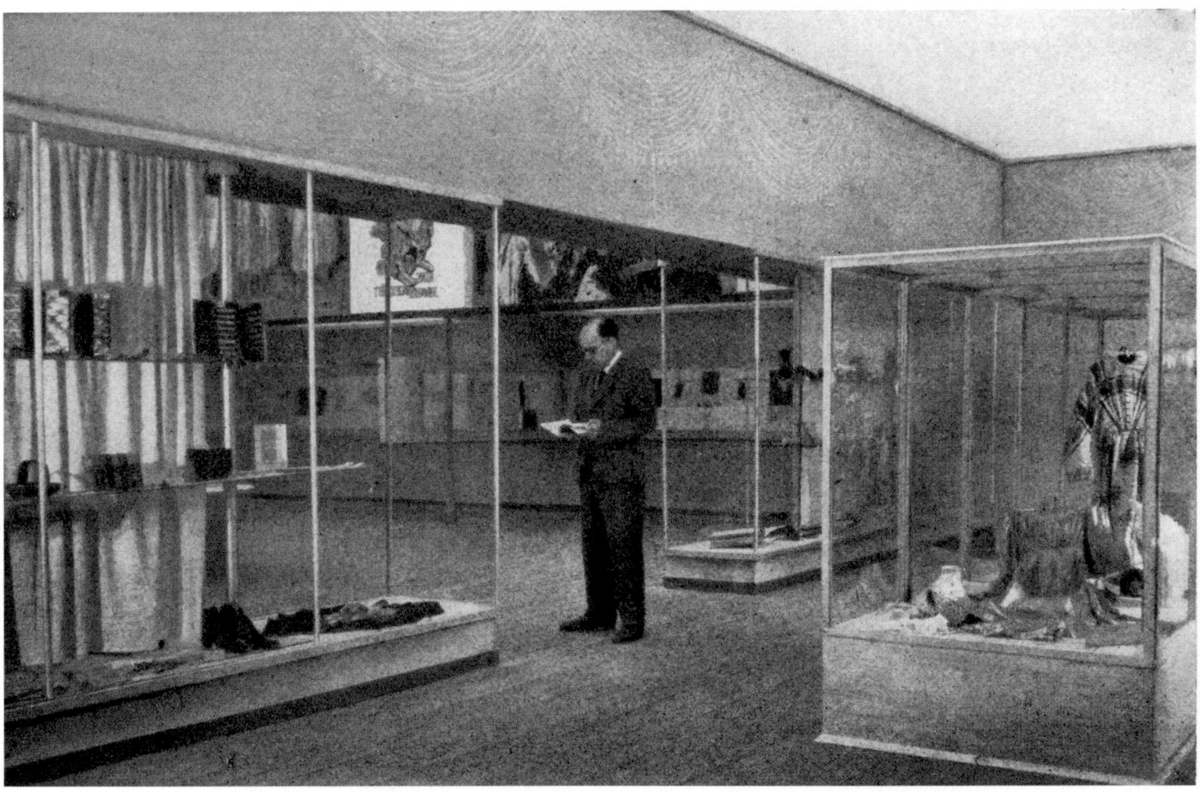

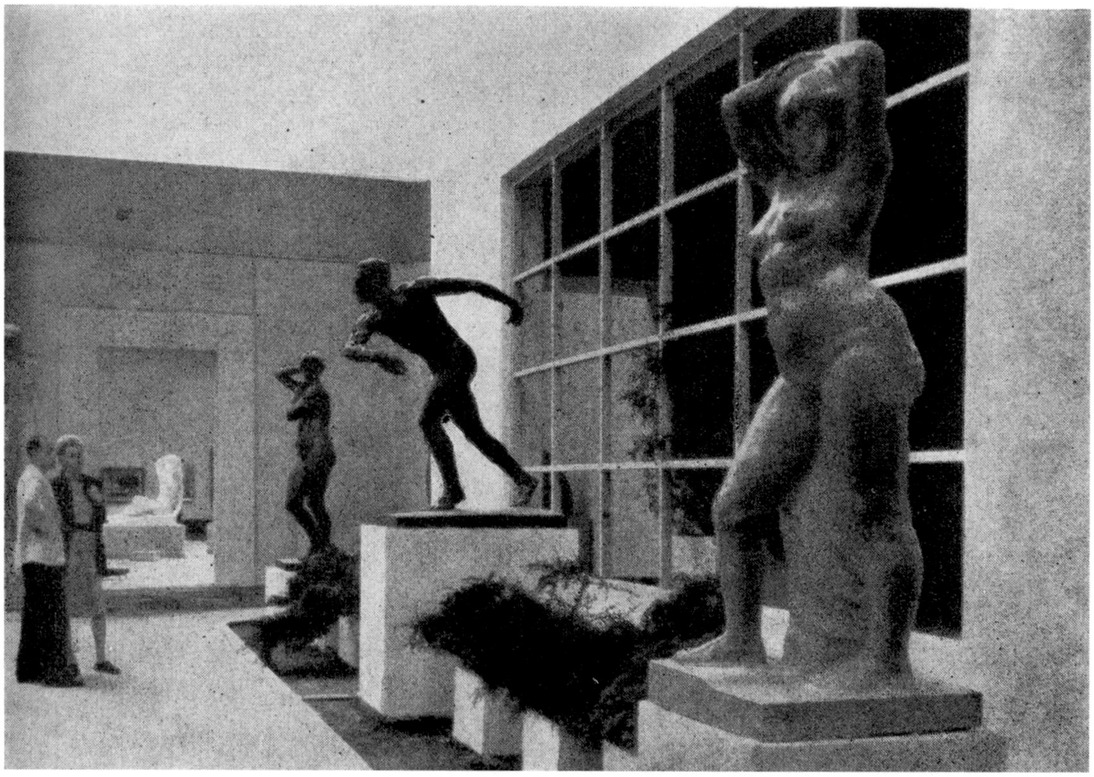

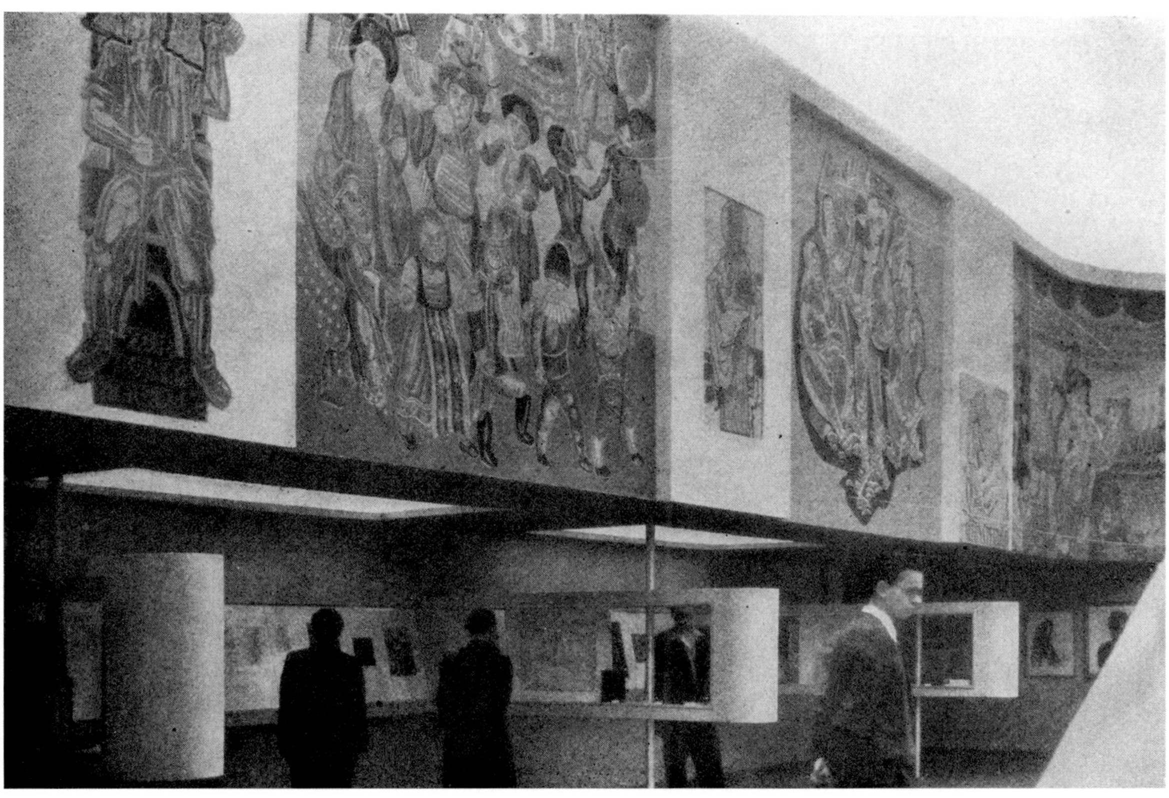

Die Werke jener Künstler*innen, die noch in den Entnazifizierungsverfahren verfangen waren, fehlten bei der Ausstellung, denn erst mit dem Erlass des Nationalsozialistengesetzes (1947) kam es zu einer Aufweichung der Situation, die eine regelrechte Welle der Rehabilitierung von Persönlichkeiten aus der Kunst zur Folge hatte.

Mit der Lockerung der Entnazifizierungsvorschriften kamen immer mehr Künstler*innen in den Kunstbetrieb zurück. Verstärkt nahm nun auch die nächste Generation, die nach 1945 ausgebildet wurde und unbelastet in die Zukunft blickte, am Wiener Kunstleben teil. Im Gegensatz zum zentralistischen System der NS-Kunstpolitik erstarkte wieder ein demokratisches Kunstleben, das sich in der Wieder- und Neugründung von Vereinen und Verbänden abzeichnete und zu einer neuen Diversität in der Wiener Kultur führte. Zurück blieben die unwiederbringlichen Leerstellen jener Künstler*innen, die vom faschistischen NS-Regime vertrieben und ermordet wurden.

S. 329 Ausstellungskatalog *Erste Große Österreichische Kunstausstellung 1947*, Cover gestaltet von Emma Reif, WM; Tagebuch der Ausstellung mit dem Eintrag zur Eröffnungsfeier am 21.6.1947, BV Archiv

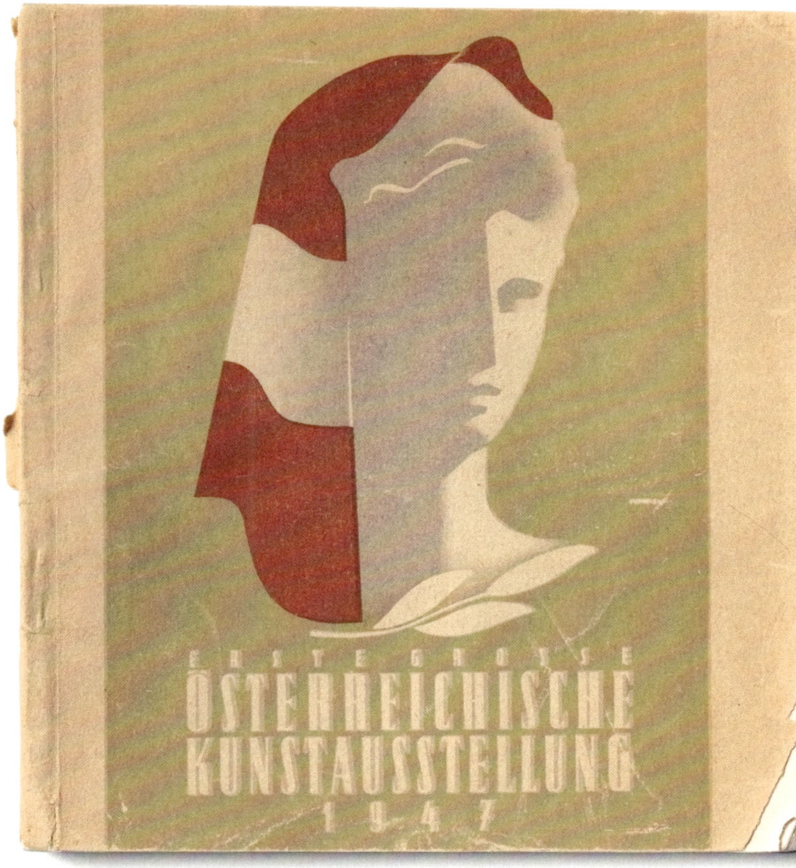


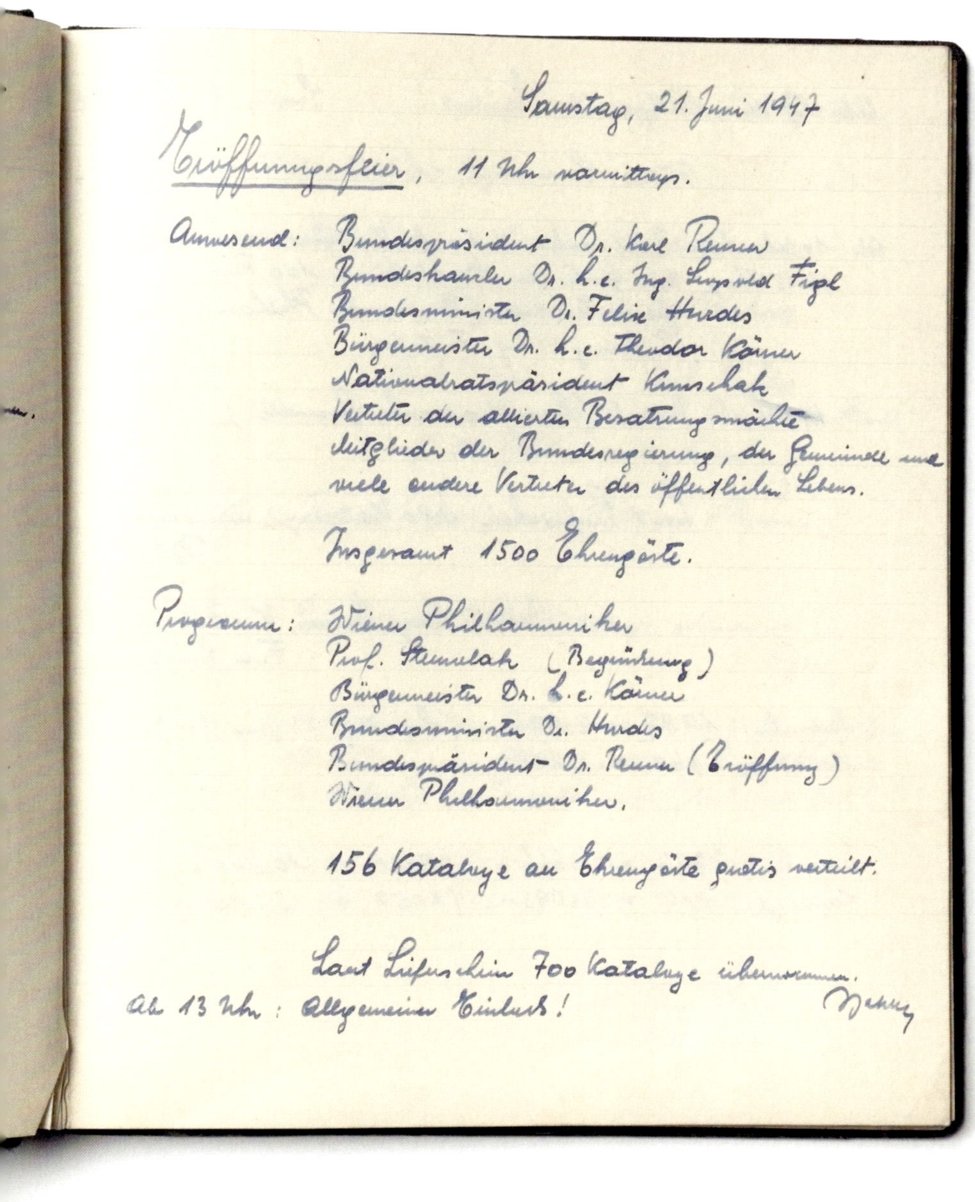

Samstag, 21. Juni 1947

Eröffnungsfeier, 11 Uhr vormittags.

Anwesend: Bundespräsident Dr. Karl Renner
Bundeskanzler Dr. h.c. Ing. Leopold Figl
Bundesminister Dr. Felix Hurdes
Bürgermeister Dr. h.c. Theodor Körner
Nationalratspräsident Kunschak
Vertreter der alliierten Besatzungsmächte
Mitglieder der Bundesregierung, der Gemeinde und
viele andere Vertreter des öffentlichen Lebens.

Insgesamt 1500 Ehrengäste.

Programm: Wiener Philharmoniker
Prof. Stemolak (Begrüßung)
Bürgermeister Dr. h.c. Körner
Bundesminister Dr. Hurdes
Bundespräsident Dr. Renner (Eröffnung)
Wiener Philharmoniker.

156 Kataloge an Ehrengäste gratis verteilt.

Laut Lieferschein 700 Kataloge übernommen.

Ab 13 Uhr: Allgemeiner Einlaß!

1 Karl Novak (Hg.): Kunst in Bewegung. 100 Jahre Berufsvereinigung der bildenden Künstler Österreichs, Wien 2012, S. 17.

2 Ebd., S. 18.

3 Ebd., S. 17–20. Abschrift des gesamten Berichtes von Rudolf Buchner an die Gemeindeverwaltung, 10.5.1945.

4 Ebd., S. 18.

5 BV Archiv, Akt Reichskammer Liquidierung, Rudolf Buchner an die Gemeindeverwaltung Wien, Amt f. Kultur und Volksbildung, 16.6.1945.

6 Ebd., 6.7.1945.

7 KH Archiv, Akt Rudolf Buchner; BV Archiv, Akt Rudolf Buchner, Fotos von seinen Arbeiten, u. a. das Bild *Hüttenwerk Witkowitz*, 1942.

8 BV Archiv, Akt Rudolf Buchner, BV Bestätigung, 16.1.1946.

9 Ebd., Polizeidirektion an die BV, 29.11.1946.

10 Ebd., Abschrift der Einspruchskommission f. d. 1. Bezirk, Einspruch gegen Registrierungsliste, 11.11.1947.

11 Ebd., Mitgliedskarte BV nach 1945.

12 KH Archiv, Akt Rudolf Buchner.

13 KH Archiv, Akt Karl Stemolak, Telegramm Dienststelle Rosenberg Berlin an das Künstlerhaus Wien, 18.2.1942.

14 Große Deutsche Kunstausstellung 1937–1944, GDK Research – Bildbasierte Forschungsplattform zu den Großen Deutschen Kunstausstellungen 1937–1944 in München, http://www.gdk-research.de/db/apsisa.dll/ete (15.10.2019).

15 BV Archiv, BV Berichte und Satzungen 1945, 1946, Vorwort zur Erneuerung der Vereinigung bildender Künstler „Wiener Secession".

16 Ebd., Bericht, o. D.

17 Ebd.

18 Ebd., Geschäftsbericht vom 29.11.1946 bis 27.6.1947.

19 Ebd., Satzungen der Berufsvereinigung der bildenden Künstler Österreichs.

20 Ebd., Bericht, o. D. (ca. Mitte September 1945).

21 Ab Mai 1946 bezog die BV Räumlichkeiten im Franziskanerkloster (Franziskanerplatz 4, 1. Bezirk) und ab 31.7.1948 im Osttrakt des Schlosses Schönbrunn (Ovalstiege), wo sie bis heute ihren Vereinssitz hat.

22 Novak, Kunst in Bewegung, S. 20: BV Salzburg (Präsident: Rigobert Funke), BV Oberösterreich (Präsident: Hans Strigl), BV Tirol (Präsident: Rudolf Preuss), BV Steiermark und Kärnten (Präsident: Nikolaus Wenky), BV Vorarlberg (Präsident: Hubert Berchtold).

23 Aus diesem Umstand heraus erklärt sich, dass 1945 die Mitgliederakten der RdbK der Fachgruppe Architektur an die ZV übergeben wurden, die sich heute in ihrem Archiv befinden. Siehe dazu: Ingrid Holzschuh (Hg.): Baukultur in Wien 1938–1959. Das Archiv der Zentralvereinigung der ArchitektInnen Österreichs (ZV), Wien 2019.

24 BV Archiv, BV Berichte und Satzungen 1945, 1946, Bericht, o. D.

25 Siehe Formular zur „Anmeldung als Mitglied der Berufsvereinigung der bildenden Künstler (Kammer der bildenden Künstler) Wien", BV Archiv und ZV Archiv.

26 BV Archiv, Akt Reichskammer Liquidierung, Polizeidirektion Wien an die BV, 13.11.1945. „Wir ersuchen unseren Beamten die Möglichkeit der Einsichtnahme in die Personalakten Ihres Berufsverbandes zu geben, damit diese Dokumente staatspolitischen Interesses sichergestellt werden können. Nach Verwertung dieses Materials werden sie Ihnen zurückgestellt werden." Handschriftl. Bemerkung: „Politische Fragebögen übernommen, Bestätigung folgt. 14.11.1945."

27 BV Archiv, Akt Reichskammer Liquidierung, Polizeidirektion Wien an die BV, 22.11.1945.

28 BV Archiv, Satzungen des Leitungsausschusses, Protokoll Nr. 41, Sitzung des Leitungsausschusses vom 5.9.1945. Dem Ausschuss gehörten folgende Mitglieder an: Victor Theodor Slama, Wilhelm Kaufmann, Karl Stemolak, Karl Maria Leopold Knoll, Hans Witt und Hans Kunath.

29 Siehe dazu: Ulrike Riebenbauer: Entnazifizierung. Ein Kapitel österreichischer Nachkriegsgeschichte, Dipl.-Arb., Univ. Wien, 1988, S. 34.

30 StGBl. 13/1945 Verbotsgesetz, Art. IV, § 27.

31 Veronika Zangl: „Ich empfinde diese Massnahme persönlich als ungerecht". Heinz Kindermanns Entlastungsstrategien 1945–1954, in: Birgit Peter, Martina Payr (Hg.): „Wissenschaft nach der Mode?". Die Gründung des Zentralinstituts für Theaterwissenschaft an der Universität Wien 1943 (Austria: Universitätsgeschichte, Bd. 3), Wien u. a. 2008, S. 172–206, hier S. 181.

32 BV Archiv, Akt Ekke Ozlberger, Schreiben BV an Ozlberger, 2.7.1945.

33 Hinweise dazu siehe: Zangl, „Ich empfinde diese Massnahme persönlich als ungerecht", S. 172–206. Die endgültige Beendigung der Tätigkeit der Kommission und deren Auflösung erfolgte schließlich am 30.4.1950, mit jenem Tag, an dem die gesetzlich festgelegte „Sühnefolge" auslief.

34 Zitate aus: AT-OeStA/AdR BMU, Sign. 36.602-II-4a/1948/24 Gesetze, Schreiben des Bundeskanzlers gez. Heiterer an das BMU; Z.69.680-2N748, Bundesverfassungsgesetz vom 21.4.1948, B.G.Bl. Nr. 99/1948; Einstellung der gemäß § 19 Abs. 1 lit. l, Verbotsgesetz 1947 beim BMU errichteten Kommission hinsichtlich der minderbelasteten Personen.

35 Zitate aus: AT-OeStA/AdR BMU, Sign. 36.602-II-4a/1948/24 Gesetze.

36 Michaela Nagl: Wilhelm Dachauer, Pathos und Idylle, in: Birgit Kirchmayr (Hg.): „Kulturhauptstadt des Führers". Kunst und Nationalsozialismus in Linz und Oberösterreich (Ausstellungskatalog Schlossmuseum Linz), Weitra 2009, S. 127–130; Gertrud Ilming: Der Maler Wilhelm Dachauer (1881–1951), Diss., Univ. Wien, 1988.

37 BV Archiv, Akt Wilhelm Dachauer, Sonderkommission 1. Instanz, BMU an Dachauer, 3.6.1946.

38 Ebd., BV an die Staatspolizei, 5.11.1946.

39 Ebd., Polizeidirektion Wien an die BV, 24.4.1947.

40 BV Archiv, Akt Rudolf H. Eisenmenger, Eisenmenger an die BV, 17.4.1947.

41 BV Archiv, Akt Otto Elsner, Erkenntnis der Kommission zur Beurteilung freischaffender Künstler, 15.7.1948.

42 Wladimir Aichelburg, 150 Jahre Künstlerhaus in Wien 1861–2011, „Erste österreichische Ausstellung", 1.5.1945–30.9.1945. http://www.wladimir-aichelburg.at/kuenstlerhaus/ausstellungen/verzeichnis/ (14.10.2019);

43 BV Archiv, BV Berichte und Satzungen 1945, 1946, Bericht vom März 1946.

44 Aichelburg, „Erste österreichische Ausstellung", 1.5.1945–30.9.1945.

45 Heidrun Ulrike Wenzel: Vergessen? Niemals! Die antifaschistische Ausstellung im Wiener Künstlerhaus 1946, Dipl.-Arb., Univ. Wien, 2018. Unter dem Titel „Niemals vergessen!" zeigte diese Ausstellung erstmals mit drastischen Bildern die Entstehung und Auswirkungen von Faschismus, Nationalsozialismus und Krieg. Sie sollte anschließend als Wanderausstellung in allen Landeshauptstädten Österreichs Station machen, war schließlich aber nur in Innsbruck (1947) und Linz (1947) zu sehen. Im Künstlerhaus fand die Ausstellung vom 15.9.–26.12.1946 statt.

46 Novak, Kunst in Bewegung, S. 21.

47 Künstlerhaus Wien: Erste Große Österreichische Kunstausstellung 1947. Malerei, Plastik, Graphik, Angewandte Kunst (Ausstellungskatalog Künstlerhaus Wien), Wien 1947, o. S.

48 WStLA, M.Abt. 350, Allg. Reg. A1-68, 1947, Zl. 700-1050, Bericht über die 1. Sitzung des Ehrenausschusses, 15.3.1947.

49 Künstlerhaus Wien, Österreichische Kunstausstellung 1947.

50 Ebd.

51 Heidelinde Resch: 14 Grafikerinnen im Wien des 20. Jahrhunderts: „... Exaktheit der Zeichnung und Farbe mit echt wienerischem Charme ..." (Design in Österreich, hg. von designaustria, Bd. 3), Basel 2013, S. 93–95; Anita Kern: Grafikdesign in Österreich im 20. Jahrhundert (Design in Österreich, hg. von designaustria, Bd. 2), Wien 2008, S. 189–201. Nachdem das Atelier in den 1950er Jahren aufgelöst wurde, kehrte sie 1968 als Assistentin von Kurt Schwarz an die Hochschule für angewandte Kunst zurück.

52 O. A.: Kein Grund, den Mut zu verlieren. Bundespräsident eröffnet die Erste Österreichische Kunstausstellung, in: Wiener Zeitung, Nr. 143, 22.6.1947, S. 2.

53 Ebd.

# Anhang
## Abkürzungen

| | |
|---|---|
| AdbK | Akademie der bildenden Künste Wien |
| AdR | Archiv der Republik |
| AT-OeStA | Österreichisches Staatsarchiv |
| AVA | Allgemeines Verwaltungsarchiv |
| Az W | Architekturzentrum Wien |
| BArch Berlin | Bundesarchiv, Berlin |
| BDA | Bund deutscher Architekten |
| BDM | Bund deutscher Mädel |
| BDMÖ | Bund deutscher Maler Österreichs |
| BeKo | Beschwerdekommission |
| BMfHuV | Bundesministerium für Handel und Verkehr |
| BMI | Bundesministerium für Inneres |
| BMU | Bundesministerium für Unterricht |
| BÖG | Bund Österreichischer Gebrauchsgrafiker |
| BV | Berufsvereinigung der bildenden Künstler Österreichs |
| DAF | Deutsche Arbeitsfront |
| DFW | Deutsches Frauenwerk |
| E-uReang | Entschädigungs- und Restitutionsangelegenheiten |
| Fasz. | Faszikel |
| GDK | Große Deutsche Kunstausstellung |
| Gestapo | Geheime Staatspolizei |
| HBbBuT | Handel, Bergbau, Bauten und Technik |
| HJ | Hitler-Jugend |
| IOC | Internationales Olympisches Komitee |
| KH | Künstlerhaus |
| LG | Landesgericht |
| M.Abt. | Magistratsabteilung |
| MAK | Museum für angewandte Kunst Wien |
| NÖ | Niederösterreich |
| NS | Nationalsozialismus |
| NSD | Nationalsozialistischer Dozentenbund |
| NSDAP | Nationalsozialistische Deutsche Arbeiterpartei |
| NSRL | Nationalsozialistischer Reichsbund für Leibesübungen |
| NSV | Nationalsozialistische Volkswohlfahrt |
| PA | Personalakt |
| Pg. | Parteigenosse |
| PK | Präsidentschaftskanzlei |
| PTech | Privattechniker |
| RAD | Reichsarbeitsdienst |
| RAVAG | Radio Verkehrs AG |
| RDB | Reichsbund der deutschen Beamten |
| RdbK | Reichskammer der bildenden Künste |
| RGBl | Reichsgesetzblatt |
| RK | Reichskommissar |
| RKB | Reichskolonialbund |
| RKK | Reichskulturkammer |
| RM | Reichsmark |
| RMVP | Reichsministerium für Volksaufklärung und Propaganda |
| RPA | Reichspropagandaamt |
| RSth | Reichsstatthalter |
| SA | Sturmabteilung |
| SD | Sicherheitsdienst des Reichsführers SS |
| SS | Schutzstaffel |
| StD | Ständige Delegation im Künstlerhaus |
| TH | Technische Hochschule |
| TUWA | Technische Universität Wien, Archiv |
| UaK | Universität für angewandte Kunst Wien |
| UB | Universitätsbibliothek |
| Uk-Stellung | Unabkömmlichstellung |
| UWFuK | Unterricht, Wissenschaft, Forschung und Kunst |
| VF | Vaterländische Front |
| VG | Verbotsgesetz |
| VG | Volksgericht |
| VWI | Vienna Wiesenthal Institute for Holocaust Studies |
| WB | Wienbibliothek im Rathaus |
| WM | Wien Museum |
| WStLA | Wiener Stadt- und Landesarchiv |
| ZNsZ | Zivilakten der NS-Zeit |
| ZV | Zentralvereinigung der ArchitektInnen Österreichs |
| ZVbK | Zentralverband bildender Künstler Österreichs |

ACHLEITNER Friedrich: Der Österreichische Werkbund und seine Beziehungen zum Deutschen Werkbund, in: Lucius Burckhardt (Hg.): Der Werkbund in Deutschland, Österreich und der Schweiz. Form ohne Ornament, Stuttgart 1978, S. 102–113.

AICHELBURG Wladimir: Eisenmenger – ein österreichisches Schicksal, in: Maria Mißbach: Rudolf Hermann Eisenmenger 1902–1994, Wien 2002, S. 27–35.

ANDERL Gabriele, CARUSO Alexandra: NS-Kunstraub in Österreich und die Folgen, Wien 2016.

ANDERMAN W. Th. [Pseudonym für Walter Thomas] (1947): Bis der Vorhang fiel. Berichtet nach Aufzeichnungen aus den Jahren 1940 bis 1945, Dortmund 1947.

ANKWICZ-KLEEHOVEN Hans: Carlos und Friederike Riefel, in: Kunst dem Volk 11 (1940) 9, S. 36–41.

ANKWICZ-KLEEHOVEN Hans: Der Bildhauer Fritz Behn, in: Kunst dem Volk 11 (1940) 10, S. 17–25.

ANKWICZ-KLEEHOVEN Hans: Andreas Patzelt, in: Kunst dem Volk 13 (1942) 5/6, S. 41.

AUTENGRUBER Peter, NEMEC Birgit, RATHKOLB Oliver, WENNINGER Florian: Forschungsprojektendbericht. Straßennamen Wiens seit 1890 als „Politische Erinnerungsorte", Wien 2013, S. 130, https://www.wien.gv.at/kultur/abteilung/pdf/strassennamenbericht.pdf (29.4.2021).

BARRON Stephanie, GUENTHER Peter (Hg.): „Entartete Kunst". Das Schicksal der Avantgarde im Nazi-Deutschland (Ausstellungskatalog, Los Angeles County Museum of Art u.a.), München 1992.

BASSARABA Adolf: Junge Kunst, in: Kleine Volks-Zeitung, 9.2.1943, S. 6.

BAUMGARTNER Marianne: Der Verein der Schriftstellerinnen und Künstlerinnen in Wien (1885–1938), Wien u.a. 2015.

BAUR Uwe: I. Organisation der Kultur im Gau/Reichsgau Wien, in: Karin Gradwohl-Schlacher: Literatur in Österreich 1938–1945 (Handbuch eines literarischen Systems, hg. von Uwe Baur, Bd. 4), Wien u.a. 2018, S. 28–29.

BENZ Wolfgang: „Der ewige Jude". Metaphern und Methoden nationalsozialistischer Propaganda (Reihe Dokumente, Texte, Materialien/Zentrum für Antisemitismusforschung der TU Berlin, Bd. 75), Berlin 2010.

BERTHOLD Ecker (Hg.): Herbert Dimmel 1894–1980, Linz 1998.

BERTSCH Christoph, NEUWIRTH Markus: Paul Kirnig. Industriebilder der Zwischenkriegszeit (Ausstellungskatalog Universität Innsbruck, hg. vom Institut für Kunstgeschichte der Universität Innsbruck, Bd. 7), Innsbruck 1995.

BLASCHKE Hanns: Kulturaufbau in Wien, in: Die Pause 3 (1938) 9, 1938, S. 2.

BOGNER Peter, KURDIOVSKY Richard, STOLL Johannes (Hg.): Das Wiener Künstlerhaus. Kunst und Institution, Wien 2015.

BOTZ Gerhard: Nationalsozialismus in Wien. Machtübernahme, Herrschaftssicherung, Radikalisierung, Kriegsvorbereitung, 1938/39, Wien 2018.

BUCHINGER Günther (Hg.): Carl Auböck. 1900–1957: Maler und Designer (Ausstellungskatalog Historisches Museum der Stadt Wien), Wien 1997.

BURGSTALLER Rosemarie: NS-Feindbild-Ausstellungen 1933–1945. Propaganda, „Volksgemeinschaft" und visuelle Gewalt, Diss., Univ. Wien, 2012.

CHANTELAU Ernst-Adolf: Die Bronzestatuen von Tuaillon, Thorak, Klimsch und Ambrosi für Hitlers Garten. Ein Beitrag zur Topografie der Neuen Reichskanzlei von Albert Speer, Norderstedt 2019.

DAHM Volker: Anfänge und Ideologie der Reichskulturkammer, in: Vierteljahrshefte für Zeitgeschichte, 34 (1986), S. 53–84.

DEUTSCH-SCHREINER Evelyn: Nationalsozialistische Kulturpolitik in Wien 1938–1945 unter spezieller Berücksichtigung der Wiener Theaterszene, Diss., Univ. Wien, 1980.

EBNER Paulus, MIKOLETZKY Juliane: Geschichte der Technischen Hochschule Wien 1914–1955 (Technik für Menschen, hg. von Sabine Seidler, Bd. 1, 2), Wien u.a. 2016.

EIBLMAYR Judith: Moderat modern. Leben und Werk des Architekten Erich Boltenstern, in: dies., Iris Meder (Hg.): Moderat modern. Erich Boltenstern und die Baukultur nach 1945 (Ausstellungskatalog Wien Museum), Salzburg 2005, S. 15–25.

EICHLER Max: Du bist sofort im Bilde. Lebendig-anschauliches Reichsbürger-Handbuch, Erfurt 1937.

Eigener Bericht des Völkischen Beobachters: Wien erhält ein Schönerer-Denkmal, in: Völkischer Beobachter, 11.8.1939, S. 1.

EINFALT O.: Katalog überflüssig: jeder kennt die Köpfe, in: Das kleine Volksblatt, 28.11.1943, S. 7.

ERTL H.: Der Wiener Maler Rudolf Eisenmenger, in: Die Bühne (1941) 8, S. 8–9.

FERIHUMER Konstantin: Paul Kirnig und die „Fachklassefür Gebrauchs-, Illustrations- und Modegraphik" – zwischen Gaupropaganda und „Niemals Vergessen!", in: Gerald Bast, Anja Seipenbusch-Hufschmied, Patrick Werkner (Hg.): 150 Jahre Universität für angewandte Kunst Wien. Ästhetik der Veränderung, Berlin u.a. 2017, S. 182–186.

FLEISCHER Wolfgang: Das verleugnete Leben. Die Biographie des Heimito von Doderer, Wien 1996.

FLOCH Veronika: Rudolf Hermann Eisenmenger (1902–1994). Mechanismen einer Künstlerkarriere, Dipl.-Arb., Univ. Wien, 2007.

FORSTHUBER Sabine: Oskar Kokoschka und die Wiener Ausstellungspolitik vor dem Anschluß, in: Kunsthistoriker 5 (1988) 3/4, S. 33–41.

FORSTHUBER Sabine: Vom Ende der Wiener Frauenakademie in der NS-Zeit, in: Hans Seiger, Michael Lunardi, Peter Josef Populorum (Hg.): Im Reich der Kunst, die Wiener Akademie der bildenden Künste und die faschistische Kunstpolitik (Österreichische Texte zur Gesellschaftskritik, hg. vom Verein Kritische Sozialwissenschaft und Politische Bildung, Bd. 50), Wien 1990, S. 217–246.

FRITZ Martin: Humanismus, Pluralismus, Globalisierung. Sechs Jahrzehnte Internationale Sommerakademie für Bildende Kunst Salzburg, in: Hildegund Amanshauser (Hg.): Das schönste Atelier der Welt. 60 Jahre Internationale Sommerakademie für Bildende Kunst Salzburg, Salzburg, 2013, S. 16–49.

FRÖHLICH Elke (Hg.): Die Tagebücher von Joseph Goebbels, Teil 2, Diktate 1941–1945, Bd. 7, Januar bis März 1943, München u.a. 1993.

GALLIAN Anita: Wiener Gobelinmanufaktur 1921–1987. Geschichte einer Manufaktur, Dipl.-Arb., Univ. Wien, 1996.

GAST Peter: Die rechtlichen Grundlagen der Reichskulturkammer, in: Hans Hinkel (Hg.): Handbuch der Reichskulturkammer, Berlin 1937, S. 17–23.

GAUPROPAGANDAAMT WIEN DER NSDAP (Hg.): Das Wiener Kulturprogramm, Rede des Reichsleiters Baldur von Schirach im Wiener Burgtheater am Sonntag, den 6. April 1941, Wien 1941.

GENERALREFERAT FÜR STAATLICHE KUNSTVERWALTUNG UND VOLKSBILDUNG DES REICHSGAUES WIEN (Hg.): Volk und Kultur, Rede des Gauleiters Bürckel gehalten anlässlich der Übertragung der staatlichen Kunstverwaltung des Landes Österreichs auf den Reichsgau Wien am 3. März 1940 in der Hofburg, Wien 1940.

GILLEN Otto: Berge und Menschen der Ostmark, in: Völkischer Beobachter, 15.2.1939, S. 6.

GILLEN Otto: Maler der Ostmark, Rudolf Böttger, in: Völkischer Beobachter, 19.2.1939, S. 6.

GILLEN Otto: Was ist entartete Kunst, in: Völkischer Beobachter, 5.5.1939, S. 6.

GRADWOHL-SCHLACHER Karin: Literatur in Österreich 1938–1945 (Handbuch eines literarischen Systems, hg. von Uwe Baur, Bd. 4), Wien u.a. 2018.

GRILL Oswald: Mitteilungen des Vorstandes, in: Nachrichtenblatt des Zentralverbandes bildender Künstler Oesterreichs (1938) 39, S. 12–13.

GRIMME Karl Maria: Neues Kunstschaffen in der Ostmark, in: Der getreue Eckart 16 (1939) 1, S. 494–499.

GRÖNING Maren: Fluchtpunkte der „Entarteten Kunst" in Wien, in: Gabriele Anderl, Alexandra Caruso (Hg.): NS-Kunstraub in Österreich und die Folgen, Innsbruck u. a. 2004, S. 80–92.

H. O.: Ausbau der Akademie der bildenden Künste, in: Völkischer Beobachter, 5.4.1940, S. 4.

HACHLEITNER Bernhard, KÖNIG Julia (Hg.): Victor Theodor Slama. Plakate, Ausstellungen, Masseninszenierungen (Plakate aus der Sammlung der Wienbibliothek, hg. von der Wienbibliothek im Rathaus, Bd. 5), Wien 2019.

HAREITER Karl: Der Bildhauer Wilhelm Fraß, in: Völkischer Beobachter, 25.12.1938, S. 6.

HARLFINGER Richard: Die Wiener Frauenakademie, in: Nachrichtenblatt des Zentralverbandes bildender Künstler Oesterreichs (1937) 33, S. 2–5.

HARTEWIG Karin: Kunst für alle! Hitlers ästhetische Diktatur, Norderstedt 2018.

HG. Th.: Der Bund deutscher Maler Österreichs, in: Völkischer Beobachter, 17.4.1938, S. 12.

HINKEL Hans (Hg.): Handbuch der Reichskulturkammer, Berlin 1937.

HOFFMANN Josef: Wiener Kunsthandwerk, in: Die Pause 7 (1942), S. 12–21.

HOFFMANN Josef: Entwicklung und Ziele im Kunsthandwerk, in: Völkischer Beobachter, 19.2.1944, S. 3.

HOFMANN Else: Karl Sterrer zum 50. Geburtstag, in: Österreichische Kunst 7 (1936) 1, S. 3–5.

HOLZSCHUH Ingrid: Verlorene Stadtgeschichten. Hitlers Blick auf Wien, in: dies., Monika Platzer, Architekturzentrum Wien (Hg.): „Wien. Die Perle des Reiches". Planen für Hitler (Ausstellungskatalog Architekturzentrum Wien), Zürich 2015, S. 28–45.

HOLZSCHUH Ingrid (Hg.): Baukultur in Wien 1938–1959. Das Archiv der Zentralvereinigung der ArchitektInnen Österreichs (ZV), Wien 2019.

HORAK Konstanze: Studien zur österreichischen Baukeramik der Zwischenkriegszeit mit Schwerpunkt Wienerberger, Dipl.-Arb., Univ. Wien, 2012.

HORNY Otto: Die Stadt als Auftraggeber, in: Völkischer Beobachter, 23.7.1940, S. 5.

HORWITZ G.: Der Österreichische Werkbund – neu erstanden, in: Österreichische Zeitung, 3.7.1945, S. 3.

HUSSLEIN-ARCO Agnes, BOECKL Matthias, KREJCI Harald (Hg.): Hagenbund. Ein europäisches Netzwerk der Moderne. 1900 bis 1938 (Ausstellungskatalog Unteres Belvedere, Wien), München 2014.

HUTTER Heribert (Hg.): A. P. Gütersloh zum 100. Geburtstag (Ausstellungskatalog Wiener Secession), Wien 1987.

ILLE Walter: Erneuerung einer alten Volkskunst, in: Wiener Neueste Nachrichten, 27.1.1939, S. 5.

ILMING Gertrud: Der Maler Wilhelm Dachauer (1881–1951), Diss., Univ. Wien, 1988.

Inserat „Ball der Mode", in: Neues Wiener Journal, 29.1.1939, S. 5.

JESSE Kerstin: „Außerordentliche" Frauen im Hagenbund. Künstlerinnen und ihre Netzwerke, in: Agnes Husslein-Arco, Matthias Boeckl, Harald Krejci (Hg.): Hagenbund. Ein europäisches Netzwerk der Moderne. 1900 bis 1938 (Ausstellungskatalog Unteres Belvedere, Wien) München 2014, S. 357–366.

JURJEVEC-KOLLER Gabriele: Kollaboration und Verantwortung. Die Jahre 1938–1945, in: Gerald Bast, Anja Seipenbusch-Hufschmied, Patrick Werkner (Hg.): 150 Jahre Universität für angewandte Kunst Wien. Ästhetik der Veränderung, Berlin u. a. 2017, S. 112–119.

K. A.: Die Ausstellung „Künstlerisches Frauenschaffen" in Wien, in: Kunst dem Volk 11 (1940) 9, S. 42–44.

KERN Anita: Grafikdesign in Österreich im 20. Jahrhundert (Design in Österreich, hg. von designaustria, Bd. 2), Wien 2008.

KESSLER Eva: Wiener Kunsthandwerk, in: Innen-Dekoration (1938) 49, S. 181–191.

KIRSCHL Wilfried: Albin Egger-Lienz, 1868–1926. Das Gesamtwerk, Wien 1977.

KLAMPER Elisabeth: Zur politischen Geschichte der Akademie der bildenden Künste 1918 bis 1938. Eine Bestandsaufnahme, in: Hans Seiger, Michael Lunardi, Peter Josef Populorum (Hg.): Im Reich der Kunst. Die Wiener Akademie der bildenden Kunst und die faschistische Kunstpolitik (Österreichische Texte zur Gesellschaftskritik, hg. vom Verein Kritische Sozialwissenschaft und Politische Bildung, Bd. 50), Wien 1990, S. 5–64.

Kleine Chronik, in: Neue Freie Presse, 12.5.1933, S. 6.

KNAUER Birgit: Oswald Haerdtl. Ein „deutscher" Designer mit Wiener Note, in: Ingrid Holzschuh, Monika Platzer, Architekturzentrum Wien (Hg.): „Wien. Die Perle des Reiches". Planen für Hitler (Ausstellungskatalog Architekturzentrum Wien), Zürich 2015, S. 86–103.

KÖHLDORFER Sophie: Die institutionelle „Säuberung" der Universität für angewandte Kunst Wien als Folge des „Anschlusses" 1938, Dipl.-Arb., Univ. Wien, 2012.

KOLLER Gabriele: Die verlorene Moderne. Von der Kunstgewerbeschule zur (Reichs-)Hochschule für angewandte Kunst, in: Hans Seiger, Michael Lunardi, Peter Josef Populorum (Hg.): Im Reich der Kunst. Die Wiener Akademie der bildenden Kunst und die faschistische Kunstpolitik (Österreichische Texte zur Gesellschaftskritik, hg. vom Verein Kritische Sozialwissenschaft und Politische Bildung, Bd. 50), Wien 1990, S. 192–194.

KOLLER Gabriele: Die bildenden Künste. Über die Lehrbarkeit des Nichterlernbaren, in: Erika Patka, Wilhelm Holzbauer (Hg.): Kunst: Anspruch und Gegenstand. Von der Kunstgewerbeschule zur Hochschule für Angewandte Kunst in Wien 1918–1991, Salzburg u. a. 1991, S. 180–257.

KOLLER Gabriele: Verordnungen zur Mittelmäßigkeit. Malerei und Nationalsozialismus in Österreich, in: Christoph Bertsch, Markus Neuwirth (Hg.): Die ungewisse Hoffnung. Österreichische Malerei und Graphik zwischen 1918 und 1938, Salzburg u. a. 1993, S. 126–136.

KOLLER-GLÜCK Elisabeth: Siegfried Charoux und das Charoux-Museum in Langenzersdorf, in: Neues Museum (1994) 2, S. 7–10.

KORNMEIER Petra: Politische Hintergründe von Olympischen Spielen in Deutschland, Dipl.-Arb., Univ. Wien, 2013.

KOS Wolfgang (Hg.): Kampf um die Stadt. Politik, Kunst und Alltag um 1930 (Ausstellungskatalog Wien Museum im Künstlerhaus), Wien 2009.

KRAMER Bernhard: Die Olympischen Kunstwettbewerbe von 1912 bis 1948. Ergebnisse einer Spurensuche, Weimar 2004.

KRAMER Erika: Zwischen Gartenbau und Gartenkunst: Gärtner und Gartengestalter in Wien 1918–1945, Diss., TU Wien, 2012.

KUBOWITSCH Nina: Die Reichskammer der bildenden Künste. Grenzsetzungen in der künstlerischen Freiheit, in: Wolfgang Ruppert (Hg.): Künstler im Nationalsozialismus. Die „Deutsche Kunst", die Kunstpolitik und die Berliner Kunsthochschule, Köln u. a. 2015, S. 75–96.

KÜNSTLERHAUS WIEN: Ausstellung der für den Kunstwettbewerb der XI. Olympischen Spiele in Berlin bestimmten Kunstwerke Österreichs (Ausstellungskatalog Wien Künstlerhaus), Wien 1936.

KÜNSTLERHAUS WIEN: Erste Große Österreichische Kunstausstellung 1947. Malerei, Plastik, Graphik, Angewandte Kunst (Ausstellungskatalog Künstlerhaus Wien), Wien 1947.

LILLIE Sophie: Was einmal war. Handbuch der enteigneten Kunstsammlungen Wiens, Wien 2003.

LILLIE Sophie: Die Gustav Klimt-Ausstellung von 1943, in: Peter Bogner, Richard Kurdiovsky, Johannes Stoll (Hg.): Das Wiener Künstlerhaus. Kunst und Institution, Wien 2015, S. 335–342.

LÜTGENAU Stefan August, SCHRÖCK Alexander, NIEDERACHER Sonja: Zwischen Staat und Wirtschaft. Das Dorotheum im Nationalsozialismus, Wien u.a. 2006.

MARSCHIK Matthias: Theodor Schmidt. Ein jüdischer „Apostel der Olympischen Idee" (Jüdische Miniaturen, hg. von der Stiftung Neue Synagoge Berlin, Centrum Judaicum, Bd. 215), Berlin 2018.

MARTZ Jochen, WOLSCHKE-BUHLMAHN Joachim (Hg.): Zwischen Jägerzaun und Größenwahn. Freiraumgestaltung in Deutschland 1933–1945, Abstracts und Kurzvisiten, Symposium, 2012.

MARYŠKA Christian: Kunst der Reklame. Der Bund Österreichischer Gebrauchsgraphiker von den Anfängen bis zur Wiedergründung 1926–1946 (Design in Österreich, hg. von Design Austria, Bd. 1), Salzburg 2005.

MATTL Siegfried: Nationalsozialistische Wirtschaft, in: ders., Gottfried Pirhofer, Franz J. Gangelmayer: Wien in der nationalsozialistischen Ordnung des Raums. Lücken in der Wien Erzählung (VWI Studienreihe, hg. vom Wiener Wiesenthal Institut für Holocaust-Studien, Bd. 3), Wien 2018, S. 61–94.

MATTL Siegfried, PIRHOFER Gottfried: NS-Standortpolitik: Wien als „Drehscheibe" zwischen „Alt-Reich" und Südosteuropa, Wien 2014 [unveröffentlichter Projektbericht, Zukunftsfonds der Republik Österreich].

MAYER Erich August: Gesellschaft bildender Künstler Wiens: Jubiläums-Ausstellung aus Anlass des 80jährigen Bestehens (Ausstellungskatalog, Künstlerhaus Wien), Wien 1941.

MAYER Monika: Freiwillige Verschmelzung. Künstlervereinigungen in Wien 1933–1945, in: Jan Tabor (Hg.): Kunst und Diktatur. Architektur, Bildhauerei und Malerei in Österreich, Deutschland, Italien und der Sowjetunion 1922–1956 (Ausstellungskatalog Künstlerhaus Wien), Baden 1994, S. 288–293.

MAYER Monika: „[...] auch die bildende Kunst muss einer neuen Blüte zugeführt werden". NS-Kunstförderung in Wien am Beispiel des Künstlerhauses und der Österreichischen Galerie, in: Peter Bogner, Richard Kurdiovsky, Johannes Stoll (Hg.): Das Wiener Künstlerhaus. Kunst und Institution, Wien 2015, S. 327–333.

MERTENS Christian: Die Wiener Stadtverwaltung vom „Anschluss" zum Ostmarkgesetz, in: ders. (Hg.): 1938 – „Wir wissen es, dass die Beamtenschaft ihre Pflicht auch im Neuen Wien tun wird." Die Wiener Stadtverwaltung 1938, Wien 2018, S. 59–75.

MISSBACH Maria: Rudolf Hermann Eisenmenger, Leben und Werk, Diss., Univ. Wien, 1986.

MOISSL R. A.: Vom Porträt zum Bildnis, in: Gesellschaft Bildender Künstler Österreichs, Künstlerhaus: Frühjahrs-Ausstellung 1942. Das schöne Wiener Frauenbild (Ausstellungskatalog Künstlerhaus Wien), Wien 1942, o. S.

MURAUER Gerhard: Thingspiel im Arkadenhof. Zur nationalsozialistischen Raumnutzung des Wiener Rathauses, in: Christian Mertens (Hg.): 1938 – „Wir wissen es, dass die Beamtenschaft ihre Pflicht auch im Neuen Wien tun wird." Die Wiener Stadtverwaltung 1938, Wien 2018, S. 101–105.

NAGL Michaela: Bildende Kunst in Oberdonau, in: Birgit Kirchmayr (Hg.): „Kulturhauptstadt des Führers". Kunst und Nationalsozialismus in Linz und Oberösterreich (Ausstellungskatalog Schlossmuseum Linz), Weitra 2008, S. 92–93.

NAGL Michaela: Wilhelm Dachauer, Pathos und Idylle, in: Birgit Kirchmayr (Hg.): „Kulturhauptstadt des Führers". Kunst und Nationalsozialismus in Linz und Oberösterreich (Ausstellungskatalog Schlossmuseum Linz), Weitra 2009, S. 127–130.

NANNEN Henri: Junge Kunst im Deutschen Reich, in: Die Kunst für alle 58 (April 1943) 7, S. 136–148.

NAUTZ Jürgen: Die Entwicklung der Handelsbeziehungen Österreichs zu den anderen Nachfolgestaaten nach dem Ersten Weltkrieg, in: Wirtschaft und Gesellschaft 18 (1992) 4, S. 539–559.

NĚMEC Richard: Die Ökonomisierung des Raums. Planen und Bauen in Mittel- und Osteuropa unter den Nationalsozialisten 1938 bis 1945, Berlin 2020.

NEUMAYER Heinrich: Bilder von der Reichsautobahn, in: Völkischer Beobachter, 28.11.1940, S. 5.

NEUMAYER Heinrich: Junge Kunst im Deutschen Reich, in: Völkischer Beobachter, 9.2.1943, S. 3.

NEUMAYER Heinrich: Franz Zülow, eine Ausstellung zum 60. Geburtstag, in: Völkischer Beobachter, 18.4.1943, S. 4.

NIERHAUS Irene: Adoration und Selbstverherrlichung, Künstlerische und kunstpolitische Schwerpunkte an der Akademie der bildenden Künste von den dreißiger bis Ende der vierziger Jahre, in: Hans Seiger, Michael Lunardi, Peter Josef Populorum (Hg.): Im Reich der Kunst, die Wiener Akademie der bildenden Künste und die faschistische Kunstpolitik (Österreichische Texte zur Gesellschaftskritik, hg. vom Verein Kritische Sozialwissenschaft und Politische Bildung, Bd. 50), Wien 1990, S. 86–89.

NOBBE Uwe Lars: Achtzig Jahre Künstlerhaus, in: Völkischer Beobachter, 23.11.1941, S. 3–4.

NOBBE Uwe Lars: Reichsleiter von Schirach eröffnet die Ausstellung, in: Völkischer Beobachter, 23.11.1941, S. 4.

NOVAK Karl (Hg.): Kunst in Bewegung. 100 Jahre Berufsvereinigung der bildenden Künstler Österreichs, Wien 2012.

O. A.: [Interview mit Josef Hoffmann über die Adaptierung und Einrichtung des Hauses der Mode im Palais Lobkowitz], in: Wiener Mode 52 (April 1939) 4, 1939, o. S.

O. A.: „Auch diese Stadt wird eine neue Blüte erleben!" in: Neues Wiener Journal, 10.4.1938, S. 3.

O. A.: „Ich bin da und schicke Dir mein Bild", in: Kleine Volks-Zeitung, 15.11.1942, S. 6.

O. A.: „Kulturbericht", in: Neues Wiener Tagblatt, 14.6.1942, S. 3.

O. A.: „Schon mit der praktischen Arbeit begonnen". Bürgermeister Neubacher eröffnete das „Haus der Mode", in: Kleine Volks-Zeitung, Nr. 54, 23.2.1939, S. 5.

O. A.: Alois Pfleke, in: Die Pause 4 (1939) 3, S. 163.

O. A.: Arbeit und Freude im neuen deutschen Wien. Bürgermeister Neubacher über die Aufgaben der nationalsozialistischen Gemeindeverwaltung, in: Neues Wiener Journal, 46. Jg., 18.3.1938, S. 2.

O. A.: Arbeiten von Professor Josef Hoffmann, Wien, in: Moderne Bauformen 41 (1942) 8, S. 285–296.

O. A.: Ausstellung österreichischer Kunst in Paris, in: Neue Freie Presse, 13.4.1937, S. 9.

O. A.: Berliner Ostmarkschau vor der Vollendung, in: Neues Wiener Tagblatt, 20.5.1939, S. 8.

O. A.: Bild der Ausstellung, in: Wiener Mittagsausgabe, 6.4.1939, S. 4.

O. A.: Bildende Kunst in Wien. Zur Jubiläumausstellung der Gesellschaft Bildender Künstler, in: Kunst im Deutschen Reich, F. 1, Jänner 1942, S. 24.

O. A.: Bürgermeister Dr. Ing. Hermann Neubacher eröffnet das „Haus der Mode in Wien", in: Bühne (1939) 6, S. 26.

O. A.: Dank der Wiener Künstler, in: Völkischer Beobachter (Wiener Ausgabe), 3.4.1938, S. 13.

O. A.: Das deutsche Volkstheater erhält ein neues Kleid, in: Neues Wiener Tagblatt, 9.9.1938, S. 15.

O. A.: Das Erinnerungsmal in Wöllersdorf, in: Neues Wiener Tagblatt, 28.10.1938, S. 10.

O. A.: Das neue Gesicht des Akademietheaters, in: Die Pause 3 (1938/39) 11, S. 82–83.

O. A.: Das Raimundtheater, in: Die Pause 3 (1938/39) 11, S. 110–113.

O. A.: Der „Eiserne“ in der Volksoper neu bemalt, in: Die Bühne (1939) 13, S. 16.

O. A.: Der kommissarische Leiter aller Institutionen für Bildende Kunst verlautbart, in: Nachrichtenblatt des Zentralverbandes bildender Künstler Oesterreichs (1938) 40, S. 15.

O. A.: Der Plakatwettbewerb der Wiener Messe-A.G., in: Neues Wiener Tagblatt, 30.10.1922, S. 5.

O. A.: Deutsche Baukunst in Wien, in: Salzburger Volksblatt, 8.4.1937, S. 3.

O. A.: Deutsche Opernfiguren schmücken den „Eisernen“, in: Kleine Volks-Zeitung, 6.7.1941, S. 9.

O. A.: Die Arbeit als Kunsterlebnis, in: Neues Wiener Tagblatt, 29.6.1944, S. 3.

O. A.: Die bauliche Neugestaltung der Wiener Volksoper, in: Die Pause 3 (1938/39) 10, S. 63–64.

O. A.: Die bauliche Neugestaltung des Raimundtheaters, in: Die Pause 3 (1938/39) 11, S. 129.

O. A.: Die Fratze des Niedergangs, in: Völkischer Beobachter, 3.4.1938, S. 36.

O. A.: Die Kunstschau des RAD, in: Neues Wiener Tagblatt, 29.7.1944, S. 3.

O. A.: Die Verlobung Giselhers und Dietlind, in: Kleine Volks-Zeitung, 13.10.1940, S. 14.

O. A.: Die Wiener Frauenakademie, in: Nachrichtenblatt des Zentralverbandes bildender Künstler (1939) 44, S. 5–6.

O. A.: Dr. Goebbels sprach vor 200.000 Deutschen. „Es geht um Sein oder Nichtsein der Nation“, in: Völkischer Beobachter, 9.7.1944, S. 1.

O. A.: Drei kommissarische Referenten bestellt, in: Illustrierte Kronen-Zeitung, 14.12.1938, S. 11.

O. A.: Drei Künstler stellen sich vor, in: Kleine Volks-Zeitung, 5.3.1940, S. 6.

O. A.: Ein Fest wienerischer Gestaltungskunst. Handwerksschaffen und Wohnkultur im Konzerthaus, in: Kleine Volks-Zeitung, 10.2.1939, S. 9.

O. A.: Ein Kostüm für Elsa von Brabant und ein solches für meine Frau, in: Große Volkszeitung, 13.9.1942, S. 3.

O. A.: Eine goldene Olympiamedaille für den architektonischen Entwurf „Schistadion der Zwanzigtausend“ von Hermann Kutschera, in: Profil 4 (1936) 9, S. 402–403.

O. A.: Förderungspreise für junge Künstler, in: Neues Wiener Tagblatt, 24.12.1939, S. 11.

O. A.: Frauenfeld und Stuppäck ins Reichspropagandaamt berufen, in: Das kleine Volksblatt, 17.12.1940, S. 8.

O. A.: Fünf Jahre Kulturamt der Stadt Wien, Ansprache des Leiters SS Oberführer Dipl.-Ing. Hanns Blaschke im Festsaale des Rathauses, Wien 1943.

O. A.: Generalversammlung, in: Nachrichtenblatt des Zentralverbandes bildender Künstler Oesterreichs (1938) 40, S. 20.

O. A.: Glasfenster im Rathaus werden bemalt, in: Die Bühne (1939) 14, S. 16.

O. A.: Grenzstein-Wettbewerb des Kulturamtes der Stadt Wien, in: Illustrierte Kronen-Zeitung, 9.12.1938, S. 6.

O. A.: Handwerk zwischen Luxus, Kunst und Kitsch. Der neue Österreichische Werkbund stellt sich vor, in: Neues Österreich, 25.9.1948, S. 5.

O. A.: Heimkehr der Ostmark und ihre Gaben, in: Kleine Volks-Zeitung, 15.10.1940, S. 9.

O. A.: Houston Stewart-Chamberlain-Denkmal in Wien, in: Innsbrucker Nachrichten, 21.5.1941, S. 5.

O. A.: Jüdischer Kunstdilettantismus, in: Kleine Volks-Zeitung, 6.5.1939, S. 9.

O. A.: Junge Kunst im Deutschen Reich, in: Das kleine Volksblatt, 7.3.1943, S. 10.

O. A.: Kein Grund, den Mut zu verlieren. Bundespräsident eröffnet die Erste Österreichische Kunstausstellung, in: Wiener Zeitung, Nr. 143, 22.6.1947, S. 2.

O. A.: Kulturamt des Gaues und der Stadt Wien, in: Amtsblatt der Stadt Wien, Nr. 40, 30.9.1938, S. 1–2.

O. A.: Künstlerisches Frauenschaffen in Wien, in: Das interessante Blatt, 4.9.1940, S. 27.

O. A.: Maler der Ostmark, in: Kunst dem Volk 10 (1939) 1/2, S. 34–39.

O. A.: Neue Gobelins für den Ostmarksaal des Wiener Rathauses, in: Das kleine Volksblatt, 24.6.1940, S. 7.

O. A.: Neue Mitglieder der „Sezession“, in: Neue Freie Presse, 16.7.1932, S. 2.

O. A.: Neues aus der bildenden Künstlerschaft Wiens, in: Neues Wiener Tagblatt, 23.12.1940, S. 6.

O. A.: Österreichische Kunst im Musée du Jeu de Paume – Paris, in: Österreichische Kunst 8 (1937) 5, S. 6–12.

O. A.: Plakatpreise der Stadt Wien, in: Neues Wiener Tagblatt, 16.5.1939, S. 14.

O. A.: Planetta zum Gedächtnis, in: Völkischer Beobachter, 29.10.1938, S. 10.

O. A.: Preise für die Künstler Wiens, in: Völkischer Beobachter, 15.8.1942, S. 4.

O. A.: Preisgekröntes Plakat, in: Die Bühne (1939) 13, S. 18.

O. A.: Professor Strnad lehnt den Eintritt in die Sezession ab. Hakenkreuzler-Strömungen in der Sezession?, in: Die Stunde, 22.9.1932, S. 10.

O. A.: Referenten der Reichskammer für bildende Künste, in: Völkischer Beobachter, 12.1.1939, S. 7.

O. A.: Schauderhaftes „Kunstbekenntnis“ des Kulturbolschewismus, in: Das kleine Volksblatt, 6.5.1939, S. 6.

O. A.: Sprechstunden der Referenten der R.d.b.K., in: Nachrichtenblatt des Zentralverbandes bildender Künstler Oesterreichs (1939) 44, S. 8.

O. A.: Ständige Delegation der bildenden Künstler Österreichs, Österreichische Ausstellung in Paris, in: Nachrichtenblatt des Zentralverbandes bildender Künstler Oesterreichs (1937) 36, S. 6–7.

O. A.: Totaler Kriegseinsatz an den Hochschulen, in: Neues Wiener Tagblatt, 20.9.1944, S. 3.

O. A.: Vom Umbau des Deutschen Volkstheaters in Wien, in: Die Pause 3 (1938/39) 10, S. 70–71.

O. A.: Vorschau auf die Eröffnung „Der ewige Jude“, in: Neues Wiener Tagblatt, 30.7.1938, S. 5.

O. A.: Wettbewerb für „Wiener Messe“ Plakat, in: Völkischer Beobachter, 25.4.1939, S. 11.

O. A.: Wettbewerb für ein Erinnerungsmal in Wöllersdorf, in: Vorarlberger Tagblatt, 6.7.1938, S. 9.

O. A.: Wettbewerb für ein Walther-von-der-Vogelweide-Denkmal für den Leopoldsberg in Wien, in: Die Bühne (1939) 11, S. 16–17.

O. A.: Wien bleibt die Stadt der Künste, in: Neuigkeits-Welt-Blatt, 11.5.1938.

O. A.: Zwei neue Arbeiten von Architekt H. Kutschera, in: Österreichische Kunst 9 (1938), S. 33–35.

O. A.: Zwei Wiener Künstler erleben den Tag der Befreiung, in: Kleine Volks-Zeitung, 13.3.1941, S. 12.

OBZYNA Trude: Schönheit der Wirklichkeit, in: Neuigkeits-Welt-Blatt, 9.2.1943, S. 3.

PATKA Erika (Hg.): Kunst: Anspruch und Gegenstand. Von der Kunstgewerbeschule zur Hochschule für Angewandte Kunst in Wien 1918–1991, Salzburg u. a. 1991.

PECHMANN Günther von: Neue Möbel für die Deutschen Werkstätten in Hellerau von Professor Oswald Haerdtl, Wien, in: Moderne Bauformen 39 (1940) 7, S. 332–333.

PFOLZ Veronika: Nach Italien emigriert – drei Künstlerinnen und Künstler, in: Zwischenwelt 22 (2005) 1/2, S. 63–64.

PLAKOLM-FORSTHUBER Sabine: Künstlerinnen in Österreich. Malerei, Plastik, Architektur 1897–1938, Wien 1994.

PLAKOLM-FORSTHUBER Sabine: Frauenbilder und Bilder von Frauen im Wiener Ausstellungsbetrieb (1925–1945), in: Herbert Posch, Gottfried Fliedl u. a (Hg.): Politik der Präsentation. Museum und Ausstellung in Österreich 1918–1945, Wien 1996, S. 97–118.

PLETTENBACHER Otto: Gustinus Ambrosi. Monografie. Ein Künstlerschicksal in den kulturellen und politischen Umbrüchen des 20. Jahrhunderts, Wien 2015.

PLOIL Ernst: Das Ende des Hagenbundes, in: Peter Chrastek (Hg.): Hagenbund und seine Künstler. Wien 1900–1938. Expressiv, neusachlich, verboten, Wien 2016, S. 13–15.

PÖCHLINGER Josef: Ein Maler erlebt die Reichsautobahn, in: Die Pause 5 (1940) 11, S. 43.

POSCH Wilfried: Clemens Holzmeister. Architekt zwischen Kunst und Politik, Salzburg u. a. 2010, S. 261–262.

POTOČÁR Marián: Österreicher bauen im „Neuen Osten", Bratislava, Prag, Krakau, in: Ingrid Holzschuh, Monika Platzer (Hg.): „Wien. Die Perle des Reiches". Planen für Hitler (Ausstellungskatalog Architekturzentrum Wien), Zürich 2015, S. 104–120.

PRÖLSS-KAMMERER Anja: Die Tapisserie im Nationalsozialismus. Propaganda, Repräsentation und Produktion. Facetten eines Kunsthandwerks im „Dritten Reich", Hildesheim u. a. 2000.

PULLE Thomas: Der Mythos der Nibelungen. Die propagandistische Verwertung eines Epos, in: Jan Tabor (Hg.): Kunst und Diktatur. Architektur, Bildhauerei und Malerei in Österreich, Deutschland, Italien und der Sowjetunion 1922–1956 (Ausstellungskatalog Künstlerhaus Wien), Baden 1994, S. 520–527.

RATHKOLB Oliver: Führertreu und gottbegnadet. Künstlereliten im Dritten Reich, Wien 1991.

RATHKOLB Oliver: Die Wiener Note in der deutschen Kunst. Nationalsozialistische Kulturpolitik in Wien 1938–1945, in: Jan Tabor (Hg.): Kunst und Diktatur. Architektur, Bildhauerei und Malerei in Österreich, Deutschland, Italien und der Sowjetunion 1922–1956 (Ausstellungskatalog Künstlerhaus Wien), Baden 1994, S. 332–335.

RATHKOLB Oliver: Schirach. Eine Generation zwischen Goethe und Hitler, Wien u. a. 2020.

RESCH Heidelinde: 14 Grafikerinnen im Wien des 20. Jahrhunderts. „... Exaktheit der Zeichnung und Farbe mit echt wienerischem Charme ..." (Design in Österreich, hg. von designaustria, Bd. 3), Basel 2013.

RIEBENBAUER Ulrike: Entnazifizierung. Ein Kapitel österreichischer Nachkriegsgeschichte, Dipl.-Arb., Univ. Wien, 1988.

RIEMERSCHMID Werner: Neue Arbeiten von Gustinus Ambrosi, in: Die Kunst im Dritten Reich 4 (1940), S. 344–349.

ROCHOWANSKI Leopold Wolfgang: Ausstellung Max Florian, in: Wiener Kurier, 14.11.1945, S. 4.

ROESSLER Arthur: Die „neue Gruppe" der Wiener Künstlergenossenschaft, in: Österreichische Kunst 4 (1932) 1, S. 2–12.

SARNITZ August: Josef Hoffmann. 1870–1956. Im Universum der Schönheit, Köln 2007.

SCHIRACH Baldur von: Junge Kunst im Deutschen Reich, veranstaltet vom Reichsstatthalter in Wien (Ausstellungskatalog Künstlerhaus Wien), Wien 1943.

SCHMIDT Rudolf: Österreichisches Künstlerlexikon. Von den Anfängen bis zur Gegenwart, Bd. 3, Wien 1977.

SCHMIDT-LEONHARDT Hans: Die Reichskulturkammer, Berlin 1938.

SCHÖLNBERGER Pia: Das Anhaltelager Wöllersdorf, 1933–1938. Strukturen, Brüche, Erinnerungen, Wien u. a. 2015, S. 334–340.

SCHRADER Bärbel: „Jederzeit widerruflich". Die Reichskulturkammer und die Sondergenehmigungen in Theater und Film des NS-Staates, Berlin 2008.

SCHRIEBER Karl-Friedrich (Hg.): Das Recht der Reichskulturkammer, Berlin 1943.

SCHWARZ Birgit: Hitlers Sonderauftrag Ostmark. Kunstraub und Museumspolitik im Nationalsozialismus, Wien u. a. 2018.

SEIGER Hans, LUNARDI Michael, POPULORUM Peter Josef (Hg.): Im Reich der Kunst, die Wiener Akademie der bildenden Künste und die faschistische Kunstpolitik (Österreichische Texte zur Gesellschaftskritik, hg. vom Verein Kritische Sozialwissenschaft und Politische Bildung, Bd. 50), Wien 1990.

SEKLER Eduard F.: Josef Hoffmann. Das architektonische Werk. Monographie und Werkverzeichnis, Salzburg, Wien 1982.

SELIGER Maren: Scheinparlamentarismus im Führerstaat. „Gemeindevertretung" im Austrofaschismus und Nationalsozialismus. Funktionen und politische Profile Wiener Räte und Ratsherren 1934–1945 im Vergleich (Politik und Zeitgeschichte, Bd. 6), Wien 2010.

SPRINGSCHITZ L[eopoldine]: Michael Powolny, in: Die Pause 8 (1943), S. 19.

STACHEL Peter: Vom NS-Leiter des Künstlerhauses zum Gestalter des Eisernen Vorhangs der Wiener Staatsoper: Rudolf Hermann Eisenmenger (1902–1994), in: Peter Bogner, Richard Kurdiovsky, Johannes Stoll (Hg.): Das Wiener Künstlerhaus. Kunst und Institution, Wien 2015, S. 151–156.

STADLER Friedrich (Hg.): Kontinuität und Bruch 1938 – 1945 – 1955. Beiträge zur österreichischen Kultur- und Wissenschaftsgeschichte (Emigration – Exil – Kontinuität. Schriften zur zeitgeschichtlichen Kultur- und Wissenschaftsforschung, Bd. 3), Münster 2004.

STEINWEIS Alan E.: Art, Ideology, and Economics in Nazi Germany. The Reich Chambers of Music, Theater, and the Visual Arts, Chapel Hill, London 1993.

STILLER Adolph: Oswald Haerdtl, Architekt und Designer. 1899–1959, Wien 2000.

SULTANO Gloria: Wie geistiges Kokain ... Mode unterm Hakenkreuz, Wien 1995.

TABOR Jan: ... und sie folgten ihm. Österreichische Künstler und Architekten nach dem „Anschluss". Eine Reportage, in: Siegwald Ganglmair (Hg.): Wien 1938 (Ausstellungskatalog Historisches Museum der Stadt Wien, Rathaus, Volkshalle, Realisierung durch das Dokumentationsarchiv des Österreichischen Widerstandes), Wien 1988, S. 398–430.

TABOR Jan: Die Gaben der Ostmark, in: Hans Seiger, Michael Lunardi, Peter Josef Populorum (Hg.): Im Reich der Kunst, die Wiener Akademie der bildenden Künste und die faschistische Kunstpolitik (Österreichische Texte zur Gesellschaftskritik, hg. vom Verein Kritische Sozialwissenschaft und Politische Bildung, Bd. 50), Wien 1990, S. 277–296.

TABOR Jan (Hg.): Kunst und Diktatur. Architektur, Bildhauerei und Malerei in Österreich, Deutschland, Italien und der Sowjetunion 1922–1956 (Ausstellungskatalog Künstlerhaus Wien), Baden 1994.

TABOR Jan: Junge Kunst im Deutschen Reich, Wien 1943, in: ders. (Hg.): Kunst und Diktatur. Architektur, Bildhauerei und Malerei in Österreich, Deutschland, Italien und der Sowjetunion 1922–1956 (Ausstellungskatalog Künstlerhaus Wien), Baden 1994, S. 940–941.

TEMPL Stephan, Tina Walzer: Unser Wien: „Arisierung" auf österreichisch, Berlin 2001.

THEISS Siegfried: Adolf Hitler und der neue deutsche Baustil, in: Neue Freie Presse, 9.4.1938, S. 12.

THOMAE Otto: Die Propaganda-Maschinerie. Bildende Kunst und Öffentlichkeitsarbeit im Dritten Reich, Berlin 1978.

THORMANN Olaf: Die Museumschronik 1930 bis 1945. Grassi Museum für Angewandte Kunst Leipzig, Leipzig 2015.

THUN-HOHENSTEIN Christoph: Wege der Moderne – Josef Hoffmann, Adolf Loos und die Folgen (Ausstellungskatalog MAK Wien), Wien 2015.

THUN-HOHENSTEIN Christoph, FRANZ Rainald (Hg.): Otto Prutscher. Allgestalter der Wiener Moderne (MAK studies, Bd. 26), Stuttgart 2019.

THUN-HOHENSTEIN Christoph, POKORNY-NAGEL Kathrin (Hg.): Franz von Zülow, Papier (Ausstellungskatalog MAK Wien; MAK studies, Bd. 22), Nürnberg 2013.

THUN-HOHENSTEIN Christoph, BOECKL Matthias, FRANZ Rainald, WITT-DÖRING Christian (Hg.): Josef Hoffmann 1870–1956. Fortschritt durch Schönheit. Das Handbuch zum Werk (Ausstellungskatalog MAK – Österreichisches Museum für angewandte Kunst), Basel 2021.

W. F. M.: Spannung um schöne Frauenbilder, in: Neues Wiener Tagblatt, 24.6.1942, S. 5.

WALLNÖFER Elsbeth: Maß nehmen, Maß halten. Frauen im Fach Volkskunde, Wien u. a. 2008.

WEISSLER Sabine: Bauhaus-Gestaltung in NS-Propaganda-Ausstellungen, in: Winfried Nerdinger (Hg.): Bauhaus-Moderne im Nationalsozialismus. Zwischen Anbiederung und Verfolgung, München 1993, S. 48–63.

WELEI Josef: Amtlicher Führer durch das Wiener Rathaus, Wien 1943.

WENZEL Heidrun Ulrike: Vergessen? Niemals! Die antifaschistische Ausstellung im Wiener Künstlerhaus 1946, Dipl.-Arb., Univ. Wien, 2018.

WIDDER Roland (Hg.): Karl Hauk. Zwischen Expressionismus und Neuer Sachlichkeit, Wien 2016.

WINKLER Ernst: Kunst – ganz verrückt und entartet!, in: Neuigkeits-Welt-Blatt, 7.5.1939, S. 23.

WINKLER Ernst: Der große Wiener Bauernmaler, Ausstellung zum 60. Geburtstag Franz von Zülow, in: Neuigkeits-Welt-Blatt, 18.4.1943, S. 7.

WORTMANN Michael: Baldur von Schirach. Hitlers Jugendführer, Wien u. a. 1982.

ZANGL Veronika: „Ich empfinde diese Massnahme persönlich als ungerecht". Heinz Kindermanns Entlastungsstrategien 1945–1954, in: Birgit Peter, Martina Payr (Hg.): „Wissenschaft nach der Mode?". Die Gründung des Zentralinstituts für Theaterwissenschaft an der Universität Wien 1943 (Austria: Universitätsgeschichte, Bd. 3), Wien u.a. 2008, S. 172–206.

ZEMEN Robert (Hg.): Josef Dobrowsky, 1889–1964. Ein Künstlerbildnis, Wien 2007.

ZETTER-SCHWAIGER Sophie: Ludwig Heinrich Jungnickel, in: Ludwig Heinrich Jungnickel – Das Tier in der Kunst, Verkaufskatalog Galerie Kovacek & Zetter, Wien 2003, S. 4–5.

ZIPPEL Christine: Bildhauer Robert Ullmann (1903–1966). Ein Künstlerleben in bewegten Zeiten, Klosterneuburg 2018.

ZUSCHLAG Christoph: „Entartete Kunst". Ausstellungsstrategien im Nazi-Deutschland (Heidelberger kunstgeschichtliche Abhandlungen, Bd. 21), Worms 1995.

ZYMAN Daniela, WILSON Eva (Hg.): Gustinus Ambrosi. Eine erweiterte Biografie, „Reprototypen, Triangulationen und Testverfahren" bei Thyssen-Bornemisza Art Contemporary-Augarten und des Projekts „Kuh" (2012) der Künstlergruppe SUPERFLEX (Ausstellungskatalog Augarten Wien), Wien 2012.

## Internetquellen

AICHELBURG Wladimir: 150 Jahre Künstlerhaus in Wien 1861–2011, „Erste österreichische Ausstellung", 1.5.1945–30.9.1945, http://www.wladimir-aichelburg.at/kuenstlerhaus/ausstellungen/verzeichnis/ (14.10.2019).

AICHELBURG Wladimir: 150 Jahre Künstlerhaus Wien 1861–2011, Alfred Soulek, http://www.wladimir-aichelburg.at/kuenstlerhaus/mitglieder/verzeichnisse/mitglieder-gesamtverzeichnis (23.4.2018).

AICHELBURG Wladimir: 150 Jahre Künstlerhaus Wien 1861–2011, Johannes Cech, http://www.wladimir-aichelburg.at/kuenstlerhaus/mitglieder/verzeichnisse/mitglieder-gesamtverzeichnis/#c (1.4.2021).

AKADEMIE DER BILDENDEN KÜNSTE WIEN, Erich Boltenstern, http://ns-zeit.akbild.ac.at/suche/11 (13.9.2019).

AKADEMIE DER BILDENDEN KÜNSTE WIEN, Karl Sterrer, http://ns-zeit.akbild.ac.at/suche#b_start=0&c1=sterrer (24.9.2019).

ANDERL Gabriele: Die Stunde der Profiteure: Der Wiener Kunsthandel während der NS-Zeit, in: Kommission für Provenienzforschung des BMUKK, Kunst sammeln – Kunst handeln. Internationales Symposium in Wien, 23.–25.3.2011, Abstracts, Wien, http://www.provenienzforschung.gv.at/wp-content/uploads/2015/04/Symposium_Abstracts.pdf (18.7.2020).

ARCHIEXPO, Woka Lamps Vienna, Klassische Deckenleuchte, http://www.archiexpo.de/prod/woka-lamps-vienna/product-4561-1974884.html (5.4.2019).

ASSALL Paul: Das Künstlerhaus Wien zeigt „Junge Kunst im Deutschen Reich" (SWR2 Zeitwort), SWR, 6.2.2016, https://www.swr.de/-/id=16610732/property=download/nid=660694/5smh4r/swr2-zeitwort-20160206.pdf (29.1.2020).

BARON Marc: Brothers in Stone, Rediscovering the Viennese sculptors Josef and Florian Josephu brothers, sculptors and rivals, https://www.josephu.info/ (10.9.2019).

BRÜNNER Thomas: Das „Ahnenerbe" der SS, in: Lebendiges Museum Online, NS-Regime, Innenpolitik, https://www.dhm.de/lemo/kapitel/ns-regime/innenpolitik/das-ahnenerbe-der-ss.html (27.6.2021)

DAS ROTE WIEN, Weblexikon der Wiener Sozialdemokratie, Johann-Mithlinger-Siedlung, http://www.dasrotewien.at/seite/johann-mithlinger-siedlung (28.5.2020).

DAS ROTE WIEN, Weblexikon der Wiener Sozialdemokratie, Kommunale Wohnbauten Margareten, http://www.dasrotewien.at/seite/kommunale-wohnbauten-5 (6.4.2021).

FERIHUMER Konstantin, SCHOBER René: Robert Eigenberger, Lexikon der österreichischen Provenienzforschung, https://www.lexikon-provenienzforschung.org/eigenberger-robert (18.7.2020).

FREIE UNIVERSITÄT BERLIN, Forschungsstelle „Entartete Kunst", Beschlagnahmeinventar „Entartete Kunst", http://emuseum.campus.fu-berlin.de/eMuseumPlus?service=RedirectService&sp=Scollection&sp=SfieldValue&sp=0&sp=8&sp=3&sp=SdetailList&sp=0&sp=Sdetail&sp=0&sp=F (17.11.2020).

GERMAN ART GALLERY, Irith Dublon-Knebel: A Dual Life. The Fate of Nazi Painters and Sculptors, 1945–1990, in: Tel Aviv Jahrbuch für deutsche Geschichte, 2006, https://germanartgallery.eu/rudolf-hermann-eisenmenger-gobelin-du-bist-deutschland/ (1.4.2021).

GROSSE DEUTSCHE KUNSTAUSSTELLUNG 1937–1944, GDK Research – Bildbasierte Forschungsplattform zu den Großen Deutschen Kunstausstellungen 1937–1944 in München, http://www.gdk-research.de/db/apsisa.dll/ete (15.10.2019).

HISTORISCHES SEMINAR DER UNIVERSITÄT HEIDELBERG, Beamte nationalsozialistischer Reichsministerien, Karl Megerle, https://ns-reichsministerien.de/2020/05/15/karl-megerle/ (20.7.2019).

LIECHTENSTEIN, The Princely Collections, Friedrich von Amerling, Mädchen mit Strohhut, http://www.liechtensteincollections.at/de/pages/artbase_main.asp?module=browse&action=m_work&lang=de&sid=92343&oid=W-1610200812182697 (21.1.2020).

## Literaturverzeichnis


ORF, Das „Führerzimmer" im Volkstheater, 8.4.2017, https://oe1.orf.at/artikel/203261/Das-Fuehrerzimmer-im-Volkstheater (20.3.2020).

PROKOP Ursula: Friedrich Schön, in: Architekturzentrum Wien, Architektenlexikon Wien 1770–1945, http://www.architektenlexikon.at/de/564.htm (17.7.2020).

PROKOP Ursula: Marcel Kammerer, Architekturzentrum Wien, Architektenlexikon Wien 1770–1945, http://www.architektenlexikon.at/de/271.htm (4.9.2019).

PROKOP Ursula: Viktor Weixler, Architekturzentrum Wien, Architektenlexikon Wien 1770–1945, http://www.architektenlexikon.at/de/679.htm (30.10.2019).

SCHÖLNBERGER Pia: August Eymer, Lexikon der österreichischen Provenienzforschung, https://www.lexikon-provenienzforschung.org/eymer-august-friedrich (18.7.2020).

STADT WIEN, WAIS – Wiener Archivinformationssystem, https://www.wien.gv.at/actaproweb2/benutzung/index.xhtml (10.4.2021).

STADT WIEN, Wiener Wohnen, Sieveringer Straße 163, http://www.wienerwohnen.at/hof/1365/Sieveringer-Strasse-163.html (5.4.2019).

WEIDINGER Leonhard: Wilhelm Müller-Hofmann, Lexikon der österreichischen Provenienzforschung, https://www.lexikon-provenienzforschung.org/m%C3%BCller-hofmann-wilhelm (10.9.2019).

WIEN GESCHICHTE WIKI, Ehrenring, https://www.geschichtewiki.wien.gv.at/Ehrenring (23.3.2021).

WIEN GESCHICHTE WIKI, Geschäftshaus Zwieback, https://www.geschichtewiki.wien.gv.at/Gesch%C3%A4ftshaus_Zwieback (9.7.2019).

WIEN GESCHICHTE WIKI, Wilhelm Frass, https://www.geschichtewiki.wien.gv.at/Wilhelm_Frass (7.4.2021).

WIKIPEDIA, Arthur Fleischmann, https://en.wikipedia.org/wiki/Arthur_Fleischmann (22.4.2021).

WIKIPEDIA, Carl Auböck (Maler), https://de.wikipedia.org/wiki/Carl_Aub%C3%B6ck_(Maler) (21.6.2021).

WIKIPEDIA, Ernst von Dombrowski (Künstler), https://de.wikipedia.org/wiki/Ernst_von_Dombrowski_(K%C3%BCnstler)#cite_note-Ausstellung-4 (17.7.2020).

WIKIPEDIA, Wilhelm Kaufmann (Maler, 1895), https://de.wikipedia.org/wiki/Wilhelm_Kaufmann_(Maler,_1895) (30.10.2020).


## Archive

Akademie der bildenden Künste Wien, Archiv
Architekturzentrum Wien, Sammlung
Archiv A. E. Köchert Juweliere, Wien
Berufsvereinigung der bildenden Künstler Österreichs, Archiv
Bundesarchiv, Berlin
Künstlerhaus Wien, Archiv
Museum für angewandte Kunst Wien, Sammlung
Österreichische Nationalbibliothek, Bildarchiv und Grafiksammlung
Österreichisches Staatsarchiv
Stadtmuseum St. Pölten
Technische Universität Wien, Archiv
Universität für angewandte Kunst Wien, Kunstsammlung und Archiv
Wien Museum
Wienbibliothek im Rathaus
Wiener Stadt- und Landesarchiv
Zentralvereinigung der ArchitektInnen Österreichs, Archiv

## Bildnachweise

Sämtliche Abbildungen:
Foto: Paul Bauer © Wien Museum, mit Ausnahme von:

Ambrosi Museum Stallhofen und Ambrosi Gesellschaft
S. 106 und S. 107: Fotos: Dr. Hans Reiter

Archiv A. E. Köchert Juweliere
S. 142

Belvedere, Wien
S. 25: Wilhelm Dachauer / Bildrecht, Wien 2021
S. 267: Rudolf Hermann Eisenmenger / Bildrecht, Wien 2021

Grassi Museum für Angewandte Kunst, Leipzig
S. 238

Kunsthandel Widder, Wien
S. 113

Künstlerhaus Archiv
S. 323: Rudolf Hermann Eisenmenger / Bildrecht, Wien 2021

Landessammlungen NÖ
S. 32: Fondation Oskar Kokoschka / Bildrecht, Wien 2021

Österreichische Nationalbibliothek, Bildarchiv und Grafiksammlung
S. 192: Lothar Rübelt

Stiftung Deutsches Historisches Museum, Berlin
S. 48: Marcel Kammerer, Foto: S. Ahlers
S. 268: Rudolf Hermann Eisenmenger / Bildrecht, Wien 2021, Foto: A. Psille
S. 295: Rudolf Hermann Eisenmenger / Bildrecht, Wien 2021; Montage unter Verwendung eines Objekts aus dem Deutschen Historischen Museum, Foto: A. Psille

Stiftung Haus der Kunst München
S. 29: Rudolf Hermann Eisenmenger / Bildrecht, Wien 2021, Foto: Sabine Brantl

Wien Bibliothek im Rathaus, Plakatsammlung
S. 24: P-11045
S. 284: P-225867
S. 298: P-11075
S. 305: P-11072

Wien Museum
S. 50: Gottlieb Theodor Kempf-Hartenkampf / Bildrecht, Wien 2021
S. 117 und S. 119: Franz Zülow/Bildrecht, Wien 2021
S. 130 – 131: Fritz Behn / Bildrecht, Wien 2021
S. 165 – 166: Gottlieb Theodor Kempf-Hartenkampf / Bildrecht, Wien 2021
S. 174: Franz Kralicek, Foto: Birgit & Peter Kainz
S. 251: Rudolf Hermann Eisenmenger / Bildrecht, Wien 2021
S. 299: Josef Dobrowsky / Bildrecht, Wien 2021

## Autorinnen

Ingrid Holzschuh

Studium der Kunstgeschichte an der Universität Wien, Promotion 2011. Seit 2010 als freie Kunsthistorikerin und selbstständige Ausstellungskuratorin sowie Museumsberaterin tätig. Lehrtätigkeit an der Universität Wien und Technischen Universität Wien. Projektmitarbeiterin sowie Projektleiterin in diversen Forschungsprojekten. Forschungsschwerpunkt: Architektur und Städtebau des 20. Jahrhunderts.

Sabine Plakolm-Forsthuber

Studium der Kunstgeschichte und Italienisch an der Universität Wien und Perugia, Promotion 1986 an der Universität Wien, 2000 Habilitation im Fachbereich Kunstgeschichte an der Technischen Universität Wien. Ao. Univ.-Prof. für Kunstgeschichte an der TU Wien. Publikationen und Forschungen im Bereich der österreichischen Kunst und Architektur des 19. und 20. Jahrhunderts, insbesondere über Künstlerinnen und Architektinnen, Ausstellungsgeschichte und -architektur, zur Architektur des Otto-Wagner-Spitals in Steinhof sowie über Florentiner Frauenklöster von der Renaissance zur Gegenreformation.

## Danksagung

Folgende Institutionen und Privatpersonen haben Unterlagen und Abbildungen für diese Publikation zur Verfügung gestellt:

Ambrosi Museum Stallhofen und Ambrosi Gesellschaft
Architekturzentrum Wien, Sammlung
Archiv A. E. Köchert Juweliere, Wien
Archiv Künstlerhaus im Wiener Stadt- und Landesarchiv
Belvedere, Wien
Berufsvereinigung der bildenden Künstler Österreichs, Landesverband Wien, Niederösterreich, Burgenland
Grassi Museum für Angewandte Kunst, Leipzig
Kunsthandel Widder, Wien
Landessammlungen Niederösterreich
Magistrat der Stadt Wien, MA 37, Archiv der Baupolizei
MAK – Museum für angewandte Kunst, Wien
Österreichische Nationalbibliothek, ANNO AustriaN Newspapers Online
Österreichische Nationalbibliothek, Bildarchiv und Grafiksammlung
Österreichisches Staatsarchiv
Ernst Ploil, Wien
Sammlung Albert Blauensteiner
Stadtmuseum St. Pölten
Stiftung Deutsches Historisches Museum Berlin
Stiftung Haus der Kunst München
Technische Universität Wien, Bibliothek
Universität für angewandte Kunst Wien, Kunstsammlung und Archiv
Universitätsbibliothek Heidelberg
Wien Museum
Wienbibliothek im Rathaus
Wiener Stadt- und Landesarchiv
Zentralvereinigung der ArchitektInnen Österreichs

Unser besonderer Dank geht an folgende Personen:

Albert Blauensteiner
Sabine Brantl
Martina Dax
Nikolaus Domes
Franz Freier
Alesandro Gallo
Franz Gangelmayer
Michael Hölters
Stephan Klingen
Christoph Köchert
Berthold Konrath
Anne-Dorte Krause
Michaela Laichmann
Stefan Mach
Thomas Matyk
Karl Novak
Ernst Ploil
Thomas Pulle
Paul Rachler
Hans Reiter
Anne-Katrin Rossberg
Franz Smola
Werner Sommer
Lara Steinhäußer
Katrin Stingl
Roland Widder
Berthild Zierl

# Impressum


Diese Publikation erscheint anlässlich der Ausstellung
*Auf Linie. NS-Kunstpolitik in Wien,*
429. Sonderausstellung des Wien Museums,
Wien Museum MUSA,
14. Oktober 2021 bis 24. April 2022.

AUSSTELLUNG

Kuratorinnen
Ingrid Holzschuh, Sabine Plakolm-Forsthuber

Kurator Wien Museum
Gerhard Milchram

Gestaltung
koerdtutech – Irina Koerdt und Sanja Utech

Grafik
seite zwei (Christoph Schörkhuber, Carina Stella)

Produktion
Gunda Achleitner und Isabelle Exinger-Lang

Registrarin
Nadine Vorwahlner

Restaurierung
Michael Formanek, Nora Gasser, Andreas Gruber,
Regula Künzli, Karin Maierhofer, Marina Paric

Medien
Michael Netousek, Stefan Tunea (Wien Museum)
Günther Baronyai-Schiebeck (cat-x)
Patrick Spanbauer (on screen)

Lektorat
Brigitte Ott

Übersetzung
Gerrit Jackson

PUBLIKATION

Autorinnen
Ingrid Holzschuh, Sabine Plakolm-Forsthuber

Konzept & Gestaltung
seite zwei (Christoph Schörkhuber, Carina Stella)

Publikationsmanagement
Sonja Gruber

Lektorat
Brigitte Ott

Bildredaktion
Gunda Achleitner, Sonja Gruber, Gerhard Milchram

Fotografien
Paul Bauer

Bildbearbeitung
Mario Rott

Content & Production Editor für den Verlag
Katharina Holas, Birkhäuser Verlag, A-Wien

Schriften
LL Moderne, Lineto

Papier
Sora matt, 115 g
Remake Sand 380 g
Neobond® Grün 200 g, exklusiv erhältlich
bei Europapier

Druck
Holzhausen, die Buchmarke der Gerin Druck GmbH,
A-Wolkersdorf

Abbildungen (Innenseiten Cover):
Hertha (Karasek-)Strzygowski, Jungbäuerin aus
Münnichwies, um 1940, WM
Robin Christian Andersen, Adler und Hakenkreuz auf
Blumengrund, Gobelin, 1939, MAK

# Impressum

Library of Congress Control Number: 2021936040

Bibliografische Information der Deutschen Nationalbibliothek
Die Deutsche Nationalbibliothek verzeichnet diese Publikation in der Deutschen Nationalbibliografie; detaillierte bibliografische Daten sind im Internet über http://dnb.dnb.de abrufbar.



ISBN 978-3-0356-2426-7
e-ISBN (PDF) 978-3-0356-2427-4


Postfach 44, 4009 Basel, Schweiz
Ein Unternehmen der Walter de Gruyter GmbH, Berlin/Boston

9 8 7 6 5 4 3 2 1 www.birkhauser.com

WIEN MUSEUM

Berufsvereinigung der bildenden Künstler Österreichs
LV Wien/NÖ/Bgld.

HAUPTSPONSOR DES WIEN MUSEUMS

WIENER STADTWERKE

Stadt Wien

Bundesministerium
Kunst, Kultur,
öffentlicher Dienst und Sport

EUROPAPIER